Uwe Füllgrabe

Kriminalpsychologie

Täter und Opfer im Spiel des Lebens

Kriminalpsychologie

Täter und Opfer im Spiel des Lebens

von

Uwe Füllgrabe

2., vollst. rev. und erweiterte Auflage

EDITION WÖTZEL FRANKFURT AM MAIN

Die Deutsche Bibliothek - CIP-Einheitsaufnahme

Füllgrabe, Uwe:
Kriminalpsychologie - Täter und Opfer im Spiel des Lebens / von Uwe
Füllgrabe. - 2., überarbeitete und erw. Aufl. - Frankfurt am Main: Ed.
Wötzel, 1997
ISBN 3-925831-18-5

1. Auflage Stuttgart 1983

EDITION WÖTZEL FRANKFURT AM MAIN 1997

Für Lucia, Rita und Petra

Inhaltsverzeichnis

Einleitung

Kriminalpsychologie beschäftigt sich mit dem inneren Erleben (Denken, Phantasie usw.) und dem Verhalten (s. BASIC ID) von Menschen, die Gesetze übertreten. Ein umfassendes Bild von Kriminalität kann man aber nur gewinnen, wenn man Täter und Delikte innerhalb der situativen, gesellschaftlichen und zeitlichen Rahmenbedingungen betrachtet. Wer diese Faktoren genau auslotet, wird etwas Erstaunliches feststellen: Es gibt viele psychologische, soziologische u.a. Theorien über Kriminalität, Täter und Delikte, manche sind aber unüberprüft, manche sind sogar falsch. Deshalb findet der Leser in diesem Buch zwar „auch" Informationen über psychologische Aspekte von Tätern und verschiedenen Delikten, über Täterprofile, Tätertherapie, Opfertherapie, Vermeidung, Opfer einer Straftat zu werden usw. Das Buch verfolgt aber auch den Zweck, den Blick für eine kritisch-abwägende Haltung gegenüber Meinungen und Theorien zu schärfen. Man kann diese nämlich nicht einfach unüberprüft akzeptieren - gleichgültig wie groß das Prestige dessen ist, von dem die Meinung stammt. Man muß sich immer fragen: Was spricht für und was gegen diese These? Stimmt das Modell überhaupt, von dem diese These abgeleitet ist? Man kann nämlich auch nicht konfliktscheu einzelne Theorien nebeneinander stehen lassen, manche sind nämlich schlicht und einfach falsch.

Bei der Cambridge-Somerville Youth Study wurden ab 1939 „schwierige" und auch unauffällige Jungen hinsichtlich schulischer Leistungen, gesundheitlicher, persönlicher und familiärer Probleme beraten und betreut, 1/4 von ihnen auch in Sommerlager geschickt. Eine gleichgroße Kontrollgruppe erhielt keine derartige Behandlung. Da verschiedene Kriminalitätstheorien überprüft werden sollten, wurden beide Gruppen Jahrzehnte später hinsichtlich Kriminalität noch einmal untersucht.

Es zeigte sich in dieser Studie: Kriminalität entwickelt sich **nicht**: aus Mangel an Selbstachtung; aus psychologischer Fehlanpassung; als Versuch, unangemessene zwischenmenschliche Beziehungen zu verbessern; als Ausdruck maskuliner Unabhängigkeit; Frustration in der Schulsituation; als frustrierter Versuch, Ziele der Mittelschicht zu erreichen (McCord, 1978 a, b). Alle diese Thesen erwiesen sich als falsch!

Es ist aber keineswegs eine nur akademische Frage, ob eine Theorie falsch ist oder nicht. Falsche Theorien können erhebliche negative Auswirkungen haben. Dies zeigt ebenfalls die Cambridge-Somerville-Studie. Offensichtlich hatte die gutgemeinte Einflußnahme durch Beratung negative Auswirkungen. Die behandelte Gruppe beging im Vergleich zur Kontrollgruppe mehr Kriminalität, zeigte mehr Alkoholismus, mehr psychische Störungen, zumindest eine streßbezogene Krankheit (hoher Blutdruck oder Herzprobleme), hatte Berufe mit geringerem Prestige, war mehr mit ihrer Arbeit unzufrieden. Von den in der Zwischenzeit verstorbenen Männern waren die Männer der betreuten Gruppe ca. 5 Jahre früher gestorben als die der Kontrollgruppe (McCord 1978 a, b).

Man sieht also, daß selbst gut gemeinte Hilfsangebote eine Fülle von Problemen erst entstehen lassen, wenn sie von falschen theoretischen Modellen abgeleitet werden. McCord (1978 a, b) sieht als Gründe: Behördliche Interventionen können Abhängigkeit erzeugen hinsichtlich äußerer Unterstützung. Wenn diese Unterstützung nicht länger vorhanden ist, kann die Person Symptome der Abhängigkeit und Verärgerung erleben. Hier wird der Kontrast zu der durch Logotherapie, Provokative Therapie (und Waddingtons epigenetischer Landschaft) vermittelten Lebensmaxime deutlich: Nimm das Ruder deines Lebens selbst in die Hand.

Wie blind für die Realität manche Thesen über kriminelle Delikte sein können, belegt das Beispiel der als „Sexual"straftaten klassifizierten Delikte. Die Behauptung, Sexualstraftäter (eine *juristische* Definition) beginngen ihre Taten aus einem starken Sexualtrieb heraus (eine psychologisierende Deutung), ist z.B. schon deshalb falsch, weil relativ viele „Sexual"straftäter zum Teil erhebliche Sexualstörungen haben können. Deshalb kann sogar das paradoxe Phänomen des „impotenten Vergewaltigers" auftreten: Der Straftäter hat bei der versuchten Vergewaltigung Erektionsschwierigkeiten, macht das Opfer dafür verantwortlich und tötet die Frau!

Wichtig ist auch eine breite und vertiefte Betrachtung von kriminellen Delikten. Dies zeigt die aktuelle Diskussion über die sogenannten „Pferderipper": Da man offensichtlich kein klares Bild von der Motivation von Tätern hat, die Pferde mit Messerstichen quälen, töten usw., verfällt man auf die (offensichtlich psychoanalytisch inspirierte) Hypothese einer sexuellen Motivation derartiger Täter. Dies ist schon deshalb erstaunlich, weil schon seit langem bekannt ist, daß sexuelles *Verhalten* nicht sexuell *motiviert* sein muß - und Vergewaltigung als „pseudosexuelle Handlung" betrachtet wird (s. Groth und Birnbaum 1979). Auch belegt das Quälen des Opfers durch sadistische Mörder, daß hier keine sexuelle Komponente vorliegt, sondern Machtmotivation.

Man darf Angriffe gegen Pferde auch nicht isoliert sehen. Es kommen auch Gewalttaten gegen Hunde, Katzen usw. vor. Daß Pferde leicht zu Opfern werden, kann einen höchst einfachen Grund haben: Viele Pferde stehen isoliert, oft fern der direkten Aufsicht ihrer Besitzer. Ein Täter kann also hier relativ gefahrlos seine Tat begehen.

Folgender Vorfall erhellt die Motivation derartiger, z.T. motivlos erscheinender Taten: Angetrunkene treffen nach einer Feier auf ein Schaf und zünden es an. Dieses Beispiel macht deutlich, was oft übersehen wird: Gewalt kann scheinbar „aus dem Nichts" auftreten, ohne daß vorher ein starker „Aggressionstrieb" vorhanden ist. Derartige Gewalt gegen Tiere ist schon 1969 von Zimbardo als Erscheinungsform des Vandalismus beschrieben worden.

Vandalismus gegen Autos, leerstehende Häuser, Tiere usw. wird nicht dadurch verursacht, daß „etwas" (z.b. Gewalt) in einem Menschen ist, sondern dadurch, daß die Situation einen hohen Anreiz bietet, Gewalt auszuüben. Daß dabei Anonymität, ein hoher Aktivierungszustand u.ä. das spontane Entstehen von Gewalt fördern, ist etwas völlig anderes als z.b. die bereits vorliegenden gewalttätigen Phantasien und Kognitionen eines Serienmörders. Bei Vandalismus ist vielmehr das Fehlen der Aggressionshemmung der Auslöser, das Fehlen von verhaltenssteuernden Kognitionen (zur Verhinderung impulsiven Handelns). Vielmehr kommt bei scheinbar motivlosen Taten eine Haltung zum Vorschein, die Impulsivität fördert und die Zimbardo (1969) so formulierte: „Lebe dich aus, auch auf Kosten anderer". Und so haben die scheinbar motivlosen Delikte wie sadistische Morde, Pferderipper, Telefonterror - so unterschiedlich sie auch sein mögen - eine gemeinsame Komponente: Man gewinnt ein Hochgefühl, einen „Kick", „Thrill", wenn man Gewalt ausübt. Und Menschen, die ein negatives Lebensgefühl haben, benutzen Gewalt, um dieses Gefühl in ein positives zu verwandeln.

Es ist oft nicht so sehr das Fehlen spezifischer Informationen, was die Betrachtung von menschlichem Verhalten allgemein und spezifisch von Straftätern und den Umgang mit ihnen so schwierig und unzulänglich macht. Vielmehr sind es völlig falsche Modellvorstellungen, die eine sachgerechte Betrachtungsweise, Therapie usw. verhindern. Beispielsweise ist es erstaunlich, daß manchmal Sexualstraftäter und andere Straftäter als „krank" definiert werden und eine andere strafrechtliche Behandlung erfahren. Doch kann man sie nicht im traditionellen psychiatrischen Sinne als „krank" bezeichnen. Vielmehr sind für sie gewalttätige Phantasien und Kognitionen typisch. Wäre ihre Steuerungsfähigkeit tatsächlich so defizitär, könnten sie ihre Delikte nicht so geschickt ausüben und - vor allem - so lange der Strafverfolgung durch Unauffälligkeit im Alltag entgehen. Das Paradoxe an einem derartigen Krankheitsbegriff ist auch, daß die tatsächlich psychisch Gestörten (z.B. Schizophrene) im Durchschnitt weniger gefährlich sind!

Was aber richtige Modellvorstellungen beinhalten können, sei hier kurz skizziert:

Das Leben wird wie ein Spiel betrachtet, bei dem Menschen sich begegnen, und jeder Zug des einen löst einen Gegenzug des anderen aus. Deshalb muß man die Spielregeln kennen und sachgerecht handeln und auf den anderen reagieren (z.B. um nicht Opfer zu werden; im therapeutischen Bereich). Waddingtons epigenetische Landschaft zeigt, daß sich das Schicksal in unterschiedliche Richtungen hin entwickeln kann. Und in bestimmten kritischen zwischenmenschlichen oder nichtpersonalen Situationen entscheidet die Individualität (s. Persönlichkeitsmodell von Mischel, BASIC ID u.ä.), wohin diese Richtung geht.

Damit wird das Ziel dieses Buches aufgezeigt: Es soll einerseits Informationen über Kriminalitätspsychologie vermitteln, andererseits zu einem Perspektivwechsel beitragen.

I. Das Weltbild einer empirischen Kriminalpsychologie

1. Die Notwendigkeit einer empirischen Kriminalpsychologie

1.1 Der Serienmörder Gallego

Van Hoffmann (1990) beschreibt das Leben des amerikanischen Serienmörders Gerald Gallego. Wegen bewaffnetem Raubüberfall, Gefängnisausbruch und Autodiebstahls verbüßte er als 16jähriger eine Strafe „von 5 Jahren bis lebenslänglich" (in den USA ist eine Strafe mit einer derartigen Streuung üblich). Dann erreichte ihn die Nachricht, daß sein 13jähriger Halbbruder bei einem Autounfall getötet worden war. Gallego witterte eine einmalige Chance: „Nachdem er die Nachricht hörte, tauchte er - die Gelegenheit wahrnehmend - in eine tiefe Depression ein und wurde in die psychiatrische Abteilung des Gefängnisses eingeliefert. „Ich möchte Gott töten, weil er mir meinen Bruder genommen hat" klagte Gerald über diesen Verlust. „Aber ich kann es nicht, so werde ich mich selbst töten!" (Van Hoffmann, 1990, S. 121).

Gallego hatte hier eine mächtige Waffe eingesetzt, einen Knopf, den man nur zu drücken braucht, um Psychiater, Krankenhauspersonal u.ä. zu manipulieren. Die Drohung, Selbstmord zu begehen, alarmiert sofort diese Personengruppe, und mancher Patient benutzt sie, um sich Vorteile zu verschaffen (s. Ludwig und Farrelly, 1967).

Dies gelang auch Gerald. „Der erschrockene junge Doktor empfahl, daß Gerald sofort zu dem angenehmen psychiatrischen Hospital in Vaccaville, das eine geringere Sicherheitsstufe für Straftäter hatte, gebracht werden sollte, wo er die liebevolle Fürsorge und Aufmerksamkeit bekäme, die er benötigte. Der alte, erfahrene Gefängnisdirektor legte dennoch sein Veto gegen die ärztliche Anordnung ein, weil er wußte, daß Gerald ein ‚Fluchtkünstler' war und innerhalb von 24 Stunden über den Zaun von Vaccaville gewesen wäre.

Gerald bekam seine Verlegung nicht, aber er benutzte Georges Tod, um die Psychiater der Anstalt und den Begnadigungsausschuß davon zu überzeugen, daß er durch das frühzeitige Ableben seines geliebten Bruders „in die Realität zurückgeschockt worden sei", und tränenüberströmt versicherte er dem Begnadigungsausschuß, daß er den Rest seines Lebens als anständiger Bürger leben würde, der versuchen würde, all das Schlechte wieder gutzumachen, das er getan hatte.

Tatsächlich kannte Gerald seinen Halbbruder kaum und haßte ihn, weil er ihm die Aufmerksamkeit ihrer Mutter gestohlen hatte - so wenig das auch war. Bei einer der seltenen Gelegenheiten, als ihre Mutter sie zusammen im gleichen Haus hatte, hatte Gerald seinen kleinen Bruder mit einer eisernen Bratpfanne besinnungslos geschlagen, weil er eine Scheibe Toast von seinem Teller gestohlen hatte. Trotzdem: „Gerald zeigte sein bestes ‚Weinen und Lügen'-Schauspiel, und der Begnadigungsausschuß entließ ihn, bevor er noch nicht einmal die Hälfte des

Minimums seiner Strafe von 5 Jahren beendet hatte, die er noch hätte absitzen müssen, bevor er überhaupt für eine Begnadigung in Frage gekommen wäre." (S. 121/122)

Dies war eine folgenschwere Fehlentscheidung, die den Tod vieler Menschen zur Folge hatte. Van Hoffmann (1990, S. 122) kommentiert dies mit den bitteren, sarkastischen Worten: „Der 16jährige Gerald Gallego hatte wieder einmal das System in den Hintern getreten und war frei, als ein viel klügerer, härterer und entschlossenerer junger Mann. Er ‚begann mit seinem Spiel' und hörte damit nicht auf, bis er 10 Frauen getötet hatte."

Der Fall Gallego ist aus verschiedenen Gründen aufschlußreich:

Der Begnadigungsausschuß machte den großen Fehler, seine Entscheidung nicht auf konkrete Fakten zu stützen. Aus der Vorgeschichte wäre ersichtlich gewesen, daß Gallego log. Auch hätte der Begnadigungsausschuß schon wegen der extrem demonstrativ gezeigten Gefühlsäußerungen von Gallego vorsichtig sein müssen. Ein echter Gesinnungswandel wäre wohl weniger demonstrativ geäußert worden. Wie die Abkehr eines Täters von Gewalt tatsächlich abläuft, zeigt der Fall von Charles Dutton (Kap. VIII,8). Dieser zeigt seine Verhaltensänderung durch sein Verhalten, durch das Verlassen der aggressiven Gruppe, durch Nichtaggression, Verzicht auf Vergeltung, wodurch sein Ansehen bei seinen früheren Kameraden litt.

Der junge Psychiater im Fall Gallego war akademisch gebildet, hatte vermutlich einen angemessen hohen Intelligenzquotienten. Aber er war nicht - im Gegensatz z. B. zum Gefängnisdirektor - **streetwise**. Nur in wenigen neueren Lexika findet man eine Übersetzung für diesen Begriff: clever. Aber diese Übersetzung verdeutlicht leider nicht das Wesentlichste. Streetwise bedeutet, daß jemand „kenntnisreich darüber ist, wie die einfachen Leute sich verhalten, überleben usw., besonders in den großen Städten". Es geht also darum, wie diese Menschen wirklich denken und handeln (s. Letkemann, 1973).
Wer streetwise ist, weiß also,

- wie er bestimmte Personengruppen einschätzen muß
- welche Verhaltensweisen bei ihnen zu erwarten sind
- wie diese Personen bestimmte Sachverhalte sehen (dies kann erheblich von dem abweichen, wie ein Akademiker der Mittel- oder Oberschicht die Dinge sieht!)
- welche Tricks diese Personen anwenden, um andere zu manipulieren oder zu übertölpeln
- wie man sich gegenüber diesen Personen dagegen schützen kann, ausgetrickst zu werden usw.
- wie man Gefahren erkennt und vermeidet.

Der Begriff ‚streetwise' lenkt den Blick darauf, daß es viele Dinge gibt, die beruflich äußerst wichtig sind, die sogar für das Überleben entscheidend sein können, die aber leider in der formalen Ausbildung nicht (oder äußerst selten) vermittelt werden. Derartiges ‚Insider-Wissen' könnte z. B. sprachliche Eigenarten, Slang, Erkennungszeichen usw. krimineller Gruppen, ‚Gaunerzinken' betreffen.

Jeder, der einmal einen Serienmörder gesehen oder sich mit dem Leben und der Persönlichkeit dieser Täter befaßt hat, weiß, daß sie äußerlich nicht dem allgemein verbreiteten Bild vom impulsiven, bösartigen Mörder entsprechen. Freundlich, höflich, unauffällig oder charmant - man traut ihnen derartige Taten auf den ersten Blick nicht zu.

Besonders grotesk sind die unwissenschaftlichen, pseudopsychologischen Analysen von derartigen Tätern. Van Hoffmann (1990, S. 22) beschreibt den Wutanfall Gallegos, als er im Fernsehen eine Reporterin am Fundort zweier seiner Opfer sagen hörte, sie teile die Meinung von Dr. Emilie Hart, einer bedeutenden und sehr bekannten Fernseh-Parapsychologin, daß dieses schreckliche Verbrechen durch einen kranken, einsamen, furchtsamen Mann begangen worden sei, der laut nach Hilfe rufe und diese schlimme Sache gemacht habe, um Aufmerksamkeit zu erlangen. „Ich bitte nun diesen kranken Mann, diesen Sender anzurufen. Wenn Sie sich mir stellen, werde ich dafür sorgen, daß Sie die Hilfe, Behandlung, Fürsorge und Liebe bekommen, die Sie schon immer gewünscht und benötigt haben!" Als Gallego dies hörte, warf er seine Tasse an die Wand, beschimpfte die Reporterin und schrie u.a.: „Verängstigt? Krank? Einsam? Nach Hilfe schreien? Über welchen Blödsinn redet sie?" Man kann sich über die Naivität und das Unwissen dieser Reporterin (sie war eben nicht streetwise) lustig machen. Aber es ist etwas sehr Gefährliches in derartigen Vorstellungen. Man betrachtet nicht die Taten, sieht nicht ganz nüchtern, was der Täter angerichtet hat: Er hat sich zum Herrscher über Leben und Tod aufgespielt, er hat das Leben seines Opfers und dessen Familie zerstört, alles nur, um einen ‚Kick', ‚Thrill', Freude am Leiden der Opfer zu haben.

Irgendwie scheint manchen Menschen die richtige Perspektive bei der Betrachtung derartiger Täter verloren zu gehen. Sheila Isenberg (1991) beschrieb und analysierte das bizarre Phänomen, daß sich viele Frauen gerade von bösartigen Serienmördern angezogen fühlen, sich in sie verlieben, sie heiraten, obwohl diese ihren Haß gegen Frauen in vielen sadistischen Morden ausgedrückt haben. Isenbergs Verdienst ist, daß sie auch auf die Opferperspektive hinweist, wenn sie z.B. von den Mördern Bianchi und Buono schreibt (S. 218): „Ihre Opfer sind schon lange tot, und die Familien dieser Opfer haben unendlich viel Trauma und Verlust erlitten. Aber den Killern ist erlaubt worden zu heiraten, und jeder erfreut sich des Komforts, der Wärme und Zuneigung einer Frau, die ihn liebt. Und während die Namen ihrer Opfer in die Vergessenheit geraten sind, sind Bianchi und Buono noch Berühmtheiten."

„Aber er hatte doch eine trostlose Jugend." Mit einer solchen ‚Erklärung' wird oft ein gewisses Verständnis geäußert und dem Täter psychologische Amnestie gewährt. Zwar kann man feststellen, daß Serienmörder keine optimalen Sozialisationsbedingungen hatten (z. B. Füllgrabe, 1992). Doch wird nur ein Bruchteil der Personen mit unglücklicher Jugend zum Mörder. Und warum muß jemand zum Opfer werden, nur weil ein anderer eine trostlose Jugend hatte?

Man stelle sich auch das ungeheure Entsetzen vor, das ein Opfer in dem Augenblick empfindet, sobald es die Absicht des Mörders zu töten erkennt. Und wie würde das Opfer empfinden, wenn der Täter seine Absicht mit seiner trostlosen Jugend zu erklären suchte?

Wir können es höchstens - soweit dies bei einem derartigen Verbrechen möglich ist - mit klinischer Distanz gemäß einer zwischenmenschlichen Spieltheorie (s. Kap. III) mit den kooperativen/unkooperativen Programmen vergleichen und sagen: Hier liegt ein unkooperatives, ausbeuterisches und bösartiges Verhalten vor. Und dies **ist** bösartig, gleichgültig, weshalb dieser Mensch es macht (oder abstrakt gesehen: warum dies ein unkooperatives, ausbeuterisches Programm ist). Das Ergebnis ist wichtig, nicht das warum.

Übrigens gibt es noch eine ironische Fußnote zum Angebot der Reporterin, Gallego endlich die Liebe zukommen zu lassen, nach der er sich angeblich seit langem sehnte. Im Alter von 10 Jahren war er wegen eines Messerangriffes in ein Jugendheim eingewiesen worden. Dort mußte jeder Junge vor dem Essen beten. Wenn er dies nicht laut genug tat, bekam er nichts zu essen.

„Innerhalb eines Monates sang Gerald Gallego ‚Gebete wie ein indianischer Medizinmann', nannte jeden ‚Sir', hielt das Personal auf Trab, indem er versuchte, ‚hilfsbereit' zu sein."

Wie Gerald es sich vorstellte, wurde er bald entlassen, weil der Psychiater der Anstalt überzeugt war, daß Gerald das war, was er in seiner Rolle spielte: ein 10jähriger Junge, weit weg von zuhause, der seine ihn liebende Mutter vermißte, ihr Essen, ihre Küsse, ihr Streicheln, jede Nacht von ihr zu Bett gebracht zu werden.

Kurze Zeit später zündete er - kaum zuhause - das Haus der Frau an, die ihn angezeigt hatte. Zwei Jahre später, nach zahlreichen Delikten vom Autodiebstahl bis zum Ladendiebstahl, war Gerald bereits ein „Experte im Manipulieren des Systems, konnte jeden Psychiater kontrollieren und manchmal sogar den zynischsten Jugendpolizisten. Er konnte alles, abstreiten, weinen und schreien, darum bitten, seine Mutter zu sehen, damit drohen, Selbstmord zu begehen - und, wie ein seit langem vergessener Jugendpolizist in seinem Bericht notierte, ... ‚dieser kleine Bastard würde seinen Weg aus der Hölle finden, durch Weinen und Lügen.'" (Van Hoffmann, 1990, S. 115)

Man sieht also seine Lebensprogrammierung: Andere ausnutzen, übertölpeln - eine völlig unkooperative Strategie. Kein einziges Mal hatte er den Versuch gemacht, eine freundliche, kooperierende Gemeinschaft aufzubauen, selbst wenn er die Gelegenheit dazu hatte. Und er hatte dazu viele Gelegenheiten, angesichts der vielen Frauen, die in ihn verliebt waren. Aber selbst seine Ehefrau Charlene, die die Idee mit der Entführung und dem sexuellen Mißbrauch der Opfer hatte, beschimpfte er ständig und schlug sie häufig. Seinem unkooperativen Verhalten wurde nie Widerstand entgegengesetzt, keine deutliche Reaktion gegen Ausbeutung; sein unkooperatives Verhalten wurde ständig bekräftigt und verstärkt, durch Liebe. Weshalb sollte er den für ihn paradiesischen Zustand ändern?

1.2 Forderungen an eine empirische Kriminalpsychologie

Beobachtungen, die ich bei Prozessen selbst machte, forensische Gutachten und Gerichtsurteile, die ich las, brachten mich zu der Erkenntnis, daß manche Vorstellungen über kriminelle Delikte nicht die Realität widerspiegeln. Nicht selten wird von einem theoretischen Modell ausgegangen, ohne daß man überhaupt im konkreten Fall überprüft hat, wie die handelnden Personen wirklich gedacht, empfunden und sich tatsächlich verhalten haben. Außerdem werden oft die tatsächlich wirkenden Prozesse nicht tief genug ausgelotet. Vor allem aber wird häufig eine wichtige Hauptperson überhaupt nicht berücksichtigt: das Opfer.

Der Weg zu einer wissenschaftlichen Kriminalpsychologie kann also nur über eine empirische Erforschung von kriminellen Delikten, Tätern und Opfern führen. Es kann nicht einfach unüberprüft ein Modell, etwa die Psychoanalyse, auf einen Kriminalfall angewendet werden. Daß dies in der Vergangenheit geschehen konnte, hängt unter anderem damit zusammen, daß der Autoritätsfaktor stärker war als das Bedürfnis, die eigene Meinung an der Realität zu überprüfen. Mit Autoritätsfaktor meine ich, daß alleine dadurch, daß man ein geschlossenes Erklärungssystem (etwa Psychoanalyse oder Erbtheorie etc.) benutzte, mit dem man alles erklären konnte, und daß man einen respektablen akademischen Rang besaß, als Arzt (insbesondere mit Professorentitel) vor Gericht und in der Öffentlichkeit automatisch und ungeprüft als jemand galt, der sachkundig etwas zu einem Kriminalfall sagen konnte.

Während aber ein Ingenieur spätestens dann merkt, daß seine Berechnungen falsch sind, wenn die von ihm konstruierte Brücke einstürzt, sind derartige Erfolgskontrollen bzw. ‚Mißerfolgskontrollen' im forensischen Bereich relativ selten. Natürlich zeigen die Fälle, wo Gewalttäter nach Gehirnoperationen oder Sexualstraftäter nach Kastration wieder rückfällig wurden, daß das Modell, das diesen kriminalitätsverhindernden ‚Maßnahmen' zugrunde liegt, nicht richtig ist. Aber zumeist bleibt es für einen Sachverständigen ohne Folgen, wenn er unbewiesene Spekulationen als „Persönlichkeitsanalyse" ausgibt. Höchstens erntet er Kopfschütteln oder Ironie wie im Falle Gallego.

Welche Forderungen muß eine empirische Kriminalpsychologie also erfüllen?

1. Sie muß die Realität widerspiegeln.
Die benutzten Modellvorstellungen müssen empirisch gesichert sein. Der Kriminalpsychologe muß „streetwise" sein; er muß wissen, wie die betreffenden Menschen wirklich denken, fühlen und handeln. Er weiß z. B., daß sadistische Serienmörder nicht (im biologischen Sinne) ‚krank' sind, sondern daß sie extrem aggressive Gedanken und Phantasien haben.

2. Sie muß eindeutige Begriffe beinhalten.
Es muß gemäß dem BASIC ID (s. Kap. I, 2) klar sein, wovon wir sprechen. Vage Begriffe, wie z.B. Seele, sind weder meßbar noch therapierbar.

3. Der Mensch muß als ein sich situativ veränderbares und zeitlich sich entwickelndes System gesehen werden.
Es ist ein Paradigmenwechsel notwendig, von einem statischen Menschenbild zu dem vom Menschen als einem sich entwickelnden, sich entfaltenden System, wobei Elemente der Person (Kognition, Imagination usw.) eine Rolle spielen, aber auch Elemente der Situation (Zufall usw.). Damit ist verständlich, warum sich
- verschiedene Menschen in der gleichen Situation unterschiedlich verhalten (bedingt durch ihre unterschiedliche Persönlichkeitsstruktur, d.h. Kognitionen und andere Elemente des BASIC ID; s.a. Modell von Mischel)
- der Mensch sich in verschiedenen Situationen höchst unterschiedlich verhalten kann.

4. Verhalten ist das Ergebnis eines Entscheidungsprozesses.
Die epigenetische Landschaft zeigt, daß es äußere Einflüsse gibt, die das Schicksal eines Menschen in die eine oder andere Richtung sich entwickeln lassen. Der Mensch hat es also oft durchaus in der Hand, in welche Richtung sich sein eigenes Schicksal entwickelt. dazu muß er planvolle Entscheidungsprozesse durchführen.

5. Es gibt keine Zwangsläufigkeit der Entwicklung.
Die epigenetische Landschaft zeigt, daß es vom selben Ausgangspunkt her unterschiedliche Entwicklungsmöglichkeiten gibt. Niemand

ist durch sein Schicksal, durch seine Erbanlagen, durch seine Kindheit usw. zur Kriminalität, zur Gewalt verdammt. Es gibt zahlreiche Puffersysteme; auch kann jeder Mensch an jedem Abzweigungspunkt der epigenetischen Landschaft durch problemorientierte innere Monologe zu aggressionsfreiem, kriminalitätsfreiem Verhalten kommen.

1.3 Die Kriminalpsychologie muß „streetwise" sein

Van Hoffmanns Schilderung des Serienmörders Gallego ist stellenweise subjektiv gefärbt, z.t. bitter, z.T. sarkastisch. Entscheidend ist aber, daß er den Blick auf etwas Wichtiges lenkt, das oft übersehen wird. Die im universitären Bereich vermittelten Betrachtungsweisen von kriminellen Delikten und Tätern sind keineswegs selten unzureichend und manchmal sogar realitätsfern. Dies kann man beispielsweise feststellen, wenn zwei Gutachter sich vor Gericht widersprechen und man sich fragt, auf welche Kriterien sie ihr Urteil stützten, bzw. feststellt, welche Kriterien sie nicht benutzt oder sogar übersehen haben. Es dürfte nicht der Fall sein, daß man - wie im Falle Gallego - von seiner (unüberprüften) Lieblingstheorie ausgeht und diese einfach einem Kriminalfall überstülpt.

Das hohe Prestige, das der akademische Bereich besitzt, darf nicht darüber hinwegtäuschen, daß auch akademisch Ausgebildete sich irren können. Dies liegt nicht nur daran, daß die Modellvorstellungen, auf die man die eigene Meinung stützt, unangemessen oder falsch sind. Manchmal erkennt man auch die Fallen nicht, in die man tappen kann, oder im Übereifer übersieht man einfachste Irrtumsmöglichkeiten. Obwohl beispielsweise Loftus (1975) intensiv die Auswirkungen von Suggestivfragen untersucht hat, gibt es auch heute noch Gutachter und Gutachterinnen, die dieses Phänomen unberücksichtigt lassen. Wer im forensischen Bereich die Glaubwürdigkeit einer Zeugenaussage abschätzen will, tut gut daran, sich die Formulierungen der Fragen durch den Gutachter oder die Gutachterin genau anzusehen. Das ist besonders wichtig bei Prozessen, bei denen es um Anschuldigungen hinsichtlich sexuellen Mißbrauchs von Kindern geht. Statt sich vom Kind zunächst eine Schilderung des Sachverhaltes geben zu lassen und neutral zu fragen (Was ist geschehen?), wird z.B. suggestiv gefragt (Wann hat er das mit dir gemacht?), und wenn nach einer Serie derartiger Fragen, auf die das Kind nicht reagiert hat, das Kind dann mit dem Kopf nickt oder leise ‚ja' sagt, wird diese Reaktion des Kindes als Bestätigung des Verdachtes des Gutachters angesehen. Auf die näherliegende Möglichkeit, daß das Kind aus Resignation, aus dem Bedürfnis, vor der Salve dieser z.T. unverständlichen Fragen endlich Ruhe zu haben, aus Konformitätsdruck usw. nickt oder ‚ja' sagt, kommt der unvorsichtige Gutachter dann überhaupt nicht.

Der Begriff „streetwise" lenkt also den Blick darauf, wie wichtig es ist, ein umfassendes Bild der Realität zu besitzen. Dazu gehört nicht nur Wissen über Sachverhalte, sondern auch die Kenntnis von möglichen Fallen!

Was geschieht, wenn man kein umfassendes Bild der Realität besitzt, kann auch am Beispiel unvorsichtiger Naturwissenschaftler aufgezeigt werden, die bestimmte, angeblich parapsychologische Phänomene als echt einstufen, weil sie

- diese nur aus den ihnen vertrauten Perspektiven betrachteten,
- aber die Tricks nicht kannten, die etwa Spiritisten, Medien oder Menschen mit angeblich telekinetischen Fähigkeiten benutzten.

Aber jeder gute Zauberkünstler hätte den Wissenschaftlern mit Leichtigkeit den Trick verraten können. Und viele berühmte Zauberkünstler hatten und haben es sich zur Aufgabe gemacht, Betrugsfälle im okkulten Bereich zu entlarven. Christopher (1977) widmete deshalb sein Buch „Geister, Götter, Gabelbieger" jemandem, „der mehr als ein halbes Jahrhundert versuchte, leichtgläubige Forscher davon zu überzeugen, daß für ihre Untersuchungen unerklärlicher psychischer Phänomene eine gewisse Kenntnis der Zauberkunst unerläßlich ist."

1.4 Vorsicht! Gutachter!

1.4.1 Der Gutachter und die Realität

Schon in relativ frühem Alter hatte Gerald Gallego (van Hoffman, 1990) gelernt, sich in einer unfreundlichen Umgebung durchzuschlagen. Er hatte deshalb nie Angst gehabt oder Skrupel, wenn er etwas bei einem Menschen durchsetzen wollte. Er hatte das Bedürfnis - ohne Rücksicht auf die Frauen zu nehmen - seinen Spaß zu haben, „Sexsklavinnen", wie er sie nannte (S. 35), zu entführen und danach umzubringen, um keine Zeuginnen leben zu lassen. Wie deutete einer der Gutachter aber Gallegos Taten?

„Geralds Morde sind das Ergebnis verschobener Gefühle der Wut gegen seine Mutter, wobei die Opfer als Teile seiner Mutter gesehen werden, gegen die er nun in außerordentlich ungehemmter Art und Weise handeln kann. Stark zu sein ist wichtig für Gerald, weil er große Sorge hinsichtlich seiner Männlichkeit hat -" (van Hoffmann, 1990, S. 280). An dieser Stelle sprang Gallego aus seinem Stuhl und mußte mit Gewalt wieder auf seinen Stuhl zurückgedrückt werden. Offensichtlich hatten ihn die Worte des Gutachters verärgert.

„Als Ergebnis davon schlagen seine Bedürfnisse durch, andere zu dominieren und zu kontrollieren. Ich sehe das bei all den Opfern- (sie) binden, kontrollieren,

Schmerz zufügen ...einerseits ist Charlene eine Person, die er dominieren kann. Andererseits ist sie selber eine dominante Person, nicht schwach, eine starke Person, an die er sich lehnen kann ... wegen seines Bedürfnisses nach einem Vater, erschuf er sich einen in seiner Phantasie. Seine Mutter war sein Vater - er wünschte diese sehr wichtige Mutter zu besitzen. Als Gerald Sex mit seiner Tochter hatte, behandelte er sie als seine Frau und Mutter, die eigentlichen Frauen seiner Phantasie. Geraldo fühlt, daß er seinen Vater in sich hat. Wenn Gerald hingerichtet wird, wird er stark gewesen sein. Wenn er lebt, wird er schwach gewesen sein. Gerald benötigt einen Vater neben sich und in sich."

Van Hoffmann (1990, S. 280 f) kommentiert dies nur mit den Worten: „Der Eindruck, den dieses Gutachten hinterließ, wurde mehr oder weniger durch einen alten Herrn in der ersten Reihe zusammengefaßt, der seinen gleichsam älteren Begleiter laut fragte: „Worüber hat der Mann gesprochen? Sagte er, daß Gallego gerne Sex mit seiner Mutter gehabt hätte? Oder war es mit seinem Vater?""

Man kann natürlich die Frage stellen: Woher wußte der Gutachter all das, was er sagte? Die Antwort ist einfach: Er wußte es nicht, dies sind lediglich seine spekulativen Meinungen gewesen, die er aus seinem offensichtlich psychoanalytisch orientierten Modell/Weltbild entnommen hat - und unüberprüft auf den Fall übertragen hat.

Van Hoffman (1990, S. 210/211) hörte drei Stunden lang einer privaten Diskussionsrunde von „Sachverständigen" zu, die darüber debattierten, warum Charlene (Gallegos Ehefrau) „auf die schiefe Bahn geraten war." Charlene war es gewesen, die Gerald Gallego auf die Idee gebracht hatte, Frauen zu entführen und sie zu sexuellen Spielereien zu mißbrauchen (van Hoffmann 1990, S. 35).

Eine Psychologin behauptete, daß Charlene unterdrückt worden war und durch Männer ihr ganzes Leben lang dominiert worden war - zuerst durch ihren Vater, dann ihre Freunde, Ehemänner, weitere Freunde und schließlich „durch diesen Großmeister aller männlichen Chauvinisten", Gerald Armond Gallego.

Zwei männliche Psychiater behaupteten, daß das einzige Problem bei Charlene ihr „Elektrakomplex" sei, d.h. daß Charlene „verdrängte Wünsche, sexuelle Anziehung für ihren Vater empfinde." (Van Hoffmann, 1990, S. 211). Ein männlicher Psychiater behauptete, daß in Charlene viele Persönlichkeiten verborgen seien (offensichtlich meinte er hier, daß Charlene eine Multiple Persönlichkeit sei). Er meinte, daß sie im Mittelalter eine Hexe gewesen sei und diese Persönlichkeit auslebe, wenn sie die Morde mit vorheriger Entführung und Vergewaltigung der Opfer zusammen mit Gerald beging. Außerdem sei Gerald nichts anderes als eine Reinkarnation des Mönches Tomas de Torquemada, des „Gurus der Inquisition"; und wenn sich diese beiden blutdürstigen Persönlichkeiten in Raum und Zeit treffen würden, sei es zwangsläufig, daß „überall Körper herumverstreut liegen würden" (S. 211).

Ein anderer behauptete, daß Charlenes einziges Problem eine verhüllte, überwachsene Clitoris sei, und derartiges verursachte mehr Probleme für Frauen als alle Chauvinisten, gespaltenen Persönlichkeiten und Elektrakomplexe in der ganzen Welt. Man bräuchte nur eine Operation und das überflüssige Hautstückchen entfernen, und alles sei wieder in Ordnung, Charlene sei wieder „munter wie ein Fisch im Wasser" (S. 211).

Man mag van Hoffmanns Schilderung für übertrieben halten, aber es ist nicht untypisch dafür, daß häufig auch akademisch gebildete Personen ihre Lieblingshypothesen verbreiten, aber übersehen, daß dies höchstens Hypothesen sind und es versäumen, ihre Hypothesen an der Realität zu überprüfen.

In Wirklichkeit war Charlene kein Opfer der Gesellschaft, auch war sie nicht von Männern unterdrückt worden. Sie war von ihren Eltern verwöhnt worden, erpreßte diese geschickt mit Asthmaanfällen, bis diese alle ihre Wünsche erfüllten! Ein früherer Ehemann, der froh war, sie los zu sein, beschrieb sie als „gewohnheitsmäßige Lügnerin", die ihre Hände nicht von anderen Männern lassen konnte und die unablässig über „unheimlichen, geisterhaften Sex" sprach (van Hoffmann, 1990, S. 212). Sie veranlaßte z.B. einen ihrer Liebhaber, einen verheirateten Mann, nach einem Liebestreffen in seiner Garage, nach oben in sein Schlafzimmer zu gehen, das Fenster zu öffnen, das Licht anzumachen und mit seiner Frau Geschlechtsverkehr zu haben, wobei Charlene ihnen zusah.

Einfach ausgedrückt: Charlene hatte einen IQ von 160, sie hatte aber wie Gerald Gallego niemals gelernt, auf andere Menschen Rücksicht zu nehmen. Sie konnte andere Menschen veranlassen, das zu tun, wozu sie Lust hatte, was ihr gerade Spaß machte.

Deshalb braucht man keine Elektrakomplexe, Multiple Persönlichkeiten o.ä. exotische Erklärungen, um ihr kriminelles Verhalten zu erklären. Sie selbst erklärte es mit den Worten: „Wir hatten diese sexuelle Phantasie, so führten wir sie eben aus. Ich meine, da es so einfach war und Spaß machte und wir es wirklich genossen, warum sollten wir es nicht tun?" (van Hoffmann, 1990, S. 211). Es ist die typische Antwort, die derartige Täter, ob in Deutschland oder den USA, ob in der Gegenwart oder in der Vergangenheit, auf die Frage geben, warum sie derartige Morde begangen haben: Aus Spaß, um einen „Kick" zu bekommen. Natürlich sind die einzelnen Motive und Antworten etwas individueller, etwas mehr oder weniger in Richtung „Ich stand unter einem Zwang" hin orientiert (womit man seine Taten zu entschuldigen versucht). Auch mag die Tatausführung unterschiedlich sein: ein Täter findet Freude daran, sein Opfer zu quälen und zu zerstückeln; ein anderer entführt und vergewaltigt sein Opfer, um bestimmte sexuelle Phantasien auszuleben (wie Gallego), um es dann zu töten, um nicht verraten zu werden. Aber der Kern der Motivation ist immer der gleiche: Man verschafft sich Vergnügen, auf Kosten des Lebens eines anderen Menschen.

1.4.2 Warum sich forensische Gutachter widersprechen können

Man könnte natürlich fragen, ob die unterschiedlichen Meinungen der „Gutachter" im Falle Gallego nicht einen skurrilen Sonderfall darstellen. Aber das ist nicht das Problem. Es geht vielmehr um die Frage: Warum kommt es überhaupt dazu, daß zwei Gutachter die Tat, die Zurechnungsfähigkeit des Täters, sein zukünftiges Verhalten unterschiedlich deuten? Die Gründe dafür können sein:

1.4.2.1 Es werden unterschiedliche Definitionen des gleichen Begriffes benutzt

Dazu ein Beispiel, das ich während eines Gerichtsprozesses erlebte. Verhandelt wurde der Fall eines Mannes, der bei einem Streit eine Frau erwürgte. Vom Verhalten und seiner Persönlichkeit her hatte er eindeutig einen impulsiven Lebensstil. Der eine Gutachter (ein Psychiater) sagte, daß der Angeklagte einen starken Aggressiontrieb habe, nach seiner Haft aber nicht mehr aggressiv handeln würde.
Der zweite Gutachter, auch ein Psychiater, sagte, daß der Angeklagte einen starken Aggressionstrieb habe und deshalb nach der Haftentlassung wieder weiter aggressiv handeln werde. Das Gericht hatte dann die wenig beneidenswerte Aufgabe zu entscheiden, welcher der beiden Psychiater recht hatte. Offensichtlich hatten beide Gutachter unterschiedliche Vorstellungen von dem Begriff „Aggressionstrieb", worin dieser „Trieb" konkret besteht und welche Konsequenzen sich daraus ergeben. Ähnlich verwirrend ist es, wenn jemand meint, er habe dadurch die Aggression eines Menschen erfaßt, daß er dessen Hormonspiegel ermittelt. Diese Sprachverwirrung kann durch die Benutzung des BASIC ID (Lazarus, 1981) leicht vermieden werden (s. Kap. I, 2).

1.4.2.2 Manche der benutzten Begriffe sind inhaltsleer.

Begriffe wie „Psychopath", „Kleptomanie", „Pyromanie", u.ä. erklären nichts. Sie geben keine Auskunft, welche psychologischen u.a. Prozesse sich in Wirklichkeit abgespielt haben. Walsh (1978, S. 36) meinte ironisch, daß man im forensischen Bereich vielen Phänomenen „Namen mit griechischen und lateinischen Vorsilben gab, und den Rest den vorherrschenden Vorurteilen überließ."

1.4.2.3 Die Modellvorstellungen sind falsch

Manche Diagnosen, „Therapiemaßnahmen", Prognosen sind deshalb falsch, weil sie auf nicht empirisch gesicherten Modellvorstellungen beruhen.

Das Schlüsselerlebnis dazu hatte ich während eines Praktikums, als eine Gruppe von Psychiatern über einen Patienten diskutierten. Aus dem Verhalten dieses Patienten, der sich unter anderem als Voyeur betätigt hatte, ging eindeutig hervor, daß er sehr gehemmt und schüchtern war. Da ihm offensichtlich soziale Fähigkeiten fehlten, sich in sozial angemessener Form Frauen zu nähern und sie anzusprechen, erschien mir ein soziales Training sinnvoll. Doch die Psychiater kamen sofort auf den „Therapievorschlag": Kastration. Und das, obwohl der Voyeur keine sexuelle Handlung vollzogen hatte und auch kein Opfer bedroht hatte.

Denn es hat sich gezeigt, daß hinter vielen Sexualdelikten kein sexueller Trieb, wie z.B. bei einem Liebespaar, steckt, sondern daß aggressive, machtmotivierte u.a. Gedankengänge derartige Delikte auslösen. Es ist deshalb nicht erstaunlich, daß gerade viele Sexualstraftäter sexuelle Störungen haben!

Ist es aber überhaupt vorstellbar, daß in einem Gutachten nicht die Realität abgehandelt wird, sondern daß dort auch oder lediglich das Weltbild und die Vorurteile des Gutachters auftauchen? Doch genau das war der Fall beim Gutachten über den deutschen Serienmörder Peter Kürten, der in den 20er Jahren mindestens neun Menschen ermordete.

Kürten war sexuell schwer erregbar und hatte Schwierigkeiten hinsichtlich Erektion und Ejakulation. In Haftanstalten machte er die Erfahrung, daß er auch ohne sexuelle Handlungen zu einem spontanen Samenerguß kam. Er betonte ausdrücklich (Lenk u. Kaever, 1974, S. 126), daß sich seine Phantasie dabei deutlich von der anderer Gefangener unterschied: „Ich denke nicht an nackte Weiber. Aber wenn ich in der Zelle allein war, dann habe ich mir immer was anderes vorgestellt. Gewalttätigkeiten, und das war für mich ein Genuß." Er stellte sich dabei z.B. Bauchaufschlitzen vor und wie die Öffentlichkeit sich entsetzen würde. Auch dieser letzte Gesichtspunkt „Entsetzen der Öffentlichkeit" zeigt, daß es Kürten wie auch anderen Tätern nicht um die „Befriedigung des Geschlechtstriebs" ging, sondern um ein erhöhtes Aktivierungsniveau („Thrill"). Übrigens weisen auch Ressler u.a. (1986) auf das „Hochgefühl" einiger Mörder nach der Tat hin: „Sie haben die Normen verletzt, sie haben getötet", (S. 10), einer erlebte es, als er den Leichnam mit dem Auto wegfuhr (S. 10), andere durch Telefonieren mit der Polizei nach der Tat, in der Menge am Tatort sein u.ä. (S. 11). Obwohl Kürten gegenüber dem Psychiater deutlich darauf hinwies, daß seine Taten auf Machtmotivation und Freude am Quälen und Zerstückeln beruhten, sah der psychoanalytisch orientierte Gutachter die Taten durch die Brille des biologischen Modells. Da in der Freudschen Psychoanalyse die Deutungen in Richtung „Sexualtrieb" gehen, interpretierte der Psychiater auch einen starken Sexualtrieb in Kürten hinein (s. Lenk und Kaever, 1974, s. a. S. 318).

Wenn man die mit Kürten durchgeführten Gutachterinterviews genau liest, kann man deutlich erkennen, daß ihm der Gutachter ständig sexuelle Motive suggeriert, z.B.: „Diese Märtyreridee ist ein Beruhigungsmittel für Sie gewesen. Sie wollten doch nur Ihre Geschlechtslust finden." (Lenk und Kaever, 1974, S. 239). Obwohl Kürten selbst in seinen Aussagen Gewalt und Rache in den Vordergrund stellt, redet ihm der Gutachter immer wieder ein, es handele sich um eine sexuelle Motivation. Beim Lesen dieser Interviews kann man sich nicht des Eindrucks erwehren, daß es sich hierbei um eine Art „Gehirnwäsche" handelt.

Mit einer gewissen Befriedigung stellt deshalb auch der Gutachter fest: „Im Laufe der ärztlichen Untersuchungen hat Kürten den sexuellen Trieb immer uneingeschränkter in seinen Angaben hervortreten lassen. ... In unserer 1. Untersuchung ist nur von der Sühneidee die Rede, in der 2. kommt allmählich das sexuelle Motiv heran, in der 3. ist es ein Nebeneinander, es tritt die Angabe auf, daß er seit Jahrzehnten gemerkt hat, daß man sich so mit Gewalttaten, Vorstellungen von Gewalttaten, sexuell befriedigen kann, in der 4. Untersuchung bricht es mit voller Klarheit durch und in allen folgenden wird immer deutlicher, daß jede der Straftaten mit sexueller Befriedigung bis zum Samenerguß verbunden war, daß die Straftaten als ihr Hauptmotiv die sexuelle Befriedigung hatten und daß Kürten ohne Gewalttat nicht eine ausreichende sexuelle Befriedigung erreichen konnte. Das zeigen unsere Stenogramme, aus denen wir nicht in gekünstelter Weise den sexuellen Trieb in den Mittelpunkt der Motive rücken ließen, sondern, daß Kürten im Laufe der streckenweise psychoanalytischen ärztlichen Exploration selbst auf den Hauptwert des sexuellen Motivs hinkommt." (Lenk und Kaever, 1974, S. 261 - 262). Nachdem der Gutachter also erreicht hat, daß Kürten seine Taten selbst unter sexuellem Blickwinkel betrachtet, wäre zu überprüfen, ob dies überhaupt aus den Aussagen von Kürten ableitbar ist.

Schon zu Beginn der Untersuchung betont Kürten (S. 261), „daß es keine sexuelle Spannung gewesen sei". Als Motiv für seine Taten benennt er Rache. Er sagt: „... dieses Vergeltungsgefühl und dieser Vergeltungsgedanke sich in mir in Jahren und Jahrzehnten empor gebildet hat (S. 104). ... Ich habe nie etwas Ungerechtes getan und habe doch meine ganze Jugend hindurch Martyrium leiden müssen" (Lenk und Kaever, 1974, S. 232). „Ich habe unter diesem grausamen Strafvollzug schwer leiden müssen, nicht körperlich, sondern auch seelisch" (S. 104).

Manche wissenschaftlichen Erkenntnisse sind das Ergebnis systematischer Forschung, andere kommen zufällig zustande (z.B. die Entdeckung des Penicillins). Andere Erkenntnisse kommen nicht zustande, weil man eine Entwicklung verschläft (wie im Falle eines Astronomen, der als erster eine Supernova fotographiert hatte, aber seine Fotoplatten nicht rechtzeitig entwickelte) oder aus starrsinnigem Festhalten an einem Dogma, wie der Gutachter im Falle Kürten.

Obwohl dieser Gutachter aus dem vorliegenden Material, den vielen Gesprächen mit Kürten, auch die rein aggressive Motivation, die rein aggressiven und sexualitätsfreien Imaginationen und Kognitionen u.a. hätte herausstellen können (und auch müssen!), blieb er in seinem biologischen Denkmodell gefangen. Daß er sich irrte, wäre noch nicht einmal so schlimm gewesen, hätte ihm nicht Kürten das richtige Modell gewissermaßen auf dem silbernen Tablett serviert. Statt sich zunächst vorurteilsfrei die Aussagen Kürtens anzuhören und sich daraufhin eine Meinung zu bilden, ging der Gutachter mit festen psychoanalytischen Modellvorstellungen an die Aussage heran, ohne die Richtigkeit des Modells in Frage zu stellen.

2. BASIC ID

Allzu häufig kommt folgendes vor: Kriminelle Gewalttäter werden als „nichtaggressiv", „harmlos", „geheilt" o. ä. eingestuft, werden aus der psychiatrischen Klinik entlassen und begehen erneut Gewalttätigkeiten oder sogar sadistische Morde. Dies sind keine zufälligen Pannen, sondern hier werden grundsätzliche Mängel, Schwachstellen und Fehlerquellen bei der forensischen Betrachtungsweise von Gewalttätern deutlich.

2.1 Die Vielfalt menschlicher Reaktionsebenen

Es ist nicht einfach (aber grundsätzlich doch möglich!), die Gefährlichkeit von Gewalttätern, selbst von psychopathologischen Gewalttätern, abzuschätzen (s. Kap. VII, 5).

Dazu darf man aber nicht vom aktuellen Verhalten des Täters im Gefängnis oder in der psychiatrischen Klinik ausgehen. Da relativ viele Gewalttäter, z.B. sadistische Serienmörder, häufig nichtaggressives, sozial angepaßtes, ja sogar unterwürfiges Verhalten zeigen, entsteht leicht der irreführende Eindruck: Nichtaggressives Verhalten = Der Täter ist (jetzt) friedfertig!

Um die zukünftige Gefährlichkeit von Gewalttätern abschätzen zu können, müßte man aber ganz andere Sachverhalte betrachten.

Beispielsweise weiß man (oder müßte eigentlich wissen!) spätestens seit den 20er Jahren - seit dem Fall des Serienmörders Peter Kürten - was die Ursache von sadistischen Morden ist: Kein mysteriöser Trieb oder überstarke Sexualität, sondern

- feindselige Gedanken: grundsätzlicher Haß gegen andere Menschen; Meinung, man sei ein Opfer (der Eltern, der Gesellschaft o.ä.)
- sadistische Phantasien: innere Bilder, wie man andere Menschen quält, zerstückelt u.ä.

Wenn man derartige tatauslösende Gedanken und Phantasien nicht therapiert, wird es zu weiteren Taten, zu erneuten Morden kommen. Läßt man einen Täter trotz derartiger Gedanken und Phantasien frei, weil man sie im Entscheidungsprozeß nicht berücksichtigt, kann dies schwerwiegende, ja tödliche Konsequenzen haben.

Da es in der Praxis leider immer wieder vorkommt, daß wichtige Gesichtspunkte für Diagnostik und Therapie übersehen werden, entwickelte Lazarus (1981) das Modell des „BASIC ID". Es stellt die sieben Modalitäten, die Reaktionsebenen dar, Bereiche, in denen sich Menschen voneinander unterscheiden.

BASIC ID

B ehaviors: sichtbares Verhalten (Handlungen, Gewohnheiten, Gestik...); Verhaltensprobleme

A ffective
Processes: Gefühle, Emotionen, Stimmungen

S ensations: die fünf Sinne (Sehen, Hören, Schmecken usw.); Körpergefühle (Anspannung, Schmerz, Erröten, Prickeln, Schwitzen, Zittern ...)

I mages: Imagination, Phantasie, Träume, Selbstbilder, unangenehme innere Bilder, Vorstellungen über eigenes Verhalten

C ognitions: Kognitionen, Gedanken, Ideen, Wertvorstellungen, Meinungen („man sollte, müßte..."), Selbstbild (Eigenbewertung mit Eigenschaftswörtern), irrationale Gedanken, Erwartungen

I nterpersonal
Relations: Zwischenmenschliche Beziehungen: wichtige Personen im Leben (Familie, Freunde), Probleme mit anderen Menschen

D rugs:
(eigentlich
Biological
Functions)   Biologische Gesichtspunkte: Gesundheitszustand, Ernährung, Hygiene, Drogen, Medikamente

---

Aus den Anfangsbuchstaben ergibt sich der Begriff „BASIC ID", was mit „grundlegende Identität" übersetzt werden kann. Um diesen Begriff bilden zu können, benutzte Lazarus (1981) am Ende den Begriff „Drugs"

(Drogen) statt des umfassenderen Begriffs „Biological Functions". Der Inhalt dieser Kategorie umfaßt jedoch die gesamte biologische Seite des Menschen!

Lazarus hat das BASIC ID als Klassifikationsschema benutzt, um festzustellen, welche spezifischen Problembereiche eines Menschen zu therapieren sind. Damit ist die Möglichkeit gezielter, individueller Therapie gegeben. Er hat gewissermaßen den Begriff „psychisch" aufgespalten und in sinnvolle Elemente gegliedert. Wenn man z.b. sagt, daß das Opfer eines Verbrechens „psychische Schäden" davongetragen hat, könnte man dies präziser und realitätsnäher so formulieren: Das Opfer zeigt auf der Ebene sichtbaren Verhaltens starkes Vermeidungsverhalten gegenüber bestimmten Personen, Sachen, Situationen. Auf der Ebene der Kognition hat das Opfer die Einstellung, die Kontrolle über sein Schicksal verloren zu haben (gelernte Hilflosigkeit); in seinen Imaginationen tauchen angstauslösende Situationen auf, vor seinem „geistigen Auge" läuft also eine Art „Horrorfilm" ab usw.

Das BASIC ID ist zwar zunächst nur ein reines Klassifikationsmodell, wobei Lazarus allerdings betont, daß die einzelnen Ebenen, „Modalitäten", sich gegenseitig beeinflussen. Wenn z.b. sadistische Mörder ihre Phantasien in eine Tat umsetzen, gehen sie von der Ebene der Imaginationen zum direkt sichtbaren Verhalten über. Das BASIC ID stellt aber nicht die inneren Zusammenhänge und die Wechselwirkung der einzelnen Modalitäten genau her, im Gegensatz z.B. zum Modell von Mischel (s. a. Füllgrabe, 1982, S. 25).

Doch auch als Klassifikationsmodell liefert das BASIC ID wertvolle Einsichten. Beispielsweise wird deutlich, wie wenig man manchmal über einen Menschen weiß, wenn man nur eine seiner individuellen Ebenen betrachtet. Sieht man z. B. nur das angepaßte, aggressionsfreie Verhalten eines Menschen in einer Situation, kann das leicht zu der irreführenden Formulierung führen: „Das ist ein freundlicher, friedfertiger Mensch." Dieser Eindruck kann, wie das Beispiel sadistischer Mörder zeigt, irreführend sein und gefährliche Konsequenzen haben.

2.2 Ärgerkontrolle gemäß dem BASIC ID

Anhand des BASIC ID wird auch deutlich, warum bestimmte gängige Begriffe nicht nur falsch sind, sondern auch zu unangemessenen Maßnahmen führen. Nehmen wir z. B. an, Herr A habe sich über seinen Nachbarn B wegen einer beleidigenden Formulierung geärgert. Wenn A einen Waldlauf macht, Holz hackt oder ähnliches, und sich danach beruhigt, kann man häufig im Alltag die Formulierung hören: „A hat durch den Waldlauf seine Aggression abgebaut." Aber Herr A hatte ja überhaupt nicht aggressiv gehandelt (z. B. Herrn B oder ein Ersatzobjekt geschlagen, beschimpft o. ä.), sondern lediglich seinen physiologischen Erregungszustand abgebaut. Bei der zutreffenden Beobachtung der biologischen Seite des Ereignisses wird dann leicht das Wichtigste übersehen: Herr A kann noch durchaus Groll gegenüber Herrn B hegen. In Worten des BASIC ID ausgedrückt, würde dies bedeuten, daß die Kognitionen von A immer noch negativ sind: B hat mich beleidigt, B ist ein böser Mensch, der mir Schlimmes angetan hat. Vielleicht hat A auch noch negative Imaginationen: Er stellt sich vielleicht eine Situation vor, in der er es Herrn B heimzahlen kann. Vor seinem inneren Auge läuft gewissermaßen ein Film darüber ab, was er selbst tun wird, wie geschickt er Herrn B reinlegen wird, welch vedutztes Gesicht Herr B dann machen wird, wie B sich dann ärgern wird usw. Fazit: In diesem Beispiel wäre die Gefahr weiterer Aggressionen von Herrn A nicht dadurch gebannt, daß er Waldläufe macht o.ä.

Die Wahrscheinlichkeit, daß Herr A nach einer tatsächlichen oder bloß eingebildeten Beleidigung von Herrn B ebenfalls aggressiv reagiert, kann nur dadurch verringert werden, daß die negativen Kognitionen von Herrn B und seine racheorientierten Imaginationen neutralisiert werden. Dies könnte z. B. durch eine sachorientierte, nachdenkliche Haltung bewirkt werden, bei der die Sache und nicht die eigene Person im Vordergrund steht. Eine derartige analytische Haltung könnte z. B. sein: „Waren seine Worte wirklich von ihm beleidigend gemeint, oder habe ich seine Worte bloß falsch verstanden? Vielleicht hatte Herr B heute Ärger mit seinem Chef. B wollte mich nur provozieren, aber diesen Gefallen tue ich ihm nicht!"

Die Folge derartiger Überlegungen wäre dann, daß er überhaupt keine physiologische Streßreaktion erlebt. Sein Blutdruck geht nicht hoch, es werden keine Hormone ausgeschüttet usw. Seine gesamte biologische Ebene wird überhaupt nicht berührt. Anders ausgedrückt: Man braucht keineswegs Gehirnoperationen durchzuführen oder die Hormone des Menschen zu ändern, man muß auch nicht seine Erbanlagen beeinflussen, man muß lediglich die Kognitionen verändern, um Aggressionen bei einem Menschen zu verhindern!

2.3 Eine realitätsorientierte Betrachtungsweise von Sexualität

Diese Gedankengänge sind wichtig für die Betrachtung von Gewaltdelikten, aber auch von Delikten, die fälschlicherweise als Sexualdelikte bezeichnet werden. Daß bei derartigen Delikten *auch* sexuelle Kontakte vorkommen können (bei Vergewaltigung offensichtlich, aber z.B. nicht bei allen sadistischen Morden!), führte zu der Interpretation einer sexuellen Motivation. Die Intensität der Handlung während der Tat führte zur Deutung eines starken Sexualtriebes.

Doch das biologische Modell der Kriminalität hielt dem harten Test der Realität nicht stand: Zumindest einige Kastrierte können Geschlechtsverkehr ausüben und in befriedigenden sexuellen Beziehungen leben (s. Mergen, 1963, S. 395)! Auch kastrierte Sexualstraftäter wurden wegen Sexualdelikten rückfällig! Ähnlich erfolglos blieben Gehirnoperationen (eine ausführliche Diskussion dazu s. Kap. VII, 6).

Es war scheinbar so offensichtlich, hier sei Sexualität im Spiel, daß man diese Deutung nicht überprüfte; und da Sexualität als etwas Biologisches angesehen wurde, fühlten sich biologisch und medizinisch orientierte Wissenschaftler berufen, etwas über diese Taten auszusagen. Das biologische Modell der Kriminalität führte dann zu entsprechenden Maßnahmen: „Triebtäter" sollten mit „sexualhemmenden" Mitteln, mit Gehirnoperationen oder Kastration von ihrem „starken Sexualtrieb" geheilt werden.

Das biologische Modell der Kriminalität bzw. spezifisch die biologische Betrachtung von Sexualdelikten mußte scheitern, weil es nicht empirisch war und weil man die Phänomene nur an der Oberfläche betrachtete. Empirisch läßt sich nämlich etwas Interessantes feststellen. Ressler u.a. (1986 b) fanden in den FBI-Studien bei sadistischen Serienmördern viele Sexualstörungen. Und 26 der 36 Täter äußerten sogar eine deutliche Abneigung oder Hemmung gegen sexuelle Handlungen mit Gleichaltrigen, die im gegenseitigen Einverständnis durchgeführt werden (also keine Vergewaltigung darstellen!). Dabei äußerten vor allem Täter, die in ihrer eigenen Kindheit sexuell mißbraucht wurden, Abneigung gegen Sexualität.

Hazelwood (1990) weist darauf hin, daß 34 Prozent von 170 Vergewaltigern während der Vergewaltigungen sexuelle Störungen erlitten. Auch bei 41 Serienvergewaltigern stellte er fest, daß bei 35 bis 39 Prozent ihrer Vergewaltigungen sexuelle Störungen auftraten.

Als Hazelwood die Serienvergewaltiger das Vergnügen einstufen ließ, das sie während der Vergewaltigung empfanden, stellte er fest, daß sie relativ wenig Vergnügen dabei empfanden. Im Durchschnitt wurde auf der Skala, die von 0 (schlecht) bis 10 (absolut: höchstes sexuelles Erleben) reichte, der Wert 3,7 eingestuft. Widerlegt auch dieses Ergebnis das Märchen vom Sexualtäter als einem Menschen, der von einem ungeheuer starken Sexualtrieb beherrscht wird, ist auch aufschlußreich, wodurch die Täter, die auf der Skala sehr hohe Werte eingestuft hatten, ihren „Thrill", ihren „Kick", ihr Lustgefühl gewannen. Einer dieser Täter wurde durch die Passivität und den Gehorsam seines Opfers erregt. Ein anderer, der zwei Jungen vergewaltigte und ermordete, sagte Hazelwood

(1990, S. 14): „Wenn man über Sex mit 10jährigen Jungen spricht, kann Ihre Skala das Vergnügen nicht erfassen."

Man sieht, wie das Gleichsetzen des erhöhten Aktivierungsniveaus und des Hochgefühls, das bei Sexualität, aber auch bei anderen Tätigkeiten, die „Thrill" erzeugen, in die Irre führen kann. Dies hätte leicht vermieden werden können, wenn man Sexualität nicht als globalen Begriff betrachtet hätte, sondern ihn gemäß dem BASIC ID differenziert hätte. Dann hätte man auch erkannt, daß die biologische Seite der Sexualität durch psychologische Faktoren beeinflußt wird. Und wenn der psychologische Aspekt der Sexualität nicht stimmt, wird die biologische Seite beeinflußt, und es kommt zu Störungen des normalen sexuellen Ablaufs. Man könnte jetzt sagen, daß Körper und Seele (Psyche) zusammenwirken, doch was bedeutet Seele in diesem Zusammenhang genau? Vor allem die Kognitionen und Imaginationen!

2.4 Vergewaltigung als pseudosexuelles Verhalten

Um verstehen zu können, warum gerade Sexualstraftäter eine Einschränkung ihres sexuellen Verhaltensmusters erleben, soll im folgenden gewissermaßen unter der Lupe genau analysiert werden, welche sexuellen Reaktionsmuster tatsächlich bei einer Vergewaltigung auftreten und wie sie sich vom normalen sexuellen Reaktionsmuster unterscheiden (s. Masters & Johnson, 1970), das z.B. bei einem Liebespaar auftritt. Die folgende Übersicht ließe sich natürlich noch ausführlicher und differenzierter gestalten.

Vergleicht man das sexuelle Reaktionsmuster eines Liebespaares mit dem, was bei einem Vergewaltiger oder einem Serienmörder abläuft, wird verständlich, warum manche Autoren z.B. Vergewaltigung als ein „pseudosexuelles Verhalten" bezeichnen. Dies hat durchaus praktische Konsequenzen. So fand auch Hazelwood (1983) in einer Untersuchung von Vergewaltigern, daß eine Vergewaltigung ein Verhalten darstellt, „das primär nichtsexuellen Bedürfnissen dient" (Hazelwood, 1983, S. 1). Aus sprachlichen Äußerungen des Täters, die er während der Tat äußert oder vom Opfer verlangt, und dem Ablauf der Handlungen kann man im Interview von Opfern etwas über den kriminellen Erfahrungshintergrund des Täters, seine Motivation u.ä. schließen, z.B.: Haß gegen Frauen; Macht und Kontrolle haben; Bedürfnis nach ICH-Bekräftigung.

Daß bei der Gruppe der wegen Vergewaltigung verurteilten Tätern Erektionsschwierigkeiten genau wie bei einer „normalen" Patientengruppe die häufigste Fehlfunktion darstellen, ist nicht erstaunlich. Man muß nämlich die sexualwissenschaftliche Erkenntnis berücksichtigen, daß das normale sexuelle Verhaltensmuster gestört wird, wenn z.B.

Liebespaar	Vergewaltigung
Verhalten	
Küssen, Streicheln, Massieren	Gewalt gegen Opfer
Der eigentliche sexuelle Kontakt ist (scheinbar) identisch	
Gefühle	
Liebe, Zuneigung	Täter: Haß auf Frauen, berauschendes Gefühl der Macht
	Opfer: Angst, Abscheu
Sinne, Körpergefühle	
erotisches Empfindungsmuster	Täter: Erregung durch Machtausübung (?)
(s. Masters & Johnson, 1970)	
	Opfer: Schmerz, Verkrampfung
Imagination	
erotische Phantasie	Täter: Ausleben von Machtphantasie
	Opfer: Innere Bilder des Schreckens und des Horrors
Kognition/Gedanken	
positive Bewertung der eigenen Person und des Sexualpartners	Täter: Abwertung des Opfers, positive Eigenbewertung
	Opfer: negatives Selbstbild, Selbstabwertung; Kontrollverlust des eigenen Schicksals; Verlust des Glaubens an die eigene Unverletzlichkeit
Zwischenmenschliche Beziehung	
Kooperation	Ausnutzung des Opfers
Liebe	Dominanz des Täters
	Unterwerfung des Opfers
Biologische Gesichtspunkte	
normaler Ablauf des sexuellen Reaktionsmusters	Täter: Viele haben sexuelle Störungen. Wenn Täter starke negative Gedanken und Gefühle haben, wird der normale sexuelle Ablauf gestört. Dann wird erst durch das berauschende Gefühl der Macht sein Körper aktiviert, daß er z.B. eine Erektion bekommt.
	Opfer: Störung des sexuellen Reaktionsmusters

nichtsexuelle, nicht-erotische innere Monologe, Imaginationen und Kognitionen vorliegen. Vereinfacht ausgedrückt: Wer in seinen Gedanken mehr an Angst oder Schuldgefühlen orientiert ist (weil er z.b. in seiner Erziehung beigebracht bekam: „Sexualität ist etwas Schlechtes, Sündhaftes"), wird hinsichtlich sexuellen „Funktionierens" gestört sein. Und wer wie viele Vergewaltiger oder sadistische Mörder keine positiven erotischen Vorstellungen hat, sondern dessen Denken und Fühlen durch zwanghaftes aggressives Denken und Fühlen eingeengt wird, wird schwer den normalen sexuellen, auf erotischen Reizen aufgebauten Ablauf erleben. Seine feindseligen Kognitionen und Imaginationen lenken ihn gleichsam vom Wesentlichen ab.

Sexualität ist eben kein Automatismus, sondern ein fein abgestimmtes Wechselspiel von biologischen und psychologischen Faktoren (Kognitionen, Imaginationen usw.).

Deshalb können bei Vergewaltigern auch sexuelle Störungen während der Tat vorkommen:

- Erektionsstörungen (z.b. der Mann ist allgemein unfähig, eine Erektion zu erhalten oder aufrechtzuerhalten; oder der Vergewaltiger bekommt erst eine Erektion, wenn er sein Opfer zu oraler oder manueller Stimulation zwingt).

- Ejakulation verfrüht oder verspätet oder nur unter bestimmten Bedingungen.

Die Existenz derartiger sexueller Störungen steht nicht nur im Gegensatz zu dem weitverbreiteten Bild vom „Sexualstraftäter" als einem „Sexprotz", der von einem extrem starken Sexualtrieb gelenkt wird. Derartige Störungen können sogar für das Opfer lebensgefährlich werden. Ressler u.a. (1985) stellten in der FBI-Studie über sadistische Mörder fest, daß bei einer großen Anzahl von ihnen sexuelle Störungen vorkamen: „...am häufigsten mangelnde Ejakulation. Dieses Versagen wird dem Opfer zugeschrieben und mag einen Teil zur Eskalation zum Mord beitragen" (Ressler u.a., 1985, S. 5 -6).

Aber gleichgültig, ob es sich um eine derartige Situation handelt oder sogar um eine, in der eine Frau und ein Mann sexuelle Beziehungen ohne Zwang, im gegenseitigen Einverständnis haben, für eine Frau kann es sicheren Selbstmord bedeuten, wenn sie den Mann wegen einer Sexualstörung auslacht.

Die Sexualstörungen von vielen Vergewaltigern und sadistischen Mördern zeigen, wie ein vollkommen falsches Bild vom menschlichen Verhalten auch zu vollkommen falschen Maßnahmen führen muß. Wie kann man aber angesichts der *defizitären* Sexualität erwarten, mit „triebdämpfenden" Medikamenten, Gehirnoperationen oder Kastration einen (angeblich) starken Sexualtrieb verringern zu können!

2.5 Das Märchen vom Aggressionstrieb

Das BASIC ID ist auch gut geeignet, das Märchen vom Aggressionstrieb zu widerlegen. Dies ist deshalb wichtig, weil der Aggressionstrieb oft als ideologisches Argument eingesetzt wird. In einem Prozeß beantragte der Pflichtverteidiger unter anderem die Ladung des Psychoanalytikers Alexander Mitscherlich und des Verhaltensforschers Konrad Lorenz als Sachverständige, um zu beweisen, daß sein Mandant „bei der ihm zur Last gelegten Erschießung eines Polizeibeamten vor seiner Festnahme ... ‚instinktiv' gehandelt habe" (Frankfurter Rundschau vom 5.1.1977). Der Angeklagte, der seinen Verteidiger auch wegen dieses Antrages entpflichten lassen wollte, hatte sich vorher folgendermaßen zu dem Tatgeschehen in einer „konspirativen Wohnung" in Hamburg geäußert, die von Kriminalbeamten besetzt war, als er sie nachts betrat: „Nur weil zurückgeschossen wurde, wurde der Plan der Bullen zerstört, uns zu liquidieren", sagte der Angeklagte. Er beendete seine kurze Erklärung mit den Worten: „Wir werden die Waffen nie wieder niederlegen." (ebd.).

Mit seiner Formulierung „instinktiv gehandelt" und der Forderung, die beiden prominentesten Vertreter der Aggressionstriebtheorie anzuhören, versuchte der Verteidiger gewissermaßen seinem Mandanten „psychologische Amnestie" zu verschaffen. Denn wer von einem Trieb gelenkt wird, kann weniger für sein Handeln verantwortlich gemacht werden.

Die These, daß sich unabhängig von der Umwelt automatisch in einem Menschen ein „Aggressiontrieb" bilde, der analog zu Hunger und Durst durch Handlungen abgebaut werden müsse, ist wissenschaftlich widerlegt (s. z. B. Füllgrabe 1978, 1995). Ich möchte hier aber auf einige weitverbreitete Mißverständnisse im Zusammenhang mit der Triebtheorie hinweisen, weil bei näherem Hinsehen viele Argumente, die das Wirken eines Triebes zu beweisen scheinen, mit Leichtigkeit durch einfache psychologische Faktoren erklärt werden können. Beispielsweise muß man Aggression als zerstörerisches Handeln definieren. Dies kann Schlagen, Beleidigen, Intrigieren oder sogar Verweigerung einer wichtigen Information beinhalten (s. Füllgrabe, 1978). Nicht unter diese Definition fällt z. B. das spielerische Kräftemessen von Kindern. Aldis (1975) spricht hier von „Playfighting", wobei seine genauen Beobachtungen (teilweise unter Analyse von Zeitlupenaufnahmen) die Abgrenzung zu Gewalt ergaben. „Playfighting" wird z. B. nur mit leichter Kraft ausgeführt. Boxstöße sind hierbei „sehr übertrieben", „landen zumeist in der Luft" (Aldis, 1975, S. 197, 199).

Angesichts einer gemäß dem BASIC ID notwendigen differenzierten Betrachtungsweise der einzelnen Bestandteile der Gewalt wird verständlich, daß folgende häufig zu hörenden Formulierungen falsch sind:

- **„Jeder Mensch hat Aggressionen."**
Daß jeder Mensch sich gelegentlich ärgert (Gefühlszustand), irgendwann einmal negative Beziehungen zu anderen Menschen haben kann, ärgerbeladene Gedanken haben und voller Wut aggressiv handeln kann, ist Realität. Dies bedeutet aber nicht, daß jeder Mensch automatisch, ohne Beeinflussung durch Umweltfaktoren, einen Aggressionstrieb in sich hat, den er irgendwie „ausleben" muß.

- **„Er baute mit einem Faustschlag seine Aggressionen ab."**
Nein! Durch einen Faustschlag erzeugt er ja erst eine Aggression. Das Mißverständnis rührt daher, daß obiger Satz eigentlich ausdrücken will: Seine Wut (Gefühl) mündete in eine gewalttätige Handlung (Faustschlag). Das Wort „abbauen" ist auch deshalb mißverständlich, weil man sich häufig nach einer aggressiven Handlung wohler fühlt, wenn man es dem Urheber des Ärgers „heimgezahlt" hat. Nur hat man keineswegs Aggression „abgebaut", sondern im Gegenteil gewissermaßen „aufgebaut", denn man hat die Wahrscheinlichkeit erhöht, daß man beim nächsten Mal noch schneller und härter zuschlägt als zuvor. Denn das angenehme Gefühl beim Ausüben der Gewalt und die Kognition „Ich kann mir Gewalt erlauben", erhöhen die Reaktionsbereitschaft! Dies führt zu dem nächsten Irrtum:

- **„Man muß seine Aggression ausleben."**
Diese Formulierung ist realitätsfern und äußerst gefährlich. Denn derjenige, der Gewalt ausübt und damit Erfolg hat, wird hinsichtlich Aggressivität bekräftigt. Tausch und Tausch (1971) haben diesem Phänomen sogar ein Unterkapitel ihres Buches gewidmet: „Ungünstige Effekte des Bekräftigens unangemessenen Verhaltens Jugendlicher" (S. 103). Zahlreiche Experimente belegen nämlich, daß aggressives, unsoziales Verhalten oft Folge positiver Bekräftigungen ist (Tausch und Tausch, 1970, S. 82). Als Bekräftigung kann sogar wirken, daß ein anwesender Erwachsener gewalttätigen Kindern neutral zuschaut und nicht eingreift. Dieses billigende Beobachten von Gewalt führt dazu, daß die Zahl aggressiver Handlungen größer wird (Tausch und Tausch, 1970, S. 82). Die Kinder sagen sich gewissermaßen: „Wenn der Erwachsene nichts sagt, kann das gar nicht so schlimm sein, was wir da machen, sonst hätte er eingegriffen!" oder: „Solange er nicht eingreift, kann ich Hans verprügeln" o. ä. Die Idee des „Auslebens von Aggression" oder noch falscher formuliert „Auslebens aufgestauter Aggression" (als könnte man Verhaltensweisen aufstauen!) beruht auf der Zielvorstellung, den Gefühlszustand von Ärger oder Irritation zum Verschwinden zu bringen. Diese Zielvorstellung ist durchaus

sinnvoll, weil der spontan oder in langen Zeiträumen aufgebaute Zustand des Ärgers das eigene Wohlbefinden und auch die zwischenmenschliche Situation beeinträchtigt. Doch diesen Ärger könnte man auch durch andere Mittel als aggressives Handeln verringern, z. B. durch Gespräche, innere Monologe u.ä., durch die man ein distanziertes Verhältnis zum Problem gewinnt. Allerdings kann es durchaus möglich sein, daß ein gewisses Maß an Ärgerbereitschaft (Gefühlszustand), der nicht zum Verhalten Gewalt, sondern hin zur Problemlösung führt, durchaus sinnvoll sein kann. Dies könnte z. B. dann der Fall sein, wenn man im Sinne einer Systemverbesserung eine Ungerechtigkeit wahrnimmt und sagt: „Das kann so nicht weitergehen. Da muß etwas geschehen". Ein derartiger Gedankengang liegt z. B. immer dann vor, wenn Unbeteiligte dem Opfer eines kriminellen Delikts zu Hilfe eilen! Das Gegenstück zu diesem Nichtärgern wäre entsprechend die Gleichgültigkeit, mit der Passanten eines Überfalles weder aktiv helfen, noch die Polizei alarmieren.

Wie sehr das Nichtberücksichtigen des Gesamtsystems, aller sich darin befindender Personen, aller Teilnehmer am „Spiel des Lebens", zu einer Desensibilisierung gegenüber dem Leiden anderer Menschen und zur Förderung von Gewalt (selbst wenn dies nicht ausdrücklich gewollt wird) führt, zeigt folgendes Beispiel eines motorradbegeisterten Pfarrers, der sich als „Rockerpfarrer" empfand (Die Zeit, 22.08.1980):

„Hamann wird bei der „Affenkopfbande" zum „Ehrenrocker" gekürt. Er schmeißt eine Lage Bier und läßt eine Minipredigt folgen: „Ausfahren ist besser als Einfahren" - gemeint ist das Einrücken in den Jugendknast. Doch dem Ehrenrocker bleiben Konflikte nicht erspart: Da will die Bande ein Lokal kleinschlagen. „Ich rate dazu, Personenschäden zu vermeiden. Der Laden soll 14 Tage zumachen, es kommt also auf Sachschaden an. „Laßt es beim Sachschaden und schlagt keinen zum Krüppel", so lautet die merkwürdigste Predigt, die ich je gehalten habe", bekennt der Rockerpfarrer. - Während sich die Kumpels anschicken, eine Kneipe zu demolieren, sitzt der Gottesmann in einer benachbarten Pinte. „Ich unterhalte mich die ganze Zeit mit einem diensttuenden Polizisten, um auf alle Fälle ein Alibi zu haben. Aber ich habe ein schlechtes Gewissen. Die Gruppe ist in dieser gefährlichen Situation allein." - „Alles hat geklappt": Die „Affenköpfe" zerschlagen das Inventar, kippen den „vor Angst erstarrten Gästen" die Tische um und sichern den Rückzug mit Schüssen aus Gaspistolen. Der Pfarrer, der dies offenbar als Erfolgserlebnis abbucht, ist den Rockern ein Rocker geworden, und die Angst der Gäste gehört wohl zum Missionsrisiko. Hamann meint im übrigen, er habe die Polizei nicht informieren müssen. Sein Wissen um die geplante Gewalttätigkeit sei durch das Beichtgeheimnis geschützt."

2.6 Die Denkstrukturen gewaltbereiter Personen

Warum lassen sich manche Personen leicht zu Gewalttaten provozieren? Warum handeln sie leicht und schnell aggressiv? Wie dürftig und informationsarm die Antwort „Weil sie einen starken Aggressionstrieb haben" wäre, zeigt eine Untersuchung von Toch (1969). Toch untersuchte sehr differenziert die Kognitionen, vor allem das Selbst- und Weltbild von Gewalttätern. Es wird hier auch deutlich, welche große theoretische und praktische Bedeutung das BASIC ID hat. Denn wenn ich die Kognitionen eines Täters kenne, kann ich sein Handeln besser erklären, vorhersagen und ihn therapieren. Diese Informationen erhalte ich aber nicht, wenn ich einem Täter einen Fragebogen gebe, dessen Ja -Nein - Alternativen er ankreuzen soll, wobei sich aus den Antworten ein Wert auf einer „Persönlichkeitsskala" ergibt.

Toch leitet die Persönlichkeitsstruktur der von ihm untersuchten Männer aus einer Stichprobe ihrer gewalttätigen Handlungen ab. Er geht (S. 133) davon aus, daß die Situationen, die einen Menschen provozieren, psychologisch etwas Gemeinsames haben. Die aggressiven Handlungen spiegeln typische Verhaltensweisen, Gefühle, Deutungen und Bedürfnisse des betreffenden Menschen wider.

Die von Toch (1969) interviewten 75 Strafgefangenen waren für einen überproportional großen Anteil der Gewalttätigkeiten verantwortlich, die in Kalifornien begangen worden waren. Daraus erstellte Toch eine Typologie/Klassifikation von 10 interpersonalen Strategien, die alle ICH-bewahrend sind und leicht zu Gewalt führen. Gemäß der Häufigkeit, mit der diese Strategien (in seiner Stichprobe) vorkommen, werden sie geschildert:

1. Selbstbild - Darsteller

Am häufigsten bei der von Toch untersuchten Stichprobe findet man Personen, die Gewalt als Demonstration der Bedeutung und Gewichtigkeit ihrer Person benutzt. Gewalt wird hier von Personen benutzt, deren Selbstdefinition die Betonung auf Härte und Status legt.

„Ein solcher Mensch arbeitet hart an dem Eindruck, daß man nicht mit ihm spaßen kann, daß er furchtbar und furchtlos ist. Seine Kämpfe sind Demonstrationskämpfe, und sie sind dazu bestimmt, das Opfer und die Zuschauer zu beeindrucken. Der Eindruck, der dabei zurückbleibt, ist dazu bestimmt, zukünftige Interaktionen mit ihm zu beherrschen. Er ist besorgt, daß er fälschlicherweise als Schwächling oder Feigling angesehen wird, wenn die Dinge nicht diesen Verlauf nehmen. Er nimmt auch an, daß er der „logische Kandidat für die Opferrolle" wäre, wenn er nicht Stärke zeigte. Er setzt Männlichkeit mit der sichtbaren Bereitschaft zum

Kämpfen gleich. Er testet Personen, um zu sehen, ob er bei ihnen erfolgreich sein kann. Wenn sie nicht reagieren, schließt er daraus, daß sein Wort Gesetz ist. Wenn sie kämpfen, fühlt er sich gleichberechtigt und in der Gesellschaft von den Personen (in Wildwestfilmen), die ihre Auseinandersetzungen um „12 Uhr mittags auf der Hauptstraße (einer Stadt im Wilden Westen) austragen" (Toch, 1969, S. 138). Er baut Situationen auf, in denen sein Status in Frage gestellt wird. Er erzeugt also selbst die gefährlichen Situationen, die dann zu Gewalt führen. Toch weist bei einer Fallbeschreibung (S. 138 f) auf den Hintergrund dieser Strategie hin.

„Dieser Mann wird sein ganzes Leben lang von starken Gefühlen überflutet, daß er dazu nicht fähig ist zu sein, was er sein sollte. Er ist nicht fähig, in irgendeiner positiven Weise zu formulieren, was er sein sollte, aber er hat erhebliche Zeit damit verbracht, daran zu denken, zu formulieren und damit zu kämpfen, was er nicht geworden ist." (1969, S. 139).

Diese Personen haben besonders Schwierigkeiten mit dem sprachlichen Austausch, es wird wenig Zeit mit sprachlicher Diskussion verschwendet. Nicht immer wirkt diese Strategie. Einige der von Toch befragten Männer waren ständig erfolglos, einen günstigen Eindruck zu schaffen, oder sie waren unfähig, die Chancen abzuschätzen, die gegen sie standen. Einige brachten es sogar fertig, stets den falschen Mann zur falschen Zeit herauszufordern.

2. Verteidiger ihres Selbstbildes

Diese Personen benutzen Gewalt als Vergeltung gegen Menschen, die nach ihrer Ansicht oder Deutung ihr Selbstbild verletzen. Sie sind besonders empfindlich bezüglich der Auswirkungen, die die Handlungen anderer Menschen auf ihre Person, ihre Männlichkeit, ihren Wert haben.

Toch fand dabei unterschiedliche „Fähigkeiten zur Vergeltung". Einige Personen wählen mit Sorgfalt die Personen aus, gegen die sie Vergeltung üben, sie wählen genau die strategisch günstigste Zeit und den Ort für ihre Rache aus. Der Erfolg wird daran gemessen, die Aggression mit einem Minimum an Risiko auszuüben. Andere Personen wählen stets den falschen Gegner aus oder die ungünstigste Gelegenheit für das eigene Überleben.

3. Verteidiger ihres Rufs

Personen, die einen Ruf als gewalttätig haben, sehen sich gelegentlich durch ihre soziale Position, ihre körperliche Größe oder Gruppenstatus verpflichtet, ihre „Reputation", ihr „Image" des zur Gewalt Bereiten zu wahren. Im Gegensatz zu den Personen, die aktiv ein aggressives Bild von sich aufbauen, ist bei den „Verteidigern des aggressiven Images" Gewalt kein inneres Bedürfnis, sondern eher eine Verpflichtung, der ihnen zugewiesenen Rolle zu entsprechen.

4. Angst

Manche Personen haben Mängel bezüglich verbaler und anderer sozialer Fähigkeiten. Gewalt ist hier Ausdruck von Hilflosigkeit. Das Repertoire verfügbarer zwischenmenschlicher Strategien ist begrenzt oder zumindest unzureichend, um mit einigen Situationen fertig zu werden. Wo andere Menschen fähig sind, ein Problem durch gewaltfreie Techniken zu lösen, z.b. durch Überzeugung, empfindet die Person sich als unterdrückt, eingeengt oder als Opfer überwältigender Umstände.

5. Ausbeuter

Bei der Ausbeutung anderer Menschen werden die Leistungen, Güter, Gefühle anderer Menschen usw. in Anspruch genommen, ohne daß eine Gegenleistung erfolgt. Wenn eine solche Person entlarvt wird, ihr vorgehalten wird, daß sie gelogen, betrogen o. ä. hat, reagiert sie mit Gewalt. Toch hat diesen Sachverhalt anhand der Insassen von Gefängnissen intensiv beschrieben. Und er bezeichnet sie als „kalte Praktiker angewandter Gewalt" (S. 159). „Andere Menschen werden - schlicht und einfach - als Objekte angesehen".

Toch beschreibt als den „kältesten Einsatz instrumenteller Gewalt" die Auswahl eines beliebigen Mithäftlings nach dem Zufallsprinzip, um ihn dann anzugreifen. Das Ziel ist, von der Gefängnisleitung in ein anderes Gefängnis verlegt zu werden. Der Grund dafür könnte z.B. sein, daß der Häftling erfahren hat, daß jemand ins Gefängnis eingeliefert wurde, der sich an ihm rächen könnte.

6. Die Freude am Terrorisieren

Toch benutzt den englischen Begriff „bully" (Tyrann, Rüpel, Angeber, Raufbold), um jemand zu beschreiben, der in seiner Gewaltanwendung unfair, gnadenlos und unmenschlich ist. Er gewinnt Befriedigung dadurch, daß er andere leiden sieht. Gewalt wird ganz bewußt als Mittel und Instrument eingesetzt, um bei anderen Angst zu erzeugen und Gehorsam zu erzwingen. Die körperlichen und psychologischen Auswirkungen auf andere sind derart, daß er sich alles erlauben kann, daß das einzige, was er fürchten muß, die Furcht selbst ist.

Wenn man ihm also nicht entschlossen entgegentritt, wenn er nicht mit seinem gewalttätigen Verhalten erfolglos bleibt, wird er im lernpsychologischen Sinne bekräftigt und darin bestärkt, weiterhin aggressiv zu sein. Er wählt sich schwache Opfer aus, weil bei ihnen die Auswirkungen des Terrors am leichtesten zu erreichen sind; er gewährt auch keine Gnade, denn dann könnte er die Freude nicht voll auskosten. Wenn die andere Person Zeichen von Schwäche zeigt (um Gnade bittet oder bittet, aufzuhören) steigert das noch seine Gewalttätigkeit, er wird wütend und begeht extreme Grausamkeiten.

7. Die allgegenwärtige Angst

Hier wird Gewalt gegenüber Personen gezeigt, die der Aggressionsbereite fürchtet. In vielen zwischenmenschlichen Begegnungen sieht er Bedrohungen seines Lebens. Dann gerät er in Panik, dann wird nach dem „Erstschlagprinzip" gehandelt: „Erst zuschlagen, dann fragen."
Toch beschreibt eine differenzierte Vielfalt derartiger Ängste. Es soll an dieser Stelle jedoch darauf hingewiesen werden, daß in bestimmten Situationen psychisch Gestörte auch zu Gewalt aus Angst neigen können. Aber durch entspanntes, ruhiges, freundliches Verhalten kann man auch bei psychisch Gestörten das Auftreten von Gewalt relativ leicht verhindern. Deshalb sind im Gegensatz zu weitverbreiteten Vorurteilen psychisch Gestörte (z.B. Schizophrene) nicht gewalttätiger als andere Menschen.

8. Der Verwöhnte

Mancher Erwachsene bleibt in seiner Sicht der Welt in der Betrachtungsweise von Kindern: Der einzige Zweck anderer Menschen ist, für ihn in jeder möglichen Weise zu sorgen. Er kümmert sich nicht um die Bedürfnisse anderer Menschen. Aber im Gegensatz zu dem Ausbeuter hält er es für selbstverständlich, daß sein Wohlergehen die primäre Sorge anderer Menschen sein müßte. Er wird dann sehr aufgebracht, wenn er sieht, daß die Welt nicht seinen Erwartungen entspricht. Dann wenden sich die Menschen „plötzlich und mysteriös gegen ihn" (so ist seine Sicht). Die Menschen behandeln ihn nicht, wie er es verdient: als privilegierte Person! Er wird also unfair behandelt, und das gibt ihm das Recht, andere zu bestrafen.

Wir sehen hier besonders deutlich den Zusammenhang zwischen Wehleidigkeit und Bösartigkeit: Wer sich als Opfer fühlt, hält sich für berechtigt, Gewalt auszuüben. Und bestärkt wird er in der Rolle des Opfers und des Gewalttätigen durch Außenstehende, die „einfühlsame" Erklärungen seiner Handlungen abgeben, was z.T. in Formulierungen gipfelt: „Aber er hatte doch eine so trostlose Jugend", „Er hat doch so viel Schlimmes im Leben erfahren", „Er hat doch so ungünstige Lebensumstände" usw.

Die Opfer seiner Delikte, die Gefängnisinsassen und Wärter, die er angegriffen hat, oder seine Ehefrau, die er schlägt, werden wohl kaum Trost in derartigen „Erklärungen" finden!

9. Verteidiger der Gerechtigkeit

Manche Menschen üben Gewalt aus, sehen sich aber als Diener des Gesetzes, der Gerechtigkeit, als „Drachentöter" (Toch, S. 168), als Beschützer der Armen usw. Gewalt wird hier als Prinzip angesehen, im Vordergrund ihres Denkens steht nicht das Lösen eines Problems. Dies wird auch daran deutlich, daß sie keinen anderen Menschen bitten, ihnen behilflich zu sein oder ihnen Rat zu geben (s. Polizist Jones: Toch, 1969, S. 80 - 87).

Toch beschreibt sehr differenziert das Verhaltensmuster eines „Verteidigers der Gerechtigkeit": Sobald er die Gewaltbereitschaft eines Menschen sieht oder wenn dieser sich wegen einer Sache nicht für schuldig bekennt, arrangiert er die Situation so, daß er den ersten Schlag in der gewalttätigen Auseinandersetzung führen kann. Toch (1969, S. 169) beschreibt dazu anschaulich einen Angriff im Gefängnis auf einen Häftling, der den Täter belog und Geld nicht zurückzahlen wollte.

10. Gewalt als Gefühlsäußerung

Manche Menschen greifen andere nur an, um „Dampf abzulassen", gleichgültig, wer das Opfer ist. Gewalt befriedigt hier ein persönliches Bedürfnis und ist keineswegs eine Reaktion auf andere Personen. Das Spektrum der Gefühle, die bei diesem Gewaltspiel eine Rolle spielen, kann von Depression, Anspannung, Langeweile, bis hin zur Freude und dem „Kick", „Thrill" reichen, den der Aggressive erlebt, wenn er spontan ein zufälliges Opfer überfällt.

Auch Serienmorde und Vandalismus gegen Sachen können in diese Kategorie eingeordnet werden.

2.7 Das Verhaltensrepertoire

In einer Großstadt wurde die Polizei über mehrere Monate hinweg durch eine Serie von Vergewaltigungen in Atem gehalten. Bei jeder Tat hatte der Vergewaltiger sein Opfer durch Drohungen und Einschüchterungen in Atem gehalten.

Eines Abends ging ein Krankenhauswärter um Mitternacht von seiner Arbeit nach Hause und traf zufällig auf einen Mann, der eine Krankenschwester voller Absicht schlug, um sie zu vergewaltigen. Der Wärter eilte ihr zu Hilfe und überwältigte den Angreifer, bis die Polizei kam.

Der Retter bekam natürlich große Aufmerksamkeit in den Medien und erhielt von der Stadt eine Belobigung für Tapferkeit. Kurze Zeit später wurde er wegen der eingangs erwähnten Vergewaltigungen verhaftet. Während der Vernehmung wurde er gefragt, warum er die Krankenschwester gerettet habe, während er doch ähnlicher Angriffe schuldig sei. Er wurde verärgert und sagte der Polizei, daß sie sich irrte. Er würde niemals eine Frau verletzen. Er setzte also „Verletzung" mit körperlichem Schmerz gleich. Er betrachtete überhaupt nicht das gefühlsmäßige Trauma (Hazelwood, 1983).

Dieses Beispiel zeigt deutlich auf, wie differenziert menschliche Kognitionen betrachtet werden müssen. Und weil die Kognitionen sehr differenziert sind, ist es das Verhalten auch! Deshalb kann der gleiche Mensch in verschiedenen Situationen höchst unterschiedliches Verhalten zeigen.

Das BASIC ID lenkt also auch den Blick darauf, wie wichtig es ist, die Vielfalt der Kognitionen, Imaginationen, Verhaltensweisen usw. zu erfassen. Wenn man dies getan hat, weiß man viel über einen Menschen. Andererseits: was hätte man über den von Hazelwood beschriebenen Serienvergewaltiger aus psychologischer Sicht gewußt, wenn man ihn gebeten hätte, auf einem Fragebogen Fragen durch das Ankreuzen von Ja/Nein - Alternativen zu beantworten?

Welche psychologischen Informationen hätte man dadurch gewonnen, daß man seine Antworten in einem Summenwert ausgedrückt und diesen als einen Wert auf einer (oder mehreren) Persönlichkeitsskala/-skalen dargestellt hätte? Ein quantitatives Vorgehen kann durchaus sinnvoll sein, aber das Beispiel des Serienmörders (Hazelwood, 1983) zeigt eindringlich auf, daß bei einem Menschen ein abstrakter Wert oft informationsärmer ist als ein qualitativer Ansatz (Analyse gemäß dem BASIC ID).

Die Vielfalt der Verhaltenweisen, die ein Mensch zeigen kann, also sein Verhaltensrepertoire, spielt eine große Rolle bei der Bewältigung schwieriger Situationen. Der Psychologe Al Siebert stellte dies bei seinen Untersuchungen von Menschen fest, die gefährliche und lebensbedrohende Situationen (Krankheiten, Krieg) überlebt hatten.

„Er stellte fest, daß eine ihrer herausragenden Merkmale ein äußerst komplexer Charakter ist, eine Einheit vieler gegensätzlicher Eigenschaften, die er biphasische Merkmale bezeichnete. Sie sind ernsthaft und verspielt, zäh und sanft, logisch und intuitiv, harte Arbeiter und Faulpelze, scheu und aggressiv, introvertiert und extrovertiert, und so weiter.

Es sind paradoxe Menschen, die sich in die üblichen psychologischen Kategorien nicht so recht einordnen lassen. Das macht sie flexibler als die meisten anderen Menschen, und es stehen ihnen vielseitigere Hilfsmittel zur Verfügung, auf die sie jederzeit zurückgreifen können." (Siegel, 1988, S. 217).

Wenn man die Beschreibung der Verhaltensweisen analysiert, so kann man sagen, daß die Überlebenskünstler (in verschiedenen Situationen und Bereichen) ein großes Verhaltensrepertoire besitzen. Mit anderen Worten, man kann ihnen nicht einen festen Wert auf irgendeiner Skala zuordnen, etwa gemäß dem Ausmaß „ihrer Extraversion", wie z.B.

Person A   Person B   Person C

_____x_____x_____x_____

Extraversion   Introversion

Vielmehr ist es nicht so, daß die „Überlebenskünstler" *nur* extravertiert (impulsiv, zur Außenwelt orientiert o. ä.) oder introvertiert (zurückhaltend, nach innen gerichtet, kontrolliert) sind, sondern daß die gleiche Person folgendermaßen beschrieben werden kann:

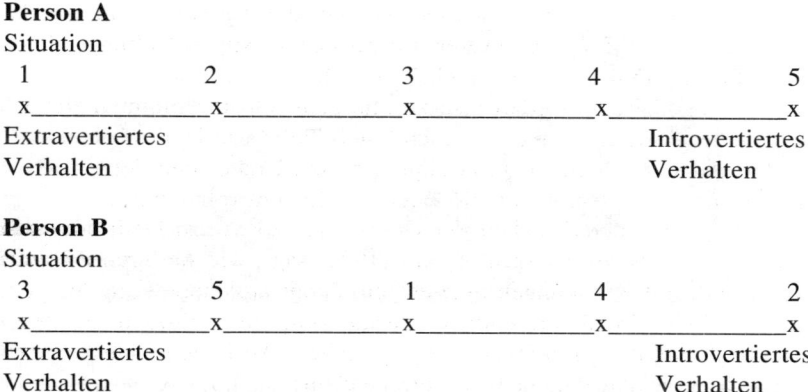

Person A
Situation

1	2	3	4	5
x	x	x	x	x

Extravertiertes   Introvertiertes
Verhalten   Verhalten

Person B
Situation

3	5	1	4	2
x	x	x	x	x

Extravertiertes   Introvertiertes
Verhalten   Verhalten

Dies hat nicht nur praktische, sondern auch große theoretische Bedeutung.

Die praktische Bedeutung besteht in der Erkenntnis, daß Überlebenskünstler ein sehr breites, differenziertes Verhaltensrepertiore besitzen, also eher gemäß den Anforderungen der jeweiligen Situation sachgemäß handeln können. Sie sind eher auf anders geartete Situationen vorbereitet.

Die theoretische Bedeutung der Verhaltensbeschreibungen von Siebert besteht in der grundsätzlichen Erkenntnis, daß viele der üblichen Persönlichkeitsbeschreibungen die Realität nicht widerspiegeln. Man kann Menschen nicht mit einem Wert auf einer Skala umfassend beschreiben.

3. Die epigenetische Landschaft

3.1 Die „Kugel des Lebens" rollt

Wenn in Gutachten die Lebensgeschichte eines Täters abgehandelt wird, entsteht oft der Eindruck, als sei die Entwicklung dieser Person zwangsläufig nur in diese Richtung möglich gewesen. Besonders deutlich wird diese Tendenz in einer Betrachtungweise menschlichen Verhaltens gemäß dem statisch-biologischen Modell (der Mensch wird durch Triebe, Erbanlagen bestimmt). Typisch sind dafür Formulierungen wie

„Kriminalität als Schicksal" oder „Der Täter beging seine Verbrechen wegen seiner Gehirnschädigung, seinem Hormonspiegel usw.".

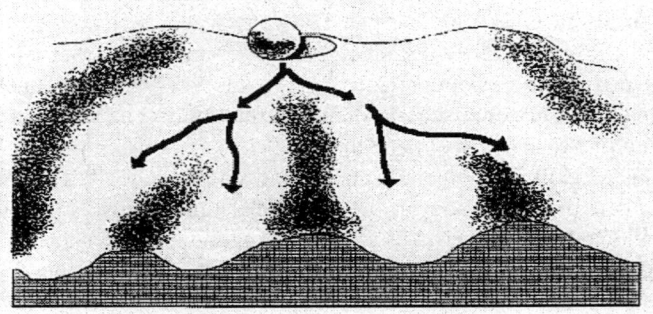

Die epigenetische Landschaft

Das statisch-biologische Modell steht jedoch auch im Widerspruch zu modernen Modellen der Naturwissenschaft. Beispielsweise zeigt die Chaosforschung auch auf, daß sich aus relativ einfachen Prinzipien sehr komplexe Strukturen entwickeln können (s. z.B. Davies, 1988). Wie das geschieht und welchen Einfluß dabei der „geordnete Zufall" hat, zeigt das Modell der epigenetischen Landschaft des englischen Biologen Waddington. Es veranschaulicht, wie von einem Ausgangspunkt her eine Vielfalt von Entwicklungen möglich ist: Wohin die „Kugel des Lebens" rollt, bestimmt der „geordnete Zufall".

„Die Kugel symbolisiert ein zur Selbstorganisation fähiges System, etwa eine befruchtete Eizelle; die ‚Höhen' sind physikalisch oder chemisch ‚verbotene', aber auch biologisch-genetisch ‚unerreichbare' Zustände. Vor der Kugel liegt die sich in immer mehr Täler aufspaltende ‚epigenetische Landschaft'. Wenn sie nun zu rollen beginnt, wird letztlich eine Kette von Zufällen bestimmen, welche Abzweigungen sie an den Gabelungen der ‚Täler' nimmt."

Waddingtons Modell birgt eine entscheidende Erkenntnis: Die in der „Landschaft" festgelegten Rahmenbedingungen leiten das jeweilige System - die „Kugel" - gleichsam automatisch in stabile Zustände. Die Kugel braucht also den Weg gar nicht zu „wissen" (GEO, 1987, S. 46).

Waddingtons Modell ist hilfreich für psychologische und genetische Betrachtungsweisen. Die „epigenetische Landschaft" ist z.B. ein Bild, eine Metapher für die verschiedenen physiologischen Ebenen bzw. Stufen, über die gemäß dem Modell von Fuller und Thompson (1960) die Gene als Träger der Erbanlagen Merkmale des Menschen beeinflussen.

Diese stufenweise Beeinflussung führt dazu, daß kein unveränderbares Merkmal vererbt wird, etwa eine bestimmte Körpergröße, ein bestimmter IQ usw., d.h. die Ober- bzw. Untergrenze eines Merkmals. Dies führt dazu, wie Gottesman (1980) in seinem Modell zeigt, daß Person A in einer ungünstigen Entwicklungsumgebung eine höhere Körpergröße erreichen kann als in einer ungünstigen Umwelt. Außerdem könnte sich bei Person B, weil sie in einer ungünstigen Umgebung aufwächst, ein geringerer IQ oder eine geringere Körpergröße als bei Person A ausbilden, trotz eines höheren genetischen Potentials für Intelligenz und Körpergröße, als Person A sie besitzt (s.a. Kap. VI, 3.1).

Daß das Modell der epigenetischen Landschaft tatsächlich die Realität widerspiegelt, wird z.B. durch die Zwillingsstudien von Newman u. a. (1937) belegt: Je unähnlicher die soziale Umgebung, in der die Zwillinge aufwuchsen, desto unähnlicher entwickelten sich trotz gleicher Erbanlagen Persönlichkeit, Intelligenz und körperliche Merkmale. So war von dem Zwillingspaar mit dem größten Intelligenzunterschied (33 IQ-Punkte) Gladys schüchtern und schwerfällig, Helen dagegen intelligenter, selbstsicher und charmant. Deshalb kann das Modell von Waddington auch dazu beitragen, daß der Blick statt auf Erbanlagen mehr auf die tatsächlich wirkenden Faktoren, auf die entwicklungshemmenden und -fördernden Einflüsse gelenkt wird.

Die epigenetische Landschaft zeigt aber auch auf, daß sich Schicksale zeitlich entwickeln. Besonders bei Gewalttätern führt diese Entwicklung immer mehr hin zu intensiverer Gewaltausübung. Deshalb wäre ein sachgemäßes (z.B. therapeutisches) Eingreifen zu einem frühen Zeitpunkt wichtig, um die „Kugel des Lebens" hin zu Friedfertigkeit zu lenken. Dies belegt eindringlich folgender Fall.

3.2 Die zeitliche Entwicklung kriminellen Verhaltens

Ressler u.a. (1983) schildern den Fall eines Serienvergewaltigers und Serienmörders, der aus verschiedenen Gründen aufschlußreich ist:

- Seine Gewaltdelikte (Ressler u.a. sprechen von „sexueller Aggression") eskalierten von Vergewaltigung zu Vergewaltigung mit anschließendem Mord, und die Delikte wurden im Laufe der Zeit immer häufiger.
- Außer der ersten Ermordung beging er alle seine Ermordungen (mit vorhergegangenen Vergewaltigungen) und sechs Vergewaltigungen (für die er nie ermittelt worden war, die er aber später zugab), während er unter psychiatrischer Aufsicht (er erhielt „individuelle einsichtsorientierte Psychotherapie") und auf Bewährung war.

Der Täter wählte seine letzten sechs Opfer nach dem Zufall aus: Frauen, die in den Appartementkomplex fuhren, in dem er wohnt. Dies hatte einen großen Vorteil für ihn:

- Er konnte seine Opfer in einem vertrauten Gebiet entführen. „Wenn ich irgendwo hingegangen wäre, wo ich mich nicht auskannte oder wo die Polizei patrouillierte, hätte das bedeutet, daß man mich gefaßt hätte. Ich wußte, um welche Zeit die Polizisten vorbeikamen, weil ich da saß" (Ressler u.a., 1983, S. 139).

Das, was die Idee zum Mord auslöste, schildert er aus seiner Sicht. Daraus ergeben sich Gespräche und Verhaltensweisen, die entweder den Gefühlszustand des Täters steigerten oder neutralisierten.

1. Mordopfer (gleichzeitig 7. Vergewaltigungsopfer):
Die Worte der Frau lösten bei ihm Mißtrauen über ihren Lebensstil aus. („Sie fragte mich, auf welche Art ich es gerne hätte.") Nach der Vergewaltigung und während beide sich anzogen, hatte er noch nicht den nächsten Schritt beschlossen. Daß die Frau plötzlich zu entfliehen versuchte, löste bei ihm Gefühle von Ärger und Frustration aus, die in gesteigerte Aggression mündete.

2. Mordopfer (gleichzeitig 8. Vergewaltigungsopfer):
Die Äußerungen der Frau bestanden aus vielen Fragen („Sie wollte wissen, warum ich es tun wollte; warum ich sie ergriffen hätte; was mein Problem wäre; ob ich eine Freundin hätte; was ich tun würde"), was ihn verärgerte. Plötzlich drückte sie, während sie das Auto fuhr, auf den Gashebel und drohte, gegen einen Baum zu fahren. Er zog den Zündschlüssel heraus und trat auf die Bremse. Die Frau sprang heraus und schrie laut um Hilfe. Als er sie im Wald weglaufen sah, dachte er „Von da an wußte ich, daß ich sie töten mußte." (Ressler u.a., 1983, S. 139). Als er sie dann erreichte, ermordete er sie mit 14 Stichen.

3. Mordopfer (gleichzeitig 9. Vergewaltigungsopfer):
Angeblich hatte er noch nicht entschieden, ob er diese Frau töten wollte. Er ließ sie nicht sprechen („Je mehr ich über die Frauen erfuhr, umso weicher wurde ich."). Er befahl ihr zu schweigen und stellte das Radio an. „Ich dachte..Ich habe zwei getötet. Ich könnte genauso gut diese auch töten. Irgendwas in mir wünschte zu töten. Ich fesselte sie mit ihren Strümpfen, und ich begann wegzugehen, dann hörte ich sie durch die Bäume, daß sie herumrollte und dumpfe Geräusche machte. Und ich drehte mich herum und sagte: Nein, ich muß sie töten. Ich muß dies tun, um mich selbst zu sichern und zu beschützen." (Ressler u.a., 1983, S. 139). Er tötete dann die Frau mit 21 Stichen.

10. Vergewaltigungsopfer:
Der Täter hatte beschlossen, diese Frau zu töten, aber ihr Reden rettete ihr das Leben („Sie erzählte mir, daß ihr Vater an Krebs starb"). Ihre Worte neutralisierten offensichtlich seine Aggression wegen seiner Identifizierung mit der Situation („Ich dachte an meinen eigenen Bruder, der Krebs hatte. Ich konnte sie nicht töten. Sie hatte es schon schlecht genug.") (Ressler u.a., 1983, S. 140). Er warf ihre Autoschlüssel aus dem Fenster und rannte in den Wald.

4. Mordopfer (gleichzeitig 11. Vergewaltigungsopfer):
Der Täter hatte beschlossen, diese Frau zu töten. Ihr Widerstand und Fluchtversuch steigerte seine Gewalt. „Sie kratzte mir über das Gesicht. Ich wurde verrückt; sie rannte weg ... wir rollten in das Wasser ... So bekam ich die Idee, sie zu ertränken." (S. 140).

5. Mordopfer (gleichzeitig 12. Vergewaltigungsopfer):
Die Worte dieser Frau ließen beim Täter die Überlegung aufkommen, daß sie ihn kannte. Dies steigerte seine Furcht, gefaßt zu werden, und dies wiederum ließ ihn die vier vorhergehenden Morde gestehen. Die Entscheidung zu morden, war schnell getroffen, und ohne noch etwas zu sagen, tötete er sie mit 50 - 100 Stichen.

Es ist aufschlußreich, daß er während seiner drei ersten Morde die Entscheidung, die Frau zu töten, während der Interaktion mit ihr traf. Bei den letzten beiden Morden hatte er den Entschluß zu morden bereits vorher getroffen. Wichtig ist folgende Erkenntnis: Wenn seine Opfer *während* der Tatentwicklung zu fliehen versuchten, hatten sie keine Chance mehr. Die einzige Frau, die einer Vergewaltigung durch diesen Täter entging, hatte gleich als ersten Schritt Widerstand gewählt.

Als der Täter sie maskiert in einem Fahrstuhl mit einem Messer bedrohte, stieß sie ihn zurück, drückte den Türöffner, rannte heraus. Sie stolperte, er fiel über sie, verlor sein Messer. Er lag neben der schreienden Frau: „... ich lag auf dem Boden neben ihr, zu Tode erschrocken. Mein Geist war leer. Ich rannte aus dem Gebäude." (Ressler u.a., 1983, S. 139). Er wurde daraufhin gefaßt.

Der Täter hatte - wie aus der sehr kurzen Falldarstellung von Ressler, u.a. (1983) entnommen werden kann - offensichtlich zum ersten Mal bei seinen Delikten eine Frau getroffen, die ihm entschlossen entgegengetreten war. Sie hat genau das gemacht, was Selkin (1975) betonte: Man muß **sofort**, als ersten Schritt, Widerstand leisten. Wenn das Spiel erst einmal am Laufen ist, ein grausames und tödliches Spiel, wird die Wut und Entschlossenheit des Täters noch erhöht. Das war bei diesem Täter verständlich, denn bisher hatte er mit seinen Spielzügen Erfolg, es war sein Spiel; und dessen Ablauf darf niemand stören.
Der Widerstand der Frau überraschte ihn, weil derartiges für ihn ungewohnt war. Er erlebte das, was sonst nur ein Opfer erlebt: Plötzlich und unerwartet kommt „aus dem Nichts" Gewalt, hier Widerstand. „Er kam nicht ins Spiel", er reagierte kopflos, handelte nicht entschlossen. Es ist tatsächlich so, daß hier ihm zum erstenmal ernsthafter Widerstand entgegengesetzt wurde. Denn wie reagierte die Justiz auf seine Verbrechen? Nach einigen kleineren Delikten brach er bei einer Nachbarin ein und vergewaltigte sie. Die Richterin sandte den 14 jährigen in eine psychiatrische Anstalt, wo er 18 Monate lang „individuelle einsichtsorientierte Psychotherapie" erhielt (Ressler, u.a., 1983, S.137)! Er wurde mit der

Auflage entlassen, wöchentlich erneut zur Therapie zu kommen. Drei Wochen nach seiner Entlassung nach Hause beging er den oben beschriebenen Überfall im Fahrstuhl, eine versuchte Vergewaltigung, er wurde aber deswegen nur wegen „versuchten bewaffneten Überfalles" belangt. Auch kam er erst ein Jahr später vor einen Richter! Das Strafmaß: Bewährung und Psychotherapie als Außenpatient. Und in diesem Jahr bis zur Verhandlung hatte er bereits seinen ersten Mord nach einer Vergewaltigung begangen.

Was war das Ergebnis seiner zweiten „Bestrafung" mit Bewährung und Psychotherapie? Acht Monate nach diesem Urteil wurde er wegen der fünf Morde festgenommen und zu 5 mal lebenslänglich verurteilt; zwei Jahre später gestand er die sechs zusätzlichen Vergewaltigungen, wegen derer er niemals belangt worden war! Er war nie ein „Opfer der Gesellschaft"gewesen. Das einzige Problem, von dem Ressler, u.a. (1983) berichten können (S. 137), ist, daß er ein rhesusnegatives Kind war und bei der Geburt einen kompletten Blutaustausch erhalten mußte. Er hatte aber nie größere Gesundheitsprobleme gehabt. Er hatte aber im „Spiel des Lebens" für sich eine „Spielregel" entdeckt: „Ich kann Gewalt ausüben, ich kann mir alles erlauben. Mir passiert ja doch nichts Schlimmes!"

Der von Ressler u.a. (1983) geschilderte Fall des Serienmörders, der vorher seine Opfer vergewaltigt hatte, zeigt neben anderen wichtigen Erkenntnissen auch auf, wie sorgsam man seine Schlußfolgerungen ziehen muß. Erstens hatte niemand daran gedacht, daß die Opfer vorher vergewaltigt worden waren. Die Tatsache, daß man sie voll bekleidet gefunden hatte und kein klinisches Anzeichen eines Geschlechtsverkehrs gefunden wurde, ließen diesen Verdacht nicht aufkommen. Der Täter gab aber an, daß er die Opfer mehrfach vergewaltigt hatte. Ressler, u.a. (1983, S. 141) kritisieren deshalb: „Die Möglichkeit, daß er eine sexuelle Dysfunktion - verzögerte Ejakulation - haben könnte, wurde niemals erwogen."

Wir sehen hier aber auch das paradoxe Phänomen, daß gerade das uralte Vorurteil, Vergewaltigung sei ein sexuelles Delikt, verbunden mit einem starken Sexualtrieb, die Tatsache übersehen ließ, daß viele Vergewaltiger durchaus unter sexuellen Störungen leiden. Und diese Blindheit hinsichtlich des wahren Wesens einer Vergewaltigung, ließ sie in diesem Fall dieses Delikt übersehen. Noch ein weiterer Deutungsfehler. Man hatte folgendes spekulativ formuliert: Der Täter würde sich Frauen als Opfer aussuchen und ihre Unterwäsche zu ihrer Fesselung verwenden, weil er Feindseligkeit gegenüber seiner Mutter empfinde.

Gespräche mit ihm ergaben jedoch eine andere wichtige Autoritätsperson in seinem Leben: „Diese Richterin schickte mich zu einem Diagnostischen Zentrum. Das war es, was mich Widerstand gegen Autoritäten empfinden ließ. Niemand kann mir sagen, was ich zu tun habe, oder wann ich es zu tun habe, oder wie ich es tue" (Ressler, u.a., 1983, S. 141).

3.3 Der Einfluß des Zufalls

Was man global als Zufall bezeichnet, ist eine Konstellation von situativen Faktoren in besonders wichtigen und entscheidenden Situationen.

„Zufall" ist
- die Summe vieler kleiner, komplexer Faktoren, die kaum oder überhaupt nicht durch die Person beeinflußt werden (können).

Durch ein Ereignis steht die Person vor einem „Kreuzweg ihres Schicksals", ihr Leben kann sich nach der einen oder anderen Seite neigen, z.B. zum Kriminellen oder Nichtkriminellen. Oder ohne ein bestimmtes Ereignis wäre das Leben der Person in ganz anderen Bahnen verlaufen.

Wenn jemand (wie in folgendem Beispiel) derart schnell von einer Kategorie in eine andere wechseln kann, in diesem Beispiel von „Nichtkriminell" in „Kriminell", wird die Fragwürdigkeit der Benutzung starrer Kategorien bei der Beschreibung von Menschen deutlich.

„In ähnlicher Weise ging bei dem ebenfalls 18jährigen Richard B. ein enttäuschendes Erlebnis einem offenbar brutalen Raubmord voraus. Nach gewissen Schul- und Erziehungsschwierigkeiten und dadurch bedingten Heimaufenthalten kam er schließlich in Fürsorgeerziehung und in ein Jungenheim, das sich in der gleichen Stadt befand. An einem Wochenende saß er in einer Kneipe und lernte einen bereits erheblich betrunkenen Stadtstreicher kennen. Kurz vor der Polizeistunde kam ihm der Gedanke, diesem nachher die DM 20,- abzunehmen, die er bei ihm gesehen hatte. Er ging nach dem Mann aus dem Lokal, holte ihn alsbald ein, legte ihm den Arm um den Hals, würgte ihn und zog ihn auf den Boden. Anschließend wollte er die Taschen durchsuchen, als das Opfer anfing zu schreien. Um das zu verhindern, drückte er ihm die Mütze ins Gesicht und schlug ihn mit der Faust. Als dies nichts nützte, sprang er ihm zweimal mit dem ganzen Körpergewicht ins Gesicht und in den Bauch, wodurch dieser so schwere Verletzungen erlitt, daß er daran starb. Anschließend ging er zur Polizei, erfand eine phantastische Geschichte, nach der er selber überfallen worden sei. Aufgrund dieser Anzeige fiel am nächstenTag, als der Tote gefunden wurde, der Verdacht sofort auf ihn, und er wurde alsbald verhaftet. Unmittelbar vorausgegangen war jedoch, daß er nach einer abendlichen Tanzveranstaltung gegen 10 Uhr zu seinen Eltern nach Hause wollte, diese ihm aber auf sein Klingeln nicht öffneten, obwohl er sah, daß sie zu Hause waren. Wie sich später herausstellte, war die Hausklingel kaputt. Er aber fühlte sich verstoßen, war deprimiert und begab sich in die Kneipe zum Trinken, wo er das Opfer kennenlernte." (Lempp, 1977, S. 19 f).

Dieses Beispiel zeigt, daß der Mord nicht zwangsläufig war. Wäre die Klingel nicht defekt gewesen, wäre es nicht zum Mord gekommen. Natürlich wäre alles gut gegangen, wenn der Täter seine Frustration anders bewältigt hätte. Deshalb stellt auch Lempp (1977) bei den von ihm untersuchten jugendlichen Mördern heraus, daß sie sich von anderen Jugendlichen mit ähnlichen Defiziten bezüglich Fähigkeiten und mangelnder Selbstkontrolle nur dadurch unterschieden, daß sie in eine Situation hineingeraten waren, die sie nicht bewältigen konnten. Man kann natürlich (zutreffend) darauf hinweisen, daß sie durch ihre Persönlichkeitsstruktur u.ä. überhaupt erst in eine solche Lage geraten seien. Doch ist die Erkenntnis wesentlich, daß durch den Zufall bei gleicher Persönlichkeitsstruktur unterschiedliche Entwicklungen möglich werden:

- von zwei jugendlichen Tätern wird nur einer erwischt,
- von zwei Strafentlassenen lernt einer eine Frau kennen, die er heiratet und mit der er ein bürgerliches Leben führt.

Und jeweils einer wird eine kriminelle Entwicklung nehmen, der andere aber nicht!

Situative Faktoren müssen bei der Analyse und Prognose kriminellen Verhaltens berücksichtigt werden. Zu der rein statistischen Betrachtungsweise muß also die Einzelfallanalyse hinzukommen. Nur dadurch wird verständlich, warum zwei Personen trotz gleicher Voraussetzungen ein unterschiedliches Schicksal haben!

3.4 Die Pufferwirkung von Systemen

Hätte die Klingel in dem von Lempp (1977) geschilderten Fall nicht versagt, wäre der Mord nicht geschehen. „Kleine Ursache, große Wirkung", ein Prinzip der „Chaosforschung", das unter dem Begriff „Schmetterlingseffekt" bekannt wurde: Das Flattern eines Schmetterlings in Südamerika kann Monate später unser Wetter in Europa beeinflussen. Ekeland (1992) weist jedoch darauf hin, daß solche leichten Effekte, wie sie die Bewegungen eines Schmetterlings darstellen, durch andere leichte Effekte wieder ausgeglichen werden.

Daß biologische Systeme durch Außeneinflüsse (auch geringfügiger Art) in höchst unterschiedliche Richtung gelenkt werden können, spricht gegen ein statisch-biologisches Weltbild. Es gibt jedoch noch ein weiteres Prinzip der Natur, das gegen das statisch-biologische Modell spricht, das aber den genauen Gegensatz zu dem „Schmetterlingseffekt" darstellt: **die Pufferkapazität von Systemen.** Pufferkapazität bedeutet, daß äußere Einwirkungen auf ein System keine (merkbaren) Auswirkungen haben müssen.

Es ist sehr erstaunlich, daß angesichts des großen Interesses an der Chaosforschung das weitverbreitete Prinzip Pufferwirkung übersehen wurde, offensichtlich wegen einer zu starken Orientierung an physikalischen und mathematischen Modellen. Denn in der Chemie sind die Begriffe der Pufferkapazität und der „Pufferlösung" seit langem bekannt.

In bestimmten chemischen Systemen wird der pH-Wert durch den Zusatz von kleinen Mengen sehr starker Basen bzw. Säuren nur wenig beeinflußt. Lösungen, die pH-stabil sind, heißen Pufferlösungen (s. z.B. Seel, 1960). Diese pH-stabilen Lösungen können durch Mischungen schwacher Neutralsäuren mit ihren Alkalisalzen, schwacher Neutralbasen und ihrer Salze mit sehr starken Säuren, oder zweier Alkalisalze einer mehrwertigen Säure hergestellt werden. Solche Mischungen sind z.B. die Kombinationen

$$HAc+NaAc; NH_3 +NH_4Cl; KH_2PO_4 + Na_2HPO_4$$

Diese Pufferkapazität spielt nicht nur eine Rolle in der analytischen Chemie, sondern z. B. auch in lebenden Organismen. Seel (1960, S. 273) schreibt dazu: „Die Pufferwirkung von schwachen Säuren und Basen ist besonders bedeutungsvoll für die chemischen Prozesse in lebenden Organismen. Als Puffersubstanzen wirken hier die in den Körperflüssigkeiten enthaltenen Eiweißstoffe, welche Ampholyte darstellen. (Ein Modell hierfür sind die Pufferlösungen, welche aus Glykokoll hergestellt werden.) Das pH des normalen menschlichen Blutes ist innerhalb des schmalen Bereiches von pH = 7,3 bis 7,5 konstant."

Die Pufferwirkung findet man auch bei sozialen und individuellen Systemen. Darauf wies z.B. auch Dörner (1989, S. 214) hin:

„Im Bereich der Ökologie, der Biologie und der Ökonomie existieren Systeme, die stark „abgepuffert" sind. Sie schlucken allerhand. Aber irgendwann ist es zuviel, und die jahrelang durch Alkoholmißbrauch malträtierte Leber gibt ihren Dienst auf."

Vor allem aber wird das Pufferprinzip deutlich, wenn man den Begriff der psychischen Stabilität näher auslotet und schaut, was hinter diesem Begriff tatsächlich steckt. Ich möchte hier z. B. den von Kobasa (1979) geprägten Begriff der „Hardiness" nennen:

Bestimmte innere Einstellungen
- Kontrolle über das eigene Leben zu haben
- daß das Leben einen Sinn hat
- neue Situationen werden als Herausforderung betrachtet
- das Vorhandensein von Bezugspersonen
bewirken, daß die Person bei Schicksalsschlägen psychisch nicht zusammenbricht und auch nicht gesundheitlich leidet.

Das Prinzip der Pufferkapazität spielt insofern eine Rolle bei Gutachten und in der Kriminologie, als z.b. Zusammenhänge zwischen biologischen Abweichungen und Verhaltensauffälligkeiten hergestellt werden. Dabei wird oft übersehen, daß biologische Abweichungen (Gehirnschädigungen, Chromosomenabweichungen wie XXY, XYY u. ä.) durch ein freundliches, kooperatives Erziehungsklima abgepuffert werden (s. a. Kap. VI, 3.5).

Eine sehr umfangreiche und präzise Darstellung eines psychologischen Puffersystems findet man in Werner und Smith (1982, S. 134 - 135). Diese führten eine Längsschnittuntersuchung an 698 Kindern auf der Hawaii - Insel KAUAI durch, die pränatale - perinatale Komplikationen erlebt hatten. Aber nicht bei allen dieser Kinder entwickelten sich motorische Probleme, Lernprobleme, Kriminalität usw. Werner und Smith (1982, S. 31) erklärten die unterschiedlichen Entwicklungen so: „Perinatale Komplikationen beeinträchtigen die körperliche und psychologische Entwicklung nur dann, wenn sie mit beständig schlechten Umweltbedingungen (z.B. beständige Armut, unstabile Familien, oder psychische Probleme der Mutter) verbunden sind. Kinder, die in einem psychologisch besseren Zuhause aufwuchsen, in einer intakten Familie und bei einer Mutter mit guter Ausbildung, zeigten wenige, wenn überhaupt, negative Folgen des Streß bei der Geburt, wenn nicht schwere Störungen des Zentralnervensystems vorlagen." Die Kinder lösten bei ihren Bezugspersonen viel Aufmerksamkeit und Zuneigung aus. Dies war der Grund dafür, daß bei ihnen die „Kugel des Lebens" (im Sinne Waddingtons) doch noch an die richtige Stelle fiel und die Persönlichkeit formte, die ihre „Unbesiegbarkeit" ausmachte. „Sie waren widerstandsfähig, reagierten auf andere Menschen und haben gelernt, anderen zu vertrauen" (Werner und Smith, 1982, S. 59). Deshalb nannten Werner und Smith ihr Buch auch „Vulnerable but Invincible" (Verletzbar, aber unbesiegbar).

Die Übersicht von Werner und Smith (1982, S. 134 - 135) zeigt ein Netzwerk zwischen belastenden und schützenden Faktoren auf:

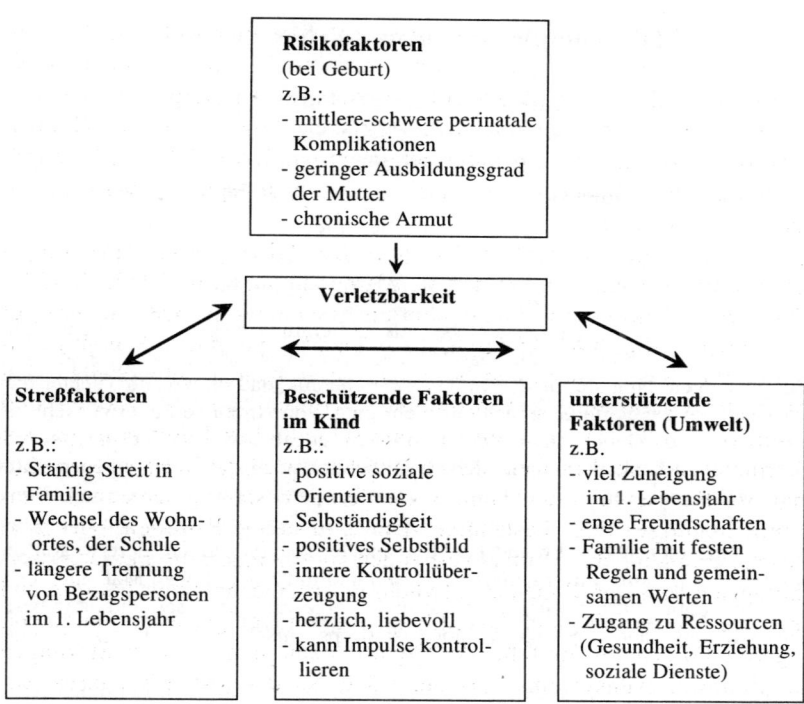

Diese Ausführungen haben natürlich auch praktische Auswirkungen. Beispielsweise wäre es falsch zu sagen: „Der Täter beging seine Tat wegen seiner frühkindlichen Gehirnschädigung". Betrachtet man nämlich die Vielzahl an problemverstärkenden und problemverhindernden Faktoren (s. Werner und Smith, 1982, S. 134 - 135), so ist eine derartige Automatik (Gehirnschädigung → Kriminalität) nicht vorhanden.

Das Prinzip der Pufferwirkung lenkt den Blick darauf, daß man eine genaue Analyse der Umweltbedingungen durchführen muß, um Entwicklungen zu verstehen. Dies ist notwendig angesichts der immer noch häufigen Neigung, Unterschiede zwischen Menschen unüberprüft mit Erbanlagen zu „erklären". Wenn von zwei Menschen mit ungünstigen Voraussetzungen nur einer kriminell oder krank wird usw. und der andere nicht, liegt das weniger an unterschiedlichen Erbanlagen als vielmehr an der unterschiedlichen Vielzahl problemverstärkender oder problemabpuffernder Faktoren.

3.5 Die Komplexität menschlicher Entwicklung

Die epigenetische Landschaft und die Pufferkapazität von Systemen machen verständlich, warum menschliche Schicksale sich sehr komplex entwickeln und warum z.B. traumatische Erlebnisse keineswegs automatisch zum Zusammenbruch führen müssen. Dies hat sehr große praktische Bedeutung, etwa für die Psychotherapie.

Die Psychotherapeutin Elisabeth Lukas berichtet in ihrem Buch „Auch dein Leiden hat Sinn" (1994, S. 72 - 73) folgenden Fall:

„Vor kurzem war eine Mutter bei mir in Beratung wegen ihrer Tochter, die sich psychisch fehlentwickelt. Das Mädchen zeigt wiederholt asozial-aggressive Entgleisungen. Nun stellte sich im Gespräch heraus, daß die zweite Tochter dieser Frau, um die es im Gespräch gar nicht ging, von Anfang an unerwünscht gewesen war, von Geburt an zu ihren Großeltern gegeben worden ist und erst spät zur Mutter zurückkam, und zu alledem schließlich noch von ihrem eigenen Vater vergewaltigt worden ist, woraufhin sie wenig später die Familie verließ. Diese zweite Tochter hat sich zu einer gesunden jungen Frau entwickelt, die fleißig arbeitet und einen netten Freund hat. Die andere Tochter jedoch, deretwegen die Mutter zu mir kam, war erwünscht gewesen und mit einem hohen Maß an elterlicher Zuneigung aufgewachsen, sie war nicht vergewaltigt worden und hatte beste Entwicklungschancen gehabt, dennoch ist sie psychisch labil und voller Probleme.

Ja, das ist die Wirklichkeit, wie sie nicht im psychologischen Lehrbuch steht; die Idee vom nachhaltigen psychischen Trauma steht auf schwachen Beinen. Wirklichkeit ist, daß auch jemand, der einen schweren Schock erlitten hat, normal weiterleben kann, und daß sich andererseits jemand, der in positiver Umgebung aufwächst, auch fehlentwickeln kann. Wirklichkeit ist, daß jeder auf seine Weise seinem Schicksal antwortet, zwar beeinflußt von seiner Konstitution und Vergangenheit, und doch in geistiger Freiheit, diesen seinen Bedingungen auch zu widersprechen.

In diesem „logotherapeutischen Credo", wie man es nennen könnte, ist ein Beratungsansatz gegeben, der in jedweder Notsituation - und schiene sie noch so aussichtslos - über die Einstellungskorrektur dem Ratsuchenden einen Weg aufzeigt, sein Leben und Wirken selbstverantwortlich zu gestalten, statt wie eine Marionette an den Schicksalsfäden zu hängen. Wenn die spezifischen logotherapeutischen Techniken dafür sorgen, daß der in seiner Krankheit zusammengebrochene Patient wieder „auf beide Füße gestellt wird", dann hilft die unspezifische Einstellungsmodulation, daß er sich auch in allen Bereichen seines Lebens als „auf eigenen Füßen stehend" erlebt, und nicht Schicksalsfäden gestattet, ihn wieder umzuwerfen, wenn der Zufall sein Spiel treibt. "

3.6 Steuere Dein Leben selbst

Greifen wir noch einmal den von Lempp (1977) beschriebenen Fall auf, wo das Versagen der Klingel zu einem Mord führte. Man kann hier natürlich sagen, daß durch einen „dummen Zufall" die Kugel des Schicksals (gemäß der epigenetischen Landschaft) in Richtung Kriminalität gelenkt wurde: Hätte die Klingel nicht versagt, wäre es nicht zu dem Mord gekommen.

Man kann es aber auch anders sehen: Hätte der Junge z.B. überlegt, ob es nicht auch andere Gründe gab, warum man ihm nicht aufmachte, hätte er seinen aufkommenden Ärger durch einen Spaziergang beruhigt u.ä., wäre es auch nicht zu der Tat gekommen. Ganz abgesehen davon, daß eigentlich jeder Mensch die Einsicht haben müßte, daß Ärger mit den Eltern niemanden berechtigt, einen anderen Menschen zu berauben und zu töten!

Es wird also deutlich: Wohin die Kugel unseres Lebens fällt, ist nicht ausschließlich von einem blinden Zufall bedingt, auch wir selbst können mitbestimmen, wohin die Kugel unseres Lebens rollt. **Wir können und müssen unser Schicksal aktiv gestalten,** wir können nicht passiv hinnehmen, daß äußere Faktoren uns beeinflussen.

Daß dies auch unter ungünstigen Umständen möglich ist, zeigt das Schicksal des Schauspielers Charles Dutton, der, nachdem er durch einen Mithäftling im Gefängnis schwer verletzt worden war - durch eigene Einsicht den Weg von einer kriminellen „Schlägerkarriere" zu einem kreativen Leben fand (s.a. Kap. VIII, 8).

Die zusammenfassende Darstellung seines Lebens von Colman und Perelman (1991, S. 40 - 41) erinnert sehr stark an die epigenetische Landschaft, ohne daß die Autoren diesen Begriff aber erwähnen.

„Vom Gefängnis nach Yale", wie er die strapaziöse Reise aus dem Gefängnis auf eine Broadway-Bühne zusammenfaßt, überwand Charles eine Strecke voller Hindernisse und Fallgruben. Am Tiefpunkt seines Lebens mußte er sich zwischen zwei Wegen entscheiden. Kurzfristig wäre jener Weg leichter gewesen, an dem Mitgefangenen Rache zu nehmen und so seinen Ruf als harter Gefangener erneut zu bestätigen. Wäre Charles seinen alten Verhaltensmustern gefolgt, dann hätte er sich mit einem Leben voller Gewalt begnügt, bei dem er irgendwann umgekommen wäre. Doch Charles wollte mehr vom Leben. Er hatte etwas anderes gefunden, an das er glauben konnte, etwas, das mächtiger war als der Druck der Gruppe oder der eigene Wunsch, ein Unrecht zu rächen. Durch das Spielen hatte Charles einen konstruktiven, kreativen Teil in sich entdeckt, der ihn erkennen ließ, daß das Leben lebenswert sein könnte. Sein Traum verlieh ihm die Kraft zu sagen: „Das ist mein Leben, und ich werde tun, was für mich am besten ist." Wenn es auch sehr viel Mut brauchte, dem Leben eine andere Richtung zu geben, wie Charles bemerkte, so gilt doch: Wenn wir etwas Positives finden, an das wir wirklich glauben können, stoßen wir auf innere Quellen der Stärke, von deren Existenz wir bislang nichts ahnten."

Wir sehen hier den entscheidenden Unterschied zu Tieren, die durch Instinkte gelenkt werden: Der Mensch kann durch **Einsicht** sein Schicksal steuern und seine Situation verändern.

3.7 Das Durchbrechen des Kreises der Gewalt

Winzenried (1992) hat durch seine Falldarstellung eines Serien-Kindermörders verständlich gemacht, warum ein in einem derart negativen, feindseligen Erziehungsklima aufgewachsener Mensch Haß und Neidgefühle gegenüber Kindern entwickelt und in seinen Taten diesen Haß auslebt.

Gefährlich bei Diskussionen über derartige Täter wird es, wenn man durch die Betrachtung der Lebengeschichte nicht nur analytisch verstehen will, wie es zu dieser Tat gekommen ist, sondern dem Täter auch eine gewisse psychologische Amnestie verschafft: „Aber er hatte doch eine so trostlose Jugend...!" Wenn aber eine Betrachtung über die Erklärung hinausgeht und zu einem freundlichen Verständnis für das Handeln des Täters führt, wird die Tatsache vernebelt, daß der Täter das Leben von Menschen zerstörte. Gleichzeitig wird mit einem derartigen Verständnis nichts Positives bewirkt, es wird keine Veränderung eingeleitet, es wird der Teufelskreis der Gewalt nicht unterbrochen.

Natürlich könnte man Personen mit abweichendem oder kriminellem Verhalten als „Opfer" ihrer Eltern oder „der Umstände" betrachten. Aber um zu einer sachgerechten Problemlösung zu gelangen, ist ein Umdenken, ein Perspektivwechsel notwendig, zu dem die Logotherapie verhilft. Dies soll am Beispiel der Kindesmißhandlung verdeutlicht werden.

Rosenfeld (1987) weist auf die Gefahr hin, daß die Meinung: „Wer als Kind mißhandelt wurde, mißhandelt seine eigenen Kinder später auch" zu einer sich selbst erfüllenden Prophezeiung werden könnte. Diese Weiterübertragung eigener Mißhandlung beträgt nach Rosenfeld nur 30 %, was aber immer noch 6x höher als in der Gesamtbevölkerung ist.

Sie hält die Frage für wichtiger: Unter welchen Bedingungen kommt es überhaupt zu einer Weitergabe der Mißhandlung?

Daß jemand, der als Kind mißhandelt wurde, seine eigenen Kinder später ebenfalls mißhandelt, ist umso weniger wahrscheinlich bei denjenigen, die als Kinder die liebevolle Unterstützung eines Elternteils oder von Adoptiveltern hatten und als Erwachsene eine liebevolle und unterstützende Beziehung zu einem Ehepartner oder Liebhaber und relativ wenige streßvolle Erlebnisse in ihrem Leben hatten.

Ein zusätzliches Durchbrechen des Kreises der Gewalt beinhaltet: sich bewußt sein, eine Geschichte der Mißhandlung erfahren zu haben und bewußt zu beschließen, diese nicht zu wiederholen.

Dazu sind Gedankengänge der Logotherapie nützlich. Die Logotherapie („sinnzentrierte Heilung") wurde von dem Wiener Arzt Viktor E. Frankl begründet. Er will Menschen dazu befähigen, selber nach dem Sinn ihres individuellen Lebens zu suchen. Denn wenn ein Mensch ein Leben als sinnvoll erlebt, bejaht er es auch. Dagegen führt ein „Existentielles Vakuum", ein sinnentleertes Leben, zu innerer Leere und zu Depressionen. Ein weiteres existentielles Problem: „Keinem Menschen bleibt die ‚tragische Trias' Leid, Schuld und Tod erspart. Jeder Mensch erleidet irgendwas, jeder Mensch wird irgendwie schuldig, und jeder Mensch stirbt irgendwann" (Lukas, 1991, S. 16).

Frankl hat das menschliche Leben mit einem Film verglichen. Die bisherige Lebensvergangenheit ist der bereits belichtete Teil des Films (Lukas, 1991, S. 59). „Die Zukunft, die noch vor einem liegt, ist unbelichtet. Nun sind wir nicht der alleinige ‚Regisseur' des Films, das unergründbare Schicksal stellt die Kulissen. Aber uns ist das Privileg zuteil geworden, Mitregisseur sein zu dürfen, weil wir innerhalb der gestellten Kulissen auf alles Antwort geben, was geschieht, auf alles reagieren auf eine Art unserer Wahl, so daß nie bloß etwas *mit uns* geschieht, sondern zugleich auch immer etwas *durch uns* geschieht."

Deshalb *muß* auch niemand Alkohol trinken, Drogen zu sich nehmen, sich an andere Menschen anklammern, „auch dann nicht, wenn es sein Horoskop ankündigt, wenn er in der Kindheit zu wenig gelobt worden ist, oder wenn sein Biorhythmus gerade ein Tief anzeigt. Das einzige, was ihn tatsächlich dazu nötigen kann, ist die Illusion, es zu müssen, der Glaube an die eigene Unfreiheit" (Lukas, 1991, S. 147).

Auch führt eine Lebensbilanz über Fragen wie „Was habe ich an Leid erfahren?" oder etwa „Welches Glück habe ich nicht erlebt?" leicht zu Verbitterung und Resignation.

Frankl warnt davor, das Leben zu befragen. Etwa zu fragen: „Warum ist meine Tochter behindert? Warum ist mein Mann ein Trinker? Warum bin ich krank geworden? ... Das Forschen nach einem Warum ist immer erfolgreich, aber selten hilfreich" (Lukas, 1991, S. 20). „Nicht das Fragen ist unsere Sache, sondern das Antworten; nicht das Warum ist relevant für uns, sondern das Deshalb. Das Leben fragt den einen: ‚Deine Tochter ist behindert? Was tust du jetzt' und den anderen: ‚Dein Mann ist ein Trinker. Was machst du daraus?' Das Leben fragt den dritten: ‚Deine Frau hat dich betrogen. Wie gehst du damit um?' und den vierten: ‚Du bist krank geworden. Wie stellst du dich dazu ein?' Die Antwort ist unser. Die Antwort ist frei. Das Warum in letzter Schärfe zu durchschauen, ist uns nicht gegeben, aber das Deshalb in letzter Freiheit zu wählen, ist uns gewährt. Während der eine antworten wird: ‚Meine Tochter ist behindert, deshalb will ich von ihr nichts wissen', wird der andere antworten: ‚Meine Tochter ist behindert, deshalb soll sie meine besondere Zuwendung erhalten'. Und während der eine antworten wird: ‚Ich bin krank geworden, deshalb freut mich das ganze Leben nicht mehr', wird der andere antworten: ‚Ich bin krank geworden, deshalb nütze ich jede Minute meines Lebens sorgfältig aus'. Die Fragen, die das Leben uns stellt, können wir uns nicht aussuchen, aber die Antworten, die wir darauf geben, sind Zeugnis unserer ureigensten geistigen Haltung, gleichsam ‚Fingerabdrücke' unseres Ichs" (S. 21).

Die Logotherapie fordert also zu mutigem selbstbestimmten Handeln auf. In der Welt der „epigenetischen Landschaft" würde dies bedeuten: Jemand steht an einem Abzweigungspunkt. Und es liegt jetzt in seiner Hand zu entscheiden, wohin die Kugel des Lebens rollen wird.

Wie ist aber der Kreislauf der Gewalt wie z.B. beim Delikt der Kindesmißhandlung zu beenden? Lukas (1991) sagt, wie sie ihren Patienten vermittelt, mit Kränkungen umzugehen, damit aus ihnen kein „perpetuum mobile" wird, keine endlose Vermehrung des Leides in der Welt: „Jemand muß das empfangene Leid aushalten. Aushalten, ohne es an die Mitwelt zurückzugeben oder weiterzureichen" (S. 23).

Wohl ohne diese Gedankengänge der Logotherapie zu kennen, hat David A. Clark in einem Brief an die amerikanische Fachzeitschrift *Psychology Today* (January/February 1993) gezeigt, daß die These von *Lukas* tatsächlich auch für Kindesmißhandlung einsetzbar ist.

Ich möchte aber zuvor noch auf einen wichtigen Unterschied hinweisen: Es geht *nicht* darum, daß ein Täter ungeschoren davon kommt. Wer andere schädigt, darf nicht „im Meer der Anonymität" verschwinden (s. TIT FOR TAT-Prinzip, Füllgrabe, 1993/94), das würde Bekräftigung seines Verhaltens bedeuten. Was Clark schildert, ist vielmehr die Antwort auf die Frage: Wie kann man angesichts großen Leidens seinen Seelenfrieden finden?

Wie sehr Clark von seiner Adoptivmutter mißbraucht wurde, wird deutlich, wenn er über seine Kinder sagt: Sie sind jetzt erwachsen und werden nie den Terror eines rasenden, sinnlosen Schlagens erleben oder sich selbst in den Schlaf weinen, weil sie ungeliebt sind. Auch werden sie nie erfahren, was es heißt, in einen dunklen, rattenverseuchten Keller gesperrt zu werden und an den Kopf getreten zu werden, weil man an der oberen Treppenstufe liegt. Selbst bei harmlosen Anlässen (er verschüttete etwas in der Küche, antwortete zu langsam auf ihre Fragen usw.) schrie seine Adoptivmutter: „Ich schlage Dich, bis das Blut fließt", und das tat sie auch.

Seine Stiefmutter hatte durchaus Gefühle und moralische Werte. Sie war fanatisch hinsichtlich Sauberkeit, Arbeit und Blumen. Sie hatte einen aufrichtigen religiösen Glauben und lehrte den Jungen, daß Gott alles Schöne in dieser Welt gemacht habe. Sie lehrte ihn aber auch, daß der gleiche Gott ihn in den Feuern der Hölle wegen einer einzigen Sünde zerstören werde. Wenn jemand bemerkte, wie gut er sich benehmen könne, lächelte sie und sagte: „Ja, er ist ein äußerst netter Junge. Aber ich muß ihm jeden Tag eine gute Tracht Prügel verabreichen." Jeder lachte, und der Junge fragte sich, ob er nicht zuviel Aufhebens aus einer „guten Tracht Prügel" mache.

„Eine Auswirkung des Terrors gegenüber Kindern ist eine Verschiebung der Realität" (Clark, 1993, S. 13).

Hier lagen viele der Voraussetzungen vor, daß Clark später gegenüber seinen eigenen Kindern ebenfalls Kindesmißhandlung begehen würde. Daß er es nicht tat, könnte durch zweierlei bedingt worden sein:

1. Einsicht: Es gab für ihn Hinweise, daß seine Adoptivmutter als Kind ebenfalls mißbraucht worden war. Sie hatte mit angesehen, daß ihr Bruder als Baby durch ein Fenster in den Schnee geworfen worden war. Sie war in Pflegefamilien mißbraucht worden. Es erschien Clark, daß auch sie im Kreislauf der Gewalt gefangen war, im Kreislauf der Kindesmißhandlung.

2. Clark hatte ein Schlüsselerlebnis: Daß der gefühlsmäßige Mißbrauch nicht ohne Folgen blieb, erlebte Clark eines Abends, als sein Sohn acht Jahre alt war. Er wußte nicht, woher die Wut kam, aber sie war plötzlich da, „riesig und rot, und sie brüllte in meinem Kopf" (S. 90). „Ich packte das kostbare Lebewesen, das mir mehr als mein Leben bedeutete und hob es über meinen Kopf. Es gab keinen Gedanken daran, was ich tun würde, aber dann sah ich durch den roten Dunst sein schönes Gesicht, in Schrecken erstarrt, und es war *mein* Gesicht 25 Jahre zuvor. Und ich stoppte. Gott sei dank, der Kreislauf war durchbrochen. Wir weinten zusammen in seinem Zimmer, und ich erzählte ihm von meiner Wut. Ich bat ihn, mir zu verzeihen, daß ich ein derartig unmenschliches Bild gezeigt hatte, und er tat es. Ich versprach ihm, daß es niemals wieder sehen würde, und er hat es auch nie wieder gesehen."

Und er fand auch seinen Seelenfrieden mit seiner Adoptivmutter: Er hätte allzu gerne den „Dämonen" angegriffen, der an ihrer „Seele die meiste Zeit ihres Lebens zerrte". „Ich würde für sie singen und mein Horn für sie spielen. Es war die einzige Sache, für die sie mich niemals kritisierte ... Ich würde ihr gern die Liebe ihrer Enkelkinder zeigen und sie fühlen lassen ... wenn sie wollte. Vor allem aber würde ich sie gerne wissen lassen, daß sie sich hinsichtlich mir geirrt hatte, zumindest darin, daß der Kreislauf durchbrochen ist" (Clark, 1993, S. 90).

Clark erlebte also das gleiche, was häufig ein Wissenschaftler bei einer wissenschaftlichen Revolution erlebt: einen plötzlichen Perspektivwechsel und einen intensiv-ruhigen Gefühlszustand (s. Schneider, 1977, S. 66).

4. Die wissenschaftliche Revolution

4.1 Die Notwendigkeit, den Realitätsgehalt konkurrierender Modelle zu überprüfen

Es gibt zwei Modelle, die therapeutischen Maßnahmen bei Sexualstraftätern u. a. Tätern zugrundeliegen:

a) das kognitive Entscheidungsmodell, wie ich es vereinfacht nennen möchte, denn auch die anderen Gesichtspunkte des BASIC ID können natürlich beeinflußt werden (z.b. die Phantasie, Imaginationen usw.)

b) das statisch-biologische Modell. Es ist deshalb statisch, weil es z.b. besagt: kriminelles Verhalten ist irgendwie schon von Anfang an im Menschen angelegt; in Erbanlagen, starken Trieben, „Charaktereigenschaften" u.ä. Soziobiologen sprechen sogar vom „Flüstern der Gene", wenn sie menschliches Verhalten betrachten.

Der therapeutische Ansatz sieht bei diesem Modell einmalige, radikale Maßnahmen vor, durch die diese biologische Ursache des Verhaltens mit einem Schlag beseitigt wird: Gehirnoperationen, Kastration, „triebdämpfende Medikamente" u.a. Typisch ist hier z.b. auch die Frage, *wieviel* Prozent Anlage und Umwelt bei Kriminalität oder der Intelligenz eine Rolle spielen. Daß alleine schon diese *Fragestellung* falsch ist, darauf hat 1973 der führende Genetiker *Dobzhansky* hingewiesen: Weil es von der Umwelt abhängt, inwieweit Erbanlagen ausgeschöpft werden.

Das kognitive und das statisch-biologische Modell sind nicht nur unterschiedlich, sondern miteinander *unvereinbar*. Man kann also diese beiden Modelle nicht einfach konfliktscheu nebeneinander stehen lassen und sich vor einer Entscheidung drücken oder sagen: „Die Wahrheit liegt wohl irgendwie in der Mitte." Denn die Maßnahmen, die auf der Grundlage beider Modelle getroffen werden, sind völlig entgegengesetzt: ein radikaler biologischer Eingriff oder eine längerfristige Einwirkung auf Kognitionen, Imaginationen usw. (s. BASIC ID).

4.2 Das Wesen einer wissenschaftlichen Revolution

Wenn zwei gedankliche Modelle sich gegenüberstehen, taucht natürlich die Frage auf: Welches Modell ist richtig?

Indirekt gibt der Gutachter in Winzenrieds Artikel (1992, S. 813 - 814) die Antwort, indem er mit Formulierungen wie „ ... kaum geheilt werden" oder „einzige medizinische Maßnahme" eine gewisse Resignation hinsichtlich der rein biologischen Einwirkungsmöglichkeiten verrät. Und wenn er hier gewissermaßen das Ende des statisch-biologischen Modells bei der Betrachtung der Kriminalität einläutet, hat dies auch einen positiven Aspekt. Denn hier finden wir ein sehr anschauliches Beispiel dafür, was das Wesen einer wissenschaftlichen Revolution ausmacht: ein Gedankengebäude, ein Modell, ein Paradigma erweist sich als ungeeignet, praktische Probleme zu lösen und wird deshalb durch ein anderes Modell ersetzt (Paradigmenwechsel).

Häufig hat man die Vorstellung, daß Wissenschaft darin besteht, daß immer mehr Erkenntnisse aufgehäuft werden. Dies wäre wie bei einem Baum, der sich immer mehr verzweigt, so daß im Laufe der Zeit in der Wissenschaft ein immer differenzierteres Wissen entsteht. Dieses Bild ist aber falsch, wie der Physiker Kuhn (1986) an verschiedenen Beispielen vor allem aus der Physik, Chemie und Astronomie zeigte. Neue Erkenntnisse und Theorien bewirken ein radikales Umdenken, die gleichen Dinge werden plötzlich völlig anders gesehen.

Die wissenschaftliche Revolution läßt die Welt in einem anderen Licht erscheinen. Ein typisches Beispiel dafür ist der Wechsel vom ptolomäischen Weltbild („Die Erde steht im Mittelpunkt des Weltalls, und Sonne und Mond und die Sterne drehen sich um die Erde") zum kopernikanischen Weltbild („Die Erde dreht sich um die Sonne").

In der Geologie wurde die Grundvorstellung von der starren Erdkruste abgelöst von der Einsicht, „daß die Erdoberfläche aus gewaltigen Schollen besteht, die durch Magmaströme im Erdinnern in Bewegung gehalten werden und bei ihrem Aneinanderreiben Erdbeben verursachen" (Schneider, 1977, S. 62).

Wenn gesagt wird, daß man die Dinge *plötzlich* ganz anders sieht, so bezieht sich das auf den Perspektivwechsel selbst. Dazu ein Zitat von Lothar Meyer, „einem Teilnehmer jenes berühmten Karlsruher Chemikerkongresses von 1850, der ihn und Mendelejev zur Entdeckung des periodischen Systems der Elemente inspiriert hat." Meyer: „Es fiel mir wie Schuppen von den Augen, die Zweifel schwanden und das Gefühl ruhigster Sicherheit trat an ihre Stelle" (Schneider, 1977. S. 66).

Die Entwicklung und die Akzeptanz der neuen Theorie benötigt jedoch oft einen längeren Zeitraum (s. z.B. in der Chemie der Wechsel von der „Phlogiston"-Theorie zur „Sauerstofftheorie"; s. dazu Schneider, 1977, S. 65).

Kuhn sagt, daß wissenschaftlichen Revolutionen Krisen vorausgingen: Die durch die Messungen und Beobachtungen ermittelten Fakten stimmten nicht mehr mit dem bisherigen Modell überein.

Beispielsweise ergaben Messungen, daß die tatsächlichen Bewegungen der Sterne nicht mit der Vorstellung vereinbar waren, daß die Erde im Mittelpunkt des Weltalls steht. Um das ptolomäische Weltbild aufrechtzuerhalten, versuchte man mit immer komplizierteren Zusatzvorstellungen die Bahnkurven der Sterne zu erklären. Das ptolomäische Weltbild war deshalb derart kompliziert und unübersichtlich geworden, daß es auch wegen dieser Schwerfälligkeit dem einfacheren kopernikanischen Weltbild unterliegen mußte, zumal dieses die vorhandenen Daten besser erklären konnte.

Kuhn (1986, S. 149) weist ausdrücklich darauf hin, daß sich aus wissenschaftlichen Revolutionen nicht unbedingt große Veränderungen ergeben müssen, auch nicht auf allen Gebieten einer Wissenschaft. Auch müssen nicht unbedingt Außenstehende diese Veränderungen sehen. Die neue Theorie, das neue Modell muß nicht unbedingt sofort alle Probleme lösen. Wie Kuhn (1986, S. 126) am Beispiel von physikalischen Theorien des 20. Jahrhunderts zeigt, wurde eine neue Theorie akzeptiert, obwohl sie mehr neue Probleme schaffte. Sie wurde aber akzeptiert, weil man mit der neueren Theorie bessere Vorhersagen machen konnte.

Ein verbessertes Modell oder Weltbild kann auch humaneres Verhalten bewirken. Beispielsweise war es ein wichtiger Schritt von der Betrachtung der Schizophrenie, Epilepsie u.ä. von der Dämonologie zu einer naturwissenschaftlichen Betrachtungsweise. Denn gemäß der Dämonologie waren Schizophrenie, Epilepsie u.ä. Strafen für die Mißachtung der Götter und der Priester. Die „Therapie" dieser von Göttern und Dämonen verursachten Störungen bestand im Exorzismus, im auspeitschen und hungern lassen, um die Dämonen abzuschrecken. Dagegen geht das naturwissenschaftliche Modell dieser Störung von weniger drastischen und gezielten Eingriffen aus. Während dies z.B. bei der Epilepsie durch medikamentöse Behandlung befriedigend gelöst ist, ist aber eine Betrachtung von Kriminalität gemäß einem rein biologischen Modell unangemessen (s. Füllgrabe, 1994). Hier ist eine wissenschaftliche Revolution also noch notwendig.

Wissenschaftliche Revolutionen treffen naturgemäß zunächst auf heftigen Widerstand, bis sich allmählich das neue Modell durchsetzt. Der Physiker Max Planck beschrieb dies folgendermaßen (s. Schneider, 1977, S. 66):

„Dabei hatte ich Gelegenheit, eine wie ich glaube bemerkenswerte Tatsache festzustellen. Eine neue wissenschaftliche Wahrheit pflegt sich nicht in der Weise durchzusetzen, daß ihre Gegner überzeugt werden und sich als belehrt erklären, sondern vielmehr dadurch, daß die Gegner allmählich sterben und daß die heranwachsende Generation von vornherein mit der Wahrheit vertraut gemacht ist."

Ist aber die neue Theorie erst einmal allgemein akzepiert, wird sie für selbstverständlich gehalten und oft vergessen, daß es früher noch konkurrierende Theorien gab. Durch dieses Vergessen entsteht erst der Eindruck, Wissenschaft laufe immer konsequent und folgerichtig nur in eine Richtung hin (s. dazu Kuhn, 1986).

II. Irrtum, Täuschung und Selbsttäuschung im wissenschaftlichen Bereich

Die wissenschaftliche Kriminalpsychologie liefert nicht nur Einsichten in einzelne Themen, sondern orientiert sich an einem realistischen Weltbild.

Daß dies keineswegs so selbstverständlich ist, möchte ich an Beispielen aus drei Bereichen bzw. Themen belegen:

- Fehlinterpretationen durch biologische Deutungen
- Die Einwirkungen des Zeitgeistes der Psychoanalyse auf die Glaubwürdigkeitsbeurteilung von Opfern sexuellen Mißbrauchs
- dem problematischen Phänomen der Multiplen Persönlichkeiten

1. Problematische biologische Deutungsmuster

1.1 Unüberprüfte biologische Deutungsmuster

In früheren Jahrhunderten wurden unerklärliche Phänomene, auch psychische Störungen, mit dem Wirken von Dämonen oder Hexen „erklärt". Man kann sich manchmal des Eindrucks nicht erwehren, daß in der heutigen Zeit die Biologie die Rolle der Dämonen übernommen hat.

Beispielsweise schrieb der Ingenieur Shotland (1959) ein Buch mit dem bezeichnenden Titel „Der einzige Weg Jugendkriminalität und Gefühlsstörungen zu beseitigen": Er ging davon aus, daß Jugendkriminalität und emotionale Störungen auf Ungleichgewichtigkeiten biologischer Natur zurückzuführen seien: ungleiche Leistungen der Augen und ungleich lange Füße. Deshalb könne man durch Brillen oder spezielles Schuhwerk Kriminalität u.ä. verhüten. Obwohl man durchaus die Hypothese hinsichtlich biologischer Ungleichgewichte untersuchen könnte (s. BASIC ID), betont Shotland (1959, S. 37) ausdrücklich, daß organische und chemische Ungleichgewichte „in Menge und Wirkung vernachlässigbar" seien. Da Shotland nur Geld für ein kurzfristiges Projekt bekam, konnte er seine Hypothesen nicht weiter überprüfen.

Natürlich sind Menschen keine ätherischen Wesen, sondern haben auch einen Körper, also auch eine biologische Seite. „Wir haben keinen Körper, wir sind Körper", sagte der Körpertherapeut Keleman.

Aber es kann nicht einfach eine Behauptung aufgestellt werden, z.B. daß Erbanlagen für psychische Probleme verantwortlich seien, ohne dies zu belegen oder zu überprüfen. Ein falscher Denkansatz kann verheerende Auswirkungen auf Menschen haben. Wie verblendet man sein kann,

auch dann, wenn andere biologische Ursachen bekannt sind, zeigt die
"Pellagra-Verschleierung".

1.2 Der Einfluß unwissenschaftlicher genetischer Thesen auf die Sozialpolitik

Zu Beginn des 20. Jahrhunderts hatte die amerikanische eugenische
Bewegung beträchtliches Ansehen und Einfluß, besonders beim amerikanischen Kongreß, gewonnen.

Ständig warnte sie vor dem „schlechten genetischen Material", das
Einwanderer aus Rußland, Polen, Ungarn, Italien, Griechenland und andere nichtnordische Immigranten in die USA einschleppen würden. Genetische Hypothesen wurden also zu politischen Entscheidungen mißbraucht, um die Einwanderung bestimmter Personengruppen zu bremsen.

Es gab jedoch eine weiße Bevölkerungsgruppe, die nicht dem Bild der
Eugeniker von der überlegenen „nordischen Erbmasse" entsprach: Weiße
angelsächsischen Ursprungs in den Südstaaten der USA, die wegen ihres
„faulen, dummen" Verhaltens abschätzig als „armer, weißer Abschaum"
bezeichnet wurden. Ihre Armut, ihre verhaltensmäßigen und intellektuel-
len Defizite wurden auf ihr „minderwertiges Blut" und ihre „schlechten
Erbanlagen" zurückgeführt.

Die These von der genetischen Minderwertigkeit des „armen, weißen
Abschaumes" wurde 1902 schwer erschüttert, als Charles Stiles entdeckte, daß die „Antriebsschwäche" und die Minderintelligenz durch einen
Hakenwurm verursacht wurde, der durch mangelnde sanitäre Einrichtun-
gen und das Nichttragen von Schuhen bei den Armen weiterverbreitet
wurde. Die Entdeckung von Stiles erregte große Aufmerksamkeit und
Anerkennung. Die sanitären Verbesserungen, die als Folge der Entdek-
kung von Stiles vorgenommen wurden, waren auch deshalb erfolgreich,
weil sie durch John Rockefeller mit 800 000 Dollar unterstützt wurden.

Im Gegensatz dazu wurde die Bekämpfung der Pellagra durch die eugenische Ideologie verhindert. Pellagra ist eine Hautkrankheit, der Zustände von „Antriebsschwäche", Schwindelgefühlen, psychische Störungen, Depressionen u.ä. folgen können. Auch wird die Widerstandskraft
gegen Infektionskrankheiten und Parasiten geschwächt.

Bereits 1866 hatte ein französischer Arzt namens Theophile Roussel
gezeigt, daß in Europa Pellagra immer mit Mangel an frischem Fleisch
und Gemüse zusammenhing.

1914 stellte Goldberg in den USA fest, daß Pellagra - eine nichtan-
steckende Krankheit, die nur bei Armen vorkam - bei Strafgefangenen
auftrat, die 6 Monate freiwillig eine Diät mit vielen Kohlenhydraten, we-

nig Proteinen und keinem frischen Gemüse aßen. Er heilte sie einfach dadurch, daß er ihnen eine bessere Nahrung verschaffte.

Verschiedene Untersuchungen, z.B. Injektionen von Blut, Hautteilchen, die von Pellagrakranken stammten, bei sich, seiner Familie und Kollegen, wonach niemand Pellagra entwickelte, führten Goldberg zu dem Schluß, daß Pellagra durch den Mangel an Vitamin B verursacht wurde.

Medizinische Kapazitäten aus der ganzen Welt sandten Goldberg ihre Glückwünsche: „In der besten aller möglichen Welten", wie Chase bemerkt, „hätte Goldbergs Entdeckung eine sofortige und massive Ernährungskampagne durch die Bundes- und Staatsregierungen ausgelöst, um die Pellagra auszurotten, genauso wie die Konstruktion von sauberen Wasserleitungssystemen die Cholera in der Mitte des 19. Jahrhunderts in England ausgerottet hatte" (S. 85).

Goldbergs Feststellung, daß die „faulen Weißen" der Südstaaten unter schlechten Ernährungsbedingungen und nicht unter schlechten Erbanlagen litten, stellte aber eine Verletzung des Selbstverständnisses und der Ideologie der eugenischen Bewegung dar. Siler und Garrison, zwei führende Wissenschaftler, beglückwünschten Goldberg zu seiner Entdeckung und verließen die Pellagra-Kommission, die 1912 von der New Yorker Medizinischen Schule veranlaßt worden war, weil Goldbergs Ergebnisse die Kommission überflüssig gemacht hatte. Damit geriet die Kommission unter den Einfluß von Charles Davenport, der nicht nur der eugenischen Bewegung angehörte, sondern auch in Büchern und Artikeln behauptet hatte, Kriminalität, psychiatrische Probleme, geistige Retardation, Schwachsinn, geringer IQ und geringes Einkommen seien alle erbmäßig bedingt.

Der abschließende Bericht der Pellagra-Kommission (1917 erschienen), ist ein Musterbeispiel für Manipulation: Nur eine Fußnote wurde Goldbergs Arbeit gewidmet. Und obwohl Davenport wußte, daß Siler und Garrison ihre frühere Meinung angesichts der Ergebnisse Goldbergs geändert hatten, enthielt der Schlußbericht ihre früheren Artikel, in denen Pellegra als erbliche Krankheit dargestellt wurde, die Personen mit minderwertiger Erbmasse beeinflußt. Es wurden auch „Familienstammbäume" aufgeführt, die genetische Verbindungen zwischen Pellagrakranken aufzeigen sollten.

Für zwei Jahrzehnte hatte der 500 Seiten starke Report der Kommission einen stärkeren Einfluß als wissenschaftliche Erkenntnisse. Dies hing u.a. damit zusammen, daß zur damaligen Zeit die medizinische Ausbildung in den USA wissenschaftlich wenig qualifiziert war. Hinzu kam, daß den Politikern und Geschäftsleuten Davenports Ideen besser in den Kram paßten. Warum sollten z.B. die Plantagenbesitzer ihren Feldarbeitern mehr Geld für bessere Lebensmittel bezahlen?! Da war es doch einfacher, die These von der erblichen Minderwertigkeit der faulen Landarbeiter zu akzeptieren, die man ja doch nicht ändern kann. Goldbergs These hätte ja soziale Reformen wie z.b. Gesetze bezüglich Mindestlöhnen oder Nahrungsspenden für arme Familien erfordert. Die sozialen, wirtschaftlichen und menschlichen Kosten der unseriösen Thesen Davenports waren erheblich: Zwischen 1914 und dem 2. Weltkrieg starben etwa 80 000 weiße und schwarze Arme in den Südstaaten der USA an Pellagra.

Erst durch die Weltwirtschaftskrise 1929, nachdem auch Millionen Amerikaner der Mittelschicht arbeitslos und arm wurden, kam es zu einer entscheidenden Wende. Durch Hilfsprogramme für Arme und die wirtschaftlichen Verbesserungen in den Südstaaten durch die „New Deal" - Politik der Rooseveltregierung bekamen auch verstärkt die ärmeren Schichten der Südstaaten eine bessere Ernährung. Die Industrie wurde angekurbelt, es wurden gezielte Wirtschaftsmaßnahmen ergriffen, dabei wurden vermehrt Arbeitskräfte im Süden gebraucht und Nahrungsmittel ausgeteilt. Am Ende des 2. Weltkrieges war die Pellagra in den USA nahezu verschwunden, ohne eine „offensichtliche Veränderung der Gene", wie Chase ironisch vermerkt (S. 86). Er weist aber deutlich auf die Aktualität des Pellagra-Skandals hin: Im gleichen Jahr, in dem Jensen seine These von den „genetisch bedingten Rassenunterschieden" veröffentlichte, wies Lowe vom „National Institute of Child Health an Human Development" auf die schlechte soziale Lage und Ernährungsbedingungen der sozial schwachen Schichten hin, die für eine erhöhte Zahl von Frühgeburten und die damit verbundene mögliche Minderung der Intelligenz verantwortlich sind. Und genauso wie Davenports genetische Theorie der Pellagra die Aufmerksamkeit von deren eigentlichen Ursachen ablenkte, verhindern die gleichen eugenischen Ideen beider genetischen Thesen von den erblichen Unterschieden der Intelligenz den erfolgreichen Kampf gegen die Armut.

1.3 Wissenschaftliche Genetik und ideologische Genetik

Jahrzehntelange Beschäftigung mit dem Thema „Anlage/Umwelt" zeigten mir, daß es notwendig ist zu unterscheiden zwischen einer seriösen Genetik, wie sie etwa Dobzhansky (1973) oder Gardner (1972) darstellen, und einer ideologischen und auf unbewiesenen Behauptungen aufgebauten Genetik.

Da immer wieder die Thesen von der weitgehend genetisch beeinflußten Intelligenz unkritisch als wissenschaftlich exakt bewiesen ausgegeben wurden, sah sich der zur damaligen Zeit führende Genetiker

Dobzhansky veranlaßt, sein Buch „Genetic Diversity & Human Equality" zu schreiben. Er formulierte es sehr scharf: „Zyniker behaupten, die Menschen verwendeten die Wissenschaft nur dazu, ihren selbstsüchtigen Interessen und Voreingenommenheiten den Anstrich des Respektablen zu geben." (Dobzhansky, 1973, S. 9-10)

Dobzhansky zeigt auf, daß das „Anlage-Umwelt-Problem" eigentlich ein fundamentales Mißverständnis beinhaltet. Denn die Existenz von Erbanlagen geben höchstens die Ober- und Untergrenze eines Merkmals vor (s. Kap. VI, 3), und es hängt von den Umweltbedingungen ab, in wieweit sich dieses Merkmal im Leben verwirklicht, etwa die Intelligenz. Deshalb fordert bezeichnenderweise Dobzhansky (1973) als Genetiker die intensive pädagogische Betreuung von Kindern.

Ein Training von Müttern beinhaltete Hinweise auf sprachliche und intellektuelle Förderungsmöglichkeiten und eine positive Mutter-Kindbeziehung. Nach 15 Monaten wurden ihre nichttrainierten Kinder mit denen einer Kontrollgruppe verglichen. Obwohl ja nur ihre Mütter, aber nicht sie selbst trainiert wurden, hatten diese Kinder im Durchschnitt einen IQ von 106, der sich signifikant von dem Wert von 91 für die Kontrollgruppe unterschied! (Karnes, u.a., 1970)

Es wird damit deutlich, daß sich genetische und psychologische Thesen nicht widersprechen müssen, sich sogar ergänzen können. Unerträglich ist dagegen der pädagogische Pessimismus, der durch die These ausgelöst wird, Intelligenz sei zu „80 % durch Erbanlagen bedingt". Damit wurde suggeriert, pädagogische Einwirkungsmöglichkeiten seien begrenzt, und man könne sich Förderungsprogramme sparen.

Wenn man Sachverhalte mit Erbanlagen erklären will, muß man als seriöser Wissenschaftler neben der Berücksichtigung von Alternativhypothesen auch danach schauen, was hinter den Daten steckt. Man muß, wie Christopher (1977) bei seiner Darstellung der Aufdeckung okkulter Phänomene, fragen: „Gibt es hier einen Trick? Gibt es nicht eine einfachere Erklärung?"

An dieser Stelle soll auf Informationen über getrennt aufgewachsene eineiige Zwillinge (= EZ) eingegangen werden, die aus dem „Minnesota Center for Twin and Adoption Research" stammen und die in Zeitschriftenartikeln und Fernsehberichten durch unkritische, sensationelle Aufmachung den Eindruck von dem gewaltigen Einfluß der Erbanlagen suggerieren.

Ist es z.B. nicht erstaunlich, daß selbst durch Erdteile getrennt aufgewachsene eineiige Zwillinge die gleichen Vorlieben entwickeln? Man muß aber fragen, ob hier nicht Zufallsfaktoren wirken, weil eine derartige Ähnlichkeit nur für dieses eine Zwillingspaar, aber nicht für alle Zwillinge berichtet wurde. Guillen hat derartige Zufallsfaktoren in seinem Artikel „Leben als Lotterie" (Psychology Today, October, 1983) berichtet, worin er zeigte, daß „verblüffende Übereinstimmungen so häufig sind wie Cornflakes".

Wenn man die Berichte über getrennt aufgewachsene eineiige Zwillinge nicht oberflächlich konsumiert, muß man die realitätsorientierte Haltung des Kindes in Andersens Märchen „Des Kaisers neue Kleider" übernehmen. Man muß z.b. fragen „Wieviele Dinge haben sie gemeinsam, und in wievielen Dingen unterscheiden sie sich?" Wenn zwei derartiger EZ nur gemeinsam haben, daß sie z. B. die gleiche seltene Zahnpastamarke benutzen, kann es mit dem Einfluß der Erbanlagen gar nicht so weit her sein!

Und wenn man die Fotos der getrennt aufgewachsenen Minnesota-EZ betrachtet (s. z.B. U.S. News & World Report, April 13, 1987), so kann man leicht erkennen, wie sehr sich viele auch vom Gesicht oder anderen Äußerlichkeiten her unterscheiden (z.B. nur einer trägt eine Brille).

Wir dürfen durch sensationell aufgemachte Berichte nicht den Blick für das Entscheidende aus den Augen verlieren: Gleichgültig, welchen Einfluß Erbanlagen auf einen Menschen nehmen können, das Schicksal des Menschen ist in seinen Genen nicht unveränderbar festgeschrieben. Auf den gleichen Nenner brachten es auch die Genetiker Vogel und Propping in ihrem Buchtitel „Ist unser Schicksal mitgeboren?" (1981) Ihr Buch gibt die klare Antwort: „Nein!"

1.4 Gefangene ihres statischen Weltbildes

Irgendwie bekommt alles, was mit einer Formel berechnet wurde und was in einer Zahl ausgedrückt wird, den Anstrich einer ewigen Wahrheit. Deshalb gewinnt sogar die Astrologie an Respektabilität, besonders dann, wenn Horoskope durch Computer berechnet werden.

Eine wichtige Frage, die entscheidende Frage, bleibt aber unbeantwortet: Stimmen denn überhaupt die Grundlagen, auf denen die Berechnung beruht?

Da z.B. Cloninger u.a. (1978) behaupteten, für Kriminalität einen Erblichkeitskoeffizienten von 0,84 ermittelt zu haben, ist es notwendig, einmal einige der Voraussetzungen zu überprüfen, die solchen Berechnungen zugrundeliegen.

● Die Konstanz des Merkmals

Gemäß der Trait-Theorie besteht die Persönlichkeit aus stabilen „Eigenschaften". In der Realität kann man aber zumeist einem Menschen nicht in psychologisch sinnvoller Weise einen Wert auf einer psychologischen Skala zuteilen. Dagegen hat ein Mensch ein Verhaltensrepertoire. Wenn ein Mensch in einer Situation ehrlich, hilfsbereit o.ä. handelt, in der anderen nicht, ist auch die Frage nach dem Wirken von Erbanlagen wohl wenig sinnvoll.

● **Der Mythos „Normalverteilung"**

Viele statistische Formeln gehen davon aus, daß sich psychologische Merkmale gemäß der Gaußschen Normalverteilungskurve verteilen. Abgesehen davon, daß es wegen des Verhaltensrepertoires wenig Sinn macht, psychologisch bedeutsame Sachverhalte bei einem Menschen in einem Wert zusammenzufassen, stellt der Glaube an die Normalverteilungskurve eher einen Mythos eines starren, harmonischen Weltbildes dar.

Es kann nicht angehen, daß beispielsweise eine jahrzehntealte Warnung von Wechsler unberücksichtigt bleibt.

David Wechsler schreibt z.B. in dem Handbuch zu seinem bekannten Intelligenztest: „Außerdem soll nach Meinung einiger Autoren die Häufigkeitsverteilung (des Intelligenztests) der Gaußschen Kurve ähneln. Diese Forderung scheint ein Ergebnis eines weitverbreiteten Irrtums zu sein, Intelligenzmaße verteilten sich nach der Normalkurve!" (1956, S. 134). Seine Testergebnisse entsprechen nicht der Gaußschen Kurve, sondern sind deutlich rechtssteil (was bedeutet, daß mehr Menschen mit einem niedrigeren IQ ermittelt wurden, als gemäß der Normalverteilungskurve zu erwarten gewesen wäre). Auch Burt (1963) - dessen Untersuchungsergebnisse allerdings mit Vorsicht zu betrachten sind - fand eine recht steile Verteilung, die mehr unter- und mehr überdurchschnittlich intelligente Kinder enthielt, als nach der Gaußschen Kurve zu erwarten gewesen wäre.

Diese Erkenntnisse sind keine Einzelfälle. Schneider-Jansen (1990) schreibt unter der Überschrift „Falle 1: Die Unnormalität von Meßwertverteilungen" (wobei er statistische Fallen meint):

„In der biochemischen Psychoseforschung hat sich weitgehend die Verwendung parametrischer Verfahren eingebürgert, obwohl es kaum eine Untersuchung gibt, in welcher die zumeist untersuchten Parameter als klassisch normalverteilt angegeben werden." (S. 81). Die von ihm dargestellten drei Enzyme des Katecholamin-Stoffwechsels sind z. T. linksschief, zweigipflig, einige könnten sogar trimodal verteilt sein (s.S. 84/85).

Man könnte natürlich in einigen der Fälle sagen, daß die Abweichungen von der Normalverteilung so gering seien, daß man trotzdem die üblichen parametrischen Verfahren anwenden könnte. Dies ändert aber nichts an der Tatsache, daß in der Realität Merkmale nicht automatisch normalverteilt sind bzw., daß man unüberprüft nicht von Normalverteilung ausgehen kann!

Dies ist keine belanglose Kleinigkeit, hier werden unterschiedliche Weltbilder deutlich. Das traditionelle naturwissenschaftliche Weltbild ist statisch und geht von einfachen, idealisierten Phänomenen aus. In der Realität herrscht dagegen die Komplexität vor. Davies hat es bei seiner Darstellung der Chaostheorie(1988, S. 39) so ausgedrückt: „Es besteht eine
gewisse Neigung, in der Komplexität der Natur so etwas wie eine lästige
Verirrung zu sehen, die den Fortschritt der Wissenschaft aufhält."

1.5 Die sachgemäße Deutung von Erblichkeitskoeffizienten

Genetiker (so z.B. Vogel und Propping, 1981) weisen häufig darauf
hin, daß Zwillings- und Adoptivuntersuchungen nicht unbedingt als Beweis für genetische Grundlagen der Intelligenz herangezogen werden
können, weil sie gleichermaßen als Beleg für das Wirken von Umweltfaktoren angesehen werden können. Deshalb kann man eigentlich ein
Merkmal nur dann als genetisch beeinflußt ansehen, wenn man es systematisch heranzüchten kann.

Man hört häufig die Meinung: Man kann bei Tieren systematisch bestimmte Merkmale heranzüchten, dies müßte doch eigentlich auch beim
Menschen möglich sein. Unausgesprochen wird diese Ansicht auch in
der Berechnung von Erblichkeitskoeffizienten deutlich. Der Erblichkeitskoeffizient h^2, auch Heritabilitätsindex (Lenz, 1976, S. 320) genannt,
gibt den Anteil der genetischen Varianz und der phänotypischen Varianz
an:

$$h^2 = \frac{\sigma_G^2}{\sigma_p^2} \quad \text{(wobei } \sigma_G^2 \text{ die genetische Varianz und } \sigma_p^2 \text{ die phänotypische Varianz darstellt)}$$

Beispielsweise berechnete Jensen (1969) für die Intelligenz einen
Erblichkeitskoeffizienten von 0,81 an, woraus dann die häufig verbreitete, aber falsche(!) Meinung entstand, Intelligenz sei zu 81% angeboren.

Da offensichtlich in einem derartig hohen Erblichkeitskoeffizienten
eine sozialpolitische Sprengkraft steckt (was sich ja auch in den heißen
Debatten um die Förderungsmöglichkeiten der Intelligenz zeigte) und
weil Cloninger u.a. (1978) für die Kriminalität einen Erblichkeitskoeffizienten von 0,84 ermittelt zu haben glaubten, soll die Frage näher
untersucht werden, was der Erblichkeitskoeffizient überhaupt darstellt.
Gardner (1972) illustriert dies gut am Beispiel der Züchtung von Tieren
in der Landwirtschaft mit der „phänotypischen oder Massenselektion".
Dabei werden aus der Masse der Tiere diejenigen herausgesucht, die die

gewünschten Eigenschaften am stärksten entwickelt haben und als Eltern für die nächste Generation bestimmt. Gardner weist nun darauf hin, daß man den Züchtungserfolg vorhersagen kann, wenn man den Erblichkeitskoeffizienten (h^2) für die betreffende Eigenschaft kennt. Er betont (S. 412): „Der Erblichkeitskoeffizient ist keine Konstante, sondern gibt lediglich den Anteil der Varianz an, verursacht durch Unterschiede in der additiven Genwirkung in einer bestimmten Population zu einer bestimmten Zeit."

In einer Tabelle (S. 412) gibt er z.b. folgende Erblichkeitskoeffizienten an:

	h^2
Eierproduktion von Hühnern	0,05 - 0,15
Milchertrag bei Kühen	0,2 - 0,4
Tägliche Zunahme von Rindern	0,3 - 0,5
Gewicht der Wolle von Schafen	0,3 - 0,6

Die Eierproduktion von Hühnern hat einen niedrigen Erblichkeitskoeffizienten, deshalb wäre bei einem Züchtungsversuch nur wenig Fortschritt in jeder Tiergeneration zu erzielen. Dagegen verspricht der mittelhohe Erblichkeitskoeffizient des täglichen Zuwachses bei Rindern einen größeren Zuchterfolg. Gardner gibt dazu ein Rechenbeispiel:

„Es soll angenommen werden, daß in einer Rinderpopulation der durchschnittliche tägliche Zugewinn von 2,4 Pfund beträgt; für die Bullen, die als Eltern für die nächste Generation ausgewählt wurden, im Durchschnitt 3,4 Pfund und für die Kühe 3,0, was ein Auswahldifferential von (3,4 + 3,0) : 2 - 2,4 = 0,8 Pfund ergibt. Wenn die Heritabilität 0,4 oder 40% beträgt, wird der erwartete Zuwachs 40% des Selektionsdifferentials oder 40% der 0,8 Pfund, was 0,32 Pfund ergibt, betragen. Die Nachkommen würden dann gemäß der Erwartung im Durchschnitt 2,4 + 0,32 = 2,72 Pfund haben, im Vergleich mit den 2,4 Pfund für die gesamte Population, aus der die Eltern ausgewählt wurden. Wenn die Erblichkeit nur 10% betragen würde, wie bei der Eierproduktion, wäre der Zugewinn nur 0,08 (10% von 0,8) gewesen, und der Durchschnitt für die nächste Generation wäre nur 2,48. Das Generationsintervall bei Rindern beträgt 4 1/2 bis 5 Jahre, so daß der erwartete Zuwachs von 0,32 Pfund pro Generation einen jährlichen Zuwachs von 0,06 bis 0,07 Pfund darstellt" (S. 413).

Dieses Beispiel zeigt also, daß der Erblichkeitskoeffizient eng mit dem Züchtungsgedanken verbunden ist. Darauf soll hier nur deshalb hingewiesen werden, weil z.B. ziemlich leichtfertig mit diesem Begriff in der Öffentlichkeit und leider auch in der Fachliteratur umgegangen wird und erhebliche sozialpolitische Konsequenzen daraus abgeleitet werden können. So wird z.B. immer der Eindruck erweckt, als habe Jensen (1969) endgültig exakt berechnet und damit bewiesen, die „Heritabilität" für Intelligenz betrüge 0,81. Aber an dieser Ansicht stimmt so gut wie gar nichts, zumal es ja auch noch andere Schätzungen der Intelligenz gibt, etwa die von Jencks (1972) mit $h^2 = 0,45$, und damit die Frage auftaucht: Welcher Erblichkeitskoeffizient stimmt denn nun? Dazu folgende Feststellungen:

1. **Die Erblichkeitskoeffizienten für Intelligenz, Kriminalität und andere psychische Faktoren beruhen nicht auf exakten Berechnungen oder Messungen!** Sie stellten lediglich **Schätzungen** dar, die auf mathematischen Modellen beruhen, die nicht unumstritten sind. Eine Darstellung dieser verschiedenen Modelle findet man z.B. bei Lenz (1976) und bei Mittler (1971), der auch in einer Tabelle (s. S. 170) aufzeigt, daß man für die vollkommen gleichen Daten vollkommen unterschiedliche Erblichkeitskoeffizienten (von 0,02 - 1,00) erhält, je nachdem, welche Formel man benutzt; und ein Berechnungsmodell von Smith (gemäß dem übrigens der bereits erwähnte Erblichkeitsindex von 0,8 für Kriminalität ermittelt wurde) „... hat aber den unübersehbaren Schönheitsfehler, daß er [i.e. der Erblichkeitskoeffizient, Anm. des Verf.] größer als 1 werden, also eine mehr als hundertprozentige Erbbedingtheit anzeigen kann" (Lenz, 1976, S. 321). Aber schon Mittler (1974, S. 94) stellte bei der Berechnung für einzelne psycholinguistische Fähigkeiten „mit Erstaunen" fest, daß er auch vollkommen sinnlose Werte erhielt, z.B. negative und solche über 1,00! Beispielsweise gibt er für „visuell-motorische Assoziation" $h^2 = 1,26$ an, was bedeuten würde, daß diese Fähigkeit zu 126% durch Erbanlagen bedingt wäre! Es ist also mehr Skepsis gegenüber Erblichkeitskoeffizienten angebracht, so groß auch die allgemein verbreitete Ehrfurcht gegenüber allem sein mag, was mit mathematischen Modellen berechnet wurde. Die Skepsis muß noch größer werden, wenn man noch folgende Gesichtspunkte berücksichtigt:

2. **Den Schätzungen und Berechnungsmodellen liegen Voraussetzungen zugrunde, die in der Realität nicht erfüllt sind.** Bronfenbrenner (1974) weist darauf hin, daß sich die Schätzungen vor allem auf zwei Datenquellen stützen: Zwillings- und Adoptivuntersuchungen. Eine kritische Voraussetzung für die Schätzung ist nicht erfüllt: Die Umwelt der getrennt lebenden EZ müßte unkorreliert sein, d.h. es dürfte keine Tendenz bestehen, daß die Zwillinge in ähnlichen Adoptivfamilien aufwachsen. Nun existiert aber das Phänomen der selektiven Adoption, auch fand man bei den EZ eine Korrelation von + 0,55 für die Zahl der Schuljahre usw.

3. **Es ist ziemlich fraglich, ob man Erblichkeitskoeffizienten aus Fragebogen berechnen kann, die von Zwillingspaaren ausgefüllt wurden.** Zu dieser Schlußfolgerung kommt Nichols (1966, S. 16) nach

seiner Untersuchung zu diesem methodischen Vorgehen, und er sagt: „Die Varianz der Fragebogenitems ist vorwiegend Fehlervarianz" (S. 16). Er listet zur Illustration die Items auf, die große und diejenigen, die geringe Unterschiede zwischen EZ und ZZ ergaben. Rosenthal (1968) kommentiert diese Ergebnisse sarkastisch, nachdem er einige Items gegenüberstellte:

Verhaltensweisen

„Hohe Erblichkeit"	„Geringe Erblichkeit"
1. Nahm Hustensaft	1. Nahm Abführmittel
2. Schaute ein Wort in einem Wörterbuch nach	2. Schaute etwas in einer Enzyklopädie nach
3. Fuhr in einer Berg- und Talbahn	3. Fuhr in einem Sportwagen
4. Nahm einen Anhalter mit	4. Fuhr als Anhalter
5. Sang in einem Gesangverein oder Chor	5. Nahm Gesangsstunden

Berufsbevorzugungen

6. Polizeirichter	6. Richter

„Vielleicht könnte man genetische Erklärungen aus solchen Ergebnissen herausdestillieren, aber das Vertrauen in jeden solchen Versuch würde wohl kaum aufkommen. ... Irgendwie ist es eine Schande, daß Nichols zu einer solch düsteren Schlußfolgerung kommen mußte. Man denke daran, welches Vergnügen wir daran gehabt hätten, zu erklären, warum Hustensaft zu nehmen solch wichtige evolutionäre Bedeutung besitzt, wohingegen das Nehmen eines Abführmittels keine besitzt." (Rosenthal, 1968, S. 73). Rosenthals Sarkasmus ist durchaus berechtigt, wenn man berücksichtigt, wie häufig leichtfertig und naiv Konkordanzraten genetisch interpretiert und mit der Evolution in Beziehung gesetzt werden. Nichols (1966) fand auch deutliche Unterschiede zu einer Untersuchung von Gottesmann mit dem gleichen Test. Lenz (1976, S. 323) verglich Fragebogenuntersuchungen von Vandenberg und Gottesmann mit dem Cattellschen HSPQ und fand „bemerkenswerte Unterschiede" bei den Heritabilitätsschätzungen!

Es wurde der Versuch gemacht, derartige Schätzungen auf einzelne Altersgruppen zu beziehen (Dworkin u.a., 1975). Zwillingspaare füllten als Jugendliche und 12 Jahre später als Erwachsene die gleichen Fragebögen aus. Dabei wurden bei einzelnen Faktoren höchst unterschiedliche Erblichkeitskoeffizienten für die beiden Altersstufen gefunden. Ob dies tatsächlich genetisch erklärbar ist oder lediglich das Vorhandensein von Artefakten offenbart, mag dahingestellt bleiben. Der grundlegenden Aussage der Autoren kann man jedenfalls zustimmen: „Es ist nicht länger möglich anzunehmen, daß Studien der Heritabilität von Persönlichkeitseigenschaften in einer Altersgruppe sinnvolle Informationen mit Hinblick auf andere Altersgruppen liefern ..." (S. 517).

4. **Der Erblichkeitskoeffizient kann von der Definition des Merkmals abhängen (Lenz, 1976).** Er zitiert dazu eine Untersuchung von Partanen u.a. (1966) aus Finnland. Wird „Alkoholismus" an der Häufigkeit des Alkoholismus gemessen, beträgt der Erblichkeitskoeffizient 0,40; wird als Kriterium die durchschnittliche Trinkmenge genommen, ist er 0,27 hoch. Erfaßt man die sozialen Komplikationen, die sich aus dem Trinken ergeben (Konflikte des Trinkenden mit dem Gesetz, seinem Arbeitgeber oder mit seinen anderen finanziellen Bedürfnissen), so ist kein Erbeinfluß mehr feststellbar. Der Erblichkeitskoeffizient ist nur 0,02 hoch bzw. gering! Wird also Alkoholismus durch Erbanlagen (mit-) bestimmt oder nicht?

5. Ein weiteres Problem, das neben Statistikern und Psychologen auch Genetikern (s. Dobzhansky, 1973) Anlaß zur Kritik an den Berechnungen der Heritabilität gibt, stellt **das Problem der eingeengten Streubreite der zugrundeliegenden Untersuchungen dar.** Alle diese Untersuchungen wurden nämlich nicht in einer großen Vielzahl verschiedener Umwelten durchgeführt. Zumeist wurden nur europäische und US-amerikanische Weiße der Mittelschicht erfaßt!

6. Das entscheidende Problem wird aber zumeist übersehen. Wie Dobzhansky (1973) und Gardner (1972) hinweisen, ist **der Erblichkeitskoeffizient keine innere Eigenschaft eines Merkmals, sondern eine Eigenschaft der Population, in der er auftritt.** Der Erblichkeitsindex ist also abhängig von der Art der Stichprobe, aus der er ermittelt wurde.Es gibt also nicht *den* Erblichkeitskoeffizienten. Bezeichnenderweise gibt Gardner für derartige Koeffizienten bei Tieren eine Streuung an, z.B. für die Eierproduktion von Hühnern 0,05 - 0,15; für das Gewicht der Wolle von Schafen 0,3 - 0,6.

2. Die Glaubwürdigkeitsbeurteilung von Opfern sexuellen Mißbrauchs

2.1 Das wissenschaftliche Vorgehen der empirischen Psychologie

Der sexuelle Mißbrauch von Kindern stellt eines der düstersten Kapitel der Kriminalität dar, vor allem wegen der Hilflosigkeit der Opfer und den Nachwirkungen der Tat. Deshalb wäre es äußerst wichtig:

1. **Kriterien** zur Verfügung zu haben,
   a) um derartige Delikte schnell erkennen zu können.

b) um im Zweifelsfall entscheiden zu können, ob eine Anschuldigung wegen sexuellen Mißbrauchs zutrifft oder gelogen ist.

2. **sachgerechte Maßnahmen** ergreifen zu können, um den Opfern sexuellen Mißbrauchs zu helfen, sie zu therapieren usw.

Um das Kriterienproblem zu lösen, hat die empirische Psychologie schon seit etwa 100 Jahren die Glaubwürdigkeit von Zeugenaussagen untersucht. Dabei wurde zunächst die Person des Aussagenden in den Mittelpunkt der Untersuchung gerückt. Personen konnten 5 Minuten ein Bild betrachten und wurden dann befragt, z.b. „Wo stand das Sofa?" (Arntzen, 1970).

Da relativ wenige Details richtig aus der Erinnerung geschildert werden konnten, zog man daraus zunächst den falschen Schluß, daß Zeugenaussagen grundsätzlich wenig ergiebig seien. Doch bald erkannte man, warum Zeugen wenig Details in Erinnerung rufen konnten: Das Gedächtnis liefert keineswegs ein fotografisches Abbild früherer Ereignisse. Vielmehr speichert der Mensch *langfristig* solche Ereignisse in sein Gedächtnis ein, die für ihn von Bedeutung sind; das wären bei einem Verbrechen z.b. Gesichtszüge des Täters, seine Bekleidung, *wichtige* Details des Tatortes, die *direkt* mit der Tat zusammenhängen usw. Wenn jemand sich erinnert, kann er zumeist kein fotografisches Abbild der Vergangenheit liefern. Er muß aus den im Gedächtnis gespeicherten Informationen ein Bild rekonstruieren, dabei werden oft fehlende Details hinzuinterpretiert, damit sich ein geschlossenes Bild des Ereignisses, eine „lückenlose Schilderung", ergeben kann. Daß dabei Dinge hinzugedichtet werden, wird mit „Konfabulation" bezeichnet. Durch Suggestivfragen wird die Konfabulation noch verstärkt. Deshalb kann paradoxerweise gerade derjenige ein guter Zeuge sein, der wenige - aber tatrelevante - Details schildert und sonst aufrichtig sagt: „Ich weiß es nicht." (s. Füllgrabe, 1995). Deshalb können auch kleine Kinder durchaus gute Zeugen sein!

Der Weg der Glaubwürdigkeitsgewinnung über die Persönlichkeit des Zeugen erwies sich als wenig ergiebig. Deshalb richtete man das Augenmerk auf die *Aussage* des Zeugen. Es erwies sich nämlich, daß sich wahre von erlogenen Zeugenaussagen in einer ganzen Reihe von Strukturmerkmalen deutlich unterschieden. In der wahren Aussage waren mehr Details vorhanden, typische Gefühlsverläufe während der Tat usw. So ist im Laufe der Zeit ein wissenschaftlich gesichertes Instrumentarium entstanden, mit dessen Hilfe man in der Praxis eine Aussage treffen kann, ob ein Zeuge lügt oder die Wahrheit sagt. Aus wissenschaftlicher Sicht ist zu diesem Instrumentarium anzumerken, daß es vor allem in Fällen des Deliktes sexueller Mißbrauch von Kindern gewonnen wurde. Anders formuliert: Es gibt kein einziges Delikt, das so genau in Theorie und Praxis analysiert wurde, wie das des sexuellen Mißbrauchs von Kindern.

Wir können aber auch den sachgemäßen Weg des Gewinnens wissenschaftlicher Erkenntnisse für die Praxis an diesem Beispiel erkennen:

1. Man untersucht ein Phänomen näher.
2. Daß dabei Fehler gemacht werden, Fehlinterpretationen auftreten usw. läßt sich vielleicht zu *Beginn* einer wissenschaftlichen Modellentwicklung nicht vermeiden. Damit aber die wissenschaftliche Entwicklung weitergeht und ein unangemessenes, falsches Modell nicht dogmatisch so lange verteidigt wird, bis seine Mängel nicht mehr zu verheimlichen sind, ist ein **offenes Denken** notwendig:
3. Man muß das Modell kritisch auf Schwachstellen untersuchen und sich die Fragen stellen
   a) Welche Fakten sprechen *für* das Modell, *für* meine Meinung?
   b) Welche Fakten sprechen *gegen* das Modell, *gegen* meine Meinung?

Nur dadurch, daß man *beide* kritischen Fragen stellt, besitzt man die konstruktive Skepsis, die zur Gewinnung neuer Einsichten unerläßlich ist, die die Voraussetzung einer wissenschaftlichen Revolution ist. Dies ist der Weg zur Erkenntnis, unbeeinflußt von Zeitgeist, persönlichen Eitelkeiten, ohne Angst, daß man sich geirrt haben könnte.

Positive Beispiele dafür, daß man sich nicht von vorgegebenen Ideologien, dem Zeitgeist o.ä. in der Erkenntnisgewinnung beeinträchtigen läßt, gibt es viele:

- Der Jesuitenpater Friedrich von Spee, der als Beichtvater von wegen Hexerei verurteilten Frauen allmählich merkte, daß derartige Anschuldigungen realitätsfern waren.
- Margarete zur Nieden, die als Leiterin der „Reichsadoptionsstelle Leipzig" die Entwicklung von Kindern aus asozialem Milieu untersuchte. Offensichtlich war auch sie von der nationalsozialistischen Ideologie der übermächtigen Bedeutung von Erbanlagen beeinflußt. Denn sie beschrieb es als „sehr überraschendes Ergebnis" (1944, S. 394), daß nur sehr wenige der Adoptivkinder wie ihre leiblichen Eltern ebenfalls kriminell oder asozial wurden. Es spricht für die wissenschaftliche Lauterkeit dieser Frau und ihren Mut, eine Meinung gegen den herrschenden Zeitgeist zu äußern, daß sie ihre Beobachtungen nicht verschwieg oder gemäß dem Zeitgeist weginterpretierte, sondern daß sie ihre biologischen Thesen fallen ließ. Sehr ausführlich schildert sie die *psychologischen* Faktoren und Prozesse, die den erfolgreichen Adoptionen zugrundeliegen: persönliche Wärme und Hilfsbereitschaft der Adoptiveltern und das Gefühl der Verpflichtung der Kinder, ihre Adoptiveltern nicht zu enttäuschen.

Doch sind derartige Beispiele von Zivilcourage und der Bereitschaft, sich von unangemessenen Modellen zu trennen, nicht selbstverständlich. Das zeigt die Geschichte der Psychoanalyse von Sigmund Freud.

2.2 Die Psychoanalyse und das sexuell mißbrauchte Kind: des Skandals erster Teil

Ambroise Tardieu, Professor für Gerichtsmedizin an der Pariser Universität, deckte 1860 in einem Aufsatz „das ganze Spektrum des Mißbrauchs kleiner und hilfloser Kinder durch Erwachsene, in vielen Fällen die eigenen Eltern, auf" (Masson, 1984, S. 31).

„Tardieu war sich darüber im klaren, daß die Gesellschaft im allgemeinen und die Ärzte im besonderen es vorzogen, die Realität dessen, was er festgestellt hatte, zu leugnen" (S. 35). Und das, obwohl die anatomischen Veränderungen, die schweren Verletzungen, nicht zu übersehen waren (s. z.B. Masson, S. 36f), die Schilderungen des Mißbrauchs, also keine Phantasieprodukte darstellen konnten.

Tardieu war offensichtlich ein sehr guter Beobachter, denn lange bevor man sich systematisch mit nichtsprachlichem Verhalten befaßte, machte er auch eine diagnostisch aufschlußreiche Beobachtung:

„Tardieu hatte festgestellt, daß das Wissen um das, was man ihnen angetan hatte, manchmal an ihren Augen abzulesen war: Ihnen steht die Traurigkeit ins Gesicht geschrieben; sie sind schüchtern und furchtsam, und ihr Blick ist stumpf und ausdruckslos; oftmals sind sie jedoch von einer frühreifen Intelligenz, die sich nur im dunklen Feuer ihres Blicks widerspiegelt". Tardieu stellt im folgenden fest, daß sich der „Gesichtsausdruck dieser Kinder ändert, sobald man sie gütig und zärtlich behandelt, was vollkommen ungewohnt für sie ist." (Masson, 1984, S. 35).

Mit dem letzten Satz erwies sich Tardieu gewissermaßen als einer der Vorläufer der kognitiven Lerntheorie: Ändert sich die Situation, ändert sich (oft) das Verhalten.

Man muß Tardieu also nicht nur wegen seiner Zivilcourage hohen Respekt zollen, sondern auch wegen seines psychologischen Denkmodells, das erst 100 Jahre später aktuell wurde (s. Modell von Mischel; Füllgrabe, 1978).

Auch Brouardel, der Nachfolger Tardieus, schrieb über sexuellen Mißbrauch.

Sigmund Freud, der „Vater der Psychoanalyse", besuchte in Paris Kurse von Brouardel. „Aller Wahrscheinlichkeit nach hörte Freud also, wie Brouardel über Fälle gewaltsamer sexueller Angriffe auf Kinder sprach, und wurde vermutlich selbst Zeuge der Spuren solcher Gewalttaten" (Masson, 1984, S. 53).

Freud hätte also später, als Patientinnen ihm von sexuellem Mißbrauch durch ihre Väter berichteten, dies als Bestätigung der Beobachtung Tardieus ansehen können. Er hätte auch ausführliche Studien über
die psychologischen Folgen des sexuellen Mißbrauchs durchführen können - was Tardieu nicht gemacht hatte: Er hätte auch die allerbesten Voraussetzungen dafür gehabt, ein Modell zu entwickeln, wie man aus
sprachlichen und nichtsprachlichen Signalen u.ä. zwischen wahren und
falschen Anschuldigungen wegen sexuellen Mißbrauchs unterscheiden
könnte. Er hatte in der Vertrautheit der Therapiesitzungen die idealsten
Voraussetzungen dazu, denn seine Patientinnen waren ja freiwillig zu
ihm gekommen. In der forensischen Praxis ist es ja anders: Der Gutacher
spricht praktisch als Fremder mit einem Zeugen oder einem Opfer. Doch
Freud verpaßte die große Chance, als Pionier der Aufdeckung und Bewältigung von sexuellem Mißbrauch an Kindern in die Geschichte der
Wissenschaft einzugehen. Vielmehr sieht ihn Masson diesbezüglich als
Verschleierer der Wahrheit oder, wie der englische Originaltitel seines
Buches: „The Assault on Truth" besagt, als jemanden, der die Wahrheit
bekämpfte. Masson kommt auf der Grundlage seiner intensiven Studie
von Originalmaterial der Psychoanalyse (Briefe von Freud u.a.) zu dieser
Überzeugung.

Zwar hatte Freud zunächst seinen Patientinnen Glauben geschenkt, die
ihm von sexueller Gewalt durch ihre Väter berichteten und dies als
„Verführungstheorie" formuliert. Doch dann ließ Freud nicht nur diese
„Verführungstheorie" fallen, sondern sorgte auch für ihre Unterdrük-
kung. Die Gründe dafür hat Masson in seinem Buch ausführlich dargestellt. Besonders aufschlußreich sind aber die Schilderung der Einflüsse
von mangelnder Zivilcourage und des Gruppendrucks bei der psychoanalytischen Modellbildung (Masson, 1984, S. 220-221):

„Als Freud 1896 in seinem Vortrag über die Ätiologie der Hysterie seine
neuen Entdeckungen verkündete, bemühte sich niemand um eine stichhaltige
Widerlegung oder eine wissenschaftliche Erörterung seiner Thesen. Die einzigen Reaktionen waren Ekel und Ablehnung. Die Vorstellung von sexueller Gewalt in der Familie war derart emotionsgeladen, daß sie nur irrationale Abscheu
hervorrief. Freuds Kollegen lehnten seine Entdeckungen ab, und daraufhin op-
ferte er seine tiefste Einsicht. Als Ferenczi eine Generation später durch seine
Patienten auf dieselbe Spur geführt wurde, stieß er auf ähnliche Reaktionen,
nur spielte Freud diesmal die Rolle, die vierzig Jahre zuvor Krafft-Ebing ihm
gegenüber eingenommen hatte. Und als Robert Fließ - vierzig Jahre nach
Ferenczi - der Psychoanalytiker-Gemeinde dringend empfahl, nochmals die
Theorie des sexuellen Kindheitstraumas zu überprüfen, rief er wiederum dieselbe Reaktion hervor. Als ich dann 1981 versuchte, die Psychoanalytiker auf neues Beweismaterial aufmerksam zu machen, das eindeutig für eine Revision der
Verführungstheorie spricht, stieß auch ich - wie vor mir Freud, Ferenczi und

Robert Fließ - auf eine irrationale Feindschaft und das einmütige Bestreben, mich zu ächten, anstatt meine Argumente zu widerlegen. Man begegnete mir mit Ablehnung, weil ich das Beweismaterial veröffentlicht hatte, und nicht etwa deswegen, weil es gelungen war, die Schlüsse, die ich aus ihm gezogen hatte, zu entkräften. Damit wird meines Erachtens deutlich, daß diese ständig wiederkehrende Gegnerschaft nicht auf einer schon vorher vorhandenen Feindseligkeit gegenüber dem jeweiligen Vertreter der Verführungstheorie beruhte, sondern ihren Ursprung in einer tief verwurzelten, stark emotional getönten Aversion gegen die Wahrheit dieser Theorie hat."

Angesichts der Tatsache, daß Psychoanalytiker sich gerne als Menschen sehen, die die Wahrheit aus den tiefsten Tiefen des Unterbewußtseins hervorholen und die verborgensten Motive eines Menschen entlarven, sind diese Ausführungen Massons aufschlußreich. Denn eigentlich geht es ja beim wissenschaftlichen Arbeiten nicht um Verschweigen oder Ächten abweichender Meinungen. Vielmehr hätte man angesichts der ständig wiederkehrenden Berichte von Patientinnen, der Artikel von Tardieu und Brouardel usw. doch nachdenklich werden müssen und sich fragen, ob nicht wenigstens in *einigen* Fällen die Anschuldigungen sexuellen Mißbrauchs doch zutreffend sein könnten. Doch als der Psychoanalytiker Ferenczi 1932 erneut darauf hinwies, daß auch „Kinder angesehener, von puritanischem Geist beseelter Familien ... öfter als man es zu ahnen wagte, wirklichen Vergewaltigungen zum Opfer" fallen (Masson, 1984, S. 173), wurde er durch die Ablehnung durch das psychoanalytische Establishment geschockt. Auch wurde sein Referat, das bereits für die „International Journal of Psycho-Analysis" gesetzt worden war, nach Rücksprache mit Freud wieder aus dem Journal genommen und die Druckfahnen vernichtet (Masson, 1984, S. 179). Angesichts derartiger dogmatischer und intoleranter Haltungen, die nicht auf einem empirisch gesicherten Gedankengebäude beruhen, ist es nicht erstaunlich, daß sich die Psychoanalyse durch Zellteilung in immer neue Fraktionen spaltete. Und wie rabiat man gegen Abweichler vorging, erlebte Viktor Frankl, der „Vater" der Logotherapie: „Ich wollte nicht austreten; ich dachte, das findet noch immer Platz im Rahmen der Individualpsychologie. Aber Adler (der Vater der Individualpsychologie) war anderer Meinung und hat darauf bestanden, daß ich aus der Gesellschaft für Individualpsychologie ausgestoßen wurde. Das war dann 1927."

Das Verheimlichen, Ignorieren von Fakten, Ausschließen Andersdenkender, u.ä. stellt wahrlich nicht das Verhalten und die Haltung von Menschen dar, die um die Wahrheit ringen. Vielmehr fällt einem die Parallele zu der Geschichte des Kommunismus mit seinen Fraktionsbildungen auf.

Ähnlich formulierten es der Psychoanalytiker M. Pohlen und die Psychoanalytikerin M. Bautz-Holzherr in ihrem Buch „Psychoanalyse - Das

Ende einer Deutungsmacht" (1995), wenn sie (S.104) den Vergleich mit dem „Zentralkomitee einer totalitären Partei" ziehen.

2.3 Des Skandals zweiter Teil

2.3.1 Können traumatische Ereignisse vergessen werden?

Unter dem Titel „The Comeback Couch" berichtete „Psychology Today" (July/August, 1992, S. 14): „Nach zwei Jahrzehnten des Niederganges erfreut sich die therapeutische Methode, die Sigmund Freud berühmt machte, neuer Popularität. Dieses Mal ist sie jedoch von einigen der klassischen Orthodoxien bereinigt worden, frauenfreundlicher gemacht worden und von ihren medizinischen Wurzeln befreit worden." Ein Grund für das neu erwachte Interesse an der Psychoanalyse war das Thema sexueller Mißbrauch - ausgerechnet das Thema, dessen Existenz die klassische Psychoanalyse geleugnet hatte. Der Artikel zitiert dazu einen Psychoanalytiker, der behauptete: „Psychoanalyse bietet die einzige umfassende Methode, die massiven Wirkungen des Traumas auf die Persönlichkeitsbildung zu verstehen." Er weist dann auf „Abspaltungsprozesse" u.ä. hin, die der menschliche Geist vollzieht, um zu überleben und betont, daß man durch die Psychoanalyse verstehen könne, wie die Informationen im Geist eingelagert seien.

Man beachte: Nach Jahrzehnten der Realitätsleugnung durch die klassische, orthodoxe Psychoanalyse hatte diese überhaupt kein „Meßinstrument", keine Kriterien entwickelt, um sexuellen Mißbrauch zu entdekken, um zwischen behaupteten und tatsächlichen Fällen von sexuellem Mißbrauch zu unterscheiden. Deshalb mußte es Schwierigkeiten geben, als die „gereinigte" Psychoanalyse das Thema „sexueller Mißbrauch" für sich entdeckte. Und es kam zu vielen menschlichen Katastrophen.

Dazu ein Bericht aus der HNA vom 16.5.1994, S. 20:

„In einem Urteil mit unabsehbaren Folgen für die Psychotherapie hat ein amerikanisches Gericht einem Vater Recht gegeben, der von seiner Tochter als Sexualtäter beschuldigt worden war. Die Geschworenen kamen in Napa (Kalifornien) zu dem Schluß, daß Therapeuten der jungen Frau die Erinnerung an sexuellen Mißbrauch suggeriert haben. In dem Verfahren ging es um einen Fall von angeblich verschütteter und später wiedergefundener Erinnerung.

Jetzt droht nach Einschätzung von Experten eine Prozeßlawine gegen die medizinische Branche, die sich mit der sogenannten Recovered Memory befaßt. Rund 300 Zivilklagen wurden nach Angaben des Psychologen Michael Yapko bereits eingereicht. Über 10 000 Familien, die sich von den Psychiatern geschädigt fühlen, haben sich an die ‚False Memory Syndrome Foundation' gewandt. Allein die Prozeßkosten könnten sich nach Einschätzung des kalifornischen Anwalts Brandt Caudillo in den nächsten zehn Jahren auf 250 Millionen Dollar belaufen.

Im Mittelpunkt des Prozesses in Napa stand die jetzt 23jährige Holly Ramona, die vor vier Jahren von dem Psychiater Richard Rose und der Familienberaterin Marche Isabella wegen Störungen im Eßverhalten und Depressionen behandelt worden war. Während der Behandlung, so die Klageschrift, gaben die Therapeuten ihrer Patientin zu verstehen, daß solche Erkrankungen zu 80 Prozent auf sexuellen Mißbrauch im Kindesalter zurückzuführen seien. Wenig später begann Holly, sich schemenhaft an Szenen angeblicher Vergewaltigung durch ihren Vater Gary Ramona zu erinnern. Das ‚Bild‘ verfestigte sich nach Eingabe einer Droge, die laut Vater von den Therapeuten fälschlicherweise als ‚Wahrheitsserum‘ dargestellt worden war. Gary Ramona verklagte die Therapeuten wegen ‚falscher Behandlung‘ und forderte acht Millionen Dollar Schadenersatz. Er habe seinen Job als hochbezahlter Vizepräsident einer großen Weinkellerei verloren. Außerdem habe sich seine Frau scheiden lassen, seine Kinder sprächen mit ihm kein Wort mehr und seine früheren Freunde mieden ihn. Die Jury sprach ihm nur 500 000 Dollar Entschädigung für seinen Einkommensverlust zu.“

Wie konnte es zu derartigen Entwicklungen kommen?

Die Behauptung, die Psychoanalyse könne umfassend die Gedächtnisprozesse erklären, die nach einem Trauma zur Verdrängung führten und die dann durch eine langfristige Psychoanalyse dann endlich wieder zum Bewußtsein gebracht werden, ist eben einfach eine Behauptung, aber keine wissenschaftlich gesicherte Tatsache. In einer kanadischen Fernsehdokumentation zum Thema „Multiple Persönlichkeiten” wies die amerikanische Expertin zum Thema Suggestivwirkung auf Gedächtnisprozesse, Elizabeth Loftus, darauf hin, daß die psychoanalytische Betrachtung der Gedächtnisprozesse so etwas wie ein Mythos sei, der von Generation zu Generation weitergegeben werde und unüberprüft geglaubt werde. Sie wies darauf hin, daß traumatisierte Kinder, Kriegsveteranen u.a. keineswegs das schreckliche Erlebnis verdrängen und vergessen (ARTE, am 18.11.1994, s. a. Loftus und Ketcham, 1994).

Vor allem erkennt man an dem Beispiel der angeblichen Aufdeckung von verdrängten Erlebnissen ein fundamentales Mißverständnis hinsichtlich des Wesens des Gedächtnisses. Wenn man ein Videoband zurückspult, kann man die früher aufgenommenen Informationen erneut abrufen. Das Gedächtnis ist aber kein Videoband, es liefert kein fotografisches Abbild des einmal Gewesenen. Vielmehr ist es eher wie ein Maler, der aus wenigen Informationen ein ganzes Gemälde erstellt. Und wenn eine Information falsch ist, entsteht unter Umständen ein völlig anderes Bild.

Da gerade im therapeutischen Bereich frühere Erlebnisse durch den Einsatz von Hypnose wieder bewußt gemacht werden sollen, ist es notwendig, das tatsächliche Wirken von Hypnose näher zu betrachten.

2.3.2 Bessere Gedächtnisleistungen durch Hypnose?

Die Wirkung der Hypnose beruht vor allem auf einem guten zwischenmenschlichen Verhältnis zwischen Hypnotiseur und dem Hypnotisierten (Barber u. De Moor, 1972). Daß man unter Hypnose bestimmte Dinge wieder in Erinnerung rufen kann, erklärt Kingston (1986) folgendermaßen: Man erinnert sich besser an Dinge, wenn man entspannt ist, als wenn man angespannt ist. Die Hypnose wirkt auch deshalb, weil sie der Person hilft, sich zu entspannen.

Kingston (1986) schildert drei Fehlerquellen, die Zeugenaussagen unter Hypnose ungenau machen und dadurch die kriminalistische Anwendungsmöglichkeit der Hypnose einschränken können:

- *„Hypersuggestibilität"*
  Eine Person im hypnotischen Zustand ist offener für Suggestionen durch den Hypnotiseur und reagiert auch leichter darauf.

- *„Hypernachgiebigkeit"*
  Die hypnotisierte Person besitzt ein starkes Bedürfnis, entweder dem Hypnotiseur zu gefallen oder anderen, die sie gedrängt hatten, sich der Hypnose zu unterziehen.

- *„Konfabulation"*
  Lücken im Gedächtnis werden „ausgefüllt", d.h. durch erfundene Informationen (unbewußt) ergänzt.

Diese drei Gesichtspunkte sind nicht alleine auf Hypnose beschränkt, sondern allgemeiner Natur. Kingston weist aber auch darauf hin, daß dadurch ein spezielles Problem der Hypnose gefördert bzw. verstärkt wird: Eine Person, die vorher der Genauigkeit ihrer Aussage ungewiß war, ist nach der Hypnose fest von der Richtigkeit ihrer Erinnerungen überzeugt - selbst wenn dies falsch sein sollte.

Dazu ein Experiment: Bei Versuchspersonen wurden durch Hypnose Schuldgefühle erzeugt. Sie waren danach derart stark von ihrer „Schuld" überzeugt, daß sie dies bei einem Polygraphen („Lügendetektor")- Test nicht verbergen konnten und ein „Geständnis" ablegten. Auch Wiesendanger (1985) hat diese Probleme ausführlich diskutiert. Er weist darauf hin, daß bei einer Hypnose u.a. Suggestivwirkungen nicht ausgeschlossen werden können. Beispielsweise wurden Versuchspersonen unter Hypnose nach Einzelheiten aus einem vorher gezeigten Film über einen Verkehrsunfall befragt. Dabei wurden auch Suggestivfragen über Dinge, die im Film gar nicht vorkamen, gestellt: „Haben Sie das Stoppschild an der Kreuzung bemerkt? Erinnern Sie sich an die blonde Frau, die Zeuge des Unfalls wurde?" Wie bereits in Untersuchungen von Loftus (1975) ergab sich, daß das bloße Benutzen des bestimmten Artikels (der, die, das) ausreichte, um den Hypnotisierten behaupten zu lassen, Stoppschild und Blondine seien tatsächlich zu sehen gewesen. Interessant bei diesem Experiment ist, daß im Wachzustand befragte Personen weniger auf diese Suggestivfragen „hereinfielen".

Wiesendanger (1985, S. 42) weist neben der Suggestivwirkung, die vom Hypnotiseur ausgehen kann, noch auf ein zweites Risiko hin: „Menschen in Trance sind nicht nur verführbar, sie fabulieren so bestechend „logisch", daß sie - und andere - felsenfest an die Realität ihrer Kopfgeburten glauben. Hypnose enthemmt die Phantasie: In Trance werden Vorstellungsbilder lebhafter und nehmen die Aussagekraft von gespeicherten Wahrnehmungen an. Motive, Ängste und Erklärungsbedürfnisse, Vorurteile und Vorwissen schaffen Pseudo-Erinnerungen und verzerren und/oder reorganisieren echte Gedächtnisinhalte. Lücken werden „passend" aufgefüllt, komplette vergangene Ereignisse zu einer „vereinfachten" neuen Repräsentation der Vergangenheit verdichtet! Tatsächlich Erlebtes, das vielleicht weniger wahrscheinlich ist und eingefleischten Erwartungen zuwiderläuft, wird kurzerhand gelöscht."

2.3.3 Der Aufbau von falschen Erinnerungen durch unangemessene therapeutische Maßnahmen

Auch Loftus (1992) weist darauf hin, daß falsche „Erinnerungen" von außen her an einen Zeugen herangetragen werden können und zwar durch eine ähnlich enge und intime Beziehung wie durch die Hypnose: durch Psychotherapie.

Gemäß einigen Richtungen der Psychotherapie, besonders der Psychoanalyse, sind manche Erlebnisse so schockierend, daß sie ins Unterbewußte abgeschoben werden und dort für Jahre, Jahrzehnte oder sogar für immer schlummern - völlig isoliert vom bewußten Erleben. In manchen Fällen gelangen sie jedoch eines Tages ins Bewußtsein. (Dies sind allerdings, wissenschaftlich gesehen, lediglich unbewiesene Hypothesen!) Zum Beispiel „entdecken" Klienten während einer Therapie, daß sie in ihrer Kindheit sexuell mißbraucht worden waren und die Erinnerung an dieses Erlebnis jahrzehntelang unterdrückt hatten. Berichte dieser Art gelten als Beweis dafür, daß Klienten in der Lage sind, sich an lange unzulängliche schmerzhafte Erlebnisse zu erinnern (Loftus, 1992, S. 26).

Loftus konnte dagegen nachweisen, daß es leicht ist, Menschen falsche Erinnerungen einzureden.

Ihre Versuchspersonen, zwischen acht und 42 Jahren alt, wurden davon überzeugt, daß sie im Alter von fünf Jahren verlorengegangen waren. In allen Fällen entsprach diese Geschichte nicht der Wahrheit. Alle Versuchspersonen konnten sich aber dennoch an Einzelheiten dieses erfundenen Ereignisses „erinnern" und zweifelten nicht daran, daß es stattgefunden hatte (Loftus, 1992, S. 25).

Loftus ist davon überzeugt, daß verschiedene Faktoren falsche Erinnerungen an niemals stattgefundene traumatische Ereignisse hervorrufen können. Neben Selbsthilfebüchern spricht sie vor allem dem Verhalten von Therapeuten Suggestivkraft zu.

Dies wird besonders durch den Fall der Melody Gavigan verdeutlicht, die wegen Eheproblemen, Arbeitslosigkeit und Depressionen zu einem Therapeuten ging. Anstatt sich mit ihren aktuellen Problemen zu befassen oder sie nach dem Zeitpunkt zu befragen, als ihre Depressionen zuerst auftraten, begann der Therapeut ihr systematisch einzureden, sie sei als Kind von ihrem Vater sexuell mißbraucht worden. Da dies nicht stimmte und alle die Dinge, die sie tatsächlich bedrückten, nichts mit ihrer Kindheit zu tun hatten, fühlte sie sich „für dumm verkauft" und einer „Gehirnwäsche" unterzogen! Sie schloß sich deshalb der „False Memory Syndrome Foundation" in Philadelphia an, die sich zu Unrecht angeklagter Eltern annimmt (bis 1992 bereits 650 Eltern). Ihnen wird von einem erwachsenen Kind, vorwiegend einer Tochter, sexueller Mißbrauch vorgeworfen; zu Unrecht, wie die Eltern meinen.

In einem Rundbrief beschreibt Gavigan Frauen, die sich leicht von einem Therapeuten oder einer Therapeutin einreden lassen, sie seien in ihrer Kindheit sexuell mißbraucht worden, als: abhängig, mit einem starken Bedürfnis, sich schnell ein Bild von einer Sache zu machen, und mit „naivem Idealismus" (Psychology Today; July/August 1993, S. 11-12).

Gavigan weist auch auf den Mechanismus hin, durch den beim Lesen von „Selbsthilfebüchern" oder in der Therapie die Überzeugung geweckt wird, man sei in der Kindheit sexuell mißbraucht worden: Wenn die Frau (oder der Mann) von Schlafproblemen, Depressionen, unbestimmten Schmerzen o.ä. berichtet, wird das als Beweis für den Mißbrauch angesehen. Der Deutungsfehler ist hier offensichtlich: Wenn Schlafprobleme, Depressionen usw. unterschiedliche Ursachen haben können, wie Gavigans eigenes Beispiel zeigt, ist es falsch, unüberprüft von einem Symptom nur auf eine einzige Ursache (hier: sexueller Mißbrauch) zu schließen.

Geradezu erschreckend ist die Leichtfertigkeit, aus dem Bettnässen eines Kindergartenkindes oder Schülers (ein bei bestimmten Altersgruppen sehr häufiges Problem mit vielen Ursachen!) darauf zu schließen, daß seine Eltern (und das könnte auch die Mutter sein!) es sexuell mißbrauchen. Hier geht es nicht nur um das individuelle Schicksal der zu Unrecht beschuldigten Eltern, sondern auch darum, daß eine derart mißtrauische Atmosphäre aufgebaut wird, daß man es schwer hat, zwischen tatsächlichen und zu Unrecht vorgetragenen Beschuldigungen zu unterscheiden. Ekman (1985) spricht deshalb auch vom „Othellofehler". Paradoxerweise besteht die Gefahr einer extrem mißtrauischen Atmosphäre darin, daß das Pendel in die andere Richtung umschlagen kann: Wenn bewußt wird, wie häufig falsche Anschuldigungen wegen sexuellen Mißbrauchs sind, wird auch bei tatsächlichen Delikten unter Umständen vermutet, daß es sich auch hier wieder um eine falsche Anschuldigung handele. So werden die Opfer eines sexuellen Mißbrauchs zusätzlich noch zu Opfern einer Modeerscheinung, Menschen *unüberprüft* einzureden, sie seien in ihrer Kindheit sexuell mißbraucht worden!

Es soll aus wissenschaftlicher Sicht kein abschließendes Urteil darüber gefällt werden, ob es nicht doch Fälle gibt, bei denen durch Psychotherapie, Hypnose o.ä. „verschüttete" Kindheitserinnerungen wiederaufleben. Allerdings weiß man schon seit Jahrzehnten aus der Analyse der erschreckend hohen Fallzahl nachweislich sexuell mißbrauchter Kinder, daß schon kleine Kinder sehr genau den Tatverlauf schildern können, selbst wenn sie die sexuellen Abläufe nicht genau verstanden haben (s. Arntzen, 1970). Deshalb kann man vermutlich sagen, daß der Titel des Buches von Loftus und Ketcham (1994) den Sachverhalt am besten beschreibt: „Die therapierte Erinnerung - Vom Mythos der Verdrängung bei Anklagen wegen sexuellen Mißbrauchs."

2.4 Psychoanalyse - ein wissenschaftlich nicht belegtes Modell

Masson beschreibt nicht nur die Unterdrückung der Erkenntnisse frühkindlichen Mißbrauchs durch Sigmund Freud und die Psychoanalyse, sondern zieht daraus auch weitreichende theoretische und praktische Konsequenzen.

Masson bezweifelt, daß Freud die fundamentalen Begriffe der Psychoanalyse entwickelt hätte, wenn er an seiner Überzeugung von der „Verführungstheorie" festgehalten hätte: „....die mächtigen sexuellen und emotionalen Bedürfnisse des Kindes, die Realität des Unbewußten, die Übertragung und der Widerstand, die Verdrängung, die unbewußten Phantasien, die Macht unbewußter Gefühle, der Drang, frühe leidvolle Erfahrungen zu wiederholen usw" (S. 217).

Man kann Massons Worte noch deutlicher formulieren: Die genannten psychoanalytischen Begriffe stellen nicht wissenschaftlich belegte Prozesse oder fundierte Begriffe dar, sondern Deutungen und zwar *Deutungen* Sigmund Freuds, die auf der Verleugnung von Realität beruhen.

Dies ist aber eigentlich keine neue Erkenntnis, denn die wissenschaftliche Überprüfung der Thesen Freuds erbrachte keine eindeutigen Beweise für die psychoanalytischen Konzepte (s. Fisher u. Greenberg, 1977; Eysenck u. Wilson, 1979; Zimmer, 1987). Ein entsprechendes Beispiel dafür stellt der sogenannte Ödipuskomplex dar: Der kleine Junge - so meinte Freud - wünsche geschlechtliche Beziehungen zu seiner Mutter, fühle sich vom Vater deswegen bedroht und löse diesen Konflikt normalerweise durch Identifikation mit dem bedrohenden Elternteil (Vater). Dies führe zur Internalisierung von Werten, Normen und zur Ausbildung von Moral. Der hierbei noch häufig benutzte Begriff „Identifikation mit dem Aggressor" ist erstaunlich, weil er sowohl der Alltagserfahrung widerspricht als auch exakten wissenschaftlichen Untersuchungen: Kinder übernehmen die Wertvorstellungen ihrer Eltern keineswegs in einer konfliktreichen Beziehung, sondern nur, wenn eine gute, freundliche Beziehung zu den Eltern besteht (Tucker, 1970).

Aber spricht nicht der häufig feststellbare Konflikt zwischen Jungen und ihren Vätern für die Existenz des Ödipuskomplex? Keineswegs, denn derartige Konflikte sind nicht sexuell motiviert. Darauf hat z.b. Malinowski (1927) in seinem Bericht über die Trobiander (Bewohner einer Inselgruppe nordöstlich von Neuguinea) hingewiesen. Dort herrscht eine matrilineare Gesellschaft, in der nicht der Vater, sondern der Bruder der Mutter die disziplinierende Autoritätsperson ist. Malinowskis Bericht, daß sich die Aggressivität des Sohnes nicht gegen den Vater, der doch auch der Liebhaber der Mutter ist, sondern gegen den Onkel richtet, widerspricht der Annahme eines *sexuell* motivierten Konfliktes Vater-Sohn. Derartige Erkenntnisse wurden - wie so viele andere - von der Psychoanalyse nicht zur Kenntnis genommen. Wenn man also heute noch vom „ödipalen Konflikt" usw. sprechen hört, sollte man sehr skeptisch gegenüber derartigen Deutungen sein.

Es ist sehr aufschlußreich, daß sich Psychoanalytiker auf durchaus höchst unterschiedliche Modelle beziehen können (s. Fisher u. Greenberg, 1977; Zimmer, 1987). Einige dieser Modellvorstellungen sind sogar durchaus akzeptabel und zwar, je mehr sie sich von der freudschen Terminologie entfernen. So distanzierte sich die deutsche Psychoanalytikerin Karen Horney (1951) von der klassischen Psychoanalyse Sigmund Freuds und stellte z.B. ein Modell neurotischer Bedürfnisse auf. Betrachten wir dazu das von ihr geschilderte „neurotische Bedürfnis nach Macht".

Gleichgültig, ob man den Begriff „neurotisch" in diesem Bedürfnis akzeptabel findet oder nicht, in der Realität findet man tatsächlich zerstörerische Bedürfnisse nach Macht. Das berauschende Gefühl der Macht, das z.B. Serienvergewaltiger und sadistische Serienmörder bei ihren Taten erleben, stellt ein extremes Beispiel für das Ausleben des unangepaßten Machtmotivs dar. Wichtig ist aber auch, daß z.B. die von Horney benutzten Begriffe relativ einfach kognitiv strukturiert sind, keinen Griff ins „Unterbewußte" erfordern und vor allem leicht zu beobachten und zu überprüfen sind, ob sie im Einzelfall vorliegen oder nicht. Man könnte also vereinfacht sagen: wenn jemand, der sich als Psychoanalytiker bezeichnet,

- derartige realitätsorientierte Begriffe wie die von Horney benutzt, die sich auf eindeutige kognitive Gesichtspunkte, beobachtbare Verhaltensweisen, zwischenmenschliche Abläufe usw. beziehen,

- Begriffe nutzt, die überprüfbar sind, also zu bestätigen oder zu widerlegen sind,
- die auf den Bezug zu einem vagen Begriff des Unterbewußtseins verzichten,

dann kann er durchaus sinnvolle Interpretationen liefern.

2.5 Die Realitätsferne mancher psychoanalytischer Interpretationen

Psychoanalytisches Vorgehen besteht in der *Interpretation* von Sachverhalten. Interpretation bedeutet, daß die Deutungen eines Sachverhaltes nicht automatisch richtig sein müssen, weil man unter Umständen den gleichen Sachverhalt auch völlig anders deuten könnte. Und gerade das wird von Psychoanalytikern häufig übersehen. Maeder (1989, S. 146) weist auch darauf hin, daß psychoanalytische Deutungen Objekte, Gedanken und Gefühle in mysteriöser, manchmal kapriziöser Weise umdeuten. „Dinge scheinen in Wahrheit das zu bedeuten, was der Therapeut ... auswählt, was sie zu bedeuten hätten." (S. 146).

Das offensichtlichste und bizarrste Beispiel dafür liefert die psychoanalytische Deutung von Symbolen. Martin Deutsch, der Sohn der bekannten Psychoanalytikerin Helene Deutsch, erinnerte sich an den Ärger, den er als Sechsjähriger empfand, als er das Bild eines Soldaten malte. Der Soldat trug - was zu jener Zeit üblich war - ein Schwert an seiner Seite. Prompt behauptete seine Mutter, daß dies ein Penis sei. „Nein!" sagte er, „es ist ein Schwert!" „Sie bestand darauf, daß es ein Penis sei - diese Art Deutung geschah die ganze Zeit - und nach einer Weile gab ich auf." Maeder betont, daß die „Penis-Interpretation" mit „lachhafter Häufigkeit" vorkommt. Ein anderer Mann erinnerte sich, daß er - nachdem ihn sein Vater auf den phallischen Symbolismus des Steuerknüppels seines Autos aufmerksam gemacht hatte - immer beim Autofahren daran denken mußte. So kam er auf den Gedanken, dieses Auto zu verkaufen und sich ein Auto mit Automatik zu kaufen. Im Gegensatz zu dem resignierenden Akzeptieren der Interpretation seiner Mutter durch Martin Deutsch ergriff ein anderer Mann folgende Taktik: Nachdem ihm gelehrt worden war, daß alles, was länger als breiter ist, für sein Unterbewußtsein einen Penis darstellte, trainierte er sich eine Zeit lang bewußt, den Gedanken „Penis" *nicht* zu entwickeln, wenn er ein „phallisches" Objekt sah, indem er sich selbst an diese Assoziation erinnerte, bevor sie ihre unterbewußte Wirkung entfalten konnte.

Maeder warnt deshalb vor der Gefahr, daß Psychoanalytiker „vor dem Leben in abstrakte theoretische Betrachtungsweisen flüchten" (S. 147). Aber für noch „perfider" als die Interpretation von Symbolen hält er die übermäßig vereinfachten reduktionistischen Interpretationen, die einem Kind ein schrecklich deprimierendes und fürchterlich trostloses Weltbild lehren.

„Wenn jeder Altruismus Selbstsucht bedeutet, wenn eine Frau, die Angst hat, daß ihr Kind erstickt, sich heimlich wünscht, daß ihr Kind stirbt, wenn der Vater, der sich Sorgen um die Sexualität seiner Tochter macht, gerade dadurch seine Inzestwünsche verbergen will, welches Vertrauen kann dann ein Kind in die einfachsten Tatsachen der wahren Welt haben und wie kann es die ‚Krankheit des schleichenden Zynismus' vermeiden?" (Maeder, 1989, S. 147).

Hier muß die Frage gestellt werden: „Woher weiß der Psychoanalytiker z.B., daß die Mutter in Wirklichkeit nicht unbegründete übersteigerte Angst hinsichtlich ihres Kindes hat, sondern daß sie „tatsächlich" (wie der Psychoanalytiker meint), Haß empfindet? Welche konkreten Kriterien kann er dafür nennen? Erschreckend ist, daß einem derart psychoanalytisch Interpretierenden nicht bewußt wird:

- Ich interpretiere einen Sachverhalt.
- Könnte es nicht auch andere Interpretationsmöglichkeiten geben?
- Welche Fakten sprechen für meine Interpretation, welche dagegen?
- Welche Fakten sprechen für eine andere, alternative Erklärung, welche dagegen?

u.ä.

Obwohl es der Name Psychoanalyse suggeriert, wird bei den erwähnten kritisierten Beispielen der Sachverhalt nicht analysiert, d.h. z.B. gemäß den obigen Fragen sorgfältig abgewogen. Vielmehr stülpt der Psycho„analytiker" hier der Realität einfach sein Denkmodell über. Wohlgemerkt, er kann sich nicht auf wissenschaftlich gesicherte Erfahrungswerte stützen, die anzeigen, daß z.B. die Angst vor dem Ersticken des Kindes tatsächlich nicht Besorgnis der Mutter ausdrückt, sondern vielmehr getarnter Haß.

Wie lächerlich manche Deutungen werden, wenn sie sich von den Realitäten entfernen, zeigt Maeder (1989, S. 149) am Beispiel der Tochter eines bekannten Psychoanalytikers, die im 9. Monat schwanger war. Die Bemerkung ihres Vaters „Du bist schwanger, weil Du Aufmerksamkeit erregen willst." kommentierte sie: „Das ist vollkommener Blödsinn!"

Derartige realitätsferne Interpretationen lösen aber nicht nur Verwunderung oder Ärger aus, sondern zerstören auch die vertrauensvolle Kommunikation. Dazu folgendes Beispiel: Der Psychoanalytiker Ralph Greenson beschrieb den grotesken Fall eines jungen Psychoanalytikers, dessen hartnäckiges Beharren auf psychoanalytischen Denkmustern ihn vollkommen blind machte für die Realitäten, die vor ihm lagen. Angesichts einer weinenden Frau, die über die schwere Erkrankung ihres Sohnes sehr erregt war, blieb er beständig distanziert. Als die Patientin ruhig wurde, interpretierte der Psychoanalytiker dies als Schuldgefühle ihres verdrängten Wunsches nach dem Tod ihres Kindes. Als die Frau weiterhin schweigsam und ärgerlich wurde, war er gleichgültig hinsichtlich ihres Gefühlszustandes und konnte sich nicht vorstellen, daß sie zu Recht hinsichtlich seines hartherzigen Mangels an Besorgnis verstört war. Er hatte noch nicht einmal danach gefragt, ob es dem Kind besser ginge.

„Greenson bemerkte: ich schüttelte ungläubig meinen Kopf. Ich fragte den Studenten, ob er kein Interesse oder Neugierde hinsichtlich des Wohlergehens des Babys gehabt habe. Ich fügte hinzu, daß vielleicht die stillen Tränen der Frau anzeigten, daß der Zustand des Babys sich verschlechtert hatte, oder vielleicht zeigten sie an, daß sie das Verhalten des Psychoanalytikers als eine kalte und feindselige Gefühllosigkeit mit ihr empfand." Der Student antwortete, daß ich recht haben könnte, aber er empfand, daß ich übermäßig emotional sei. Ich beendete die Sitzung, indem ich dem jungen Mann sagte, daß seine gefühlsmäßige Unempfindlichkeit die Ausbildung einer tragfähigen Beziehung verhindere." Die Patientin kündigte dann an, daß sie die Behandlung abbreche, weil sie den Analytiker für kränker hielt als sie selber war" (Maeder, 1989, S. 139).

3. Multiple Persönlichkeiten: Fakt oder Artefakt?

3.1 Wie leicht man sich täuschen kann

Billy Milligan war der erste Mensch, der ein Schwerverbrechen begangen hatte, aber wegen seiner „Multiplen Persönlichkeit" (MPD = Multiple Personality Disorder) als unzurechnungsfähig eingestuft wurde. Hat in diesem Fall ein Serienvergewaltiger lediglich einen Trend ausgenutzt (Multiple Persönlichkeiten als Phänomen ist relativ neu!), hat er geschickt die verschiedenen Persönlichkeiten gespielt, oder war er tatsächlich eine Multiple Persönlichkeit (MP)?

Zunächst einmal muß man feststellen, daß es im Bereich der Kriminalität die bizarrsten Phänomene gibt: Frauen, die Männer vergewaltigen, Frauen, die sich in Männer verlieben, die sadistisch eine Vielzahl von Frauen vergewaltigt und zerstückelt haben. Und kein Bereich menschlichen Lebens bietet mehr Geheimnisvolles und Mysteriöses als das Verbrechen. Nur: oft sind manche Dinge weniger mysteriös, als man glaubt; und es gibt überraschend einfache Erklärungen für scheinbar Unerklärliches.

Dazu der Fall der Claudia Yasko, die zur Polizei ging und behauptete, sie habe drei Menschen ermordet. Mit ihrem Geständnis konnte Motiv und Täter eines bisher unaufgeklärten Verbrechens ermittelt werden. Wäre sie verurteilt worden, hätte sie unter Umständen die Todesstrafe erhalten. Nur: die Morde gingen weiter, als Claudia in Haft saß. Sie konnte nicht die Täterin sein; wie konnte sie aber derart viele Details des Verbrechens wissen? Keyes (1986) fand in vielen Gesprächen mit Claudia - die er als verhaltensgestört einstufte - heraus, daß sie zufälligerweise die Planung der Morde mithörte, da die Täter enge Bekannte und

Freunde waren. Sie war auch am Tatort gewesen und gezwungen worden, eine weibliche Leiche nach Rauschgift zu untersuchen.

Keyes Schilderung besitzt über den spezifischen Fall hinaus eine wichtige Bedeutung. Keyes hatte nämlich nach vielen Gesprächen entdeckt, daß Claudia ihn angelogen hatte. Er sagte ihr verärgert: „Ich werde Dir sagen, was mich stört, Claudia. Dein ganzes Leben lang hast Du Dich in die Hände von Sadisten, Betrügern, Kriminellen begeben, die Dich ausgewählt haben, um Dich zu manipulieren, zu mißbrauchen, zu zerstören. Ich bin jemand, den *Du* ausgesucht hast, um etwas zu tun, was *Du* möchtest. Du vertraust ihnen, aber nicht mir." Seine bitteren Worte sind die Konsequenz aus einem früheren Teil des Gesprächs, als er Claudia sagte: „Ich weiß nicht mehr, was ich glauben soll." „Sie starrte mir tief in meine Augen, berührte meine Schulter und sagte: „Es tut mir leid, Dan. Ich vertraue Dir, aber noch nicht vollkommen." „Wieviel Zeit braucht das noch? Werden wir in der Lage sein, das Geheimnis zu lüften?"

Hier zeigt sich eine Parallele zu langfristigen Therapien, bei denen keine spezifische Problemlösung angestrebt wird, sondern wo die Haltung herrscht: „Der Patient ist noch nicht reif für die Einsicht!" Diese Mischung aus einer wenig vertrauensvollen Kommunikation und der Meidung, Probleme sofort und direkt anzugehen, führt dann zu keinem Erfolg. Der Therapeut, dessen Anstrengungen versanden, erfolglos bleiben, „brennt" dann im Laufe der Zeit „aus". Und das gleiche Erlebnis hatte hier Keyes.

Keyes war, wie seine Worte es deutlich zeigen, auf das überraschende Phänomen gestoßen, daß mißtrauische Menschen keineswegs kooperationsbereit sind, wenn sie einem vertrauenswürdigen Menschen begegnen, sondern sich sogar vor ihm zurückziehen (s.a. Simpson u.a., 1992).

Es ist also notwendig, eine direkte Interaktion aufzubauen und nicht zu erwarten, daß sie automatisch besteht. Vor allem aber zeigen Keyes Worte, daß man Kriterien besitzen muß, um entscheiden zu können, ob eine Information wahr oder unwahr ist. Dies ist gerade für den Umgang mit Menschen aus dem kriminellen Umfeld wichtig, da sie seit früher Jugend gelernt haben, die Leichtgläubigkeit anderer Menschen auszunutzen.

Der Fall Claudia Yasko hat deshalb indirekt mit dem Thema Multiple Persönlichkeit zu tun, als Keyes hierbei offensichtlich zum ersten Mal auf die Möglichkeit stieß, daß man ihn angelogen hat. Diese Möglichkeit hatte er bei der Schilderung der MP von Billy Milligan überhaupt nicht in Erwägung gezogen. Seine Schilderung dieses Falles (1981) ist meiner Ansicht nach sehr distanzlos. Er spricht bei der Beschreibung von Milligans 24 „Persönlichkeiten" nicht von „Persönlichkeiten", „unterschiedlichen Gesichtern Milligans" o.ä. Er spricht (1981, S. XIII - XVIII) vielmehr von den „Menschen in ihm" (The People Inside). Er spielt damit das Spiel Milligans. Dieser hatte mehrfach betont (z.B. Keyes, 1981, S. 105): Man sollte von *Personen* sprechen. „Wenn Sie uns als ‚Persönlichkeiten' bezeichnen, erweckt das den Eindruck, daß Sie nicht die Tatsache akzeptieren, daß wir wirklich existieren. Das würde die Therapie erschweren."

Schreiber (1973), die offensichtlich an die Existenz der 16 unterschiedlichen Persönlichkeiten im Fall Sybil glaubt, spricht dagegen bei der Schilderung von „Sixteen Selves", also etwas neutraler von „Selbst" und „Ich-Zuständen". Wenn aber Keyes z.b. (S. 68) schreibt: „Am nächsten Morgen entschied Arthur, daß es wichtig sei, Ragen mitzuteilen, was er über Adalana erfahren hatte...", dann geht er weit über Schreibers Betrachtungsweise hinaus. Denn Arthur, Ragen und Adalana sind nicht etwa drei Menschen, die sich etwas mitzuteilen haben, sondern es sind drei der vielen „Persönlichkeiten" Milligans. Und derartige Formulierungsweisen sind nicht etwa dichterische Freiheit oder Veranschaulichungen, die einen Überblick über die MP verschaffen sollen. Dadurch, daß Keyes mehrfach „Gespräche" verschiedener „Persönlichkeiten" in derartiger Form berichtet, verwischt er den Unterschied zwischen Wahrheit und Dichtung. Denn in Wirklichkeit hat jeweils nur Billy Milligan mit veränderter Stimme, unterschiedlicher Körperhaltung u.ä. gesprochen, aber es war stets der *Mensch* Billy Milligan. Wie will man zwischen Lüge und Wahrheit unterscheiden, wie ist es überhaupt möglich, einen potentiellen Täuschungsversuch zu erkennen, wenn man die unterschiedlichen Persönlichkeiten als reale Personen schildert? Keyes hat nicht genügend zwischen einer Metapher, einem anschaulichen Bild o.ä. und der Realität unterschieden. Eine Frau, der ein Chirurg sagt: „Ich möchte Dir mein Herz schenken", würde dies ja auch eher als Liebeserklärung auffassen und nicht als Angebot einer Herztransplantation!

Man sollte also, besonders bei ungewöhnlichen Phänomenen, sehr vorsichtig hinsichtlich der Interpretation sein. Man würde aber einen großen Informationsverlust erleiden, würde man bestimmte Phänomene unüberprüft ablehnen. Es lohnt sich immer zu überprüfen, „was an der Sache dran ist". Wie ich am Beispiel der Biorhythmen dargestellt habe, konnte zwar die These von Fliess nicht belegt werden, daß psychologische und biologische Rhythmen im 23-, 28- und 33-Tage-Zyklus ablaufen. Doch existieren in der Biologie usw. tägliche und längerfristige Rhythmen. Die täglichen Schwankungen der Körpertemperatur eines Menschen bedingen auch Leistungsschwankungen (Füllgrabe, 1980). Damit bin ich zu einem wichtigen Sachverhalt gekommen: Jeder Mensch verändert sich im Laufe des Tages, selbst wenn dies nur geringfügig ist und nicht bemerkt wird.

3.2 Veränderungen sind ein normales Phänomen

Die Situationsabhängigkeit menschlichen Verhaltens zeigt, daß das Phänomen der Multiplen Persönlichkeit auch im Alltag, wenn auch in quantitativ schwächerer Form, auftreten kann. Jeder Mensch kann je nach Situation unterschiedliche Rollen am gleichen Tag spielen. Eine autoritäre Persönlichkeit, die in einer Situation dominant auftritt, kann einige Sekunden später, gegenüber einer mächtigeren Person unterwürfiges Verhalten zeigen. Und ein extremes Verhaltensrepertoire ist für Überlebenskünstler typisch (Siegel, 1989).

Wenn aber, wie im Falle Milligan, von Augenblick zu Augenblick ständig andere Wortwahl, anderer Tonfall der Stimme, andere Körperhaltung auftreten, ist dies natürlich anders, als man es im Alltag erlebt. Aber jeder Mensch könnte *grundsätzlich* derartige Veränderungen zeigen.

Daß bei wiederholter Testung Milligan unterschiedliche Intelligenzwerte hatte (Keyes, 1981, S. 62) - IQ 71 bis 120 - kann auch nur denjenigen überraschen, der an die Unveränderbarkeit menschlicher Merkmale glaubt. Wie ich in mehreren eigenen Untersuchungen feststellen konnte, kann es bei der Wiederholung des gleichen Testverfahrens bei der gleichen Person zu einer Steigerung oder sogar zu einem Abfall der Werte kommen, abhängig von der Persönlichkeitsstruktur und in unterschiedlichem Ausmaß für die einzelnen Intelligenzuntertests. Bei einer Frau, die verzweifelt versuchte, in 4 Anläufen ein Auswahlverfahren zu bewältigen, kam es vom 1. bis zum 4. Auswahlverfahren zu einem stetigen Abfall der Testwerte (bedingt durch Angst, „affektive Denkhemmung").

Der höchste IQ, den Milligan erreichte, zeigt, daß er ein sehr breites Verhaltensrepertoire hatte, und die Möglichkeit, daß er ein sehr guter Selbstdarsteller war.

Eine Studie, die Schreiber (1973, S. 348) zitiert, zeigt für die 4 Persönlichkeiten der MP Jonah unterschiedliche Meßwerte des EEG. Abgesehen davon, daß aus der Tabelle hervorgeht, daß eine zweite Messung von Jonah selbst Abweichungen ergab, sind derartige EEG-Abweichungen auch kein Beweis für unterschiedliche „Personen im selben Körper", weil Gale (1975) darauf hinwies, daß EEG's auch situativen Einflüssen unterliegen können.

Wenn man außerdem weiß, mit welch einfachen Verhaltensweisen ein Mensch seine physiologischen Werte verändern kann und den „Polygraphen" (fälschlicherweise „Lügendetektor" genannt) beeinflussen kann (s. Füllgrabe, 1995), wird man physiologische Veränderungen zwar auf tatsächliche kognitive, verhaltensmäßige u.a. Veränderungen des betreffenden Menschen zurückführen, man muß darin aber nicht das dramatische Auftauchen einer völlig anderen Persönlichkeit sehen. Es sei dahingestellt, ob eine MP in einer bewußten Täuschungsabsicht ihre physiologischen Werte verändert, auf jeden Fall ist eine solche Täuschung *grundsätzlich* möglich.

Fazit: Es gibt drei mögliche Hypothesen hinsichtlich der Existenz von Multiplen Persönlichkeiten (MP):

1. MP stellen ein reales Phänomen dar. Durch traumatische Ereignisse in der Kindheit, die verdrängt werden, werden Teile der Persönlichkeit abgespalten.
2. MP sind therapeutische Artefakte. Durch psychoanalytisches Vorgehen und das Hypnotisieren des Patienten kommt es zu Suggestivwirkungen.
3. Es kann tatsächlich MP geben. Einige Personen täuschen jedoch eine MP vor, um als unzurechnungsfähig anerkannt zu werden.

3.3 Der Einfluß von Suggestionen

3.3.1 Das Wesen der Hypnose

Ein zentraler Denkfehler beim Einsatz von Hypnose im therapeutischen Bereich ist, daß gemeint wird, daß Hypnose ein passiver Vorgang sei. Hypnose ist aber nicht etwas, das man nur passiv erlebt. Tatsächlich tritt der Hypnotisierte in eine sehr enge zwischenmenschliche Interaktion mit dem Hypnotiseur ein! Außerdem können auch ohne Hypnose tranceähnliche Zustände erzeugt werden. Deshalb muß grundsätzlich festgestellt werden: Im Gegensatz zu weitverbreiteten Meinungen gibt es keine eindeutigen verhaltensmäßigen, physiologischen oder subjektiv berichtete Kriterien, die ausschließlich bei Hypnose zu finden sind (S. Loftus und Ketcham, 1994, S. 326). Auch nichthypnotisierte Personen können dieselben ‚tranceähnlichen' Verhaltensweisen zeigen. Dabei spielen auch Erwartungseinstellungen der Hypnotisierten eine große Rolle. Z. B. zeigen Personen, die unter Hypnose in die Kindheit zurückversetzt worden waren, nicht die typischen Verhaltensweisen tatsächlicher Kinder. Stattdessen handelten sie wie Erwachsene, die versuchten, die psychologischen Merkmale eines Kindes zu imitieren. Wenn ihre Vorstellungen darüber, wie sich Kinder verhalten, ungenau waren, wichen ihre Verhaltensweisen deutlich von der Realität ab (Spanos, 1994).

Psychologisch gesehen sind viele Phänomene, die unter Hypnose entstehen, relativ leicht zu erklären. Spanos (1994, S. 146) betont z.B. „... das Auftreten von verborgenem oder abgespaltenem Selbst durch hypnotische und nichthypnotische Personen beinhaltet strategische, durch Regeln gesteuerte Selbstdarstellung." Und: „Erfahrungen von früherem Leben sind Phantasiekonstruktionen."

Gerade diese ‚Erinnerungen', daß man früher schon einmal gelebt habe, sind von Spanos in vielen Untersuchungen sehr genau hinsichtlich Suggestiv-wirkung analysiert worden. Dabei stellte sich heraus, wie leicht Informationen, die vor der Hypnose gegeben wurden, in charakteristische Schilderungen ihrer früheren Identität integriert wurden. Eine Versuchsgruppe erhielt die ‚Informa-tion', daß Kinder in früheren Zeiten häufig mißbraucht wurden, die Kontroll-gruppe erhielt diese Information nicht. Die späteren Schilderungen ihres Le-bens in früheren Identitäten enthielt bei den „informierten" Personen weitaus mehr Schilderungen von Mißbrauch als Kind, im Vergleich zu der Kontroll-gruppe, die diese „Information" nicht erhalten hatte. Die Personen formten also ihre angeblichen früheren Identitäten nach den Informationen und Erwartungen des Hypnotiseurs. Der Glaube, daß man tatsächlich früher einmal gelebt habe, hing aber auch von dem Ausmaß des Glaubens an Reinkarnation vor dem Expe-riment ab und von dem Ausmaß, in dem sie erwarteten, ein tatsächliches frühe-res Leben zu erfahren.

3.3.2 Suggestion und Vergessen

Auch das tatsächliche Vergessen von Teilen der eigenen Person oder der Lebenssphäre (Amnesie) beinhaltet suggestive Elemente! Spanos (1994) betont: „... psychogene Amnesie ist eine zielgerichtete Leistung, die durch die Überlegungen der Person und der Legitimation, die sie durch andere erhält, beeinflußt wird und weniger ein unfreiwillig (auf-tretendes) Ereignis. Beispielsweise arbeiteten Parfitt und Gall (1944) mit Kriegsveteranen, deren Berichte von Amnesie ihre Rückkehr in den aktiven Dienst verhinderten. Statt diese Äußerungen von Amnesie zu le-gitimieren, informierten Parfitt und Gall die Patienten, daß ihr Gedächt-nis zurückkehren würde und vermittelten ständig diese Erwartung in ih-ren Interaktionen mit den Patienten. Parfitt und Gall benutzten keinerlei Behandlungen, um die Amnesie des Patienten zu beheben, außer, daß sie ihnen sagten, daß sie sich erinnern könnten. Diesen beständigen For-derungen ausgesetzt, sich zu erinnern, statt weiterhin zu vergessen, ver-anlaßte die meisten Personen, ihr Gedächtnis wiederzuerlangen. Psy-chogene Amnesie kann gebildet werden als vorübergehende soziale Rol-le, die angenommen wurde, um mit Konflikt und Streß umzugehen." (S. 145)

3.3.3 Bekräftigungen durch Bezugspersonen

Was hat die „Multiple Persönlichkeit" von ihrer „Krankheitsrolle"?

Multiple Persönlichkeiten erhalten viel Aufmerksamkeit in den Medi-en, sympathische Aufmerksamkeit durch andere und, wenn es sich um Straftäter handelt, geringere Konsequenzen, als es eine Haft darstellen würde. Dies sind alles Bekräftigungen, die das Symptomverhalten von MP noch verstärken und ausbauen.

Manche MP sind Psychopathen, die sehr geschickt darin sind, ihre Selbstdarstellung zu verändern, um andere zu manipulieren. Andere sind selbst unsichere, unglückliche Menschen, die sehr viel darin investieren, um Interesse, Besorgnis und Billigung ihres Therapeuten zu gewinnen.

Kohlenberg (1973) zeigte, wie sensibilisiert das psychiatrische Personal einer Klinik auf die unterschiedlichen Verhaltensäußerungen einer Multiplen Persönlichkeit reagierte und mit jeder Persönlichkeit in unterschiedlicher Art und Weise interagierte. Um die Bedeutung von Umweltfaktoren beim Aufrechterhalten der Äußerungen von MP aufzuzeigen, wurde nur das Verhalten bekräftigt, das mit einer dieser Persönlichkeiten in Verbindung stand. Die Verhaltensweisen, die mit der bekräftigten Persönlichkeit in Verbindung standen, nahmen in ihrer Häufigkeit dramatisch zu. Als dieses Verhalten nicht mehr bekräftigt wurde, ging es in seiner Häufigkeit wieder auf das Ausgangsniveau zurück.

Auch durch Briefe, Therapiegruppen, Arbeitstagungen und persönliche Begegnungen bekräftigen sich MP unbewußt in ihrer Rolle als MP.

Spanos (1994, S. 154) weist weiter darauf hin, daß manche Therapeuten ständig „neue Patienten als Rekruten in die Rolle der Multiplen Persönlichkeit sozialisieren". Manche Therapeuten sind selbst MP, andere benutzen MP-Patienten als Kotherapeuten, um skeptische neue Patienten davon zu überzeugen, daß die Diagnose als MP für sie zutreffend ist.

Während es früher kaum Bezug gab zwischen dem Auftreten von MP und frühkindlichem Mißbrauch, wird heute - vor allem seit Schreiber (1973) über Sybil berichtete - dies als Ursache für das „Abspalten von Teilen der Persönlichkeit" angesehen, um mit traumatischen Erlebnissen besser fertig zu werden. Doch die meisten Menschen, die tatsächlich mißbraucht wurden, können sich leider sehr deutlich an das Trauma erinnern, und sie entwickeln keineswegs eine MP. Wie Loftus in vielen Experimenten nachwies, sind die in therapeutischen Sitzungen plötzlich auftauchenden Erinnerungen durch Suggestivwirkung entstandene Phantasieprodukte, die aber als tatsächliche Erlebnisse angesehen werden. Wie stark die Suggestivwirkung sein kann, zeigt folgendes Beispiel: Sogar ein Unschuldiger bekannte sich als Täter (Loftus und Ketcham, 1995).

3.3.4 Wie leicht Multiple Persönlichkeiten erzeugt werden können.

Wenn man Bücher und Fallschilderungen zum Thema Multiple Persönlichkeiten genau durchliest, kann man leicht feststellen, daß MP in den letzten Jahrzehnten immer nach hypnotischen Maßnahmen auftraten. Auch Spanos (1994, S. 152) weist darauf hin: „... stark lenkende und suggestive Maßnahmen sind seit langem Routine bei der Diagnose von MP!" In manchen Fällen beharrt der Therapeut gegenüber zweifelnden Patienten sogar darauf, daß sie Multiple Persönlichkeiten hätten und versorgt auch seine Patienten mit Namen für ihre anderen „Persönlichkeiten". Ja, in einem Buch wird sogar ausgesagt, daß Patienten häufig zögern zu akzeptieren, daß sie multiple Persönlichkeiten hätten und unter solchen Umständen aktiv durch ihre Therapeuten überzeugt werden sollten (Spanos, 1994, S. 152).

Wenn bei hypnotischen Interviews der Therapeut den Patienten sprachlich stark lenkt, ihm sagt, daß er auch noch andere Teile seiner Persönlichkeit hätte, sich diesen zuwendet und mit ihnen dann spricht, als seien sie verschiedene Menschen, ist es nicht erstaunlich, wenn „Multiple Persönlichkeiten" aus einer Person „herauskommen".

Spanos testete nun die Möglichkeit, daß man alleine durch ein suggestives Interview auch bei normalen Menschen schon den Eindruck einer Multiplen Persönlichkeit erzeugen könnte. Er ging dabei vom Fall des Ken Bianchi aus, der des Mordes verdächtigt wurde. Nachdem Bianchi in Hypnose versetzt worden war, ging der Therapeut folgendermaßen vor (Spanos, 1994, S. 153): „Ich habe ein bißchen mit Ken gesprochen, aber ich glaube, daß es einen anderen Teil von Ken gibt, mit dem ich nicht gesprochen habe. Und ich würde gerne mit dem anderen Teil kommunizieren. Und ich hätte es gerne, wenn der andere Teil käme und mit mir spräche. Und wenn Du hier bist, hebe die linke Hand vom Stuhl, um mir anzuzeigen, daß Du hier bist. Würdest Du bitte kommen, Teil (= anderer Teil der Persönlichkeit), so daß ich mit Dir sprechen kann ... Teil, würdest Du kommen und Kens Hand heben, um mir anzuzeigen, daß Du da bist? Würdest Du mit mir sprechen, Teil, indem Du sagst „Ich bin hier."

Während dieses Interviews zeigte Bianchi eine zweite Persönlichkeit namens Steve, der die Morde gestand, wegen derer Ken angeklagt worden war.

Spanos ließ Studenten sich vorstellen, daß sie in Bianchis Situation seien. Sie wurden einer Serie von Morden angeklagt und mußten sich einem psychiatrischen Interview unterziehen. Ihnen wurde nichts über Multiple Persönlichkeiten gesagt. Sie wurden nur angewiesen, jedmögliche Hintergrundinformation, die sie besaßen und alles, was sie aus dem Interview herauslesen konnten, zu benutzen, um sich so zu verhalten, wie sich ihrer Ansicht nach ein Angeklagter in dieser Situation verhalten würde.

In einer Gruppe wurden die Personen einem Interview in der Art unterzogen, wie es bei Bianchi der Fall gewesen war. Der Kontrollgruppe wurde gesagt, daß die Persönlichkeit komplex sei und „eingemauerte" Gedanken und Gefühle beinhalte, aber der interviewende „Psychiater" gab der Kontrollgruppe keinerlei Information, daß sie andere Teile

besäßen, mit denen man direkt kommunizieren könnte. Die Mitglieder der Gruppe, die das Bianchi-Interview erlebt hatten, zeigten Symptome von Multiplen Persönlichkeiten:
- nahmen einen anderen Namen an,
- sprachen über ihre primäre Persönlichkeit in der dritten Person,
- zeigten Amnesie für ihre anderen Persönlichkeiten nach Beendigung des hypnotischen Interviews.

Keine der Personen der Kontrollgruppe zeigte irgendeines dieser Symptome.

In einer zweiten Sitzung nahm der „Psychiater" wieder Kontakt mit der „anderen Persönlichkeit" der Personen auf, die die Rolle der Multiplen Persönlichkeiten spielten. Auch bei dieser zweiten Sitzung zeigten sie deutliche und beständige Unterschiede zwischen ihrer primären und den anderen Persönlichkeiten bei einer Vielfalt psychologischer Tests. Die Kontrollgruppe zeigte das gleiche Verhalten, ohne Symptome, bei der ersten wie auch bei der zweiten Sitzung.

In einem anderen Experiment ließ man Versuchspersonen, die die Rolle von Multiplen Persönlichkeiten spielten, nicht ihre tatsächlichen Kindheitserlebnisse schildern, sondern gemäß den Hinweisreizen, die sie aus dem Interview entnahmen. Wie tatsächliche MP gaben sie negativ getönte Beschreibungen ihrer Kindheit, beschrieben ihre Eltern als strafend und zurückweisend, beschrieben das Auftauchen ihrer anderen Persönlichkeiten zu einem frühen Zeitpunkt (vor dem Lebensalter von 10 Jahren) und beschrieben ihre anderen Persönlichkeiten als „die Dinge übernehmend, um schwierige Situationen zu bewältigen und starke Gefühle auszudrücken."

Fazit: Ich möchte daher die Hypothese aufstellen:
- wenn jemand sich nicht an ein bestimmtes Trauma erinnern kann,
- wenn er in Hypnose versetzt wird,
- wenn der Therapeut von der (psychoanalytischen) Theorie ausgeht, er könne unbewußte Traumen (sexuelle u.ä. Mißbräuche) aufdecken,
ist es sehr wahrscheinlich, daß die so entstandenen „Erinnerungen" lediglich durch Suggestion entstandene Artefakte sind.

Es gibt nämlich eine Therapieform, bei der Suggestionen bewußt eingesetzt werden, um verschiedene Facetten der Persönlichkeit zu beeinflussen.

3.3.5 Imaginationstherapie

Lazarus und Abramovitz (1962) zeigten, daß es schon genügt, sich in der Phantasie in die Rolle eines prestigeträchtigen Vorbildes zu versetzen, um eine Verhaltensänderung zu bewirken, um eine neue Persönlichkeit entstehen zu lassen. Unter „Emotive Imagery" verstehen sie innere Bilder (Imaginationen), die Gefühle von Selbstdurchsetzung, Stolz, Zuneigung, Freude und ähnliche angsthemmende Reaktionen auslösen.

Dabei lassen Lazarus und Abramovitz das Kind die Augen schließen und sich eine Alltagsgeschichte vorstellen, in die sein bevorzugter Held oder anderes Ich („alter ego") eingebaut ist. Man beachte, Lazarus und Abramovitz (1962, S. 192) sprechen ausdrücklich von „**alter ego**". Dies ist also nur eine andere Seite der Persönlichkeit, etwas Selbstverständliches, nichts, was mit dem dramatischen Begriff Multiple Persönlichkeiten belegt werden müßte.

- Ein 14jähriger Junge mit Angst vor Hunden wurde von seiner Phobie nach 3 Sitzungen dadurch befreit, daß er sich in die Rolle eines Autorennfahrers versetzte und in allen Details die Gefühle, Körpergefühle, Gedanken am Steuer eines Alfa Romeo Sportwagens erlebte.

- Ein achtjähriges Mädchen wurde wegen Bettnässens und Angst vor der Schule behandelt. Sie sollte sich einen Jungen aus einem Kinderbuch vorstellen, der ein Schulschwänzer war und mit Angst auf die Schulsituation reagierte. Sie sollte dann diesen Jungen in vorgestellten Situationen beschützen, entweder durch aktive Beruhigung oder indem sie ein gutes Vorbild war. Nach vier Sitzungen war ihre Schulphobie behoben. Obwohl ihr Bettnässen nicht direkt behandelt worden war, wurde es immer seltener und verschwand innerhalb zweier Monate. Der Zustand des Kindes verbesserte sich ständig „trotz einigem zusätzlichen Ärger durch einen unsympathischen Lehrer" (S. 193). Offensichtlich hatte die Beeinflussung der Imagination bewirkt, daß sie sich besser **aktiv** mit den Problemen auseinandersetzen konnte, denen sie begegnete.

- Ein 10jähriger Junge wurde von seiner übermäßigen Angst vor der Dunkelheit dadurch geheilt, daß er sich in seiner Phantasie vorstellte, daß er ein Agent sei, der seine bevorzugten Serienhelden „Superman" und „Captain Silver" unterstützte. Nach der 3. Sitzung war der Junge in der Lage, sich vorzustellen, alleine in seinem dunklen Badezimmer zu sein, um eine Nachricht von Superman zu empfangen. Er verlor nicht nur seine spezifische Phobie, sondern auch andere Formen der Unsicherheit. Seine Schulleistungen verbesserten sich. Auch schien diese Behandlung „verschiedene und positive Auswirkungen auf viele Facetten (Seiten) seiner Persönlichkeit zu haben". Auch hier sprechen Lazarus und Abramovitz (1962, S. 193) ausdrücklich von Facetten der Persönlichkeit und zwar in dem Sinne, daß es etwas völlig Normales darstellt, daß ein Mensch unterschiedliche Seiten haben kann.

Von 9 phobischen Kindern im Alter von 7 - 14 Jahren verloren 7 Kinder im Durchschnitt nach 3,3 Sitzungen ihre Angst. Ein Kind weigerte sich zu kooperieren, später stellte sich heraus, daß es eine Vielfalt an Störungen aufwies und einer breiteren therapeutischen Behandlung bedurfte. Das andere phobische Kind hatte Enzephalitis. Dieser Junge war unfähig, sich auf die inneren Bilder (emotive images) zu konzentrieren und konnte nicht den Geist des „Spiels" erfassen. Lazarus und Abramovitz (1962, S. 193) sprechen hier ausdrücklich vom "Spiel" („...could not enter into the spirit of the game").

Die spätere Untersuchung der erfolgreich therapierten Kinder zeigte, daß die Therapieerfolge anhielten, in einigen Fällen kam es sogar zu einer günstigen Generalisation auf andere Verhaltenweisen. In keinem der Fälle kam es zu einer Symptomsubstitution, es tauchten also keine neuen Symptome auf.

3.4 Multiple Persönlichkeiten als Phänomen des Zeitgeistes?

Daß diese These vom Einfluß der Suggestion auf das Phänomen MP sinnvoll ist, zeigt folgende Beobachtung: die Zahl Multipler Persönlichkeiten nimmt immer mehr zu (Keyes, 1981, S. 59). Interessant ist aber zweierlei:

1. daß derartige Fälle früher nur sehr selten auftraten, obwohl bereits im letzten Jahrhundert Tardieu auf das Problem schwerer Mißhandlungen von Kindern hinwies (s.a. Taylor und Martin, 1944).
2. Thigpen und Cleckley (1957, S. 10) lösten mit ihrem Buch „Die 3 Gesichter Evas" ein derart großes Interesse aus, daß ein Film über diese mysteriöse Person gedreht wurde. Sie benannten aber ihre Patientin nicht. Und *sie* waren es, die die „3 Gesichter Evas" mit einem Namen versahen und zwar „mit Rücksicht auf die Patientin Decknamen, wobei sie, um den Kontrast zwischen beiden zunächst auftretenden Persönlichkeiten zu unterstreichen, zu ‚White' und ‚Black' griffen".

Interessant ist also, daß damals die Zahl der Persönlichkeiten in einer MP sehr gering war und sie sich nicht selbst mit Namen vorstellten.

Campbell (1977, S. 25) lüftete das Geheimnis. Er bildet in seinem Buch ein Foto ab und schreibt:

„Hinter dem nachdenklichen Blick von Chris Sizemore (unten) verbirgt sich ein sonderbares Geheimnis. Sie ist die wahre Heldin von *The Three Faces of Eve* (‚Die drei Gesichter der Eva'), dem berühmten Film über einen Fall Multipler Persönlichkeit.

Die Geschichte begann für Chris im Alter von fünf Jahren, als sie bei der Beerdigung ihrer Großmutter gezwungen wurde, die Tote zu küssen. Ein Psychiater kam später zu dem Schluß, daß diese Erfahrung bei dem Mädchen einen psychischen Zusammenbruch ausgelöst hatte. Danach war Chris abwechselnd verschiedene Personen. Eine davon, die ihr Psychiater Eva Weiß nannte, war ernst und zurückhaltend. Eine andere - Eva Schwarz - war eine eitle, verantwortungslose Person, die einmal versuchte, ihr Kind zu erwürgen. Eine dritte war Jane, eine subtile Mischung aus Eva Weiß und Eva Schwarz. Der Film wurde über diese drei Persönlichkeiten gedreht. Chris war damals 25 Jahre alt.

Später nahm sie, wie ihr Arzt erzählte, weitere 18 Persönlichkeiten an. Eine davon war die Löffeldame, die Löffel sammelte, eine andere die Blaue Dame, die nur diese Farbe trug. Einige konnten nähen oder Auto fahren; andere besaßen diese Fertigkeiten nicht. Im Jahre 1975 war Chris schließlich vollständig geheilt, und sie gab bekannt, daß sie die Titelfigur des Filmes war."

Ich möchte zur Klärung des Phänomens drei Fälle von Multipler Persönlichkeit analysieren, die gewissermaßen die Meilensteine zu dem Phänomen „MP und Kriminalität" darstellen. Diese Fallanalysen veranschaulichen, wie diese „Multiplen Persönlichkeiten" „entstehen".

3.5 Die drei Gesichter Evas

3.5.1 Eva Schwarz „entsteht"

Eva war wegen familiärer Konflikte (über religiöse Kindererziehung) in die Behandlung gekommen, sie hatte auch heftige Kopfschmerzen, die sie aber nicht dramatisierte (S. 11). Um einen Traum, den sie geschildert hatte, besser verstehen zu können, schlug der behandelnde Arzt eine Hypnose vor. „Sie willigte, anscheinend ohne Widerstreben, ein, und nach einigen kurzen erfolglosen Versuchen gelang es, sie in Hypnose zu versetzen" (S. 20). Nach dem Erwachen deutete sie den Traum wie bereits vorher: als leicht zu verstehenden Ausdruck ihrer Familiensituation. Aber die Kopfschmerzen hatten aufgehört. „Sie verließ das Behandlungszimmer in gehobener Stimmung, viel fröhlicher und befreiter, als der behandelnde Arzt sie je gesehen hatte" (S. 21). Die Hypnose hatte also Verhaltensänderungen bewirkt!

Ein Jahr später kam sie wegen einer Amnesie wieder zu dem Arzt. Bereits früher hatte sie von Absencen oder Bewußtseinsstörungen gesprochen, die ihren Kopfschmerzen folgten (S. 15). „Der Arzt versetzte Eva in Hypnose - die diesmal leicht erreicht wurde - und in diesem Zustand konnte sie sich an den Besuch bei ihrer Kusine und an verschiedene Einzelheiten während desselben erinnern" (S. 22). Ihrem Ehemann, der sie von der Kusine abholen wollte, machte sie eine Szene und schrie ihn an, daß sie ihre Ehe für beendet betrachte. Überraschenderweise tauchte sie dann doch wieder zuhause auf, sanft und zurückhaltend wie sonst, konnte sich aber an nichts mehr erinnern. Der Arzt sah nichts Ungewöhnliches in dieser Sache, sondern beruhigte Eva hinsichtlich des Gedächtnisschwunds. „Es kam zu einer grundsätzlichen Unterhaltung über das Verhältnis zwischen Absencen und Amnesie, über Erlebnisse, deren Erinnerung man vermeidet, und Situationen, denen man nicht gerne ins Gesicht sieht" (S. 24).

Einige Tage später kam es wegen des Kaufes neuer Kleider, die Hunderte von Dollar gekostet hatten, zu einem Ehestreit; sie konnte sich nicht an den Kauf erinnern. Als sie beim Arzt saß, berichtete sie ihm, daß sie seit Monaten eine Frauenstimme gehört habe. „Obwohl sie die Stimme nicht kannte, war sie ihr manchmal irgendwie vertraut vorgekommen. Die Stimme sprach in einem munteren Ton und gebrauchte oft vulgäre Ausdrücke" (S. 28). Der Arzt verstand, daß Eva wegen derartiger akustischer Halluzinationen beunruhigt war, aber er sah einen wichtigen Unterschied zur Schizophrenie: Ein Kranker, der an echter Schizophrenie leidet, betrachtet seine Halluzinationen fast nie als Anzeichen für eine geistige Störung. Niemand kann ihn davon überzeugen, daß die Stimmen, die er hört, nicht real sind.

Eva Weiß hingegen zeigte die Reaktion eines normalen, vernünftigen und gesunden Menschen gegenüber einer Erscheinung, die theoretisch gesehen nur bei einer Person eintreten kann, welche an einer schweren und gefährlichen Psychose leidet.

Da ihr die Stimme vertraut vorkam, wäre es interessant, in einem derartigen Fall die Hypothese zu überprüfen, daß es sich hier vielleicht um einen inneren Monolog gehandelt haben könnte, also um das, was man stumm „mit sich spricht". Für eine Frau in einer derartigen Konfliktsituation, die sehr erregt ist, die einer Ehe einerseits entfliehen will, andererseits wegen einer starken konventionellen Haltung davor zurückschreckt, könnten derartige Gedanken angsterregend sein, zumal wenn sie sich immer intensiver in das bewußte Denken einfädeln.

Gemäß einer Fernsehdokumentation (NDR 3, 7.11.1996) hängt Stimmenhören mit einer Gehirnregion (im vorderen linken Schläfenlappen) zusammen, die Kontrolle über sprachliches Denken hat. Bei einigen Menschen funktioniert diese Region nicht wie bei normalen Menschen, und die in Worte gefaßten Gedanken werden nicht als solche erkannt, sondern als Stimmen gedeutet.

Dann erschien während der Sitzung Eva Schwarz. Wie aus der eher braven, gehemmten Eva Weiß eine Frau wurde, die ein Verhalten zeigte, das sie vorher nicht zu zeigen gewagt hätte, beschreiben Thigpen und Cleckley (1957, S. 29 f.).

„Eva Weiß war ganz offensichtlich erschreckt und gehemmt durch irgend etwas, was sie zu überwinden suchte und dem sie doch nicht entgehen konnte. Man sah ihr an, daß sie entsetzliche Angst verspürte, daß ihr ganzer Körper gespannt war wie der eines Menschen, der auf etwas wartet, was sich als eine Art unsichtbarer Guillotine erweisen kann. Dabei sprach sie jedoch immer noch sanft, mit ihrer charakteristischen ruhigen Stimme. Ihre zarten, langfingrigen Hände lagen wie gewöhnlich auf den Sessellehnen. In ihrer Regungslosigkeit aber drückten sie keine Entspannung, sondern eine viel schärfere Spannung aus als bei Evas früheren Besuchen.

Der Arzt, der eine weitere Steigerung dieses Angstzustandes vermeiden wollte, bemühte sich, das Gespräch auf die ermutigenderen Seiten in der Situation der Patientin zu bringen. Sie jedoch kam immer wieder auf die Angelegenheit mit den Kleidern zurück. Die Verkäufer in den Geschäften, in denen sie sie hatte zurückgeben wollen, versicherten steif und fest, daß sie selbst die Sachen gekauft habe. Dann sprach sie wieder von der Stimme, die sie gehört hatte, und wollte offenbar noch etwas mehr darüber sagen, wußte aber nicht, wie sie sich ausdrücken sollte. Sie zögerte. Etwa eine Minute lang schwieg sie.

Nun wurde der nachdenkliche Ausdruck in ihren Augen fast zu einem Starren. Eva schien für einen Augenblick wie geblendet. Plötzlich begann sich ihre Haltung zu verändern. Ihr Körper wurde langsam steif, bis sie hoch aufgerecht dasaß. Ein fremder, unerklärlicher Ausdruck kam in ihr Gesicht. Mit einemmal war dieser Ausdruck wieder wie weggelöscht, sie wurde totenbleich. Wie in einer langsamen, kaum merklichen Wandlung schien sich alles an ihr zu verändern. Für einen Moment hatte man den Eindruck, daß etwas Unheimliches vorging. Sie schloß die Augen, zuckte dann zusammen, preßte ihre Hände gegen die Schläfen und verkrampfte die Finger, als müsse sie gegen einen plötzlichen Schmerz ankämpfen. Ein leichter Schauer rann über ihren ganzen Körper.

Dann fielen die Hände herab. Sie entspannte sich leicht und nahm eine so bequeme Haltung ein, wie der Arzt sie bei dieser Patientin noch nie zuvor gesehen hatte. Ein Paar blauer Augen waren auf ihn gerichtet, um die ein rasches, unbekümmertes Lächeln spielte. Mit einer hellen, dem Arzt ganz ungewohnten Stimme, hinter der sich eine seltsame Fröhlichkeit zu verbergen schien, sagte die Frau: „Hallo, Doktorchen!"

Dann ließ sie ein leises, überraschend intimes Lachen hören und schlug die Beine übereinander, wobei sie unbekümmert ihren Rock herumwirbelte. Langsam zog sie den Saum des Rockes über die Knie, mit einer spielerischen und fast ein wenig aufreizenden Geste. Aus der etwas gezwungenen, beherrschten Haltung der Eva Weiß war eine kraftvoll-heitere Lässigkeit geworden. Einer der kleinen Füße, der über den anderen gekreuzt war, begann in einem langsamen Rhythmus auf und ab zu wippen.

Sie schüttelte leicht den Kopf, so daß das feine dunkle Haar nach vorn über die Schulter fiel. In der Haltung der Patientin drückte sich eine gewisse vorwitzige Keckheit aus; es war eine Munterkeit, in der sich das ungekünstelte Spiel eines Kindes mit einer kaum bewußten Koketterie mischte. Doch die Patientin fühlte sich offenbar recht wohl und aus irgendeinem Grund, den nur sie selbst kannte, sehr amüsiert.

„Sie war in der letzten Zeit wirklich übel dran, bestimmt", sagte die Frau leichthin. „Manchmal tut sie mir direkt leid. Aber dann ist sie wieder so gräßlich pedantisch ... Wie sie sich immer wegen dieses albernen Ralph Weiß tut, - und dann das ewige Theater um das kleine Balg ...! Zum Auswachsen!"

Mit einer raschen, geschmeidigen Bewegung, die an ein Kätzchen erinnerte, beugte sie sich vor. Gedankenlos begann sie ihr Bein direkt unterhalb des Knies zu reiben. Dabei streckte sie liebenswürdig die andere Hand aus und sagte: „Würden Sie mir bitte eine Zigarette geben, Doktor?"

Er gab ihr eine Zigarette, reichte ihr Feuer und fragte „Wer ist ‚sie'?"

„Na, Eva Weiß natürlich. Ihre fromme und geduldige kleine Patientin."

„Aber sind Sie denn nicht Eva Weiß?" fragte er.

„Das ja zum Lachen!" rief sie vergnügt. Wieder schüttelte sie leicht den Kopf. „Das müssen Sie doch selbst am besten wissen!" Sie hielt inne und sah ihn aufmerksam an. Aus ihrem frischen Gesicht waren wie durch ein Wunder alle Anzeichen von Besorgnis, Ernsthaftigkeit und Angespanntheit verschwunden, die in den Mienen der jungen Frau, die vor kurzem das Behandlungszimmer betreten hatte, sonst immer zu lesen gewesen waren. Wieder veränderte sie ein wenig ihre Haltung, hob eine Hand und rollte langsam eine Locke zwischen ihren Fingern auf. Dann blickte sie den Arzt mit großen Augen an. Ein koboldartiges Lächeln spielte über ihr kindliches Gesicht, als sie sagte:

„Ich kenne Sie wirklich gut, Doktorchen ... viel besser, als Eva Weiß Sie kennt ... Und ich mag Sie. Ich wette, Sie sind ein guter Tänzer."

Nachdem der Arzt seine Begabung in dieser Hinsicht abgestritten hatte, tauschten sie einige belanglose Bemerkungen aus. Dann fragte er: „Können Sie mir wohl etwas über diese Kleider sagen, über die sich Ihr Mann so aufgeregt hat?"
„Ich habe keinen Mann", entgegnete sie rasch und mit Nachdruck. „Das wollen wir doch ein für allemal klarstellen."

3.5.2 Unterschiedliche Persönlichkeiten oder ein erweitertes Verhaltensrepertoire?

Wenn man die Verhaltensweisen von Eva Weiß und Schwarz miteinander vergleicht (Thigpen und Cleckley, 1957, S. 140-142), so findet man eigentlich nichts Sensationelles. Man könnte sagen, daß Eva lediglich ihr Verhaltensrepertoire erweitert hat.

Eva Weiß	Eva Schwarz
gesetzt, zurückhaltend	fühlt sich nur in einer fröhlichen Gesellschaft wohl. Egozentrisch.
Die Gesichtszüge drücken stille Sanftheit aus, die von einer geheimen Traurigkeit überschattet ist.	Das Gesicht einer kleinen Hexe. Man sieht ihren lebendigen Augen an, daß sie stets zu einem lustigen Streich aufgelegt ist.
Der Ton der Stimme ist sanft und von spezifisch weiblicher Zurückhaltung.	Die Stimme klingt etwas gewöhnlich und ungebildet; man hört ihr zuweilen inneres Vergnügen und Spottlust an.
Kleidung: einfach, adrett und von unauffälligem Geschmack.	Kleidung: hübsch, aber immer ein wenig provozierend.
Haltung: kaum merklich nach vorn gebeugt. Die Bewegungen sind umsichtig und gemessen.	Haltung und Gang drücken Leichtherzigkeit, spielerische Launen und Frohsinn aus.
... kann sich nur selten lebendig und fröhlich geben; sie neigt nicht zu Neckereien	... macht sich über nichts Gedanken. Immer amüsant und anregend. Empfindet über jede Kleinigkeit, die sie erlebt, eine geradezu ansteckende Freude.

Sie stellt alle persönlichen Wünsche zurück, um für das Kind zu arbeiten.

Immer zu Streichen und Possen aufgelegt. Bringt durch ihren Leichtsinn oft andere in ernste Unannehmlichkeiten. Dabei ist sie niemals bösartig, sondern nur gedankenlos.

... ihre Bemühungen, ihr Kind zu beschützen...Dabei wirkt sie so zart und zerbrechlich, daß diese Rolle, die sie übernommen hat, unwillkürlich eine tragische Note erhält.

... übt sexuellen Reiz aus ... stets bedenkenlos zu einem kleinen Abenteuer bereit.

Wenn man diesen Ausschnitt aus den Verhaltensbeschreibungen liest, kann man eigentlich nicht verstehen, warum dieser Fall damals so aufsehenerregend war. Denn hier wird aus einem Engel nicht urplötzlich ein blutgieriger Dämon. Ihr Verhalten ist gelegentlich leichtsinnig, aber nie bösartig. Damit ist selbst bei Eva Schwarz noch die gleiche Grundorientierung vorhanden wie bei Eva Weiß: andere nicht bewußt zu verletzen. Man vergleiche damit z.B. einen sadistischen Serienmörder, der trotz aggressiver Kognitionen in Situationen des Alltags unauffällig ist, bei seinen Taten dagegen seine aggressiven Kognitionen und Imaginationen in Sadismus verhaltensmäßig umsetzt.

Ich habe bewußt von *Grundorientierung* gesprochen, denn eine Untersuchung von Eva Weiß, Eva Schwarz und Jane mit dem semantischen Differential (Begriffe werden auf verschiedenen Skalen eingestuft) ergab, daß sich die kognitiven Strukturen von Eva Weiß und Jane ähneln, die von Eva Schwarz weicht dagegen erheblich in ihrem Selbst- und Weltbild davon ab. Diese sieht sich eher als vollkommen an und bewertet die Begriffe "mein Kind", „mein Ehemann", „mein Beruf" u.ä. negativ. Dagegen betrachtet Eva Weiß sich als ein wenig schlecht, passiv und ganz entschieden als schwach, während „Kind" positiv und „mein Ehemann" als bedeutungslos angesehen wird (S. 309).

Aufschlußreich ist übrigens, daß der einzige Begriff, der von allen 3 Persönlichkeiten gleich und unverändert (im Laufe der Zeit) gedeutet wird, der Begriff „mein Arzt" ist: als gut, stark, aktiv.

Der Arzt stellt also gewissermaßen den ruhenden Pol im Leben der Frau dar, ein idealer Therapeut, aber - wenn auch nicht unbedingt in diesem Falle - jemand, der durch starke Suggestivwirkung ganze Regimenter von MP aus dem Patienten herauszaubern könnte (wie vermutlich im Fall Sybil, s. Schreiber, 1973). Man beachte, daß schon eine *ein-*

zige Hypnose genügte, um sie fröhlicher und befreiter zu machen (s. Thigpen und Cleckley, 1957, S. 21), also einen Schritt in die Richtung Eva Schwarz mit ihrem impulsiven Verhalten machen zu lassen! Die verschiedenen kognitiven Strukturen spiegeln durchaus das wider, was Thigpen u. Cleckley (1957, S. 56) unter dem Begriff „alternierende Persönlichkeiten" diskutieren. Dieser Begriff entschärft die Dramatik des Begriffes „Multiple Persönlichkeit", weil er lediglich die Möglichkeit aufzeigt, daß der gleiche Mensch in verschiedenen Situationen unterschiedliche Persönlichkeiten (präziser: Verhaltensweisen und Kognitionen) haben kann. Könnte es also nicht so sein, daß die mit sich und ihrer einengenden Rolle unzufriedene Eva Weiß sich in den weniger anstrengenderen und angenehmeren Verhaltensstil flüchtet, der als Metapher „Eva Schwarz" von Thigpen und Cleckley (1957) geschildert wurde?

Man könnte sich fragen, ob hier nicht Eva einen Schlußstrich unter ihre Ehe ziehen wollte und mit einem andersgearteten Verhaltensmuster zeigte, daß sie sich befreit hat. Da sie bisher sehr konventionell orientiert war, geschah diese Veränderung in zu extremer, übertriebener Form.

Es gibt eine interessante Parallele in dem ersten in der Fachliteratur berichteten Fall von MP. Thigpen und Checkley (1957, S. 258) stellen diese Parallele selbst her, als sie Sally Beauchamp erwähnen.

„Sally war eine der verschiedenen Persönlichkeitsmanifestationen der berühmten Miss Beauchamp, über die Morton Prince so eingehend berichtet hat. Die Beschreibung ihres Temperaments und ihrer Neigungen, ihrer Frivolität, Launenhaftigkeit und Unbekümmertheit läßt sie in vieler Hinsicht wie eine Zwillingsschwester der uns bekannten Eva Schwarz erscheinen. Sallys ewige spöttische Haltung gegenüber der gesetzten und überkonventionellen Miß Christine Beauchamp, die als Patientin zu Dr. Prince kam, ähnelt fast haargenau der Haltung unserer Eva Schwarz".

Thigpen und Cleckley erwähnen dann (S. 259) noch einen interessanten Gedankengang aus dem Originalartikel. Sally kam erst zum Vorschein, als die Hauptperson „in einen tiefen Hypnosezustand versetzt und dadurch noch passiver und widerstandsloser wurde als bisher...".

Man könnte es also so formulieren: In den Fällen Beauchamp und Eva wurde durch Hypnose jeweils einer extrem konventionellen Frau die Angst genommen, auch freiere, unkonventionelle Verhaltensweisen zu zeigen. Da man aber früher nicht gelernt hatte, selbstbestimmt sein Schicksal sachgerecht zu bestimmen, weil man sich immer nach anderen Menschen gerichtet hat, geht diese Befreiung vom Konventionellen in eine extrem impulsive Richtung. Es gibt dazu mehrere Parallelen, etwa wenn autoritär geführte Gruppen eine laissez-faire Situation erleben oder wenn eine überkontrollierte Person Gewalt anwendet und das berauschende Gefühl der Befreiung von früheren Zwängen und Ängsten die Person nicht mehr aufhören läßt, z.B. zuzustechen. In derartigen Fällen, wird das Opfer ja nicht kaltblütig, gezielt ermordet, sondern etwa mit 40 Messerstichen.

Man könnte eine übergehemmte Person mit dem Passagier eines Schiffes vergleichen, bei dem ein Kapitän bisher den Kurs vorgab. Wenn der Passagier meutert, hat zwar der Kapitän nicht mehr das Sagen. Da aber der Passagier nicht gelernt hat, den Kurs zu bestimmen, treibt er richtungslos umher, irgendwann läuft er auf ein Riff, er strandet irgendwann usw. Es wird hier deutlich, warum die epigenetische Landschaft die Botschaft vermittelt, daß man schon als Kind lernen muß, sein Schicksal eigenständig zu steuern.

Ein Ausbrechen aus einer einengenden Rolle wird als intensiv angenehm erlebt (s. Modell von Mehrabian, 1978) und kann natürlich mit veränderter Körperhaltung, Stimme usw. einhergehen. Es könnte sogar zu veränderten physiologischen Reaktionen des gleichen Körpers kommen. Eva Schwarz „berichtete, daß ihre Haut gegen Nylon oft mit Ausschlag reagiert." (Thigpen und Cleckley, 1957, S. 142). Bei Eva Weiß wurde eine derartige Allergie nicht beobachtet. War Eva Weiß leidensfähiger? Was auch immer der Grund gewesen sein mag, es steht seit langem fest, daß kognitive Faktoren physiologische beeinflussen können, wie z.B. Meichenbaum und Turk (1976) bei ihrer Methode der Schmerzkontrolle durch innere Monologe darstellten.

Daß der Rollenwechsel durchaus einen Einfluß auf die Frau hatte, zeigt folgende Beobachtung: Etwa sechs Wochen, nachdem sie von ihrem Ehemann geschieden worden war, „hatten die Manifestationen der multiplen Persönlichkeit aufgehört. Seit damals hatten sich nie wieder stärkere Kopfschmerzen eingestellt, es waren keine Absencen mehr aufgetreten, und die quälenden Alpträume, unter denen Jane so gelitten hatte, waren nie wiedergekehrt." (Thigpen und Cleckley, 1957, S. 281).

Nach einer erneuten Heirat schien es Evelyn, wie die Autoren die Frau nach dem Verschwinden der drei anderen Persönlichkeiten nannten, besser zu gehen. Anfänglich gab es in der Ehe Probleme, dann berichteten Evelyn und ihr Mann aber von erstaunlichen Fortschritten. Allerdings zeigte das noch dreimal durchgeführte semantische Differential noch erhebliche Schwankungen bezüglich einer „Besserung". Das letzte zeigte zwar gegenüber dem vorletzten Verbesserungen auf, beinhaltete aber Informationen, aus denen sich „eine Art krampfhaft beherrschter Normalität ablesen ließ, welche zwar den äußeren Anforderungen entspricht, sie aber nicht verarbeitet hat." (Thigpen und Cleckley, 1957, S. 292).

Die Probleme, die Evelyn hatte, werden, da das Buch an dieser Stelle endet, nicht näher beschrieben. Doch vielleicht hilft folgende Beschreibung der Bedürfnisse des Ehepaares weiter. Ihr Ehemann hatte sich aus Angst vor Enttäuschung an ein einsames Junggesellenleben gewöhnt. „Auch Evelyn hatte eine brennende Sehnsucht nach etwas gehabt, was sie nicht recht beschreiben konnte. ... Das, was unsere Patientin in der Ehe finden mußte, ist wahrscheinlich nie und nirgends von Anfang an vorhanden. Es muß sich wohl erst entwickeln aus einer Gemeinsamkeit, zu der Sorgen und Mißverständnisse ebenso gehören wie Freuden" (Thigpen und Cleckley, 1957, S. 289).

Thigpen und Cleckley betonen also, daß sich eine Beziehung langsam entfalten und von den Partnern systematisch aufgebaut werden muß. Dies ist aber keineswegs so einfach, wie die Bindungsstilforschung (s. Kap. III. 3.6) zeigt. So haben Frauen, die keinen sicheren Bindungsstil erworben haben,
- überhöhte Erwartungen an einen Partner (z.B. Wunsch nach einem faszinierenden Partner),
- ziehen sich in Problemsituationen von dem Partner zurück, selbst wenn dieser sie beruhigen oder trösten will (Simpson u. a., 1992).

In den ersten Ehemonaten waren die sexuellen Beziehungen für Evelyn nicht zufriedenstellend gewesen, was sie aber ihrem Manne verheimlicht hatte. Und sie hatte auch versucht, sich selbst einzureden, „daß sie einen größeren Genuß darin fände, als es der Fall war" (Thigpen und Cleckley, 1952, S. 290). Diese Mischung von Täuschung und Selbsttäuschung sind wahrlich keine gute Voraussetzung für das Entwickeln einer vertrauensvollen Beziehung.

Daß sie zumindest zu Beginn der zweiten Ehe sexuelle Probleme hatte, ist übrigens ein Hinweis auf die Validität des Semantischen Differentials. Denn Osgood und Luria hatten in einer Blinddiagnose für Eva Weiß festgestellt, „daß Sexualleben für diese Patientin ein Hauptproblem darstellt" (Thigpen und Cleckley, 1957, S. 317).

Woher die Symptome und Probleme Evas herrührten, ergibt sich für mich beim genauen Lesen des Buches aus der Konfliktsituation der ersten Ehe und sexuellen Problemen. Auf jeden Fall ist es *nicht* richtig, daß die Probleme daher rührten, daß sie im Alter von fünf Jahren von ihrer Mutter gezwungen wurde, ihre tote Großmutter zu küssen. Thigpen und Cleckley (S. 247) betonten nämlich ausdrücklich, daß dieses einzelne Ereignis nicht alleine verantwortlich gewesen sein kann. Sie meinen, daß dies höchstens der letzte Anstoß gewesen sein könnte, wenn bereits viele ungünstige Einflüsse am Werke gewesen wären.

Woher weiß man überhaupt von der Existenz dieses angeblich traumatischen Ereignisses? Weder Eva Weiß, noch Eva Schwarz, noch Jane hatten etwas vom Begräbnistag der Großmutter berichtet (S. 246). Es war im Verlaufe einer Hypnosesitzung aufgetaucht, als sie gezielt unter ihren Erinnerungen aus den Kinderjahren nach einem Ereignis suchen sollte. „Verschiedene Gedankenverbindungen wurden aufgegriffen und verfolgt, aber längere Zeit hindurch ergab sich nichts von Interesse" (Thigpen und Cleckley, 1957, S. 228/229). Erst als sie über eine blaue Tasse sprach, kam sie viel später darauf, dies mit der Beerdigung ihrer Großmutter in Verbindung zu bringen.

Man sieht also, daß sowohl das angebliche traumatische Ereignis, als auch das „Entstehen" der „3 Gesichter Evas" ihre Existenz der Hypnose verdanken. Und hier sind Suggestivwirkungen nicht auszuschließen.

Thigpen und Cleckley waren, wie im Buch beschrieben, Professoren für Psychiatrie und Neurologie. Sie betonen ausdrücklich (S. 296), daß sie keiner psychoanalytischen Schule anhingen.

111

Thigpen und Cleckley sind äußerst vorsichtig in ihrer Darstellung und in der Interpretation ihrer Daten, selbst wenn sie auch psychoanalytische Deutungen und Deutungen von Symbolen erwähnen. Ihre Haltung ergibt sich aus folgender Äußerung: „Wir haben die ganzen Jahre hindurch mit Interesse die Entwicklung der verschiedenen psychiatrischen und psychologischen Schulen verfolgt. ... Leider ergeben sich aber aus den meisten dieser Theorien eine Reihe unrealistischer Behauptungen, die man mehr auf der Basis von Treu und Glauben als auf der Grundlage tatsächlicher Beweise akzeptieren muß" (S. 296).

Leider zeigten nicht alle, die sich mit dem Phänomen der MP befaßten, die vorsichtige Betrachtungsweise der beiden Wissenschaftler. Sie schreiben nämlich: „Seit der Veröffentlichung unseres Berichts haben mehrere dieser eifrigen Erforscher des Unbewußten uns in allem Ernst erzählt, daß sie sich komplizierte Fingersignale und andere stenographische Methoden ausgedacht hätten, um sofort Kontakt mit den verschiedenen Persönlichkeiten aufnehmen zu können, die ihrer Überzeugung nach auf diese Weise erreichbar seien und zum Sprechen gebracht werden könnten." (Thigpen und Cleckley, 1957, S. 56).

Wenn eine derartige Erwartungseinstellung bei einem Therapeuten vorliegt und er seinen Patienten unter Hypnose befragt, dann sind Suggestivfehler vorprogrammiert.

Leider ergibt sich aus Campbells (1977) Schilderung nichts Näheres über ihre (Evas/ Evelyns) spätere Therapie. Er spricht davon, daß sie nach 18 Jahren Psychoanalyse eine integrierte Persönlichkeit erlangt hatte (S. 25). Da weder Thigpen noch Cleckley Psychoanalytiker gewesen waren, muß es sich um einen anderen Therapeuten gehandelt haben. Daß sie noch weitere 18 Persönlichkeiten angenommen habe, verwundert angesichts Thigpens und Cleckleys Kritik an den „eifrigen Erforschern des Unbewußten" (1957, S. 56) nicht.

3.6 Sybil

Der Fall der MP Sybil ist aus verschiedenen Gründen kriminalpsychologisch interessant:

- Schreiber (1973) stellte den Zusammenhang her zwischen den körperlichen Mißhandlungen, die Sybil als kleines Kind durch ihre Mutter (angeblich) erfahren hatte und den 16 unterschiedlichen Persönlichkeiten, die sich im Laufe einer Therapie bei ihr „zeigten".
- Schreibers Buch beeinflußte im Falle des Serienvergewaltigers Milligan die Gerichtspsychologin und seine Verteidigerin darin, daß dieser eine MP sei. Darin wurden sie von der Psychoanalytikerin C. Wilbur bestätigt, Sybils Therapeutin, die spontan und ohne genauere Überprüfung Milligan als MP betrachtete und ihn entsprechend behandelte.

Sybil war eine Frau, die sich stets in der Nähe ihrer strengen und bigotten Mutter aufhielt (Schreiber, 1973, S. 17). Als sie einmal ihre Mutter zu deren medizinischer Untersuchung begleitete, fiel dem Arzt auf, daß Sybil „bleich und dünn" ausschaute. Sybil konnte ihm nur sagen, daß sie keine körperlichen Beschwerden hätte und nur nervös sei. Der Arzt schickte sie dann zu Dr. Wilbur, die als Symptome nur Appetitlosigkeit, chronische Nasennebenhöhlen-entzündung, Sehprobleme diagnostizierte.

Die Psychotherapie erbrachte keine wesentlichen Erkenntnisse. C. Wilbur zog dann von Omaha nach New York.

Erst etwa 10 Jahre später folgte Sybil ihr nach New York. Die Therapie wurde dann der wichtigste Lebensinhalt für Sybil: „Sie lebte fast im wahrsten Sinne des Wortes für ihre Sitzungen bei Dr. Wilbur am Dienstagmorgen." (Schreiber, 1973, S. 35). C. Wilbur hatte erfreut eingewilligt, als Sybil sie um die Fortsetzung der Therapie gebeten hatte. Denn Sybil „würde ein interessantes analytisches Subjekt sein - intelligent, fähig, talentiert, aber auch distanziert, zurückgezogen und ängstlich" (Schreiber, 1973, S. 35). Sie sah durchaus richtig, daß Sybil eine interessante Klientin für eine Therapie sein würde. Sybils zentrale Verhaltensweisen zeigten dies: intelligent und unsicher, ideale Voraussetzungen für eine Therapie - aber auch für Suggestivwirkungen!

Die Voraussetzungen für eine gute Zusammenarbeit zwischen Sybil und Wilbur waren gegeben. Man kann es auch so formulieren: Die Kulissen waren aufgebaut, die Bühne war vorbereitet für das Auftauchen der verschiedenen Persönlichkeiten. Diese Formulierung ist deshalb wichtig, weil man der Behauptung, Multiple Persönlichkeiten seien tatsächlich „in" einem Menschen, eine Gegenhypothese entgegensetzeh *muß*:

Daß während einer (psychoanalytischen) Therapie mehrere Persönlichkeiten auftauchen, kann auch auf die Suggestivwirkung eines (vornehmlich psycho-analytisch orientierten) Therapeuten zurückzuführen sein, vor allem wenn der Patient häufig in Hypnose versetzt wird.

Es ist auch erstaunlich, daß weder Thigpen und Cleckley (1957), noch die Psychoanalytikerin Schreiber (1973), noch Keyes (1981) überhaupt in Erwägung gezogen haben, daß das Phänomen der MP ein hypnotisches Artefakt sein könnte. Dies ergibt sich daraus, daß in allen drei Büchern Hypnose nur immer beiläufig erwähnt wurde, als etwas Selbstverständliches. So schreibt Schreiber (1973, S. 300), daß Wilbur Sybil (am 22.4.1960) fragte, ob sie die anderen Persönlichkeiten treffen wolle.

Sybils Antwort zeigt schon, wie empfänglich und unkritisch sie war. „Wenn Sie es wünschen", war die zustimmende Antwort. „Ich werde Sie zuerst mit Ruthie vertraut machen", sagte die Ärztin, als Sybil in einem tiefen hypnoti-schem Schlaf war.

„Bis vor einigen Monaten war sie gerade zwei Jahre alt. Wenn ich Ihren rechten Ellbogen berühre, werde ich nach Ruthie fragen."

Ruthie wurde gerufen: Schweigen. Die Ärztin wartete. Dann sagte Sybils Stimme ruhig: „Ich sehe sie."

Der Augenblick hatte große Bedeutung, weil es das allererste mal war, daß Sybil eine visuelle Vorstellung von irgendeinem ihrer anderen Selbst hatte, das erste Mal, daß sie für sie in ihrem *eigenen* Bewußtsein existierten." (Schreiber, 1973, S. 300).

Man sieht hier also: eine selbstunsichere, gehorsame Patientin wird in Hypnose versetzt und „sieht" dann „ihre Persönlichkeiten".

Wenn ich gesagt habe, daß durch das vertrauensvolle Verhältnis zwischen Sybil und Wilbur die Bühne für das Auftauchen der verschiedenen Persönlichkeiten vorbereitet worden sei, habe ich die Frage offen gelassen, woher dann die „Schauspieler" für das Stück gekommen sind. Handelte es sich bei Sybil tatsächlich um einzelne Teile ihrer Persönlichkeit, die jeweils erschienen? Oder hatte sie Rollen in ihrem Stück aus dem Leben anderer Menschen übernommen?

Schreiber (1973, S. 36) berichtet nämlich, daß Sybil während der ersten Therapiewochen ständig eine Universitätsbibliothek aufsuchte, wo sie psychiatrische Literatur las, besonders Falldarstellungen. Sie beschäftigte sich mit den Symptomen, aber nicht lediglich aus intellektueller Neugierde. „Je mehr sie über die Symptome bei anderen Patienten wußte, desto eher wäre sie fähig, glaubte sie, ihre eigenen zu offenbaren.". Könnte das Lesen der Fallgeschichten nicht ein Schlüssel zu dem Auftauchen höchst unterschiedlicher Persönlichkeiten während ihrer Therapie sein? Der Vergleich mit einem Medizinstudenten, der beim Lesen eines Medizinbuches plötzlich Symptome aller Krankheiten bei sich selber entdeckt, ist zu naheliegend, als daß man ihn nicht erwähnen sollte.

Tatsächlich erwähnt Schreiber (1973, S. 37) das erste Auftauchen einer zweiten Persönlichkeit erst später.

Dieses Erscheinen geschah während einer Sitzung, als sie den Brief eines Mannes herausholte, mit dem sie eine Ehe geplant hatte; C. Wilbur hatte sie aber von der Ehe abgebracht, weil dieser Mann so "distanziert" sei. Sybil entdeckte, daß der Brief in der Mitte zerrissen worden war, von ihr, aber sie konnte sich nicht mehr daran erinnern, daß sie es getan hatte.

Als die Ärztin fragte: „Können Sie mir den Brief zeigen?", begann Sybil zu stammeln „...und dieses Stammeln löste sich in etwas anderes auf" (Schreiber, 1973, S. 37). Sybil sprang vom Stuhl auf, ihr Gesicht voller Furcht und Wut, zerriß blitzschnell alle Briefe, die sie bei sich hatte und warf die Reste in den Papierkorb. Dann ballte sie ihre Fäuste, stand in der Mitte des Raumes und rief theatralisch aus: „Männer sind alle gleich. Man kann ihnen nicht vertrauen. Man kann es wirklich nicht." Dann lief sie schnell zu einem Fenster und schlug gegen die Scheibe und schrie „Laßt mich heraus! Laßt mich heraus!". Obwohl sie die Scheibe zerschlug, verletzte sie sich nicht.

Dann unterhielt sie sich wieder ruhig mit Wilbur, aber in einem völlig anderen Tonfall, mit einer klagenden „Kleinmädchen-Stimme", und sie benutzte einen Slangausdruck, den sie vorher nicht benutzt hatte. Während des weiteren längeren Gesprächs hatte Wilbur den „Eindruck, daß sie es mit jemand zu tun hatte, der jünger als Sybil war."(Schreiber, 1973, S. 39). Dann fragte sie: „Wer sind Sie?" Sybil: „Ich bin Peggy." (S. 40). Nach kurzem Gespräch „erschien" wieder Sybil. Sie erwähnte, daß sie derartige Erinnerungslücken wie hinsichtlich des Zerreißens des Briefes bereits früher gehabt hätte, und C. Wilbur tröstete sie mit dem Hinweis auf Amnesie. „Seien sie nicht besorgt. Es ist behandelbar" (Schreiber, 1973, S. 41).

Sybil wurde übrigens früher von ihrer Mutter „Peggy" gerufen, weil sie den Namen Sybil nicht mochte.

Und der Vorfall zeigt etwas Ähnliches wie bei Eva Weiß (Thigpen und Cleckley): eine bisher von anderen Menschen eingeengte und überangepaßte Frau fühlt sich innerhalb einer Therapie befreit und zeigt auch impulsive und aggressive Verhaltens- und Sprechweisen. Man könnte hier natürlich sagen, daß Sybil und Eva lediglich ihr Verhaltensrepertoire erweitert hätten. Es *könnte* allerdings bei Sybil und Eva noch etwas mehr gewesen sein als das bloße Erweitern des Verhaltensrepertoires.

Es soll kein abschließendes Urteil über Sybil, über die Realität ihrer Persönlichkeiten und deren Ursprung gefällt werden. Es muß aber gefordert werden, daß man bei diesem Fall, wie auch grundsätzlich jedem einzelnen Fall von Multipler Persönlichkeit, Alternativhypothesen überprüft: Eine MP könnte lediglich ein hypnotisches Artefakt sein oder eventuell (bei Straftätern) das Ergebnis schauspielerischer Fähigkeiten sein, um als unzurechnungsfähig erklärt zu werden und dadurch eine mildere Bestrafung zu erlangen.

C. Wilbur schloß genetische Faktoren beim Entstehen von Sybils MP aus, obwohl es Hinweise auf geistige Störungen auf beiden Seiten ihrer Familie gab. Sie ging vielmehr davon aus, daß MP durch Mißbrauch ausgelöst wird, durch eine Vielfalt an Traumen. Die einzelnen „Selbst" stellen keine miteinander in Konflikt liegenden Teile des gesamten Selbst dar, die um Identität kämpfen, sondern Verteidigungsmuster gegenüber der unerträglichen Umwelt, die die Kindheitstraumata erzeugt hatten. „Sybils Geist und Körper wurde von diesen anderen Persönlichkeiten besessen - nicht durch eine Invasion von Geistern..von außen, sondern durch wuchernde, sich vermehrende Teile des ursprünglichen Kindes." (Schreiber, 1973, S. 233). „Jedes Selbst war jünger als Sybil, mit unterschiedlichem Alter gemäß dem Zeitpunkt des besonderen Traumas, das zu bekämpfen es entstehen ließ." (Schreiber, 1973, S. 234). Das sind aber lediglich unbewiesene Hypothesen!

3.7 Der Serienvergewaltiger Billy Milligan

Billy Milligan war der erste Täter, der Schwerverbrechen begangen hatte, und wegen Multipler Persönlichkeit für unzurechnungsfähig erklärt wurde! Da er der erste Kriminalfall war, der sich hauptsächlich auf die Diagnose „Multiple Persönlichkeit" stützte, erregte er weltweit Aufsehen. Der STERN (Nr. 3/1979) berichtete über Milligan, der vier Studentinnen überfallen, beraubt, vergewaltigt und dann wieder laufen gelassen hatte, unter der Rubrik „Psychoanalyse" und dem Titel „Zehn Seelen wohnen, ach, in seiner Brust.".

Keyes (1981) Beschreibung des Falles wird am besten durch den Text auf dem Buchumschlag charakterisiert, mit der die Absicht seines Buches angegeben wird: „ ‚The Minds of Billy Milligan' geht weit über ‚Sybil' oder ‚Die drei Gesichter Evas' hinaus, um ein erschreckendes psychologisches Phänomen zu erforschen und zu berichten, was uns gleichzeitig zwingt, ein besonderes menschliches Wesen zu verstehen und mit ihm Sympathie zu empfinden."

Alleine aus diesen Worten ist schon ersichtlich, daß es kein neutraler Bericht über einen Menschen ist, sondern daß Keyes bedenkenlos und unüberprüft die Aussagen von Billy Milligan als Wahrheit ansieht. Während Thigpen und Cleckley im Falle der „Drei Gesichter Evas" sehr vorsichtig die Sachverhalte beschrieben und sich weitgehend spekulativer Deutungen enthielten, berichtet Keyes (1981) z.B. davon, daß Billy als Kind von seinem Stiefvater brutal geschlagen und vergewaltigt worden sei, ohne dies aber anhand von anderen Kriterien zu überprüfen. Selbst im Falle Sybil hatte die Therapeutin den Vater mit den Vorwürfen Sybils gegen ihre Mutter konfrontiert. Keyes erwähnt nur kurz, daß der Stiefvater einem Reporter gegenüber die Behauptungen Billys hinsichtlich Mißbrauch als unwahr bezeichnete.

Trotz aller positiver Voreingenommenheit für Billy Milligan kann man doch aus dem Buch von Keyes (1981) einige interessante Informationen entnehmen.

Zunächst einmal entspricht das Auftauchen der Multiplen Persönlichkeiten (zuerst „David" im Eröffnungsgespräch mit der Gefängnispsychologin; S. 22) nicht den dramatischen, plötzlichen Verhaltenwechseln wie in den Fällen Eva Weiß und Sybil.

Man könnte sagen, daß Billy die Spielregeln der Kommunikation bestimmte. Mit der Gefängnispsychologin, mit Dr. Wilbur (Sybils Therapeutin), seinen Verteidigern und einigen Krankenschwestern hatte er leichtes Spiel. Diese glaubten ihm von Anfang an (z.T. nach vorheriger Lektüre des Buches „Sybil"). Als sich diese Gruppe von Experten zum ersten größeren Gesamtgespräch mit ihm versammelt hatte, kamen verschiedene Persönlichkeiten aus „ihm heraus". Und obwohl nur Billys Körper vorhanden war, stellte Dr. Wilbur immer jede neue „Persönlichkeit" den Experten erneut vor. Die Verhaltensänderungen von Billy beim Erscheinen jeder neuen Persönlichkeit werden so beschrieben: „Seine Augen wurden leer, seine Augenlider flatterten (S. 47), seine Lippen bewegten sich, sein Körper wurde aufrecht (S. 46). Der Augenkontakt und die Körpersprache waren je nach Persönlichkeiten unterschiedlich" (S. 47). Wer sich mit dem Entdecken von Lügen beschäftigt, weiß, daß dies alles sprachliche und nichtsprachliche Signale sind, die man leicht darstellen und zur Täuschung verwenden kann! Um dies glaubhaft spielen zu können, genügt es schon, sich in seinen Imaginationen in eine andere handelnde Person zu versetzen (s. Füllgrabe, 1995). Dies ist übrigens eine Übung der **Stanislawskimethode** zur Ausbildung von Schauspielern.

Milligan spielte seine Bedeutung als Multiple Persönlichkeit geschickt aus. Als ein Gefängnispsychiater von seinen verschiedenen Persönlichkeiten sprach, unterbrach ihn Billy mit den Worten: „Menschen, Dr. Caul. Nicht ‚Persönlichkeiten'. ... Wenn man uns ‚Persönlichkeiten' nennt, erweckt das bei uns den Eindruck, daß Sie nicht die Tatsache akzeptieren, daß wir wirklich existieren. Das würde eine Therapie schwierig gestalten." Man kann eine derartige Bemerkung unterschiedlich deuten. Aber im Vordergrund seines Denkens steht nicht die Verwirrung eines Menschen, der über das ständige Auftauchen neuer Persönlichkeiten „den Boden unter den Füßen verliert", „eines gequälten Mannes, der mit 24 verschiedenen Persönlichkeiten in einem Körper leben muß" (wie der Umschlagtext des Buches mitfühlend schreibt). Während Schizophrene oft sehr verwirrt und verängstigt über die unerklärbaren Veränderungen sind, die mit ihnen geschehen, beschäftigt Milligan ein *semantisches* Problem.

Allerdings ist Milligans Forderung nach Anerkennung der Realität der Personen in ihm nicht lediglich eine Bitte um sprachliche Präzisierung, sondern soll die Diagnose „unzurechnungsfähig" erhärten.

Es ist erstaunlich, daß nicht ernsthaft geprüft wurde, ob die verschiedenen „Persönlichkeiten" von Billy Milligan nicht möglicherweise auf seine schauspielerischen Fähigkeiten zurückgeführt werden konnten. Es wäre auch vielleicht einmal aufschlußreich, wenn man auf die einzelnen „Persönlichkeiten" im Sinne der Provokativen Therapie (s. Farrelly und Brandsma, 1986; Höfner und Schachtner, 1995) eingegangen wäre. Denn vielleicht hätte ein schauspielernder Milligan, der sich durchschaut gesehen hätte, leicht aufgegeben. Das Groteske an diesem Fall ist, daß er sogar ohne Gesichtsverlust hätte aufgeben können (allerdings wäre er dann wieder zurechnungsfähig gewesen). Am Ende aller seiner

„Persönlichkeiten" taucht nämlich als letzter der „Lehrer" auf. Er wird von Keyes (1981, S. XVIII) so beschrieben: „Die Summe aller 23 Alter Egos (anderer Ichs), die in eines verschmolzen sind, lehrt die anderen alles, was sie gelernt hatten. Brilliant, sensitiv, mit einem feinen Gespür für Humor. Er sagt „Ich bin Billy in einem einzigen Stück" und spricht von den anderen als „den Androiden, die ich gemacht habe." Der Lehrer besitzt eine fast vollständige Erinnerung, und sein Erscheinen und seine Kooperation machten dieses Buch möglich." Es ist erstaunlich, daß Keyes diese Sätze nicht kritisch als ein Geständnis Milligans betrachtet (oder zumindest die Möglichkeit überprüfte!), daß er selbst die „Persönlichkeiten" („Androiden") erschaffen hat.

Auf jeden Fall reizt gerade folgende Schilderung zu ironischen Kommentaren und fordert die Anwendung Provokativer Therapie geradezu heraus. Keyes (1981, S. 68 f) schildert ein Gespräch, das Arthur mit Ragen führt, nachdem „Arthur beschlossen hat, daß es wichtig sei, Ragen mitzuteilen, was er über Adalana während der Therapiesitzung gelernt hatte."

Wohlgemerkt, Arthur, Ragen und Adalana sind nicht drei verschiedene Menschen, sondern immer nur Billy Milligan mit unterschiedlicher Stimme und evtl. unterschiedlicher Körperhaltung, der die ganzen Dialoge führt. Adalana ist eine der beiden weiblichen Persönlichkeiten „in" Milligan. Sie wird als „lesbisch, scheu, einsam und introvertiert" beschrieben, „als 19jährige mit langem schwarzen Haar." Man sieht hier, wie ernsthaft Keyes (1981, S. XVI) Milligans Beschreibungen nimmt, als *reale* Personen.

Arthur erzählt Ragen von Adalana und behauptet:

„Sie ist diejenige, die Deine Opfer vergewaltigte."

Ragen: „Sie vergewaltigte Mädchen? Arthur, wie kann eine sie ein Mädchen vergewaltigen ...?"

Arthur: „Nun, deshalb haben sie Dich angeklagt. Wenn einer von den Männern auf der Bildfläche ist, haben einige von ihnen die körperliche Fähigkeit, Sex auszuüben, obwohl wir beide wissen, daß ich die Regel aufgestellt habe, daß wir sexuell enthaltsam sein müssen. Sie hat Deinen Körper benutzt.".

Im weiteren Gespräch taucht dann Adalana auf. „Eine sanfte, feine Stimme kam als Echo in seinen Geist, als käme sie aus dem Dunkel da unten. Es war wie eine Halluzination oder Stimme aus einem Traum. ,Ragen, es tut mir leid wegen des Ärgers' " (Keyes, 1981, S. 69).

„Ragen" beschimpft dann „Adalana" fürchterlich.

Gleichgültig, ob Milligan tatsächlich eine „Multiple Persönlichkeit" ist oder nur ein guter Schauspieler, dies dürfte wohl eines der bizarrsten Gespräche gewesen sein, das ein Mensch je mit sich selber geführt hat. Aber auf jeden Fall sollte das Gespräch „beweisen": Milligan als solcher ist tatsächlich unschuldig. Das Gespräch wäre der ideale Ansatz für Provokative Therapie, speziell der Sündenbocktechnik (Die anderen sind schuld!); s.a. Kap. VIII, 10.

Auf jeden Fall war Milligan ein guter Manipulator. Als Allen verlangte er Privilegien und spielte das Klinikpersonal gegeneinander aus (Keyes, 1981, S. 72). Er setzte sogar Drohungen gegenüber dem Personal ein. Er wies häufig darauf hin, daß Ragen „herauskommen und die Sache regeln könnte" (Keyes, 1981, S. 60). Als Milligan einmal der Magen ausgepumpt werden mußte (S. 320), „erschien" Ragen, explodierte wütend und bedrohte den Doktor.

Mit anderen Worten, Milligan konnte häufig seine Wünsche durchsetzen, auch drohen, aber „er" war es ja nicht, niemand konnte ihn für sein Fehlverhalten verantwortlich machen.

Milligan wurde ständig für sein abweichendes Verhalten bekräftigt. Häufig stand er im Mittelpunkt des Interesses. Und er erhielt die Zuneigung, die seine Opfer wohl nicht erhielten. Einmal wurden Videos seiner Therapiesitzungen, bei denen die Therapeuten mit mehreren seiner Persönlichkeiten „arbeiteten", etwa über hundert Personen in der Klinik vorgeführt. Als die Kernperson Billy auf dem Monitor erschien und ausrief: „Wer sind diese Menschen? Warum lassen sie mich nicht wach bleiben?" (seine Persönlichkeiten ließen ihn nie zu Bewußtsein kommen), mußten einige Personen des Klinikpersonals mit ihren Tränen kämpfen." (1981, S. 81; s.a. S. 88)!

Gleichgültig, ob man Milligan als echte Multiple Persönlichkeit ansieht oder nicht, er hatte ein durchaus angenehmes Leben. Als Serienvergewaltiger war er nicht jahrelang in einer engen Gefängniszelle eingesperrt worden. Er hatte es sogar geschafft, nicht in eine strengere geschlossene Anstalt zu kommen. Aber das war auch noch nicht genug. Er beklagte sich darüber, daß andere Personen, mit „schwereren Störungen", als er sie hatte, alleine in die Stadt durften. Hier wird ein Widerspruch deutlich: Einerseits ist er unzurechnungsfähig, und was kann eine noch schwerere Störung sein, als eine Persönlichkeit, die in viele Einzelteile zerfallen ist! Andererseits wollte er - ein Serienvergewaltiger mit einer Reihe Vorstrafen - wieder in Freiheit. Und der Psychiater ließ ihn alleine in die Stadt, obwohl noch der gewalttätige Ragen in ihm war. Später explodierte tatsächlich Ragen, als Milligan verlegt werden sollte, noch einmal und bedroht die Wärter mit einem zerbrochenen Trinkglas (Keyes, 1981, S. 348).

Tatsächlich verhielt sich Milligan in der Stadt aggressionsfrei, und in der Klinik zeigte er fürsorgliches Verhalten gegenüber anderen Patienten und besonders Patientinnen.

Aber dadurch konnte er die Bilder verkaufen, die er malte. Er hatte sogar soviel Geld, daß er sich ein Auto kaufen konnte, um die zum Verkauf bestimmten Bilder transportieren zu können.

Doch irgendwann überspannte er den Bogen, ähnlich Gallego. Als man in der Klinik zwei Frauen bewußtlos und betrunken fand, das Kleid einer dieser Frauen war zerrissen, stellte sich heraus, daß Milligan diesen Frauen Geld gegeben hatte, um Alkohol zu kaufen. Ob eine Vergewaltigung o.ä. stattgefunden hatte, konnte nicht geklärt werden. Milligan wurde aber in eine strengere Anstalt gebracht.

Milligan war zumeist keine Gefahr für das Klinikpersonal, und wenn man ihm sachlich entgegentrat, etwa, daß er einen Kontrakt einhalten müsse, sonst müsse man ihm Privilegien streichen, blieb er aggressionsfrei (S. 325) und stabil (S. 330). Einer Frau aus dem Klinikpersonal gelang es sogar, nachdem sie ihn verfolgt hatte, unter Drohung, ihn an einer empfindlichen Stelle zu treten, ihn dazu zu bewegen, wieder in das Auto zu steigen und zur Klinik zurückzufahren.

Bei einer Anhörung betonte ein unabhängiger Psychiater, daß er während seiner Gespräche mit Milligan feststellte, daß dieser Wissen über seine Taten hatte. Deshalb sei Milligan keine wirkliche MP, weil Multiple Persönlichkeiten vermutlich kein Wissen von den Handlungen ihrer „Alter Egos" hätten.

Aber auch in seinem Falle bestätigte sich meine Hypothese, daß Hypnose beim Auftauchen von Multiplen Persönlichkeiten eine Rolle spielt. Keyes (1981, S. 306) schreibt nämlich: „Zusätzlich zu der allgemeinen Therapie, hatte Dr. Caul Billy von Beginn an Hypnotherapie gegeben, um seine Kontrolle des Bewußtseins zu stärken und seinem Patienten Autosuggestionstechniken gelehrt, um ihm zu helfen, seine Spannungen zu mildern. Wöchentliche Gruppentherapiesitzungen mit zwei anderen Multiple Persönlichkeiten-Patienten halfen Billy, besser seinen Zustand zu verstehen, indem er seine Auswirkungen auf andere Menschen sah".

Als er einmal gefragt wurde, wie eine MP behandelt werden sollte, hatte Dr. Caul an erster Stelle genannt: „Der Therapeut, vorzugsweise ein Psychiater, müsse an das Phänomen glauben. Therapie dürfte niemand machen, der nicht an die Existenz von MP glaube" (Keyes, 1981, S. 360).

Wer sich mit der Thematik „Sich selbst erfüllende Prophezeiung", „Suggestivwirkung", „Beobachtungslernen" (Gruppentherapie gleichzeitig mit 3 MP!!) beschäftigt, findet in Keyes Buch viele Anregungen!

III. Täter und Opfer im „Spiel des Lebens"

1. Straßenraub

1.1 Das Problem der unterlassenen Hilfeleistung

Der Psychologe Lowenstein berichtet in der englischen Fachzeitschrift „The Police Journal" (1980) von zwei Überfällen, die am hellichten Tage in einer belebten Straße stattfanden: Drei junge Männer gingen einer älteren Frau nach, sprangen sie von hinten an, warfen sie zu Boden, traten sie in den Bauch und an den Kopf, stahlen das Geld aus ihrer Handtasche und flohen. Fünf Passanten, darunter drei Männer, beobachteten den Vorfall, aber keiner griff ein. Einige schienen offensichtlich nicht gewillt, überhaupt in die Richtung des Überfalles zu blicken.

In einem anderen Fall folgten zwei Männer einer jungen Frau, die aus einem Auto gestiegen war. Sie warfen sie zu Boden und bedrohten sie mit einem Messer; die junge Frau weinte und schrie. Als der Mann, der die Frau im Auto begleitet hatte, den Überfall bemerkte, verließ er das Auto und eilte ihr zu Hilfe. Auch zwei weitere Zuschauer rannten den Tätern nach, andere schlossen sich ihnen an. Sie schrien: „Haltet die Räuber, sie haben gerade eine Frau niedergeschlagen und beraubt!" Die Verfolgten wurden schließlich eingekreist, niedergeschlagen und festgehalten, bis die Polizei kam.

Warum griffen die Passanten nur in dem einen Fall ein, im anderen aber nicht? Um diese Frage befriedigend beantworten zu können, ist der Straßenraub - psychologisch gesehen - als unterlassene Hilfeleistung (Füllgrabe, 1978) zu betrachten, denn auch hier greifen Menschen nicht helfend ein, wenn sich jemand in einer Notlage befindet.

Zunächst ist wichtig, Kriminalität nicht nur durch die ausschließliche Betrachtung des Täters zu analysieren. Vielmehr ist äußerst aufschlußreich, *alle* Mitwirkenden an dem Drama Straßenraub bzw. allgemein an kriminellen Delikten zu berücksichtigen. Denn Lowenstein (1980) stellte fest, daß auch das Verhalten des Opfers und der Zuschauer den Verlauf des Ereignisses, des Straßenraubes, mitbeeinflußten.

Die Frage, warum Menschen in einer Notlage von anderen nicht immer geholfen wird, wurde eigentlich erst nach dem Mord an Catherine Genovese untersucht, bei dem 38 Personen während der 35 Minuten dauernden Tat weder der überfallenen Frau halfen, noch die Polizei riefen. Ausgehend von diesem Vorfall ermittelten Darley und Latané (1968) zahlreiche Bedingungen, unter denen Menschen helfend eingreifen oder auch nicht.

1. Das Prinzip der geteilten Verantwortung

Zunächst gingen sie von der Möglichkeit aus, daß im Fall der Catherine Genovese jeder Zeuge in den gegenüberliegenden Wohnungen Personen und Lichter beobachtet hatte und daraus folgerte, daß auch andere Leute zusähen. Dadurch wurde es jedem einzelnen möglich, die individuelle Verantwortung von sich zu weisen. Da sich die Verantwortung nun gleichmäßig auf alle verteilte, war sie abgeschoben.

Zur Überprüfung dieser Hypothese über die geteilte Verantwortung von Zeugen in Notsituationen simulierten Darley und Latané (1968) einen medizinischen Notfall (einen epileptischen Anfall) im Laboratorium und beobachteten die Reaktionen der Versuchspersonen, die Zeugen des Vorfalls wurden. Das Ergebnis: War nur eine einzige Person im Zimmer, eilte diese zumeist dem angeblich Hilfsbedürftigen zu Hilfe; waren mehrere Personen im Zimmer, so wurde überhaupt nicht oder nur sehr spät eine Hilfeleistung eingeleitet.

2. Die soziale Hemmung

Viele Personen, die nicht zu Hilfe eilten, erwiesen sich keineswegs als apathisch oder gleichgültig, sondern waren besorgt und schuldbewußt, weil sie nicht halfen. Allerdings fürchteten sie, die Situation falsch interpretiert zu haben („Lag wirklich ein Notfall vor, oder habe ich mich verhört, kommen die Hilferufe vielleicht aus dem Radio?" u.ä.). Und in dem Konflikt zwischen dem Wunsch, zu helfen einerseits und der Angst sich zu blamieren andererseits, siegt dann zumeist in unklaren Situationen der Wunsch, nicht aufzufallen. Deshalb vermeiden Fremde auch, in kritischen Situationen, miteinander zu kommunizieren, sie vermeiden den Augenkontakt, klären nicht die Lage und sprechen sich nicht bezüglich Hilfsmaßnahmen ab. Jeder wartet darauf, daß der andere die Initiative ergreift.

Wie groß die innere Anspannung und die Schuldgefühle dabei werden können, zeigt sich darin, daß z.B. während Überfällen von Rockern in Zügen auf unbeteiligte Reisende andere Reisende dem Überfallenen nicht zur Hilfe kamen, nach dem Eingreifen der Polizei dann aber nach harten Bestrafungen riefen.

3. Reziproke Affekte

Das Prinzip der reziproken Affekte besagt, daß die Gefühle, die eine Person zeigt, bei einer anderen die gleichen Gefühle auslösen (ansteckende Wirkung des Lachens oder der Angst vor Prüfungen oder bei Paniken!). An Unfallorten o.ä. wirkt ähnlich die Ruhe und Gelassenheit der anderen Zuschauer ansteckend. Der Ernst des Ereignisses wird dadurch heruntergespielt, und man bleibt inaktiv.

4. *Merkmale der Zuschauer, der Opfer und der Situation*

Bestimmte Merkmale von Zuschauern, Opfern und der Situation verhindern oder verstärken die genannten Prozesse der geteilten Verantwortung, der sozialen Hemmung und der reziproken Affekte. Sie beeinflussen damit den Entscheidungsprozeß, der einer Hilfeleistung vorausgehen müßte. Aus der Fülle dieser Merkmale (Byrne, 1974) seien hier als Beispiele genannt:

- Ist die Situation unklar strukturiert, ist eine Person sich nicht sicher, was geschehen ist, zögert sie, eine Hilfeleistung einzuleiten.
- Furcht vor Nachteilen: Eine Person, die befürchtet, wegen ihrer Hilfeleistung Nachteile zu erleiden, wird weniger hilfsbereit handeln, z.B. wenn sie befürchtet, daß das Blut des Verletzten die Autopolster beschmutzen könnte; wenn sie befürchtet, daß Rocker sie selbst zusammenschlagen würden, wenn sie dem Opfer zu Hilfe eilt; hier wäre auch der Autofahrer zu nennen, der auf der nächtlichen Straße an einem verunglückten Auto vorbeifährt, aus Angst, es könnte sich um eine Falle von Kriminellen handeln.
- Direkte Verantwortung für das Opfer führt eher zu spontaner Hilfe. Dies gilt auch für berufliche Verantwortung (von einem Arzt oder Polizeibeamten erwartet man, daß sie an einem Unfallort Erste Hilfe leisten). Ist die Verantwortung unklar (wie oft an einem Unfallort), ist die Hilfsbereitschaft geringer.
- Kompetenz: Die Möglichkeit, eine bestimmte Situation durch berufliche oder durch eine spezielle Ausbildung erworbene Fähigkeiten bewältigen zu können, löst eher aktive Hilfe aus.
- Ähnlichkeit oder Sympathie mit dem Opfer führt zu einer Identifikation mit dem Opfer und erhöht die Hilfsbereitschaft, Abneigung verringert Hilfsbereitschaft.

Personen greifen bei einem Unglücksfall oder einem Fall von Hilfsbedürftigkeit eher ein, wenn
- das Opfer direkt um Hilfe bittet (weniger, wenn es nur in der Ecke liegt und stöhnt);
- das Opfer eine bestimmte Person um Hilfe bittet (und ihr dadurch Verantwortung überträgt);
- jemand die Initiative ergreift.

1.2 Das Gesamtsystem: Täter - Opfer - Zuschauer

Im Gegensatz zur unterlassenen Hilfeleistung an einem Unfallopfer spielen beim Straßenraub spezifische Faktoren eine Rolle, die sich vor allem damit befassen, wie die Personen die Situation und die anderen Menschen sehen. Lowenstein (1980) ermittelte sie auf der Grundlage seiner konkreten Beobachtung tatsächlicher Delikte und den anschließenden Interviews mit den drei handelnden Personengruppen:

Passanten: Furcht, Desinteresse, mangelnde Sensitivität u.ä. bestimmen ihr Verhalten. Sie sagen z.B. : Es waren drei Täter, und ich habe eine Familie zuhause. Die potentiellen Kosten sind hoch: man kann selbst verletzt werden. Und dabei ist es noch fraglich, ob ein Eingreifen überhaupt sinnvoll gewesen wäre. Weiß man auch, ob das Opfer den Angriff nicht selbst verschuldet hat, vielleicht wegen einer früheren Streitigkeit? Oder handelt es sich sogar um einen Streit innerhalb einer Familie? Natürlich, seiner Mutter oder seiner Freundin hätte man geholfen (s. Lowensteins zweites Beispiel), aber einer Fremden nicht.

Neben derartigen Überlegungen spielt noch eine wichtige Rolle: man ist froh, selbst nicht das Opfer zu sein. (Dabei übersieht man, daß man bei nächster Gelegenheit selbst zum Opfer werden könnte.)

Täter: Weil die Täter diese Haltungen und Gedanken der Passanten kennen und deshalb erwarten, daß niemand eingreift, trauen sie sich zu, einen Überfall sogar am hellichten Tage und auf einer belebten Straße durchzuführen. Dabei zählen sie auf den Überraschungseffekt, wobei sie keine Freude beim Erschrecken der Opfer empfinden, „aber man muß es tun!"

Wie gering deshalb der Schwierigkeitsgrad der Tat eingeschätzt wird, zeigt eine Bemerkung: „Jemandem Geld wegzunehmen, ist so leicht, wie einem Baby Süßigkeiten abzunehmen!" Eine mögliche Gefängnisstrafe wirkt auch wegen der hohen Erfolgswahrscheinlichkeit nicht abschreckend, vor allem dann, wenn man schon einmal im Gefängnis gewesen war. Eine mögliche Bestrafung ist wie Pech beim Glücksspiel.

Deshalb würde man die Tat auch begehen, wenn die Strafen härter wären. Allerdings in „Risikogebieten", d.h. wo viele Polizisten patrouillieren, scheuen die Täter eher vor einer Tat zurück.

Opfer: Der geringe Schwierigkeitsgrad der Tat wird auch dadurch gewährleistet, daß man sich als Opfer schwächere, hilflose Personen auswählt: z.B. ältere Personen aus der Mittelschicht und Frauen.

Man könnte die Betrachtung von Opfer - Täter - Zuschauer auch auf weitere Gesichtspunkte, wie z.B. die Persönlichkeitsstruktur, ausdehnen; beispielsweise wäre bei den Tätern ein impulsiver Lebensstil durch mangelnde Sozialisation festzustellen (s. Kap. VI, 4). Doch muß zunächst betont werden, daß die Ausführungen von Lowenstein (1980), obwohl sie sich vorwiegend auf die inneren Monologe und Überlegungen der beteiligten Personen beschränken, dennoch von großer theoretischer und praktischer Bedeutung sind.

Zuerst einmal kann festgestellt werden, daß die Überlegungen der Täter und der Zuschauer deutlich machen, daß der Straßenraub (wie grundsätzlich die meisten menschlichen Handlungen) das **Ergebnis eines Entscheidungsprozesses** ist. Dies bedeutet konkret, daß bei Vorliegen anderer Bedingungen eine völlig andere Entscheidung hätte getroffen werden können: Die Täter hätten von dem Begehen der Tat Abstand genommen, hätten sie von vorneherein damit gerechnet, daß Passanten dem Opfer zu Hilfe kommen würden; die Passanten hätten auch im ersten Falle eingreifen können. Daß der Entscheidungsprozeß einen anderen Verlauf hätte nehmen können, zeigt das zweite Beispiel, in dem dem Opfer zu Hilfe geeilt wurde, weil der Mann (durch das Mitnehmen im Auto) direkte Verantwortung für die überfallene Frau hatte, vermutlich Sympathie für sie empfand, sich also mit ihr und ihrer Lage identifizieren konnte. Auch machte das Opfer durch Schreien und Weinen auf sich aufmerksam; zudem wirkte das Eingreifen des Mannes als Initialzündung, so daß auch andere Passanten in das Geschehen eingriffen.

Da die gleichen Passanten in einer anderen Situation völlig unterschiedliches Verhalten hätten zeigen können, wäre es völlig falsch, ihr Verhalten mit einem „guten" oder „schlechten Charakter" erklären zu wollen. Dies würde den Blick für die tatsächlichen Ursachen der Passivität von Zuschauern bei Verbrechen verstellen. Es ist deshalb wichtig, sich bei der Analyse des Straßenraubs - wie auch in der gesamten Kriminologie - von unrealistischen und veralteten Vorstellungen der „Persönlichkeit" und des Charakters zu trennen (Füllgrabe, 1975, 1982).

Nur eine realistische Analyse der Gründe der Passivität der Passanten - ohne die ein Straßenraub kaum möglich wäre - kann praktische Hilfestellung für die Bekämpfung des Straßenraubs liefern.

2. Elemente der zwischenmenschlichen Spieltheorie

Man kann aus diesen Ausführungen zwei wichtige, sich ergänzende Prinzipien ableiten:

1. Jedem Handeln geht ein (mehr oder minder bewußter, mehr oder minder geplanter oder detaillierter) **Entscheidungsprozeß** voraus.
2. In diesen individuellen Entscheidungsprozeß gehen auch Überlegungen hinsichtlich des Verhaltens anderer Menschen ein.

Dies bedeutet konkret, daß bei Vorliegen anderer psychologischer Bedingungen eine völlig andere Entscheidung getroffen worden wäre: Die Täter hätten von dem Straßenraub Abstand genommen, hätten sie von vorneherein damit gerechnet, daß Passanten dem Opfer zu Hilfe kommen würden; die Passanten hätten ja auch im ersten der beschriebenen Fälle eingreifen können.

Daß im zweiten Beispiel das Spiel der Täter durchkreuzt wurde, zeigt etwas Wichtiges für das Verstehen und die Vermeidung vieler krimineller Delikte auf: Wie alle Ereignisse hat auch ein kriminelles Delikt eine zeitliche Entwicklung (s. epigenetische Landschaft), und man kann durchaus durch eigenes Verhalten die Entstehung des Deliktes vermeiden und auch selbst etwas dazu beitragen, nicht zum Opfer zu werden. Im zweiten Fall hatte ja die überfallene Frau durch Schreien und Weinen auf sich aufmerksam gemacht. Deshalb wurde die Wahrscheinlichkeit extrem erhöht, daß ihr jemand half. Sie alarmierte den Mann, der alleine schon durch das Mitnehmen im Auto eine direkte Verantwortung für sie besaß. Sein aktives Eingreifen wirkte als Initialzündung. Dadurch, daß sie schrien „Haltet die Räuber, sie haben gerade eine Frau niedergeschlagen und beraubt!" strukturierten sie die Situation für alle, die sich in der Nähe des Tatortes aufhielten. Niemand konnte jetzt mehr sagen, er habe die Situation überhaupt nicht als Überfall wahrgenommen. Und durch das Handeln des Mannes und das Rufen kam auch keine Angst vor den mit einem Messer bewaffneten Tätern auf. Wenn ich sage, daß der Mann und die anderen Passanten „das *Spiel* der Täter durchkreuzt haben", möchte ich damit den Blick auf eine spieltheoretische Betrachtungsweise menschlichen Verhaltens lenken. Wie bei einem Schachspiel beeinflußt das Verhalten einer Person das Verhalten der anderen Person, und die Sequenz der Züge führt dann zu einem Endzustand (beim Schach wäre das die Endstellung). Anders ausgedrückt: Wohin in Waddingtons epigenetischer Landschaft die Kugel rollt, wird durch die aufeinanderfolgenden Spielzüge der einzelnen Mitspieler entschieden.

Im Gegensatz zur „klassischen Spieltheorie", wo Wirtschaftsprobleme, militärische Lagen, Glücksspiel u.ä. betrachtet wurden, geht es hier um eine zwischenmenschliche Spieltheorie. Es geht hier um die Wahrnehmung, Motive und Bedürfnisse von wirklichen Menschen in konkreten Umwelten. Wie Leary (1957) zeigte, entwickeln Menschen durch Lernprozesse sehr individuelle Bündel von Kognitionen, zwischenmenschlichen Strategien und Reaktionen auf die Strategien anderer Menschen (s. Kap. IV, 2.5.4; s.a. Füllgrabe, 1975).

Diese spieltheoretische Betrachtungsweise besitzt viele Vorteile:

1. Sie zeigt auf, was „wirklich passiert". Es ist doch ziemlich aussageleer, den Endzustand eines Ereignisses mit „Charaktereigenschaften"
   der Person zu erklären. Man kann z.b. nicht sagen, daß im Falle des
   ersten Straßenraubes die Passanten der überfallenen Frau deshalb
   nicht zu Hilfe kamen, weil sie einen „schlechten Charakter" gehabt
   hätten, während im zweiten Falle die Passanten eingriffen, weil sie
   einen „guten Charakter" gehabt hätten. Wenn man das „Gesamtsy-
   stem" Täter - Opfer - Passanten betrachtet, erkennt man z.b., daß es
   das Handeln des Mannes war, das die anderen Passanten in Bewegung setzte. Dadurch und durch das Rufen wurde eine unstabile Situation, die leicht in Richtung „Angst/Passivität" gekippt wäre, in
   eine entgegengesetzte Richtung gelenkt: „Ärger über das Delikt / aktives Handeln." Hier wäre der Begriff **Bifurkation** der „Chaostheorie" (Davies, 1988) bzw. Katastrophentheorie angebracht: An
   entscheidenden Punkten kann das System plötzlich umkippen. Ein
   typisches Beispiel ist hier die Panik: Das bloße Rufen „Feuer!" o.ä.
   kann unter bestimmten Voraussetzungen genügen, um den Zustand
   „Ruhe" in den Zustand „Angst" umkippen zu lassen und eine Panik
   auszulösen.

2. Eine spieltheoretische Betrachtungsweise lenkt den Blick auch darauf, daß sich viele Situationen (auch Delikte!) zeitlich entwickeln
   und nicht „urplötzlich da sind".
   Dies bedeutet, weil man ja „Mitspieler" ist, daß man durchaus gewisse Einwirkungs- und Mitwirkungsmöglichkeiten hat. Das Opfer
   eines Straßenraubes kann durchaus erfolgreich das Spiel der Täter
   durchkreuzen, indem es z.B. laut „Hilfe" schreit, eine bestimmte
   Person direkt um Hilfe bittet (und ihr dadurch eine gewisse Verantwortung überträgt), sich selbst zur Wehr setzt, mit Selbstverteidigungstechniken u.ä.(selbst ein Regenschirm kann in derartigen Situationen zur Verteidigung dienen!).
   Natürlich ist niemand gegen einen Überfall absolut gefeit (die Nibe-
   lungensage zeigt ja, daß selbst Siegfried es nicht war), aber daß
   Frauen selbst dem Überfall eines sadistischen Serienmörders entkommen konnten (s. Ressler u.a., 1986 ; s.a. S. 285) zeigt, daß man
   oft mehr Möglichkeiten hat, als man glaubt.

3. Der Begriff „Spiel" beinhaltet in den allermeisten Fällen, daß mehrere Spieler vorhanden sind, die man nicht unberücksichtigt lassen
   darf. Und deshalb darf auch nicht einer der wichtigsten „Mitspieler"
   bei kriminellen Delikten vergessen werden: das Opfer. Es ist irgendwie bizarr, daß man ausgerechnet dem negativen, zerstörerischen
   Mitspieler, dem Täter, fast alle Aufmerksamkeit schenkt. Man beschäftigt sich intensiv mit seiner Lebensgeschichte, Medien berich-

ten ausführlich über ihn, man macht sich viele Gedanken über seine Resozialisierung, Therapie. Das Opfer spielt dagegen in der Betrachtungsweise eine - wenn überhaupt - untergeordnete Rolle, sein Schaden in materieller oder psychologischer Hinsicht wird nicht zur Kenntnis genommen, sein Leid erregt weniger Aufmerksamkeit. Und obwohl gerade ein Opfer eines Verbrechens Therapie bräuchte, kümmert man sich diesbezüglich weniger, als es bei einem Täter der Fall wäre.

Die Betrachtung der Kriminalität muß also auch *opferorientiert* sein!

4. Bei einem Spiel muß man immer damit rechnen, daß es unfaire Spieler gibt, die sich nicht an die Spielregeln halten, die durch Betrug den anderen ausbeuten und um jeden Preis gewinnen wollen. Es gilt daher, „streetwise" zu werden, um sich nicht von einem Täter übertölpeln zu lassen, wie es den Gutachtern im Fall Gallego ging.

5. Jeder muß sich an die Spielregeln halten. Wer zerstörerisch, bösartig, oder unkooperativ handelt, beeinflußt das Schicksal anderer Menschen (oder versucht es zu tun), und zwar in negativer Weise. Es ist völlig unwichtig, *warum* er es tut, er beeinträchtigt tatsächlich das Wohlergehen und das Leben anderer Menschen. Der Täter spielt sich als Herrscher über Leben und Tod eines anderen Menschen auf oder als Herr über dessen Eigentum.

„Aber er hatte ja so eine trostlose Jugend!" Mit derartigen Worten wird ein gewisses Verständnis geäußert und dem Täter gewissermaßen psychologische Amnestie gewährt. Aber spieltheoretisch gesehen ist es unwichtig, *warum* jemand unkooperative Spielzüge macht, entscheidend ist, *daß* er sie überhaupt macht. Außerdem ist es so, daß nicht jeder mit einer trostlosen Jugend zum Kriminellen werden muß. Wer meint, er könne wegen der „trostlosen Jugend" Verständnis für den Täter empfinden, sollte sich z.B. in die Rolle des Opfers eines Serienmörders versetzen. Er sollte versuchen, sich das ungeheure Entsetzen des Opfers vorzustellen, sobald es die Absicht des Täters erkennt, es zu töten. Er sollte sich fragen: Wie würde das Opfer empfinden, wenn der Täter seine Absicht mit seiner „trostlosen Jugend" erklären würde.

3. Wenn man die Spielregeln nicht kennt ...

3.1. Wer leicht zum Opfer wird

Die Formulierung „Spiel des Lebens" soll die allmähliche Entwicklung vieler Ereignisse verdeutlichen und die eigene Rolle, die jeder „Mitspieler" dabei spielt. „Spiel" darf aber nicht immer mit „Spaß" gleichgesetzt werden, das wäre nur für kooperative Spiele gültig. Kriminelle Delikte stellen dagegen unkooperative, bösartige „Spiele" dar, die von materieller Ausbeutung, gefühlsmäßiger Ausnutzung bis hin zur körperlichen Auslöschung (Mord) führen können.

Es ist deshalb sehr wichtig, die „Spielregeln" krimineller Delikte zu kennen, um nicht das Opfer zu werden oder um allgemein Kriminalität zu verhindern.

Kriminelle berücksichtigen z.b. sehr genau die architektonischen und anderen materiellen Gegebenheiten. Sie schauen z.b. nach Orten mit schlechten Einsichtmöglichkeiten wie enge, eingeschlossene Wege oder wo Zäune den Blick aus den Fenstern versperren. Ein junger Krimineller hatte einen bevorzugten Ort für seine Taten, wo niemand sein Opfer sehen oder hören konnte: „Wenn man schreit, ist alles, was man hören kann, das Echo!" Ein junger Räuber betonte, daß er sorgfältig einen bestimmten Platz mied, „weil es soviele Augen dort gibt." (Krupat und Kubzansky, 1987, S.61).

Bezüglich zwischenmenschlicher Kriminalität gibt es eine einfache „Spielregel" : Wer schwächer ist, wird leichter zum Opfer. Wer z.b. einen Straßenraub begehen will, könnte etwa folgenden inneren Monolog führen: „In dieser Gegend sind sowieso nur selten Polizeistreifen. Diese Person bietet sich als Opfer an für mich, weil sie schwach ist. Ich kann den Überfall wagen, weil keiner der Passanten ihr helfen wird, wenn überhaupt jemand vorbeikommt."

Besonders durch ihre nichtsprachlichen Signale verraten sich Opfer leicht.

Grayson und Stein (1981) machten Videoaufnahmen von Personen, die während 10.00 und 12.00 Uhr vormittags in einer Gegend mit den höchsten Überfallraten von New York gingen. Diese Videoaufnahmen wurden von zwölf Strafgefangenen, die wegen Angriffen auf ihnen unbekannte Personen verurteilt worden waren, betrachtet. Auf der Grundlage ihrer Antworten entwickelten Grayson und Stein ein Auswertungsschema.

Dann wurden die Videos 53 anderen Gewalttätern gezeigt. Diese stuften die Videos, die Männer und Frauen unterschiedlichsten Alters zeigten, danach ein, ob die Personen potentiell leichte Opfer darstellten oder nicht.

Grayson und Stein fanden erhebliche Unterschiede zwischen den nichtsprachlichen Signalen von potentiellen Opfern und Nichtopfern.

Für Personen, die als leichte Opfer galten, war typisch:
- Ihre Schritte waren entweder sehr lang oder sehr kurz.
- Sie gingen unbeholfen, linkisch, hoben ihr linkes Bein zusammen mit ihrem linken Arm.
- Bei jedem Schritt hoben sie den ganzen Fuß hoch und setzten ihn dann auf (potentielle „Nichtopfer" ließen bei ihrem Schritt ihren Fuß von der Ferse bis zum Zeh abrollen).

Das typische potentielle „Nichtopfer":
- benutzte eine mittlere Schrittlänge,
- veränderte sein Gewicht in einem dreidimensionalen Muster (so, als würde es die Zahl acht ausführen),
- ging „postural": Die (Geh-)Bewegung aktivierte den ganzen Körper, nicht nur einzelne Körperteile.
- Die Körperbewegung war „kontralateral": Zwei Seiten des Körpers bewegten sich in Gegenposition (also: rechter Arm, linkes Bein, dann linker Arm und rechtes Bein usw.).
- „schwangen ihre Füße" (potentielle Opfer hoben ihre Füße).

Diese einzelnen Ergebnisse kann man zu folgender grundsätzlichen Erkenntnis zusammenfassen: Der entscheidende Unterschied zwischen potentiellen Opfern und Nichtopfern bezieht sich auf die Gesamtheit oder Beständigkeit der Bewegung. „Nichtopfer" besitzen organisierte Körperbewegungen, und sie funktionieren angemessen innerhalb des Bezugsrahmens ihrer Körper. Im Gegensatz dazu verraten die Bewegungen der „Opfer" Unbeständigkeit und Dissonanz. „Sie sind nicht mit sich selbst im Einklang."

Die Strafgefangenen gründeten die Auswahl ihrer Opfer nicht bewußt auf bestimmte Schlüsselreize und Verhaltensweisen, doch zeigten ihnen diese, wer als potentielles Opfer in Betracht käme. Sie sagten, daß ihnen jede Person, die anders ausschaute (als andere Menschen), das mögliche Opfer eines Angriffs sein könnte. „Anders ausschauen" bedeutete für sie, daß diese Personen sich in Kleidung und Verhalten von anderen Menschen unterschieden. Zu kurze oder zu lange Schritte, unilaterale Körperbewegungen (nur eine Seite des Körpers bewegt sich) usw. sind so abweichend von der Norm, daß sie als unangemessen betrachtet werden. Durch ihr „Anderssein" als die anderen Menschen zeigen potentielle Opfer ihre Verletzlichkeit. Potentielle Täter „lesen" (unbewußt) diese nichtsprachlichen Signale und erkennen diese Verletzlichkeit.

Man kann wie Grayson und Stein (1981) aus diesen Erkenntnissen folgende Konsequenzen für die Praxis ziehen: Genauso, wie man einige Verbrechen dadurch verhüten könnte, daß man vor bestimmten Situationen warnt (z.B. nachts eine dunkle Straße an Gebäuden entlanggehen oder Geld vor fremden Leuten zeigen), könnte man Personen davor warnen, durch ihre eigenen nichtsprachlichen Signale einen Täter zu aktivieren! Daß derartige Ratschläge durchaus erfolgreich sein können, zeigt sich, wenn man nicht nur Delikte wie Straßenraub u.ä. betrachtet, sondern auch Erkenntnisse zum Delikt Vergewaltigung!

3.2 Gewalt durch Fehlinterpretation nichtsprachlicher Signale

Im „Spiel des Lebens" kann es vorkommen, daß Gewalt auch unbeabsichtigt auftritt. Dies kann z.b. dann der Fall sein, wenn man das Verhalten, die nichtsprachlichen Signale, die Gefühle und die Motive der anderen Person falsch interpretiert und daraufhin „die falschen Spielzüge macht".

Dazu drei Untersuchungen:
Man verglich 13 - 16jährige männliche Gewalttäter mit Gleichaltrigen aus einem Sommerlager hinsichtlich der Fähigkeit, die Gefühle, die auf Dias gezeigt wurden, richtig zu erkennen. Diese Gefühle waren Ärger, Furcht, Trauer, Abscheu, Überraschung, Glück und ein neutraler Gesichtsausdruck.

Die Gewalttäter fehlinterpretierten leichter alle Gefühle als Ärger oder Abscheu.Das grundlegende Problem bei vielen Delinquenten ist, daß sie oft Schwierigkeiten haben, Augenkontakt herzustellen und aufrechtzuerhalten, also genau hinzusehen. Daß sie häufig eine negative Sozialisation in Form von Bestrafung erhalten, kann die häufige Fehlinterpretation der nichtsprachlichen Schlüsselreize für Glück, Trauer, Furcht, Überraschung und Neutralität als Abscheu oder Ärger erklären.

Diese These steht nicht isoliert da. Auch bei Rhesusaffen, die isoliert aufgezogen wurden, fand man ähnliche Schwierigkeiten, Gesichtsausdrücke richtig zu lesen (Magnall, 1986).

Es wurde aus diesen Erkenntnissen heraus ein Trainingsprogramm entwickelt. Eine Gruppe jugendlicher Straftäter erhielt die übliche Standardtherapie. Die andere Gruppe bekam zusätzlich dazu Stummfilme gezeigt. Sie sollten dann die Gefühle erraten, durch Vergleich der Gesichter mit dem Verhalten der gezeigten Personen. Bei der ersten Gruppe stieg die Zahl verbaler und körperlicher Gewalt, bei der zweiten Gruppe nahm sie dagegen ab.

In einer Untersuchung wurde die These überprüft, daß Eltern, die ihre Kinder körperlich mißhandeln, die Zeichen von Schmerz, Hunger, und Kummer bei ihren Kindern falsch interpretieren. Und dieser Mangel an Einfühlung könnte die Frustration bei diesen Eltern erhöhen. Es wurden 14 Dias von Babygesichtern gezeigt, auf denen
positive Gefühle : Überraschung, Freude und Interesse oder
negative Gefühle : Trauer, Furcht, Ärger
gezeigt wurden. Dann wurde die Frage gestellt: „Wie würden Sie auf dieses Baby reagieren? Was fühlt dieses Baby?"

Mißbrauchende Mütter konnten weniger genau die Gefühle des Babys identifizieren. Sie neigten eher dazu, negative Gefühle als positiv zu deuten.

Man kann also als Ursache für die körperliche Mißhandlung von Kindern die Tatsache ansehen, daß die Eltern nicht angemessen auf die Gefühle und Bedürfnisse ihrer Kinder reagieren. Wie dieses Experiment zeigt, kann es aber auch durchaus der Fall sein, daß die Eltern die Gefühlsäußerungen ihrer Kinder auch falsch interpretieren und anangemessen reagieren. Ein Elternteil, der z.B. ein Kind zu füttern versucht, das in Wirklichkeit aus Schmerz schreit, erlebt eine Frustration. Es ist z.B. für eine Mutter extrem frustrierend, daß all ihr guter Wille, dem Kind zu helfen, nichts bewirkt und das Kind weiter schreit. Eine derartige Frustration erzeugt eine immer größer werdende Konfliktsituation und Abneigung gegenüber dem Kind. Dadurch wird die Wahrscheinlichkeit einer Kindesmißhandlung erhöht.

Auch bei einigen Formen von Vergewaltigung könnte das Fehldeuten nichtsprachlicher Signale eine Rolle spielen.

Elf verurteilte Vergewaltiger und elf gewaltfreie Straftäter sahen Videoszenen eines Gesprächs zwischen einem Mann und einer Frau. Die Szenen stammten entweder aus dem ersten Treffen der beiden oder aus einer intimeren Situation.

In diesen Szenen drückte eine Person immer nur positive Gefühle aus, die andere Person eines von fünf Gefühlen, die von sehr positiv bis sehr negativ reichten. Die Täter sollten die Gefühle der Handelnden in den Szenen beschreiben.

Keiner der Straftäter konnte besonders gut die Schlüsselreize für die Gefühle der Männer und Frauen erkennen. Die Vergewaltiger hatten am meisten Schwierigkeiten, wenn es um das Gespräch beim ersten Treffen ging. Hier waren die sozialen Reize am zwiespältigsten, hier war die Situation am leichtesten mißzuverstehen. Hier kommen auch eher negative Gefühle vor, und die Vergewaltiger besaßen wenig Fähigkeiten, die negativen Gefühle zu erkennen. Selbst im Vergleich mit den anderen Straftätern erwiesen sich Vergewaltiger als besonders schlechte „Diagnostiker" beim Erkennen negativer Gefühle, die von Frauen ausgedrückt wurden. Es ist so, als ob Vergewaltiger einen Filter besitzen : Sie sehen nur die positiven Signale und berücksichtigen die negativen nicht. Selbst wenn eine Frau soweit ginge, einen Vergewaltiger zu beleidigen, hätte er Schwierigkeiten zu verstehen, daß sie ihm gegenüber negativ eingestellt ist (Meer, 1986).

Diese „Blindheit" für negative Signale ist nicht Ursache einer Vergewaltigung. Sie könnte aber als Faktor bei der Entstehung dieses Delikts mitwirken.

Man muß in diesem Zusammenhang auf Amir (1971) hinweisen, der die Ursachen einiger Vergewaltigungen folgendermaßen beschrieb: Das Opfer stimmte tatsächlich oder scheinbar sexuellen Beziehungen zu, machte aber vor dem Akt einen Rückzieher oder reagierte nicht genügend, wenn der Täter den Vorschlag gemacht hatte.

Der subjektive Eindruck der Bereitwilligkeit des Opfers wird auch dadurch begünstigt, daß dem Täter die interpersonalen Signale des Flirtens nicht bekannt sind, also mangelnde soziale Fähigkeiten vorliegen, oder aber kultur-, gruppen-, oder geschlechtsspezifische Mißverständnisse bestehen. Derartige geschlechtsspezifische Deutungen fanden Zellmann u.a. (1980). Sie befragten 432 Teenager, Jungen und Mädchen aus Los Angeles im Alter von 14 und 18 Jahren, Weiße, Schwarze und solche spanischer Herkunft.

Beide Geschlechter sahen z.B. eine durchsichtige Bluse als sexuelle Aufforderung an. Jungen deuteten außerdem noch ein kurzes, knappes Oberteil, Shorts, enge Jeans oder keinen Büstenhalter tragen als Hinweis, daß das Mädchen sexuelle Beziehungen wünsche. Insgesamt bewerteten Jungen alle sprachlichen und nichtsprachlichen Signale als stärkeren sexuellen Anreizwert, als dies die Mädchen taten, gleichgültig, ob es war: mit einem Jungen nach Hause gehen, wo man alleine war; dem anderen in die Augen sehen; zu sagen „Ich liebe Dich" oder „Wie gut Du aussiehst!"

Die Jungen betrachteten also bestimmte Signale als sexuelle Aufforderung, was von den Mädchen nicht derart bewertet wurde.

Wenn fehlerhafte Deutungen sprachlicher und nichtsprachlicher Signale eine zwischenmenschliche Begegnung in eine Vergewaltigung münden lassen, ist diese Entwicklung natürlich noch viel wahrscheinlicher, wenn der Mann und die Frau bereits eine engere Beziehung haben. Bei der Untersuchung des Phänomens des „Date Rape", einer Vergewaltigung nach einer Verabredung, wurden folgende Voraussetzungen festgestellt: Wenn

- der Mann das Treffen veranlaßt, die Frau mit seinem Auto gefahren, er das Essen und Trinken bezahlt hatte
- beide betrunken wurden (z.B. auf einer Party) und irgendwo parkten oder sich in der Wohnung des Mannes wiederfanden
- Männer und Frauen traditionellen Werten anhingen oder eher Gewalt akzeptierten,

kam es zu einem „Date Rape" (Meer, 1987).

Sexuelle Aggression (von Küssen bis hin zum Geschlechtsverkehr gegen den Willen der Frau) kommt eher bei Partnern vor, die sich kennen. In einer Untersuchung kannten sich beide im Durchschnitt bereits ein Jahr vor dem Ereignis.

Wenn sich Frauen dieser Tatsachen bewußt sind, werden sie weniger überrascht und können besser mit potentieller sexueller Gewalt fertig werden, die jemand ausüben will, den sie gut kennen. Die Frauen haben es durchaus in der Hand, die Spielregeln der Interaktion zu gestalten, denn die Kommunikation ist bei solchen Fällen das Hauptproblem. Sowohl Männer als auch Frauen berichteten, daß der Mann sich während des Treffens „ermutigt" gefühlt habe. Aber Männer deuteten die Situation anders als Frauen. Die Männer meinten, daß die Frau bei diesem Treffen mehr sexuelle Kontakte wünsche als andere Frauen bei früheren Treffen. Die Frauen sagten dagegen, daß sie weniger sexuelle Kontakte als sonst gewünscht hätten.

Um die Situation unmißverständlich zu strukturieren, sollten sie besser sagen: „Ich wünsche keinen Kuß!" o.ä., anstatt lediglich „Nein!".

3.3 Vorsicht! Falle!

Obwohl der Begriff der **sozialen Falle** relativ alt ist (s. Platt, 1974), so hat er doch seltsamerweise in der Öffentlichkeit oder in der akademischen Diskussion nicht die ihm angemessene Aufmerksamkeit gefunden. Der Begriff „Falle" weist nämlich auf etwas hin, was das Schicksal von einzelnen Menschen und Gesellschaften entscheidend beeinflussen kann: Eine Einzelperson oder ganze Gesellschaften schlagen einen völlig falschen Weg ein, kurzfristige Erfolge und Bekräftigungen veranlassen sie, diesen Weg weiter zu gehen. Sie verstricken sich immer mehr in der Falle, wie ein Fisch, der in eine Reuse geraten ist; und am Ende steht die Katastrophe.

Gerade Betrugsdelikte lassen sich unter dem Gesichtspunkt der Falle betrachten: Der Betrüger legt geschickt einen Köder aus, der den Wünschen, Träumen und Bedürfnissen des Opfers entspricht. Dadurch wird das Opfer in eine Richtung gelenkt, an deren Ende die Ausbeutung steht.

Bei finanziellen Betrugsfällen ködert der Täter sein Opfer mit dem Versprechen überhöhter Zinsen, extrem hoher Gewinnerträge. Die Gier der Opfer ist dann oft so groß, daß sie in ihrer Verblendung sich nicht die naheliegende Frage stellen, weshalb jemand überhaupt derart hohe Zinsen oder Gewinne versprechen kann.

Ein Heiratsschwindler spricht sehr geschickt die gefühlsmäßigen Bedürfnisse von Frauen, die Angst vor Einsamkeit u.ä. an. Diese übersehen dann leicht, daß er wenig von seiner Identität preisgibt, ständig Versprechen nicht einhält, bis er plötzlich einen ungewöhlich hohen Geldbetrag von ihnen verlangt.

Gerade Betrugsdelikte zeigen auf, wie wichtig es ist, sich selbst als Mitspieler im Spiel des Lebens zu betrachten. Man weiß ja, daß man nicht nur freundliche und kooperationsbereite „Mitspieler" treffen wird, sondern daß man auch auf ausbeuterische Personen trifft. Diese sind nicht immer offen unkooperativ (entsprechend der Strategie „immer unkooperativ"), sondern zunächst freundlich, bis sie dann überraschend zuschlagen (wie z.B. die Strategie „Joss" in Axelrods Computerturnieren, 1991, s. Kap. 3.4.2). Man muß deshalb rechtzeitig lernen zu unterscheiden, wem man vertrauen und wem man nicht vertrauen kann (s. Füllgrabe, 1995). Und man kann im Einzelfall sich durchaus Gedanken machen, welche Kriterien einem zeigen, daß kein Betrug vorliegt. Ein Opfer eines Heiratsschwindlers rät deshalb Frauen, sich zu notieren, was ein Mann verspricht und was er dann hält.

3.4 Täter und Opfer im „Spiel des Lebens"

3.4.1 Kooperation und Nichtkooperation bei kriminellen Delikten

Man betrachte folgende Aussage eines Verbalerotikers (Müller, 1992, S. 73):

> „Wenn die Frauen nicht so gemacht haben, wie ich wollte, habe ich dann immer wiederholt, daß ich ihnen sehr weh tun werde. Auch habe ich gesagt, daß ich sie kennen würde und ihr auflauern würde. Desweiteren habe ich gedroht, daß ihren Kindern etwas passiert, oder daß ich sie vergewaltige, wenn sie meinen Forderungen nicht nachkommt.
> Auch sagte ich, daß ich sie abpassen werde. Den Satz 'Wenn du tust, was ich dir sage, passiert dir nichts', habe ich auch sehr häufig benutzt."

Der Satz: „Wenn du tust, was ich dir sage, passiert dir nichts", kann auch so formuliert werden: „Wenn du mit mir kooperierst, verlierst du nichts!"

Ressler u.a. (1986, S. 393) sprechen im Zusammenhang mit den FBI-Studien über sadistische Serienmörder sogar ausdrücklich von einem Handel, den der Täter mit seinem Opfer abschließen wollte: Er wird die Frau nicht verletzen, wenn sie kooperieren würde. Doch das Opfer vertraute ihm nicht und ging auf den Handel nicht ein. Es setzte sich zu Wehr und befreite sich aus dem Auto, ein vorbeikommender Polizist verhaftete den Täter.

Man kann die Abläufe krimineller Delikte also auch aus einem vielleicht völlig ungewohnten Blickwinkel betrachten: aus spieltheoretischer Sicht in Begriffen wie „Kooperation - Wettbewerb (Nichtkooperation)" und Überlegungen wie „Was gewinne ich durch den Handel?"

Wenn beispielsweise ein Opfer eines Telefonterroristen sich diese Frage stellt und z. B. fragt „Was hat der Anrufer von seinem Anruf?" „Was gewinnt er?", dann lautet die Antort „Alles!". Wenn das Opfer sich weiter fragt: „Was habe ich von dem Telefonanruf?", „Was gewinne ich?", muß es sich ehrlich eingestehen: „Nichts!" oder „Ich gewinne nicht nur nichts, ich verliere sogar (Zeit, Schlaf, meine innere Ausgeglichenheit usw.)!"

Diese Gewinn-/Verlustrechnung zeigt, daß man die Interaktion Telefonterrorist/Angerufener - wie grundsätzlich jedes Täter/Opfer-Verhalten - auch unter dem Gesichtspunkt „Kooperation und Wettbewerb" betrachten könnte.

Diese Perspektive liefert nicht nur wesentliche Einsichten bezüglich des Deliktes, sondern hilft einem potentiellen Opfer zur angemessen Reaktion während und nach dem Delikt.

3.4.2 Die optimale Verhaltensstrategie: TIT FOR TAT

Neue Einsichten gewinnt man oft, wenn man Vertrautes aus völlig anderer Perspektive betrachtet. Und eine solche neuartige Betrachtungsweise ergibt sich aus dem Blickwinkel der Kooperations- und Wettbewerbsstrategien.

Ausgangspunkt der Überlegungen zu diesen Strategien ist folgendes Dilemma (auch als „Gefangenendilemma" bekannt), das auftritt, wenn zwei „Spieler" aufeinander treffen:

Man kann kooperieren oder nicht. Sind beide Spieler kooperativ, gewinnen beide viel. Sind beide Spieler unkooperativ, so gewinnen beide wenig oder nichts. Das Dilemma ist nun: Wenn nur einer kooperativ ist, der andere aber nicht, wird der Kooperative ausgenutzt, der Unkooperative gewinnt alles. Wenn jemand aber aus Mißtrauen heraus nur unkooperativ handelt und auf einen ebenfalls Unkooperativen trifft, gewinnt er auch nichts.

Welche Strategie sollte man also benutzen? Axelrod (1991), der diese Frage in zwei Computerturnieren untersuchte und dabei die unterschiedlichsten Strategien aufeinandertreffen ließ, stellte fest: Langfristig hat nicht der rücksichtslose Ausbeuter Erfolg, auch nicht derjenige, der immer kooperiert und sich alles gefallen läßt, sondern TIT FOR TAT*.

Diese einfache Strategie besteht nur aus zwei Regeln:
1. Mache als erster einen kooperativen Zug.
2. Verhalte dich dann beim zweiten Zug genauso, wie der Mitspieler vorher. D.h.: hat er vorher kooperiert, kooperiere weiter. War er vorher unkooperativ, laß dich nicht ausnutzen und kooperiere ebenfalls nicht. Sobald der andere kooperiert, kooperiere ebenfalls wieder.

Daß langfristig weder „Rambos" noch die „Softies" gewinnen, liegt daran, daß ausbeuterische Programme auch auf andere ausbeuterische Programme treffen, die sich gegenseitig zerfleischen oder auf freundliche Programme, die sich zur Wehr setzen wie z.B. TIT FOR TAT oder SHUBIK, das aber noch größere Vorleistungen erwartet, bis es nach einem Vertrauensbruch wieder kooperiert (s. Füllgrabe 1993/94).

Dagegen gilt, „daß zwei freundliche Regeln bis praktisch zum Ende des Spiels sicher miteinander kooperieren" (Axelrod, 1991, S. 30). Dadurch, daß sie *miteinander* und nicht gegeneinander spielen, sacken die kooperierenden Strategien den optimalen Gewinn ein.

Doch was ist, wenn eine ausbeuterische, bösartige Strategie hinzukommt? Das ist dann genauso, als würde ein Raubtier in eine friedlich

* abgeleitet aus der älteren englischen Formulierung TIP FOR TAP (wobei TIP bedeutet: leichter, sanfter Schlag)

grasende Herde von Tieren einfallen. Den friedfertigen, aber wehrhaften Tieren kann der Bösartige nichts anhaben. Aber die Tiere, die nur friedlich sein können, die sich nicht verteidigen können, sind verloren, sie werden zum Opfer. Dies ist leicht erkennbar, wenn man z.b. im Computer die Strategien vergleicht: Die Strategie „Immer unkooperativ" gewinnt gegen „Immer kooperativ" alle möglichen Punkte, die letztere keinen einzigen Punkt! Dagegen kann die ständig unkooperative Strategie gegen TIT FOR TAT nicht gewinnen, da TIT FOR TAT nach der ersten unfreundlichen Handlung ebenfalls „auf stur schaltet".

Es geht also auch um die wichtige Frage: Was kann ich tun, um nicht in die Opferrolle zu geraten?" Und damit ist der Zusammenhang mit kriminalpsychologischen Fragen hergestellt. Um jedoch die gestellte Frage ausführlich beantworten zu können, muß man sich die „Persönlichkeitsstruktur" von TIT FOR TAT klar machen.

TIT FOR TAT ist nicht mit „Auge um Auge" gleichzusetzen, sondern besser mit: "Ich beute niemanden aus, ich lasse mich aber auch nicht ausbeuten". Damit zeigt sich folgende psychologische Struktur:

TIT FOR TAT ist
freundlich
provozierbar: TIT FOR TAT reagiert sofort auf feindseliges Verhalten.
versöhnlich: Genauso schnell, wie es zurückschlägt, verzeiht TIT FOR TAT und kooperiert wieder. Dadurch wird eine Atmosphäre gegenseitigen Vertrauens erzeugt.
unkompliziert: TIT FOR TAT zeigt unmißverständlich auf, daß sie sich zur Wehr setzen kann und welche Vorteile alle aus Kooperation haben.

Diese Struktur von TIT FOR TAT macht deutlich, warum dies eine so erfolgreiche Strategie ist und warum oft langfristig die ständig unkooperativen und die ständig kooperativen Strategien (die „Rambos" und die „Softies") die Verlierer im „Spiel des Lebens" sind. Denn TIT FOR TAT hat eine optimale Gewinn-/Verlustbilanz. Einerseits baut diese Strategie eine vertrauensvolle Kommunikation auf und verschafft beiden Partnern optimalen Gewinn. Es läßt sich sogar anhand der Computerturniere zeigen, daß beide als Paar, als Team, zusammen mehr gewinnen, als ein Ausbeuter aus einem Ausgebeuteten „herausholen" kann.

Andererseits bietet TIT FOR TAT auch einen optimalen Schutz gegen Ausbeutung. Selbst wenn TIT FOR TAT in einigen Situationen eine Niederlage erleidet, verliert sie langfristig nur wenig. Denn durch die augenblickliche Reaktion auf Unkooperation, auf den Versuch der Ausbeutung, entsteht - bei einem Menschen - nicht das Gefühl der Hilflosigkeit, der Resignation, des Ärgers, daß man von jemandem ausgenutzt wird.

Man könnte deshalb aus der TIT FOR TAT-Strategie den Ratschlag ableiten: Wenn jemand dir feindselig gegenüber tritt, dich ausnutzen will, ist es wichtig, **sofort** angemessen zu handeln, deinen Ärger deutlich zu machen.

Vergiß allen Groll, nachdem du deinem Ärger Luft gemacht hast. Sei kein „Groller", der nach einem Betrug, einer zwischenmenschlichen Niederlage nie wieder kooperiert und sich durch seine mißtrauische Haltung auch selbst schadet.

Fazit: Eine innere Haltung, wie sie eine TIT FOR TAT-Strategie vermittelt, erleichtert eine angemessene Opferreaktion und kann dazu beitragen, langfristige psychologische Schäden zu vermeiden.

3.4.3 Zur Vermeidung der Opferrolle: Die TIT FOR TAT-Strategie

Wie kann man sich dagegen wehren, zum Opfer von Telefonterror oder anderen Delikten zu werden? Wie kann man verhindern, daß man trotz des Überraschungseffekts und der psychischen Belastung z.B. bei Telefonterror keine langfristigen Schäden erleidet?

Man kann diese Fragen zu Kriminalität allgemein und zum Telefonterrors im besonderen unter dem Gesichtspunkt „Kooperation und Ausbeutung" betrachten. Der Täter veranlaßt das Opfer zur Kooperation und beutet es dann aus. Der Täter ist der Ausbeuter, derjenige, der sich auf Kosten eines anderen bereichert. Der Täter gewinnt für einen Moment Hochgefühl, das berauschende Gefühl der Macht über jemanden. Das Opfer hat nichts von der Interaktion. Im Gegenteil, das Opfer verliert sogar sehr viel: kurzfristig erlebt es Ärger, ist verwirrt, unsicher, hilflos. Langfristig kann dies auch zu posttraumatischen Symptomen führen, wie z.B. Alpträume (s. Janis, 1971).

Hier finden wir in der Realität das gleiche Ergebnis wie bei Computerturnieren, wo die unterschiedlichsten kooperativen und ausbeuterischen Strategien aufeinander trafen: Wer immer nur nett ist, immer nur kooperiert, wer sich nie zur Wehr setzt, wer nie gelernt hat, auf ungerechtfertigte Forderungen sofort mit „Nein!" zu reagieren - der ist verloren, sobald er auf jemanden trifft, der seine Kooperationsbereitschaft ·schamlos ausnutzt. Und deshalb wählt sich der Telefonterrorist Frauen und Kinder aus,

- Kinder, weil diese dem Autoritätsdruck eines Erwachsenen mit einer gewichtigen Berufsrolle (Arzt, Polizist) grundsätzlich weniger entgegen zu setzen haben.
- Frauen, vor allem dann, wenn sie der traditionellen Geschlechtsrolle verhaftet sind und deshalb - oder aus anderen Gründen - ein eingeschränktes Verhaltensrepertoire haben: sie können nur freundlich,

hilfsbereit, konformistisch sein, aber keine ungerechtfertigten Bitten und Forderungen ablehnen.

Es wäre aber sinnvoll, in seinem Verhaltensrepertoire beide Handlungsmöglichkeiten zu besitzen, auf einer Seite freundlich zu sein, andererseits aber auch seine eigenen Rechte zu wahren. Denn genau dies war auch die Erfolgsstrategie bei dem Computerturnieren gewesen: TIT FOR TAT.

Wenn man die Erfolgsstrategie TIT FOR TAT in Handlungsanweisungen für Menschen umsetzt, die Opfer einer kriminellen Handlung werden könnten, kann man folgenden Rat geben: Sei freundlich, provozierbar, versöhnlich und unkompliziert.

Unkompliziert bedeutet, daß die Botschaft unmißverständlich klar wird: „Ich bin freundlich, hilfsbereit, aber ich lasse mich nicht ausbeuten." Dies muß sich in einem selbstbewußten Auftreten ausdrücken. Daß dieses Prinzip der TIT FOR TAT-Strategie vor der Opferrolle schützt, belegen folgende Erkenntnisse:

Genauso wie z. B. Straßenräuber desorientierte Opfer auswählen, halten einige Vergewaltiger Ausschau nach Frauen, die unterwürfig sind und denen es an Selbstvertrauen und Bestimmtheit mangelt. Bei der Untersuchung von 72 Opfern einer Vergewaltigung wurde festgestellt, daß diese u.a. zeigten
- weniger Geistesgegenwart,
- geringere Durchsetzungsfähigkeit,
- geringere Fähigkeit, ihre Rechte zu wahren, wenn sie durch andere bedroht werden.

Offensichtlich halten einige der Vergewaltiger Ausschau nach einer Frau, die passiv zu sein scheint und die er einschüchtern kann. Der Täter erkennt das unterwürfige Verhalten des Opfers an dessen Gang, Gesichtsausdruck oder Haltung. Die Frau geht z.B. zögernd und langsam, starrt auf den Boden, bewegt ihre Arme und Beine in kurzen, ruckartigen Bewegungen.

Eine andere Untersuchung weist auf eine andere potentielle Opfergruppe hin: Bei Interviews mit 83 Vergewaltigern wurde festgestellt, daß eine große Anzahl von ihnen eine bestimmte hochmütige Frau „in ihre Schranken verweisen wollte".

Man kann daraus den Schluß ziehen: Frauen sollten Zuversicht ausstrahlen, ohne aggressiv oder hochmütig zu sein (Meer, 1984).

Provozierbar bedeutet, daß man sofort reagiert, sofort Widerstand leistet. Es ist z.B. für viele Fälle von Telefonterror und Vergewaltigung typisch, daß der Täter seine Opfer vorher testet. Wenn ein bestimmter Telefonterrorist auf eine Frau traf, die resolut klang, legte er sofort auf.

Bezüglich Vergewaltigung stellte Selkin (1975) das Testen des Opfers so dar: Der Täter stellt fest, ob die Frau ängstlich und unterwürfig reagiert, ob sie sich einschüchtern läßt. Selkin (1975, S. 60) sagt dazu: „Durch Fragen, Drohungen und Einschüchterungen wie 'Schrei nicht!',

'Ruf nicht um Hilfe!', 'Zieh Deine Kleider aus!' versucht der Täter also erst einmal zu testen, wie sein Opfer reagiert.

Sexualtäter prüfen Frauen in dieser Beziehung häufig auf der Straße oder an halböffentlichen Orten. Sie machen suggestive, einschmeichelnde Bemerkungen, berühren, streicheln ihr Opfer oder erforschen seine Reaktion dadurch, daß sie ihm etwas wegnehmen. Auf diese Weise können sie leicht feststellen, ob ihr Opfer verängstigt und damit leicht zu vergewaltigen ist.

Für Frauen in einer solchen Situation - egal, ob auf der Straße oder zu Hause - ist es das sicherste, kalt und unfreundlich zu sein. Das ist ihre erste Verteidigungslinie."

Damit wird auch deutlich, warum selbstsichere Frauen, zumal wenn sie verbal und motorisch gewandt sind, einen Vergewaltigungsversuch eher abwehren können. Selkin meint, daß es wesentlich sei, daß eine Frau sofort **zu Beginn eines Überfalles** sich deutlich weigern soll, seinen Wünschen nachzugeben und Widerstand zu leisten.

Er begründet dies folgendermaßen (1975, S. 61): „Es ist wichtig, daß eine Frau sofort zu Beginn eines Überfalls Widerstand leistet, also in dem Moment, in dem der Angreifer seine Absicht erkennen läßt. Bis zu diesem Moment hat er sich ja noch keines sehr schweren Vergehens schuldig gemacht, und es ist für ihn leichter, sich ein willfährigeres Opfer zu suchen, als sich auf einen Kampf mit einer Frau einzulassen, die einen Erwartungen auf einen reibungslos ablaufenden Sex-Phantasie-Trip bereits zerstört hat. Sofortiger Widerstand in der Wohnung ist höchst wirksam, weil dem Täter dadurch verwehrt wird, sich umzuschauen, ob er mit dem Opfer alleine ist."

Reagieren Frauen dagegen nicht sofort mit Bestimmtheit, sondern ängstlich oder unterwürfig, so führt diese Kooperationsbereitschaft zu dem gleichen erschreckenden Ergebnis, das in abstrakter Form sofort im Computer sichtbar wird: Der Ausbeuter gewinnt alle Punkte, der Ausgebeutete 0 Punkte. Daß in der Realität das Opfer sogar noch mehr verliert, sollte jedem zu denken geben, der glaubt, durch ständige, bedingungslose Freundlichkeit eine bösartige Verhaltensstrategie abwehren oder einen derartigen Menschen zum Einlenken veranlassen zu können.

Es mag erstaunlich sein, den Begriff „**versöhnlich**" im Zusammenhang mit Kriminalität zu gebrauchen. Aber es geht hier nicht um die gefährliche Neigung, das Verhalten von Tätern durch Hinweise auf deren „trostlose Jugend", „die Gesellschaft" u.ä. zu entschuldigen und zu bagatellisieren. Es geht vielmehr im Zusammenhang mit der Provozierbarkeit („Zeige sofort deinen Ärger") um den Rat „Vergiß allen Groll, nachdem Du Deinem Ärger Luft gemacht hast!". Denn auch bei den Computerturnieren erwiesen sich die nachtragen-

den Strategien („Nach einer Enttäuschung kooperiere ich mit niemandem mehr!") häufig als Verlierer im „Spiel des Lebens". Im Alltag findet man derartige Strategien bei verbitterten Menschen und
„ausgebrannten" ehemaligen Idealisten.

3.4.4 TIT FOR TAT gegen Telefonterror

Wenn TIT FOR TAT (und ihre Varianten) also eine kluge Strategie
ist - zugleich freundlich und wachsam - wie kann man sie z.B. beim Abwehren von Telefonterror einsetzen?

Betrachten wir dazu die Situation aus Sicht der Verhaltensstrategien
zweier Spieler. Der Anrufer macht gewissermaßen als erster einen unkooperativen, feindseligen Zug. Das ist für die meisten Menschen unerwartet und erzeugt Verwirrung. Wer jetzt nicht mit Widerstand reagiert
(Provozierbarkeit!), sondern weiter kooperiert (zuhört oder sogar den
Anweisungen des Täters folgt), ist auf der Verliererstraße.

Als Möglichkeit angemessenen Verhaltens bietet sich natürlich an,
sofort den Telefonhörer aufzulegen. Dies kann aber den Nachteil haben,
daß der Anrufer noch einmal anruft und daß man selbst sich über die
Störung ärgert. Da der Anrufer Macht über sein Opfer ausüben will,
wäre vielleicht eine **Rollenumkehr** sinnvoll. Indem man Verständnis
für ihn zeigt und ihn als Problemfall analysiert, gewinnt man selber die
dominierende Position. Man kann z.B. einem Verbalerotiker sagen:
Menschen, die so etwas am Telefon sagen, haben oft sexuelle Probleme,
sind impotent u.ä. Jetzt erlebt der Telefonterrorist einen für ihn selber
unerwarteten unkooperativen Zug. Anstatt sich an der Unsicherheit und
Angst des Opfers berauschen zu können, erlebt der Täter einen Schock:
das, was für ihn peinlich ist, seine Probleme, werden angesprochen.

Manche Frauen, die erfolgreich einen Verbalerotiker abwehrten,
sprachen derb die sexuellen Probleme des Täters an, andere Frauen reagierten etwas sanfter und fragten z.B., ob er Probleme mit Frauen habe.
In einem Fall erschrak der Anrufer schon bei der Frage, ob er viele
Frauen anrufe. Seine Flüsterstimme ging sofort in die normale Stimmla-
ge über, was verdeutlicht, daß der Rollenwechsel unerwartet kam.

Zur Illustration der Bandbreite erfolgreicher Abwehr von Telefonterroristen einige Beispiele aus Hinder (1993, S. 14 - 15):

Ein Sekretärin, 63, sagte: „Erzähl weiter und laß Dir Zeit. Ich habe eine
Fangschaltung legen lassen." Eine Fotografin antwortete immer mit Gegenfra-
gen: „Kannst Du nicht erotischer stöhnen?" Oder: „Ich schreibe gerade eine
Doktorarbeit über Telefon-Onanisten. Darf ich Ihnen ein paar Fragen stellen?"

Auf keinen Fall sollte man die Opferrolle übernehmen und sagen:
„Ich fühle mich in meiner Ehre als Frau verletzt." Vielmehr sollte man

sich sagen: „Der meint mich ja nicht persönlich. Das ist eigentlich eine traurige Figur, die nur Angst und Schrecken auslösen will und nur durch Zufall mich angerufen hat. Es gibt eben solche und solche Männer." Der letzte Gedanke erscheint mir deshalb wichtig zu sein, weil negative Nachwirkungen solcher Delikte in Verunsicherung, Hilflosigkeit und Mißtrauen allen Männern/Menschen gegenüber bestehen. Auch deshalb ist ein Denken in Begriffen des TIT FOR TAT so klug (z.B. weil versöhnlich), weil die TIT FOR TAT-Strategie selbstbewußt ist: „Weil ich mich wehren kann, kann ich auch anderen Menschen vertrauen!"

Zur Abwehr von Schreckanrufern ist noch eine bestimmte innere Haltung notwendig. Milgram (1974) hat nämlich bei seinen Gehorsamsexperimenten festgestellt: „Ein nicht unwesentlicher Teil der Menschheit folgt blindlings allem, was man ihnen aufträgt, ohne nach den Folgen zu fragen, solange für sie feststeht, daß der Befehl von einer legitimen Autorität stammt. Deshalb ist im Alltag eine einfache Frage häufig hilfreich: „Stimmt es denn überhaupt?" Der erzeugte Schock z. B. über einen angeblichen Unfall des Ehemannes, darf doch nicht Fragen nach dem Sinn einer Handlung unter den Tisch fallen lassen, wie z.B.: „Weshalb soll ich mein Haus anzünden?" oder „Wieso kann man über das Telefon Geschlechtskrankheiten feststellen?"

3.4.5 Wenn Kooperation den Tod bedeutet

Anfangs wurde der Fall eines sadistischen Serienmörders erwähnt, der Frauen einen Handel vorschlug: Er wird die Frau nicht verletzen, wenn sie kooperiert (= das tut, was er will).

Aufschlußreich ist, diese Begegnung in einzelne Schritte zu zerlegen, als einzelne Spielzüge zu betrachten. Der Mann hatte die Frau angeblich in seinem Auto mitgenommen, um als Fotograf professionelle Fotos mit ihr zu machen. Er hielt dann am Straßenrand an, angeblich wegen eines platten Reifens. Er zog eine Pistole und sagte: „Tu, was ich dir sage, und ich verletze dich nicht!" Das ist gemäß der Spieltheorie als unkooperativer Zug anzusehen.

Die Frau sagte, daß sie tun würde, was er wollte, wenn er sie nicht verletze (= kooperativer Zug). Dann befahl er ihr, sich herumzudrehen und legte ihre Hände auf ihren Rücken. Da die Frau sich ja zu Kooperation bereit erklärt hatte, war dies ein weiterer unkooperativer Zug von ihm: Dann begann er, ihr die Hände zusammenzubinden, ein weiterer Nachteil für die Frau, also ein unkooperativer Zug.

Da begann die Frau zu erkennen, daß offensichtlich eine Entwicklung im Gange war, die über eine „Vergewaltigung" hinausging. Sie begann sich zu wehren (= unkooperativer Zug), weil er seine Pistole aus der Hand gelegt hatte. Während des Kampfes begann der Mann sie zu würgen und sagte: „Ich verliere meine Geduld mit dir. Bei meinem Vorstrafenregister kann ich dich genauso gut gleich töten und in die Gaskammer gehen."(Ressler u. a., 1986, S. 303).

Das war nicht nur ein weiterer unkooperativer Zug, sondern auch der endgültige Beweis, daß sie durch Kooperation nicht nur nichts zu gewinnen, sondern alles zu verlieren hatte. Die Frau wehrte sich weiter (= unkooperativer Zug), es gelang ihr, die Autotür zu öffnen, beim Ringen mit dem Täter fielen beide aus dem Auto. Ein vorbeikommender Polizist verhaftete den Täter.

„Stellen Sie sich einen Landstreicher vor, der in eine fremde Stadt kommt und dort seine letzten paar Mark für Heroin ausgibt. Völlig mittellos entscheidet er sich, in Appartments einzubrechen, deren Bewohner gerade nicht anwesend sind. So will er versuchen, seine nächste Spritze zu finanzieren. Er geht von Tür zu Tür und klopft, bis irgendwo keine Antwort kommt, die Tür aber trotzdem nicht verschlossen ist. Er betritt dieses Appartment und findet dort zu seiner Verwunderung neun schlafende junge Frauen. Als diese Frauen aufwachen, bedroht er sie mit dem Messer und verlangt Geld von ihnen. Eine der Frauen spuckt ihm ins Gesicht und droht, ihn bei einer Gegenübertstellung jederzeit zu identifizieren. Das versetzt ihn derart in Wut, daß er sie mit einer Hand fesselt und sie nacheinander in einen anderen Raum zerrt. Eine einzige mutige Frau schlägt den anderen vor, sie sollten versuchen zu entkommen. Die anderen entscheiden sich jedoch, den Angreifer nicht noch mehr zu „provozieren", da sie annehmen, er „wolle sie nur vergewaltigen". Die mutige Frau versteckt sich unter einem Bett. Sie allein überlebt und kann den Hergang der Tat schildern. Ihre unglücklichen Zimmergenossinnen wurden für ihre Kooperationsbereitschaft grausam belohnt: sie wurden einzeln nacheinander ermordet.
Glauben Sie uns, dieser unglaublich klingende Vorfall hat sich wirklich ereignet. Es geschah im Jahr 1966 in Chicago, die Frauen waren Schwesternschülerinnen und bei dem vagabundierenden Mörder handelte es sich um Richard Speck. Es hätte eine ganze Reihe von Strategien gegeben, diesen tragischen Ablauf zu verhindern. Denken Sie an die zahlreichen Gelegenheiten und Möglichkeiten, die sich im Verlauf dieses Verbrechens den Frauen boten. Machen Sie sich auch klar, daß eine Situation, in der männliche und weibliche Rollen völlig vertauscht sind, undenkbar ist - eine Frau überwindet neun Männer. Oder können Sie sich vorstellen, daß eine einzelne Frau acht körperlich gesunde junge Männer festhält und systematisch ermordet? Niemals! Und doch ist es im umgekehrten Fall geschehen" (Conroy und Ritvo, 1986, S. 156).

3.5. Warum unkooperatives Verhalten sich langfristig nicht auszahlt

Axelrod (1991, S. 90) hat eine wichtige Voraussetzung dafür genannt, daß sich kooperierende Programme/Menschen zu einer kooperierenden Gemeinschaft zusammenfinden können und die unkooperativen Programme evolutionär verschwinden: Unkooperatives Verhalten darf sich nicht auszahlen. „Der Ausbeuter darf nicht im Meer der Anonymität verschwinden." Doch ist es in der Realität leider so, daß unkooperatives Verhalten sich oft auszahlt, weil der Unkooperative nicht ertappt wird, nicht bestraft wird, sondern mit unkooperativem Verhalten Erfolg hat. Er erlebt also in solchen Fällen, lernpsychologisch gesprochen, eine Bekräftigung. Ein Gewalttäter steigert deshalb im Laufe seiner Kriminalitätsentwicklung die Häufigkeit und die Intensität seiner Gewalttaten.

Er lernt, daß er der König im „Spiel des Lebens" ist, daß er die Fäden in der Hand hat. Ohne daß Burgess u.a.(1986, S. 261) den Begriff „Spieltheorie" benutzen, kann man doch einige ihrer Erkenntnisse aus ihrer Untersuchung von 36 Serienmörder auf das „Spiel des Lebens" beziehen:

Wenn Täter nicht bei frühen Verbrechen gefaßt werden, lernen sie, daß sie nicht durch Autoritäten kontrolliert werden und daß sie mit Straflosigkeit gewalttätig handeln und töten können. Zehn der 36 Mörder hatten als Jugendliche gemordet und so die Überzeugung gewonnen, daß sie Macht über Leben und Tod hätten.

Aber selbst wenn einige Taten nicht entdeckt werden, wenn einige Täter unentdeckt bleiben, so gilt doch grundsätzlich die These, daß sich langfristig unkooperatives Verhalten nicht auszahlt. Es ist eine Ironie des Schicksals, man könnte vielleicht auch von höherer Gerechtigkeit sprechen, daß gerade der Fall des Serienmörders Gallego dies belegt. Gerade er, der jahrzehntelang andere ausgebeutet und übertölpelt hatte, wurde Opfer seines ausbeuterischen Verhaltens. Er hatte nämlich eine wichtige Regel im Spiel des Lebens nicht gelernt: Irgendwann trifft ein Ausbeuter auf einen anderen Ausbeuter, und dann verlieren beide.

Gallegos Delikte reichten von Gewalt, Bigamie, Inzest mit seiner Tochter seit deren 6. Lebensjahr, Kidnapping, Vergewaltigung usw. bis hin zu Serienmorden.

Spieltheoretisch könnte man ihn mit dem Programm „Immer unkooperativ, immer ausbeuterisch" vergleichen. Dabei wurde es ihm leicht gemacht, andere auszubeuten. Eine „Schwedin" (d.h. ihre Vorfahren stammten aus Schweden) schenkte ihm ihr ganzes Vermögen, 15 000 Dollar, weil er ihr unter falschem Namen ein Märchen erzählte: Er habe beim organisierten Verbrechen Schulden und müsse diese bald zurückzahlen. Die „Schwedin" wußte, daß er einen falschen Namen hatte, ein Lügner und Prahler und ein ungetreuer Ehemann war. Aber wie viele Serienmörder übte er eine extrem große Faszination auf Frauen aus. Die „Schwedin" sagte viel später einer Kriminalbeamtin: „Nachdem Gerald mich verlassen hatte, war mein Leben so leer wie mein Bankkonto".

„Ich wette, Sie hassen ihn jetzt", sagte die Kriminalbeamtin mitleidig. „Oh nein", antwortete die erschrockene „Schwedin", „Ich liebe ihn", und erzählte dann der Beamtin, was für ein toller Liebhaber Gerald sei.

Gallego ist ein typisches Beispiel dafür, wie ein unkooperatives Programm (sei es bei einem Menschen oder einem abstrakten Computerprogramm) sich auf Kosten bedingungslos kooperativer Menschen/Programme bereichert und sie ausbeutet. Aber ironischerweise ist sein Leben auch ein gutes Beispiel dafür, daß langfristig unkooperative Menschen/Programme verlieren. Ausgerechnet seine Ehefrau Charlene, die ihm bei der Entführung seiner Opfer half und bei sieben Morden anwesend war, wurde ihm zum Verhängnis.

Sie hatte sich von ihm betrügen und ausbeuten lassen. Aber als sie im Gefängnis saß, hörte sie von einem zuverlässigen Informanten, daß Gallego das gesamte gesparte Geld (darunter die von der „Schwedin" erschwindelten 15 000 Dollar) seiner Tochter zukommen lassen wollte. Außerdem plante Gallego, eine Lebensversicherung von 50 000 Dollar auf sie abzuschließen, dann einen tödlichen Unfall zu inszenieren und dann das Geld zu kassieren (van Hoffmann, 1990, S. 259).

Da wurde ihr bewußt, daß Gerald keine gemeinsame Zukunft mit ihr plante. Sie wurde so wütend, daß sie bei der Polizei „auspackte", und das brachte Gallego das Todesurteil ein. Überheblich geworden durch seine jahrzehntelangen Erfolge, andere zu manipulieren, hatte Gallego übersehen, daß jemand anderer auch in der Lage war, einen unkooperativen Zug zu machen, ihm zu schaden. Charlene hatte vielleicht endgültig die vielen unkooperativen Handlungen realistisch gesehen: als ständig unkooperatives Verhalten Gallegos ihr gegenüber, ohne Chance, daß er jemals mit ihr eine kooperative Gemeinschaft aufbauen würde. Aber Gallego hatte nie eine längerfristige Gemeinschaft mit Charlene aufbauen wollen. „Er wußte auch, daß er früher oder später Charlene töten würde, oder sie würde ihn töten. Sie fürchteten sich beide voreinander, aus verschiedenen Gründen, und die einzige Sache, die sie nun gemeinsam hatten, waren ihre perversen Handlungen. Die Liebe, die sie teilten, wurde durch ihre sexuellen Phantasien zusammengehalten, ohne Substanz oder Vertrauen. Wie alle Phantasien konnte sie kommen und gehen, sie war so zerbrechlich wie ein Spinnennetz" (van Hoffmann, 1990, S. 107).

Man sieht an diesem Fall deutlich das, was Axelrod (1991) bei seinen Computerturnieren ermittelte: Unkooperative Strategien schneiden langfristig deshalb so schlecht ab, weil sie auch auf andere unkooperative Strategien treffen. Und weil sie nie gelernt haben, *mit* anderen zu spielen, sondern nur, andere auszubooten, jagen sie sich gegenseitig Punkte ab.

3.6. Frauen, die Mörder lieben

Jedes Verhalten und damit auch jedes unkooperative und aggressive Verhalten tritt häufiger auf, wenn es bekräftigt wird.

Diese Bekräftigung kann materieller Art sein (Geld, etwas Kostbares o.ä.), aber auch psychologischer Natur: Lob, Ruhm, Prestige, im Mittelpunkt des allgemeinen Interesses Stehen u.ä. (s. Buss, 1972).

Eine der bizarrsten Formen von Bekräftigungen verschaffen Frauen, die sich in Straftäter, ja sogar sadistische Serienmörder, verliebten. Beispielsweise konnte Gallego die Frauen, denen er vorher begegnet war und die er z.T. geheiratet hatte, prügeln und ausnutzen, ohne daß sich diese dagegen auflehnten. Es ist leicht einsehbar, daß er dadurch nicht motiviert wurde, sein bösartiges und unkooperatives Verhalten zu ändern. Van Hoffmann (1990) vermutet sogar, daß er seine Serienmorde überhaupt nicht begonnen hätte, hätte ihn nicht Charlene darauf gebracht, zusammen mit ihr Frauen zu entführen, sexuell zu mißbrauchen und dann zu töten.

Eine besondere Faszination üben dabei verurteilte Mörder auf einige Frauen aus, obwohl man annehmen könnte, daß sie wegen sadistischer Morde an Frauen eigentlich Abscheu erregen würden.

„Für einige Frauen ist es erregend, mit einem Meister des Todes zu tanzen." So beschreibt Isenberg (1991, S. 225) die Faszination, die manche Mörder auf bestimmte Frauen ausüben. „Einen Mörder zu lieben, läßt sie sich intensiv lebendig fühlen. Sie wird wichtig, vielleicht berühmt, weil sie einen Mann liebt, der getötet hat." Isenberg weist auf eine makabre Steigerung dieses Status hin: „Jeder Serienmörder verschafft einer Frau mit geringer Selbstachtung ein Gefühl der Wichtigkeit; ihr Prestige steigt im gleichen Ausmaß wie die Bösartigkeit seiner Verbrechen" (S. 224). Isenberg spricht hier die geringe Selbstachtung der betreffenden Frauen an; sie weist aber auch noch auf ein zwischenmenschliches Defizit hin: Diese Frauen haben große Schwierigkeiten, echte zwischenmenschliche Bindungen aufzubauen (unsicherer Bindungsstil), weil sie harte diktatorische Väter gehabt hatten, denen passive Mütter halfen. Oder wenn die Väter abwesend (tot, geschieden, betrunken, zurückgezogen o.ä.) waren, nahmen die Mütter gelegentlich die autoritäre Rolle des Vaters ein. Diese Frauen konnten also keinen sicheren Bindungsstil entwickeln. Und deshalb spiegelt ihre Beziehung zu den Männern allgemein und auch zu den Mördern ihre frühere Beziehung zu ihren Vätern wider: sich unterordnend, sich ausbeuten oder sich schlagen lassend. Ihr Selbstbild ist etwa „Ein kleines verlorenes Mädchen" als „Finder verlorener Menschen" (Isenberg 1991, S. 225, 222).

„Sie setzen fälschlicherweise Macht mit Gewalt und Stärke mit Grausamkeit gleich" (S. 220).

Isenberg (1991, S. 224) vergleicht ihre Liebe mit der romantischen
Liebe mittelalterlicher Ritter zu den Frauen, die sie nur verehren durften. Genauso wird eine echte Beziehung zu Mördern durch deren Ge-
fängnisaufenthalt verhindert. Sie analysiert diese Beziehung so: „Es ist
eine romantische Leidenschaft - eine Leidenschaft entflammt durch Entbehrung und Leiden, verstärkt durch Schmerz. Diese Frauen haben den
Schlüssel zu ihrer niemals endenden Romanze entdeckt: Leiden und
Schmerz" (S. 224). Aber wie eine Frau selbst sagte: „Wir würden uns
noch nicht einmal in der wirklichen Welt mögen" (Isenberg, 1991, S.
227). In einem Fall dauerte die Ehe mit einem zu lebenslänglich verurteilten Begnadigten nur zwei Jahre nach seiner Freilassung (S. 227)!

Die Partnerwahl dieser Frauen ist allerdings nicht zufällig. Sie hängt
mit dem durch den jeweiligen Erziehungsstil ausgeformten Bindungsstil
zusammen.

Wenn Bezugspersonen (z.B. die Mütter) in eine vertrauensvolle
Kommunikation mit dem kleinen Kind eintreten, entwickelt dieses einen
sicheren Bindungsstil. Diese vertrauensvolle Kommunikation (s.a. Magische Formel: Sprechen, s. Kap. VIII.3) muß nicht unbedingt sprachlich sein. Wichtig ist, daß Bezugspersonen sensitiv auf das Weinen des
Babys reagieren, längeren körperlichen Kontakt mit ihm haben (etwa
längere Zeit im Arm halten), mit ihrem Gesichtsausdruck besänftigend
wirken, z.B. durch Lächeln, Objekte anbieten. Dadurch entwickelt das
Baby Vertrauen darin, daß seine Mutter (bzw. andere Personen) immer
vorhanden ist und auf es reagiert, wenn es sie benötigt. Dies bietet dann
die Grundlage für das Gefühl der Sicherheit in seinen Beziehungen zu
ihr, zu anderen Menschen, zu sich selbst (selbstsicher = Ich bin es wert,
geliebt zu werden) und später zu einem Partner.

Reagiert die Mutter dagegen kaum oder sehr spät auf Weinen und andere Signale des Kindes, vermeidet sie den Körperkontakt mit dem
Kind, entwickelt sich ein **unsicherer Bindungsstil,** der entweder **ambi-
valent** oder **vermeidend** ist. Wenn die Mutter tiefsitzende Abneigung
gegen einen Körperkontakt mit dem Baby hat, sie ihr Gefühl nicht ausdrückt und starr und zwanghaft ist, vermeidet das Kind sogar die Interaktion mit seiner Mutter (vermeidender Bindungsstil).

Der Unterschied zwischen diesen Stilen zeigt sich in unterschiedlichem Verhalten der Kinder, wenn sie nach kurzer Trennung von der
Mutter wieder mit dieser zusammen kommen (Ainsworth, 1974, 1978):

Bindungsstile

sicher	ambivalent	vermeidend
	Nach kurzer Trennung von der Mutter:	
sucht Kontakt mit der Mutter	ambivalentes Verhalten = Kontaktsuche mit Mutter, aber **gleichzeitig** widerstrebend-ärgerliches Verhalten	Vermeidung des Kontaktes mit der Mutter

Interaktionsstile

Interaktion mit ihr	verstärktes ambivalentes Ausdrücken von Bindung	Distanzierung

Langfristig ergeben sich folgende Konsequenzen:

Je nachdem, ob ein Mensch während seiner Lebensgeschichte in Zeiten von Kummer, Angst und ähnlichen negativen Gefühlen von seinen Bezugspersonen

- häufig Unterstützung erhält oder
- nur gelegentlich Trost und Unterstützung findet oder
- ständig oder häufig zurückgewiesen wird

entwickelt er einen

- sicheren Bindungsstil oder
- ängstlich-ambivalenten Bindungsstil oder
- vermeidenden Bindungsstil.

Diese Bindungsstile haben erheblichen Einfluß auf die Art, Dauer, Tiefe und Qualität der Partnerschaftsbeziehung, den Arbeitsstil, geringer oder starker Angst vor dem Tode u.ä.

So dauerten die Liebesbeziehungen von Personen mit sicherem Bindungsstil am längsten, die der Personen mit ängstlichem Bindungsstil am kürzesten. Während die Liebesbeziehungen von Personen mit sicherem Bindungsstil eher durch „ruhig-stabile" Merkmale wie Glück, Vertrauen, Freundschaft u.ä. gekennzeichnet waren, zeigten die bindungsängstlichen mehr „neurotische Liebe". Sie erlebten gefühlsmäßige Höhen und Tiefen, zwanghafte Orientierung auf den Partner, aber auch unerfüllte Hoffnungen hinsichtlich des Partners, Eifersucht, emotionale Abhängigkeit. Sie bildeten also gefühlsintensive, aber instabile Beziehungen: Sie verliebten sich schneller, extremer, was aber nicht zu länger andauernden Beziehungen führt (Freeney und Noller, 1990). Deshalb hat der Bindungsstil auch Auswirkungen auf die Partnerwahl. Personen mit ängstlichem Bindungsstil wählen eher einen Partner, der eine „aufregende Liebe" verspricht. Im Vergleich zu Personen mit einem sicheren Bindungsstil gehen Personen mit einem vermeidenden

Bindungsstil und solche mit einem ängstlichen Bindungsstil eher Partnerschaften ein, die ein weitaus geringeres Ausmaß an Vertrauen, Befriedigung, Bindung und gegenseitigem Aufeinandereingehen aufweisen.

Die negative Art der Liebesbeziehungen wird bei Personen mit ängstlichem Bindungsstil bewirkt durch zwanghafte Beschäftigung und mit der Inanspruchnahme des Partners. Die Partnerschaften von Personen mit vermeidendem Bindungsstil werden dagegen durch ständige Furcht vor Nähe und Intimität beeinträchtigt (s.a. Kap. X, 2.1).

Fazit: Der Bindungsstil erklärt, warum manche Menschen im „Spiel des Lebens" kooperationsfähig sind und andere Menschen eher mißtrauisches, unkooperatives Verhalten zeigen oder sich ausbeuten lassen.

IV. Grundlagen menschlichen Verhaltens

1. Die Problematik des Eigenschaftsbegriffs

1.1 Wann helfen Menschen?

Warum bleiben Menschen zumeist passiv, wenn sie einen Überfall sehen? Warum wird häufig einer Person nicht geholfen, die einen Unfall erlitten hat oder sich in einer sonstigen Notlage befindet? Der Versuch, dies mit „Gefühlskälte" oder „Charakterlosigkeit" der Zuschauer zu erklären, wäre zu oberflächlich und außerdem falsch, weil damit nicht die eigentlichen Ursachen aufgedeckt würden (s.a. Kap. III, 1.1). Darley und Latané haben nämlich in einer Reihe von Experimenten (z.b. 1968) festgestellt, wann bzw. warum Personen in einer kritischen Situation nicht helfend eingreifen: Kommen mehrere Personen als Helfer infrage, entscheiden sich weniger Personen zur Hilfeleistung, als wenn nur eine Person als Helfer vorhanden ist. Und wenn es dann überhaupt zu einer Hilfeleistung kommt, dauert es länger, bis jemand eine Aktion startet. Die Gründe für diese überraschende Feststellung können vielfältig sein:

- **geteilte Verantwortung**: Bei Anwesenheit anderer Menschen fühlt man sich weniger für das Opfer persönlich verantwortlich. Man sagt sich: „Die anderen könnten ja auch helfen, warum gerade ich!?"
- **soziale Hemmung**: Viele Personen sind keineswegs apathisch oder gleichgültig, fürchten aber, die Situation falsch interpretiert zu haben („Liegt hier wirklich ein Notfall vor, oder ist das etwa eine gestellte Szene für einen Film?" „Ist das wirklich ein Hilferuf, oder kommt das aus dem Radio?") Und in dem Konflikt zwischen dem Wunsch zu helfen und der Angst, sich zu blamieren, siegt dann in unklaren Situationen das Bedürfnis, nicht aufzufallen.
- **mangelnde Fähigkeiten**: Keine Erste Hilfe oder nicht schwimmen können u.ä.
- **Furcht vor Nachteilen**: Man könnte selbst verletzt werden, wenn man bei einer kriminellen Tat dem Opfer zu Hilfe kommen würde u.ä. Liegen diese und andere hemmende Faktoren nicht vor, wird eher geholfen, aber auch dann, wenn das Opfer einem sympathisch ist, wenn man persönliche oder berufliche Verantwortung für das Opfer empfindet (als Freund, Verwandter bzw. als Arzt oder Polizist), wenn man spezifische Fähigkeiten hat, die problematische Situation zu bewältigen u.ä. (s. Byrne, 1974; Füllgrabe, 1978 a).

Darley und Latané stellen zur Klärung der Frage, ob jemand in einer Situation hilft oder nicht, einen „Entscheidungsbaum" dar: Der Beobachter eines Vorfalles muß eine Reihe von Entscheidungen darüber treffen, was geschehen ist und was er diesbezüglich tun wird. „Die Folgen dieser Entscheidungen werden seine Handlungen bestimmen. Es gibt drei Dinge, die er tun muß, bevor er einschreitet: *beobachten*, daß etwas geschieht, dieses Ereignis als Unglücksfall *interpretieren* und *entscheiden*, daß er persönliche Verantwortung für das Einschreiten besitzt. Wenn er das Ereignis nicht wahrnimmt, wenn er entscheidet, daß es sich nicht um einen Notfall handelt, oder wenn er folgert, daß er nicht persönlich verantwortlich ist zu handeln, wird er dem Opfer nicht helfen. Nur ein Weg durch diesen Entscheidungsbaum führt zum Eingreifen." (Darley und Latané, 1968, S. 56).

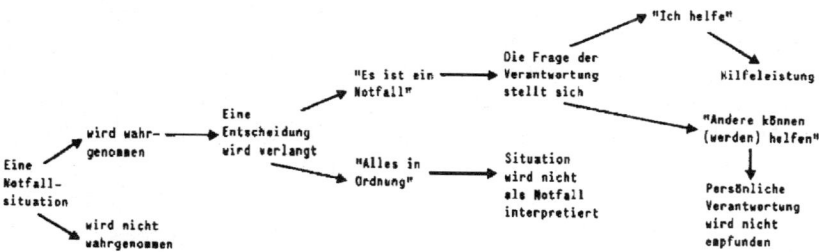

Wenn dieser Entscheidungsbaum (nach: Psychologie Heute, Dezember 1977, S. 57) auch nicht alle entscheidenden Faktoren des hilfsbereiten Verhaltens enthält (z.b. nicht Angst vor Nachteilen, Sympathie mit dem Opfer), so verdeutlicht er doch eine wichtige Erkenntnis: **Menschliches Verhalten ist zumeist das Ergebnis eines (individuellen) Entscheidungsprozesses!** (für kriminelle Delikte s. z.B. Walsh, 1978, S. 98 u. 105).

Dieser Entscheidungsprozeß kann unbewußt sein, er kann defizitär sein (z.B. beim impulsiven Handeln), und er kann in einer anderen Situation vollkommen anders ausfallen. Dies bedeutet konkret: In einer Situation handelt ein Mensch hilfsbereit, in einer anderen Situation vielleicht aber nicht. Tatsächlich findet man nicht nur im täglichen Leben, sondern auch bei Experimenten wenig Beständigkeit hilfsbereiten Verhaltens, gleichgültig, ob dieses Verhalten zu verschiedenen Zeitpunkten oder in verschiedenen Situationen untersucht wurde (Staub, 1980, S. 246).

Entscheidungsprozesse spielen auch bei Persönlichkeitsentwicklungen und „Karrieren" (im soziologischen Sinne) eine große Rolle. So zeigt Hess (1978), daß die Hinwendung einer Frau zur Prostitution ein langsamer Prozeß des Hineingleitens ist, der nichts anderes als eine Kette kleiner Entscheidungen darstellt. Individuelle Entscheidungen können zu einem Abbruch dieses Prozesses führen, wodurch verständlich wird, warum bei gleicher Voraussetzung und Motivlage eine Frau

zur Prostituierten wird, eine andere aber nicht! Daraus ergeben sich wichtige methodologische und theoretische Konsequenzen. Weil man ja im allgemeinen nur Personen zu einer Gruppe zusammenfaßt, bei denen die Endstufe der vielen Entscheidungsprozesse vorliegt, entsteht
- der Eindruck der Zwangsläufigkeit beim Verlauf abweichender „Karrieren", und die Theorien sind viel zu deterministisch (Heim, 1978).
- der falsche Eindruck, man könne Menschen in eindeutige psychologische Kategorien einteilen, z.B. „Prostituierte" / „Nichtprostituierte", „Kriminelle" / „Nichtkriminelle" u.ä., was gelegentlich mit der Meinung verbunden ist, man könne die Unterschiede zwischen diesen Kategorien auf Erbanlagen zurückführen. Es soll deshalb an dieser Stelle ausdrücklich darauf hingewiesen werden, daß in diesem Buch Begriffe wie z.B. „Krimineller", „Vergewaltiger", „Pädophiler" als sprachliche, nicht aber als homogene psychologische Kriterien verstanden werden!

1.2 Die Situationsabhängigkeit des Verhaltens

Nicht nur hilfsbereites, sondern auch anderes Verhalten ist situationsabhängig. Beispielsweise ermittelte Dudycha (1936), daß es keine „Eigenschaft Pünktlichkeit" gibt. Er beobachtete das pünktliche Erscheinen von 307 Collegestudenten bei sechs verschiedenen Gelegenheiten. Die Interkorrelationen der sechs beobachteten Situationen waren relativ niedrig; sie reichten von 0,439 bis -0,194. Mit anderen Worten: Wer bei einer Gelegenheit pünktlich erschien, konnte sich durchaus bei einer anderen Gelegenheit verspäten! Ob jemand pünktlich oder unpünktlich erschien, hing vor allem mit der Bedeutung der Situation zusammen, d.h., ob es sich um eine offizielle oder private Veranstaltung handelte!

Intensiv wurde schon vor mehreren Jahrzehnten das Auftreten unehrlichen Verhaltens untersucht.

Hartshorne und May (1930) untersuchten etwa 11000 Kinder im Alter von 8-16 Jahren bezüglich drei Arten von unehrlichem Verhalten: Mogeln, Lügen, Stehlen.

Ehrlichkeit erwies sich als kein einheitliches Phänomen oder Verhalten: Zwischen den einzelnen Ehrlichkeitstests ergaben sich nur geringe Interkorrelationen (Hartshorne und May, 1930, Book II, S. 212). Wie spezifisch das moralische Verhalten war, zeigen z.B. folgende Korrelationen:

Stehlen x Betrügen (Täuschung/Mogeln) $r = 0,14$
Stehlen x Lügen $r = 0,13$
Lügen x Betrügen $r =$ von 0 bis 0,40

Aber auch bei scheinbar gleichen Tests ergaben sich erhebliche Unterschiede. Und je größer die Unterschiede in der Testsituation, desto größer die Unterschiede im Ausmaß des Mogelns und desto geringer die Korrelationen zwischen den Mogeltests (Book II, S. 218). Sogar leichte Veränderungen der Situation machen also das ehrliche Verhalten weniger leicht vorhersagbar.

Man könnte nun fragen, ob es nicht doch Kinder gab, die immer ehrlich oder unehrlich waren. Aus einer Stichprobe von 2443 Kindern mogelten 3,2% bei jeder Gelegenheit und 7% überhaupt nicht. Nur bei 10,2% der Kinder war also „Ehrlichkeit" oder „Unehrlichkeit" ein „Trait", eine situationsunabhängige Eigenschaft oder eine beständige Tendenz. Allerdings wäre zu fragen, ob in vollkommen anderen Situationen außerhalb der Untersuchungsserie diese Kinder nicht doch entgegengesetztes Verhalten gezeigt hätten. Das räumen auch Hartshorne und May (S. 408) indirekt ein. Hartshorne und May betonen nämlich ausdrücklich (S. 408), daß sie nur eine beschränkte Stichprobe möglicher Situationen, in denen ein Kind ehrlich oder unehrlich sein konnte, erfaßt haben.

Man kann die zuletzt genannten Fakten auch anders formulieren: 89,8% der Kinder zeigten uneinheitliches Verhalten; bei einem Test waren sie ehrlich, bei einem anderen unehrlich, ihr Verhalten also ohne Kenntnis der Situation nicht vorhersagbar.

Hartshorne und May gehen auch auf ein mögliches Modell ein: Man könnte argumentieren, daß alle Menschen eine Eigenschaft („Trait") „Ehrlichkeit" hätten und diejenigen, die überhaupt nicht unehrlich waren, das Maximum und diejenigen, die immer unehrlich waren, das Minimum an „Ehrlichkeit" hätten.

Dies würde aber voraussetzen, daß Ehrlichkeit ein einheitlich skalierbares, eindimensionales Phänomen wäre.

Hartshorne und May gehen in ihrem Kapitel XXI (S. 307-390) sehr intensiv auf die Skalierbarkeit ein. Sie ermittelten zwar experimentell eine gewisse Tendenz: Bei einzelnen Ehrlichkeitstests mogelten die Kinder, die unehrlich waren, wenn größere Schwierigkeiten dabei zu überwinden waren, auch bei Gelegenheiten, wenn dies leichter war. Aber auch wenn man einzelne Ehrlichkeitstests gemäß der zu überwindenden Schwierigkeitsgrade skalieren kann, so bezweifeln Hartshorne und May (S. 390), daß dies möglich wäre, wenn man Werte von verschiedenartigen Tests zusammenfassen würde.

Hartshorne und May ermittelten auch individuelle Unterschiede, indem sie für „ehrliche", „unehrliche" und „ihre Unehrlichkeit eingestehende" Kinder untersuchten, in wieweit bei ihnen „Handicaps" vorlagen. Diese bezogen sich z.B. auf
- persönliche Beziehungen innerhalb der Familie (strenge unfreundliche Erziehung; unehrliches Verhalten der Eltern; Streit zwischen Eltern u.ä.)
- kultureller Status der Familie (nationaler, sozialer Hintergrund; niedriger sozialer Status, sozialer Abstieg u.ä.)
- persönliche Handicaps (geringere Intelligenz, mangelnde Fähigkeiten; älter als Mitschüler; emotionale Unstabilität und Fehlanpassung, u.ä.).

Es ergab sich nun (S. 294) ein eindeutiger Trend: Die „ehrliche" Gruppe hatte weniger „Handicaps" als die „unehrliche" und diese weniger als die „geständige" Gruppe. Allerdings fanden Hartshorne und May (1930, S. 308-311) auch Fälle von „ehrlichen" Kindern mit vielen „Handicaps" und „unehrlichen" mit wenigen „Handicaps". Dies weist auf die Notwendigkeit hin, im Einzelfall alle wirkenden Faktoren zu analysieren, z.B. das soziale Umfeld. Beispielsweise ähnelten sich Freunde bezüglich unehrlichem Verhaltens, selbst wenn sie nicht in der gleichen Klasse waren; unehrliches Verhalten war auch seltener, wenn die Lehrer-Schüler-Beziehungen freundlich und kooperativ waren.

Psychologisch sinnvoller als die Frage, ob ein Kind ehrlich *oder* unehrlich ist, ist also die Frage, *wann* und unter *welchen Bedingungen* das entsprechende Verhalten auftritt (s. hilfsbereites Verhalten; für Aggression s. Kap. VII, 5.4). Für ihre Untersuchungen stellten Hartshorne und May (1930) fest, daß die Motive für das Mogeln, Lügen, Stehlen sehr komplex und zumeist in der Situation selbst beinhaltet waren.

Beispielsweise tritt Mogeln in der Schule häufiger auf
- bei geringerer Intelligenz,
- beim Gefühl der Überforderung, dann mogelten auch die intelligenteren Schüler,
- bei erhöhter Schulangst,
- wenn die Bewertungspraxis als unangemessen empfunden wird,
- wenn man nicht schlechter als andere aus der eigenen Bezugsgruppe abschneiden will (Christmann, 1978).

Die **Situationsabhängigkeit des Verhaltens** wird besonders im zwischenmenschlichen und sozialpsychologischen Bereich deutlich (s.z.B. Untersuchungen zum konformistischen und gehorsamen Verhalten von Asch, 1969 bzw. Milgram, 1974). Beispielsweise kann ein Mensch einen Gegenstand völlig anders einschätzen, wenn er dies alleine tut, als wenn er sich in einer Gruppe befindet und sich dem Gruppendruck beugt.

Auch Intelligenz und andere Fähigkeiten sind keine einheitlichen Phänomene, sondern situations- bzw. aufgabenspezifisch (Mischel, 1968). Dies gilt auch für andere, ziemlich breit definierte Faktoren wie z.B. Suggestibilität, persönliches Tempo, Perseveration, Rigidität, Ausdauer (Eysenck, 1953). Und sogar dann, wenn man breite Persönlichkeitsdimensionen benutzt, können erhebliche Veränderungen sichtbar werden: Gale (1973, S. 233) bildete für seine EEG-Studien mit dem EPI-Fragebogen von Eysenck Extremgruppen von je 11 Versuchspersonen. Nachdem der Fragebogen nach 8 Wochen wieder ausgefüllt wurde, wurden 6 der Introvertierten des EPI-Form A beim EPI-Form B zu Extrovertierten; und aus zwei der Extrovertierten wurden Introvertierte!

Fazit: Es ist aus theoretischen und praktischen Gründen nicht möglich, Menschen mit starren unveränderbaren Eigenschaften zu beschreiben und beispielsweise zu sagen: „Er ist introvertiert, ehrlich, pünktlich o.ä." In einer anderen Situation zeigt er vielleicht ein völlig entgegengesetztes Verhalten: extrovertiert, unehrlich oder unpünktlich, was dann oft zu der überraschten Äußerung führt: „ Das hätte ich aber von ihm nicht erwartet." Denn daß prosoziales und antisoziales Verhalten vom gleichen Menschen gezeigt werden kann, mag zwar wegen eines naiven Charakterbegriffs schwer vorstellbar sein, ist aber gar nicht so selten: Ein Mann, der einem liegengebliebenen Autofahrer selbstlos aus der Patsche geholfen hatte, wurde von einer Zeitung öffentlich als „Engel der Autobahn" gelobt. Kurz danach wurde er verhaftet, weil er zweimal Betonsockel auf die Autobahn gelegt und dadurch mehrere Unfälle verursacht hatte; nur durch ein Wunder gab es dabei weder Tote noch Verletzte! (Mündener Allgemeine, 6.1.1975).

2. Das Persönlichkeitsmodell von Mischel

2.1 Fähigkeiten

Daß sich das Verhalten eines Menschen je nach Situation verändern kann, bedeutet nicht, daß man den Begriff „Persönlichkeit" fallen lassen sollte. Weil der Entscheidungsprozeß verschiedener Menschen in der gleichen Situation individuell unterschiedlich sein kann, können sie sich auch unterschiedlich verhalten. Diese individuellen Unterschiede können mit dem Begriff „Persönlichkeit" beschrieben und erklärt werden.

Wie kann man nun den Begriff „Persönlichkeit" sinnvoll definieren? Die Antwort auf diese Frage ist nicht nur von theoretischer, sondern auch von großer praktischer Bedeutung. Beispielsweise besitzen Theorien, die die Persönlichkeit oder psychopathologischen Phänomene (s. z.B. Psychopathietypologien) mit starren Eigenschaften beschreiben, nicht nur theoretische Mängel, weil sie nicht die Situationsabhängigkeit des Verhaltens berücksichtigen. Sie benutzen darüber hinaus zumeist Begriffe und Kategorien, die ein viel zu hohes Abstraktionsniveau besitzen. Bei ihrer Benutzung können deshalb verschiedene Beurteiler zu höchst unterschiedlichen Urteilen über dieselbe Person kommen. Dies mag z.B. der Grund dafür sein, daß ein Patient innerhalb von 5 Jahren fünfmal verschieden diagnostiziert wurde: Schizophrenie, Neurose, Psychopathie (Ruch und Zimbardo, 1974, S. 442).

Das Problem ist aber nicht nur, daß Kategorien wie „Ängstlichkeit", „Extraversion", „seelische Reife", „Verwahrlosung" u.ä. viel zu global sind. Sie liefern auch keine Einsichten über die Ursachen ihrer Entstehung und die Möglichkeiten ihrer Veränderung, denn sie stellen zumeist auch Zirkelschlüsse dar, was z.B. schon von Hartshorne und May (1930, S. 379) kritisiert wurde: „Zu sagen, daß eine ehrliche Handlung durch die Ehrlichkeit eines Menschen verursacht wurde, ist wie die Aussage, daß es kalt ist, weil die Temperatur zurückgegangen ist."

Welche Alternative gibt es überhaupt zu der Eigenschaftstheorie? Man könnte die Persönlichkeit auf der Ebene konkreten Verhaltens beschreiben und analysieren! Natürlich genügt dazu nicht, Verhalten einfach zu quantifizieren. Ganz abgesehen davon, daß das Problem auftaucht, ob man Verhaltensweisen einfach skalieren kann (worauf ja auch Hartshorne und May, 1930, S. 390 hinwiesen), muß man sich fragen: Was besagt es, daß jemand z.B. einen Prozentrang von 60 bezüglich Aggression hat? Dieser Wert gibt keine Auskunft darüber, *wann* diese Person in *welcher Form* gegen *welche* Menschen aggressiv handelt. Wie irreführend darüber hinaus eine einfache Quantifizierung des Verhaltens wäre, zeigt das Beispiel von Serienmördern wie Bartsch. Im Gegensatz zu leicht provozierbaren Schlägern zeigten sie nämlich weitaus seltener Aggression, würden damit einen viel geringeren Aggressionswert erhalten haben. Und es wäre auch beispielsweise psychologisch wenig sinnvoll zu fragen, ob eine autoritäre Persönlichkeit dominant *oder* unterwürfig ist. Sie hat nämlich in ihrem **Verhaltensrepertoire** (d.h. der Summe der Verhaltensweisen, die sie zeigen kann) sowohl dominantes Verhalten, das sie z.B. gegenüber Schwächeren zeigt, als auch unterwürfiges Verhalten, das sie gegenüber mächtigeren Personen zeigt. Den „Grad der Dominanz" angeben zu wollen, wäre damit für eine autoritäre Persönlichkeit wenig sinnvoll.

Alle die genannten theoretischen und praktischen Probleme tauchen nicht auf, wenn man das Persönlichkeitsmodell von Mischel (1973) benutzt, dessen große Bedeutung auch darin besteht, daß es viele Einzelerkenntnisse der Persönlichkeitsforschung integrieren kann (s. Füllgrabe, 1978b).

Die erste Frage, die Mischel stellt, zeigt deutlich den Unterschied zu den traditionellen Eigenschaftstheorien auf. Während diese nämlich nach dem „typischen" Verhalten eines Menschen suchen, fragt Mischel: „In wieweit kann jemand ein bestimmtes Verhalten überhaupt zeigen?". Es geht also bei dem ersten Gesichtspunkt von Mischel um die Frage, ob jemand die Fähigkeit besitzt, bestimmte geistige, sportliche u.a. Leistungen oder Verhaltensweisen im zwischenmenschlichen Bereich zu zeigen. Ob man Verhaltensweisen unter dem Gesichtspunkt „Eigenschaften" oder „Fähigkeiten" betrachtet, ist nicht nur ein semantisches Problem. Dahinter stecken bestimmte unterschiedliche Betrachtungsweisen und Konsequenzen: Wer z.B. „die Schüchternheit" eines Menschen als dessen „Eigenschaft" betrachtet, drückt damit wenig Zuversicht darüber aus, daß sich das Verhalten dieses Menschen ändern könne. Er geht von der unausgesprochenen Annahme aus: Entweder ist man schüchtern, oder man ist es nicht. Wer dagegen schüchternes Verhalten als Folge mangelnder Fähigkeiten ansieht, berücksichtigt durchaus auch individuelle Unterschiede: In einer bestimmten Situation verhalten sich einige Menschen schüchtern, andere nicht. Der Denkansatz geht aber weit über das Eigenschaftsmodell hinaus, weil er die Gründe für das Verhalten auslotet: Jemand verhält sich schüchtern, weil er nicht weiß, wie er sich in dieser Situation verhalten soll, wie er bestimmte Personen ansprechen soll, wie er die Mimik der anderen Personen deuten soll („Lacht der mich vielleicht aus?"). Damit wird auch die Möglichkeit aufgezeigt, das schüchterne Verhalten zu verändern: man müßte lediglich diese mangelnden Fähigkeiten verbessern (Füllgrabe, 1978b). Die praktische Bedeutung dieses Denkansatzes wird z.B. in den Untersuchungen von Trower u.a. (1978) gezeigt.

Coleman (1978) zeigt auf, was z.B. alles unter dem Begriff soziale Fähigkeiten zu verstehen wäre:

Gesprächsfähigkeiten :
- ein Gespräch beginnen, weiterführen
- zuhören
- Dating (eine Verabredung mit einem Partner treffen)

Einfühlung in andere Menschen:
- Wahrnehmung der Gefühle anderer
- Verständnis für die Gefühle anderer zeigen und dies auch verbalisieren
- Gefühle auf die Situation beziehen

Reaktion auf andere Menschen:
- angemessene Reaktion auf Lob, Überredungsversuche, widersprüchliche Informationen, Ärger, Frustrationen
- sich entschuldigen können
- Instruktionen folgen

Dominanz/Selbstdurchsetzung
- eigene Gefühle, positive und negative, wie Freude, Ärger, Depression, äußern können
- Komplimente machen
- Zuneigung und Wertschätzung äußern
- Ermutigungen geben
- seine Rechte wahren, unangemessene Forderungen ablehnen und „Nein" sagen.

2.2 Die individuelle Betrachtungsweise/kognitive Strukturierung

2.2.1 Selbstbild und Weltbild

Das Verhalten eines Menschen wird auch dadurch bestimmt,
- wie er sich selbst sieht (**Selbstbild**),
- wie er seine Mitmenschen sieht (**Fremdbild**).

Beispielsweise haben „**autoritäre Persönlichkeiten**" die Einstellung, daß „der Mensch von Natur aus schlecht" sei und schlußfolgern: Deshalb muß man ihn stets unter Kontrolle halten und durch die Androhung harter Strafen von Fehlverhalten abschrecken. Dagegen ziehen **Machiavellisten** eine vollkommen andere Konsequenz: „Weil der Mensch von Natur aus schlecht ist und „der Mensch des Menschen Wolf", muß jeder sehen, wo er bleibt. Deshalb ist es durchaus gerechtfertigt, andere Menschen zu übervorteilen und auszutricksen!"
- wie er **sein Schicksal sieht** („locus of control").

Schreibt er seinen Erfolg oder Mißerfolg seinem eigenen Handeln, seinem Können zu oder dem Zufall bzw. dem Schicksal? Resigniert er nach einem Schicksalsschlag, oder sieht er noch einen Ausweg? Die „gelernte Hilflosigkeit" kann z.B. das Auftreten von Krankheiten fördern. Dagegen ist das Gefühl der Hoffnung in Krisenzeiten oder für Überlebende von Katastrophen häufig im wahrsten Sinne des Wortes lebenserhaltend gewesen.

Glaubt er an eine gerechte Welt, d.h. daß jeder genau das erhält, was er verdient? Bei einer solchen Einstellung werden häufiger die Opfer von Straftaten abgewertet.

Die Betrachtungsweise der eigenen Person, der Mitmenschen und des Schicksals ist individuell verschieden und macht deshalb zu einem großen Teil das aus, was man als „das Typische" eines Menschen bezeichnen könnte. Für Personen, die man als „feindselig" oder „aggressiv" bezeichnet, ist z.B. typisch, daß sie eine größere Anzahl von Personen und Reizen als bedrohlich und frustrierend ansehen und bewerten. Dadurch reagieren sie häufiger und intensiver mit Aggression als andere Menschen, sogar auf Reize, die andere Menschen als harmlos bewerten. Ähnlich bewerten auch „ängstliche Menschen" mehr als „nichtängstliche Menschen" viele Reize als Gefahr und reagieren unangemessen darauf.

Diese Beispiele zeigen, daß

a) Individualität durch die individuelle Wahrnehmung geprägt wird,
b) jemand in verschiedenen Situationen durchaus gleiches Verhalten zeigen kann (und dadurch bei anderen Menschen den Eindruck einer

Eigenschaft, „Trait" bewirkt), wenn er diese Situationen in gleicher Weise sieht und deutet,

c) eine Verhaltensänderung/Therapie auch dadurch bewirkt wird, daß man lernt, Dinge anders zu sehen und zu deuten.

2.2.2 Deutungsvorgänge im wissenschaftlichen Bereich

Der Mensch nimmt die Reize, die aus der Umwelt auf ihn einströmen, durch seine Sinnesorgane auf, filtert sie, verarbeitet sie, wobei seine Stimmung, Persönlichkeit, frühere Lebensgeschichte u.ä. den Prozeß der Urteilsbildung erheblich prägen. Das, was dann als Urteil über ein Ereignis, einen Gegenstand oder eine Person geäußert wird, spiegelt demnach nicht unbedingt immer die objektive Realität wider, sondern ist eine mehr oder minder subjektiv getönte Deutung der Realität. Diese Feststellung wird allzu häufig nicht beachtet, leider auch im Bereich der Wissenschaft und der Gutachtertätigkeit nicht immer. Warum wird z.B. ein Täter als gefühlskalt bezeichnet? Ist er tatsächlich „gefühlskalt" oder *deutet* der Gutachter lediglich sein Verhalten derart, weil es *für ihn* unverständlich ist?

Auf die Notwendigkeit, im kriminologischen Bereich zwischen Deutung und gesicherter Theorie zu unterscheiden, weist ein Beispiel von Herren (1979, S. 23) hin: „So ist z.B. die Tiefenpsychologie mit z.T. voreiligen Schlüssen hervorgetreten und hat in sehr globaler Weise davon gesprochen, der Täter kehre aus einem unbewußten Selbstbestrafungsbedürfnis und Geständniszwang zurück, um sich - unbewußt natürlich - der Polizei auszuliefern. Sein Gewissen „zwinge" ihn dazu. Gewiß mag es den einen oder anderen neurotischen Mörder geben, bei dem solch unbewußte Gewissensnot zutrifft. Schon eher der Wirklichkeit entsprechend dürften folgende Motivationen sein:

- dem Täter kommen nachträglich Zweifel, ob das Opfer wirklich tot ist (wenn nicht, will er sein Werk vollenden)
- Täter will die Leiche besser verstecken (z.B. vergraben, statt im Schrank aufbewahren)
- Täter wird gestört und kehrt zurück, um Beutestücke zu holen
- Täter hat einen persönlichen Gegenstand (Ausweis) am Tatort vergessen oder übersehen, den Tatort von Fingerabdrücken zu „cleanen"
- der Sexualmörder will sich nochmals an seinem toten Opfer erregen."

Auch heute werden irreführende Begriffe wie „Triebtäter", „Kleptomanie", „Pyromanie" noch häufig benutzt. Doch sind derartige Erklärungsweisen mit Trieben und Erbanlagen oberflächliche Erklärungsversuche, die die eigentlichen, verursachenden Faktoren von Morden, Diebstählen bzw. Brandstiftungen nicht aufklären, sondern durch gut klingende Begriffe und Fremdwörter eine Erklärung vortäuschen.

Wie groß die Gefahr ist, daß man vorschnell genetische Ursachen annimmt, selbst wenn dies offensichtlich der Fall zu sein scheint, wird von Hubbard (1978) in ihrer Kritik an der Soziobiologie aufgezeigt:

Bei einem Stamm Eingeborener in Neu-Guinea gab es die Kuru-Krankheit, die die Hauptursache für Todesfälle darstellte. Da sie innerhalb der Familie weitervererbt wurde, hielt man zunächst genetische Ursachen dafür verantwortlich. Dann fand ein amerikanischer Arzt, daß die Krankheit durch einen Virus verursacht wurde und die familiäre „Weitergabe", „Vererbung", kultureller Art war. Bei diesem Stamm war er nämlich Brauch, die Toten dadurch zu ehren, daß man ihre Körper verspeiste, aber nur innerhalb der Familie. Da das Verspeisen der Toten auf den engsten Familienkreis beschränkt blieb, folgte die Krankheit den gleichen familiären Linien, wie man sie z.b. für Zuckerkrankheit u.ä. findet.

2.3 Die subjektive Bedeutung von Personen, Reizen und Situationen

Durch die unterschiedliche Lebensgeschichte und Persönlichkeitsentwicklung bedingt, kann die gleiche Person, der gleiche Reiz, die gleiche Situation für verschiedene Personen unterschiedliche Bedeutung besitzen. So kann z.B. eine Katze bei einer Person positive Gefühle und Annäherungsverhalten, bei einer anderen Person negative Gefühle, Angst und Vermeidungsverhalten auslösen. Es ist also wichtig, den „Anreizwert" spezifischer Personen, Objekte und Situationen für einen Menschen zu bestimmen, also was für ihn anziehend oder abstoßend wirkt, um die Motivierung seines Verhaltens verstehen zu können.

2.4 Erwartete Konsequenzen des eigenen Verhaltens

Menschen richten sich in ihrem Verhalten auch nach den möglichen Konsequenzen, die sich daraus ergeben könnten. Sie bewerten die Situation danach, ob sie ihnen Vorteile oder Nachteile (Strafe, Blamage u.ä.) bringen könnte und reagieren als Konsequenz darauf mit Aktivität oder Passivität. Gemäß den Erwartungen wählt die Person aus ihrem Verhaltensrepertoire das entsprechende Verhalten aus. Wenn sich aber die Konsequenzen für das Verhalten verändern, kann sich auch das Verhalten ändern.

Neben stark gehemmten, „übergehemmten", Menschen gibt es als anderes Extrem jedoch auch solche, die sich weniger darum kümmern, was andere von ihnen denken oder welche Folgen sich aus ihrem Verhalten ergeben könnten. Dies beruht entweder auf einem impulsiven Lebensstil oder mangelnder Voraussicht (wegen geringer Intelligenz) oder darauf, daß die Person sich nach anderen Normen oder moralischen Prinzipien richten will. Diese Personen werden die Konsequenzen ihres

Verhaltens unberücksichtigt lassen oder diese anders bewerten, was für sie Strafandrohungen unwirksam oder weniger wirksam werden läßt.

2.5 Planung und Selbststeuerung des Verhaltens

2.5.1 Der inhaltsleere Willensbegriff

Das Verhalten wird aber nicht nur durch die Situation beeinflußt, auch die Person plant und steuert zumindest teilweise ihr Verhalten. Früher sprach man in diesem Zusammenhang vage von „Willen". Dieser Begriff wird jedoch im wissenschaftlichen Sprachgebrauch nicht mehr benutzt, u.a. weil er im Sinne der veralteten „Eigenschaftspsychologie" eine Einheit darstellt, die jemand entweder hat oder nicht hat. Eine differenzierte Betrachtung zeigt jedoch, daß Selbstkontrolle situations- bzw. problemspezifisch sein kann. Beispielsweise kann jemand unmäßig essen und Übergewicht haben, sich bezüglich Alkoholgenuß aber mäßigen und beim Trinken sich genau kontrollieren.

Sehr anschaulich werden die Selbststeuerung des Verhaltens und die dabei wirkenden Prozesse von dem französischen Schriftsteller Antoine de Saint-Exupéry in seinem Buch „Wind, Sand und Sterne" geschildert. Es geht dabei um ein Ereignis, das tatsächlich stattgefunden hat: Sein Kamerad Guillaumet verunglückt mit seinem Flugzeug in den Anden. Saint-Exupéry schildert, wie Guillaumet gegen die feindselige Natur kämpfte, immer wieder sich zu Aktivität antrieb und sich schließlich rettete (S. 206-208): „Im Schnee, weißt du, stirbt der Selbsterhaltungstrieb. Nach zwei, drei, vier Tagen Marsch willst du nur noch schlafen. Aber ich sagte mir: wenn meine Frau glaubt, daß ich lebe, dann glaubt sie, daß ich marschiere". ... Und er marschierte weiter. ... Einmal freilich, als er ein größeres Stück auf dem Bauch durch den Schnee gerutscht war, gab er es auf. ... Aber aus den Hintergründen des Gewissens kam plötzlich die Reue. Klare Bilder mischten sich in den Traum: „Ich dachte an meine Frau. Die Lebensversicherung schützt sie vor Not. Die Lebensversicherung, aber... . Ein Vermißter wird erst nach vier Jahren für tot erklärt." Dieser Satz verdrängte mit einschneidender Schärfe alle übrigen Bilder. Plötzlich wußte er wieder, daß er flach auf einem steilen Schneehang lag. Seine Leiche würde im Sommer mit dem schmelzenden Schnee in einer der vielen tausend Klüfte der Anden verschwinden. Aber er wußte auch, daß fünfzig Meter vor ihm ein Fels aus dem Schnee aufragte. „Da habe ich gedacht: Wenn ich aufstehe, komme ich vielleicht so weit, und dann hänge ich mich über den Stein, und im Sommer werde ich dann gefunden." Nachdem er aufgestanden war, ging er noch zwei Tage und drei Nächte.

Dieses literarische Beispiel zeigt anschaulich, was hinter dem vagen Begriff „Willen" eigentlich steckt: „Willensstärke" besteht also offensichtlich darin, daß jemand sein Verhalten genau plant, daß er sich bei der Durchführung der Pläne nicht ablenken läßt und Mittel und Wege findet, sein Ziel zu erreichen. Dazu gibt man sich (ohne daß dies einem immer bewußt wird) Anweisungen, Befehle, und zwar zumeist nicht laut, sondern, wie bei Guillaumet, in Form innerer Vorstellungen, **innerer Monologe**, was bedeutet, daß man „mit sich selbst spricht".

Demgegenüber würde eine „willensschwache" Person schwer eine Entscheidung treffen können, keine Pläne entwickeln, keine Initiative ergreifen und sich leicht ablenken lassen bzw. bei einem Hindernis aufgeben. Auch dürften ihre inneren Monologe anders geartet sein, weniger planvoll, weniger auf eine Lösung des Problems bezogen.

Auch „Stop!"-Befehle stellen ein wichtiges Prinzip dar, um den inhaltsleeren Begriff „Willen" zu ersetzen. Denn, wer unmäßig ißt, trinkt usw. ist nicht „willensschwach", sondern kann sich zum richtigen Zeitpunkt nicht den Befehl „ Stop! Aufhören!" geben. Er wird deshalb z.B. nicht mit dem Trinken aufhören, wenn es notwendig wäre, sondern sich von seinen Freunden beschwatzen lassen, noch ein Glas mit ihnen zu trinken.

Man könnte also nur dann von „freiem Willen" sprechen, wenn das Verhalten vollkommen „innengelenkt", d.h. absichtlich und frei gewählt ist. Aber allein schon durch die Erziehung werden diese Wahlmöglichkeiten und Freiheiten der Innenlenkung eingeschränkt. Dies gilt beispielsweise für eine autoritäre Erziehung, bei der Zwang und Unterordnung im Vordergrund stehen und durch die gelernt wird, die eigenen Handlungen an denen anderer auszurichten. Aber eigentlich werden durch jede Erziehung die Freiheitsgrade dadurch verringert, daß man die Dinge aus der spezifischen kulturellen Perspektive zu sehen lernt. Auch andere Zwänge (z.B. im beruflichen Bereich durch Rollenerwartungen) oder Umweltbedingungen (z.B. Hunger bei der bekannten „Minnesota Starvation Study"; Ruch und Zimbardo, 1974) verringern von vornherein die eigenen Wahlmöglichkeiten!

Aber selbst dann, wenn man diese hätte, lassen sich viele Menschen z.B. durch sozialen Druck beeinflussen. Man denke hier an das Beispiel des Mannes, der sich von seinen Freunden beschwatzen läßt, noch ein Bier zu trinken, obwohl er dadurch seinen Führerschein aufs Spiel setzt. Er hat seinen möglichen freien Willen, nämlich „Nein!" zu sagen, einer Fremdbestimmung geopfert. Das beweist also: Nur dann, wenn man die durch die Umwelt gegebene Möglichkeit durch Selbstkontrolle und Selbststeuerung nutzt, zeigt man „freien Willen"!

2.5.2 Die Steuerung des Verhaltens durch innere Monologe

Guillaumet hätte sich nie retten können, wenn er nicht mit sich gesprochen, sich selbst Anweisungen gegeben hätte. Deshalb sind innere Monologe, auch „innere Dialoge", „lautes Denken", „Sprechen mit sich selbst" o.ä. genannt, sehr wichtige Grundlagen für die Steuerung des eigenen Verhaltens.

Jeder Anfänger beim Autofahren, beim Sport usw. benutzt innere Monologe, z.B.: „Jetzt muß ich in einen anderen Gang schalten. Dazu muß ich zuerst die Kupplung treten, dann den Schalthebel nach vorne rechts schieben, dann die Kupplung wieder loslassen, dann ... usw." Er mag dies denken oder auch laut sagen.

Je erfahrener der Anfänger wird, desto weniger macht er sich diese Schritte bewußt; als erfahrener Autofahrer sind seine Handlungen derart automatisiert, daß er so schnell und „unbewußt" handelt, daß er dafür den falschen Begriff „instinktiv" dazu verwendet. Demgegenüber ist bei Fehlverhalten oft notwendig, sich die einzelnen Schritte wieder bewußt zu machen. Dadurch können die Fehler von impulsiven, hyperaktiven Kindern bei schulischen u.a. Aufgaben verringert werden. Beispielsweise mußten Jungen sich selbst Befehle geben und sich z.B. sagen: „Ich muß warten, zuhören, hinsehen und nachdenken, bevor ich antworte." Für impulsive, hyperaktive Kinder ist offensichtlich lautes Sprechen effektiver als das stille Lesen von Instruktionen (s. z.B. Meichenbaum, 1979, S. 34 und 35).

Der Zusammenhang zwischen inneren Monologen bzw. Selbstinstruktionen und moralischem Verhalten wurde in verschiedenen Untersuchungen nachgewiesen. Hartig und Kanfer (1973) wiesen Kinder an, spezifische problembezogene Äußerungen zu tun: „Ich werde mich nicht umschauen und die Spielzeuge anschauen, ich werde ein guter Junge/gutes Mädchen sein!" oder „Ich darf mich nicht umdrehen und die Spielsachen anschauen!" Nachdem die Versuchsleiter den Raum verlassen hatten, zeigte es sich, daß Kinder, die derartige Selbstanweisungen in ihrer Abwesenheit laut äußerten, signifikant häufiger der Versuchung widerstanden, nach attraktiven Gegenständen (Spielzeug) zu schauen. Entscheidend war, daß die Anweisung „aufgabenbezogen", d.h. auf das zu zeigende Verhalten, war. Bloße ablenkende Äußerungen (Aufsagen von Kinderreimen) zeigten keine Wirkung.

In der Erziehung im Alltag werden diese Selbstinstruktionen natürlich nicht (immer) in dieser bewußten, direkten Form vermittelt. Aber durch direktes Lehren, was „gut", „richtig" oder „schlecht", „falsch" ist und Bewertungen des Kindes: „Du bist ein guter Junge/gutes Mädchen bzw. böser Junge/böses Mädchen!" werden ähnliche Selbstinstruktionen geformt. Dazu sind natürlich bestimmte Erziehungsvoraussetzungen notwendig, z.B. ein freundliches Familienklima, das die Identifikation mit den Eltern erleichtert.

Dazu ein Beispiel von Kolle, (1964, S.159-160): „Meine zweieinhalbjährige Tochter Cornelia hatte ein Manuskript zerrissen und andere Manuskripte mit Bleistift wild beschmiert. Mit einem Klaps auf die Hand war sie bestraft worden. Kurz darauf entdeckte ich sie wieder im

Arbeitszimmer, ohne daß Cornelia mich sah. Sie hatte einen Bleistift in der Hand und setzte gerade zum Kritzeln an. Plötzlich veränderte sich ihre Haltung, ihr Gesicht verzog sich in bekümmerte Falten, sie schüttelte erregt den Kopf und sprach in meinem Tadeltonfall: „Nein, nein, böse Nele, nich tun, nich wieder tun". Und sie ließ ab von ihrem Verhalten."

Dieses Beispiel zeigt deutlich, daß in der Situation, in der der Vater abwesend war, das Mädchen die Normen, die Interessen und die Rolle des Vaters übernahm und sich selbst tadelte, ein Verhalten, das zweifellos eine gute Beziehung zwischen Vater und Tochter voraussetzt. Es ist deshalb verständlich, daß Kinder, die in einer freundlichen Atmosphäre aufwachsen, weniger Verbote übertreten, und wenn sie es einmal tun, starke Schuldgefühle haben (Becker, 1964).

Selbstinstruktionen, offene und laut geäußerte innere Monologe helfen also, das eigene Verhalten sinnvoll zu steuern und impulsives Handeln zu verringern. Dies steht auch in Verbindung mit der Tatsache, daß viele wegen krimineller Delikte aufgefallene Jugendliche einen „impulsiven Lebensstil" haben (West und Farrington, 1977) und diese auch vorwiegend aus der Unterschicht kommen. Es gibt nämlich eine negative Korrelation von sozioökonomischem Status und der Impulsivität (Meichenbaum, 1979, S. 37). Dies ergibt sich aus soziologischen Faktoren: In der Unterschicht wird eher körperlich gestraft, den Kindern werden weniger Erklärungen gegeben, warum bestimmte Verhaltensweisen richtig oder falsch sind; hinzu kommen sprachliche Defizite. Das sind aber alles keine Faktoren, die Selbstverantwortung oder angemessene Selbstinstruktionen in optimaler Weise fördern können. Wer sprachlich nicht so gewandt ist, kann schlechter Probleme verbalisieren, die richtigen Schritte erkennen und planvoll formulieren. Dies erklärt auch, warum intelligentere Personen ehrliches (Hartshorne und May, 1930), pünktliches (Dudycha, 1936) und ähnlich sozial hoch bewertetes Verhalten in größerem Ausmaß zeigen: sie haben bessere Planungs- und Selbststeuerungsfähigkeiten, können außerdem die Konsequenzen ihres Verhaltens besser abschätzen. Außerdem erklären die vorher zitierten Experimente, weshalb körperliche Strafen in der Erziehung wirkungslos bleiben. Werden Kinder häufig gestraft, so steht bei ihnen die strafende Erzieherperson im Vordergrund, die ihr Verhalten lenkt und kontrolliert. Sie haben nie gelernt, ihr Verhalten selbst zu lenken und zu kontrollieren. Dagegen zeigen Kinder, die durch Argumentationen, Vernunftgründe erzogen werden, nach einer Übertretung eher Selbstkritik und Schuldgefühle und versuchen eher, den Schaden wieder gut zu machen, als Kinder, die gestraft werden. Sie haben nämlich gelernt, ihr Verhalten selbst zu lenken und für ihr Verhalten verantwortlich zu sein; Kinder, die gestraft wurden, haben dagegen gelernt, sich nur an Regeln zu halten, wenn sie von anderen Menschen kontrolliert werden.

2.5.3 Inhalte innerer Monologe

Die inneren Monologe eines Menschen werden durch die in der Erziehung vermittelten und durch die individuelle Lebensgeschichte erworbenen Wertvorstellungen, Lebensziele, gesellschaftliche Normen, Ängste u.ä. geprägt (s. kognitive Struktur). Dies wird beispielsweise von Kohlberg (1968) in dem Titel seines Artikels „The Child as a Moral Philosopher" angesprochen. Dazu schildert er ein „typologisches Schema" (S. 25) mit drei verschiedenen Niveaus moralischen Denkens; innerhalb jedes dieser Niveaus werden noch zwei verwandte Stufen unterschieden.

Auf dem ersten Niveau handeln Menschen nach egoistischen Motiven und aus Angst vor Strafen; ihre Beziehungen zu anderen Menschen gestalten sich nach dem „Austauschprinzip" („Eine Hand wäscht die andere!"). Menschen, die sich auf dem zweiten Niveau befinden, befolgen Normen und Gesetze aus Konformität, d.h. ohne ihre Berechtigung in Zweifel zu ziehen; sie handeln vorwiegend aus Furcht vor sozialer Mißbilligung. Auf dem dritten Niveau stehen Eigenverantwortung, Gerechtigkeit und abstrakte moralische Prinzipien (wie z.B. der „Kategorische Imperativ" von Kant) im Vordergrund. Beobachtungen im täglichen Leben und Experimente zeigen, daß Personen mit höherem moralischen Denkniveau sich als hilfsbereiter erweisen, sogar unter Inkaufnahme von Nachteilen oder unter Einsatz des eigenen Lebens (s. z.B. London, 1970).

2.5.4 Strategien und Taktiken

Schon Kinder lernen bestimmte Verhaltensweisen, um Erfolg zu haben und um Nachteile zu vermeiden. So kann ein Kind, das autoritär erzogen wird, z.B. merken, daß es dann nicht Ärger mit den Eltern bekommt oder dann nicht bestraft wird, wenn es passiv bleibt; ein anderes Kind lernt, daß es nur dann Aufmerksamkeit erhält, wenn es den Klassenclown spielt. Strategien und Taktiken sind in diesem Sinne nicht immer bewußt geplant, sondern sind gelernte Anpassungsmechanismen, die sich besonders im zwischenmenschlichen Verhalten äußern (wenn man hier z.B. Strategien zur Lösung geistiger und schulischer Probleme ausklammert). Ein amerikanisches Forschungsteam der „Kaiserfoundation" hat nun diese zwischenmenschlichen Taktiken und Strategien in einem System zusammengestellt, wobei sich jede Taktik/Strategie in einer angepaßten und einer unangepaßten Form äußern kann (s. Leary, 1957):

angepaßte Form:	unangepaßte Form:
1) dominant, kann sich durchsetzen	- Machtmißbrauch, autoritäres Verhalten
2) selbstbewußt, unabhängig	- snobistisch, narzißtisch
3) kann sich gegen Angriffe wehren	- aggressiv
4) kritisch, unkonventionell	- mißtrauisch, distanziertes Verhalten
5) zurückhaltend, ordnet sich unter	- unterwürfig, masochistisch
6) bewundert andere, bittet um Rat	- abhängig
7) freundlich	- konfliktscheu, gespielte Freundlichkeit
8) hilfsbereit	- aufdringliche Bevormundung

Learys Modell besitzt große theoretische und praktische Bedeutung, weil es nicht nur zwischenmenschliches und kriminelles Verhalten differenziert darstellt, sondern auch - im Gegensatz zu Eigenschaftstheorien - erklärt, *warum* jemand ein derartiges Verhalten zeigt (s. Füllgrabe, 1975a).

Daß jemand introvertiert bzw. wenig gesellig „ist", ist eine *Beschreibung* seines Verhaltens. Gemäß Learys Modell wäre introvertiertes Verhalten aber z.B. das Ergebnis einer mißtrauischen Verhaltensstrategie oder der früher gemachten Erfahrung, daß man dann am wenigsten unangenehm auffallen kann, wenn man sich zurückhält u.ä. Es zeigt sich hier, daß Strategien und Taktiken keineswegs immer bewußt geplant sein müssen, vor allem aber, daß sie der Person nicht immer Vorteile bringen. So ist z.B. eine distanziert mißtrauische Haltung von großem Nachteil oder sogar selbstzerstörerisch. Auf die Probleme unangepaßter Verhaltensstile und dabei auftretende psychopathologische Phänomene geht Millon (1969) sehr intensiv ein. Dabei leitet er die unangepaßten Strategien vorwiegend von Erziehungsfaktoren ab, wobei er aufzeigt, daß man zur Beschreibung unangemessener Verhaltensweisen auch ohne den inhaltsleeren „Psychopathie"-Begriff auskommt.

3. Der Mensch als biologisches Wesen

Der Mensch ist nicht nur ein psychologisches, sondern natürlich auch ein biologisches Wesen. Deshalb können biologische Faktoren durchaus das Verhalten beeinflussen. Beispielsweise kann Vitamin-B2-Mangel Pellagra erzeugen, was psychische Störungen, Depression u.a. bewirkt. Wenn auch im allgemeinen der Einfluß biologischer und genetischer Faktoren weit überschätzt wird, so dürfen derartige Faktoren - gemäß dem BASIC ID - doch nicht grundsätzlich ausgeschlossen werden.

Bei allen Aussagen zu biologischen Faktoren ist es sehr wichtig, **zwischen Ursache und Wirkung zu unterscheiden**. Denn durch Lernprozesse können auch physiologische und biologische Veränderungen bewirkt werden (Denenberg und Zarrow, 1970). Beispielsweise kommt es als Folge von klassischen Konditionierungsprozessen bei Tieren zu einer Veränderung von Neuronen (Slade, 1978). Man kann also, wenn man zwischen zwei Gruppen physiologische u.ä. Unterschiede feststellt, etwa zwischen Strafgefangenen und einer Kontrollgruppe, nicht sagen, daß diese physiologischen Unterschiede die *Ursache* für diese Merkmale (hier z.B. Kriminalität) darstellen; sie können genauso gut die Folge von Lernprozessen sein, die die biologische und physiologische Ausstattung des Menschen ebenfalls verändert haben.

Aber selbst dann, wenn das Biologische des Menschen nicht oder nur gering durch Lernprozesse beeinflußt wird, sind die Beziehungen zum Verhalten oftmals nur indirekt. Wenn man z.B. in den USA feststellte, daß dort delinquente Jugendliche häufig einen athletischen Körperbau haben (Glueck und Glueck, 1950), dann ist der Körperbau nicht die Ursache von Kriminalität und Aggression. Vielmehr kann sich ein solcher Jugendlicher in den Slums und bei den dortigen Bandenkriegen besser behaupten, wird für abweichendes Verhalten bekräftigt und leicht sozial auffällig.

Da es biologische Unterschiede zwischen den Menschen gibt und außerdem der gleiche Mensch durch physiologische Veränderungen Verhaltensänderungen erleben kann, sollen für das Verständnis der Kriminalität wesentliche Aspekte der biologischen Ausstattung des Menschen besprochen werden.

3.1 Gehirn und Verhalten

3.1.1 Mögliche Auswirkungen organischer Gehirnstörungen

Organische Gehirnstörungen (z.B. im limbischen System) *können* das menschliche Verhalten negativ beeinflussen. Shah und Roth (1974) berichten dazu ein typisches Beispiel. Ein über zwanzigjähriges Mädchen zeigte extreme Verhaltensänderungen, bei denen es unprovoziert lachte, weinte und Wut zeigte. Sie schlug Personen ihrer Umwelt und versuchte, sie zu beißen, drückte aber später Bedauern über ihre unprovozierte Aggressivität aus. Nach ihrem Tod stellte sich heraus, daß sie einen Tumor im Hypothalamus hatte. Ein weiteres Beispiel: Nach Gehirnhautentzündungen zeigte eine große Anzahl vorher normaler Kinder „psychopathisches" Verhalten und Verhaltensstörungen: Impulsivität, Zerstörungswut, Feuerlegen und abnormales sexuelles Verhalten. Auch diese Kinder drückten Gewissensbisse über ihre Verhaltensausbrüche aus. Zu derartigen Untersuchungen muß man bemerken:

(1) Derartige Gehirnstörungen besitzen in der Gesamtbevölkerung ein relativ geringes Vorkommen, ihr Vorkommen bei der Kriminalität ist ebenfalls gering.

(2) Gehirnstörungen stehen nicht direkt mit Aggression und Kriminalität in Verbindung, sondern höchstens über eine (zeitweilige?) Erhöhung der Erregung und Irritation und damit verbundenen Verringerung der Selbstkontrolle.

(3) Selbst wenn organische Störungen vorliegen, spielen bei Verhaltensstörungen auch Erziehungsfaktoren eine große Rolle. Beispielsweise waren bei epileptischen Kindern, die Verhaltensstörungen zeigten, die Familienverhältnisse gestörter als bei epileptischen Kindern, die frei von Verhaltensstörungen waren (Grunberg und Pond, 1957).

Es stellt sich also die Frage, welcher Zusammenhang überhaupt zwischen dem Gehirn und dem konkreten Verhalten besteht.

3.1.2 Im Gehirn ist kein Verhalten lokalisiert

Zu den sensationell aufgemachten Behauptungen, man könne durch Manipulationen am menschlichen Gehirn friedfertiges und aggressionsfreies Verhalten bewirken, meint Valenstein (1979, S. 64) deutlich: „Der Glaube, man könne durch eine Reizung oder Zerstörung einer bestimmten Gehirnregion ein ganz bestimmtes Verhalten und nur dieses verändern, ist reiner Aberglaube." Beim Menschen sind die Beziehungen zwischen dem Gehirn und dem Verhalten komplexer, als dies Vertreter der These glauben, durch Gehirnkontrollen könne man Kriminalität und Gewalttätigkeit verhindern. Valenstein (1979, S. 65) faßt dazu Forschungsergebnisse folgendermaßen zusammen: „Beim Menschen kann eine Gehirnstimulation mit einiger Sicherheit allgemeine emotionale Zustände hervorrufen. Von bestimmten Gehirn-Zonen gehen eher unangenehme Gefühle und von anderen eher angenehme aus. Die Patienten berichten über „Anspannung", „Erregung", „Angst", „Furcht", „Wut"; oder sie bezeichnen ihre Gefühle als sehr angenehm oder „entspannt". Verschiedene Patienten berichten aber über verschiedene Gefühle bei der Reizung derselben Gehirnregion, und dieselbe Person kann durch gleichartige Reizung zu verschiedenen Zeiten ganz verschiedene Empfindungen haben. Die Vorstellung, eine Gehirnstimulation könne beim Menschen immer wieder denselben Gefühlszustand, denselben Gedächtnisinhalt oder dasselbe Verhalten hervorrufen, ist einfach ein Märchen. Das Gehirn ist nicht in Abteilungen und Fächer gegliedert, die unseren wertbehafteten Bezeichnungen für das Verhalten entsprechen. Ein Begriff wie der der Aggression ist eine von Menschen geschaffene Abstraktion, die als solche nicht im Nervensystem existiert."

Man kann also aus diesen Ausführungen entnehmen, daß Gehirnreizungen einen *allgemeinen Erregungszustand* auslösen, der sich je nach Umwelt und Deutung durch das Lebewesen in verschiedenen Verhaltensweisen äußern kann. Dies hat ja eine Parallele in dem bekannten Experiment von Schachter und Singer (1962), bei dem durch Adrenalin der allgemeine Erregungszustand und das Aktivitätsniveau erhöht wurde. Je nachdem, wie sie ihren Erregungszustand deuteten, reagierten Versuchspersonen höchst unterschiedlich auf den gleichen physiologischen Erregungszustand: euphorisch oder ärgerlich. Zwar gibt es verschiedene kritische Argumente gegen dieses Experiment, etwa, daß „aufgewühlt" zu sein ein beunruhigendes Gefühl ist und zumeist negativ empfunden wird, also schwer zu verstehen ist, wie eine solche Erregung in eine positive Emotion umgewandelt werden könnte (Zimbardo, 1978, S. 285). Doch ist das grundsätzliche Prinzip gesichert: Gefühle können durch kognitive Prozesse beeinflußt werden. Darauf beruhen ja Methoden der Ärgerverhinderung (Novaco, 1977), bei denen z.B. ein Polizeibeamter dadurch keinen Ärger empfindet, daß er innere Monologe vollzieht, etwa: „Der will mich doch nur provozieren!". Durch derartige innere Monologe und Deutungsvorgänge wird verhindert, daß die Person überhaupt erst ein erhöhtes Erregungsniveau bei sich erzeugt. Andererseits lassen provozierende Selbstäußerungen wie z.B. „Was glaubt der denn, was er mit mir machen kann! Das kann ich mir doch nicht gefallen lassen!" den Blutdruck und damit das Erregungszustand ansteigen.

Fazit: Der Mensch ist keineswegs ein biologischer Roboter, sondern kann durch innere Monologe u.ä. seine biologische Ausstattung durchaus beeinflussen.

3.2 Hormone

Wichtig ist hier der Hinweis, daß ein erhöhter Hormonspiegel nicht unbedingt die Ursache von Verhaltensweisen, sondern die Folge von Lernprozessen sein kann.

In einer englischen Untersuchung von Fine und Sweeny (1967; zitiert nach Selg u.a., 1972) wurde die Frage untersucht, „ob die andauernden Frustrationen, denen die Angehörigen der soziologischen Unterschicht ausgesetzt sind, nicht auch zu Differenzen bezüglich des Katecholaminspiegels führen" (S. 104). Tatsächlich fanden die Autoren unterschiedliche Hormonspiegel bei Rekruten aus verschiedenen Schichten. „Die Autoren schließen aus dem Ergebnis dieser Untersuchung, daß die Klassenunterschiede in bezug auf den Sozialisationsprozeß des Kindes zu unterschiedlichen Streßbewältigungstechniken führen. Während die Mittelklasse ihre Kinder zu abgewogenem Verhalten anhält und Aggressionen eher unterdrückt werden, bekräftigt die Unterklasse Wut und Aggressionszustände des Kindes. Diese beiden „Stile" bewirken unterschiedliche physiologische Adaptionsreaktionen, die für die Unterschiede in der Katecholaminausscheidung verantwortlich gemacht werden" (Selg u.a., 1972).

Da häufig behauptet wird, daß Frauen kurz vor und nach der Menstruation und im Klimakterium besonders häufig Diebstähle und andere Delikte begehen, also zu Zeitpunkten großer Hormonveränderungen, soll dieses Phänomen näher beleuchtet werden. Einige Untersuchungen weisen darauf hin, daß mehr Delikte während der Zeit unmittelbar vor und während der Menstruation begangen wurden. Andere Untersuchungen (s. z.B. Widom, 1978a) ermittelten keine derartigen zeitlichen Beziehungen. Zu derartigen Untersuchungen kann man kommentierend bemerken:

(1) Die Untersuchungen wurden an weiblichen Gefängnisinsassen durchgeführt, also einer höchst spezifischen Stichprobe, die nicht unbedingt für die weibliche Gesamtbevölkerung repräsentativ sein muß.

(2) Wenn Hormonveränderungen Irritierbarkeit, Spannung, Nervosität und ähnliche Symptome erzeugen, könnte dadurch die Selbstkontrolle verringert worden sein, was kriminelle Delikte leichter auftreten lassen könnte. Allerdings wäre dann fraglich, ob tatsächlich die Veränderung der Hormone und nicht in Wirklichkeit eine allgemeine Verringerung der Selbstkontrolle der entscheidende Faktor wäre, also ein vom Zeitpunkt des Menstruationszyklus unabhängiger Faktor, denn Shah und Roth (1974) berichten, daß Frauen, die sich über Reizbarkeit während prämenstrueller und menstrueller Perioden beklagen, auch zu anderen Zeitpunkten leichter reizbar sind. Hinzu kommt, daß Ruble (nach Psychology Today, May 1978, S. 36) feststellte, daß zumindest einige der Symptome vor der Menstruation auf kulturell geprägte Erwartungshaltungen und Deutungsvorgänge zurückgeführt werden können.

(3) Shah und Roth geben eine plausible Erklärung für Untersuchungsergebnisse, gemäß denen Frauen zu bestimmten Zeitpunkten ihres Menstruationszyklus häufiger Delikte begehen sollen: Vielleicht begehen sie zu diesem Zeitpunkt nicht mehr Delikte, sondern werden nur leichter ertappt, weil sie zu diesem Zeitpunkt auch eine langsamere Reaktionszeit, Lethargie und Müdigkeit zeigen.

3.3 Ernährungsfaktoren

Einige Kinder zeigen nur am Morgen und vor Mahlzeiten reizbares und hyperaktives Verhalten. Nachdem sie gegessen haben, sind sie wieder ruhiger und ausgeglichener. Offensichtlich war ihr zu geringer Blutzuckerspiegel (Hypoglykämie) Ursache dieses reizbaren Verhaltens. Daß durch eine starke **Hypoglykämie** explosive Verhaltensänderungen stattfinden können, ist verständlich. Allerdings ist fraglich, inwieweit anekdotische Berichte von motivlosen Morden, Körperverletzungen und Sexualdelikten während Episoden von Hypoglykämie *primär* auf den verminderten Blutzuckerspiegel zurückzuführen sind (Shah und Roth, 1974).

Der Einfluß von **Nahrungsszusätzen** (Farbstoffe, Phosphat u.ä.) auf hyperkinetisches, impulsives, aber auch kriminelles Verhalten wird häufig angenommen. Wenn es auch Menschen, speziell Kinder, geben mag, die dadurch in ihrer Selbstkontrolle beeinträchtigt werden könnten, so sind doch die Einflüsse derartiger Nahrungsmittelzusätze nicht gesichert (Henker und Whalen, 1980). Die Autorinnen weisen auch auf folgendes hin: „Die Qualität der elterlichen Fürsorge und Energie, die notwendig ist, um den Haushalt zu reorganisieren und die Diät einzuhalten, ist selbst schon ausreichend, um merklich das Verhalten des Kindes zu ändern." (S. 326)

3.4 Umweltverschmutzung

Durch Industrie, Autoabgase u.ä. gelangen hohe Bleimengen in die Umwelt. Wie verschiedene Untersuchungen (s. z.B. Needleman u.a., 1979) zeigen, erzeugen derartige Bleigehalte bei Schulkindern - selbst wenn keine körperlichen Schäden sichtbar werden - Schulprobleme, Intelligenzdefizite und impulsives, hyperaktives Verhalten.

3.5 Biologische Mythen

Daß gemäß der Fließschen Theorie biologische **Langzeitrhythmen** bei gewissen Konstellationen der von ihm postulierten „körperlichen", „psychischen" und „geistigen" Rhythmen gehäuft Morde auftreten, ist ein Mythos (Füllgrabe, 1980). Gleichermaßen ist es eine Legende, daß bei **Vollmond** die Zahl von Gewalttaten erheblich höher sein soll (Campbell und Beets, 1978) (s.a. Kap. VII, 5.4). Allerdings können **Wetterfaktoren** (zumindest bei einigen Menschen) z.B. über eine Verringerung von Selbstkontrolle und Konzentration das Verhalten beeinflussen.

4. Die Situation

4.1 Interpersonale Situationen

Das Verhalten von Menschen richtet sich auch danach, welches Alter, Geschlecht, welchen Status die Personen haben, mit denen sie sich im gleichen Raum, in der gleichen Situation befinden, welche interpersonalen Verhaltensweisen diese zeigen usw. Man betrachte in diesem Zusammenhang Verhaltensrituale, die man als Höflichkeit bezeichnet. Aber auch Straftäter benutzen derartige Klassifikationen bei der Auswahl ihrer Opfer.

Grayson und Stein (1981) stellten fest, daß bestimmte Passanten sich durch ihre nichtsprachlichen Signale als potentielle Opfer verrieten. Dies geschah vor allem durch die Art und Weise, wie sie gingen. Grayson und Hall ließen Videoaufnahmen von 12 Gefangenen, die wegen Körperverletzung an ihnen unbekannten Personen verurteilt worden waren, danach einstufen, inwieweit die gezeigten Männer und Frauen leichte oder schwer zu erreichende Angriffsobjekte seien. Verschiedene typische Bewegungsmuster kennzeichneten die Personen, die als leichte Opfer galten:

- ihre Schritte waren entweder sehr lang oder sehr kurz,
- sie gingen unbeholfen, linkisch, hoben ihr linkes Bein zusammen mit ihrem linken Arm (anstatt abwechselnd)
- bei jedem Schritt hoben sie den ganzen Fuß hoch und setzten ihn dann auf (weniger kriminalitätsgefährdete Passanten ließen bei ihrem Schritt ihren Fuß von der Ferse bis zum Zeh abrollen).

Insgesamt gingen die potentiellen Opfer so, als seien sie im Konflikt mit sich selbst. Sie schienen jede Bewegung auf die möglichst schwierigste Art und Weise zu machen. Diese Körpersignale wurden von den Tätern als eindeutige Signale zum Angreifen erkannt.

4.2 Die Reaktion des Menschen auf seine Umwelt

Mehrabian (1978) geht von der These aus, daß die jeweilige Umwelt auf den Menschen Reize aller Art (durch Farben, Gerüche, Bäume, ein Gemälde, eine körperliche Bedrohung, andere Menschen usw.) ausstrahlt, die dann bei ihm entsprechende Gefühle auslösen. Diese Gefühle kann man gemäß Mehrabian nach drei psychologischen Dimensionen einordnen, nach dem Grad ihrer

Erregung - Nichterregung

Lust - Unlust

Dominanz - Unterordnung (Unterwerfung)

Erregung bedeutet, daß ein hohes Aktivitätsniveau vorliegt und man „aktiv, angeregt, aufgeregt, hellwach usw. ist. ... Im Gegensatz dazu ist man bei Nichterregung entspannt, ruhig, träge, schläfrig usw. ... Lust bedeutet, daß man vergnügt, glücklich, befriedigt, zufrieden ist oder sich gut fühlt. ... Im Gegensatz dazu bedeutet Unlust, daß man unglücklich, verärgert, unbefriedigt, melancholisch ist oder sich schlecht fühlt. ... Dominanz bedeutet, daß man sich überlegen fühlt ... oder die Situation unter Kontrolle hat." Unterordnung beinhaltet das „Gefühl, eingeschüchtert. mit Vorschriften eingedeckt oder so behandelt zu werden, daß man keine Entscheidung ... fällen kann...".

„Die drei Dimensionen der emotionalen Reaktion: Erregung - Nichterregung, Lust - Unlust und Dominanz - Unterwerfung stellen das Grundmuster dar, aus dem alle Gefühle entstehen. Jede Dimension ist von den anderen beiden unabhängig. ... Nehmen wir zum Beispiel die Wut. Wenn wir wütend sind, sind wir stark erregt, unlustbetont und haben Gefühle der Dominanz. In der Dimension der Dominanz meinen wir, daß wir aus dem einen oder anderen Grund berechtigt sind, körperlich oder verbal zuzuschlagen, daß wir unsere Umwelt dadurch kontrollieren oder beeinflussen können, daß wir sie buchstäblich oder im übertragenen Sinne zusammenstauchen... ." (S. 23/24)

Bei der Reaktion auf neue, intensive, unvorhergesehene Reize gibt es allerdings typische Unterschiede. Hierbei sind einige Personen leichter erregbar („Nichtabschirmer") als andere („Abschirmer"), wobei diese Bezeichnungen aufzeigen, was das Erregungsniveau bedingt: „Abschirmern" gelingt es besser als „Nichtabschirmern", sich gegenüber den weniger bedeutsamen Teilen ihrer Umwelt abzuschirmen und damit wirkungsvoll das Reizvolumen ihrer Umwelt und damit auch ihr Erregungsniveau zu verringern. „Abschirmer" strukturieren die Situation (z.B. durch innere Monologe), sind selektiver bezüglich Reizen. Nichtabschirmer sind nicht unbedingt „nervöser", reagieren aber relativ empfindlich auf geringere Veränderungen von Reizen. Bei der Abschirmung, die gegenüber verschiedenen Reizen unterschiedlich gelingen kann, scheinen Lernvorgänge ganz spezifischer Art eine Rolle zu spielen (s. Desensibilisierung). Typisch ist z.B. für Bewohner von Großstädten, sich gegenüber anderen Menschen abzuschirmen, sich nicht um das Verhalten anderer Menschen zu kümmern, wodurch sie gegenüber deren Nöten und Problemen desensibilisiert werden.

4.3 Der Einfluß des Zufalls

Was man global als Zufall bezeichnet, ist eine Konstellation von situativen Faktoren in besonders wichtigen und entscheidenden Situationen (s.a. Kap. I, 3.3). Der deutsche Kriminologe von Hentig widmete ein ganzes Kapitel seines Buches „Das Verbrechen" (1961) der „Dynamik und dem Bereich des Zufalls".

Er gibt eine Vielzahl von Falldarstellungen von Zufällen, durch die

- Täter entdeckt,
- Unschuldige als Täter angesehen,
- Ausbruchsversuche nicht entdeckt wurden,
- kriminelle Delikte verhindert wurden:

Ein Krimineller gibt z.B. zwei Schüsse auf die Detektive ab, die ihn verhaften wollen. Durch Zufall verfehlt eine Kugel ihr Ziel, die andere prallt vom metallenen Mantelknopf an der Brust des Detektivs ab. „Wie durch ein Wunder blieb er völlig unverletzt. Es blieb bei einem Mordversuch. Versuche sind der weite Tummelplatz des Zufalls, der unverdient die Schuld vermindert." (S.129). Ein weiteres Beispiel dazu liefern Zwillinge, von denen einer kriminell, der andere unbescholten war. Der unbescholtene gestand aber, im Alter von 12 Jahren kurz davor gestanden zu haben, zusammen mit zwei anderen in einen Laden einzubrechen. Nur weil eine Person die Straße entlang kam, mißglückte der Versuch. „Es gibt unzählig viele solcher Unbescholtenen. Sie blieben nur sozial durch Zufalls Gnaden, zumal wenn man im letzten Fall an die kausale Zwischenstufe der Haft und des Bestraftseins denkt, die ihm zu gleicher Zeit erspart blieb." (S. 133).

V. Kriminelles Verhalten

1. Die Problematik des Täterbegriffs

1.1 Definitionsprobleme

Kriminelles Verhalten bedeutet, daß jemand Gesetze übertritt. Aber wie kann man definieren, was ein „Krimineller" ist? Soll man darunter nur die Personen verstehen, die rechtskräftig verurteilt wurden? Dann blieben alle die Personen unberücksichtigt, die zwar kriminelle Delikte begangen haben, aber nicht erwischt wurden.

Denn neben der offiziell bekanntgewordenen Kriminalität besteht noch ein erhebliches Dunkelfeld. In der Göttinger Dunkelfeldstudie ermittelte man für Diebstahl, daß auf eine bekannte Tat ca. 15 Taten kommen, die nicht angezeigt werden, bei Körperverletzung beträgt das Verhältnis ca. 1 : 8. Allgemein kann man feststellen, daß die Bereitschaft, Delikte mit geringerem Schaden anzuzeigen, geringer ist als bei Delikten mit größeren Folgeschäden. Wird die Bevölkerung über Ermittlungserfolge unterrichtet, erhöht dies das Zutrauen zur Arbeit der Polizei und die Anzeigebereitschaft (Schwind, 1975). Man schätzt auch, daß von zehn Steuersündern nur einer ertappt wird; durch Steuerhinterziehungen werden dem Staat jährlich zwischen 1,5 bis 10 Milliarden DM vorenthalten. Man schätzt: Wenn alle Bürger ehrlich ihre Steuern bezahlen würden, könnten alle Steuern um ein Drittel gesenkt werden!

Verletzungen von Normen und Gesetzesübertretungen stellen ein relativ weit verbreitetes Phänomen dar. In den USA sind auch unter Rechtsanwälten, Politikern, Managern und sogar Polizeibeamten und Geistlichen illegale und kriminelle Praktiken weiter verbreitet, als man dies gemeinhin annimmt (Feldman, 1977).

Aber auch in Deutschland finden wir derartige Verhaltensweisen bei Personengruppen, von denen man gemeinhin eher moralisches Verhalten erwartet. Beispielsweise beklagen Universitätsbibliotheken die wachsende Zahl von Buch-Plünderungen. Ganze Artikel, längere Passagen werden „bei Bedarf" herausgerissen, Kupferstiche, alte Landkarten u.ä. systematisch herausgetrennt. „Neben den Juristen und Theologen, die traditionell beim Bücherdiebstahl führen - an einer großen Berliner Bibliothek entfallen 50 - 60% der Buchverluste auf juristische Fachliteratur - neigen auch Psychologen und Pädagogen, Natur- und Wirtschaftswissenschaftler immer mehr zum achtlosen Umgang mit Büchern und fremdem Eigentum" (Mündener Allgemeine v. 31.7.1978).

Bei Regierungsempfängen in Bonn verschwanden in den letzten Jahren so viele Silber-Aschenbecher, daß man den Gästen aus Diplomatie, Hochfinanz und Großindustrie jetzt nur noch Kaufhausware vorsetzt (Petra, Nr. 6,1974, S.118). Aber die dabei betroffenen Personen würden sich genauso wie Umweltverschmutzer, Steuerhinterzieher, Schwarzfahrer empört dagegen wehren, als Kriminelle bezeichnet zu werden, doch sie alle übertreten Gesetze und Normen. Andererseits galten Homosexuelle als Kriminelle, allerdings nur bis zu dem Tag, an dem homosexuelles Verhalten nicht mehr als Delikt im Strafgesetzbuch aufgeführt und bestraft wurde. Und wenn, wie in einigen Bundesstaaten der USA, bestimmte sexuelle Praktiken (auch zwischen Eheleuten!) verboten waren, so wird deutlich, daß jemand in einem Staat als Krimineller gelten kann, in einem anderen aber als Nichtkrimineller. Es gibt auch ein weiteres Problem: Wenn in totalitären Staaten Menschen sadistisch gefoltert und vergewaltigt werden, worin unterscheiden sich die Folterer von anderen Menschen, die „privat" andere vergewaltigen und sadistisch quälen? Ist es nicht gerechtfertigt, auch sie als Kriminelle zu bezeichnen? Bezeichnenderweise sprach deshalb das „Zeit Magazin" (Nr. 38, 1976, S. 26f) in seinem Bericht über Folterungen in der ganzen Welt von der „Subkultur des Terrors".

1.2 Der lange Weg: vom Delikt zur Verurteilung

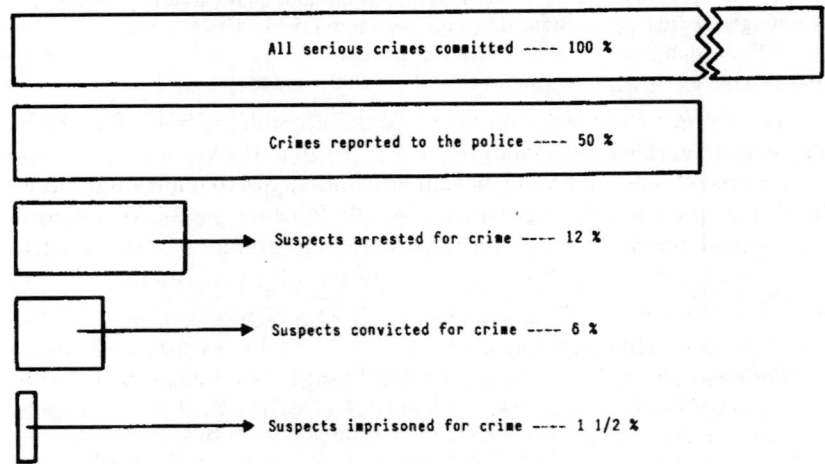

Ennis (1970, S. 77) erstellte obiges Modell, das anschaulich zeigt, daß nicht alle Delikte überhaupt zur Anzeige, Ermittlung durch die Behörden oder gar zu einer Verurteilung gelangen. Auch Wolfgang u.a. (1970) stellen (S. 109) einen Trichtereffekt fest: Obwohl 2780000 Delikte berichtet wurden, kam es nur zu 63000 Gefängnisstrafen. Der Weg vom Delikt zur Verurteilung ist demnach durch einen „Schrumpfungsprozeß" gekennzeichnet: Immer mehr Delikte und damit Täter fallen aus dem möglichen juristischen Verfolgungsprozeß heraus. Es ist folglich wesentlich zu klären, welche Faktoren diesen „Schrumpfungsprozeß" bewirken.

(1) Wird der Vorfall als Delikt definiert?

Die erste Frage bezüglich eines Vorfalls ist, ob man ihn überhaupt als juristische Normabweichung oder als Verbrechen klassifiziert.

Dazu ein typisches Beispiel: Neben jedem Feuer, das in New York als „Brandstiftung" erkannt wird, gibt es eines, dessen Ursache unbekannt bleibt. Jedes Jahr werden Tausende dieser Feuer von offiziellen Stellen als „suspicious" bezeichnet. Recherchen der „The New York Times" (vom 12. November 1980) ermittelten drei Muster dieser Feuer:

a) Das **kommerzielle Muster**: Ziele sind bestimmte Arten von Läden oder Läden bestimmter Kaufhausketten.

b) Das **Blockmuster**: Einige Feuer folgen einer Art Dominomuster. Ein Feuer beginnt entweder durch Brandstiftung oder Zufall. Dann „fressen" sich allmählich Feuer durch den ganzen Block.

c) Das **Hausbesitzer-Muster**: Verschiedene Hausbesitzer haben Gebäude, die auffallenderweise häufig brennen. Gemäß Angaben der New Yorker Feuerwehr hatten beispielsweise mindestens 29 Gebäude eines einzigen Hausbesitzers gebrannt; dieser bestritt, das Feuer gelegt zu haben. Trotz des Verdachts gegen ihn konnte man ihm nichts nachweisen. Gründe für solche Brandstiftungen sind übrigens z. B.

- Steuerbetrug
- Versicherungsbetrug
- Vertreibung der Mieter, z.B., um das Haus abreißen lassen zu können.

(2) Wird das Delikt entdeckt?

Ist tatsächlich ein Delikt begangen worden, so ist die Frage, ob es überhaupt entdeckt wird; dies gilt z.B. für eine geschickt durchgeführte Unterschlagung von Geld oder mit Computern ausgeführte Transaktionen. Auch die bereits erwähnten Bücherdiebstähle und Zerstörungen sind ja nicht immer leicht zu entdecken.

(3) Wird das Delikt angezeigt?

Ob nach einem Delikt eine Anzeige erfolgt, hängt auch dann, wenn der Vorfall als illegal oder kriminell klassifiziert wird, von verschiedenen Faktoren ab:

- Der Vorfall wird als zu geringfügig angesehen. Beispielsweise wird das Stehlen von Äpfeln von einem Apfelbaum eher als ein „Dummejungenstreich" bewertet und höchstens mit einer körperlichen Strafe geahndet, aber nicht mit einer offiziellen Anzeige.
- Man akzeptiert nicht die Definition der Handlung als kriminell, z.B. die Teilnahme an illegalen Glücksspielen.
- Aus Scham wird keine Anzeige erstattet, z.B. von Opfern einer Vergewaltigung.

(4) Welcher Täter wird ermittelt?

Bei einer anonymen Befragung in England über Diebstahl zeigte sich, daß Jungen, deren Väter einen niedrigen Berufsstatus hatten, unverhältnismäßig häufiger als Täter ermittelt wurden als Jungen, deren Väter einen höheren Berufsstatus hatten. Auch wurden Jungen mit besserer Ausbildung weniger häufig ermittelt als Jungen mit schlechterer Ausbildung. Feldman (1977, S.19) erklärt diese Tatsache, daß Jungen aus der Unterschicht häufiger ermittelt werden als solche aus der Mittelschicht, mit zwei Hypothesen:

a) Wenn ein Delikt begangen wurde, werden Jungen aus der Unterschicht von der Polizei intensiver überwacht und deshalb mit größerer Wahrscheinlichkeit verhaftet und vor Gericht gebracht.

b) Mittelschichtjungen haben größere Fähigkeiten beim Begehen eines Diebstahls.

Er hält die erste Hypothese für wahrscheinlicher und berichtet dazu eine amerikanische Untersuchung, nach der Warenhausdetektive häufiger Jugendliche und Schwarze beobachteten und ihnen häufiger folgten als weißen Erwachsenen, besonders wenn letztere als Mittelschichtangehörige angesehen wurden.

Es gibt allerdings noch einen weiteren möglichen Grund dafür, daß Personen aus der Mittel- oder Oberschicht, wenn sie ein Delikt begangen haben, weniger leicht überführt werden: Wirtschaftsdelikte, Computerverbrechen usw., für deren Ausführung eine höhere Ausbildung und ein höherer Berufsstatus notwendig sind, als sie Personen aus der Unterschicht gewöhnlich besitzen, sind auch viel schwerer zu entdecken und dem Täter nachzuweisen, als ein gewöhnlicher Einbruch.

(5) Wer wird der Strafverfolgung zugeführt?

Selbst wenn die Tat aufgeklärt und der Täter ermittelt wird, wird nicht immer der Täter der Strafverfolgung zugeführt. So zeigen verschiedene amerikanische Untersuchungen (Feldman, 1977), daß

- Warenhausdetektive nicht nur Jugendliche und Schwarze häufiger beobachteten und ihnen folgten als weißen Erwachsenen aus der Mittelschicht, sondern auch die Verhafteten selektiv der Strafverfolgung zuführten. Während nur 6,5 % der verhafteten Erwachsenen Schwarze waren, machten sie 24 % derjenigen aus, gegen die juristische Schritte unternommen wurden, wobei es bei den Schwarzen keinen Unterschied zwischen Männern und Frauen gab.

- amerikanische Firmen bei gleichen Delikten nur gegen 1/3 der ermittelten Angestellten, aber gegen 2/3 der ermittelten einfachen Arbeiter Anklagen erheben ließen.

Wie auch Ennis (1970) in seinem Modell aufzeigte, spielen in den USA bei vielen Delikten (außer Mord) die Polizeibeamten eine gewisse Rolle bei der Frage, ob ein Vorfall weiter verfolgt werden soll. In den USA und England wurde ermittelt, daß die Person mit größerer Wahrscheinlichkeit lediglich eine Verwarnung erhielt,
- je jünger sie war,
- wenn sie der Mittelschicht und nicht der Unterschicht angehörte,
- bei allen Altersstufen, wenn sie eine Frau und nicht ein Mann war.
Bei dem Entscheidungsprozeß des Polizeibeamten, ob er den Vorfall weiterverfolgen soll, spielen auch eine Rolle
- Schwere des Vorfalles
- frühere Strafen
- Art der elterlichen Kontrolle
- Art der Bekleidung u.ä. (Feldman, 1977, S. 20).
Darüber hinaus weisen Werner u.a. (1975) auf die Bedeutung bestimmter Verhaltensweisen von Jugendlichen beim polizeilichen Auffälligwerden hin. Angesichts der Tatsache, daß die Zahl der Delikte von Jugendlichen sehr hoch ist, daß ca. 70% aller US amerikanischen Jugendlichen delinquentes Verhalten zeigen, andererseits aber nur ein bestimmter % Satz dieser Jugendlichen vor Gericht erscheint, hängt es offensichtlich auch von den amerikanischen Polizeibeamten ab, ob ein Vorfall weiterverfolgt und vor Gericht gebracht wird (einzige Ausnahme ist hier das Delikt Mord!). Die Entscheidung wird nach Werner u.a. (1975) zu ca. 50% dadurch mitgeprägt, welches Verhalten der Jugendliche gegenüber dem Polizeibeamten zeigt!

Wie Befragungen von Polizeibeamten ergaben, hat höfliches, kooperatives Verhalten, eine prompte Identifizierung (Namen usw. angeben, Ausweis vorzeigen u.ä.), bereitwilliges Beantworten von Fragen des Polizeibeamten usw., einen erheblichen Einfluß darauf,
- was der Polizeibeamte in seinem Bericht schreibt,
- ob der Jugendliche in Haft genommen wird,
- ob der Jugendliche in der Zukunft erneut angehalten wird.
Damit wird deutlich, daß dem Polizeibeamten durchaus eine entscheidende Rolle dabei zufällt, ob nach einem Vorfall ein Jugendlicher juristisch belangt wird, oder ob sein Verhalten als „Dummejungenstreich" bagatellisiert wird.

Werner u.a. (1975) trainierten deshalb sechs delinquente Jugendliche im Alter von 12 - 15 Jahren im Rollenspiel (mit Videoaufzeichnungen), folgende Verhaltensweisen im Kontakt mit Polizeibeamten zu zeigen:
- Gesichtsorientierung (zum Polizeibeamten hin).
- Höflichkeit bei kurzen Antworten: Da manche Polizeibeamten angegeben hatten, daß es günstig sei, einen Polizisten mit "Sir" o.ä. anzureden, wurde die Autorität des Polizisten dadurch anerkannt, daß dies in der Antwort aufgeführt wurde; z.B.: „Ich glaube nicht, Sir".

- Hinweis auf „Besserung": Wenn er auf frühere Vorfälle angesprochen wurde, wies der Jugendliche darauf hin, daß er sich jetzt von Schwierigkeiten fernhalten wolle.
- Betonung von Verständnis (für die Überprüfung) und Kooperation (z.B. Fragen beantworten).

Das Training war insofern erfolgreich, daß die Polizeibeamten und eine Gruppe von Bürgern (Eltern und Studenten u.ä.) das Verhalten der trainierten Jugendlichen als angemessener als zuvor einstuften. Dadurch verringerte sich natürlich die Wahrscheinlichkeit, daß ein solcher Jugendlicher als Störenfried kategorisiert und juristisch auffällig wurde.

Besonders kraß ist der Unterschied zwischen dem Begehen von Delikten und der Häufigkeit juristischer Strafverfolgung beim organisierten Verbrechen. Dies hängt aber nicht nur mit den im Vergleich zu Einzeltätern weitaus höheren Schwierigkeiten der Entdeckung oder Ermittlung solcher Taten zusammen. Es gibt hier nämlich zahlreiche Fälle, in denen Täter und Delikte bekannt sind. Salerno und Tompkins (1972) schildern dazu sehr anschaulich, welche Erschwernisse in den USA bei der Aufdeckung solcher Delikte bestehen: „Läßt sich eine Zeitung durch Drohungen der Gewalttätigkeit nicht ins Bockshorn jagen, vor einer Verleumdungsklage kuscht sie bestimmt." (S. 66). Allerdings schildern sie zahlreiche Fälle, in denen Zeitungen sich nicht einschüchtern ließen, sondern kriminelle Machenschaften aufdeckten. Auch berichten sie, welche Schwierigkeiten innerhalb der Polizeibehörden und Stadtverwaltungen (!) Polizeibeamte in verschiedenen amerikanischen Städten hatten, als sie Korruptionen, organisiertes Verbrechen u.ä. aufdeckten (s. z.B. Salerno und Tompkins, 1972, S. 68f, S. 138 f).

(6) Einflußgrößen auf Gerichtsurteile

Feldman (1977) stellt eine Reihe von Faktoren zusammen, die alle Einfluß auf eine Gerichtsentscheidung haben können, z.B. das Geschlecht, die Hautfarbe des Täters, Merkmale der Jury (z.B. Grad der autoritären Persönlichkeitsstruktur der Juroren), Qualität des Strafverteidigers usw. Da diese Faktoren vorwiegend in den USA ermittelt wurden und offensichtlich diesbezüglich erhebliche Unterschiede zwischen dem Rechtswesen in verschiedenen Ländern bestehen, soll hier nicht näher darauf eingegangen werden.

Als besonders interessant und aufschlußreich soll jedoch erwähnt werden, daß das Rechtswesen der USA von Juristen heftig kritisiert wird. Beispielsweise drückte B. Botein, ein hoher Richter des Staates und der Stadt New York, bereits in dem Titel seines Buches „Our cities burn while we play cops and robbers" (1972) drastisch die Notwendigkeit aus, durch Reformen des amerikanischen Justizsystems die Kriminalitätsbekämpfung zu verbessern. Und der bekannte amerikanische Strafverteidiger Lee Bailey sagte:

„Niemand in diesem Lande soll sich einbilden, daß der arme Mann einen ebenso fairen Prozeß bekommt wie der reiche. Die Rechtsprechung hier hat mehr Nachteile, als ich je aufzählen könnte." (ZDF v. 7.4.1976). Der amerikanische Strafverteidiger Modolvsky faßte in seinem Buch „The best defense" (1975) das ganze Problem der Strafverfolgung und Kriminalitätsdefinition folgendermaßen zusammen: „Meine Schlußfolgerung ist, daß Gerechtigkeit eine Illusion ist. Ich benutze selten die Wörter „schuldig" oder „unschuldig". Ich bevorzuge „verurteilt" oder „nicht verurteilt", weil sie präziser sind. Ich habe herausgefunden, daß der Ausgang eines Kriminalfalles genauso viel von Ihrem Geld, Ihrem Rechtsanwalt und Ihrem Glück abhängt wie von Ihrer Schuld oder Unschuld. Ein Bürger . . . mit viel Geld . . . wird zunächst seltener verhaftet. . . Mit Geld können Sie sich nicht nur einen guten Rechtsanwalt leisten, sondern Ihr Rechtsanwalt kann gute Untersucher, Gutachter und Laboratoriumstechniker anheuern, die, wenn sie nicht Ihre Unschuld beweisen, zumindest eine Menge Zweifel an Ihrer Schuld aufwerfen werden." (S. 239).

Fazit: Ob ein bestimmtes Verhalten als kriminell bewertet wird, hängt auch von kulturellen und juristischen Faktoren ab. Kriminelles Verhalten ist ein viel häufigeres Phänomen, als man gemeinhin glaubt. Deshalb und weil eine Person nur deshalb nicht das Etikett „Krimineller" erhält, weil
- durch Zufall ihr Verhalten nicht in ein kriminelles Delikt mündete oder
- ihr Delikt nicht entdeckt oder
- ihr Delikt nicht angezeigt oder
- ihr Delikt nicht einer Strafverfolgung ausgesetzt wurde oder
- ihr Delikt nicht durch eine Bestrafung geahndet wurde,
ist es weder möglich noch psychologisch sinnvoll, Menschen einfach in „Kriminelle" und „Nichtkriminelle" einzuteilen! Diesen Fehler begehen aber eigentlich die meisten Untersuchungen über Kriminalität, wenn aus Gefängnispopulationen Versuchspersonen herausgesucht werden.

Grotesk ist deshalb eigentlich auch, daß man früher aus einer solch vorselektierten Gruppe Rückschlüsse auf die Erblichkeit der Kriminalität ziehen wollte. Wie häufig sind dabei z.B. Personen aus dem Bereich der Wirtschaftskriminalität in solchen Stichproben? Wer z.B. das Buch von Lange (1929) „Verbrechen als Schicksal" genau liest, erkennt deutlich, wie wenig seine kriminellen Zwillingspaare die Kriminalität in ihrer Vollständigkeit und Vielfalt widerspiegeln. Wenn aber, wie z.B. Feldman (1977) durch seine Literaturanalyse zeigte, bestimmte Personengruppen (z.B. bezüglich der sozialen Schicht), Deliktgruppen (z.B. Wirtschaftskriminelle) seltener in Kriminalstatistiken und Gefängnispopulationen auftauchen, als es ihrem Anteil an der tatsächlich verübten Kriminalität entspricht, ist jeder kriminologische Ansatz mit Mängeln behaftet, der nur von dem Vergleich von Gefängnisinsassen mit einer Kontrollgruppe ausgeht. Dieses Problem kann man aber leicht umgehen, wenn man auch in der kriminologischen Forschung die ausschließliche Betrachtung des *Täters* aufgibt und die kriminelle *Handlung* in den Vordergrund der Betrachtung stellt. Dies wäre also die Parallele zu der Persönlichkeitspsychologie, wo die Eigenschaftstheorie der Interaktionstheorie Platz machen mußte, ohne daß dabei individuelle Unterschiede vernachlässigt werden. Daß auch die im Modell von Mischel (1973) enthaltenen Elemente des Entscheidungsprozesses (Fähigkeiten, kognitive Struktur, Anreize der Situation, erwartete Konsequenzen, Planungsprozesse) beim kriminellen Verhalten (Entscheidungsprozesse vor Begehen einer Tat, s. Walsh, 1978, S. 98 u. 105) eine Rolle spielen, soll nun detailliert aufgezeigt werden.

2. Die Betrachtungsweise der Kriminalität nach dem Modell von Mischel

2.1 Fähigkeiten

2.1.1 Fähigkeitsdefizite im kriminellen Bereich

Steller u.a. (1978) gehen bei ihrem „Modellunterstützten Rollentraining" (MURT) von der Voraussetzung aus, daß jugendliche Delinquenten aufgrund ihrer Lerngeschichte und/oder ihres Aufenthalts in einer Strafanstalt in bestimmten Situationen Verhaltensdefizite aufweisen. Weil sie keine angemessenen Verhaltensweisen zur Verfügung haben, begehen sie häufiger Straftaten. Beispielsweise haben entlassene Strafgefangene Schwierigkeiten, Frustrationen am Arbeitsplatz konstruktiv zu bewältigen, auf Provokationen nicht aggressiv zu reagieren, einem alten Freund den Wunsch abzuschlagen, ein Delikt zu begehen, u.ä. Da Strafgefangene nach ihrer Entlassung aus diesen und ähnlichen Gründen wieder rückfällig werden können, wird beim MURT mit Strafgefangenen durch Rollenspiel geübt, diese Problemsituation richtig und angemessen zu bewältigen. Eine derartige Vorgehensweise ist sehr wichtig, denn eine genaue Analyse von Tätern und ihren Taten zeigt, daß viele Delikte aus dem Unvermögen heraus geschehen, eine Situation zu bewältigen oder ein bestimmtes Problem zu lösen. Wie später noch gezeigt werden wird, gilt dies für Delikte wie Kindesmißhandlung, Brandstiftung, aber auch für manche Morde! Demgemäß wäre das Vermitteln von Fähigkeiten eine wichtige Maßnahme zur Verhinderung von Kriminalität. Was geschieht aber zumeist? Die einzige Reaktion auf ein Delikt bleibt eine Gefängnisstrafe, ohne genügende psychologische Einflußnahme, bei der die zentralen Probleme des Täters **verhaltensorientiert** angegangen werden. Was ist aber nach dieser Haft?

Betrachten wir beispielsweise einen Jugendlichen, der keinen Mut hatte, ältere Mädchen anzusprechen, aus Angst, abgewiesen zu werden und eine Enttäuschung zu erleben. Nur vor kleinen Mädchen hatte er keine Angst. Als er mit einem achtjährigen Mädchen im Wald war und sich über das Angeln von Fischen unterhielt, riß es sich von ihm los. Er lief dem Mädchen nach; und damit es nicht weiter schreien konnte, hielt er ihm den Mund zu und erwürgte es dabei. Wenn nun ein solcher Jugendlicher kein soziales Training erhält und seine Schüchternheit nicht verliert, kann man dann erwarten, daß er nach des Haft weniger kriminalitätsanfällig sein wird?! Das Ergebnis in einem solchen Fall war, daß der Täter nach seiner Freilassung ein Kleinkind und seine junge Betreuerin ermordete! Welchen Nutzen hatte seine frühere Haft gehabt?

2.1.2 Kriminelle Fähigkeiten

Werden manche Delikte wegen mangelnder Fähigkeiten begangen, so besteht gerade das Wesen des Berufskriminellen darin, daß er spezifische Fähigkeiten für eine kriminelle Tätigkeit besitzt. Letkemann (1973) stellte bei Bankräubern, Safeknackern und anderen professionellen Kriminellen nicht nur bestimmte Fähigkeiten und Kenntnisse fest, sondern auch einen professionellen Stolz darauf und Verachtung für andere Tätergruppen (z.B. Sexualstraftäter). Letkemann stellte drei Arten krimineller Fähigkeiten fest:
- mechanische: betrifft Werkzeuge und Vorgehensweisen.
- organisatorische: betrifft Führung einer Gruppe, Planung und Ausführung der Tat.
- soziale: betrifft „Management" von Opfern und Kontrolle der Spannungen bei einem Überfall. Diese Unterscheidung ist wichtig für zwei Arten von Verbrechen:
  a) versteckte Verbrechen, ohne direkte Konfrontation mit dem Opfer
  b) offene Verbrechen, mit direkter Konfrontation mit dem Opfer.

Zu den versteckten Verbrechen gehören z.B. Diebstahl, Safeknacken. Diese Delikte erfordern vor allem mechanische Fähigkeiten. Zu den offenen Verbrechen gehören z.B. Raub, Bankraub u.ä. Hierbei sind vor allem interpersonale Fähigkeiten wichtig, weil es darum geht, andere zu manipulieren und ihre Verhaltensweisen vorherzusagen. Eine sehr umfassende Darstellung der Fähigkeiten und der Planungsverläufe von Einbrechern findet man in Herren (1979).

Letkemann (1973) zeigte u.a. am Beispiel des Einbruchs, des Safeknackens und des Bankraubes auf, welche Rolle das Beherrschen der spezifischen Fähigkeiten bei den einzelnen Delikten spielt. Hier sollen solche Fähigkeiten exemplarisch am Beispiel des Bankraubes aufgezeigt

werden. Wie auch andere Verbrechen erfordert ein Bankraub sehr gute Fähigkeiten, andere Personen zu manipulieren und ihr Verhalten vorherzusagen. Der erfahrene Bankräuber sucht deshalb beispielsweise die Kontrolle über Bankpersonal und Kunden durch den Überraschungseffekt herzustellen: „Die Tür fliegt auf, und die Leute drinnen erstarren." (Letkemann, 1973, S.108). Die Täter haben bzw. benutzen verschiedene Mittel, um Autorität für sich herzustellen:
- visuelle Reize (z.b. Masken)
- sprachliche Reize (dominante Stimme, Kommandos werden gegeben u.ä.)
- körperliche Reize (massiver Körperbau u.ä.).

Wichtig für ihn ist nun, daß der Bankräuber mit seiner Stimme und seinem Verhalten Selbstsicherheit ausstrahlt und keinen Zweifel daran läßt, daß er die Situation unter Kontrolle hat, ein Zittern in der Stimme wäre z.b. leicht zu erkennen. Deshalb benötigt er Vertrauen darauf, daß es gut gehen wird und denkt, wie ein Täter Letkemann verriet, nicht an eine mögliche Gefängnisstrafe oder gar an ein Scheitern der Tat, weil er sonst das Selbstvertrauen verlieren würde. Das erfolgreiche Manipulieren der Opfer während des Banküberfalls dient auch dazu, Schußwaffengebrauch zu vermeiden. Dazu ist es notwendig, ständig das Verhalten und die nichtsprachlichen Signale der Opfer zu erkennen und richtig zu interpretieren. Dies ist u.a. deshalb schwierig, weil der Streß des Überfalls auch bizarre Verhaltensweisen der Opfer hervorbringt. Z.B. bieten Bankkunden den Räubern ihre eigenen Wertsachen an, vermutlich, um ihre eigenen Chancen zum Überleben zu erhöhen. Auch stellt die durch Massenmedien verbreitete Meinung, es würden bei Banküberfällen Spielzeugwaffen benutzt, ein Problem dar. Dies erschwert nach Ansicht erfahrener Bankräuber ihre „Arbeit", weil es von ihrer Seite brutalere Handlungen erfordert, als sie sonst zeigen würden. Sie müssen potentielle „Helden" unter ihren Opfern überzeugen, daß Widerstand zwecklos ist.

2.2 Die kognitive Strukturierung

2.2.1 Selbstbild und Fremdbild

Dettenborn und Fröhlich (1971) fanden bei Straftätern zwei Varianten von Selbstbildern:

a) herabgesetztes Selbstgefühl, Unzufriedenheit mit dem eigenen sozialen Status unter Gleichaltrigen. Besonders eine vorzeitige Ausschulung und geringere Intelligenz korrelieren mit einem negativen Selbstbild; und etwas weniger häufig:

b) unkritisch gehobenes Selbstgefühl, geäußert in Selbstbehauptungs-
drang, Egoismus, Rechthaberei, Geltungsdrang, Aggressivität (S.
53). Es gibt also für die im Bereich der Kriminalität Handelnden
kein einheitliches Selbstbild, was allerdings nicht verwundert, wenn
man den „beruflichen Stolz" von „Berufskriminellen" mit der Unsicherheit jugendlicher Täter mit mangelnden Fähigkeiten vergleicht.
Wichtig ist auch der Hinweis (Widom, 1978), daß festgestellte negative Selbstbilder das *Ergebnis* der Etikettierung als sozial abweichend und der Inhaftierung und nicht die *Ursache* der Kriminalität
sind bzw. sein müssen.

Was aber das Fremdbild anbelangt, d.h. das Bild, das man sich von
anderen macht, so ist es zumeist negativ. Dettenborn und Fröhlich
(1971) weisen mit Recht darauf hin, daß die negativen Einstellungen zu
den Mitmenschen es ermöglichten, mit Rücksichtslosigkeit und Aggression die angestrebten Ziele zu erreichen und Vorteile zu erlangen, selbst
mit Mitteln, die gegen elementare soziale und ethische Regeln und
schließlich gegen die Strafgesetze verstoßen. Man kann dies genauso
von Tätern mit Fähigkeitsdefiziten wie von Wirtschaftskriminellen u.ä.
behaupten, aber nicht unbedingt von Personen, die impulsive Diebstähle
begehen.

Zum Fremdbild und seiner Verbindung zum familiären Hintergrund
soll hier exemplarisch das Ergebnis einer Untersuchung an 46 weiblichen Strafgefangenen in Kalifornien erwähnt werden. Sie zeigten weniger Vertrauen zu anderen Menschen, Distanz zu den Eltern, die seltener
als ideale Eltern gesehen wurden und mit denen man sich deshalb auch
nicht identifizieren konnte. Im Zusammenhang damit, aber in einer anderen Untersuchung gefunden, steht die Erkenntnis, daß bei weiblichen
Gefangenen die negative Wahrnehmung der Mutter mehr mit den Geset-
zesverletzungen in Zusammenhang stand, als negative Gefühle gegenüber dem Vater (Widom, 1978). Im Zusammenhang mit dem negativen
Fremdbild steht auch eine egozentrische Haltung und die Schwierigkeit,
die Rolle oder die Betrachtungsweise eines anderen zu übernehmen.
Chandler (1973) trainierte deshalb 45 delinquente Jugendliche durch
Rollenspiel (Videoaufnahmen mit Szenen aus dem Alltag von Personen
ihrer Altersgruppen wurden dabei hergestellt), ihre egozentrische Betrachtungsweise zu verringern. Neben dieser verbesserten Fähigkeit der
Rollenübernahme war nach einer Zeit von 18 Monaten eine signifikante
Verringerung von Delikten um etwa 50 % festzustellen. Es ist allerdings
fraglich, ob durch ein derartiges Training auch automatisch mehr Mitgefühl für andere Menschen erzeugt wird. Rotenberg (1974) unterschied
nämlich zwischen

- „cognitive role taking" (CRT) (statt des zu allgemeinen Begriffs „Einfühlung"), als Fähigkeit, sich in die Lage des anderen zu versetzen und sein Verhalten im täglichen Leben vorherzusagen, ohne in die Gefühle anderer einbezogen zu sein,

und

- „affective role taking" (ART) (statt „Sympathie"), als Verhaltensdisposition, das Leid anderer zu erleichtern und als Indikator, die Gefühle anderer zu erleben.

Eine derartige Unterscheidung ist durchaus sinnvoll, denn es ist beispielsweise für einen machiavellistisch orientierten Menschen typisch, daß er die Perspektive eines anderen Menschen übernehmen und dessen Verhalten vorhersagen kann, um ihn besser manipulieren zu können! Tatsächlich fand Rotenberg (1974) bei 36 amerikanischen Schülern im Alter von 13-17 Jahren und 37 gleichaltrigen Jungen aus einer Erziehungsanstalt keine Korrelation zwischen den beiden Dimensionen CRT und ART. Die delinquenten Jungen zeigten geringere Werte nur beim affektiven Rollenübernehmen, aber nicht bezüglich der kognitiven Rollenübernahme. Auch die Ergebnisse der Untersuchung von Letkemann (1973) belegen die Notwendigkeit der getroffenen Unterscheidung. Denn wenn eine Verbesserung der Einfühlung in andere Menschen bei einigen Jugendlichen kriminalitätsvermindernd wirken mag, so besteht andererseits für einen Berufskriminellen die Notwendigkeit, z.B. genau die nichtsprachlichen Signale seiner Opfer zu deuten und die Perspektive seiner potentiellen Opfer zu übernehmen. Beispielsweise meidet der erfahrene Kriminelle kleinere Läden, weil die relativ geringere Beute das hohe Risiko nicht wert ist. Denn für den Besitzer eines kleinen Ladens bedeutet der Verlust einer Tageseinnahme eine Existenzbedrohung, und er könnte aus Verzweiflung Widerstand leisten und den Täter gefährden. Es ist also keineswegs Mitgefühl für das Opfer, sondern eine reine Kosten-Nutzenbewertung, die der Räuber macht und die sich danach richtet, ob das Eigentum dem Opfer gehört oder ob er es nur verwaltet, wie z.B. bei einem Bankangestellten. Von letzterem erwartet er weniger Widerstand; allerdings ist er auch darauf vorbereitet, obwohl er einen solchen Widerstand als irrational ansieht, weil es nicht das Geld des Bankangestellten und dieses außerdem versichert ist. Dieses Nichtberücksichtigen bzw. Nichtverständnis übergeordneter Werte wie Loyalität u.ä. ist bezeichnend für das Weltbild des Berufskriminellen.

2.2.2 Die Wahrnehmungsstruktur von Berufskriminellen

Neben verschiedenen sozialen Fähigkeiten muß der erfolgreiche Berufskriminelle eine Vielzahl von Wahrnehmungsfähigkeiten besitzen. So werden z.b. Länder, Städte, Ortsteile, bestimmte Firmen o.ä. nach bestimmten Kriterien eingestuft: Einige Länder gelten oder galten z.b. als leicht für Safeknacker, etwa England, weil dort altmodische Safes benutzt wurden. Andere Länder und Firmen unterscheiden sich bezüglich der benutzten Alarmsysteme. Einige Städte sind für alle Arten von Kriminalität wenig geeignet, weil sie nur wenige Straßen haben oder in gebirgigem Gelände liegen und damit ein Entkommen erschwert wird. In kleinen Städten, wo jeder jeden kennt, fällt man leichter auf (Letkemann, 1973).

Der Berufskriminelle macht also genau das, was auch ein Tourist oder jemand, der sich um eine neue Stelle bewirbt, ebenfalls tun würde: Er bewertet die Umwelt nach bestimmten Faktoren, die für ihn von Interesse sind. Und während seiner spezifischen „beruflichen Sozialisation", die er z.B. im Gefängnis erlebt, wird der Berufskriminelle für die Reize sensibilisiert, die er für seine kriminelle Aktivität benötigt. Für einen Safeknacker ist z.B. wesentlich zu erkennen: Wo steht der Safe? Welcher Typ ist es? Wurde er repariert? Wie war die Geschäftslage, ist viel Geld darin zu erwarten?

Die Wahrnehmungsgenauigkeit wird mit wachsender Erfahrung verbessert, und allmählich wird der Grad der bewußten Wahrnehmung immer geringer, so daß der Berufskriminelle manchmal gar nicht sagen kann, nach welchen konkreten Reizen er sich richtet. Wichtig ist für ihn aber, daß er diese spezifischen Reize berücksichtigt, denn was nützen ihm die besten technischen Fähigkeiten, wenn er häufig einen leeren Safe vorfindet?! Für einen „erfolgreichen" Kriminellen ist es auch notwendig, sich „normal wie ein Durchschnittsbürger" zu verhalten. Denn besonders Polizeibeamte sind speziell darauf sensibilisiert, auch kleinste Abweichungen von normalen Ereignisabläufen wahrzunehmen und einzuschreiten, so daß ein Krimineller leicht auffallen könnte. Deshalb ist die Beachtung von sozialen Konventionen und sozialen Rollenerwartungen unerläßlich. Beispielsweise scheint es zunächst eine belanglose Abweichung von der üblichen Norm zu sein, wenn ein Mann ohne weibliche Begleitung in ein Geschäft mit Damenmoden geht. Aber selbst wenn dies im Augenblick keinen Argwohn erregt, so vielleicht doch im nachhinein. Ähnlich waren auch die Bedenken eines Safeknackers, der wissen wollte, wo der Safe in einem Laden stand. Wegen einer (in Kanada) informellen, ungeschriebenen Konvention, daß es für eine weibliche Kundin angemessen ist, den Waschraum eines Drugstores zu benutzen, aber nicht für einen männlichen Kunden, schickte der Safe-knacker eine Komplizin (seine Mutter) in den Laden, um nicht Aufsehen zu erregen. Dabei konnte sie die Lage des Safes auskundschaften. Mögen diese Konventionen und Situationen für einen Durchschnittsbürger bedeutungslos oder unbekannt sein, mag es für ihn unwichtig sein, ob er sie beachtet oder nicht, für den erfahrenen Berufskriminellen spielen sie eine große Rolle. Die weitverbreitete Meinung, Kriminelle würden soziale Konventionen nicht kennen und nicht beachten, ist also falsch oder zumindest zu undifferenziert.

Fazit: Am Beispiel von Berufskriminellen erweist sich deutlich, wie die individuelle und spezifische Art und Weise, Personen, Situationen und Ereignisse zu strukturieren und zu kategorisieren, das Verhalten prägt.

Die kognitive Struktur von Berufskriminellen muß aber nicht immer so rational und richtig sein, wie dies in den vorhergehenden Beispielen geschildert wurde, sondern beinhaltet oft auch Stereotype, Vorurteile oder auch subjektive „Erfahrungswerte". Beispielsweise ging ein Bankräuber in eine Bank, ließ aber von seinem Vorhaben ab, als er einen Mann hinter dem Bankschalter bemerkte, der mit einem Fuß auf einem Stuhl stand und der seine Arme verschränkt hatte. Er „erkannte", daß dieser Mann ein Polizist war und erklärte dies damit: Ein Bankangestellter mag auf einem Tisch sitzen und seine Beine herunterbaumeln lassen oder auf einem Stuhl sitzen und seine Füße auf den Tisch legen, aber er wird niemals mit einem Fuß auf einem Stuhl stehen. Ob dieses Stereotyp stimmt oder nicht, auf jeden Fall steuerte es das Verhalten des Bankräubers, der die Bank sofort nach seiner Beobachtung wieder verließ.

2.3 Der Anreizwert der Situation

(Die subjektive Bedeutung von Personen, Reizen und Situationen)

2.3.1 Unehrliches Verhalten zum Erreichen erwünschter Ziele

Es gibt einen Unterschied zwischen moralischem Wissen, der Kenntnis moralischer Normen und moralischem Verhalten. Wenn nun etwas auf dem Spiel steht und das Erwünschte nicht auf ehrlichem Weg zu erlangen ist, ist die Versuchung groß, es durch Unehrlichkeit oder Kriminalität zu erreichen.

In einer Untersuchung wurde festgestellt: Es wurde besonders von solchen Personen bei einem Test gemogelt, die ein hohes Bedürfnis nach einem hohen Leistungsstandard hatten, den sie auch gegenüber anderen zeigen wollten. Deshalb wollten sie sichergehen, bei diesem Test gut abzuschneiden, selbst wenn sie dabei mogeln mußten. Besonders deutlich war dies bei Studentinnen festzustellen, die sich doppelt bedroht fühlten: in ihrer Selbstachtung und in ihrer Rolle als intelligente Frauen in einer stark männlich geprägten Umwelt (Jacobson u.a., 1970).

Nach Mischel (1973) könnte man es so formulieren: Je höher der Anreizwert der Situation, d.h. die Bedeutung des Sachverhalts für die Person, desto größer ist die Gefahr, daß die Person unehrlich handelt. Dies erklärt auch, warum ehrliches Verhalten situationsabhängig sein kann.

So stellten Hartshorne und May (1930) in ihren verschiedenen Untersuchungen fest, daß Kinder, die bei einem Test ehrlich waren, bei einem anderen dagegen mogelten; und bei einem interessanten Test betrogen 75-100% der Kinder, bei einem weniger interessanten nur halb so viele. Aber auch bei Erwachsenen findet man derartige Situationsabhängigkeit der Ehrlichkeit: Beispielsweise gestand der Präsident eines Klubs der Fußballbundesliga ein: „Als die Ablösesumme auf 100000 Mark begrenzt war, haben wir kriminelle Dinge gemacht, die uns im Privat- oder Berufsleben nie eingefallen wären, um einen guten Spieler zu angeln: Steuerhinterziehung, Schwarze Kassen." (Mündener Allgemeine, 15.10.1977). Ein anderes Beispiel: Jemand, der zuvor zwei gefundene „gut gepolsterte" Brieftaschen abgeliefert hatte, stahl eine original Straßburger Gänseleberpastete.

2.3.2 Kriminalität als Spiegel sozialer Probleme

Wichtig ist die Feststellung, daß sich in der Form der Kriminalität die Wertschätzung für bestimmte Dinge widerspiegelt. Im heißen Sommer 1976 kam es zu Wasserdiebstählen; wegen der Wassernot herrschte teilweise ein Faustrecht wie im Mittelalter (Mündener Allgemeine v. 3.7.1976). Während der Ölkrise 1973 stieg die Zahl der gestohlenen Fahrräder und Motorräder um 13%, die Zahl der Autodiebstähle sank dagegen um 14%! Damals wuchs auch die Zahl der Benzindiebstähle: Aus Tanks fremder Autos wurde Benzin abgezapft, Tanklastzüge verschwanden u.s.w. In kriminellen Fällen werden aber auch soziale Probleme und Konflikte deutlich:

„Was den Sektor der Landwirtschaft betrifft, so gibt es Zusammenhänge zwischen der Zahl der Konkurse oder dem Tiefstand der Preise mit der Anzahl der Brände. ... Die alten Dreschmaschinen haben alle gebrannt, als die Mähdrescher aufkamen. Die Colonia Versicherung glaubt, deshalb habe sie in besonderer Weise durch ihre Feuerversicherung „Entwicklungshilfe zur Umstrukturierung der deutschen Landwirtschaft geleistet." (Frankfurter Rundschau, 8.8.1978) Aus Protest gegen billige Obstimporte übergossen französische Bauern ausländische Lastwagen mit Benzin (Frankfurter Rundschau, 2.8.1976).

Das letzte Beispiel zeigt auch das Problem der Definition eines solchen Vorfalles auf: Gilt dies als kriminelles Delikt einer Brandstiftung, Sachbeschädigung, oder definiert man es als politische Demonstration, die man evtl. straffrei läßt?

2.3.3 Impulsive Anreize durch die Situation

Gelegentlich scheint der bloße Anreizwert eines Gegenstandes zu genügen, um ein Delikt auszulösen. Vermutlich ist anders nicht der Sachverhalt zu erklären, daß auch Personen, die die gestohlenen Gegenstände ohne weiteres bezahlen könnten, Ladendiebstähle begehen und, wie z.B. am Beispiel einiger Polizeibeamten deutlich wird, sogar ihre berufliche Existenz aufs Spiel setzten. Ein Jurist ließ Kaviar „mitgehen", ein Professor überklebte teure Alkoholflaschen mit einem billigen Etikett, ein Kaplan „bediente sich bargeldlos" mit einem Pornoheft usw. Daß hierbei also nicht die Not oder Armut im Spiel ist, wird deutlich, besonders im Falle eines reichen Maklers, der einen Kugelschreiber im Wert von DM 2,25 stahl.

2.4 Die erwarteten Konsequenzen des eigenen Verhaltens

2.4.1 Kriminalität als Anpassungsmechanismus an eine Gruppe

Manchmal begeht eine Person ein schweres Delikt, z.B. einen Mord, um eine andere, zumeist weniger schwerwiegende Tat zu verdecken, etwa wenn der Täter bei einem Sexualdelikt plötzlich in Angst gerät, sein Opfer könne ihn verraten. In anderen Fällen tritt kriminelles Verhalten auch aus Angst vor negativen Konsequenzen auf, allerdings nicht spontan und freiwillig, sondern weil tatsächlicher oder vermuteter sozialer Druck die Person dazu zwingt. So begehen Kinder häufig nur deshalb einen Ladendiebstahl, um innerhalb ihrer Gruppe eine „Mutprobe" abzulegen. Viel zu wenig wird bei der Betrachtungsweise der Kriminalität die Tatsache berücksichtigt, daß manche Menschen illegales und kriminelles Verhalten zeigen, um nicht ihre berufliche Existenz aufs Spiel zu setzen.

Beispielsweise berichtete „Der Spiegel" (1975, Nr. 50, S. 116f) über den institutionalisierten Betrug im amerikanischen Weizenhandel: „Unbestechliche Kontrolleure verloren nicht allein Geld, sondern meistens auch ihren Arbeitsplatz: Ihre Arbeitgeber, die Inspektionsagenturen, wollten nicht riskieren, wegen ehrlicher Angestellter Überwachungsaufträge der Getreidefirmen an willfährige Konkurrenten zu verlieren... Reichten Schmiergelder oder die Angst vor dem Arbeitsplatzverlust nicht aus, einen Inspekteur gefügig zu machen, schreckten Verwalter der Kornspeicher auch vor massiven Drohungen nicht zurück. Wenn ihm seine Kniescheiben lieb seien, wurde etwa einem zu wachsamen Aufseher mitgeteilt, solle er seine Nase nicht in die Frachträume der Schiffe stecken, die gerade beladen würden. . . . Eine Säuberung der gesamten Branche erwarten Experten jedoch nur von einem Kontrollsystem, in dem staatliche Inspektoren die Aufgabe der von den Handelsfirmen finanziell abhängigen Privatwächter übernehmen. Mit dieser Reform war schon die Kennedy-Administration an der mächtigen Lobby gescheitert. Präsident Ford lehnte diese Lösung vorsichtshalber ab."

Derartige Fälle stehen nicht alleine da. Von dem Bau der Alaska Pipeline berichtete „Der Spiegel" (1976, Nr. 5, S. 103): „Als etwa der Kontrolleur Pete Kelley im Sommer Schweißnahtbrüche an bereits unterirdisch verlegten Rohren entdeckte und seine Vorgesetzten informierte, wurde er gefeuert. Die Schweißer waren zu schnell gewesen, die Röntgenleute waren nicht nachgekommen und hatten auf Wink von oben einfach Bilder von anderen, einwandfreien Nahtstellen vorgelegt. Jetzt jedoch kam diese Vertuschung heraus, ein paar hundert Segmente müssen wieder ausgegraben und neu verschweißt werden für Millionen."

Bereits mehrfach wurden in den letzten Jahrzehnten in verschiedenen amerikanischen Städten der USA Polizeibeamte wegen Korruption entlassen. In diesem Zusammenhang beklagte ein hoher Polizeibeamter, daß er viele Jahre nicht befördert worden war, weil er sich nicht bestechen ließ und auch Personen belangte, die sich durch Bestechungsgelder bei der Polizei eine gewisse Immunität erkauft hatten. Erst nachdem er sich ebenfalls bestechen ließ, also den „Kodex" seiner Kameraden befolgte, machte er eine große Karriere (Stoddard, 1970, S. 77).

2.4.2 Wirken Strafandrohungen abschreckend?

Eng verbunden mit dem Problem der erwarteten Konsequenzen ist die Frage nach der abschreckenden Wirkung von Strafen. Dazu muß man zunächst einige wichtige Erkenntnisse berücksichtigen: Jugendliche Straftäter zeigen eine größere Risikoneigung als nichtstraffällige Jugendliche und jugendliche Rückfalltäter (wegen Bekräftigungen durch nichtentdeckte Straftaten?) eine größere Risikoneignung als Ersttäter. Dettenborn und Fröhlich (1971, S. 47) sagen deshalb: „ Das bedeutet, daß die Erfolgschance einer deliktischen Handlung unkritisch überschätzt wird, sei es durch Überschätzung der eigenen Fähigkeiten, durch Fehlbeurteilung der objektiven Gegebenheiten oder der Wahrscheinlichkeit bestimmter Handlungskonsequenzen." Dies ist verständlich, wenn man berücksichtigt, daß viele jugendliche Täter einen impulsiven Lebensstil haben (West und Farrington, 1977), also im geringeren Umfang als andere Menschen die Folgen ihrer Handlungen in der Zukunft in Betracht ziehen. Auch kommen bei ihnen häufig noch weitere Faktoren hinzu, die grundsätzlich die Risikobereitschaft erhöhen: Gruppenverhalten, Alkoholgenuß u.ä.

Gibt es also Fälle, in denen die Selbstkontrolle durch Impulsivität verringert und deshalb das Voraussehen der Konsequenzen des eigenen Verhaltens beeinträchtigt wird, so gibt es auch Fälle, in denen die Planungskapazität grundsätzlich gering wie bei Schwachsinnigen oder psychotisch beeinflußt ist. In all diesen Fällen dürften demnach Strafandrohungen wenig nützen, weil sie gar keinen Eingang in Überlegungen der Täter finden können.

Ganz anders liegt der Fall bei einem Berufskriminellen, der vor seiner Tat das Risiko des Gelingens abschätzt. So muß beispielsweise ein Bankräuber neben dem möglichen ökonomischen Gewinn auch noch die technischen Schwierigkeiten und das mögliche Risiko berücksichtigen. Das Risiko des Berufskriminellen hängt dabei auch von der Art des Delikts ab, ob man „versteckt" (z.b. bei einem Einbruch) oder „offen" (wie z.b. bei einem Bankraub) arbeitet. Für den Dieb besteht das Risiko in der Wahrscheinlichkeit, mit der er das Opfer und die Polizei vermeiden kann. Für einen Räuber besteht das Risiko darin, wie gut es ihm wahrscheinlich gelingen wird, sein Opfer erfolgreich zu manipulieren und das Auftauchen der Polizei zu vermeiden.

Neben dem unterschiedlichen Risiko verschiedener Delikte gibt es auch unterschiedliche Risiken bei den verschiedenen Abschnitten eines Delikts: für den Safeknacker beim Sprengen des Safes, für den Einbrecher während des Eindringens, für den Bankräuber beim Verlassen der Bank. Beim Abschätzen des Risikos muß der erfahrene Kriminelle zwei Gesichtspunkte vorhersagen:

a) das mögliche Verhalten des Opfers/der Opfer
b) das mögliche Verhalten der Polizei.

Um das Verhalten des Opfers abschätzen zu können, muß er das Verbrechen aus der Perspektive des Opfers betrachten. Dabei spielt z.B. auch der Altersfaktor eine Rolle. So fürchten erfahrene Bankräuber eher jüngere Bankangestellte - „potentielle Weltkriegshelden" - die vielleicht Judo oder Karate können und deshalb leichter auf die Idee kommen, den Täter überwältigen zu wollen. Geringer wird das Risiko bei alten, grauhaarigen Bankangestellten eingeschätzt, weil diese eine Familie haben und wissen, daß das Geld versichert ist.

Für einige Deliktarten ist die Kenntnis der Polizeiroutine wesentlich, für einen Einbrecher oder Safeknacker allerdings bedeutsamer als z.B. für einen Hoteldieb, etwa die besonderen Gewohnheiten der Streifenbeamten: Fahren sie einfach am Gebäude vorbei, oder gehen sie zum Gebäude und probieren, ob die Türen abgeschlossen sind, oder leuchten sie in die Fenster hinein? (Letkemann, 1973).

Damit wird verständlich, daß eine genaue Planung bei einem potentiellen Täter leicht den Eindruck erweckt, die Tat sei ein perfektes Verbrechen und er selbst kaum zu erwischen, wodurch er die Erfolgsaussichten weitaus höher als eine mögliche Bestrafung einschätzt. Andererseits „darf" ein erfahrener Bankräuber die Möglichkeit des Scheiterns seiner Tat oder gar eine Gefängnisstrafe nicht berücksichtigen, weil er sonst das für die Tat notwendige Selbstvertrauen verlieren würde (Letkemann, 1973). Vermutlich ist die Situation bei Tätern mit einer grundlegenden kulturellen Sozialisation anders. Auch eine Person aus einem derartigen Umfeld kann in einer zwischenmenschlichen Konfliktsituation ein Gewaltdelikt (z.B. Mord) begehen. Und wenn sie, was wohl am häufigsten der Fall ist, ein Eigentumsdelikt begeht, so berücksichtigt sie z.B. beim (impulsiven) Ladendiebstahl keine Strafandrohung. Oder sie wird wie bei Wirtschaftsdelikten gerade durch Lücken in den Paragraphen, wirtschaftlichen Bestimmungen oder den Überwachungsmaßnahmen (wie im Falle des Beiseiteschaffens der zur Vernichtung bestimmten DM Scheine) sogar zu einem Delikt animiert.

Dies führt zu der alten kriminologischen Erkenntnis: **Nicht die Schwere einer Strafe, sondern die Wahrscheinlichkeit des Entdecktwerdens kann eine Tat verhindern** (s.z.B. Feldman, 1977, S. 214). Dies zeigt sich z.B. an der erhöhten Zahl von Plünderungen in den USA, wenn z.B. durch Stromausfall oder Streik der Polizeibeamten die polizeiliche Überwachung vermindert wird. Andererseits führten in den USA häufigere Verkehrskontrollen durch die Polizei auch zu dem Nebeneffekt, daß sich die Zahl der Raubdelikte verringerte (Psychology Today, June 1980, S. 104). Es ist deshalb nicht erstaunlich, daß Strafandrohungen an sich wenig erfolgreich sind. Trasler (1978) stellt dazu verschiedene Untersuchungsergebnisse zusammen:
- Die Abschaffung der Todesstrafe hatte (in den USA) keine Auswirkung auf das Auftreten von Mord.
- Eine Analyse des Auftretens von Vergewaltigungen und versuchten Vergewaltigungen in Philadelphia (USA) vor und nach der Erhöhung der Strafzumessung für Vergewaltigung zeigte keine Veränderungen.
- Täter sind besser informiert über den „Tarif" bei Strafen als gesetzestreue Bürger. Allerdings gilt das eher für schwere Verbrechen wie Raub, Einbruch, Vergewaltigung usw., aber weniger für geringer stigmatisierende Delikte wie Fahren unter Alkohol oder der Besitz von Marihuana.
- Unwissenheit in der Bevölkerung über Strafen besteht zumeist in einer starken Unterschätzung ihrer Schwere. „Diese Ergebnisse stimmen mit der These überein, daß gewöhnliche Menschen von Verbrechen wie Raub und Vergewaltigung Abstand nehmen, wegen einer tiefsitzenden Abneigung gegenüber solchen Handlungen und nicht wegen einer realistischen Berechnung ihrer möglichen Konsequenzen." (Trasler, 1978, S. 291 292).

2.4.3 Die Fiktion der abschreckenden Wirkung der Todesstrafe

„Bereits vor dem zweiten Weltkrieg kam ein englischer Parlaments-
ausschuß zu folgenden Ergebnissen :

a) Die Abschaffung der Todesstrafe hatte nicht zu einer Zunahme der
   Zahl der Morde, sondern in den meisten Fällen zu einem Rückgang
   geführt,

b) in den acht amerikanischen Staaten, die die Todesstrafe abgeschafft
   hatten, war die Mordquote mit am niedrigsten,

c) die Abschaffung der Todesstrafe hatte nirgends eine vermehrte Anwendung von Schußwaffen bei Morden durch Berufsverbrecher oder
   ein Wiederaufleben der Lynchjustiz zur Folge.

Durch diese Ergebnisse wurden viele Zweifel ausgeräumt, und der
Ausschuß empfahl 1930, die Todesstrafe für fünf Jahre abzuschaffen."
(Deutsche Polizei, 1967, Nr. 5, S.150-151).

Der Streit um die Todesstrafe ist dennoch immer wieder aufgelebt.
Beispielsweise erstellte Isaac Ehrlich, ein Wirtschaftswissenschaftler
der Universität von Chicago, eine Formel, um die abschreckende Wirkung der Todesstrafe zu ermitteln. Allerdings bezieht sich nur ein einziger Faktor dieser umfangreichen Formel auf die Todesstrafe direkt, die
anderen sind zumeist ökonomische oder demographische Faktoren. Ehrlich meinte nun auf der Grundlage seiner Berechnungen, daß für die
Zeitepoche von 1935 - 1969 eine zusätzliche Hinrichtung pro Jahr im
Durchschnitt 7 oder 8 weniger Morde bewirkt hätte. Die von Ehrlich benutzte Formel und Vorgehensweise wurde wegen zahlreicher theoretischer und statistischer Mängel von verschiedenen Kriminologen und
Wirtschaftswissenschaftlern heftig kritisiert (so z.B. King, 1981; Wilkes, 1987). Hier soll nur auf eine wesentliche Schwachstelle hingewiesen werden: Ehrlich ging von der Vorstellung des rationalen Mörders
aus, eine Vorstellung, die aber auch deshalb nicht zutreffend ist, weil
sich die meisten Morde eher spontan aus einer Situation heraus entwik-
keln. Und die wirklich rationalen Mörder, „Berufskiller", lassen sich
durch Strafandrohungen nicht abschrecken.

Von einer ganz anderen theoretischen Position ging Phillips (1980) aus. Im
Rahmen seiner Theorie über den Einfluß der Massenmedien auf soziales Verhalten untersuchte er die mögliche abschreckende Wirkung der Todesstrafe, indem er die Mordrate für London während der Jahre 1858 - 1921 mit der Ausführlichkeit der Berichte über Hinrichtungen in „THE TIMES" verglich.
Phillips stellte fest: Im Durchschnitt sank die Zahl der Morde in der Woche
nach der Hinrichtung. Je mehr Publizität der Hinrichtung gewidmet wurde, desto mehr sank die Mordrate (r = + 0,546). Allerdings wurde dieser zweiwöchige
„Abschreckungseffekt" dadurch wieder genau ausgeglichen, daß es später zu
einer starken Erhöhung der Mordrate kam!

Fazit: Unter der Voraussetzung, daß man die Erkenntnisse von Phillips generalisieren kann, hätte die Todesstrafe höchstens eine aufschiebende, nicht aber eine abschreckende Wirkung!

Aber selbst dann, wenn die Person eine anschauliche Vorstellung von der Todesstrafe hat, ist deren abschreckende Wirkung vermutlich gering: „Ein Gefangener in Ohio, der während seiner Gefangenschaft Verbesserungsvorschläge für den Elektrischen Stuhl entwickelte, tötete nach seiner Entlassung selbst und endete auf dem Elektrischen Stuhl. Und der Häftling Alfred Wells, der 1938 bei der Installierung der Gaskammern in San Quentin half („Näher will ich da niemals rankommen") wurde vier Jahre nach seiner Entlassung zum dreifachen Mörder und starb in derselben Gaskammer" (Der Spiegel, 1967, Nr. 24, S.109).

Ein sehr aussagekräftiges Ergebnis liefert eine vergleichende Untersuchung von Dan Archer (Wilkes, 1987). Dieser analysierte Kriminalstatistiken von 110 Nationen und 44 ihrer großen Städte. Er stellte fest:
- Die Todesstrafe schreckt keinen Mörder ab.
- Die Mordrate ging sogar leicht zurück, nachdem die Todesstrafe abgeschafft worden war.
- In großen Städten findet man eine höhere Mordrate als in kleineren Städten der gleichen Nation.
- Die Gewaltbereitschaft wächst, wenn eine Nation einen Krieg geführt hat, besonders, wenn sie ihn gewonnen hat.

Archers Hypothese aus diesen Erkenntnissen: „Wenn eine Nation menschlichen Wesen Gewalt antut, indem sie Kriege führt oder Kriminelle exekutiert, gibt sie ihren Bürgern den Anreiz zu mehr krimineller Gewalt, als sie sonst begangen hätten" (Wilkes, 1987, S. 27 - 28). Man könnte es auch so formulieren: In Nationen, die Krieg führen, und Nationen, die die Todesstrafe haben, sind die Kognitionen der Bürger weitaus aggressiver und somit auch ihr Verhalten.

Der Ruf nach der Todesstrafe verstellt den Blick auf die tatsächlichen Ursachen der Kriminalität.

„The American Peoples Encyclopedia Yearbook, 1976" weist hierbei auf den grotesken Widerspruch zwischen kriminalitätsfördernden Faktoren und der mangelnden Bereitschaft ihrer Beseitigung hin: „Jährlich sterben etwa 10000 Menschen in den USA in Situationen, in denen Schußwaffen eine Rolle spielen, und etwa die Hälfte der Mörder benutzt Schußwaffen. Trotzdem scheuen sich die meisten Politiker, durch einen Gesetzentwurf den Waffenbesitz einzuschränken, weil dies politischer Selbstmord bedeuten würde." (S.169). Und obwohl er selbst 1975 zweimal einem Attentat mit Schußwaffen entgangen war, blieb der damalige Präsident Ford unverändert gegen Einschränkungen des Besitzes von Schußwaffen eingestellt!

2.4.4 Kriminalisierende Wirkungen von Strafen

Strafen und Strafandrohungen wirken aber nicht nur wenig abschrek-kend, Strafen können auch durchaus einen kriminalisierenden Effekt haben. Beispielsweise wurde in einer amerikanischen Untersuchung festgestellt, daß die erwischten und bestraften jugendlichen Ladendiebe später sogar noch für mehr Diebstähle verantwortlich waren als diejenigen, die unentdeckt geblieben waren (Psychologie Heute, Oktober 1979, S. 9f). Ähnlich fanden auch West und Farrington (1977), daß Jungen, deren Fehlverhalten im Alter von 14 Jahren aktenkundig geworden war und die verurteilt worden waren, mit 18 Jahren eine „Verschlechterung" ihres Verhaltens zeigten; d.h.: sie behielten kriminelles Verhalten nicht nur bei, sondern es verstärkte sich bei ihnen noch, vermutlich, weil sie durch die erste Verurteilung aggressivere und damit kriminalitätsfördernde Haltungen entwickelten. Dagegen zeigten Jugendliche, die unentdeckt geblieben waren, eine „Verbesserung" ihres Verhaltens d.h. sie blieben kriminell unauffällig. Die sogenannte „Verschlechterung" des Verhaltens nach einer Verurteilung beruhte auf einer tatsächlichen Intensivierung des Verhaltens und nicht etwa darauf, daß die Jugendlichen häufiger wegen Übertretungen im Straßenverkehr oder anderer Kontakte mit der Polizei auffällig geworden waren.

Diese Erkenntnis zeigt, wie gering der abschreckende Effekt von Strafen bzw. ihre resozialisierende Wirkung ist. Darauf deuten auch noch andere Fakten hin. Eine ganze Gruppe von Kriminellen schien ab dem 19. Lebensjahr resozialisiert worden zu sein. Die Gruppe, die ihre „kriminelle Karriere" fortsetzte, unterschied sich von ihnen dadurch, daß sie bereits früher mehr Verurteilungen erhalten hatte, ihre Delikte eher auf materielle Gewinne und „weniger auf Vergnügen" ausgerichtet gewesen waren; sie stammten mit größerer Wahrscheinlichkeit aus einer Familie der Unterschicht oder einer Familie, in der bereits Kriminalität vorgekommen war. Allerdings: Auch viele der scheinbar Resozialisierten gestanden ein, ein Delikt begangen zu haben, auch wenn einige der Jugendlichen die abschreckende Wirkung der Strafe und den resozialisierenden Effekt des Vollzugs betonten. Es gab jedoch auch einen großen Prozentsatz von Jugendlichen, die tatsächlich ihre „kriminelle Karriere" beendet hatten. Die Voraussetzungen dafür bieten entscheidende Veränderungen der sozialen Umwelt: Sie verließen die Gruppe ihrer früheren Freunde (wodurch sie sich nach ihren eigenen Worten von Problemen mit der Polizei fernhielten). Oder sie lernten ein Mädchen kennen, heirateten, ergriffen einen Beruf und wurden sozial integriert. Andere stammten von vorneherein aus Familien mit höherem Einkommen als der Durchschnitt der anderen untersuchten Familien.

Es gibt also ein Dilemma: Werden Straftaten nicht geahndet, wirkt das als Bekräftigung für den Täter. Andererseits *können* Straftaten negative Auswirkungen haben. Obwohl Archer durch seine Untersuchungen zur Ablehnung der Todesstrafe gelangte, hat er eine harte Haltung zu diesem Dilemma: „Ich bin für Wiedereingliederung, aber wenn ich zwischen der Sicherheit der Gemeinschaft und dem Wohlergehen gewaltbereiter Krimineller wählen sollte, jemandem, der den sozialen Kontrakt zerrissen und weggeworfen hat, würde ich das Wohlergehen der Gemeinschaft über das des Kriminellen stellen." (Wilkes, 1987, S. 31). Man kann also Archers Gedankengang so weiterführen: Straftäter müssen lernen (z.B. durch Logotherapie, Provokative Therapie), den sozialen Kontrakt einzuhalten, sie müssen lernen, daß niemand das Recht hat, sich als Herrscher über das Schicksal anderer Menschen aufzuspielen, über dessen Eigentum oder sein Recht zu leben!

2.5 Planung und Selbststeuerung des Verhaltens

2.5.1 Die Planung krimineller Delikte

Während bestimmte Jugendliche wegen ihres impulsiven Lebensstils in die Kriminalität hineingeraten (West und Farrington, 1977), ist gerade für Berufskriminelle und das organisierte Verbrechen typisch, daß deren Delikte geradezu generalstabsmäßig geplant werden (ausführliche Beispiele dazu s. Letkemann, 1973; Herren, 1979). Dies beginnt mit der Phase vor der Tat: Betriebskapital, Auswahl der Partner, Besetzung des Einbrecherteams, Arbeitsteilung, zu verwendende Arbeitstechnik, Logistik (Beschaffung von Werkzeugen und Waffen), Zeitplanung. Neben der Aufklärungsphase („Ausbaldowern") und der eigentlichen Tatphase spielt bei erfahrenen Kriminellen auch die Nachtatphase eine Rolle: Beseitigung von Spuren, Fingerabdrücken, Vernichtung von „Arbeitskleidung", Verstecken der Beute, Suche nach einem vertrauenswürdigen Hehler, Entscheidung über Beibehalten der bürgerlichen Existenz oder Untertauchen, Vermeidung aufzufallen durch Prahlerei, dem Feiern rauschender Feste, übermäßige Geldausgaben u.ä. (Herren, 1979).

Offensichtlich verringert die Präzision der Planung der Tat das Risiko einer Entdeckung und ist somit der entscheidende Unterschied zwischen einem unüberlegt, impulsiv handelnden Täter und einem routinierten Berufsverbrecher. Allerdings kann auch dieser keineswegs immer vorher den Tatort auskundschaften oder langfristig planen, sei es aus Mangel an Zeit oder Geld, oder weil sich für ihn plötzlich eine ungewöhnlich günstige Gelegenheit ergibt. Aber wenn dies keine große Rolle spielt, etwa in Kreisen des organisierten Verbrechens, so wird auch dadurch verständlich, warum dessen Bekämpfung so schwer ist.

2.5.2 Die Bedeutung der Selbstkontrolle für kriminelle Delikte

Manche Delikte, z.b. die meisten Morde und Körperverletzungen, geschehen aus einer starken Erregung heraus, wobei Aggressivität, Wut, aber auch Angst eine entscheidende Rolle spielen. Andererseits ist es für einen Berufskriminellen, z.B. einen Bankräuber, unerläßlich, daß er seine Gefühle unter Kontrolle hat, denn Angst oder jede andere starke Erregung würde das Gelingen der Tat in Frage stellen! Diese Fähigkeit, Gefühle unter Kontrolle zu halten, mag auch ein Grund dafür sein, daß man Täter häufig als „eiskalte Psychopathen" bezeichnet.

Mit dem Grad der Selbstkontrolle hängt auch die Rollenverteilung bei der Tat zusammen: Nur derjenige, der bewiesen hat, daß er sich unter Kontrolle hat, erhält Schußwaffen, also z.b. der „Mann an der Tür", der Kunden und Personal unter Kontrolle hält. Bei anderen Rollen, z.B. dem „Geldsammler", ist eine Waffe weniger notwendig, diese Rolle wird deshalb eher dem am wenigsten Erfahrenen oder dem Nervösesten zugeteilt (Letkemann, 1973). Wie wichtig dieser Gesichtspunkt ist, beweisen Beispiele jugendlicher Mörder (s. Lempp, 1977), die bei einem impulsiven Überfall die „Nerven verloren" und um sich schossen, bzw. ihr Opfer, das plötzlich zu schreien anfing, aus Angst niederschlugen.

Mit der Selbstkontrolle hängt auch die Zuverlässigkeit der Komplizen zusammen. Beispielsweise könnte für den Fahrer des Fluchtautos, der vor der Bank wartet, die Streßsituation und die Anspannung dazu führen, daß er, ohne zu warten, mit dem Auto wegfährt (s. Letkemann, 1973, S. 113).

2.5.3 Kriminelle Entscheidungsprozesse

Eine kriminelle Handlung ist nicht plötzlich da, sie entwickelt sich schrittweise. Dabei ist nicht so entscheidend, ob diese Schritte langsam oder blitzschnell ablaufen. Man gewinnt aber wichtige Einsichten, wenn man bei einem Delikt diese Schritte genauer betrachtet. Walsh (1978) hat diese schrittweise Entwicklung eines Delikts anschaulich in zwei Flußdiagrammen dargestellt:

2.5.3.1 Entwicklungsprozeß eines Delikts

1. Damit ein Verbrechen geschehen kann, muß als erstes das Opfer oder das Ziel vorhanden und verfügbar und isolierbar (obwohl evtl. in einer Menge vorhanden) sein. Ein Verbrechen wird nicht stattfinden, wenn ein Opfer nicht vorhanden ist oder wenn ein geeignetes kriminelles Ziel fehlt.
2. Das Ziel oder Opfer muß angreifbar sein, vorzugsweise ungeschützt (Diebstahl ist leichter, wenn es keine Alarmanlage gibt). Wenn das

Opfer oder Ziel in irgendeiner Weise verteidigt oder gesichert wird, muß, damit das Verbrechen geschieht, der Täter wissen, wie er die Wirksamkeit des Schutzes neutralisieren kann. Der Täter muß wissen, wie er eine potentiell gefährliche Situation umgehen kann, z.b. durch entwaffnende Worte oder sympathische nichtsprachliche Kommunikation, oder z.b. dadurch, daß er die Alarmanlage lahmlegt.

3. Um überhaupt ein Verbrechen begehen zu können, muß der Täter freie Zeit haben, d.h. Zeit, in der er nicht von anderen überwacht wird. Er darf nicht anderswo erwartet werden. Er muß in die kriminalitätsfreie Situation wieder zurückkehren können, ohne für seine Handlungen oder Abwesenheit Rechenschaft ablegen zu müssen; er muß in dieser Zeit freie Bewegungsmöglichkeit besitzen.

4. Das kriminelle Ereignis muß unerwartet und unvorhergesehen sein, zumindest zu diesem Zeitpunkt.

5. Der mögliche Täter darf in den Augen des potentiellen Opfers nicht als solcher erscheinen.

6. Das kriminelle Ereignis muß überraschend kommen.

7. Der Täter benötigt eine Fluchtmöglichkeit, das kann sein:
   räumlich: Tür oder Fenster
   verbal: schnelle Entschuldigung bei unerwarteter Störung.

8. Möglichkeit zum Rückzug.
   Der Täter benötigt eine alternative Fluchtmöglichkeit, wenn die erste aus irgendwelchen Gründen blockiert ist. Der Rückzug kann auch verbal sein, z.b. wenn das Opfer mißtrauisch wird: „Sie glauben doch nicht, daß ich es wirklich so meinte, nicht wahr!?"

9. Der Ort des Verbrechens darf keine Hinweise liefern, daß der Täter mit dem Verbrechen in Verbindung gebracht wird:
   - er muß am Tatort unbekannt sein
   - seine Anwesenheit muß unerwartet oder schwer nachzuweisen sein.

10. Geeignete Örtlichkeit für Tat:
    z.B. dunkel, einsam

11. Faktoren, die das Verbrechen auslösen
    Motivation, unmittelbare Anreize und Auslöser (Alkohol, Müdigkeit, Provokation)

12. Ist das Opfer allein?

Falls neben dem Opfer noch andere Personen vorhanden sind:

13. Erkennen sie, was sich abspielt?   Wenn "Nein!",
14. Wollen sie das Verbrechen verhindern?   erfolgt
15. Können sie es überhaupt verhindern?   Verbrechen

Spezifische Bedingungen:

Einbrecher bevorzugen Einsamkeit
Taschendiebe bevorzugen Menge
Räuber stören sich nicht an Zuschauern, weil sie sich fähig fühlen, jeden Widerstand zu überwinden (Walsh, 1978).

2.5.3.2 Entscheidungsprozeß beim Ladendiebstahl

Vor einem Ladendiebstahl laufen beim Täter verschiedene kognitive Prozesse ab:

1. Die erste Entscheidung des Ladendiebes:
   Ist das Zielobjekt vorhanden?
   Sind Läden zu seiner Verfügung und offen?
2. Hat er Zeit zu seinem Verbrechen?
3. Ist das Zielobjekt anfällig für Diebstahl?
4. Hat er das Gefühl, daß er nicht wie ein offensichtlicher Dieb aussieht, daß niemand ihn verdächtigt?
5. Wird der Akt des Diebstahls in diesem Laden unerwartet sein?
6. Gibt es einen schnellen Fluchtweg?
7. Gibt es eine Rückzugsmöglichkeit, wenn seine erste Wahl aus irgendwelchen Gründen blockiert wird?
8. Wird er durch irgendetwas mit dem Diebstahl in Verbindung gebracht?
9. Sind die körperlichen/räumlichen Erfordernisse für das Verbrechen in befriedigender Weise vorhanden? Z.B. Möglichkeiten, die Waren zu verbergen.

Dann muß er in aller Eile vier Fragen stellen bezüglich Vorhandensein von Personal/Kunden und ihrer Wachsamkeit:

- Ist jemand anderes anwesend?
- Werden sie erfassen, was sich da abspielt?
- Werden sie es überhaupt verhindern wollen?
- Können sie es verhindern?

Dieser Entscheidungsprozeß beruht auf der subjektiven Einschätzung des Ladendiebes; psychisch gestörte Täter haben wohl keine derartigen Entscheidungsprozesse.

Solche Flußdiagramme zeigen die Art der Wechselwirkung zwischen Tätern, kriminellem Ereignis und Opfer auf; wenn eine dieser Komponenten entfernt wird, tritt das Verbrechen nicht auf. Hier findet man Ansatzpunkte für die Kriminalitätsvorbeugung, da Kriminalität nicht unabhängig von den Handlungen des Opfers abläuft.

2.5.3.3 Die Schuldfähigkeit des Täters

Natürlich laufen bei vielen Delikten die Entscheidungsprozesse nicht derart detailliert ab. Man könnte auch darauf hinweisen, daß manche Personen impulsiv handeln oder durch Wahnvorstellungen u.ä. (z.B. Schizophrene) daran gehindert oder beeinträchtigt werden, das Unrecht einer Situation sachgerecht zu bewältigen und ihr Verhalten sinnvoll zu steuern. In diesem Zusammenhang tauchen Fragen nach der Schuldfähigkeit des Täters, seiner Zurechnungsfähigkeit u.ä. auf. Hier geht es in den Bereich juristischer Definitionen hinein.

Wenn man aber die Schuldfähigkeit des Täters einmal psychologisch näher untersucht, kann man sich fragen, inwieweit der Täter tatsächlich in der Lage war, seinen Entscheidungsprozeß zu beeinflussen. Dazu müßte man den Fall aus verschiedenen Blickwinkeln betrachten. Es ist z.B. fraglich, ob tatsächlich der Alkoholgenuß einen Täter weniger einsichtsfähig (im psychologischen Sinne) macht. Müßte nicht auch ein Angetrunkener wissen, daß er sich und andere gefährdet, wenn er sich betrunken ans Steuer setzt? Weiß nicht auch ein Betrunkener, daß es ein Verbrechen ist, wenn er jemanden tötet?

Wie will man aber die Steuerungsfähigkeit von Menschen fördern, wenn man Alkohol, Ärger u.ä. als Entschuldigung für Fehlverhalten heranzieht, anstatt die Wichtigkeit aggressionsfreier und kriminalitätsfreier Selbststeuerung eigenen Handelns zu betonen?!

Wenn Lempp (1977) einen Fall beschreibt, in dem der Jugendliche nach einem Streit mit seiner Familie sich ausgestoßen fühlt, verärgert ist und dann einen Stadtstreicher tötet, kann man natürlich auf den Zufallsfaktor hinweisen: Hätte die Klingel der elterlichen Wohnung nicht versagt, hätte er sich nicht ausgestoßen gefühlt, und der Mord wäre nicht geschehen (s.a. Kap. IV.4.3). Man muß aber auch darauf hinweisen, daß auch das subjektive Gefühl, daß man zurückgewiesen wird, auch psychologisch gesehen, kein Grund dafür sein kann, einen anderen Menschen zu berauben oder zu töten.

Natürlich ist es auch eine Gewichtungsproblematik, die Bedeutung und Zahl kognitiver Elemente zu einer Bewertung der Steuerungsfähigkeit zusammenzufassen. Wenn ein eifersüchtiger Ehemann seine geschiedene Frau lange Zeit beobachtet, bedroht, in die Wohnung einbricht und mit 37 Messerstichen tötet, liegt dann eine Affekt-Tat mit eingeschränkter Steuerungsfähigkeit vor, oder handelt es sich nicht doch um einen (zumindest teilweise) geplanten Tatablauf? Wenn dieser Täter, als das erste Messer gebrochen war, aus der Küche ein zweites Messer holte, war er da nicht doch noch vollständig fähig, sein Verhalten zu kontrollieren?

2.5.3.4 Eine Lehre von Kater Felix

„Eine wahre Geschichte" ist der Untertitel des Artikels „Unserer tapferer schwarzer Kater Felix". Und seine Geschichte ist aus verschiedenen Gründen durchaus glaubhaft, zumal auch Schumann (1993) in ähnlicher Weise wie Meißner eine kooperative Beziehung zu einer wildlebenden Füchsin aufbaute.

Der kleine zugelaufene Kater pirschte sich spielerisch an Vögel an und versuchte, sie durch einen Sprung zu erwischen. Meißner beobachtete eines Tages, daß er sich an seine kleinen Zwerghuhnküken heranschlich. Als er aber auf eines der Küken zusprang, war die Glucke sofort zur Stelle und vertrieb Felix mit Schnabelhieben und versetzte ihm Kratzer mit den Beinen auf den Rücken, daß er vor Schreck das Weite suchte. Obwohl Felix immer noch das Anpirschen liebte, wagte er keinen Angriff mehr. Eines Tages sah Meißner, daß sich eine fremde Katze den Küken näherte. Aber als sie zum Sprung ansetzte, fiel Felix die fremde Katze fauchend an und verjagte sie.

„Von jenem Tag an brauchten wir uns um unsere Küken keine Sorgen mehr zu machen, denn Felix bewachte sie fortan wie eine Kätzin ihre Jungen. Fast jeden Tag hatte ich Felix aber auch zu den Küken gesetzt und mit ihm gesprochen, hart und befehlend, daß er den Küken nichts tun solle. Offensichtlich hatte er es begriffen." (Meißner, 1991, S. 30).

Spieltheoretisch gesehen hat Meißner hier gezeigt, wie eine TIT FOR TAT - Kultur entsteht, eine kooperative Gemeinschaft (Füllgrabe, 1993/94). Die ständige, tägliche direkte Interaktion ist dabei wichtig, das ständige kooperierende Handeln. Er hatte „Die magische Formel: Sprechen" (Healy, 1991; s.a. Kap. VIII, 3) benutzt, ähnlich wie Schuman (1993) bei der Füchsin Feline. Meißner hatte Felix freundlich und als Teil einer Gemeinschaft behandelt, er hatte ihm aber auch deutlich gemacht, daß er nicht unkooperativ (=aggressiv) gegen andere Mitglieder dieser Gemeinschaft handeln dürfe.

Und Felix hatte offensichtlich sich als Teil einer größeren Gemeinschaft begriffen, denn eines Tages fand man ihn schwerverletzt im Hühnerstall. Da neben dem Hühnerstall Kampfspuren zu sehen waren und dort auch ein großer toter Hausmarder lag, mußte es also so gewesen sein, daß Felix es als seine Pflicht angesehen hat, „seine" Küken mit seinem Leben zu verteidigen. Leider starb Felix einen Tag später an den schweren Verletzungen, die er im Kampf erlitten hatte.

„Unter dem Haselnußstrauch haben wir unseren kleinen tapferen Kater begraben. Wir Kinder weinten damals herzzerreißend und schmückten sein kleines Grab jeden Tag mit einem Blumensträußchen. Und wenn Besucher kamen und fragten, wer dort begraben liege, dann erzählten wir die wahre Geschichte von unserem kleinen tapferen Kater Felix, der im Kampf mit einem Marder sein Leben ließ, um das der kleinen Zwerghühner zu retten. Meinen Kindern mußte ich später diese Geschichte immer und immer wieder erzählen, und diese erzählen sie nun nach sechzig Jahren auch schon wieder ihren Kindern. So wird sie sich fortsetzen, und ich schrieb sie Ihnen auf, um sie Ihnen zu erzählen." (Meißner, 1991, S. 31).

Aus Meißners Ausführungen wird deutlich, wie stark Kinder auf das Thema „Gemeinschaft" ansprechen können, welches Interesse sie daran haben können, wenn man es entsprechend weckt, z.b. durch eine vertrauensvolle Kommunikation. Es ist also wichtig, daß nicht nur Gewalt Faszination ausüben kann, sondern auch das „ruhigere" Thema „Kooperation, Gemeinschaft". Dies erfährt auch Schumann in seinen Vorträgen und als Reaktion auf seine Bücher über die vertrauensvolle Beziehung, die er zur Füchsin Feline und deren Kinder aufgebaut hat.

Es gilt also, **das Thema Gemeinschaft in der Erziehung mehr zu betonen, als Gegengewicht zum Thema Gewalt.**

Aber Felix lehrt uns noch etwas anderes. Er zeigt uns, daß er das genetisch verankerte Programm „Jagd auf Vögel" außer Kraft setzen konnte. Deshalb ist eigentlich auch unverständlich, daß entschuldigend von einem Menschen gesagt wird, er habe nicht anders handeln können, er habe in seinem Lebens niemals Handlungsalternativen gehabt.

Wer z.B. argumentiert, daß der Täter, der jemand in einen Hinterhalt gelockt und dort ermordet hatte, dies nur deshalb tat, weil er vorher einen aggressiven Film gesehen habe, mag dies vielleicht tun, um die Schwere der Tat herunterzuspielen. Aber gleichzeitig wertet er den Täter menschlich ab.

Denn ein derartiger Vorgang erfordert recht viele planungsmäßige Schritte und *wenn* der Täter sich geschickt und planvoll der Strafverfolgung zunächst entziehen konnte, zeigt dies, daß er durchaus nicht ein passives Werkzeug eines aggressiven Filmes war, sondern vermutlich sein Handeln hat steuern können. Er hätte zu jedem Zeitpunkt sich darüber im klaren sein können, daß es moralisch und juristisch verwerflich ist, ein Menschenleben zu vernichten. Er hätte zu jedem Zeitpunkt vor der Tat, bei jedem Handlungsschritt, von seiner Tat ablassen können und müssen. Wer aber sein Verhalten mit einem aggressiven Film „erklärt" o.ä., stellt den Täter unter die Einsichtsfähigkeit des kleinen Katers Felix. Es ist auch ein „Bumerangargument", denn wer derart hilflos situativen Einwirkungen ausgesetzt ist, müßte eigentlich gemäß der entschuldigenden Argumentation in einer geschlossenen Anstalt o.ä. vor sich selbst und auch die Gesellschaft vor ihm geschützt werden.

3. Die Fragwürdigkeit des Psychopathiebegriffs

3.1 Die Unpräzision des Psychopathiebegriffs

Gelegentlich wird zur Erklärung kriminellen Verhaltens auch der Begriff „Psychopathie" gebraucht. Dieser Begriff, wie auch ähnliche (abnorme Persönlichkeit u.ä.), ist allerdings ziemlich vage, und seine Benutzer tun sich schwer, ihn von der Neurose abzugrenzen. Aussagen wie die, daß „Psychopathie" (weitgehend) angeboren und Neurosen weitgehend umweltbedingt seien, gehen an der Tatsache vorbei, daß dies noch niemand bewiesen hat; außerdem zeigen verschiedene Untersuchungen (z.B. Hellbrügge, 1970; West und Farrington, 1977) auf, daß Verhaltensweisen und Einstellungen, die ziemlich vage mit dem Begriff „Psychopathie" umschrieben werden, durch Erziehungsdefizite entstehen. Und nur um die (unter Psychiatern und Gutachtern relativ weitverbreitete) Subjektivität des Gebrauchs des „Psychopathie"- Begriffs zu illustrieren, soll die bei einem Symposium geäußerte These des Psychiaters Solms-Rödelheim zitiert werden: „Wenn man einen Patienten sieht, der einem nicht gefällt, so hat er eine Psychopathie, d.h., das Konstitutionsbedingte, Unbeeinflußbare wird in den Vordergrund gestellt. Gefällt er einem, so hat er eine Neurose." (selecta, 13.10. 1980, S. 3557). Hier wird also ein Beurteilungsfehler, der Sympathiefehler, zur Differentialdiagnose erhoben!

Feldman (1977) zeigt auf, wie kulturabhängig der kriminologische Psychopathie-Begriff ist und welche Verhaltensweisen als „psychopathisch" angesehen werden:

in Deutschland: emotional kalt; mangelndes Gefühl für andere.

in England: Impulsivität, Aggression.

in den USA: Charme, manipulative Fähigkeiten, Eitelkeit, sozial zerstörerisch wirkende Eigenschaften.

Aber selbst im gleichen Kulturkreis stellt „Psychopathie" kein einheitliches Phänomen dar. Beispielsweise ermittelte Blackburn (1980) bei der Clusteranalyse der Testdaten des MMPI von 79 Tätern des Broadmoor Hospital (England), wie bereits bei einer früheren Studie von Mördern, vier Tätertypen:

(1) „primäre Psychopathie": Untersozialisation, Impulsivität, Aggression und Feindseligkeit, geringe Angst und wenig Verhaltensstörungen.

(2) „sekundäre Psychopathie": noch stärkere Feindseligkeit, Aggressivität, Impulsivität und Untersozialisation als bei (1), aber zusätzlich noch starke emotionale Störungen und soziales Sichzurückziehen.

(3) „Kontrollierte": Überkontrolliert

(4) „Gehemmte": Schüchternheit, soziales Sichzurückziehen und Depression.

Es tritt hier (nach Blackburn, 1980) das paradoxe Phänomen auf, daß die noch bösartigeren und „gefühlsärmeren" „Psychopathen", die das geringste Erregungsniveau besitzen, durch hohe Angstniveaus gekennzeichnet sind. Aber auch andere Ergebnisse von Blackburn lassen sich schwer mit gängigen Psychopathietheorien erklären. So hatten beispielsweise „sekundäre Psychopathen" das geringste „Erregungsniveau des Nervensystems" aller 4 Gruppen, „primäre Psychopathen" das höchste, und nur für „sekundäre Psychopathen" galt Schallings Hypothese, daß das geringste Erregungsniveau mit geringer Fähigkeit, emotionale Phantasien zu produzieren, einhergeht. Der in der kriminologischen Forschung benutzte „Psychopathie"-Begriff ist offensichtlich zu undifferenziert. Selbst wenn man den ziemlich vagen Psychopathie-Begriff als Grundlage von Untersuchungen benutzen will, so wäre es auch dann ungerechtfertigt, eine „Psychopathiegruppe" mit einer „normalen" Kontrollgruppe zu vergleichen.

3.2 Kritik an der Psychopathieforschung

Sehr ausführlich und kritisch geht Feldman (1977, S.180) auf die Kategorisierung von „Psychopathen" und experimentelle Studien zu diesem Komplex ein. Er weist z.B. auf folgendes hin:

(1) „Während die Definition eines gesetzwidrigen Verhaltens eindeutig ist, sind die Verhaltensweisen, die mit dem Etikett „Psychopathie" versehen werden, keineswegs derartig eindeutig. Deshalb wird auch der Begriff von verschiedenen Forschern höchst unterschiedlich definiert und gebraucht. Kriminelles und „psychopathisches" Verhalten ist trotz einiger Überschneidungen nicht identisch. Kriminelle Verhaltensweisen schädigen einen anderen Menschen, körperlich direkt oder bezüglich seines Besitzes. Als „psychopathisch" wird z.B. impulsives Verhalten und solches angesehen, das „mangelndes Gefühl für andere" verrät. Gerade der letzte Gesichtspunkt läßt vielfältige Interpretationen zu."

(2) „Es gibt eine deutliche Diskrepanz zwischen der allgemein benutzten Beschreibung der mit dem Etikett „Psychopathie" versehenen Verhaltensweisen und den experimentellen Untersuchungen von Personen, die mit diesem Etikett versehen werden. Während die Beschreibung zwischenmenschliches Verhalten betont, was Untersuchungen des angemessenen Verhaltens von zwei oder mehr Personen erforderlich machen würde, haben sich die experimentellen Studien eher mit Situationen befaßt, in denen nur eine Person vorkam."

(3) Auch ein anderer Untersuchungsaspekt scheint das eigentliche Thema zu verfehlen. So wird behauptet und untersucht, daß „Psychopathen" weniger „erwartungsgemäße Furchtreaktionen" auf bedrohliche Reize erwerben. Aber stellen solche Untersuchungen überhaupt eine Beziehung zu der vielzitierten Behauptung her, „Psychopathen" mangele es an Mitleid mit anderen Menschen? Gibt es überhaupt eine Korrelation zwischen der verlangsamten Erwartung von Schmerz mit der Wahrnehmung von Schmerz bei anderen Menschen?

Feldman fand dazu nur eine Untersuchung, ein Tierexperiment (Miller u.a., 1967). Im Vergleich zu normal aufgewachsenen, reagierten mutterlos aufgewachsene Affen in kooperativen Situationen weniger auf den Kummer anderer Affen; kein Unterschied ergab sich aber bezüglich Vermeidungslernens.

Was besagt es überhaupt, daß jemand weniger sensibel auf zukünftige elektrische Schocks reagiert? Rotenberg (1978) fand z.B., daß Personen, die Elektriker wurden, gegenüber elektrischen Schocks desensibilisiert wurden und genauso geringe Reaktivität auf negative Reize zeigten wie Gefängnisinsassen. Und was besagt es, daß „psychopathische Gefängnisinsassen" weniger physiologische Reaktionen auf Bilder verletzter Personen zeigten? Gerade dies ist z.B. eine Voraussetzung für einen erfolgreichen Arzt oder eine gute Krankenschwester (s. 3.4 Desensibilisierung!).

Auch sind die Beziehungen zwischen impulsivem Verhalten und dem Zufügen von Schmerz nicht immer so, wie in den Thesen über „Psychopathie" formuliert: So erwiesen sich Delinquenten als genauso impulsiv wie Nichtdelinquenten, sahen auch mehr Gewalt in einem mehrdeutigen Wahrnehmungstest, fügten aber anderen Personen in einer Versuchssituation nach Milgram („Bestrafung" mit Elektroschocks) nicht mehr Schmerzen zu als Nichtdelinquenten (Rotenberg, 1978) .

3.3 EEG-Studien

„Der deutsche Psychiater Hans Berger entdeckte Ende der zwanziger Jahre, daß an der menschlichen Kopfhaut ständig elektrische Spannungsschwankungen ablaufen, die Rückschlüsse auf die Hirntätigkeit erlauben. Diese Spannungsschwankungen (Elektroenzephalogramm oder EEG) sind etwa 100 mal kleiner als die Spannungsschwankungen bei der Herztätigkeit (EKG)." (Legewie u.a., 1972, S. 45).

Es wird häufig behauptet, „Psychopathen" unterschieden sich von anderen Personengruppen durch abnormale EEGs. Gale (1975, Summary) kommt jedoch nach einer intensiven Analyse der vorliegenden Untersuchungen zu der Schlußfolgerung „ ...daß Psychopathen nicht durch ein abnormales EEG charakterisiert werden und daß der Glaube, daß sie so charakterisiert sind, ein psychologischer Mythos ist."

In einer Vielzahl von Untersuchungen hat sich Gale (z.b. 1973,1975, 1981a, 1981b) intensiv mit den bei der EEG-Forschung auftauchenden Problemen auseinandergesetzt. Da er dabei zahlreiche Mängel bezüglich Interpretation und methodologischen Vorgehens feststellte, werden für ihn die Ergebnisse von EEG-Untersuchungen auch bezüglich des Zusammenhangs mit der „Psychopathie" durch verschiedene Fehlerquellen verfälscht und sind damit von zweifelhafter Aussagekraft. Und je besser die Beachtung wissenschaftlicher Kriterien bei den Untersuchungen, desto weniger konnten die früher aufgestellten Behauptungen zwischen dem EEG und „Psychopathie" gefunden werden (Gale, 1975, S.1). Gale (1975) kritisiert die EEG-Untersuchungen zum Problem der „Psychopathie" aus folgenden Gründen:

(1) „Eine große Anzahl von EEG-Studien der Psychopathie sind naiv biologisch gewesen, indem sie annahmen, EEG-Merkmale seien angeboren und damit unveränderbar. Nur wenige haben das Problem der Wechselwirkung mit Umweltfaktoren untersucht." (S. 37). Tatsächlich beeinflußt die Laborsituation (Neuartigkeit der Situation, Gewöhnung daran, zwischenmenschliche Kontakte usw., s. Gale, 1981a) die Ergebnisse von EEG-Studien. Chemotherapie, Elektroschocks und andere Behandlungsmethoden können sogar lange nach ihrer Beendigung komplexe Wirkungen auf das EEG haben. Damit kommt Gale zum nächsten kritischen Einwand:

(2) Die Untersuchungen zeigen nicht die Ursachen der EEGs auf: „. . . eine EEG-Abnormalität kann das Ergebnis oder der Ausdruck anderer Faktoren sein und nicht notwendigerweise die primäre Ursache" (S. 37). Beispielsweise können Unterschiede zwischen Patientengruppen und der Normalbevölkerung auch auf den Aufenthalt in der Institution zurückzuführen sein. In extremen Fällen von Einzelhaft wurde das EEG beeinflußt und zwar besonders deutlich bei längerer Einzelhaft. Da Untersuchungen zumeist mit hospitalisierten „Psychopathen" durchgeführt werden, stellt sich die Frage, inwieweit deren Ergebnisse lediglich Artefakte darstellen.

(3) Viele Untersuchungen haben zahlreiche methodologische Mängel, z.B.:

- Viele Untersucher benutzen keine Kontrollgruppen.
- Es wurde kein Doppel-Blindversuch vorgenommen, d.h. der Auswerter konnte (besonders in Abwesenheit von Kontrollgruppen)

leicht aus dem EEG das herauslesen, was er gemäß seiner Theorie erwartete. Dies kann natürlich das Ergebnis verfälschen. Gale (1975) hält nur „eine Handvoll" der vielen EEG-Untersuchungen zum Psychopathieproblem für methodologisch befriedigend. Mehrere dieser brauchbaren Untersuchungen fanden keinen Zusammenhang zwischen EEG-Abnormalitäten und „Psychopathie". Eine gleichgroße Anzahl von Untersuchungen fand jedoch einen derartigen Zusammenhang. Gale kommentiert diese widersprüchlichen Ergebnisse: „Die Qualität der Untersuchungen, die keinen Zusammenhang zeigten, ist im allgemeinen überlegen." (1975, S. 37).

(4) Verschiedene Auswerter stimmen nicht immer bezüglich der Interpretation des EEGs und des Vorkommens von Abnormalität überein. Deshalb ist es schwer bzw. nicht unproblematisch, die Ergebnisse mehrerer Untersuchungen miteinander zu vergleichen. Gale (1975, S.7) charakterisiert die Schwierigkeiten bei der Auswertung eines EEGs folgendermaßen: „... eine EEG-Aufzeichnung ist nicht nur wie eine Rorschachtafel, sondern wie acht Rorschachtafeln in Bewegung". Experten stimmen auch nicht überein, was genau eine EEG-Abnormalität darstellt.

(5) Wenn man nun behauptet, daß eine Abnormalität typisch für „Psychopathen" ist, muß man zeigen, daß sie a) häufiger bei „Psychopathen" als in der Normalbevölkerung vorkommt und b) nicht auch für andere diagnostische Gruppen typisch ist. Alle psychiatrischen Gruppen zeigen jedoch einen gewissen Grad an EEG-Abnormalität; es gibt aber keine Abnormalität, die für „Psychopathie" spezifisch ist. Es ist auch fraglich, ob EEG-Abweichungen als klinische Indikatoren benutzt werden können. „Es gibt genügend Belege für normale Personen mit abnormalem EEG und abnormale Personen mit normalem EEG, um zu beweisen, daß Vorhersagen, die auf EEG-Aufzeichnungen beruhen, risikoreich sind." (S. 38). Angesichts der Ergebnisse seiner Analyse spricht Gale (1981b, S. 12) vom „psychopathologischen Mythos, daß Psychopathen durch eine abnormale... Aktivität langsamer Wellen identifiziert werden könnten. Dieses Forschen spiegelt einen alchemistischen Wunsch wider, ein biologisches Erkennungszeichen für das Kainszeichen zu entdecken."

3.4 „Psychopathie" und Desensibilisierung

Häufig wird „Psychopathen" mangelnde Sensitivität, mangelndes Einfühlungsvermögen, mangelnde Empfindungen für andere Menschen und ähnliches zugeschrieben. Rotenberg (1975) geht nach scharfer Kritik an der unpräzisen Definition und „Mythen" des Begriffes „Psychopathie" auf die Frage ein, ob die mangelnde Sensitivität nicht manchmal vielleicht sogar sozial erwünscht sei und durch psychologische und soziale Systeme der Desensibilisierung gefördert würde. Er überlegt: Könnte man nicht „Psychopathie" als „Insensivität" und „Neurotizismus" als „Übersensitivität" betrachten, wobei beide zwei Extreme eines Kontinuums darstellen? Dann könnte man auch „Psychopathie" anders begreifen, d.h. als „unterschiedliche Insensitivitäten", die sich auf spezifische Verhaltensbereiche beziehen.

Wenn man von einem Menschen sagt, daß er mangelnde Sensitivität gegenüber bestimmten Reizen zeige, ist das eine Beschreibung konkreten Verhaltens, die differenziert ist und das Typische eines Menschen erfassen kann. Eine derartige Beschreibung ist außerdem wertneutral und weniger negativ gefühlsmäßig belastet als das Etikett „Psychopathie". Dieses Etikett enthält außerdem mehr oder minder implizit eine Reihe unbewiesener Annahmen, z.B. von der „angeborenen, unveränderbaren Schlechtigkeit, Gewissenlosigkeit, Gefühlskälte der Psychopathie". Außerdem beinhaltet der „Psychopathie"-Begriff die Vorstellung, daß die betreffende Person sich nur so (gefühlskalt) und nicht anders verhalten könne. Wichtig ist jedoch, daß mangelnde Sensitivität (Gefühllosigkeit) keine allgemeine Eigenschaft ist, sondern sich auf spezifische Personen, Gegenstände, Situationen bezieht. Dies hat folgende, häufig übersehene Konsequenz: Beim Menschen kann neben Gefühllosigkeit gegenüber einigen Reizen normale oder sogar übermäßige Sensitivität gegenüber anderen Reizen vorkommen. Bekanntlich waren kaltblütige Serienmörder durchaus in der Lage, gegenüber ihren Haustieren tiefe Gefühle zu zeigen.

Jäger (1967) weist in seinen „Studien zur nationalsozialistischen Gewaltkriminalität" (so der Untertitel seines Buches) auf ähnliche Phänomene hin: „Diese Abschirmung gegen die Leiden der Opfer, verbunden mit umso größerer moralischer Sorge wegen der psychologischen Auswirkungen auf die Untergebenen, ist bei manchen höheren Führern deutlich festzustellen ... Es wäre völlig falsch, anzunehmen, daß Himmler kein Gewissen besaß und kein Mitleid kannte. Sein Mitleid beschränkte sich jedoch auf die Männer und Frauen in den Totenkopfverbänden, die die furchtbare Last ihrer Untaten auf sich nehmen mußten. (S. 276/277)... Eichmann machte z.B. einen Unterschied zwischen Ostjuden und den Juden aus dem Reich; bei letzteren schien er immerhin gewisse Bedenken zu haben." (S. 306). Jäger schildert auch die Mechanismen, durch die die Hemmungen abgebaut und Gefühllosigkeit gegenüber den Opfern erzeugt wurde: Anonymität; Vermeidung persönlicher, individueller Kontakte oder Ähnlichkeit mit dem Opfer; sprachliche Indoktrination („... ist davon die Rede, daß es sich um eine „scheußliche und furchtbare" Aufgabe handele, deren Durchführung jedoch „notwendig" sei." [S. 279]); Entmenschlichung (Leugnung der Menschqualität des Opfers, es wird z.B. als Ungeziefer, Untermensch, Affe, Krankheit, Fäuliserscheinung u.ä. bezeichnet). „Reaktionen, in denen man, auch der Täter selbst, normalerweise psychologische Symptome eines vorhandenen Unrechtsbewußtseins erblicken würde, wurden gewissermaßen mit einem neuen Wertetikett versehen: Sie wurden als falsche Humanität, Restbestände bürgerlicher Moral, Schwächezeichen oder ästhetischer Ekel vor blutigen Begleiterscheinungen der Vernichtung betrachtet, als Hemmungen also, die zwar verständlich waren und dem einzelnen nachgesehen werden konnten, die er jedoch zu überwinden hatte! Dies zu erreichen, war die Aufgabe der in der SS betriebenen Härteerziehung." (Jäger, 1967, S. 275).

Wie Jäger aus historischer Perspektive, betont auch Rotenberg (1975), daß Insensitivität (Gefühllosigkeit) nicht angeboren ist, sondern gelernt wird. Jemand wird weniger Angst oder Sensitivität auf einem Gebiet zeigen, wo er vorher desensibilisiert wurde, während er auf anderen Gebieten, ohne solche Lernvorgänge, sehr sensibel reagiert. Als Beispiel für das Verlernen von gefühlsmäßigen Reaktionen auf sonst starke gefühlsmäßige Reaktionen auslösende Reize weist Rotenberg auf das geringe Angstniveau (Insensitivität) erfahrener Fallschirmspringer beim Absprung hin.

Wie derartige Desensibilisierung durch die Erziehung erworben werden kann, zeigt Welsh (1976): Durch schwere körperliche Bestrafungen wird das Kind unter Streß gesetzt (was mit Adrenalinausschüttung verbunden ist). Es wird ständig aktiver, zeigt gegenüber den Eltern Ärger und zeigt zuhause und in der Schule aggressives Verhalten. Das Kind entwickelt Hyperaktivität und Verhaltensprobleme in der Schule und zuhause. Allmählich gewöhnt es sich an die Bestrafung und zeigt die schlechte Konditionierbarkeit gegenüber schmerzhaften u.a. negativen Reizen, die man häufig bei „Psychopathen" findet.

Aber auch im späteren Lebensalter spielen Desensibilisierungsprozesse eine Rolle. Wenn man das Problem der Entwicklung von „Berufskriminellen" (Letkemann, 1973) betrachtet, so müssen sie lernen, kaltblütig auf Reize zu reagieren, sonst werden sie ihre Taten nicht erfolgreich ausführen können.

Auch im Berufsleben ist kühl distanziertes Verhalten notwendig, etwa bei einem Arzt, der eine Operation durchführen will. Hier wird ein Dilemma deutlich: Wenn man übersensibel ist und sich nicht gegen emotionalen Streß, Ärger usw. abschottet, kann es zu psychosomatischen Störungen (Asthma, Herzbeschwerden usw.) kommen. So fand Rotenberg (1975) bei als „Psychopathen" klassifizierten Insassen einer geschlossenen Anstalt signifikant weniger psychosomatische Störungen (6%) als bei einer Gruppe von „Nichtpsychopathen" (24%).

Andererseits kann im Berufsleben eine zu starke Abschottung von den Belangen anderer Menschen zu einer Abwertung von Patienten oder Klienten, zu einer zynischen Haltung, einer beruflichen Demotivierung und dem Gefühl des „Ausgebranntseins" (Zimbardo, 1978) führen. Und im größeren sozialen Rahmen führt die Unmöglichkeit, sich in einer Großstadt um die Belange anderer Menschen zu kümmern, zu der häufig festgestellten Teilnahmslosigkeit von Zuschauern eines Überfalles oder Unfalles. Sind aber die Zuschauer „Psychopathen"? Und wenn in den Experimenten von Milgram (z.B. Elms und Milgram, 1966) Personen andere mit extrem starken Stromstößen „bestrafen", sind sie dann gehorsam oder „psychopathisch"? Was ist zu den Menschen zu sagen, die während der NS Zeit kein Mitleid mit Juden hatten und niemandem halfen oder ihn versteckten?

Wie voreilig die Etikettierung mit dem Begriff „gemütskalt" o.ä. ist, zeigt folgende Beobachtung eines Polizeibeamten bei der Suche nach Opfern von Jürgen Bartsch bezüglich eines Kollegen: „... der sonst beim Essen als ,eigen' bezeichnet werden kann, . . . im Stollen ein Kotelett aß, obwohl vor ihm ein anderer Kollege aus einem Wasserloch Skelett-teile ordnete." Hier führte der tagelange Streß und die Gewöhnung zu einer völligen Abstumpfung gegenüber der makabren Situation. Das Zuschreiben einer Eigenschaft wie „gemütskalt", „roh" oder ähnliches würde die situationsspezifische Desensibilisierung verkennen.

3.5 „Psychopathie" und soziale Anpassung

Smith (1978) sieht „Psychopathie" anders, als es sich aus Studien von Gefängnisinsassen ergibt. Für ihn entsprechen die Merkmale von Christie und Geis (1970) für Machiavellisten denen von „Psychopathen": Mangel an Gefühl, Zynismus, geringes zwischenmenschliches Vertrauen, manipulierender Verhaltensstil, geringe Orientierung an traditioneller Moral, Gefühl der Außenkontrolle! Smith und Griffith (1978) fanden signifikante Korrelationen von Fragebogenwerten für Machiavellismus (Skala IV) und denen für Psychopathie. Dies entspricht nicht den Erkenntnissen von Widom (1978) und denen von Rosenblatt und Hannum (1969) für weibliche Gefängnisinsassen; deren Stichproben hatten aber einen niedrigeren soziökonomischen Status als die von Smith und Griffith, die amerikanische Collegestudenten untersuchten, so daß Smiths (1978) These durchaus diskussionswürdig bleibt, daß der „Psychopath" weniger pathologisch antisozial, sondern vielmehr das logische Extrem in Kulturen ist, die Wettbewerb, materiellen Erfolg und das Aufrechterhalten eines guten „Image" belohnen.

Tatsächlich findet man in der Realität durchaus Hinweise auf die Richtigkeit seiner These. Beispielsweise berichtet Wheeler (1979) von den großen „Eisenbahnbaronen", die im letzten Jahrhundert in den USA an der Spitze der großen Eisenbahngesellschaften standen: „Um ihr Ziel zu erreichen, schnorrten sie Geld von anderen Leuten, riskierten aber auch ihr eigenes. Sie beschwatzten

Präsidenten und bestachen Abgeordnete. Sie zögerten nicht, alte Gefährten zu ruinieren ... Mit allen ihren faulen Geschäften waren sie die Männer, die die Eisenbahnen erbauten, die eine große Nation zusammenfügten; Männer mit sensiblerem Gewissen hätten vielleicht Schiffbruch erlitten..." (S. 53). „Diese frühen Gründer der Eisenbahnimperien waren tatsächlich alles, was ihre Feinde ihnen vorwarfen: Sie waren skrupellos, raubgierig, hinterhältig, gefräßig und habsüchtig. Aber sie waren Männer ihrer Zeit, Amerikas goldenem Zeitalter, als Berufsethos und moralische Grundsätze in schwindelerregendem Umbruch begriffen waren. Mit den schäbigsten Methoden wurden riesige Vermögen gemacht. Leicht verdientes Geld und Korruption größten Ausmaßes in der Regierung, das war der Preis für die durch den Bürgerkrieg bedingte Konjunktur." (S. 65) ... Kein Wunder, daß es ein anonymer Witzbold so formulierte: ‚Unehrlich währt am längsten'." (S. 65).

3.6 Die mangelnde Repräsentativität der Psychopathieforschung

Es gibt also Personen, die rücksichtslos sind und auch andere als „psychopathisch" bezeichnete Merkmale aufweisen, die aber andererseits sozial integriert und sogar erfolgreich sind. Daraus ergibt sich aber eine wesentliche Frage: In wieweit sind die üblichen Untersuchungen an hospitalisierten „Psychopathen" repräsentativ für *die* „Psychopathie"? Eine Untersuchung von Widom (1978b) liefert dazu wesentliche Einsichten. Sie suchte 1974/75 in mehreren Anzeigen in einer führenden Zeitung der Bostoner „Gegenkultur" „charmante, aggressive, sorglose Personen, die ein erregendes, impulsives Leben führen". Sie erhielt 73 Antworten. Davon konnte sie nur 23 Männer und 5 Frauen im Alter von 19 - 47 Jahren in ihre Untersuchung aufnehmen, bis auf 6 Personen erfüllten sie alle die minimale Zahl der Kriterien von Robins (1966) Liste antisozialen Verhaltens für „Soziopathie".

Häufig wird „Psychopathie" mit Impulsivität in Verbindung gebracht und damit auch mit der Unfähigkeit, eine Befriedigung längere Zeit aufzuschieben; unmittelbarer Genuß soll im Handeln von „Psychopathen" vorherrschen. Widom fand jedoch überraschenderweise für ihre „Soziopathen" (wie auch Sutker u.a., 1972) weitaus geringere Q-Werte beim Porteus-Labyrinth-Test als viele frühere Untersucher (Ein hoher Q-Wert drückt Sorglosigkeit und impulsives Bearbeiten des Tests aus.). Auch wählten die meisten Versuchspersonen nicht etwa die sofortige Belohnung, sondern entschieden sich entgegen der Psychopathietheorie für den Belohnungsaufschub. Im Gegensatz zu der allgemeinen Vorstellung von „Psychopathen" werden diese also auch von situativen Faktoren beeinflußt. Im vorliegenden Fall hing zum Beispiel der Belohnungsaufschub davon ab, ob sie auf das Geld angewiesen waren oder nicht, ob sie eine Beschäftigung hatten oder nicht.

So sehr Widoms Untersuchung Stichprobenprobleme aufwirft (Auswahl der Personen nach einer Zeitungsanzeige u.ä.), so zeigt sie doch andererseits Stichprobenprobleme auf, die entstehen, wenn man „Psychopathen" aus Gefängnispopulationen auswählt. Widoms Stichprobe hatte nämlich ein höheres Bildungsniveau und etwas höheren sozioökonomischen Status als sonstige Stichproben, und sie enthielt weniger Schwarze als Gefängnispopulationen. Auch Widoms Stichprobe zeigte verschiedene „antisoziale Merkmale": Starkes Trinken, starker Drogengebrauch, die Mehrzahl hatte homosexuelle Erfahrungen gehabt, obwohl die meisten vorherrschend heterosexuell waren. Der Hauptunterschied zwischen Widoms und früheren Stichproben war aber der, daß sie sich nicht bezüglich der Zahl der Verhaftungen, aber bezüglich der geringen Zahl von Verurteilungen unterschieden. „Irgendwie hatte die vorliegende Stichprobe es verstanden, recht erfolgreich Verurteilungen zu entgehen" (Widom, 1978a, S. 82), deshalb bezeichnet sie Widom als „erfolgreiche Psychopathen", die sich von hospitalisierten Psychopathen signifikant unterscheiden.

Was kann man also als Erkenntnisse aus den Psychopathieuntersuchungen gewinnen? Man kann dies so formulieren: Die (meisten) Untersuchungen gingen von einem vagen „Psychopathiebegriff" aus,

- vernachlässigten eine differenzierte Betrachtungsweise der von ihnen als „Psychopathen" etikettierten Personen,
- untersuchten Dinge, die mit ihrer Psychopathiekonzeption nichts zu tun haben,
- übersahen „Psychopathen" im täglichen Leben,
- glaubten aber (wie später noch aufgezeigt wird) trotz dieser methodologischen Mängel und Unzulänglichkeiten, daß die „Psychopathie" durch Erbanlagen bedingt ist. Demgegenüber weist Robins (1978) auf das Wirken von Erziehungsfaktoren hin:

„Die typischen Verhaltensprobleme des ‚Psychopathen' beginnen in seiner Kindheit, wenn er in die Schule kommt, sie verabscheut, nicht lesen lernt, in der Klasse durch sein Verhalten auffällt, auf dem Spielplatz kämpft, die Schule schwänzt und offensichtlich sich nicht abmüht, wenn er hineingeht. Diese Verhaltensweisen machen ihn sehr schnell bei seinen Lehrern und Schulkameraden unbeliebt." (S. 269). „Psychopathen" werden als paranoide Menschen beschrieben. Wenn man bedenkt, daß Eltern sie als Reaktion auf ihr frühes antisoziales Verhalten schlagen, die Schule sie ausschließt und die Polizei sie jagt, mögen ihre subjektiven Erfahrungen von der Welt als unfreundlich und gefährlich nicht völlig irrational sein. Sobald sie die Welt in diesen Begriffen wahrnehmen, wächst die Wahrscheinlichkeit erheblich, daß sie weiterhin abweichendes Verhalten zeigen werden." (S. 299).

Robins sieht den Kriminalisierungsprozeß folgendermaßen: Die frühen Verhaltensstörungen führen zum Verlassen der Schule vor dem Abschluß, was wiederum Berufsprobleme schafft, was zum Diebstahl ermutigt, was ins Gefängnis führt. Diese Darstellung von Robins zeigt die Notwendigkeit, die Prozesse näher zu untersuchen, die zu einer Persönlichkeitsentwicklung bzw. Kriminalitätsentwicklung beitragen.

VI. Die Entwicklung der Persönlichkeit und kriminellen Verhaltens

1. Die Sozialisation

Wie entstehen die vorher beschriebenen Faktoren, die die Persönlichkeit eines Menschen ausmachen? Wie entstehen individuelle Unterschiede? Als wesentlichste Ursache dieser Entwicklungen kann man die Sozialisation des Menschen ansehen. Durch den Prozeß der Sozialisation erlernt das Kind die für diese Kultur als richtig und wichtig bewerteten Verhaltens- und Denkweisen. Die bei der Sozialisation wirkenden Faktoren kann man wie in folgendem Modell darstellen(Füllgrabe, 1975a, S. 23). Dabei werden drei Fragen gestellt:

a) Was wird durch die Sozialisation erworben? - Normen und Verhaltensweisen

b) Wie wird dies erworben? - durch Lernprozesse

c) Wer beeinflußt die Sozialisation? - Bezugspersonen, die einen grossen Einfluß auf die Person ausüben.

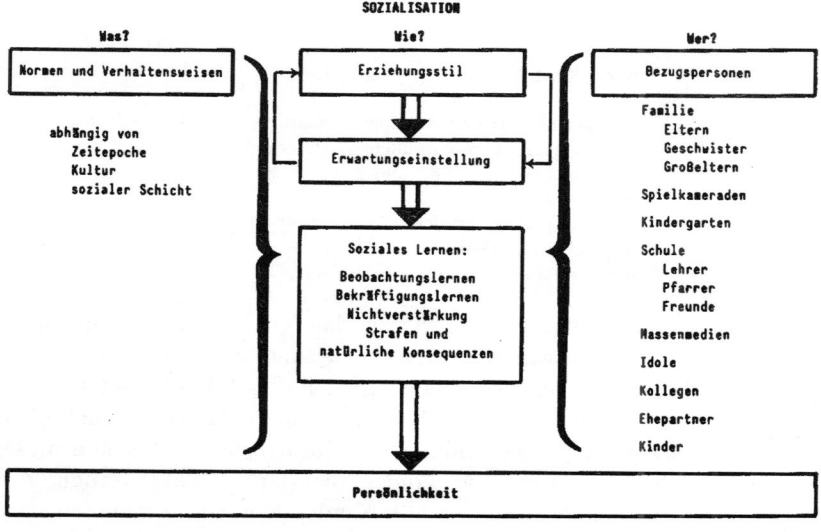

Als besonders wesentliche Aspekte der Sozialisation seien hier herausgegriffen und besprochen:

1.1 Der Erziehungsstil

Um die unterschiedlichen Erziehungsstile von Eltern darzustellen, hat Becker (1964) ein Modell entwickelt, das die bis dahin vorliegenden Untersuchungsergebnisse integriert. Er geht dabei von zwei grundlegenden Erziehungsdimensionen aus:

Familienklima:

Schenken die Eltern dem Kind Zuneigung, kümmern sie sich um seine emotionalen Bedürfnisse, oder behandeln sie es kalt, unfreundlich, strafen es häufig körperlich bzw. vernachlässigen sie es gefühlsmäßig?

Lenkung:

Hat das Kind viel Freiheit, oder wird es von den Eltern stark gegängelt, gelenkt, beaufsichtigt und erhält ständig Befehle und Anweisungen?

Die Wechselwirkung beider Dimensionen zeigt Becker in folgendem Schema auf:

Lenkung der Kinder durch die Eltern

Erziehungsklima	starke Lenkung	geringe Lenkung
	gehorsam, unterwürfig	ungezwungen, sozial aufgeschlossen
	sehr nachgiebig	aktiv
warm	abhängig	unabhängig
	geringe Aggressivität	geringe Aggressivität, dominant
	wenig kreativ	kreativ
	neurotische Verhaltensstörungen	häufig: kriminelles Verhalten
	starke Aggressivität (vor allem	starke Aggressivität
	gegenüber Gleichaltrigen und	
kalt	sich selbst)	
	schüchtern und streitsüchtig	ungehorsam
	gegenüber Kameraden;	
	sozial zurückgezogen	

Wie ist nun die Tatsache zu erklären, daß Kinder, die in einem warmen Familienklima aufwachsen, sich eher freundlich, kooperativ, normgerecht verhalten und bei Normübertretungen diese eher beichten, während Kinder, die in einem kalten Familienklima aufwachsen, sich eher aggressiv, unkooperativ verhalten, eher Normen übertreten und diese weniger beichten? Warum sind Kinder, die stark gelenkt werden, zumeist gehemmt, und warum handeln Kinder, deren Eltern ihnen viel Freiräume lassen, zumeist spontan? Man kann sich diese Frage leicht beantworten, wenn man sich überlegt, welches Bild sich ein Kind unter den verschiedenen Erziehungsbedingungen von sich selbst, seinen Eltern und Mitmenschen macht, welche inneren Monologe es dann vollzieht und welche Verhaltensstrategien es dann entwickelt.

Erziehung

	kalt, feindselig	**warm, freundlich**
Kind sieht:	Die Menschen stehen mir feindselig gegenüber. Die Menschen sind schlecht. Die Welt ist ein Dschungel, und man muß sich seiner Haut wehren. („Urmißtrauen") ↓	Die Menschen sind gut. Sie helfen mir immer, wenn ich sie brauche. („Urvertrauen") ↓
Verhalten des Kindes	aggressiv unkooperativ	freundlich kooperativ

	starke Lenkung	**geringe Lenkung**
Kind sieht:	Ich darf nur handeln, wenn ich Erlaubnis habe. Wenn ich die Initiative ergreife, könnte ich etwas falsch machen und dafür bestraft werden, also tue ich lieber nichts. ↓	Ich kann machen, was *ich* will. ↓
Verhalten des Kindes	gehemmt	spontan

Wie solche Bilder von den Mitmenschen erworben werden und wie diese Einstellungen dann das Verhalten steuern, wird z.b. durch Experimente von Holloway und Hornstein (1977) verdeutlicht. Personen, die (scheinbar zufällig) eine Nachricht über eine selbstlose Handlung gehört hatten, bewerteten andere Menschen positiver und als vertrauenswürdiger, urteilten milder und verständnisvoller und handelten kooperativer. Personen, die eine Nachricht über einen Mord gehört hatten, bewerteten danach andere Menschen negativer und als weniger vertrauenswürdig, beurteilten strenger und härter und handelten mißtrauischer und unkooperativer.

Wie kann man nun den Zusammenhang zwischen dem Mangel an erlebter Zuneigung und dem Entstehen aggressiven Verhaltens erklären?

Dazu eine Beobachtung von Eltern bei einem Kind, das sie aus dem Waisenhaus geholt hatten: „Weiter stellten wir fest, daß Bruno unser eigenes Kind so quälte, daß unser Sohn nach drei Tagen Angst hatte, ins Bett zu gehen, leichenblaß war und am ganzen Körper zitterte. Wir beobachteten dann abends, daß unser Pflegekind wartete, bis unser Sohn schlief, dann an sein Bett ging, auf ihn einschlug, ihn biß und trat, bis dieser weinte. Dann erst legte er sich befriedigt hin, grinste freudig und schlief ein!"

Warum dieses Kind bzw. grundsätzlich irgendein Mensch Freude daran empfindet, andere zu quälen, kann mit zwei Theorien erklärt werden. Crosby (1976) erstellte ein Modell der „egoistischen relativen Deprivation", das die Bedingungen spezifiziert, unter denen ein Mensch andere beneidet und mit Streß oder Aggression oder konstruktivem Verhalten reagiert. Crosby geht dabei von der These aus, daß Menschen ihre Lage mit der anderer Menschen vergleichen und daraus ableiten, wie gut es ihnen geht. Dabei kann es zu der scheinbar paradoxen Diskrepanz zwischen objektivem und subjektivem Wohlergehen kommen, d.h. daß Menschen sich trotz objektiv guten Verhältnissen unglücklich fühlen, weil es anderen Menschen besser geht. Auf das geschilderte Beispiel bezogen, würde diese Theorie aussagen, daß Bruno den anderen Jungen quälte, weil er ihn beneidete, weil er ein Gefühl der Ungerechtigkeit empfand, so lange Zeit gegenüber diesem Kind vernachlässigt worden zu sein. Hinzu kommt, daß man gemäß dem Modell von Mehrabian (1978) sagen kann, daß eine Person, die sich unglücklich fühlt, ihre Lage negativ bewertet, durch das Quälen anderer Menschen Unlust in Lust, Unterordnung in Dominanz und ein geringes in ein intensives Aktivitätsniveau verwandelt.

Diese Interpretationen aggressiven Verhaltens gehen von der These aus, daß das Bedürfnis, andere zu quälen, unprovoziert anzugreifen, mit der langfristigen Frustration des Bedürfnisses nach Zuneigung zusammenhängt. Tatsächlich zeigen ja auch verschiedene Untersuchungen, daß aggressive und später kriminell auffällig gewordene Jugendliche nicht genügend Zuneigung von ihren Eltern erhielten (s. z.B. West und Farrington, 1977; McCord, 1979). Ihre Eltern zeigten häufig eine feindselige, ablehnende Haltung, benutzten häufig körperliche Bestrafungen usw.

Es gibt nun die Möglichkeit, daß das feindselige, kalte, strafende Verhalten der Eltern nicht die *Ursache*, sondern die *Wirkung* des aggressiven Verhaltens der Kinder sein könnte. Dazu ist zunächst einmal festzustellen, daß Harlow in zahlreichen Versuchen mit Menschenaffen (s. z.B. Harlow und Harlow, 1966), in genau kontrollierten Versuchen Auslösebedingungen für aggressives und antisoziales Verhalten ermittelte. Und nicht nur bei Menschenaffen, die dem Menschen entwicklungsgeschichtlich sehr nahe stehen, führte das Nichtbefriedigen des Bedürfnisses nach Zuneigung und Liebe zu derartigen Verhaltensstörungen, sondern auch bei Kindern in Waisenhäusern (s. z.B. Hellbrügge, 1970).

Andererseits ist es tatsächlich notwendig, die Eltern-Kind-Interaktionen zu betrachten. Gil (1970) meint z.B., daß bei Kindesmißhandlungen zumindest einige dieser Kinder ständig gelärmt und ein unangenehmes schrilles Schreien gezeigt hatten und dadurch ihre Eltern zu Mißhandlungen provoziert hätten. Es gibt allerdings verschiedene Untersuchungen, bei denen derartige Probleme bei der Mutter-Kind-Interaktion dadurch umgangen wurden, daß man genau beobachtete, was die Mütter taten und welche Reaktionen die Kinder darauf zeigten. Aufschlußreich sind hierbei zwei Längsschnittuntersuchungen. Blurton-Jones u.a.

(1979) untersuchten aggressives Verhalten bei 59 ein- bis dreijährigen Kindern. Aggression wurde definiert als: Schlagen, beißen, an den Haaren ziehen, treten, ein anderes Kind stoßen, ein Objekt einem anderen Kind wegnehmen, an einem Objekt ziehen, das ein anderes Kind hat. Blurton-Jones u.a. (1979) zeigten, daß diese Verhaltensweisen häufig zusammen vorkommen, jedoch unabhängig von Verhaltensweisen sind, die man als „spielerisches Kämpfen" oder „Raufereien" bezeichnet. Das aggressive Verhalten - zumeist in Form eines unprovozierten Angriffs - darf auch nicht mit unruhigem, „hyperaktivem" Verhalten verwechselt werden.

Es wurde nun beobachtet, ob die Mutter auf das Weinen des Kindes reagierte, wenn es z.b. hingefallen war, wenn es der Mutter dann seine Arme entgegenstreckte. Mütter, die nicht oder erst nach einer langen Verzögerung auf das Weinen des Kindes reagierten, es nicht auf den Arm nahmen oder sonstigen Körperkontakt herstellten, hatten Kinder, die (bei anderen Gelegenheiten) andere Kinder häufiger unprovoziert angriffen. Diese Korrelation war nur für aggressives Verhalten signifikant, aber nicht für andere Interaktionen mit Gleichaltrigen. Blurton-Jones u.a. (1979) diskutieren die Möglichkeit, daß die Reaktion des Kindes das Verhalten der Mutter beeinflussen könnte. Einige Verhaltensbeobachtungen von ihnen (S. 131) deuten jedoch auf die verursachende Verhaltensweise der Mutter hin. Auch zeigen andere Untersuchungen (S. 132), daß aggressives Verhalten der Kinder mit mangelnden freundlichen Gesten und Gesichtsausdrücken der Mutter zusammenhängt und sich das Verhalten des Kindes verändert, wenn sich das Verhalten der Mutter in Verbindung mit Veränderungen ihrer ökonomischen und wirtschaftlichen Situation verändert.

Auch Ainsworth hat in verschiedenen Untersuchungen (z.B. 1974, 1978) die Reaktion von Babies direkt nach der Geburt auf das Verhalten ihrer Mütter untersucht. Mütter, die keine Gefühle gegenüber ihren Kindern ausdrücken konnten, die wenig sensibel auf das Kind und seine Bedürfnisse reagierten und die eine tieferliegende Abneigung gegen Körperkontakte mit dem Kind zeigten, hatten Kinder, die ängstlich Kontakt mit ihnen und anderen Menschen mieden (selbst wenn diese freundlich waren), unkooperativ waren und grundlos aggressives Verhalten zeigten.

Die zitierten Untersuchungen von Ainsworth und Blurton-Jones beziehen sich auf Verhaltensbeobachtungen an Babies oder Kleinkindern - auf den Bindungsstil, den die Kinder entwickelten (s.a. Kap. III, 3.6). Es gibt jedoch auch noch eine Längsschnittuntersuchung von Farrington (1978) an delinquenten Jugendlichen. Er fand, daß das verstärkte Auftreten von Aggressivität mit einer Verschlechterung des familiären Klimas einherging. Insgesamt wiesen die gewalttätigen Delinquenten, von einem früheren Lebensalter ab, folgende Merkmale auf: kalte, strenge, disharmonische Eltern, die ihre Kinder wenig beaufsichtigen; geringe IQs; wurden als aggressiv und wagemutig eingestuft. Diese Ergebnisse stimmen überein mit denen der Cambridge-Somerville Studie (McCord, 1979). Auch hier waren der Grad der Zuneigung der Mutter gegenüber ihrem Kind, das Ausmaß des elterlichen Konflikts bzw. Disharmonie und Unstimmigkeiten unter ihnen Faktoren, die mit der Gewalttätigkeit der Jungen zusammenhingen.

1.2 Die Erwartungseinstellung

Man kann das Verhalten eines Menschen auch dadurch beeinflussen, daß man eine Erwartungseinstellung über bestimmte Verhaltensweisen von ihm entwickelt. Wenn z.B. Rosenthal und Jacobsen (1971) feststellten, daß Schüler intelligenter wurden, von denen die Lehrer glaubten, daß sie intelligent seien, so spielen hierbei subtile zwischenmenschliche Prozesse und Beeinflussungen eine gewichtige Rolle. Hier findet man die Parallelen zu der Beobachtung in Amerika (Aldrich, 1971), daß bei einigen der untersuchten kriminellen Jugendlichen die Eltern die Erwartungshaltung gehegt hatten, daß aus ihren Kindern später Kriminelle würden. Man kann sich leicht ausmalen, wie die Eltern und die Umwelt solche Jugendliche behandeln: kalt, abweisend, was nach Becker (1964) kriminalitätsfördernd ist. Geschieht ein Verbrechen in der Gegend, werden diese Jugendlichen als erste verdächtigt und verhaftet, so daß es zu Trotzreaktionen kommen kann: „Wenn man schon einer Sache beschuldigt wird, die man nicht getan hat, kann man ebensogut rausgehen und sie tun. Dann kann man wenigstens wegen irgend etwas angeklagt werden!", sagte einer der untersuchten Jugendlichen. So wird der Jugendliche durch die Erwartungseinstellung seiner Umwelt in eine Rolle hineingepreßt und zeigt kriminelles Verhalten, was sich sonst vermutlich nicht entwickelt hätte.

1.3 Soziales Lernen

1.3.1 Beobachtungslernen (Imitation, Identifikation)

Kinder, aber auch Erwachsene, übernehmen häufig Verhaltensweisen anderer Menschen, die sie beobachtet und imitiert haben, in ihr eigenes Verhaltensrepertoire. Voraussetzung dabei ist jedoch, daß die andere Person mit ihrem Verhalten Erfolg hatte. Imitation tritt auch dann auf, wenn die Person nicht weiß, wie sie sich verhalten soll, das Vorbild ein hohes Prestige besitzt usw. (s. Tausch und Tausch, 1971).

Es ist verständlich, daß das Prinzip des Beobachtungslernens (Imitation) das gehäufte Auftreten von bestimmten Verhaltensweisen und Kriminalität erklärt; es müssen also dazu keineswegs Erbanlagen als „Erklärung" herangezogen werden. Imitation ist auch dann im Spiel, wenn nach spektakulären Verbrechen derartige Delikte auch von anderen Personen wiederholt werden und die diesbezügliche Deliktrate sprunghaft steigt (Berkowitz, 1971).

Von dem Begriff „Imitation" zu unterscheiden ist der Begriff „Identifikation". Imitation stellt das bloße Nachahmen des Verhaltens eines Menschen dar, ohne daß dabei eine Gefühlsbeziehung eine Rolle spielt (man kann ja auch durchaus erfolgreiche Verhaltensweisen eines Feindes imitieren!). Demgegenüber denkt, fühlt und handelt eine Person genauso wie die Person, mit der sie sich identifiziert.

Im Gegensatz zu psychoanalytischen Hypothesen ist - wie verschiedene Untersuchungen zeigen - für eine Identifikation eine positive Gefühlsbeziehung zu der Modellperson notwendig (s. z.B. Tucker, 1970). Wie bereits vorher aufgezeigt wurde, am Beispiel der kleinen Cornelia (s.S. Kap. IV, 2.5.2), übernimmt man bei der Identifikation praktisch die Rolle der anderen Person. Damit ist verständlich, daß Normen und Wertvorstellungen nur dann dauerhaft übernommen und verinnerlicht werden, wenn es zu einer Identifikation des Kindes mit seinen Eltern kommt. Dies erklärt auch die Feststellung von West und Farrington (1977), daß Eltern krimineller Jugendlicher diese keineswegs bewußt zur Kriminalität erziehen; durch das schlechte Verhältnis zwischen Kindern und Eltern werden aber moralische Normen nicht verinnerlicht und gezeigt, auch wenn Eltern Moral predigen!

1.3.2 Bekräftigungslernen, Nichtverstärkung

Eine Verhaltensweise, mit der man Erfolg hatte, wird wieder praktiziert (Bekräftigung), eine, die einen Mißerfolg brachte, wird seltener oder überhaupt nicht mehr gezeigt (Nichtverstärkung, „Löschung"). Die Belohnung bei einem Erfolg kann materieller (Geld, Bonbon, u.ä.) oder sozialer (Lob, Anerkennung, Zulächeln u.ä.) Natur sein. Beispielsweise war das Gewährenlassen und Nichteingreifen der Polizei bzw. der Behörden der Grund dafür, daß sich das aggressive Verhalten von Rockern immer mehr steigerte (Wolf und Wolter, 1974).

1.3.3 Strafen und natürliche Konsequenzen

Die Konsequenzen, die sich aus Bestrafungen ergeben, untersuchte Welsh (1976), wobei er nur körperliche Bestrafungen mit Gegenständen berücksichtigte, die körperliche Verletzungen bewirken können: Gürtel,

Bretter, Expanderschnüre, Fäuste; nicht darunter fallen Strafen, die mit offenen Händen ausgeführt werden. Welsh stellte nun fest, daß derartige schwere körperliche Bestrafungen und aggressives Verhalten der Eltern mit dem aggressiven Niveau der Delikte jugendlicher männlicher Täter korrelierten: Sie zeigten ein hohes Aggressionsniveau und eine hohe Kriminalitätsrate.

Parke (1972) weist darauf hin, daß im Gegensatz zu Bestrafungen kognitive Prozesse bei der Erziehung wirkungsvoller sind. Wenn Erziehungspersonen Kindern eine vernünftige Erklärung über Fehlverhalten oder angemessenes Verhalten geben, bewirkt dies ein schnelleres Lernen und eine länger anhaltende Wirkung bezüglich normgerechten Verhaltens. Eine Stabilität normgerechten Verhaltens und eine Verinnerlichung moralischer Normen ist demgemäß am besten zu erreichen, wenn man die inneren Monologe des Kindes entsprechend heranbildet. Dazu trägt auch bei, wenn Kinder statt Strafen die „natürlichen Konsequenzen" ihres unangemessenen Verhaltens erfahren (Tausch und Tausch, 1971). Wenn sie z.B. Unordnung gemacht haben, müssen sie wieder aufräumen; haben sie etwas schmutzig gemacht, müssen sie es wieder säubern und in Ordnung bringen.

Handeln Kinder aggressiv o.ä., so ist die „Time-out"-Methode wirkungsvoll: Man entfernt die Kinder vorübergehend, aber schnell, aus der Situation (damit sie keine Bekräftigung für ihre Aggression erfahren). Später, wenn sie sich beruhigt haben, sollen sie wieder in die Situation und die Gruppe integriert werden.

1.4 Bezugspersonen

Selbst für Kinder in der gleichen Familie ist die Umwelt nicht gleich. Alleine die Tatsache, daß ein Kind als Erstgeborenes bei der Geburt des zweiten plötzlich nicht mehr im Mittelpunkt der Aufmerksamkeit der Familie steht, kann schon ausreichen, um Persönlichkeitsunterschiede zwischen Geschwistern zu erzeugen. Das Erstgeborene versucht dann zumeist mit bestimmten Taktiken und Strategien den alten Status wiederherzustellen, z.B. Bettnässen, Babysprache, womit es unbewußt und unausgesprochen ausdrückt: „Seht her, ich bin genauso hilflos wie das neue Baby. Deshalb müßt ihr euch wieder mehr um mich kümmern." Es ist also nicht erstaunlich, daß Erstgeborene sich bezüglich mancher Verhaltensweisen von Spätergeborenen unterscheiden können: größere psychologische Anpassungsschwierigkeiten, weniger Alkoholismus, weniger offene Aggression u.a. (Sampson, 1965). Ob derartige Unterschiede überhaupt auftreten, hängt natürlich auch davon ab, wie groß der Altersunterschied zwischen den Kindern ist, wie groß die Familie ist, welches Geschlecht die Kinder haben u.ä.

Neben der **Geschwisterreihe** sind natürlich oft auch die Erziehungsbedingungen für Geschwister unterschiedlich, weil die Eltern älter geworden sind, evtl. einen weniger strengen Erziehungsstil praktizieren,
bessere ökonomische Verhältnisse vorliegen u.ä. Auch die außerfamiliä-
ren Bezugspersonen (Spielkameraden, Lehrer usw.) sind für Geschwister verschieden, so daß auch hier unterschiedliche Einflüsse auf die
Persönlichkeitsentwicklung einwirken.

2. Biologische Umwelteinflüsse vor, während und nach der Geburt

Schon Neugeborene unterscheiden sich kurz nach der Geburt deutlich
voneinander, z.B. bezüglich ihres Temperaments. Einige Babies sind
aktiver als andere; einige schreien mehr, andere sind ruhiger. Da bei
Neugeborenen die Umwelt noch keinen Einfluß nehmen konnte - so lautet eine häufig vertretene Meinung - könnten derartige Unterschiede nur
auf Erbanlagen zurückzuführen sein. Diese Argumentation ist aber
falsch, denn bereits vor der Befruchtung beginnt die Umwelt auf den
Organismus einzuwirken (Joffe, 1980). Röntgen- u.a. Strahlen, Hormone, Drogen u.ä. können Chromosomen im Ei oder Sperma schädigen
und so für das spätere Absterben des Embryos oder seine Schädigung
verantwortlich werden. „Im Fall des beschädigten Eies können derartige
Ereignisse ihren Einfluß Jahrzehnte vor der Befruchtung ausüben, weil
die Entwicklung des menschlichen Eies beginnt, während die Mutter
selbst noch ein Fötus ist. Im Falle des Spermas beträgt die kritische Zeit
bis zu 64 Tagen vor der Befruchtung, die Zeit, die für das Reifen einer
Samenzelle benötigt wird." (Joffe, 1980, S.7). Aber auch auf den Em-
bryo im Mutterleib können Strahlungen (Röntgenstrahlen u.ä.), Drogen,
Hormone, Chemikalien, Mangelernähung der Mutter, Infektionen,
Krankheiten der Mutter, Streß der Mutter, u.ä. einwirken und ihn schädigen.

Herbert (1974) zitiert verschiedene Untersuchungen, die alle aufzeigen: Wenn eine Mutter die Schwangerschaft ablehnt oder während der
Schwangerschaft starken emotionalen Streß erlebt, ist die Wahrscheinlichkeit groß, daß das Kind vom Tage der Geburt an irritierbar, hyperak-
tiv ist, häufig schreit, u.ä. Auch eine unharmonische Ehe und unbefrie-
digende Beziehungen können die Mutter während der Schwangerschaft
belasten.

Derartige und andere physiologische Prozesse bewirken, daß Neugeborene solcher Mütter ein unstabiles Nervensystem haben, Trinkschwie-
rigkeiten, eine erhöhte Herzfrequenz, einen empfindlichen Magen-
Darm-Trakt, häufiges Schreien, große Irritierbarkeit und verschiedene

Symptome des Hyperaktivitätssyndroms (Chisholm, 1978). Diese Ergebnisse sind nicht kulturspezifisch. Kulturvergleichende Untersuchungen zeigen nämlich, daß die Abweichung des mütterlichen Blutdrucks während der Schwangerschaft überall mit der Irritabilität des Neugeborenen korreliert (Chisholm, 1978).

Daß die längerfristigen Auswirkungen solcher vorgeburtlichen Belastungen sehr komplex mit Erziehungsfaktoren zusammenhängen, belegen Werner und Smith (1982) anhand einer Längsschnittuntersuchung. Der Lebenslauf aller 698 im Jahre 1955 auf Kauai (Hawaii) geborenen Kindern wurde verfolgt. Dabei wurde festgestellt, daß diejenigen, die schwere vorgeburtliche Komplikationen erlebt hatten, als Jugendliche Verhaltens-, Lern- und körperliche Probleme hatten:

- geistige Retardierung 10 x so hoch,
- Verhaltensstörungen 5 x so hoch,
- körperliche Handicaps etwa 2 x so hoch

wie in der Gesamtpopulation der 18 jährigen. „Soziopathisches" („acting-out"-) Verhalten und Delinquenz war mit 21,5% ebenfalls höher als in der Gesamtpopulation (15%).

Interessanterweise spielen bei den Langzeitwirkungen vorgeburtlicher Schäden sozioökonomische Faktoren eine wesentliche Rolle (Werner und Smith, 1982). Wachsen nämlich Kinder mit derartigen Schäden in guten häuslichen Verhältnissen auf, so sind die Langzeitwirkungen der Schäden geringfügig. Dagegen sind die Schäden z.B. bezüglich Intelligenz bei den Kindern langanhaltend, deren Eltern arm, ungebildet und unstabil sind. Solche Eltern haben weniger vorgeburtliche Vorsorge getroffen, größeren Streß erlebt, schlechtere Ernährungsbedingungen gehabt, usw. Wird nun ein geschädigtes Kind in eine solche Umwelt hineingeboren, so sind seine zwischenmenschlichen Kontakte ebenfalls gestört. Die Familie, mit wirtschaftlichen und Gesundheitsproblemen überlastet, hat nicht genügend Zeit, sich um ein Problemkind angemessen zu kümmern. Es wird als Problemfall leicht abgelehnt und erhält dadurch weniger Entwicklungsanreize und damit keine Möglichkeit der Kompensation seiner Mängel. Dagegen hat ein Kind aus einem guten zwischenmenschlichen Milieu bessere Chancen, daß seine Eltern angemessen auf es reagieren, ihm Zuneigung und Aufmerksamkeit schenken und ihm bessere Entwicklungsmöglichkeiten verschaffen.

Auch Frühgeburten und Komplikationen während der Geburt können das Zentralnervensystem des Kindes schädigen und körperliche Defekte, aber auch hyperaktives und disorganisiertes Verhalten erzeugen (Herbert, 1974). Interessant ist die These von Prescott (1979), daß das Vermitteln oder Verweigern von Zuneigung durch die Eltern das Nervensystem des Kindes beeinflussen kann. Beispielsweise zeigten isoliert aufgewachsene Affen extrem gewalttätiges Verhalten, hatten aber auch ein vollkommen anderes EEG als normal aufgewachsene Affen und Veränderungen der Gehirnzellen.

Prescott stellt damit den Zusammenhang her zwischen physiologischen Prozessen und der Tatsache, daß die sensorische Deprivation, der Mangel an Berührung und Schaukeln, eine mangelnde Befriedigung des Bedürfnisses nach Zuneigung bewirkt und damit Schwierigkeiten, gewaltsame Impulse zu kontrollieren. Analog dazu ist das Entwicklungsprogramm von Rice (1975) für Frühgeborene ausgerichtet. Sie ging dabei von der Erkenntnis aus, daß jedes normale Kind einen angeborenen Reizhunger nach zärtlicher Berührung, Körperkontakt, Geräuschen u.ä. hat. Ein frühgeborenes Kind hat wegen seiner unvollständigen intrauterinen Entwicklung ein noch größeres Bedürfnis nach solchen Reizen, erhält sie aber im Brutkasten nicht. Rice (APA monitor, November 1975) entwickelte deshalb die „Rice-Methode" des Streichelns, Rollens und Massierens des Frühgeborenen. Hinzu kommt das Sprechen der Eltern mit dem Baby. Gegenüber einer Kontrollgruppe war bei derartig behandelten Frühgeborenen eine signifikante Steigerung der körperlichen und geistigen Entwicklung festzustellen.

Fazit: Wenn Kinder im ersten Lebensjahr unruhiges, gestörtes Verhalten zeigen, muß dies nicht unbedingt auf Erbanlagen zurückgeführt werden, da schon vor, während und kurz nach der Geburt die Umwelt auf den Menschen einwirkt. Da aber Erbanlagen häufig zur Erklärung menschlichen Verhaltens herangezogen werden, sollen Probleme und Mißverständnisse bei Untersuchungen über das Wirken von Erbanlagen im folgenden Kapitel ausführlich dargestellt werden.

3. Das Anlage-Umwelt-Problem

3.1 Grundlegende Probleme

3.1.1 Die Reaktionsbreite des Erbmaterials

Der Mensch als körperliches Wesen wäre ohne Erbanlagen undenkbar, er könnte überhaupt keine körperlichen Organe entwickeln. So unbestreitbar dies ist, so falsch sind andererseits häufig Meinungen darüber, was durch Erbanlagen überhaupt vermittelt wird. So ist die Meinung falsch, bestimmte Merkmale würden *direkt* vererbt. Dobzhansky (1973) weist deshalb ausdrücklich daraufhin: Was vererbt wird, ist nicht dieser oder jener Phänotyp „Eigenschaft" oder „Charakter", sondern genotypische Möglichkeiten für die Entwicklung eines Organismus als Reaktion auf seine Umwelt. Ein bestimmter Genotyp kann sich in verschiedenen Umwelten phänotypisch anders entwickeln. Dazu zunächst einige Erläuterungen: Unter Genotyp versteht man die Gesamtheit der genetischen Ausstattung eines Menschen. Der Phänotyp bezieht sich auf alles, was man körperlich oder chemisch bei einem Menschen beobachten kann. „Der Phänotyp kann nicht vererbt werden, er entwickelt sich als eine Funktion der Interaktion zwischen dem Genotyp und der Umwelt." (Shah, 1972, S. 49).

Wie wirken nun die Gene als Träger der Erbanlagen? In einem Modell demonstrieren Fuller und Thompson (1960), daß Gene nur über die physiologische Ebene Merkmale des Menschen beeinflussen: „Gene wirken auf einem molekularen Organisationsniveau, und der Weg von den Genen zum Verhalten wird durch das komplexe Zusammenwirken von Enzymen, Hormonen und Neuronen beeinflußt." (Shah, 1972, S. 50). Durch das Einwirken der Umwelt entsteht aus dem Erbmaterial keineswegs unabänderlich vorprogrammiert eine bestimmte Körpergröße, ein bestimmter IQ usw. Wenn die gleiche Erbanlage sich in verschiedenen Umwelten verwirklichen könnte, was z.B. bei getrennt lebenden eineiigen Zwillingen der Fall ist, würden gänzlich unterschiedliche Körpergrößen, Intelligenzquotienten (IQs) usw. zu beobachten sein. Daß sich der gleiche Genotyp in verschiedenen Umwelten tatsächlich phänotypisch anders entwickeln kann - wie Dobzhansky behauptet - wird z.B. durch folgendes Beispiel bewiesen:

Newman u.a. (1937) untersuchten mehrere eineiige Zwillingspaare, die getrennt voneinander aufgewachsen waren. Allerdings geht aus den Fallbeschreibungen eindeutig hervor, daß die Umwelt nicht in allen Fällen völlig unterschiedlich gewesen war: Das soziale und kulturelle Niveau war häufig sehr ähnlich gewesen, einige Zwillingspaare hatten jahrelang miteinander Kontakt gehabt, waren von verwandten Familien aufgezogen worden, die Adoptivväter hatten gleiche Berufe gehabt, u.ä. Deshalb kann man annehmen, daß die gefundenen Unterschiede zwischen den Zwillingen noch deutlicher ausgefallen wären, wenn sie tatsächlich in extrem unterschiedlichen Umwelten aufgewachsen wären. Dies wird z.B. durch das Beispiel der Zwillingsschwestern Helen und Gladys nahegelegt, bei denen die größten Ausbildungsunterschiede gefunden wurden. Gladys hatte nur zwei Schuljahre gehabt und war Verkäuferin geworden. Helen hatte einen Collegeabschluß und war Lehrerin geworden. Sie hatte das leichtere Leben, war finanziell gut gestellt und hatte mehr Möglichkeiten sozialer Kontakte. Deshalb fanden Newman u.a. (1937) hier nicht nur die größten Intelligenzunterschiede aller Zwillingspaare: 24 IQ-Punkte (nach einer Neuanalyse der Daten von L.J. Kamin in seinem Buch „The science and politics of IQ", 1974, S. 55 beträgt der Unterschied sogar 33 IQ-Punkte). Die Untersucher fanden auch erhebliche Unterschiede im Aussehen, Verhalten und der Persönlichkeit. Helen, die Intelligentere, sah viel jünger aus als ihre Schwester, weil sie mehr aus ihrem Äußeren machte; sie bewegte sich geschmeidig und war bemüht, einen guten Eindruck auf Männer zu machen. Sie zeigte Selbstvertrauen und war eine angenehme Person mit großem Charme. Sie unterhielt sich ohne eine Spur von Schüchternheit und übernahm bei den späteren Kontakten der

Zwillinge die Führungsrolle. Gladys war das genaue Gegenteil: Sie war eine nüchterne, schwerfällige und deutlich schüchterne Person. Sie hatte nicht den Charme ihrer Schwester oder deren graziöse Bewegungen. Sie war nicht vorteilhaft gekleidet und machte nicht das Beste aus ihrem Äußeren. Sie gab freiwillig keine Informationen preis, und es war schwer, sie in ein Gespräch einzubeziehen. Sie machte keine Anstrengungen, einen günstigen persönlichen Eindruck zu machen.

Dieses Beispiel zeigt deutlich die große Streubreite der Entwicklungsmöglichkeiten aus der gleichen Erbanlage, durch die - nur durch das Biologische eingeschränkt - völlig entgegengesetzte Persönlichkeitsstrukturen entstehen können. Wenn also Erbanlagen bei einem Merkmal überhaupt eine Rolle spielen - was jeweils zunächst nachgewiesen werden muß - dann können sie höchstens die „Reaktionsbreite" eines Merkmals vorgeben, während die Umwelt jeweils die absolute Höhe, den Ausprägungsgrad dieses Merkmals bestimmt. Dies wird durch ein Modell von Gottesman (1980) illustriert.

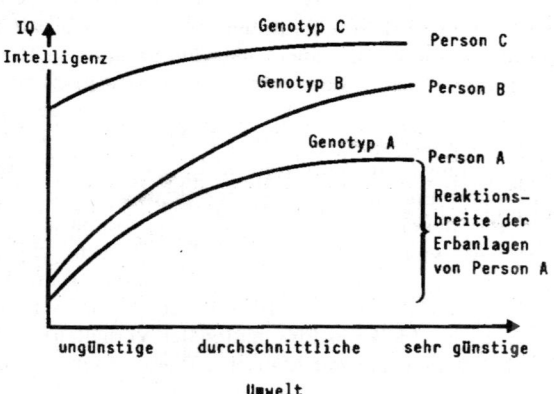

Das hier abgebildete Modell geht natürlich von der Annahme aus, daß bei der menschlichen Intelligenz genetische Faktoren eine Rolle spielen, was streng genommen noch nicht exakt bewiesen oder widerlegt worden ist (s. z.B. Füllgrabe, 1979a). Es verdeutlicht jedoch recht anschaulich die Wechselwirkung zwischen Erbanlagen und Umwelt. Wächst ein Mensch in einer sehr ungünstigen Umwelt auf, wird er nur die Untergrenze seiner potentiell möglichen Intelligenz entwickeln. In einer sehr günstigen Umwelt wird dagegen das genetische Potential voll ausgeschöpft. Auch könnte eine Person in einer sehr günstigen Umwelt einen weit höheren IQ entwickeln als eine Person mit „besseren genetischen Voraussetzungen" in einer ungünstigeren Umwelt.

Tatsächlich kann durch eine Veränderung der Umweltbedingungen die Intelligenzhöhe verändert werden, dies beweisen verschiedene Förderungsprogramme für Kinder aus sozial benachteiligten Gruppen (Karnes, 1976). Daß die dabei erzielten Intelligenzzuwächse primär durch die Verbesserung der Umweltbedingungen bedingt werden, zeigt folgendes Ergebnis: Die Mütter wurden trainiert, die sprachlichen und geistigen Fähigkeiten ihrer Kinder zu fördern. Obwohl also nicht die Kinder, sondern nur ihre Mütter trainiert worden waren, war nach 15 Monaten der IQ der Kinder signifikant höher gestiegen als bei Kindern untrainierter Mütter!

Das Modell von Gottesman verdeutlicht, daß auch bei einer genetischen Betrachtungsweise die Intelligenz und andere Merkmale nicht schicksalhaft vorherbestimmt sind. Und selbst dann, wenn man versucht, ein bestimmtes Merkmal heranzuzüchten, kann eine veränderte Umwelt völlig gegensätzliches Verhalten ausformen.

Dies zeigen Denenberg und Zarrow (1970). Kreuzt man Tiere (z.B. Mäuse), die beispielsweise besonders aggressives Verhalten zeigen, untereinander und vollzieht dies über mehrere Tiergenerationen hinweg, so erhält man einen Stamm sehr aggressiver Tiere. Denenberg und Zarrow wollten feststellen, ob diese Aggressivität vererbt wird. Sie unterschoben einige neugeborene Mäuse aus diesem aggressiven Stamm einer Rattenmutter, die gerade eigene Junge säugte. Die von einer Rattenmutter aufgezogenen Mäuse zeigten später äußerst wenig aggressive Handlungen, im Vergleich zu ihren von der Mäusemutter aufgezogenen Geschwistern. Entscheidend war aber nicht das Säugen, sondern das Aufziehen durch die Rattenmutter, das neben dem aggressionsarmen Verhalten auch ein geringeres Aktivitätsniveau und eine Beeinflussung physiologischer Prozesse bewirkte: Im Vergleich zu ihren Geschwistern oder Rattenkindern hatten sie nämlich weniger Corticosteron (Hormon der Nebennierenrinde, nach Denenberg und Zarrow ein Indikator für emotionales Verhalten) im Blut. Interessant war auch, daß Ratten, die mit Mäusen aufgewachsen waren, ebenfalls eine Verhaltensänderung zeigten. Im Gegensatz zu anderen Ratten töteten sie keine Mäuse. Denenberg und Zarrow schließen daraus, daß Aggression kein Instinkt ist, sondern daß das soziale Umfeld artenspezifische Verhaltensmuster und physiologische Prozesse - selbst bei starker genetischer Grundlage - entscheidend verändern kann.

3.1.2 Die Grenzen genetischer Interpretationen

Die Persönlichkeit des Menschen ist nicht durch seine Erbanlagen starr vorgegeben, durch bestimmte Umweltfaktoren kann sie in verschiedene Richtungen hin entwickelt werden. Die durch die Erbanlagen bedingten biochemischen Einflüsse auf die physiologische Ausstattung des Menschen können höchstens - vereinfacht ausgedrückt - die Ober- und Untergrenze eines Merkmals bestimmen. Wo liegen aber diese

Grenzen? Im körperlichen Bereich ist dazu festzustellen, daß der Mensch, durch seine Erbanlagen bedingt, ohne technische Hilfsmittel nicht fliegen kann wie ein Vogel oder unter Wasser atmen wie ein Fisch. Allerdings zeigen Spitzensportler, wie weit man seine körperlichen Grenzen immer weiter hinausschieben kann. Und wo liegt z.B. die Obergrenze der menschlichen Intelligenz? Eindeutiger als diese Frage ist die Frage nach der genetischen Fundierung moralischen oder sozialen Verhaltens zu beantworten. Jeder Mensch kann sich - je nach Situation - ehrlich oder unehrlich, pünktlich oder unpünktlich, hilfsbereit oder nicht, kriminell oder gesetzestreu verhalten usw. Während nämlich Augenfarbe, Körpergröße (bei Erwachsenen) u.ä. unveränderliche Merkmale sind, beruht das menschliche Verhalten nicht auf starren Eigenschaften, sondern ist das Ergebnis von Entscheidungsprozessen und damit situationsabhängig. Wenn aber der gleiche Mensch in verschiedenen Situationen völlig entgegengesetzte Verhaltensweisen zeigen kann, seinem Verhalten also keine biologisch festgelegten Grenzen gesetzt sind, ist es nicht sinnvoll, bei derartigen Verhaltensweisen nach Erbanlagen zu suchen.

Man kann bei einem Merkmal nicht einfach das Vorhandensein von Erbanlagen vermuten, sondern muß ihre Existenz durch harte Fakten (z.B. Züchtungen) beweisen. Oft kann man nämlich viele Phänomene besser mit Umweltfaktoren erklären. Wenn man z.B. feststellen kann, daß Eltern, die ihre Kinder mißhandeln, früher selbst von ihren eigenen Eltern mißhandelt wurden, kann man dies mit Erbanlagen erklären? Oder kann man sich hier nicht die naheliegende Frage stellen, woher jemand, der in einer solchen Familie aufgewachsen ist, bessere und freundlichere Erziehungsmaßnahmen hätte erlernen können? Denn es zeigt sich, daß Kindesmißhandlung oft das Ergebnis von Hilflosigkeit gegenüber den Problemen der Kindererziehung ist. Deshalb ist auch die Tatsache, daß ein Kind dann besonders kriminalitätsgefährdet ist, wenn Familienmitglieder bereits straffällig geworden sind (West und Farrington, 1977), kein Beweis für das Wirken von Erbanlagen. Es gibt jedoch noch andere Forschungsmethoden, mit denen das Wirken von Erbanlagen bewiesen werden soll, z.B. die Zwillingsforschung und Adoptivstudien. Die hierbei auftretenden Probleme und Ergebnisse sollen deshalb ausführlich besprochen werden.

3.2 Probleme und Ergebnisse von Zwillingsuntersuchungen

3.2.1 Die Aussagekraft der Zwillingsforschung

Eineiige Zwillinge (EZ) besitzen die gleichen Erbanlagen, während zweieiige Zwillinge (ZZ) genetisch nicht ähnlicher sind als normale Geschwister. Man glaubte deshalb lange Zeit, durch den Vergleich von EZ

mit ZZ feststellen zu können, ob ein Merkmal durch Erbanlagen beeinflußt wird. Man untersuchte, ob sich die Zwillinge bezüglich des Merkmals ähnelten (Konkordanz) oder unterschieden (Diskordanz). Man ar-
gumentierte nun: Wenn EZ häufiger als ZZ gemeinsam schizophren,
kriminell, neurotisch werden, ihre Intelligenztestwerte eng beieinander-
liegen usw., dann können diese Unterschiede nur auf Erbfaktoren zurückzuführen sein, weil ja die Zwillinge bei beiden Gruppen zum gleichen Zeitpunkt aufwachsen, die Umweltfaktoren damit also ausgeglichen seien und unberücksichtigt bleiben könnten. Hier muß aber ein
wichtiger Hinweis kommen, der zwar trivial ist, seltsamerweise aber
immer wieder übersehen wird: Statistisch gesicherte Unterschiede zwischen zwei Gruppen (hier zwischen EZ und ZZ) sagen nur aus, daß diese Unterschiede nicht zufällig sind. Auf welche Ursachen diese Unterschiede aber zurückzuführen sind, geht nicht daraus hervor. Deshalb
kann man sagen: **Unterschiedlich hohe Konkordanzraten bei EZ und
ZZ sind eine notwendige, aber keine hinreichende Voraussetzung
für das Wirken genetischer Faktoren!** Wenn nämlich EZ statistisch
signifikant höhere Konkordanzraten haben als ZZ, so kann dies sowohl
interpretiert werden:

a) als Beweis für das Wirken von Umweltfaktoren (weil EZ eine
    größere zwischenmenschliche Bindung haben als ZZ und in
    „ähnlicheren" Umwelten aufgewachsen sind als ZZ) oder

b) als Beweis für das Wirken genetischer Faktoren (weil EZ eine
    größere genetische Übereinstimmung zeigen als ZZ).

Man begeht also einen schwerwiegenden Fehler, wenn man die Ergebnisse von Zwillingsuntersuchungen nicht auch unter Berücksichtigung von Umweltfaktoren interpretiert. Welche Umweltfaktoren hierbei
wirken, wird durch folgende Erkenntnisse der Zwillingsforschung verdeutlicht: Die Annahme, die größere Ähnlichkeit von EZ sei genetisch
bedingt, führt leicht dazu, daß man vergißt, daß alleine schon der Status,
einen Zwilling zu haben, die Persönlichkeit entscheidend formt. Zwillinge beeinflussen sich nämlich in ihrem Verhalten gegenseitig stark,
was wohl besonders für eineiige Zwillinge gilt. Dies läßt sich in folgendem Beispiel sogar durch exakte physikalische Messungen beweisen:

Ostwald und Peltzman (1974) untersuchten mit physikalischen Messungen das Schreien von Kindern. Dabei fanden sie bei einem Zwillingspaar,
Mädchen, die am Kopf zusammengewachsen waren, daß sich die akustische
Struktur ihres Schreiens im Lebensalter von 3 Monaten deutlich voneinander unterschied. Einer der Zwillinge schrie lauter und länger als die andere,
dessen Schreien schwächer und unregelmäßiger war. Ostwald und Peltzman
schlossen aus ihrer Analyse, daß nur beim ersten Zwilling das Nervensystem normal funktionierte, während es beim zweiten irgendwie gestört war.
Im Alter von 6 Monaten war jedoch eine bemerkenswerte Übereinstimmung

in der akustischen Struktur des Schreiens festzustellen. Das Abnorme, Unregelmäßige des schreienden zweiten Zwillings war verschwunden, und sobald der erste Zwilling schrie, schloß sich der zweite ihm an. Die Tatsache, daß die „vokalen Persönlichkeiten" nicht mehr existierten, sondern eine Identität entstanden war, wurde damit erklärt, daß die Zwillinge sich gegenseitig beeinflussten, wobei der zweite Zwilling das normale Schreien vom ersten gelernt hatte. Ostwald und Peltzman weisen in diesem Zusammenhang darauf hin, daß Zwillinge unter bestimmten Umständen sich gegenseitig so stark beeinflussen können, daß sie eine Art Geheimsprache entwickeln, die nur sie verstehen (s.a. Psychologie Heute, 11, 1979, S.12).

Zwillinge wachsen also ganz anders auf als Kinder im allgemeinen. Dies erweist sich auch daran, daß z.B. auch ZZ, deren Erbanlagen im Durchschnitt sich nicht von denen „normaler" Geschwister unterscheiden, eine größere Übereinstimmung in ihrer Intelligenz zeigen als Geschwister im allgemeinen.

Es gibt nun einen entscheidenden psychologischen Unterschied zwischen EZ und ZZ, der z.T. auch die höheren Konkordanzraten für EZ erklärt. EZ haben nämlich nicht nur eine größere genetische Übereinstimmung, sondern auch eine ähnlichere Umwelt als ZZ. Sie werden häufiger als ZZ gleich gekleidet, gleich behandelt, verbringen mehr Zeit miteinander, haben häufiger den gleichen Lehrer und schlafen eher im gleichen Raum (Loehlin und Nichols, 1976; s.a. Dalgard und Kringlen, 1976; Vogel und Propping, 1981). Dadurch wird die Ähnlichkeit von EZ durch die Umwelt verstärkt, während ZZ dazu neigen, sich zu „polarisieren", wodurch Unterschiede zwischen ihnen verstärkt werden (Rosenthal, 1971). Deshalb zeigen auch viele Untersuchungen eine interessante Tatsache: Getrennt lebende ZZ ähneln sich oft mehr als zusammenlebende!

Es ist eigentlich erstaunlich, daß heute noch Zwillingsuntersuchungen als Beweis für genetische Faktoren zitiert werden. Ritter (1977, S. 36) schreibt: „Die frühere Vorstellung, „Erbe und Umwelt" ließen sich mit Hilfe der Zwillinge prozentual gegeneinander aufrechnen, ist irrig". Die Zwillingsforschung wirft nämlich folgende methodologische Probleme auf:

(1) Da EZ eine größere Ähnlichkeit bezüglich ihrer Erziehung und ihrer Erbanlagen haben als ZZ, kann man Ergebnisse von Zwillingsuntersuchungen sowohl als Beweis für Umweltfaktoren als auch für genetische Faktoren interpretieren. Es gibt natürlich diesbezüglich Ausnahmen. Diskordanz bei EZ (wenn also z.B. nur einer der Zwillinge eines EZ-Paares kriminell wird) deutet - wegen der gleichen Erbanlagen - eindeutig auf Umweltfaktoren hin. Auch kann man auf das ausschließliche Wirken von Umweltfaktoren schließen, wenn

sich die Konkordanzraten von EZ und ZZ nicht signifikant voneinander unterscheiden. Denn höhere Konkordanzraten bei EZ als bei ZZ sind eine notwendige (aber natürlich keine hinreichende!) Voraussetzung für genetische Interpretationen.

Beispielsweise fand man bei einer systematischen Suche nach stotternden Zwillingen unter 85680 Schulkindern 552 Zwillingspaare, unter denen 21 stotternde Individuen waren. Von 7 eineiigen Zwillingspaaren war nur eines konkordant, von 9 zweieiigen waren zwei konkordant. Bei zwei diskordanten Paaren war unklar, ob sie eineiig oder zweieiig waren. Ein Erbeinfluß war also nicht erkennbar." (Lenz, 1970, S. 298).

(2) Die Bestimmung der Eiigkeit („Zygosity") ist nicht immer einfach. Man könnte glauben, daß wegen der gleichen Erbanlage eineiige Zwillinge sich wie ein Ei dem anderen gleichen müßten. Tatsächlich aber unterscheiden sie sich z.B. bezüglich ihrer Interessen, Dominanz, aber auch körperlich; der kleinere Zwilling hat zumeist einen niedrigeren IQ als der andere, wird eher schizophren u.ä. „Der introvertiertere, submissivere, abhängigere und zwanghaftere Zwilling entwickelt mit größerer Wahrscheinlichkeit Schizophrenie" (Kringlen, 1968, S.71). Daß sich eineiige Zwillinge trotz gleicher Erbanlage voneinander unterscheiden, widerspricht übrigens nicht der Feststellung von der größeren zwischenmenschlichen Bindung von eineiigen Zwillingen.

Die Tatsache, daß EZ sich doch nicht wie ein Ei dem anderen gleichen, führte früher, als man die Eiigkeit eines Zwillingspaares durch die Bestimmung äußerer Merkmale und nicht durch exaktere Methoden wie Blutgruppenvergleiche ermittelte, zu künstlich überhöhten Konkordanzraten für EZ:

- Unsicherheit bei der Bestimmung der Eiigkeit führte zum Ausschluß des Zwillingspaares aus der Untersuchung.
- Bei Unähnlichkeit der Zwillinge wurden solche EZ eher als ZZ diagnostiziert.

Beispielsweise stufte Kranz (1936) das weibliche Zwillingspaar Romanow (S. 9) als ZZ ein, obwohl z.B. Übereinstimmung bezüglich von Blutgruppenfaktoren festgestellt wurden. Hätte Kranz diese bezüglich Kriminalität diskordanten Zwillinge als EZ eingestuft, so hätten sich seine Konkordanzraten (auf S. 22) verändert: für EZ von 64,5 % auf 62,5 % für ZZ von 53,49 % auf 54,76 %. Dadurch hätte sich der sowieso schon nicht signifikante Unterschied zwischen EZ und ZZ noch mehr verringert. Da manche Untersucher noch viel geringere Stichprobengrößen benutzten, würde bei ihnen die Verschiebung eines einzigen Falles von ZZ zu EZ noch stärkere Veränderungen der Konkordanzraten bewirken. Fälle, in denen ein Zwilling früh starb, und auch der andere natürlich nicht bei der Untersuchung berücksichtigt werden konnte, führten ebenfalls zu einer Unterschätzung von möglicher Diskordanz.

(3) Oft stellen die untersuchten Zwillinge keine repräsentative Stichprobe aller Zwillingspaare dar. Wegen der größeren Auffälligkeit haben konkordante EZ eine größere Chance, in die Untersuchung aufgenommen zu werden, wenn nicht von vornherein eine unausgelesene Zwillingspopulation vorliegt. Wenn man Patienten nur aus Krankenhauspopulationen auswählt, Strafgefangene aus Gefängnissen usw., erhält man höhere Konkordanzraten für EZ als bei Auswahl aus Gesamtpopulationen (Gründe dafür s. z.B. Smythies, 1970). Stichprobenfehler entstehen natürlich auch, wenn man wie der Engländer Shields Zwillingspaare über das Fernsehen auffordert, sich für psychologische Untersuchungen zur Verfügung zu stellen. Zu welch unterschiedlichen Ergebnissen man kommen kann, wenn man unausgelesene und ausgelesene Zwillingspaare benutzt, demonstriert Lenz (1976, S. 298):

„So stellten Schwarz u. Mitarbeiter (1964) aus der Literatur 25 bezüglich des Stotterns konkordante und 2 diskordante eineiige Zwillinge zusammen. Danach wäre bei Stottern der Erbeinfluß weit ausgeprägter als etwa bei Schizophrenie oder Diabetes." Dagegen zeigte die bereits zitierte Untersuchung mit Auslese der Zwillinge aus 85680 Schulkindern keine Erbeinflüsse des Stotterns.

Auch beim Problem der Kriminalität spielt das Problem der unterschiedlichen Auffälligkeit eine Rolle. Auf einem Symposium wies Gibbens in der Diskussion über die dänische Zwillingsstudie von Christiansen darauf hin, daß die Entdeckungshäufigkeit von Verbrechen für eineiige Zwillinge „mit Gewißheit" höher als für die Gesamtpopulation ist. Er berichtete von seiner Untersuchung einer kleinen Gruppe von Zwillingen. Diese Jungen sagten, daß sie von der Polizei jede Nacht angehalten und nach versteckten Waffen durchsucht wurden, ohne einen besonderen Anlaß, lediglich deshalb, weil die Polizei sie erkannte und wußte, daß sie eine vorhergehende Verurteilung hatten. „Es ist eine traumatische Erfahrung, sowohl ein eineiiger Zwilling als auch ein Krimineller zu sein." (Christiansen, 1968, S. 118).

(4) Kann man eineiige Zwillinge, die sich als Gruppe signifikant von der Durchschnittsbevölkerung unterscheiden, überhaupt zu genetischen Untersuchungen heranziehen? (s. z.B. Mittler, 1971; Dalgard und Kringlen, 1976, S. 221). Denn EZ sind z.B. im Durchschnitt kleiner, zeigen bei Intelligenztests schlechtere Leistungen als andere Kinder.

3.2.2 Untersuchungen krimineller Zwillingspaare

Trotz der geschilderten Probleme werden gerade Zwillingsuntersuchungen häufig als Beweis für die Existenz krimineller Erbanlagen zitiert. Dabei werden jedoch die zahlreichen Schwachstellen in den betreffenden Untersuchungen nicht erkannt, nicht berücksichtigt oder bagatellisiert. Es ist deshalb notwendig, die vorliegenden Untersuchungen kritisch zu analysieren.

Die erste Untersuchung krimineller Zwillinge wurde von Lange 1929 durchgeführt. Lange suchte in Akten von Gefängnissen, psychiatrischen Kliniken usw. nach kriminellen Zwillingspaaren (allein dadurch könnte schon ein möglicher Stichprobenfehler entstanden sein). Er fand insgesamt 39 gleichgeschlechtliche Paare, die er mit Körpermessungen, Fotografien und Fingerabdrücken auf ihre Eiigkeit hin untersuchte, eine weitere methodologische Fehlerquelle! Zwei EZ- und fünf ZZ-Paare wurden nicht weiter berücksichtigt, weil beide Zwillingspartner „unbestraft" waren. Zwei weitere Paare blieben ebenfalls unberücksichtigt, bei ihnen konnte nämlich die Eiigkeit nicht festgestellt werden; durch ihren Ausschluß wird natürlich ebenfalls die Konkordanzrate beeinflußt. Lange vermutet, daß es sich bei ihnen trotz der Ungewißheit bezüglich der Eiigkeit um männliche konkordante EZ handelt (S. 14 bzw. S. 15). „Es bleiben also 30 Paare, 13 eineiige und 17 zweieiige, von denen jeweils der Proband bestraft ist.

Der Partner ist bei den 13 eineiigen Paaren auch bestraft 10 mal, nicht bestraft 3 mal, bei den 17 zweieiigen Paaren auch bestraft 2mal, nicht bestraft 15 mal. Das heißt also: Eineiige Zwillinge verhalten sich dem Verbrechen gegenüber ganz vorwiegend konkordant, zweieiige aber ganz vorwiegend diskordant."(Lange, 1929, S. 14). Die Konkordanzraten von 76,92% für EZ und 11,77% für ZZ veranlaßten ihn zu der Interpretation, Kriminalität sei durch Erbanlagen bestimmt, was er auch dramatisch im Titel seines Buches „Verbrechen als Schicksal" verkündigte.

Langes Untersuchungsmethodik und seine Schlußfolgerungen hatten eine nachhaltige Wirkung auf die deutsche Kriminologie. Auch heute noch werden in Diskussionen gelegentlich Langes Aussagen so zitiert, als seien es ewige Wahrheiten. Aber z.B. bereits 1936 wies Stumpfl auf methodologische Mängel bei Langes Vorgehen hin. Die geringe Zahl konkordanter ZZ, die im Gegensatz zu seiner eigenen Untersuchung und der von Kranz (1936) steht, führt er z.B. auf eine „Auslesewirkung" zurück.

Eine eigenwillige Interpretation erlebt häufig auch die dänische Zwillingsuntersuchung. Aus der Gesamtbevölkerung Dänemarks wurde ermittelt, daß für Kriminalität die relativ geringe Konkordanzrate für EZ immer noch signifikant höher ist als die für ZZ. Daraus schließen manche Autoren auf Erbanlagen, während Christiansen selbst dies ausdrücklich nicht tut (1968, S. 118). Da die Umwelt von EZ und ZZ nicht gleich ist (engere Bindung der EZ!), können seiner Ansicht nach Zwillingsuntersuchungen nichts zur Lösung des Anlage-Umwelt-Problem beitragen (1974, S. 238). Deshalb ist - wie auch der Titel seines Artikels (1968) zeigt - Christiansens Absicht völlig anders: Er will eine soziologische Kriminalitätstheorie, die von Thorsten Sellins, beweisen!

Die methodologisch beste Zwillingsuntersuchung für Kriminalität ist die von Dalgard und Kringlen (1976), deren großer Wert auch darin besteht, daß sie als einzige die psychologischen und kriminologischen Faktoren erfassen will, die hinter den Konkordanzraten stecken. Dalgard und Kringlen (1976) fanden im norwegischen Zwillingsregister und dem nationalen Kriminalregister 205 Zwillingspaare, von denen 66 wegen frühen Todes eines Zwillings, unbekannter Adressen usw. nicht in die endgültige Stichprobe aufgenommen werden konnten. Die 139 Zwillingspaare wurden durch Blut- und Serumanalysen auf Ein- oder Zweieiigkeit getestet. War kein Bluttest möglich (bei 57 Paaren), wurden die Zwillinge bezüglich der äußeren Ähnlichkeit verglichen: Aussehen, Augenfarbe, Haarfarbe, Gesichtsform und Körpergröße. (Dadurch könnte natürlich die Konkordanzrate für EZ überhöht ausgefallen sein.) In allen 139 Fällen wurden Fragen bezüglich der Verwechslung während der Kindheit gestellt. Gemäß früherer Untersuchungen sollen einfache Fragen wie: „Wurden Sie als Kinder miteinander verwechselt? Wurden Sie für so gleich wie zwei Tropfen Wasser gehalten?" die Eiigkeit in über 90% der Fälle richtig bestimmen. (Übrigens hatte auch Christiansen, 1968, mit dieser Fragebogenmethode und nicht durch Blutanalysen die Eiigkeit seiner dänischen Zwillinge bestimmt!) Bei einem Paar konnte die Eiigkeit nicht bestimmt werden, es mußte unberücksichtigt bleiben. Die verbliebenen Paare, alles Männer, waren zwischen 40-50 Jahre alt, das Durchschnittsalter der EZ betrug 44,8 Jahre, das der ZZ 45,0. Diese Stichprobe zeigte leichte Unterschiede von der Gesamtbevölkerung bezüglich einiger Faktoren: mehr Personen der Unterschicht, geringerer Bildungsgrad, weniger Verheiratete, häufigerer Alkoholismus als in der Gesamtbevölkerung (S. 221). Die Delikte waren vor allem Diebstahl und Einbruch (32%), Verletzung der Verkehrsgesetze (zu 24,7%); Gewalttätigkeiten waren in weniger als 10% der Fälle verzeichnet.

Dalgard und Kringlen benutzten zwei Definitionen der Delikte:
eine breite Definition für Kriminalität
- alle Delikte, auch Verkehrsübertretungen, militärrechtliche Fälle und Verrat während des 2. Weltkrieges,

eine enge Definition

- antisoziale Handlungen, die in den meisten Staaten als Verbrechen betrachtet werden, wie Gewalttaten, Verbrechen gegen sexuelle Normen und gegen das Eigentum.

Gleichgültig, ob die Kriminalitätsdefinition eng oder weit gefaßt wird, die Tabellen 8 und 9 von Dalgard und Kringlen (1976, S. 222 bzw. 223) zeigen eindeutig eine weitaus niedrigere Konkordanzrate als frühere Untersuchungen. In den allermeisten Fällen wird also nur jeweils ein Zwilling eines Paares kriminell! Und für beide Kriminalitätsdefinitionen unterscheiden sich die geringen Zahlen der konkordanten EZ und ZZ nicht signifikant voneinander.

Dalgard und Kringlen stellten bezüglich der Konkordanzraten für einzelne Delikte fest (Tabelle 10, S. 223):

Die Konkordanzraten betrugen

für die breite Definition:		
	Zahl der Paare	Konkordant
EZ	49	11 = 22,4 %
ZZ	89	16 = 18,4 %
für die enge Definition:		
EZ	31	8 = 25,8 %
ZZ	54	8 = 14,9 %

	EZ		ZZ	
	Konkordante Paare	Diskordante Paare	Konkordant	Diskordant
Diebstahl, Einbruch	4	17	7	31
Gewalt, Raub mit Drohung	1	4	1	12
Betrug, Hochstapelei	0	5	0	6
Sexuelles Vergehen an Kindern	2	2	0	5
Exhibitionismus	0	1	0	2
Vergewaltigung	0	0	0	1
Inzest	0	1	0	1

Für die häufigsten Delikte Diebstahl und Einbruch sind die Konkordanzraten sehr gering, und EZ (19,1%) und ZZ (18,5%) unterscheiden sich nicht signifikant. Für die anderen Delikte sind die Zahlen zu klein für eine statistische Analyse, allerdings ergibt sich eine deutliche Diskordanz. Fazit: Die genaue Analyse der Kriminalitätsdaten und Konkordanzraten von Zwillingen, die nicht aus einer vorausgelesenen Stichprobe, sondern aus der Gesamtbevölkerung stammen, gibt keinen Hinweis auf das Wirken krimineller Erbanlagen.

Dalgard und Kringlen stellten nun die Frage, was die Konkordanzraten eigentlich ausdrücken. Denn die Feststellung, daß EZ häufiger höhere Konkordanzraten aufweisen als ZZ, wird doch zumeist derart interpretiert, daß dies auf genetische Faktoren hinweise. Aber diese Schlußfolgerung „. . . basiert auf der zugrundeliegenden Annahme, daß die Umweltbedingungen für EZ sich nicht von denen der ZZ unterscheiden, eine Annahme, die heute nicht mehr akzeptiert werden kann. EZ erhalten tatsächlich mehr Beeinflussung durch die Umwelt als ZZ, weil sie häufiger als Einheit behandelt und häufiger zusammen gesehen werden. Daraus ergibt sich als Konsequenz, daß höhere Konkordanzraten bei EZ nicht alleine das Ergebnis von Erbanlagen sein müssen." (Dalgard und Kringlen, 1976, S. 223). Ihre Tabelle 11 (S. 224) belegt, daß EZ *insgesamt* häufiger als ZZ als Einheit aufgezogen, gleich gekleidet wurden und stärkere gefühlsmäßige Beziehungen zueinander und häufiger ein Identitätsgefühl entwickelten. Dies hat natürlich auch Auswirkungen auf kriminelles Verhalten. Dalgard und Kringlen (1976) zeigen dies in ihrer Tabelle 12 (S. 224):

Grad der Enge der zwischenmenschlichen Beziehungen:	EZ		ZZ	
	Konkordant	%	Konkordant	%
extrem oder stark	6/26	23,2	3/14	21,4
mittel oder schwach	2/5	40,0	5/40	12,5
Gesamtgruppe	8/31	25,8	8/54	14,9

„Die Tabelle zeigt, daß der vorher beobachtete Unterschied der Konkordanz von EZ und ZZ nun beinahe in der Gruppe der Zwillinge verschwunden ist, die eine enge Beziehung erfahren hat. Wenn man also EZ und ZZ vergleicht, die mehr oder weniger die gleichen Umwelteinflüsse erfahren haben, verschwinden die Unterschiede in der Konkordanz. Die zweite Reihe der Tabelle spricht gegen diese Hypothese. Jedoch, man ist geneigt, diese Beobachtung weniger hervorzuheben, weil die betreffenden Zahlen sehr klein sind." Man mag dem letzten Satz von Dalgard und Kringlen (1976, S. 224) zustimmen oder nicht, auf jeden Fall entspricht die Tabelle 12 dem allgemeinen Trend der Untersuchung und auch der Feststellung von Kranz (1936, 1937), daß Zwillinge immer dann gemeinsam kriminell wurden, wenn sie den gleichen (kalten) Erziehungsstil erlebten.

Auf jeden Fall stehen die Daten von Tabelle 12 im klaren Widerspruch zu der Annahme genetischer Ursachen der Kriminalität. Interessant ist jedoch, daß selbst dann, wenn eine enge zwischenmenschliche Beziehung besteht, nicht beide Zwillinge eines Paares gemeinsam kriminell werden müssen. Wenn sie aber gemeinsam kriminell werden, gibt es eine gewisse Tendenz, kriminelle Handlungen zusammen auszuführen. Dies zeigen Dalgard und Kringlen (1976, S. 225) in ihrer Tabelle 13:

Grad der Gemeinsamkeit	EZ	ZZ	Insgesamt
Sind immer bei der gleichen (kriminellen) Handlung zusammen	7	3	10
teilweise bei der gleichen (kriminellen) Handlung zusammen	1	9	10
niemals bei der gleichen (kriminellen) Handlung zusammen	8	4	12
Insgesamt	16	16	32

Dalgard und Kringlen (1976, S. 225) schreiben ergänzend dazu: „Wir haben auch Daten, die zeigen, daß eine relativ große Zahl von Zwillingspaaren, die während krimineller Handlungen zusammenarbeiten, in der Kindheit enger miteinander verbunden waren. Dies gilt besonders für EZ-Paare; die Zahlen sind jedoch klein und nicht statistisch signifikant".

Welche Gründe gibt es aber nun für die Diskordanz bei einem Zwillingspaar? Dalgard und Kringlen (1976) stellten folgende Unterschiede zwischen dem kriminell gewordenen Zwilling und dem nicht kriminellen Zwilling fest: Der kriminelle Zwilling eines diskordanten Paares gehörte als Erwachsener einer niedrigeren sozialen Schicht an, war häufiger körperlich und psychisch krank gewesen und häufiger als Alkoholiker klassifiziert worden. Bezüglich der Persönlichkeitsstruktur war er mißtrauischer oder skeptischer, ruheloser und ängstlicher, dominanter und durchsetzungsfähiger. Dalgard und Kringlen weisen nun ausdrücklich darauf hin, daß diese Unterschiede zwischen beiden Zwillingen bei EZ und ZZ vorkommen, also nicht genetischen Faktoren zugeschrieben werden können.

Faßt man die Ergebnisse aller Untersuchungen krimineller Zwillinge in einer Tabelle zusammen, so ergibt sich ein düsteres Bild: Nur sehr wenige Untersuchungen sind relativ frei von methodologischen Mängeln. Offensichtlich sind die **hohen Konkordanzraten für Kriminalität kein Beweis für kriminelle Erbanlagen, sondern Belege für methodische Artefakte!** Die Tabelle zeigt nämlich deutlich, daß die Konkordanzraten umso höher sind,

- je älter die Untersuchung ist,
- je weniger Zwillingspaare untersucht wurden,
- je unrepräsentativer die Auswahl der Zwillinge war,
- je unpräziser die Bestimmung der Eiigkeit durchgeführt wurde.

Man kann auch Unterschiede zwischen den Konkordanzraten für

gleich- und verschiedengeschlechtliche zweieiige Zwillinge erkennen, was bei genetischer Ursache nicht vorkommen dürfte und nach Dalgard und Kringlen (1976) die Bedeutung von Umweltfaktoren bei der Kriminalität aufzeigt. Angesichts der aufgezeigten Mängel ist es vollkommen abwegig, aus den Untersuchungen einen Durchschnittswert der Konkordanz zu berechnen, wie dies z.b. Eysenck (1977,1978) tut. Hier wird nämlich ein fundamentaler statistischer Fehler gemacht, den man jedem Studenten in einem Anfangskurs für Statistik ankreiden würde. Denn ein solches Vorgehen entspräche doch etwa dem eines Meinungsforschungsinstituts, das in mehreren norddeutschen Städten lediglich einige Telefonbesitzer befragen und daraus auf das Wahlverhalten der gesamten Bundesrepublik schließen würde!

3.3 Adoptionsuntersuchungen

3.3.1 Interpretationsprobleme

Gäbe es kriminelle Erbanlagen, müßten diese auch zum Vorschein kommen, wenn Kinder krimineller Eltern von nichtkriminellen Eltern adoptiert und aufgezogen würden. Deshalb sind Adoptionsuntersuchungen immer häufiger zur Klärung genetischer Fragen durchgeführt worden. Allerdings werfen auch solche Untersuchungen methodologische Probleme auf.

1) Die Umwelten der leiblichen und der Adoptiveltern sind miteinander korreliert. Das bedeutet konkret, daß Kinder schizophrener Eltern eher zu Adoptiveltern kommen, die schizophren sind (Wender u.a., 1971, S. 53), Kinder überdurchschnittlich intelligenter Eltern zu überdurchschnittlich intelligenten Adoptiveltern (Skodak und Skeels, 1949), Kinder krimineller Eltern zu Adoptiveltern, die zu Kriminalität tendieren (Mednick und Hutchings, 1978). Diese selektive Adoption mag bewußt oder unbewußt geschehen. Hutchings (1972) wies in diesem Zusammenhang daraufhin, daß zu diesem Zeitpunkt die Adoptionsagenturen in Dänemark versuchten, die biologischen und Adoptivfamilien nach „vage definierten sozialen Merkmalen" in Übereinstimmung zubringen. Daß dies teilweise gelang, wird an der signifikanten Korrelation zwischen dem beruflichen Status der biologischen und der Adoptivväter deutlich (r = +0,22).

Konkordanzrate für Kriminalität
(Nach Rosenthal, 1971, 1975; Dalgard und Kringlen, 1976)

Untersucher	Land	Jahr	Stichprobe unausgelesen?	Bestimmung der Eiigkeit durch Blutanalyse?	Eineiige Zwillinge		Zweieiige Zwillinge			
							gleichgeschlechtlich		ungleichgeschlechtlich	
					Zahl der Paare	Konkordanzrate (%)	Zahl der Paare	Konkordanzrate	Zahl der Paare	Konkordanzrate
Lange	Deutschl.	1929	nein	nein	13	76,9	17	11,8	10	10
Legras	Holland	1933	nein	nein	4	100	5	0	–	–
Rosanoff u.a.	USA	1934	nein	nein	37	67,6	28	17,9	32	3,1
Kranz	Deutschl.	1936	nein	ja	31	64,5	43	53,5	50	14,0
Stumpfl	Deutschl.	1936	nein	nein	18	61,1	19	36,8	28	7,1
Kranz	Deutschl.	1937	nein	?	16	68,75	8	62,5	14	57,1
Borgstrøm	Finnland	1939	nein	?	4	75,0	5	40,0	10	20
Yoshimasu	Japan	1961	nein	?	28	60,7	18	11,1	–	–
Tienari	Finnland	1963	ja	ja	5	60,0	–	–	–	–
Hayashi	Japan	1967	nein	ja	15	73,0	5 zweieiige Zwillinge = 60 %			
Christiansen	Dänemark	1968	ja	nein	81	33,3	137	10,9	226	3,5
Dalgard u. Kringlen	Norwegen	1976	ja	ja*	49	22,4	89	18,0	–	–

* bei 82 von 139 Zwillingspaaren

(2) Ein wichtiger Faktor muß stets bei Adoptionsuntersuchungen berücksichtigt werden: die **Erwartungseinstellung** bzw. die sich selbst erfüllende Prophezeiung. Die Erwartungshaltung der Adoptiveltern könnte bei den später zitierten Untersuchungen eine Rolle gespielt haben, wenn sie wußten, daß die leiblichen Eltern ihrer Kinder kriminell waren, oder wenn sie dies bloß vermuteten. Denn Adoptivkinder neigen direkt nach der Adoption oft zu Verhaltensstörungen und Erziehungsschwierigkeiten (Rosenthal, 1971), was Eltern mit der beschriebenen Vorinformation negativ beeinflussen kann. Sie werden u.U. das Kind besonders aufmerksam beobachten, Vergehen eher als Beweis für das Auftreten der „kriminellen Erbanlage" deuten usw.

Ein typisches Beispiel dafür liefert der Fall Jürgen Bartsch. Obwohl die Familie Bartsch ihn im Alter von 2 Jahren adoptieren wollte, gaben ihn die Behörden wegen möglicher „negativer Erbanlagen" erst im Alter von 8 Jahren zur Adoption frei. Wegen der Erwartungseinstellung bezüglich „negativer Erbanlagen" erzogen ihn seine Adoptiveltern sehr streng und isolierten ihn von anderen Kindern (Schaeffer, 1970). Dies verhinderte offensichtlich die Entwicklung normaler zwischenmenschlicher Verhaltensweisen und sozialer Fähigkeiten und begünstigte, zusammen mit aggressiven Erziehungsfaktoren, das Auftreten seiner Delikte.

3.3.2 Deutsche Adoptionsstudien

Zur Nieden (1944) untersuchte das Schicksal von 90 weiblichen und 34 männlichen unehelichen Kindern, die adoptiert worden waren. Unter den 124 Kindern gab es 15, deren natürliche Eltern straffällig geworden waren, u.a. wegen Diebstahl, Betrug, Unterschlagung, Urkundenfälschung, Hehlerei und Kuppelei. Zur Nieden (1944) sagt dazu: „Die gute, mittelmäßige oder schlechte Entwicklung der Adoptivkinder entspricht sehr oft keineswegs den Straftaten des Vaters oder der Mutter" (S. 389). Nur in einem Fall wurde das Kind später selbst kriminell, wobei aus den Akten nur hervorgeht, daß der Dreizehnjährige „faul" gewesen sein soll und die Adoptivmutter sagte: „Auch eigene Kinder entwickeln sich fehl, man hat für sie einzustehen. Vater und Sohn an einer Schule ist nicht das rechte." (Die Frage taucht auf, ob man dies als Eingeständnis von Erziehungsfehlern werten darf.) Der Artikel von Zur Nieden hat methodologische Schwachstellen, z.B. bezüglich des Fehlens einer Kontrollgruppe. Positiv ist jedoch der qualitative Aspekt des Artikels, denn es werden im Gegensatz zu den späteren rein quantitativen Adoptivuntersuchungen, bei denen ziemlich voreilig und undifferenziert von bloßen Zahlen auf Erbanlagen geschlossen wird, auch die zwischenmenschlichen Faktoren untersucht. Zur Nieden berichtet z.B., daß in den meisten Fällen ein gutes Verhältnis zwischen Adoptiveltern und Kindern bestand, gegenüber den leiblichen Eltern aber Ablehnung vorherrschte.

Die bedingungslose Zuneigung und Hilfsbereitschaft der Adoptiveltern, auch nach Fehlverhalten der Kinder, löste gemäß dem Prinzip der reziproken Affekte (Tausch und Tausch, 1971) bei den Kindern entsprechende Reaktionen aus: „Aus der Erkenntnis heraus, daß durch den Entschluß der Adoptiveltern ein für sie sehr günstiger Wechsel stattgefunden hat, erwuchs ihnen oft die Verpflichtung, die Adoptiveltern nicht zu enttäuschen" (S. 394).

Daneben wurde auch die kognitive Struktur der Adoptivkinder durch den Kontrast zu dem Schicksal ihrer leiblichen Eltern beeinflußt: „Sehr oft erwachsen aber auch in den Kindern selbst Anschauungen, die ihnen einen Schutz gegen Haltlosigkeit geben. Erfahren sie z.B. vom Schicksal der Mutter - von ihrem Leichtsinn oder von Leid und Not, die über sie gekommen sind - ist ihnen das oft eine eindringliche Mahnung zu sorgen, daß sich ihr eigenes Leben anders gestaltet" (S. 394). Zu dem gleichen Ergebnis wie Zur Nieden kam Pongratz (1964). Sie untersuchte 140 Kinder, deren Mütter Prostituierte waren, während der ersten 7-9 Lebensjahre und stellte dabei fest: Die Entwicklung der Kinder wurde primär von den jeweiligen Umweltbedingungen geprägt, unter denen die Kinder aufwuchsen. Waren diese Bedingungen günstig, d.h. fanden die Kinder längerwährende, liebevolle Zuwendung und ungestörte Pflegeverhältnisse vor, dann verlief ihre Entwicklung allgemein ohne Verzögerung und gröbere Auffälligkeiten. Dabei machte es keinen Unterschied, ob die Kinder in der eigenen oder in einer fremden Familie (Pflegeeltern, Adoptiveltern, Verwandte) aufwuchsen. Fanden die Kinder hingegen ungünstige Pflegeverhältnisse vor, sei es durch extrem häufigen Milieuwechsel, durch langjährige Entbehrung affektiver Zuwendung oder durch einen besonders gestörten, asozialen Familienhintergrund, war ihre Entwicklung in der Regel durch Verhaltensstörungen aller Art gekennzeichnet. War die Herkunft der Kinder bekannt, dann reagierte die Umwelt hierauf mit mehr oder weniger starkem Vorbehalt. Eine derartige Erwartungseinstellung kann die negative Persönlichkeitsentwicklung der Kinder verstärken und sogar zu Kriminalität führen.

3.3.3 Die Untersuchung von Crowe

Besonders häufig (und dann noch teilweise falsch!) zitiert wird die Untersuchung von Crowe (1972). Crowe untersuchte 52 Personen im Alter von 15-45 Jahren (Durchschnitt = 25,6 Jahre), 27 männlichen und 25 weiblichen Geschlechts, deren Mütter wegen verschiedener Delikte verurteilt worden waren. Diese Delikte umfaßten, neben Fälschung,

Scheckdelikten, Prostitution, Diebstahl, Verlassen, „Unzucht", Bigamie, Einbruch, auch in drei Fällen Ehebruch und „Übertragung einer Geschlechtskrankheit"! Die 52 Personen waren im Alter von 1 Jahr oder weniger von ihren Müttern getrennt und adoptiert worden. Dieser „Indexgruppe" stellte Crowe eine Kontrollgruppe von Adoptivkindern im Durchschnittsalter von 24,6 Jahren gegenüber, wobei er Schwierigkeit hatte, Index- und Kontrollgruppe bezüglich des Lebensalters exakt zu parallelisieren. Auch gab es kaum Informationen über die leiblichen Eltern und die Adoptiveltern beider Gruppen. Die Tabelle 1 von Crowe auf S. 602 weist folgende Unterschiede zwischen Index- und Kontrollgruppe auf:

	Indexgruppe	Kontrollgruppe
Personen mit Verhaftungen	8	2
Zahl der Verhaftungen insgesamt	18	2
Personen, die als Erwachsene verhaftet wurden	7	2
Personen mit Verurteilungen	7	1
Personen mit 2 oder mehr Verhaftungen	4	0
Personen, die für ein Vergehen eingesperrt wurden	5	0
Gesamtzeit der Haftstrafen	3 1/2 Jahre	0

Crowes Tabelle 1 zeigt also: Mehr Personen der Indexgruppe waren verhaftet und verurteilt worden als Personen der Kontrollgruppe. Allerdings blieben die meisten Personen der Indexgruppe unauffällig. Bei 8 Personen der Indexgruppe hatte Crowe auch das Delikt der Mutter ermitteln können. Es wird nun häufig beim Zitieren der Untersuchung von Crowe fälschlicherweise gesagt (s. z.B. Mednick und Hutchings, 1978, S. 244), daß eine verblüffende Übereinstimmung zwischen dem Delikt der Mutter und dem der 8 Delinquenten festgestellt worden wäre. Dazu Crowes Tabelle 2 auf S. 602:

Delikt der leiblichen Mutter	Delikt der Person	Geschlecht der Person
Prostitution	unzüchtige Handlung	männlich
Imstichlassen	Urkundenfälschung	männlich
tätlicher Angriff mit Körperverletzung	Diebstahl (zwei Verurteilungen)	männlich
Diebstahl	Erhalten von Geld unter Vorspiegelung falscher Tatsachen und sechs strafbare Vergehen	männlich
Urkundenfälschung	einfacher Diebstahl	weiblich
Hilfe beim Befreien eines Gefangenen	Gefälschte Schecks ausstellen (zwei Verhaftungen)	weiblich
Diebstahl	Verbrechen	weiblich
Beitrag zum Verbrechen eines Minderjährigen	Verbrechen, Unzucht, Unterschlagung eines Autos	weiblich

Abgesehen davon, daß einige der Delikte ziemlich vage beschrieben werden (z.B. „Verbrechen", „Imstichlassen"), kann man doch kaum von einer Übereinstimmung der Delikte der Delinquenten der Indexgruppe mit denen ihrer leiblichen Mütter sprechen. Als Beweis für das Wirken genetischer Faktoren kann diese Tabelle wohl nicht dienen, zumal auch ein interessantes Stichprobenproblem vorliegt: Crowe stellte den Trend fest, daß diese acht Delinquenten in einem späteren Lebensalter von ihren leiblichen Eltern getrennt worden waren als die anderen 44 Adoptierten.

Übrigens: Selbst wenn Crowe gefunden hätte, daß z.B. leibliche Mütter und Adoptivkinder die gleichen Delikte wie kleinere Diebstähle und Betrügereien begangen hätten, wäre dies kein verblüffender Beweis für kriminelle Erbanlagen. Denn diese Delikte sind derart häufig, daß schon von der Grundwahrscheinlichkeit (Baserate) der Kriminalstatistik her eine derartige Übereinstimmung zu erwarten wäre.

Auch andere Beobachtungen von Crowe stehen im Widerspruch zur These von der angeborenen Kriminalität, z.B.: „Die Delikte der Nachkommen waren insgesamt weniger schwerwiegend als die ihrer Mütter, obwohl ihr Durchschnittsalter zum Zeitpunkt der Tat...sich nicht signifikant unterscheidet." (S. 603)

Häufig werden auch die Feststellungen von Crowe über die Verkehrsdelikte der Delinquenten zitiert. Die Indexgruppe unterschied sich nicht von der Kontrollgruppe bezüglich der Verkehrsstrafen, auch nicht bezüglich der Zahl der Verkehrsunfälle, lediglich die Zahl der Verurteilungen wegen Geschwindigkeitsüberschreitung war höher (19 gegenüber 8 der Kontrollgruppe). Diese Unterschiede werden nun häufig als Beweis für Pathologie und für die Vererbung einer impulsiven Komponente zitiert. Allerdings ist dieser Unterschied weniger aussagekräftig, wenn man bedenkt, daß zwar die Zahl der Geschwindigkeitsüberschreitungen, aber nicht die Zahl der Personen, die sie begangen haben, die beiden Gruppen voneinander unterscheidet (11 gegenüber 7 der Kontrollgruppe). Offensichtlich haben einige wenige der Indexgruppe durch viele Überschreitungen zu diesen Unterschieden und damit zum Auffälligwerden ihrer Gruppe beigetragen. Dies und auch die übrigen Untersuchungen zum Verkehrsverhalten rechtfertigen offensichtlich nicht Crowes Schlußfolgerung aus diesen (weitgehend insignifikanten) Ergebnissen, daß die Indexgruppe mehr Pathologie zeigt. Denn warum hatte die Indexgruppe nicht mehr Unfälle gehabt, was doch besser mit der genetischen Hypothese vereinbar gewesen wäre?! Wird nicht u.U. die Erwartungseinstellung darin sichtbar, daß einige wenige der Indexgruppe mehr Geschwindigkeitsüberschreitungen begangen haben? Hatte vielleicht die Polizei bei ihnen besonders scharf kontrolliert? Man beachte:

Ein Verkehrsunfall ist ein „hartes Kriterium", „Geschwindigkeitsüberschreitung" ein „weiches"; denn ob man eine Geschwindigkeitsüberschreitung ahndet oder meldet, ist eher der subjektiven Entscheidung des Polizeibeamten überlassen als ein Unfall.

Aber auch andere Ergebnisse sprechen gegen eine voreilige Interpretation der Ergebnisse als Beweis für genetische Ursachen abweichenden Verhaltens: Die Hälfte der Personen in der Indexgruppe waren Frauen. Crowe findet dies überraschend, weil im allgemeinen Kriminalität unter Frauen geringer ist als unter Männern. Es ist also fraglich, ob Crowes Ergebnisse repräsentativ für das Phänomen Kriminalität sind und zur Lösung der Frage nach den Ursachen beitragen können. Crowe zeigt selbst eine weitere Problematik auf: „Schließlich muß die Frage, wieviele der Adoptiveltern von den Gefängnisstrafen der Mütter wußten und welche Wirkung dies auf die Einstellung gegenüber den Kindern hatte, unbeantwortet bleiben. Die Untersuchung umfaßt drei Jahrzehnte und viele Agenturen; die Politik bezüglich dessen, was Eltern erzählt wurde, schwankte zweifellos stark von Zeit zu Zeit und von einer Agentur zur anderen" (S. 603).

3.3.4 Die Untersuchung von Mednick und Hutchings

Eine rein statistische Analyse von kriminellen Adoptierten liefern Mednick und Hutchings (1978). Sie untersuchten 1145 männliche Adoptierte, die in Kopenhagen zwischen 1927 und 1941 geboren worden waren. Von ihnen waren 185 (16,2%) verurteilt worden. Hutchings und Mednick konnten von diesen 185 Verurteilten nur in 143 Fällen den biologischen Vater ermitteln oder Väter in der Untersuchung berücksichtigen, die nach 1890 geboren worden waren (weil erst ab 1890 exaktere Polizeiaufzeichnungen vorlagen). Beim Vergleich der kriminellen Adoptierten mit einer ähnlich strukturierten Kontrollgruppe ergab sich (Mednick und Hutchings, 1978, S. 244, Tabelle 14.2):

Registrierte Kriminalität bei biologischen und Adoptivverwandten von kriminellen Adoptierten:

	Biologische Väter	Adoptivväter
Kriminelle adoptierte Söhne (N = 143)	70 (= 48,95%)	33 (= 23,08 %)
Kontrollgruppe adoptierter Söhne (N = 143)	40 (= 27,97 %)	14 (= 9,79%)

Die kriminellen Adoptierten haben tatsächlich mehr leibliche Väter mit kriminellen Delikten als die Kontrollgruppe (48,95 % bzw. 27,97 %). Andererseits ergibt sich aber eine weitere, erstaunlichere Entdeckung: Weitaus mehr Adoptivväter der kriminellen Adoptivkinder waren ebenfalls kriminell auffällig geworden, als dies für die Adoptivväter der nichtkriminellen Adoptierten der Fall war (23,08 % bzw. 9,79 %). Eine Erklärung dafür liefert das Phänomen der selektiven Adoption. Dazu ist die Interpretation von Rosenthal (1975) interessant: „Dieses Ergebnis weist darauf hin, daß das häusliche Erziehungsklima tatsächlich zu der erhöhten Kriminalität beiträgt. Obwohl wir Gründe haben, aus der Tabelle... zu schließen, daß die kriminellen Adoptivväter bei den Adoptierten Kriminalität auslösen, ist es auch möglich, daß der kriminelle Adoptierte den Adoptivvater ebensogut zur Kriminalität führen kann" (S. 16). Rosenthals zweite Hypothese, Verleitung der Adoptivväter durch die Adoptierten zur Kriminalität, ist kriminologisch und auch nach kriminalistischer Erfahrung wenig sinnvoll. Das einzige Phänomen, das hier damit vereinbar wäre, stellt die Kindesmißhandlung dar: Durch ihr impulsives, Frustrationen auslösendes Verhalten könnten die leiblichen Kinder krimineller Väter bei ihren Adoptivvätern Kindesmißhandlung auslösen. Aber gegen diese Hypothese spricht, daß die Gruppe der nicht kriminellen Adoptivväter dann ebenfalls zur Kindesmißhandlung hätte verleitet werden müssen.

3.4 Züchtungsexperimente

3.4.1 Der Erblichkeitskoeffizient: Fakt oder Artefakt?

Gerade in wirtschaftlichen, politischen und sozialen Krisenzeiten, wo man sich nicht mehr als „seines Glückes Schmied" fühlt, sondern durch mögliche unberechenbare und unangenehme Ereignisse verunsichert ist, wächst die Tendenz, menschliches Verhalten mit Theorien der „Außenlenkung" (s. „locus of control", Kap. IV,2.2) zu erklären. Diese Theorien suggerieren, daß vom Menschen unkontrollierbare Faktoren und Mächte sein Schicksal bestimmen, z.B. Erbanlagen oder Triebe oder „überirdische Phänomene" (Astrologie, „Psi"-Kräfte, „Bermudadreieck" usw.). Dabei spielt der Zeitgeist eine große Rolle (Füllgrabe, 1980). Wie der Zeitgeist die Deutung psychopathologischer Phänomene durch Hexerei oder Dämonen beeinflußte und damit die Verfolgung bestimmter Personen begründete, wurde ausführlich und anschaulich von Millon (1969) aufgezeigt. Doch sind derartige Deutungsprobleme leider noch heute erkennbar. Beispielsweise dienten die frühen deutschen Zwillingsuntersuchungen von Lange (1929), Stumpfl (1936) und Kranz (1936) nicht bloß der Klärung einer wertneutralen, rein akademischen Frage nach dem Vorhandensein krimineller Erbanlagen. Vielmehr versuchte man daraus „rassenhygienische" Konsequenzen zu ziehen. Beispielsweise sprach Stumpfl (1936, S. 174) von der „rassehygienischen Notwendigkeit von Eheverbot und zwangsläufiger Sterilisierung". Verräterisch ist z.B. auch die Formulierung von Kranz (1936, S. 250): „rassehygienisch unerwünscht"! Hier wurde also vorgeschlagen, Kriminalität durch die Beseitigung „schlechten Erbgutes" zu bekämpfen.

Aber nicht nur Kriminalität, sondern auch die Intelligenz wird häufig unter dem Gesichtspunkt der Züchtung betrachtet. Dies wird z.b. in der Suche nach dem Erblichkeitskoeffizienten deutlich, der den Anteil der genetischen Einflüsse auf den Phänotypus angibt. Daß er für Intelligenz 0,81 betragen soll, widerspricht verschiedenen methodologischen und genetischen Fakten (Füllgrabe, 1979a). Bei der Berechnung von Erblichkeitskoeffizienten tauchen nämlich verschiedene Probleme auf (s.a. Kap. II, 1.5):

(1) Der Erblichkeitskoeffizient ist keine innere Eigenschaft eines Merkmals, sondern eine Eigenschaft der Population, in der er auftritt (Dobzhansky, 1973). Er kann also je nach Stichprobe unterschiedlich hoch sein (bezeichnenderweise wird in Genetikbüchern z.B. für die Eierproduktion von Hühnern eine Streubreite des Erblichkeitskoeffizienten von 0,05-0,15 angegeben)!

(2) Der Erblichkeitskoeffizient kann von der Definition des Merkmals abhängen (Lenz, 1976, S. 324).

(3) Der Erblichkeitskoeffizient wird häufig nur in einer sehr geringen, eingeschränkten Streubreite möglicher Umwelten bestimmt (Dobzhansky, 1973).

(4) Die Erblichkeitskoeffizienten für Intelligenz, „antisoziale Tendenzen", „Persönlichkeit" u.ä. stellen Schätzungen dar, die auf Berechnungsmodellen beruhen, die z.T. erhebliche Schwachstellen aufweisen. Beispielsweise zeigte Mittler (1971, S.170), daß man aus den gleichen Daten je nach Formel unterschiedliche Koeffizienten (z.B. von 0,02-1,00) erhalten kann. Und nach einigen Formeln erhält man sogar Koeffizienten über 1,0 (Mittler, 1971, S. 94; Lenz, 1976, S. 321), was ja bedeuten würde, daß dieses Merkmal zu über 100% durch Erbanlagen bedingt würde!

(5) Den Schätzungen und Berechnungsmodellen liegen Annahmen zugrunde, die in der Realität nicht gegeben sind. Beispielsweise sind wegen der selektiven Adoption die Umwelten der getrennt lebenden EZ nicht unkorreliert!

(6) Es ist ziemlich fraglich, ob man das Anlage-Umweltproblem mit Fragebogen erforschen kann, die von Zwillingspaaren ausgefüllt wurden (Rosenthal, 1968).

Fazit: Angesichts dieser Probleme sollte man Erblichkeitskoeffizienten für psychologische Faktoren sehr vorsichtig betrachten! Beispielsweise hätte ein Blick in ein Genetikbuch Überraschung und Skepsis darüber auslösen müssen, daß ein Erblichkeitskoeffizient von 0,81 für Intelligenz weitaus höher läge als die meisten Werte für rein biologische Sachverhalte von Tieren und Pflanzen (s. z.B. Tabelle S. 29 in Dobzhansky, 1973). Deshalb sind vermutlich auch die in Eysenck (1977, S. 128) aufgeführten Werte der Erblichkeit von „80 % bei Intelligenz und zwischen 60-80 % bei verschiedenen Persönlichkeitseigenschaften" Artefakte, verursacht durch das unangemessene Verrechnen von den zugrundeliegenden Fragebogendaten!

3.4.2 Kann man die Persönlichkeit des Menschen heranzüchten?

Warum sollte man nicht beim Menschen durch genetische Eingriffe gewünschte Eigenschaften wie hohe Intelligenz häufiger und unerwünschte Merkmale wie kriminelles Verhalten seltener auftreten lassen? Schließlich kann man doch auch Tier- und Pflanzenarten in eine gewünschte Richtung züchten! Dobzhansky, einer der bedeutendsten Genetiker, bezeichnet dies als ein Argument, „das um so irreführender ist, als es oberflächlich so plausibel erscheint" (1973, S. 107). „Diese Argumentation ist deshalb trügerisch, weil sie nicht das einzigartige und fundamentale Merkmal der menschlichen Evolution in Betracht zieht. ... Um sich neuen Umwelten anzupassen, verändert die Menschheit vornehmlich die kulturelle Vererbung und nicht ihre Gene, wie dies andere Organismen tun" (S. 108). „Die natürliche Selektion hat erbarmungslos die Fähigkeit der Menschen begünstigt, zu lernen und ihr Verhalten je nach den Umständen ihres Auswachsens und der sozialen Bedingungen zu modifizieren, in denen sie sich vorfinden. Das ist genau das Gegenteil der Selektion bei der Züchtung domestizierter Tiere" (S. 109). Bei Tieren sind außerdem die herangezüchteten Unterschiede genetisch mehr oder minder starr fixiert.

Es gibt allerdings mindestens zwei Versuche, Menschen nach bestimmten Idealvorstellungen heranzuzüchten. Der eine Versuch stellt das indische Kastensystem dar. Die Inder glaubten an die erbliche Übertragbarkeit des Charakters und hielten es für das Beste, Beruf und Status eines Menschen durch die Kaste, in die er hineingeboren wurde, zu fixieren. Doch zweitausend Jahre kastenmäßiger „Inzucht" blieben ohne Konsequenzen, denn Angehörige einer Kaste sind durchaus in der Lage, die Berufe der anderen Kaste auszuüben (Dobzhansky, 1973).

Wie gefährlich es ist, unwissenschaftliche Vorstellungen über Genetik in die Praxis umsetzen zu wollen, zeigt das nationalsozialistische Zuchtprojekt „Lebensborn".

Hellbrügge (1970) berichtet über die Kinder aus diesem Zuchtprojekt: „Man hatte sie nach ausgewählten Erbanlagen später für eine hohe Stellung im Staatsleben vorgesehen, weil man damals glaubte, daß eine positive Erbauswahl gewissermaßen die beste Gewähr für eine entsprechend gute Lebensleistung geben müßte" (S. 53). „Sie waren in Heimen einer Organisation groß geworden, die nur Kinder aufnahm, deren Eltern und Großeltern Erbgesundheitszeugnisse ohne jeden Makel vorlegen konnten. Schon der geringste körperliche Mangel, auch leichtere Augen- oder Ohrenschädigungen waren ein Grund, diese Kinder nicht in die betreffende Organisation aufzunehmen" (S. 51).

Wie entwickelten sich nun diese Kinder „mit besten Erbanlagen"? Wer die Erkenntnisse der modernen Kinderpsychologie kennt oder die Beobachtungen, die Pfaundler schon im ersten Weltkrieg machte, wird wissen, was geschah: Die Kinder hatten sich ausgezeichnet entwickelt, solange sie von ihren Müttern betreut wurden. Sobald sie aber in den Heimen untergebracht worden waren, tauchten die schon lange bekannten Hospitalismusschäden auf, bedingt dadurch, daß wegen der Massenpflege das Personal den Kindern nicht genügend Zuneigung schenken konnte. Hellbrügge untersuchte 1946 sechs dieser Kinder, zwischen $1^1/_2$ und 2 Jahren alt, die blond, blauäugig und hübsch waren! Keines dieser Kinder konnte laufen, einige konnten kaum sitzen. Sie konnten nicht selbst mit dem Löffel essen, nicht sprechen. Vor allem konnten sie nicht lachen, und wenn man sie ansprach, weinten sie. Sie hatten einen leeren und verlassenen Gesichtsausdruck, mit ängstlichen Augen. Hier können keine Erbanlagen derartige Verhaltensstörungen hervorgerufen haben, denn die Säuglinge stammten aus sozial gehobenen, genetisch ausgesuchten Bevölkerungsschichten.

In den Jahren 1962-1966 untersuchte Hellbrügge weitere 70 Jugendliche der „Aktion Lebensborn" im Alter von 17-23 Jahren. Verglichen mit einer gleichgroßen Kontrollgruppe hatten sie als Säuglinge und Kleinkinder weitaus mehr Störungen in ihrer motorischen, sprachlichen und Sauberkeitsentwicklung gehabt. Sie hatten fast alle große Lernschwierigkeiten und doppelt so häufig Schulschwierigkeiten wie die Kontrollgruppe. Sie hatten signifikant niedrigere IQs. Sie zeigten mehr Erziehungsschwierigkeiten, bei einigen war eine Adoption unmöglich, 12 waren in Fürsorgeerziehung gewesen. „Ihre Beziehungen zu den Erziehungspersonen waren im Gegensatz zur Vergleichsgruppe durch eine übertrieben starke Bindung einerseits oder durch angespannte Verhältnisse andererseits gekennzeichnet. Zu ihrer Umwelt zeichneten sich die Kinder aus den Heimen häufig durch eine starke Kontaktarmut aus. Die Heimkinder zeigten dreimal so häufig neurotische Symptome wie die Vergleichsgruppe. Ein nicht geringer Teil dieser Kinder war bereits durch Asozialität, ja durch Kriminalität aufgefallen. Streunen und Eigentumsdelikte waren in den Akten verzeichnet. Unter den neurotischen Zeichen fielen Depression, Angst, Jactatio capitis und Stottern auf. 5 von 70 Jugendlichen näßten und koteten im Alter von mehr als 17 Jahren noch ein!" (S. 52).

Fazit: Wird das Bedürfnis eines Kindes nach Zuneigung nicht befriedigt, neigt es selbst dann zu antisozialem, „psychopathischem" Verhalten und Kriminalität, wenn es genetisch die besten Voraussetzungen besitzt (s. „Lebensborn"). Demgegenüber muß Kriminalität selbst dann nicht auftreten, wenn kriminelles Verhalten gehäuft in der Familie vorkam, vorausgesetzt, die Familienstruktur ist intakt (s. Mafiafamilien;

Ianni, 1972). Da außerdem eigentlich jeder Mensch unter bestimmten Voraussetzungen unehrliches oder kriminelles Verhalten zeigen kann, ist es nicht sinnvoll, kriminelles Verhalten mit Erbanlagen „erklären" zu wollen!

3.5 Chromosomenanomalien

Chromosomenanomalien hängen nicht direkt mit Vererbung zusammen, weil nicht die genetische Information, sondern die Zahl der (zumeist) zusätzlichen Chromosomen das Problem darstellt und die Anomalie zumeist nicht vererbt wird. Beispielsweise sind die Kinder von XYY-Männern meist normal 46,XX oder 46,XY (Lenz, 1976, S. 27). Da man aber häufig Beziehungen zur Kriminalität herstellt, sollen die XYY- und die XXY-Anomalien näher besprochen werden.

3.5.1 Der Mythos von den gefährlichen XYY-Männern

Die These von der „angeborenen Kriminalität" schien Anfang der 60er Jahre durch die Behauptung, daß einige Mörder XYY-Chromosomen hätten, wieder neuen Auftrieb zu erhalten. Diese Chromosomenanomalie beruht darauf, daß jeder Mensch in seiner genetischen Ausstattung 46 Chromosomen hat, XYY-Personen aber zusätzlich noch ein 47., ein „männliches" Y-Chromosom. Daraus wurde dann voreilig der Analogieschluß gezogen, daß dieses zusätzliche Y-Chromosom erhöhte Aggressivität und Kriminalität erzeuge. Diese Interpretation ist eigentlich erstaunlich, denn zuerst wurde 1961 ein XYY-Fall erwähnt, und dieser phänotypisch normale Mann wurde nur deshalb hinsichtlich seiner Chromosomen untersucht, weil sein Kind mongoloid war. Auch zeigte sich später, daß der Massenmörder Speck in den USA keineswegs ein XYY-Mann war!

Wie Walzer u.a. (1978) in ihrem Literaturüberblick betonen, wird die Aussagekraft vieler Untersuchungen zum XYY-Phänomen durch die Tatsache beeinträchtigt, daß sie vorausgelesene Stichproben benutzen. Die Stichprobenfehler solcher Untersuchungen werden dadurch ersichtlich, daß in Untersuchungen von hospitalisierten XYY-Männern geringere IQs als in der Gesamtbevölkerung gefunden wurden. Andererseits gibt es aber bei XYY-Männern eine große Streuung des IQ von weit unterdurchschnittlich bis weit überdurchschnittlich. Kinder mit XYY-Abweichungen wurden von ihrer Geburt an untersucht, und bei 14 Kindern streuten die IQs von 78-130 (Durchschnitt = 99,5). Verschiedene Untersucher berichten auch von normaler Intelligenzentwicklung bei XYY-Kindern.

Bezüglich der Körpergröße fanden Noël u.a. (1974), daß auch bei unausgelesenen Gruppen XYY-Personen größer als normale Kontrollpersonen waren. Allerdings fanden sie auch kleinere XYY-Personen, eine war sogar kleiner als 1,60 m. Deshalb ist es bedenklich, die Körpergröße als Auswahlkriterium zu benutzen, wie es z.B. Witkin u.a. (1976) taten.

Ein weiterer kritischer Gesichtspunkt: Viele Untersuchungen bezogen sich auf Einzelfälle, mit impressionistischen und subjektiven Verhaltensbeschreibungen. Wie irreführend dies sein kann, zeigt die Tatsache, daß es zwar XYY-Fälle mit abnormalem EEG gibt. Doch zeigte eine Zusammenstellung dazu, daß 19 solcher Fälle 28 Fälle von XYY-Männern mit normalem EEG gegenüber standen (Walzer u.a., 1978, S. 565).

Verschiedene Untersuchungen berichten eine höhere Kriminalitätsrate bei XYY-Männern, im Vergleich zu einer XY-Kontrollgruppe, andere Untersuchungen fanden keine derartigen Unterschiede (Shah und Roth, 1974). Bezeichnenderweise fanden z.B. Witkin u.a. (1976) eine erhöhte Kriminalitätsrate bei 12 XYY-Männern, die aus einer nach Körpergröße ausgewählten Stichprobe stammten. Wenn jedoch Personen mit allen Körpergrößen untersucht werden, verschwinden die Unterschiede zwischen XYY-Raten bei Gefängnisinsassen und der Gesamtbevölkerung. Im Gegensatz zu der scheinbar plausiblen Hypothese „Ein männliches Chromosom mehr = mehr Aggressivität“, die aber lediglich damit ein kulturelles Stereotyp verdeutlicht, steht fest, daß Verbrechen, die von XYY-Männern begangen werden, weniger mit Aggression zu tun haben. Vielmehr, wenn XYY-Männer überhaupt ein Delikt begehen, handelt es sich vorwiegend um relativ harmlose Delikte, zumeist Eigentums- oder Sexualdelikte (Shah und Roth, 1974). Auch steht mit der obigen Gleichsetzung die Tatsache in Widerspruch, daß es kein einheitliches psychologisches XYY-Syndrom gibt, beispielsweise kommen entgegengesetzte Temperamente bei XYY-Personen vor. Noël u.a. (1974) fanden unter 14 XYY-Männern 8 mit impulsiver, emotional unkontrollierter Orientierung und geringer Bereitschaft zum Aufschieben von Belohnungen. Auf Frustrationen reagierten sie häufig mit Wutausbrüchen. Dagegen zeigten die 6 anderen XYY-Männer überkontrolliertes, rigides Verhalten.

Selbst wenn XYY-Männer ein höheres Risiko als XY-Männer haben sollten, kriminell auffällig zu werden, so ist es kein ausweglosesSchicksal, zum blutgierigen XYY-Mörder zu werden, wie dies zunächst reißerisch dargestellt wurde.

Warum werden aber einige der XYY-Männer überhaupt kriminell auffällig? Witkin u.a. (1976) stellten dazu die Hypothese auf, daß eine erhöhte Kriminalitätsrate von XYY-Personen nicht häufigere Kriminalität, sondern leichteres Erwischtwerden widerspiegeln (evtl. wegen der geringeren Intelligenz der Täter?). Kriminalität tritt bei XYY-Personen vor allem dann auf, wenn sie der Unterschicht angehören. Während nämlich kein erhöhtes Vorkommen von XYY-Abweichungen in einer der sozialen Schichten festgestellt wurde (Walzer, 1978, S. 565), findet man mehr soziale Abweichungen bei XYY-Männern aus der Unterschicht und unteren Mittelschicht als bei XYY-Männern aus der oberen Mittelschicht und der Oberschicht (S. 568). Ist also die mit der Schichtzugehörigkeit verbundene geringere Intelligenz oder der geringere Ausbildungsstatus für eine derart erhöhte Kriminalitätsrate verantwortlich?

Auf einen wesentlichen Faktor der Kriminalitätsentstehung weisen Shah und Roth (1974) hin. Im Gegensatz zu XYY-Männern aus intakten Familien haben XYY-Täter aus gestörten Familienverhältnissen früher und häufiger Probleme mit dem Gesetz.

3.5.2 XXY-Männer (Klinefelter Syndrom)

Obwohl auch Personen mit XXY-Anomalie kriminelle Delikte begehen, ist dies nie in das öffentliche Bewußtsein gedrungen, vermutlich, weil die Tatsache, daß diese Männer noch ein zusätzliches, „weibliches", Chromosom haben, schwerer mit Gewalttätigkeit gleichgesetzt werden kann. Dies würde gängigen kulturellen Stereotypen entgegenlaufen.

Auch bei XXY-Personen finden wir die gleichen Stichprobenprobleme wie bei XYY-Männern, weil zumeist hospitalisierte Personen untersucht wurden. Shah und Roth (1974) weisen jedoch ausdrücklich darauf hin, daß nicht alle Klinefelter-Männer das für dieses Syndrom beschriebene Bündel an sozialen, geistigen u.ä. Schwierigkeiten haben. In Fällen, wo Verhaltensstörungen auftreten, scheint die Chromosomenanomalie mit anderen Faktoren zusammenzuwirken, um die Verhaltensstörung zu bewirken. Beispielsweise zeigen auch XXY-Männer aus unharmonischen und gestörten Familienverhältnissen größere Verhaltensprobleme als solche aus stabilen Familienverhältnissen (Nielsen, 1970). Hinzu kommt noch eine unklare Geschlechtsidentifikation, Verwirrung und Besorgnis über die körperliche Statur (lang und dünn gewachsen, vergrößerte Brustpartie).

Auch Tsuboi (1970) fand bei der Analyse von Personen mit XYY-, XXY- und anderen Chromosomenstörungen Einflüsse der Umwelt auf die Kriminalitätsentwicklung. Die Personen aus einem schlechten familiären Hintergrund und einem kalten Familienklima begannen sehr viel früher, Delikte zu begehen, und ihre Kriminalitätskarriere verlief schwerer, als dies für Personen mit Chromosomenanomalien aus „guten", harmonischen Familien der Fall war. Was die Delikte betrifft, so waren es Sexualdelikte und eine noch geringere Anzahl Gewaltdelikte; dies galt für XYY- und XXY-Personen und Schwachsinnige.

Daß einige Personen mit Chromosomenanomalien Sexualdelikte begehen, hängt nicht mit einem starken „Sexualtrieb" zusammen. Tsuboi (1970) und Nielsen (1970) schreiben XYY- und XXY-Personen eine „schwache sexuelle Potenz" zu und sehen vor allem in der „Unreife der Personen" und Kontaktschwierigkeiten mit Menschen (besonders mit Frauen) die Gründe für das Begehen von Sexualdelikten. Die Täter wenden sich deshalb vorwiegend jungen Mädchen zu, ihre sexuellen Handlungen sind zumeist gewaltfrei, wenn auch in einigen seltenen Fällen die Dynamik der Situation zu einer Tötung der Kinder führt. Die Faktoren, die bei Personen mit Chromosomenanomalien zu Sexualdelikten führen, sind also die gleichen wie bei Personen ohne Chromosomenanomalien!

4. Die Entwicklung kriminellen Verhaltens

4.1 Kriminalität als Folge eines impulsiven Lebensstils

4.1.1 Der impulsive Lebensstil

West und Farrington (1977) untersuchten von den Jahren 1961/1962 an etwa 400 englische Jungen, die in den Jahren 1951-1954 geboren wurden. Schon während der frühen Kindheit begannen sich deutliche Verhaltensunterschiede herauszukristallisieren, einige wurden zu Problemkindern. Im Alter von 18-19 Jahren wurden 389 der Jugendlichen erneut untersucht. Dabei fand man, daß 101 (= 26 %) der Jugendlichen mit dem Gesetz in Konflikt gekommen waren und 62 von ihnen (= 15,9 %) sogar als Rückfalltäter bezeichnet werden konnten. Obwohl sich natürlich bezüglich der untersuchten Merkmale Überschneidungen zwischen den beiden Gruppen ergaben, unterschieden sich die 101 delinquenten von den 288 nicht delinquenten Jugendlichen doch erheblich. Delinquente Jugendliche

- hatten aggressive soziale Einstellungen; ihre Einstellungen waren stark „antibürgerlich", d.h. gegen Polizei, Schule, Beamte, harte Arbeit u.ä. gerichtet,
- waren sehr schnell bereit zu kämpfen,
- hatten ein „hypermaskulines" Selbstbildnis, d.h. neigten z.B. bei Interviews über ihr Sexualleben zu Übertreibungen,
- zeigten sexuelle Verantwortungslosigkeit,
- neigten zu Aggressionen nach Alkoholgenuß,
- waren starke Raucher,
- viele (nicht alle!) waren Glücksspieler,

- unterschieden sich bezüglich Rauschgiftkonsum nicht von den Nichtdelinquenten. Allerdings waren die Jugendlichen, die einen starken Rauschgiftkonsum hatten, mit sehr großer Wahrscheinlichkeit delinquent, besonders wenn andere Drogen als Marihuana genommen wurden,
- waren „sozial aktiv"; sie gingen häufig aus, besuchten häufig Diskotheken, verbrauchten für ihre Vergnügungen viel Geld,
- hatten häufiger als die Nichtdelinquenten ihre Fahrerlaubnis verloren. Allerdings fand man auch bei den Nichtdelinquenten Rücksichtslosigkeit im Straßenverkehr, mangelnde Besorgnis über Strafmandate u.ä.,
- waren häufig Mitglieder aggressiver Gruppen,
- wechselten häufig den Arbeitsplatz, waren häufiger arbeitslos,
- hatten eine schlechtere Schulbildung und geringere Arbeitsmotivation,
- besuchten weniger eine Abendschule,
- hatten schlechte Beziehungen zu ihren Eltern, besonders die Rückfälligen. Häufig fand man Vater-Sohn-Konflikte; die Beziehungen zwischen Mutter und Sohn waren nicht immer schlecht.
- unterschieden sich von den Nichtdelinquenten auch durch äußere Merkmale: mehr gebrochene Nasen, Narben (als Folge ihres aggressiven Lebensstils), Tätowierungen, angeknabberte Fingernägel, trugen weniger Brillen (andere Faktoren wie Körpergröße, Gewicht, Linkshändigkeit ergaben keine Unterschiede),
- zeigten weniger psychologische und physiologische Reaktionen bei Streß. Im Gegensatz zu anderen Untersuchungen zeigten etwa gleich viele Delinquenten und Nichtdelinquenten einen niedrigen Puls. Dagegen ergaben sich Unterschiede bei Personen mit hohem Puls: Nur wenige Delinquenten hatten einen schnellen Puls.

West und Farrington stellen das Typische der von ihnen untersuchten delinquenten Jugendlichen in dem Titel ihres Buches (1977) dar: „The delinquent way of life", d.h. der „delinquente Lebensstil", der durch mangelnde Selbstkontrolle und durch impulsives Verhalten gekennzeichnet ist.

4.1.2 Erziehungsbedingungen des impulsiven Lebensstils

Durch Mangel an Zuneigung, Aufmerksamkeit und beständiger Erziehung bzw. das Aufwachsen in einer ungünstigen sozialen Umwelt, erwarben die Jungen nicht genügend Selbstkontrolle und bürgerliche Wertvorstellungen.

Häufig war auch der Vater des Jungen (in einigen Fällen sogar vor der Geburt des Kindes) kriminell geworden. Von 95 Vätern, die kriminell geworden waren, hatten 62,1% einen oder mehrere kriminelle Jungen; 261 nichtkriminelle Väter hatten zu 28% kriminelle Söhne. Dabei spielte die Schwere des Delikts der Väter oder der Zeitpunkt ihrer Bestrafung keine Rolle. Interessant ist auch folgende Feststellung: Mütterliche Kriminalität wirkte sich eher auf die Kriminalität ihrer Töchter aus als die Kriminalität der Väter. Söhne sind eher durch väterliche Kriminalität kriminogen gefährdet.

Wie sind diese Gemeinsamkeiten des Kriminellwerdens in einer Familie zu erklären? West und Farrington fanden nicht, daß die Väter die Kinder zur Kriminalität ermutigten oder ihnen direkt antibürgerliche Einstellungen vermittelten. Ganz im Gegenteil! In vielen Fällen verurteilten Väter mit krimineller Vergangenheit kriminelles Verhalten ihrer Söhne genauso wie nichtkriminelle Väter. Aber in der Regel waren die „kriminellen Familien" arm, kinderreich, zerrüttet, konnten ihre Kinder nicht genügend beaufsichtigen. Wie hätten die Kinder in einem solchen Milieu, wo sie wenig Aufmerksamkeit, Zuneigung und keine konsequente Erziehung erhielten, prosoziales Verhalten und bürgerliche Wertvorstellungen (Wichtigkeit einer guten Schulausbildung, einer festen Arbeit u.ä.) erwerben können?!

4.1.3 Die Vorhersage kriminellen Verhaltens

Um einen Meßwert für den delinquenten Lebensstil zu bekommen, erstellten West und Farrington eine „Skala antisozialer Tendenzen" aus den vorher zitierten Unterschieden zwischen Delinquenten und Nichtdelinquenten. Um Überschneidungen möglichst zu vermeiden, besteht diese Skala nur aus folgenden Kriterien:
- Starke „antibürgerliche" Einstellungen
- Benutzung von Drogen
- Unmäßiges Rauchen
- Starke sexuelle Aktivität
- Autofahren nach Alkoholgenuß
- Häufig in antisozialen Gruppen
- Verbringt viel Zeit damit, herumzulungern
- Keine regelmäßige Berufstätigkeit
- Zeigt aggressives Verhalten, neigt zu Streitigkeiten
- Tätowierung

Für jedes dieser Merkmale, die ein Jugendlicher aufwies, wurde ihm ein Punkt auf der „Skala antisozialer Tätigkeiten" zugeordnet. Die Brauchbarkeit dieser Skala erwies sich dadurch, daß von den Jugendlichen, die 4 und mehr dieser Merkmale aufwiesen, 61,8% kriminell geworden waren, von denen mit dem höchsten Wert (= 9 Merkmale) aber alle, bis auf eine Ausnahme. Unter den Jugendlichen, die keines dieser Merkmale aufwiesen, waren nur 4,2% kriminell auffällig geworden. Es gibt also eine bestimmte Tendenz: Je mehr „antisoziale Merkmale" ein Jugendlicher aufweist, desto größer ist die Gefahr, daß er kriminell werden wird. Allerdings gibt es zwei Gruppen, die Ausnahmen von dieser Tendenz darstellen:

1) Jugendliche, die trotz starker „antisozialer Tendenzen" nicht kriminell auffällig wurden und
2) solche, die trotz geringer „antisozialer Tendenzen" kriminell wurden.

Wie kann man diese Ausnahmen von der Regel erklären? Zunächst einmal kann man grundsätzlich immer feststellen, daß es bei jeder Vorhersage derartige Fehlprognosen gibt, weil man nicht alle wirkenden Faktoren erfassen kann. Dies wäre aber wegen der epigenetischen Landschaft notwendig.

Außerdem ist das Kriterium „Kriminell" nicht scharf von „Nichtkriminell" abzugrenzen: Auch von den Jugendlichen, die weder kriminell auffällig waren noch antisoziale Tendenzen zeigten, gaben 9 % zu, im Alter von 14-16 Jahren kriminelle Handlungen begangen zu haben und von den Nichtkriminellen mit starken „antisozialen Tendenzen" 24 %!

Die Vorhersage kriminellen Verhaltens wird aber auch noch durch einen weiteren, viel zu wenig berücksichtigten Sachverhalt erschwert: Von den 389 Jungen waren nur 32 als Jugendliche kriminell gewesen, 50 als Jugendliche und Erwachsene (d.h. nach dem 19. Lebensjahr), aber 38 wurden erst im Alter von 19-21 Jahren zum ersten Mal verurteilt! Diese Gruppe, die erst spät eine „kriminelle Karriere" begann, unterschied sich bezüglich vieler negativer Merkmale (ungünstige Familienverhältnisse u.ä.) von der Kontrollgruppe der „Nichtkriminellen". Auch zu den anderen beiden delinquenten Gruppen ergaben sich gewisse Unterschiede, wobei die Gruppe der Jungen, die von Kindheit bis zum Erwachsenenalter ununterbrochen delinquent war, die negativsten Faktoren aufwies. Für unsere Überlegungen ist aber eines wichtig: Plötzlich fällt eine ganze Gruppe aus der Kontrollgruppe der Nichtkriminellen heraus. Dies erklärt, warum im Alter von 18-19 Jahren Jugendliche mit „antisozialen Tendenzen" nicht als „Kriminelle" in den Statistiken auftauchen.

Aber eine Frage ist noch nicht beantwortet worden: Warum werden Kinder ohne „antisoziale Tendenzen" ebenfalls kriminell? Vermutlich kommen einige mit Jugendlichen mit impulsivem Lebensstil zusammen, und in dieser „schlechten Gesellschaft" werden sie zu Delikten verführt („sozialisierter Krimineller").

Es gibt aber auch noch andere Erklärungen. So fanden West und Farrington, daß „nervöses", „von anderen zurückgezogenes" Verhalten während der Kindheit häufiger bei „Nichtkriminellen" als bei „Kriminellen" vorkommt, aber immerhin gibt es auch Kriminelle mit „nervösem, zurückgezogenen Verhalten". Und diese Kategorie entspricht der etwas seltener vorkommenden Form des „übergehemmten Kriminellen", etwa durch Sexualstraftäter oder Personen repräsentiert, die „symbolische Diebstähle" begehen. Derartige Jugendliche waren schon in der Schule als Problemfälle aufgefallen, hatten im Durchschnitt mehr kriminelle Eltern, waren in der Kindheit von ihren Eltern getrennt gewesen.

Andere Jugendliche ohne „antisoziale Tendenzen" in der Kindheit kamen durch ungünstige familiäre Verhältnisse allmählich auf die „schiefe Ebene". West und Farrington (S.120) berichten z.b. von einem Jungen, dessen gutes Betragen durch Lehrer und Mitschüler betont wurde. Er kam aus einer armen, großen Familie. Der Vater war Alkoholiker, behandelte Ehefrau und Kinder grausam. Die Mutter wurde als liebevoll beschrieben, war aber wegen mehrerer Diebstähle im Gefängnis gewesen. Als der Junge 11 Jahre alt war, verließ die Mutter den Vater; einige Jahre später lebte er bei seiner Mutter und ihrem Liebhaber, aber die Beziehungen waren gespannt. Im Alter von 17 Jahren wurde er zum ersten Mal verurteilt, weil er ein Auto gestohlen hatte. Später, unter dem Druck des Verlustes seines Arbeitsplatzes und weil er mit der Bezahlung der Geldstrafen in Rückstand geriet, beging er immer mehr Diebstähle.

Im Gegensatz dazu findet man immer wieder, daß eine intakte Familie häufig der beste Schutz gegen Kriminellwerden darstellt. Bezeichnenderweise führte ein Jugendlicher mit dem höchsten Wert auf der „antisozialen Skala" (= 9) einen genauso impulsiven Lebensstil und war genauso häufig in Streitigkeiten verwickelt wie kriminelle Jugendliche. Aber seine überdurchschnittliche Intelligenz und sein intaktes Elternhaus (nichtkriminelle, fleißig arbeitende Eltern, die um ihre Kinder besorgt waren) verhinderten bei ihm mögliches Kriminellwerden.

4.2 Mafia: ein Familienunternehmen

Der amerikanische Anthropologe Ianni (1972) konnte durch persönliche Bekanntschaft und seine italienische Abstammung Kontakte zu einer amerikanischen Mafiafamilie knüpfen und durch teilnehmende Beobachtungen das Familienleben analysieren. Er konnte allerdings keinen Einblick in kriminelle Aktivitäten nehmen. Dennoch sind seine Erkenntnisse sehr aufschlußreich, und sie stellen manche gängige Kriminalitätstheorie in Frage.

Während nämlich die meisten Gefängnisinsassen - die häufigste und zumeist alleinige Quelle kriminologischer Forschung - aus zerrütteten Familienverhältnissen stammen, sind die Verhältnisse in der Lupollofamilie (wie er sie mit einem Pseudonym benannte) vollkommen anders.

Der entscheidende Gesichtspunkt und Wert bei den Lupollos ist die Betonung der Familienbindungen und der Familie als Grundlage der sozialen und der wirtschaftlichen Organisation. Hier ist die frühere sizilianische Gesellschaftsordnung noch sichtbar, denn die einzelnen Mitglieder besitzen unterschiedliche Autorität, die von den anderen unbedingt anerkannt wird. Dabei spielen traditionelle Werte, wie Stellung innerhalb der Familie als Familienoberhaupt u.ä., Lebensalter usw., eine große Rolle. Diese konservativen Werte kommen bei der jüngeren Generation immer mehr in Konflikt mit den amerikanischen Werten, die eher bürokratisch und nach Wirksamkeit ausgerichtet sind (s. z.B. Ianni, S. 131).Ianni fand drei grundlegende Regeln für richtiges Verhalten in der Lupollofamilie:

(1) Loyalität gegenüber der Familie, gegenseitige Hilfe der einzelnen Familienmitglieder.

(2) Handele wie ein Mann, d.h. verliere nie dein Gesicht und bringe keine Schande über die Familie. Je höher der Status innerhalb der Familie, desto wichtiger ist es, ein öffentliches Bild zu zeigen: der Selbstkontrolle, Bereitschaft, Entscheidungen zu akzeptieren und interpersonale Macht, die Respekt von anderen verlangt (Ianni, 1972, S.144).

(3) Familiengeschäfte (auch legale) dürfen nicht außerhalb der Gruppe bekanntwerden. Damit wird u.a. auch die Dominanz und die soziale Distanz zu Außenstehenden, aber auch innerhalb der Familie gewahrt.

Das Akzeptieren solcher Normen und Verhaltensweisen wird nicht durch Furcht vor Bestrafung bewirkt, sondern durch die Macht der Familienbindungen. Diese wird aber leicht und freiwillig akzeptiert, weil sie Sicherheit und Gewißheit über richtiges Verhalten gibt. Das Familienmitglied kann innerhalb seines Wirkungskreises ohne Furcht wirken, zumeist auch ohne Furcht vor der Polizei, weil die Familie es schützt. Derartige auf Familienbindungen aufgebaute Strukturen sind langlebiger und erfolgreicher als übliche organisierte Gangs, bei denen die Mitglieder weitgehend der gleichen Altersgruppe angehören und keine längere gemeinsame Vergangenheit und Zukunft haben.

Fazit: Im Gegensatz zu Jugendlichen, die keine Selbstkontrolle lernen und deshalb in die Kriminalität hineingeraten, wird innerhalb derartiger Mafiafamilien das Verhalten durch ein gemeinsam anerkanntes System von Rollen, Normen und Wertvorstellungen reguliert. Dies bedeutet jedoch nicht, daß man unbedingt die Wertvorstellungen, die außerhalb der Familie bestehen, akzeptiert. Typisch ist dafür, wie auch ähnlich in alten sizilianischen Gemeinschaften, die Vermeidung von sozialen Beziehungen außerhalb des Familienclans.

Das Anerkennen der traditionellen Autoritätsstruktur wird auch durch den Erziehungsstil bewirkt. Ianni (1982, persönliche Mitteilung) beschreibt ihn als „warm, liebevoll und ein wenig mehr als mäßige Strenge im Bereich der Kontrolle. Von den Kindern wird verlangt, daß sie gegenüber ihren Eltern respektvoll sind und sich an religiöse Regeln halten, obwohl die Männer der Familie überhaupt nicht sehr religiös sind." Von dem Gründer der Lupollofamilie, der in die USA eingewandert war, berichtet Ianni (1972, S. 77): „ ...er war ein Patriarch, gleichzeitig freundlich und dominierend". Andere Mitglieder der Familie werden beschrieben als „großzügig, besonders gegenüber kleinen Kindern" (S. 79), „fest und autoritär, sogar mit seinen Enkeln, in allen Dingen, die sich auf die Familienbetriebe beziehen, aber ... zeigt großväterliche Besorgnis für sie in sozialen und persönlichen Beziehungen, sogar in der Öffentlichkeit ." (S.144) „Freddy, . . . neckt sogar seinen Großvater wegen seiner altmodischen Bekleidung und Schuhe vor anderen Mitgliedern der Lupollofamilie, aber immer wenn Mitglieder anderer Familien oder Personen außerhalb der Familie anwesend sind, ist er respektvoll und korrekt in seinen Beziehungen" (zu seinem Großvater) (S. 144). Dies weist, nebenbei bemerkt, auch auf die Situationsabhängigkeit des Verhaltens hin.

Verbunden mit anderen Wertvorstellungen ist die Betonung der Männer innerhalb der Lupollofamilie, Frauen haben darin nur einen Platz als Ehefrauen und Mütter. Die Ehefrauen mögen sozial und interpersonal aggressiv sein und sogar das häusliche Leben dominieren, aber sie spielen keine Rolle bei den geschäftlichen Aktivitäten, von deren Natur sie zumeist keine Ahnung haben.

„Politisch gesehen sind die Lupollos ultrakonservativ und drücken eine starke Unterstützung für ‚Amerikanismus‘ aus" (Ianni, 1972, S. 84). Bezüglich des amerikanischen Engagements während des Krieges in Vietnam waren sie „Falken", zeigten verächtliche Ablehnung jeder Art von Studentenaktivitäten und betrachteten im allgemeinen die meisten sozialen Wohlfahrtsprogramme als politisch links und als schlecht für die Gesellschaft. Die militanten Schwarzen und Puertorikaner scheinen ihnen kommunistisch inspiriert zu sein oder ein Versuch, „etwas für nichts zu erhalten." Bewegungen wie „Women's Liberation" werden der Lächerlichkeit preisgegeben. „Die stärkste soziale Mißbilligung ist jedoch für die Juden reserviert" (S. 85). Die Positionen innerhalb der legalen und illegalen Familienbetriebe werden weitgehend mit Familienangehörigen besetzt. Allerdings ist neben dem ständigen Hinbewegen auf vollständige Legitimation noch ein weiteres Phänomen festzustellen: „Sogar dann, wenn ihre Väter im Familiengeschäft aktiv sind, sind die meisten Kinder in legitimen Unternehmungen" (Ianni, 1972, S. 76).

Töchter heirateten Richter, wurden Lehrerinnen; Söhne wurden Ärzte, Rechtsanwälte, Collegelehrer usw. Es wird damit also deutlich, daß dieses Herausfallen der Kinder aus kriminellen Aktivitäten aufzeigt, daß das häufige Vorkommen von Kriminalität in bestimmten Familien keineswegs mit Erbanlagen zusammenhängt, sondern mit sozialen Faktoren. Die Kinder der Lupollos wurden mit wachsendem Wohlstand und Integration in die amerikanische Gesellschaft in die Lage versetzt, sich sozial akzeptierten Aktivitäten, Berufen und Lebensläufen zuzuwenden. Kinder aus sozial schwachen, zerrütteten Familienverhältnissen haben eine derartige Möglichkeit nicht.

Mit der immer stärker werdenden Integration in die Gesellschaft und der allmählichen Abwendung der Lupollos (und anderer Mafiafamilien) ist verbunden, daß neue ethnische Gruppen aus den Slums in das organisierte Verbrechen eindringen: Schwarze, Puertorikaner und Kubaner. Ianni sieht deshalb organisiertes Verbrechen als Möglichkeit, der Armut und der Machtlosigkeit der Slums zu entkommen.

4.3 Die Entwicklung unehrlichen Verhaltens in einer Organisation

Der englische Soziologe Ditton (1977), der selbst in der betreffenden Firma gearbeitet hatte, zeigt, wie die Verkaufsfahrer einer englischen Großbäckerei allmählich durch die Firma angeleitet werden, ihre Kunden zu betrügen. Sie werden natürlich nicht direkt zu unmoralischem oder kriminellem Verhalten ermutigt, sondern in Form augenzwinkender Kumpanei.

Daß die Verkaufsfahrer von ihren Kunden einen überhöhten Preis für die Backwaren fordern, wird ihnen von erfahrenen Mitarbeitern folgendermaßen dargelegt. Im Geschäft mit vielen Kunden gibt es „shortage" (Schwund), d.h. das Geld stimmt nicht. Dem Neuankömmling wird nun „augenzwinkernd" nahegelegt, wie er verhindern könne, daß es zum Schwund komme, wofür er ja mit seinem eigenen Geld einstehen müsse: Die Kunden sind die schwächeren Glieder in der Verkaufskette, und es trifft sie ja „nur" um 1/2 Penny. Außerdem gibt es Wochen, wo man schlechte Verkaufsergebnisse hat. Der Neuling weiß nicht, ob der andere es ernst meint, aber durch die scherzhaften Bemerkungen seines Aufsehers bei seinem Vorschlag, wird dem Verhalten die kriminelle Spitze genommen, und der Neuling entwickelt die Vorstellung: Das könnte ich ja auch machen!

Da andere es auch machen, probiert der Neuankömmling es auch einmal aus. Er fordert einen überhöhten Preis, sieht, daß die Kundin nichts sagt, nicht genau hinschaut und nicht genau nachrechnet. Und so summieren sich einzelne Pennie-Beträge zum Gewinn, der mehrere Pfund ausmachen kann. Wenn erst einmal die Schwelle überschritten ist, wächst die Bereitschaft, den Betrug noch auszudehnen. Die Buchung wird gefälscht, statt 10 Broten werden 12 gebucht. Oder: älteres Brot wird für frisches verkauft.

Man findet also eine allmähliche Verringerung der Hemmungen. Bei auftretenden Bedenken kommt es zu einer Rechtfertigung des Betrugs: Man äußert eine aggressive Haltung gegen das Firmenmanagement und sagt, daß die Firma einen in diese Lage hineingedrängt habe, daß das Management eigentlich schuldig sei. Damit weist man die persönliche Verantwortung von sich.

Die Firma duldet Ehrlichkeit nur, wenn dies nicht zusätzlichen organisatorischen Aufwand erfordert. Äußern Neulinge aber Bedenken, beklagen sie sich über unmoralisches Verhalten anderer Verkaufsfahrer, werden sie zu einem „Störfall": Man versetzt sie, soweit möglich (s. z.B. Ditton, 1977, S. 40).

4.4 Die Entwicklung der Kriminalität - eine integrative Analyse empirischer Untersuchungen

Die zitierten Untersuchungen über die Entstehung kriminellen Verhaltens zeigen, daß es unbedingt notwendig ist, die gesamte Streubreite krimineller Aktivität zu betrachten. Eine Theorie der Kriminalität und ihrer Entstehung, die sich z.b. nur auf delinquente Jugendliche beziehen würde, könnte nur ein Untergebiet der Kriminalität erklären.

Auch die zitierten Untersuchungen können nicht alle Aspekte bei der Entwicklung kriminellen Verhaltens ansprechen, z.B. fehlen Hinweise auf gehemmte Täter (siehe dazu z.B. Sexualstraftäter, Serienmörder). Dennoch liefern sie ein differenziertes Bild der Kriminalität: **Zerrüttete Familienverhältnisse und ungünstige soziale Voraussetzungen sind kriminalitätsfördernd.** Dazu zeigen z.B. die Untersuchungen von McCord (1979), daß das Problem des „broken-home", (d.h. die Familie ist nicht vollständig) zumeist überschätzt wird. Offensichtlich ist die Konfliktsituation in der Ehe wesentlicher für das Auftreten von Kriminalität als das Fehlen eines Elternteils. Die *Qualität der Erziehungsatmosphäre* beeinflußt das Entstehen von Kriminalität also mehr als die *Zahl* der Eltern. Speziell ein kaltes Familienklima und mangelnde Einflußnahme und Lenkung durch die Eltern führen zu Sozialisationsdefiziten, mangelnden Fähigkeiten, geringer Selbstkontrolle u.ä. Die Kinder haben ein hohes Aktivitätsniveau, zeigen häufig übermütiges Verhalten und machen Unfug. Diese Verhaltensweisen müssen nicht unbedingt bösartig sein, entwickeln sich aber aus der Situation heraus, geraten wegen der

Impulsivität der Jugendlichen außer Kontrolle. Wegen ihrer mangelhaften Selbstkontrolle,Voraussicht und ihrer Unüberlegtheit gelangen die Jugendlichen somit in sozial auffällige Situationen oder erzeugen diese; bei anderen Jugendlichen würde man vielleicht das Verhalten als „groben Unfug" abtun. Wenn ein derartiger Vorfall zur Anzeige gelangt und eine Verurteilung erfolgt, geraten diese Jugendlichen immer mehr „auf die schiefe Ebene". Kriminalität ist hier also das Endprodukt eines durch Erziehungsmängel verursachten *allmählichen* Prozesses des Kriminellwerdens. Diesen Prozeß des allmählichen Kriminellwerdens hat Quensel (1980) anschaulich dargestellt.

Es taucht nun eine wichtige Frage auf: Wie sind die Tatsachen, daß
a) viele kriminelle Jugendliche einen impulsiven Lebensstil haben (West und Farrington, 1977) und
b) alle von Letkemann (1971) interviewten Berufskriminellen ihre „kriminelle Karriere" bereits als Jugendliche begannen und kaum jemand erst als Erwachsener mit einem kriminellen Lebensstil anfing, mit der Tatsache zu vereinbaren, daß für den erfolgreichen Kriminellen Selbstkontrolle, Zuverlässigkeit und genaue Planung seiner Delikte notwendig sind?

Letkemann (1971) erklärt dies mit der **kriminellen Sozialisation**, die der Jugendliche beispielsweise im Gefängnis oder einer Erziehungsanstalt erfährt. Dort wird der Jugendliche nicht nur aus der Gruppe der nichtdelinquenten Jugendlichen herausgelöst, sondern auch gleichzeitig einem verstärkt kriminalisierenden Klima ausgesetzt. Beispielsweise berichten Letkemanns Interviewpartner, daß in den „Besserungsanstalten" die Gespräche sich um Kriminalität drehen, vielleicht sogar mehr als in Gefängnissen oder Zuchthäusern. In Gefängnissen werden dann kriminelle Techniken gelehrt, oftmals aber mehr informell. Offensichtlich werden derartige Techniken vorwiegend an einen Jugendlichen weitergegeben, mit dem man sich anfreundet, zu dem man Vertrauen hat, den man für intelligent genug hält, das Wissen zu nutzen und der evtl. später als Partner benutzt werden kann. Das Gefängnis liefert dabei durchaus Möglichkeiten, Verantwortungsbewußtsein, Loyalität, Zuverlässigkeit des Jugendlichen zu testen, ohne daß der ältere, erfahrene Kriminelle dabei ein größeres Risiko eingehen muß, wie dies draußen der Fall wäre. Beispielsweise wird im Gefängnis deutlich, ob der Jugendliche verschwiegen ist oder mit der Gefängnisleitung zusammenarbeitet. Das Gefängnis vermittelt direkte kriminelle Techniken, wobei Safeknacken eher gelernt werden kann als Bankraub, weil Safeknacken mehr mechanische Elemente beinhaltet, Bankraub dagegen eher auf praktischer Erfahrung beruht. Aber auch offizielle, legale Kurse vermitteln Kriminalitätstechniken: Elektrikerkurse (für Alarmanlagen), Buchhaltung u.ä.

Während des Gefängnisaufenthaltes kann der Delinquent erkennen, daß der impulsive Lebensstil ihm nur Nachteile bringt. Er lernt, daß er seine Fähigkeiten „besser" einsetzen kann und erfolgreicher sein wird. Die delinquente Karriere nimmt also im Gefängnis formale Strukturen an! Dieser Prozeß der allmählichen Kriminalitätsentwicklung erfordert als Konsequenz, daß Maßnahmen zur Kriminalitätsvorbeugung schon in frühester Kindheit beginnen und die Familien einbezogen werden müssen. Wenn man Familien kriminalitätsgefährdeter Jugendlicher über angemessene Erziehungsmaßnahmen über Planung des täglichen Lebens aufklärte, sie sozial in die Gemeinschaft integrierte, ein freundliches, hilfsbereites Klima schuf, konnte man zumindest einige Jugendliche vor dem Kriminellwerden bewahren (Healy und Bronner, 1936).

Im Gegensatz zu landläufigen Meinungen ist eine streng religiöse Erziehung nicht unbedingt ein Faktor, der Kriminalität verhindert (Hartshorne und May, 1930; Gannon, 1970; s.a. den Fall Jürgen Bartsch!). Auch - und das zeigt die Untersuchung der Mafiafamilie - steht eine strenge Erziehung oder eine Sozialisation immer im Gegensatz zu dem Auftreten kriminellen Verhaltens. Gerade in solchen Familien herrscht strenge „Zucht und Ordnung" und eine strenge Orientierung an bestimmten Normen. Da diese Normen sich auf die Ordnung innerhalb der eigenen Gruppen beziehen und illegale, kriminelle Aktivitäten außerhalb der Gruppe gegen andere Teile der Gesellschaft gerichtet, damit durchaus vereinbar sind, ist trotz einer grundlegenden Sozialisation (in einer spezifischen Gruppe) kriminelles Verhalten damit durchaus vereinbar.

Aber selbst wenn keine derartige spezifische, sondern eine gesamtgesellschaftliche Sozialisation stattgefunden hat, kann unter dem Einfluß einer Bezugsgruppe (Freunde, Organisation, Firma) unmoralisches, illegales, kriminelles Verhalten von einem sozialisierten Erwachsenen auftreten. Ein derartiges, kriminelles Verhalten kann dann durchaus auch längerfristig in das Verhaltensrepertoire übernommen werden.

In diesen Fällen kann natürlich das Auftreten von Kriminalität nur verhindert werden, wenn die zwischenmenschlichen und sozialen Normen entsprechend kriminalitätsfrei sind und/oder kein sozialer Druck auf die sozialisierte Person ausgeübt wird. Dies betonte auch 1975 der damalige Präsident der USA Ford, angesichts des Falles des ehemaligen Vizepräsidenten Agnew (verurteilt wegen Steuerhinterziehung, Erpressung, Wucher, Bestechung), des Watergateskandals u.ä. Ford meinte, daß Kriminalität in höchsten Kreisen - ob in der Regierung oder im Geschäftsleben - ein negatives Beispiel biete, das es immer schwerer mache, eine gesetzestreue Haltung beim Bürger zu erzeugen (Yearbook 1976, S.169).

4.5 Die Kriminalitätstheorie von Eysenck

Nach Eysenck (1965, S. 260) ist das Gewissen eines Menschen - „dieses moralische Gesetz in uns" - einfach ein konditionierter Reflex auf gewisse Arten von Situationen und Handlungen und entstehe in der gleichen Weise wie phobische und neurotische Reaktionen. Eysenck betrachtet also die Sozialisation eines Kindes als Konditionierungsprozeß, bei dem das Kind durch Bestrafung lernt, bestimmte Verhaltensweisen nicht zu zeigen, die seine Eltern, Lehrer usw. als unerwünscht betrachten. Und weil Personen mit hohen Neurotizismus- und hohen Extraversion-Werten nach Eysencks Meinung am schlechtesten konditionierte Angstreaktionen erwerben, sollen sie am schlechtesten zu sozialisieren sein. Obwohl Eysenck in späteren Darstellungen noch eine weitere Dimension („Psychotizismus") hinzugefügt hat, sind damit grundlegende Thesen dargestellt.

Eysencks Theorie weist erhebliche theoretische und empirische Mängel auf:

(1) *Die physiologischen und genetischen Annahmen von Eysenck sind nicht gesichert.*

Eysenck überschätzt gewaltig den Einfluß von Erbanlagen auf die menschliche Persönlichkeit: „The truth, of course, is simply that the influence of parents is strictly limited; their major contribution to the future of their child is made when they join their chromosomes and shuffle their genes into the unique pattern that will forever after determine the looks, the behaviour, the personality and the intellect of the child. ... A person´s character and temperament are laid down by his genetic endowment; environments interacts with this, but in the ordinary course of events cannot do very much to change it" (Eysenck und Wilson, 1975, S. 22). „Persönlichkeitsfaktoren, weitgehend vererbt, sind hauptsächlich für antisoziales Verhalten verantwortlich, wobei möglicherweise zwischenfamiliäre Umweltfaktoren eine Rolle spielen, wenn auch anscheinend eine eher unbedeutende" (Eysenck, 1977, S. 259). Damit steht Eysenck im klaren Widerspruch zur psychologischen, genetischen und biologischen Realität. Denn schon bei weitgehend „instinktgeleiteten" Tieren kann eine veränderte Umwelt völlig entgegengesetzte Verhaltensentwicklungen erzeugen (Denenberg und Zarrow, 1970); wie unterschiedlich mögen da - unabhängig von der Erbanlage - die Entwicklungsmöglichkeiten eines Menschen sein, der dazu noch sein Verhalten durch innere Monologe steuern kann! Bezeichnenderweise wies gerade ein Genetiker, Dobzhansky (1973), auf derartig gewaltige Einflußmöglichkeiten durch Lernen hin!

Was bringt Eysenck nun als Beleg für die genetische Veranke-
rung antisozialen Verhaltens vor? Er zitiert (1977) ausführlich die
Zwillingsuntersuchung von Lange (1929) und die Adoptivstudie von
Crowe (1972), wobei er keineswegs die methodologischen Mängel
erwähnt und noch nicht einmal alternative, psychologische Erklärungen für die Daten berücksichtigt! Was die angebliche genetische Be-
dingtheit der Persönlichkeit betrifft, so zitiert er (1977, S.127)
Shields Fragebogenergebnisse von angeblich getrennt lebenden Zwillingen, wobei dessen Untersuchung z.b. unter dem Problem des
Stichprobenfehlers leidet (Zusammenstellung der Stichprobe nach
Aufruf über das Fernsehen) und darunter, daß zumindest einige der
angeblich „getrennt aufgewachsenen" Zwillinge in gleicher Umwelt
aufwuchsen, in die gleiche Klasse gingen u.ä. Wie aber andererseits
aus den Daten der Zwillingsuntersuchung von Canter (1973) hervorgeht, sind dort noch nicht einmal die Mindestanforderungen für die
Existenz von Erbanlagen vorhanden: EZ und ZZ unterscheiden sich
nicht, und sogar bei den EZ, die doch gleiche Erbanlagen haben, gibt
es nur schwache Korrelationen zwischen den Extraversionswerten der
eineiigen Zwillinge, aber auch zwischen den Neurotizismuswerten.
Und dies, obwohl Eysencks EPI Fragebogen benutzt wurde!

Korrelationen des EPI (Canter, 1973)

	Eineiige Zwillinge	Zweieiige Zwillinge
Extraversion	+ 0,37	+ 0,23
Neurotizismus	+ 0,34	+ 0,28
Zahl der Paare	40	45

Was die physiologischen Thesen von Eysenck und die unterschiedliche Konditionierbarkeit von Extravertierten/Introvertierten anbelangt, so gibt es hier Daten, die im Widerspruch zu Eysencks Theorie
stehen (s. z.B. Passingham/Nebylitsin und Gray, 1972). Eine kritische Analyse der biologischen und physiologischen Thesen von
Eysenck, auch aus medizinischer Sicht, findet man z.B. in Legewie
(1968).

(2) *Die grundlegende These seiner Kriminalitätstheorie wird überhaupt
nicht untersucht und belegt.*
    Eysencks Kriminalitätstheorie bezieht sich auf die Sozialisation
von Kindern; dies wird aber nicht direkt von ihm untersucht. Er stützt
sich vorwiegend auf Konditionierungsexperimente mit Erwachsenen
und bei Gefängnisinsassen gefundene Fragebogenwerte für Extraversion und Introversion. Als einzige Belege für Sozialisationseffekte zitiert Eysenck (1965, 1977) seitenlang ein Experiment, bei dem Hun-
debabies immer dann einen Schlag mit einer zusammengerollten Zei-

tung erhielten, wenn sie verbotenerweise an Fleisch gingen. Dadurch erwarben sie Vermeidungsverhalten. Was aber beweisen derartige von Eysenck zitierte Experimente mit Hunden, Fischen, Ratten? Trasler (1978) weist treffend darauf hin, daß sich Menschen und Tiere hinsichtlich der Reaktionen auf Bestrafungen erheblich unterscheiden. Bei Tieren spielt die Stärke der Bestrafung eine entscheidende Rolle: Bei Labortieren erzeugte nur eine strenge Bestrafung eine länger andauernde Hemmung. Andererseits erzeugte eine milde Bestrafung oft ein paradoxes Anwachsen in der Stärke der bestraften Aktivitäten. Dagegen sind beim Menschen die Beziehungen zwischen Stärke der Bestrafung und der Hemmung genau umgekehrt. Auch wirken beim Menschen Bestrafungen nur in einem warmen Klima und wenn gleichzeitig das Fehlverhalten kognitiv strukturiert wird (Parke, 1972). Dagegen wird beim Menschen durch harte körperliche Bestrafung aggressives und antisoziales Verhalten überhaupt erst erzeugt (Welsh, 1976).

(3) *Die Konditionierungsexperimente vermitteln keine Erklärung für das Entstehen von Kriminalität.*

Was besagen überhaupt die zitierten Konditionierungsexperimente mit Menschen? Welche Beziehungen bestehen zwischen dem Konditionieren von einfachen, aber sozial irrelevanten Verhaltensweisen wie Lidschlagreflex, galvanischer Hautreflex, Speichelfluß und dem Auftreten krimineller Verhaltensweisen? (s. auch Kritik „Psychopathieforschung"). Und viele kriminelle Phänomene kann man mit Eysencks Theorie nicht hinreichend erklären, z.B. die Existenz sozial angepaßter Täter (s. Wirtschaftskriminalität, organisiertes Verbrechen u.ä.).

Fragebogenergebnisse von Gefängnisinsassen leiden zumeist unter verschiedenen methodologischen Problemen, z.B.

- stellen Gefängnisinsassen keine repräsentative Gruppe von Personen dar, die kriminelle Delikte begehen. Eysencks Meinung (Eysenck und Eysenck, 1978), daß zwar ein Delikt unentdeckt bleiben kann, aber die Wahrscheinlichkeit des Entdecktwerdens steigt, je mehr Delikte der Täter begeht, scheint plausibel zu sein, ist aber falsch. Denn wie vorher gezeigt wurde, ist die Wahrscheinlichkeit des Entdecktwerdens für Personen aus allen sozialen Schichten und für alle Delikte nicht gleich. Wie häufig sind z.B. Wirtschaftskriminelle in solchen Gefängnispopulationen vertreten?!
- Viele Untersuchungen zu Eysencks Kriminaltheorie leiden unter dem Mangel an angemessenen Kontrollgruppen (s. z.B. Passingham, 1972, S. 356).

- Bei Gefängnisinsassen ist auch unklar, inwieweit Fragebogenergebnisse den Einfluß des Gefängnisaufenthaltes beinhalten (s.
  Eysenck, 1977, S.173).
- Wie stabil sind derartige Fragebogenwerte überhaupt? Wie Gale
  (1973) berichtete, wurden einige extreme Introvertierte zu Extra-
  vertierten und umgekehrt.

Selbst wenn man die Eysenckschen Fragebögen zur Untersuchung heranzieht, stehen manche Ergebnisse im klaren Widerspruch
zu der Kriminalitätstheorie von Eysenck. Dies zeigen verschiedene
Untersuchungen (s. Passingham, 1972; Feldman, 1977). Besonders
der Zusammenhang zwischen der Extraversion und Kriminalität ist
zweifelhaft (s. Feldman, 1977).

(4) *Gewissen ist im Gegensatz zu der Meinung von Eysenck keine konditionierte Angstreaktion von gewissen Typen von Situationen und
Handlungen! Eysencks Theorie erklärt nicht das Entstehen prosozialen Verhaltens.*

Viele Menschen begehen deshalb keine Delikte wie Mord, Raub,
Überfall, Vergewaltigung usw., weil sie kein Motiv dazu haben, aber
nicht deshalb, weil sie früher als Kinder erleben mußten, daß sie für
derartiges Verhalten bestraft wurden. Andererseits begehen Menschen Delikte wie Wirtschaftskriminalität, Subventionsschwindel
usw. doch nicht deshalb, weil ihre Eltern versäumten, bei ihnen bezüglich dieser Verhaltensweisen Vermeidungsverhalten zu konditionieren. Derartige kriminelle Verhaltensweisen sind überhaupt nicht
im Verhaltensrepertoire von Kindern vorhanden. Außerdem handeln
viele Menschen aktiv, wenn sie gemäß ihrem Gewissen handeln, z.B.
Personen, die Juden retteten (London, 1970), aber nicht wegen einer
konditionierten Angstreaktion (s.a. Guillaumet, Kap. IV, 2.5.1)!
Durch seine These von der „autonomen Reaktion" als „Gewissen"
kommt Eysenck (1977, S. 148) auch in Widerspruch zu kriminellen
Phänomenen. Er bringt dort z.B. einen fiktiven Fall eines Jugendlichen, „der einigermaßen streng erzogen wurde und der sehr starke
autonome Reaktionen gegenüber dem Gedanken an offene sexuelle
Beziehungen entwickelt hat. ... (Die autonome Reaktion) wirkt daher
als ein mächtiges Abschreckungsmittel, lang bevor er Gelegenheit
hat, der unmoralischen und antisozialen Handlung, die er vorhat, zu
frönen" (S. 148). Tatsächlich zeigt aber die kriminalistische Realität
immer wieder, daß gerade derart prüde erzogene, gehemmte Personen
sexuelle Delikte begehen, nicht trotz, sondern wegen der strengen,
sexualfeindlichen Erziehung!

VII. Kriminalpsychologische Aspekte verschiedener Delikte

1. Aggression und Vandalismus

1.1 Definitionen

Zunächst muß eine Unterscheidung gemäß der Ursachen aggressiver Verhaltensweisen vorgenommen werden, nämlich zwischen „zorniger" und „instrumenteller" Aggression (Buss, 1972).

„Zornige" Aggression: Die Aggression wird von Gefühlen wie Zorn, Wut, Ärger ausgelöst und begleitet.

„Instrumentelle" Aggression: Die Aggression ist nur Mittel zum Zweck. Sie dient dazu, ein bestimmtes Ziel zu erreichen. Motive können dabei sein: Geld, Macht, Prestige, Angst usw.

Diese Unterscheidung ist wichtig für das Verstehen krimineller Taten. Ein Affektmord ist z.B. eine zornige Aggression; der bezahlte Killer dagegen begeht eine instrumentelle Aggression, denn er tötet ja nicht, weil er sein Opfer haßt, sondern weil er dafür bezahlt wird! Das gleiche Phänomen tritt z.B. auch bei der Brandstiftung auf. Der eine Täter zündet Gebäude an, um sich an deren Besitzer zu rächen (zornige Aggression), der andere legt Feuer, um seine Spuren zu verwischen oder um einen Versicherungsbetrug zu begehen (instrumentelle Aggression). Man sieht also, Brandstiftung, Morde usw. sind keine einheitlichen Delikte, sie werden durch verschiedene Motive ausgelöst.

Aus theoretischen Gründen ist es auch notwendig, bei der „zornigen" Aggression zwischen den einzelnen Stadien des Handlungsablaufs zu unterscheiden (s.a. BASIC ID):

Gefühl   = Ärger, Wut, Zorn
Motiv, Bedürfnis, anderen Menschen Schaden zuzufügen
          = Aggressivität
Handlung = Aggression

Diese Unterscheidung ist aus zwei Gründen wichtig:

(a) Es wird schon hier angedeutet daß sich nicht unbedingt aus einer Frustration und dem Gefühl der Wut auch unbedingt eine aggressive Handlung ergeben muß, wenn bestimmte Einflußgrößen während des Handlungsablaufs auftauchen.

(b) Es wird deutlich, daß es aus sprachlichen und theoretischen Gründen falsch ist, von „Aggressionsabbau" zu reden, wenn man sein Aktivitätsniveau verringert (s. BASIC ID). Dies führt zu den Theorien über den Ursprung der Aggression.

1.2 Theorien über den Ursprung von Aggression und Gewalt

1.2.1 Die Frustrations-Aggressionstheorie

Eine Frustration entsteht, wenn ein Lebewesen in seinem Bestreben gehindert wird, ein Motivziel zu erreichen oder ein Motiv zu befriedigen, z.b. ein Kind, dem die Mutter ein Bonbon verweigert. Einer Frustration muß aber nicht unbedingt eine aggressive Handlung folgen. Einige Faktoren hemmen (Einfühlung in die andere Person, Verständnis für sie; Angst vor Strafe oder Vergeltung; Sichtkontakt), andere fördern (aggressive Hinweisreize wie Wörter, Filme, Waffen; Alkohol; Hitze; zu geringe persönliche Distanz; Anonymität usw.) nach einer Frustration den aggressiven Handlungsablauf. Dies verdeutlicht ein Flußdiagramm (Füllgrabe, 1979b, S. 205).

Man kann also feststellen, daß Aggression auf eine Frustration folgen *kann*, aber nicht muß, nämlich dann nicht, wenn eine Person andere Reaktionsweisen, z.b. konstruktives Verhalten als Reaktion auf eine Frustration, gelernt hat. Warum folgt aber so oft aggressives Verhalten auf eine Frustration? Weil es komplizierter ist, auf eine Frustration mit konstruktivem Verhalten zu reagieren, als mit einer Aggression! Zu einer aggressiven Handlung benötigt man weder große Intelligenz noch spezielle Fähigkeiten.

1.2.2 Aggression als gelerntes Verhalten

Jedes Kind lernt, ob, wann, wie, wo, gegen wen es aggressiv sein darf. Verständlich ist, daß etwa Kinder aus der Unterschicht mehr Aggression zeigen als Kinder aus der Mittelschicht. Deutlich wird dies an den amerikanischen Slums: Dort hat nur der Erfolg, der gewalttätig ist. Wer gelernt hat, in einer solchen Umgebung durch Aggression zu überleben, wird Aggressivität als Persönlichkeitsmerkmal besitzen.

Wie wird aggressives Verhalten gelernt? Durch (a) Beobachtungslernen, (b) Bekräftigungslernen (Lernen am Erfolg).

1.2.3 Die Aggressionstriebtheorie

Diese Theorie besagt: Aggression ist ein Trieb wie Hunger und Durst. Sie ist heute wissenschaftlich nicht mehr haltbar. Zwar scheint die große Zahl von Kriegen und Grausamkeiten in der Geschichte der Menschheit ein Beweis für die Existenz eines Triebes zu sein, der sich andauernd offenbart. Wer jedoch Kriege und Kriminalität genauer analysiert, wird feststellen, daß hier zumeist instrumentelle Aggressionen geschehen: Der 30jährige Krieg hatte zunächst religiöse, später politische Gründe, Kriege des 18. Jahrhunderts waren meist durch den Wunsch nach Vergrößerung des Staatsgebietes und des Machtzuwachses motiviert. Auch Ausschreitungen beim Sport werden nicht durch einen Trieb ausgelöst. Wenn ein Sportler einen anderen beim Fußball foult, dann doch vor allem deswegen, weil er verhindern will, daß die gegnerische Mannschaft gewinnt und er dann keine Siegesprämie erhält!

Aber auch die „zornige" Aggression wird nicht durch einen Trieb bedingt. Zwar kann man bei der Reizung bestimmter Gehirnteile aggressives Verhalten beobachten, aber nur dann, wenn ein aggressiver Reiz in der Umgebung war, bei anderen Reizsituationen wurde z.b. sexuelles bzw. neugieriges Verhalten ausgelöst (s. z.B. Valenstein, 1979; Selg u.a., 1971). Dies zeigt deutlich, daß bei solchen medizinischen und physiologischen Experimenten eine unspezifische emotionale Erregung erzeugt wird, die auch (in einigen Fällen) die Grundlage „zorniger" Aggression sein kann (nicht sein muß!). Im Gehirn ist also kein „Aggressionstrieb" verankert, sondern lediglich die biologische Grundlage zorniger Gefühle; ohne diese biologische Grundlage könnte sich kein Mensch mehr ärgern, zornig werden.

1.2.4 Vergleich der Aggressionstheorien

Die Frustrations-Aggressionstheorie und die lerntheoretische Betrachtungsweise der Gewaltentstehung widersprechen sich nicht, sondern ergänzen sich gut. Mit diesen beiden Theorien unvereinbar ist dagegen die These vom Aggressionstrieb.

Während die Aggressionstriebtheorie von der These ausgeht, im Körper des Menschen baue sich im Laufe der Zeit, unabhängig von der Umwelt, allmählich aggressive Energie auf, die dann auf ihrem Höhepunkt nur noch durch ein äußeres Ereignis entladen werde, besagt die Frustrationstheorie das genaue Gegenteil. Denn mit der Frustrationstheorie ist die Tatsache vereinbar, daß sich nach einem äußeren Ereignis überhaupt erst im Körper physiologische Prozesse abspielen. Erst nach einem als Frustration gedeuteten und empfundenen Ereignis wird das Gehirn aktiviert, Hormone (z.B. Adrenalin) werden ausgeschüttet, und dadurch wird ein Erregungszustand bewirkt und das Aktivitätsniveau erhöht (also noch keineswegs aggressives Verhalten ausgelöst). Durch Schreien, auf den Tisch hauen, Holzhacken oder ähnliche Handlungen können sich das *Aktivitätsniveau* und der *Erregungszustand* verringern. Dieses Phänomen hat zu der irrigen Meinung geführt, man könne durch derartige Aktivitäten „den Aggressionstrieb abbauen". Deshalb empfiehlt ja auch Lorenz (1963), den „periodisch auftretenden Aggressionstrieb"

„konstruktiv abzubauen", ein Irrtum, der durch Krawalle auf den Fußballplätzen, Fouls von Spielern beim Fußball, Eishockey usw. längst widerlegt worden ist.

Wäre Aggression tatsächlich ein Trieb wie Hunger oder Durst, so dürfte er sich bei einem Menschen nicht steigern, wie ja auch der Hunger abnimmt, sobald man zu essen begonnen hat, aber nicht stärker wird. Tatsächlich zeigen aber Untersuchungen, daß z.B. beim Sport sich am Ende des Spiels die aggressiven Handlungen häufen, besonders wenn das Spiel auf der Kippe steht und beide Mannschaften noch gewinnen könnten. Gemäß der Triebtheorie dürfte dieses Phänomen nicht auftreten, weil ja gegen Ende eines Spiels das „Aggressionspotential", das „Aggressionsreservoir", schon längst erschöpft sein müßte (s. z.B. Pilz und Moesch, 1975). Wie gefährlich aber die These ist, man müsse doch (gemäß der Triebtheorie) Kinder und Jugendliche ihre „Aggression ausleben" lassen, beweist eindringlich das Beispiel der Rocker, deren Aggressivität und Bösartigkeit durch Bekräftigungslernen im Laufe der Zeit immer stärker wird. Wolf und Wolter (1974, S. 58) zeigen dies anschaulich:

Phasen	Auffälligkeiten	Zeitfaktor
1. Phase Anfangsphase	Lärmen	t = 3
	Ruhestörungen	
2. Phase Übergangsphase	Verbale Aggressionen	t = 2
	Sachbeschädigungen	
3. Phase Kriminelle Phase	Hausfriedensbruch	t = 1
	Körperverletzungen	
	Landfriedensbruch	
4. Phase Terror-Phase	Schwere und gefährliche	t = 3
	Körperverletzungen	
	Erpressung, Raub etc.	

Erklärung: t = 3 bedeutet, daß in dieser Phase die Phasendauer mit drei Zeiteinheiten angesetzt worden ist. Relational bedeutet dann t = 2 eine Verkürzung der Zeitdauer um 1/3.

„Die Übersicht zeigt zweierlei: a) Mit der anhaltenden zeitlichen Existenz der Rockergruppierung steigen auch die Delikte, und zwar hinsichtlich ihrer Häufigkeit und Extensität (was das obige Schema nicht ausweist), als auch hinsichtlich der Verlagerung von relativ leichten zu immer schwereren Delikten; b) Die Anfangsphase dauert am längsten" (S. 58).

Zuerst waren die Rocker „ängstlich und erheblich unsicher, fürchteten offensichtlich Gegenmaßnahmen. Als diese ausblieben, änderte sich sehr bald auch das jeweilige psychische Bild. Die Autoren behaupten, in der Anfangsphase und noch in der ersten Periode der Übergangsphase wäre es möglich gewesen, mit simplen Polizei- und Erziehungsmaßnahmen die Entwicklung zu stoppen, aber die übergeordneten Funktionäre der Jugend- und Innenbehörde wollten „fortschrittlich" sein. So entwikkelte sich bei den Rockern sehr bald ein sich steigerndes Selbstbewußtsein und ein sich immer mehr verstärkendes terroristisches Selbstverständnis" (S. 59).

1.3 Individuelle Unterschiede

In Phoenix (USA) stach ein Junge 34 mal mit einem Fleischermesser auf seinen Bruder ein. Alle, die den Täter kannten, beschrieben ihn als einen äußerst höflichen und sanften Jungen, ohne aggressives Verhalten in seiner Lebensgeschichte. Megargee (1972) unterscheidet deshalb zwei „Persönlichkeitstypen", die in antisoziale Aggressionen verwickelt sind: den unterkontrollierten Aggressiven und den überkontrollierten Aggressiven.

Der erste „Typ" kann jederzeit aggressives Verhalten, gleich welcher Intensität, zeigen, je nachdem, ob aggressionsauslösende Reize in der Umgebung sind oder nicht. Der zweite „Typ" hemmt aggressive Verhaltensweisen sogar dann, wenn sie in einer provozierenden Situation „normal" und verständlich wären, bis sie in einer extrem aggressiven Reaktion zum Vorschein kommen, so daß das Leben des Opfers bedroht wird.

Der unterkontrollierte Aggressive ist leicht zu erkennen: Sein ganzes Leben zeigt wiederholte Aggressionen und Gewalt, und man kann vorhersagen, daß dieses Verhalten auch in der Zukunft auftreten wird.

Der überkontrollierte Aggressive ist wegen seines scheinbar friedfertigen Wesens schwerer zu entdecken. Selbst wenn man merkt, daß ein Mensch übermäßig kontrolliert ist, besteht die Frage, ob er potentiell gefährlich oder harmlos ist. Die Prognose ist schwierig, weil die Frage, ob die Aggression ausgelöst wird, von situativen Reizen und Frustrationen abhängt. Doch kann man in der Lebensgeschichte meist verschiedene Anzeichen für potentielle Gewalttätigkeit finden. Ein solches Zeichen ist z.B. die **Beschäftigung mit Gewalttätigkeit in der Phantasie** u.ä.

Der 11jährige Junge, der seinen Bruder erstach, zeichnete Bildergeschichten für seine Schülerzeitschrift. In einer seiner Bildergeschichten gab es einen Helden, der Fechtstunden nahm und seinen Lehrer zu Tode stach. Ein Junge, der seine Eltern aus dem Hinterhalt erschoß, hatte einige Monate vorher daran gedacht, eine Novelle zu schreiben, über einen Jungen, der solchen Abscheu vor seinen Eltern entwickelte, daß er sie tötete. Bezeichnenderweise hat auch der Serienmörder Bartsch, der starken Sadismus bei seinen Taten zeigte, sich die Ausführung der Zerstückelung seiner Opfer vorher in allen Details in der Phantasie vorgestellt.

Serienmörder kann man oft als typische Überkontrollierte bezeichnen. Sie leben meist brav und bieder, geachtet von ihrer Umwelt und von ihren Nachbarn als extrem freundlich, hilfsbereit, unterwürfig usw. geschildert. Gerade dieses extreme „Zu-Gut-Sein" ist oft ein typisches Symptom des Überkontrollierten. Aber gelegentlich, dann explosionsartig, kommt es zu gewaltigen aggressiven Ausbrüchen, meistens in sadistischer Art und Weise. Die Beobachtung solcher **spontanen gewaltigen Aggressionen bei gleichzeitiger extremer Freundlichkeit und mangelnder Durchsetzungsfähigkeit** scheint **ein wesentliches Indiz für die Entdeckung von überkontrollierten Personen zu sein.**

Sehr differenziert schilderte Toch (1969) die Kognitionen gewaltbereiter Personen (s. Kap. I, 2.6).

1.4 Vandalismus

1.4.1 Was ist Vandalismus?

Häufig berichten Zeitungen über sinnlose Zerstörungen: Parkbänke werden zerstört, Grabsteine auf Friedhöfen umgestürzt, Fensterscheiben eingeworfen, Telefonzellen zerstört und die Telefonschnüre herausgerissen. Nachts kommt es in Schulen zu Einbrüchen, deren einziges Ziel es ist, die Schulbänke umzuwerfen, Schulbücher zu zerfetzen, die Wände zu beschmieren und das ganze Klassenzimmer zu verwüsten. Tiere werden gequält (s. z.B. Pferderipper). Solche und ähnliche, scheinbar motivlose Gewalttätigkeiten bezeichnet man als Vandalismus. Davon zu unterscheiden sind Verwüstungen, durch die man sich an einer bestimmten Person rächen will oder die bei einem Einbruch o.ä. passieren. Andere Verwüstungen haben ideologische oder taktische Motivierung (z.B. Gefangene verwüsten ihre Zellen, um auf die Zustände im Gefängnis aufmerksam zu machen).

Ob eine Tat als Vandalismus, Sabotage oder grober Unfug usw. bewertet wird, ist abhängig von dem vorherrschenden sozialen und politischen Klima, der Umgebung, in der die Tat stattfand, der Enge der Beziehung zwischen dem Täter und den Personen in einflußreichen Positionen, die das destruktive Verhalten als „groben Unfug" oder „Vandalismus" bewerten (Zimbardo, 1970). So ist es beispielsweise schon eine Tradition in den westlichen Staaten der USA, daß Studenten nach ihrem Examen „Dampf ablassen". Bei solchen Gelegenheiten zertrümmern sie regelmäßig Schulmöbel und bewerfen sich im Café mit Torten. Die einzigen Konsequenzen dieser Zerstörungen sind, daß sie die Räume wieder säubern und die Reparaturkosten bezahlen müssen. Im Kontrast dazu zitiert Zimbardo als Beispiel das Einwerfen von Fensterscheiben auf dem Universitätsgelände. Diese Tat wird dann als bösartig bezeichnet, wenn sie als Protest radikaler Studenten anzusehen ist, und sie wird viel strenger verfolgt, obwohl das Ausmaß des Sachschadens genau so groß ist wie an einem Examensabend und geringer als der, welcher an den Fenstern der öffentlichen Schulen jeder größeren Stadt angerichtet wird.

1.4.2 Ursachen des Vandalismus

Warum kann man häufig feststellen, daß sinnlose Zerstörungen vorwiegend von bestimmten Personengruppen (z.B. Personen aus der sozialen Unterschicht, aber auch Jugendlichen aus sogenannten „besseren Kreisen"!) verübt werden? Warum zeigen nicht alle Menschen Vandalismus? Betrachten wir dazu einmal die Umwelt und die Lebensbedingungen vieler Jugendlicher:
- monotone Wohnlandschaft (Betonsilos, in der Umgebung „ist nichts los" u. ä.).
- monotoner Arbeitsplatz oder Arbeitslosigkeit (man lungert rum).
- Statusprobleme als Jugendlicher, damit verbunden: Unsicherheit
- mangelnde Zukunftsperspektive

Je mehr diese und ähnliche Faktoren negativer Art im Leben des Jugendlichen vorkommen, desto eher treten Gefühle auf, die gemäß der These von Mehrabian (1978) gekennzeichnet sind durch:
- Nichterregung (Langeweile)
- Unterordnung (Gefühl der Machtlosigkeit; Gefühl nicht mehr „seines Glückes Schmied" zu sein)
- Unlust

Derartige Gefühlszustände sind unbefriedigend und unangenehm. Wie kann man sie aber ändern?

Man könnte natürlich seine Lebensumstände und seine Situation radikal ändern, z.B. in eine bessere, anregendere Wohngegend ziehen, sich einen abwechslungsreicheren Arbeitsplatz suchen, sich mit geistigen Dingen beschäftigen (s. Logotherapie; Lukas 1991, 1994).

Aber den meisten Menschen stehen diese Möglichkeiten nicht offen. Für sie gibt es eine Reihe anderer, zumeist sozial weniger akzeptabler Versuche zur Lösung ihres Problems:

Alkohol

Alkohol wirkt als Aufputschmittel, er steigert die Erregung (in größeren Mengen dämpft er jedoch die Erregung) und verstärkt Selbstwert- und Lustgefühle. „Diese Zunahme an Selbstwertgefühlen und der damit einhergehende Verlust von Hemmungen ermöglicht den Leuten, bei der Anpassung ihrer Umwelt an ihre Bedürfnisse ungezwungener vorzugehen... Die Menschen haben dabei - ohne Rücksicht darauf, wie die tatsächlichen Umstände beschaffen sind - das Gefühl, daß sie die Situation unter Kontrolle haben, daß sie einflußreich und wichtig oder zumindest für ihre Handlungen nicht verantwortlich sind." (Mehrabian, 1978, S. 37).

Rauschgift

Aufsuchen oder Schaffung einer reizintensiven Umwelt (in der „was los ist")

Diskotheken (laute, rhythmische Musik); Kino (bezeichnend hierbei der Begriff „Thriller"); Sport mit „Action" (Fußball, Catchen); Geschwindigkeitsrausch mit Auto oder Motorrad; Bungee-Springen (mit Seil am Bein von hohen Gebäuden, Brücken, Baukränen), S-Bahn-Surfen u. a. Tätigkeiten, mit denen man sich einen „Kick" zu verschaffen versucht.

Identifikation

Durch die Identifikation mit einer mächtigen, angesehenen, erfolgreichen Person oder Institution (Filmstar, „Guru", Fußballclub, politische Organisation o.ä.) versucht man etwas von deren Ansehen und Macht zu erlangen. Dadurch verliert man auch das unangenehme Gefühl, einflußlos und bedeutungslos zu sein, und Erfolge und Mißerfolge des Vereins werden zu Erfolgen und Mißerfolgen der eigenen Person.

Aggression

Es gibt noch einen Weg, um Machtlosigkeit und Schwäche in Macht und Stärke zu verwandeln: **Durch eigene Aggression erzeugt man bei anderen Menschen Angst und gewinnt dadurch an Ansehen.** Alleine durch diese Taktik wird z. B. von Rockern oder Skinheads ihr Image der Gefährlichkeit geformt.

Gleichgültig, ob direkt gegenüber anderen Menschen oder gegenüber Gegenständen (wie beim Vandalismus), wer aggressiv handelt, kann das Gefühl der Unterordnung und Hilflosigkeit in das Gefühl der Dominanz, das der Unlust in Lust (angenehme Gefühlszustände) und ein geringes in ein hohes Aktivitätsniveau verwandeln. Handelt jemand aus Wut, also z. B. wegen einer Beleidigung aggressiv, so ist natürlich das Aktivitätsniveau von Anfang an hoch.

Wichtig ist jetzt die Feststellung, daß eine unberechenbare, unvorhersagbare aggressive Handlung wirkungsvoller ist als eine verständliche, „erklärbare", „voraussehbare" Aggression, z.B. aus Rache. Das Wort „wirkungsvoller" bedeutet, daß eine derartige Gewalttat in der Öffentlichkeit viel mehr Aufsehen erregt und für den Täter befriedigender ist als eine verständliche Tat.

Der deutsche Serienmörder Kürten begab sich öfter an den Tatort seiner Verbrechen und genoß die Erregung unter der Bevölkerung, die Empörungen und die Verwünschungen des Täters. Und bei einer seiner Brandstiftungen genoß er „diese Aufregung, Spektakel, Geschrei, ... Angstgefühle (der Leute), die großen Feuerflammen, heller Schein, die Entrüstungen nachher, wenn die Polizei kam - in manchen Fällen sogar der Polizeipräsident" (Lenk und Kaever, 1974, S. 186).

Gewalt gegen Personen und Vandalismus gegen Eigentum ist eine psychologische Reaktion, um ein negatives Lebensgefühl in Erregung zu verwandeln und Lust daraus zu gewinnen, daß man ein **soziales Tabu** verletzt. Die tieferliegende Motivation von Delikten wie sadistisches Morden, Vandalismus und Telefonterror ist also, eine Bestätigung dafür zu erhalten, daß auch machtlose Menschen, die sonst von mächtigen Institutionen und Mächten kontrolliert werden, von Zeit zu Zeit aus ihrer Ohnmacht entfliehen, rebellieren und auch ihre Umwelt - wenigstens zeitweise - kontrollieren können. Der Grund dafür ist: Eine solche Person erregt mehr Aufsehen, ist bekannter (als Täter, nicht unbedingt vom Namen her) und wird mehr gefürchtet wegen ihres ungewöhnlichen, unberechenbaren Verhaltens als eine Person, deren Verhalten vorhersehbar ist und die sich sozial angepaßt verhält. Denn in jeder Gesellschaft vereinfachen Regeln und sinnvolle Konventionen das menschliche Zusammenleben und verhindern ein Chaos, weil sie das Verhalten der Menschen koordinieren und vorhersehbar machen; die Personen vermögen sich leichter aufeinander einzustellen. Eine Person, die sich nicht an die Regeln hält und anders verhält als erwartet, erzeugt bei den Mitmenschen Verwirrung, Unsicherheit und Angst - da die soziale Interaktion gestört ist.

Der Soziologe Yablonski zitiert dazu einen Mann, dessen Worte deutlich zeigen, daß er durch eine antisoziale, aggressive Handlung Prestige und Ansehen in der Gesellschaft erlangen wollte - und sei es nur durch die Erzeugung von Angst: „Wenn ich das Messer gehabt hätte, hätte ich ihn erstochen. Das hätte meine Person ganz schön aufgebaut. Die Leute hätten mich dafür respektiert. Sie hätten gesagt: Dort geht ein eiskalter Killer. Das gibt dir ein erhabenes Gefühl, als hättest du dich voll Rauschgift gepumpt. Dann fühlst du dich als der Größte, und man glaubt, daß man die Macht hat, alles zu tun. Man sagt dann Dinge wie: „Ich möchte irgendjemand umbringen", während andere Leute sagen würden: „Oh, ich würde mich dazu nicht trauen."(Zimbardo, 1970)

Man kann also feststellen: Auch eine scheinbar sinnlose Gewalttätigkeit besitzt ein Motiv. Yablonski formuliert es treffend: „Durch den Akt einer unvorhersehbaren Gewalt findet die Person einen fast magischen Weg, um Macht und Prestige zu erlangen. Und in einem einzigen Akt beweist sie sich ihre eigene Bedeutung und Existenz und beeindruckt andere Menschen mit der Gewichtigkeit ihrer Existenz."(Zimbardo, 1970)

Im zwischenmenschlichen Bereich kann aggressives Verhalten als Taktik eingesetzt werden, um andere Menschen einzuschüchtern. Worin besteht aber die Befriedigung, der „Lustgewinn" aus der sinnlosen Zerstörung von Gegenständen, bei der die Täter sogar unerkannt bleiben? Um diese Frage zu beantworten, muß man zunächst darauf hinweisen, daß im Gegensatz zu einer populären Behauptung („Aggressionsabbau") durch aggressives Handeln Aggression keineswegs „abgebaut" wird, sondern im Gegenteil die Zahl und Intensität der Aggressionen noch erheblich wächst! Dies untersuchte z.b. Zimbardo (1969) unter dem Begriff „Entpersönlichung", womit er aussagen will, daß die Person sich unter bestimmten situativen Bedingungen von den Verhaltensweisen des Alltags trennt und impulsives, enthemmtes Verhalten zeigt. Die Gründe für diese Intensivierung der Aggression sind folgende: Normalerweise wird die Person durch zahlreiche soziale Faktoren beeinflußt, und sie selbst beeinflußt ihre Umwelt. Diese wechselseitigen Beeinflussungen kann man als kybernetische Regelkreise ansehen. Bei der Entpersönlichung gibt es nur einen einzigen Regelkreis, und zwar den zwischen dem Verhalten der Person und ihren durch dieses Verhalten ausgelösten Sinnesreizen. Sinnesreize und Verhalten verstärken sich gegenseitig (Füllgrabe, 1979c):

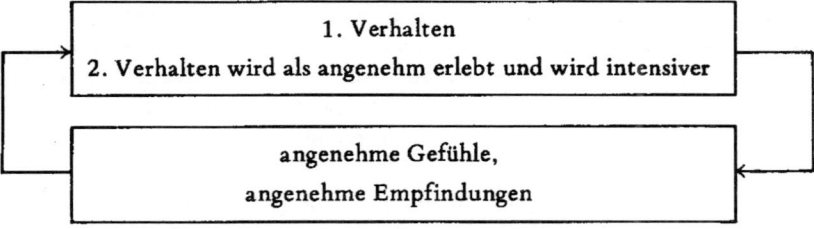

Man kann diesen emotionalen Regelkreis an negativen Emotionen wie der Angst verdeutlichen. Jemand merkt bei einer Prüfung, daß er die Aufgaben nicht lösen kann, wird dadurch noch ängstlicher, nervöser. Das verstärkt und steigert seine ängstlichen Gefühle, die wiederum sein Verhalten negativ beeinflussen usw. Als Endeffekt hat man das, was der Wissenschaftler „affektive Denkhemmung" nennt; der Laie sagt es unpräziser: „Der Prüfling hat durchgedreht."

Regelkreis-Beispiel: Panik, Angst

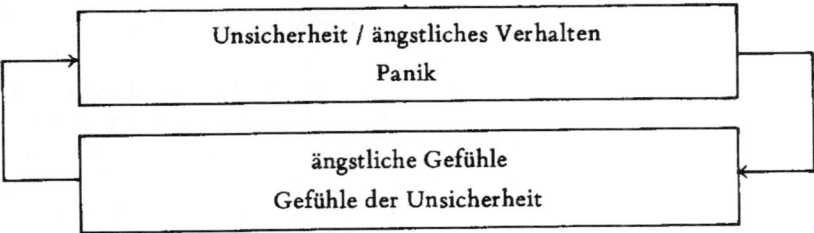

Für alle emotionalen Regelkreise gilt: Besonders wirksam und emotional erregend wirkt die Tatsache, daß das Verhalten nur von diesem emotionalen Regelkreis gesteuert wird, der nicht, wie sonst, durch viele Regelkreise und kognitive Prozesse beeinflußt, gehemmt und gestört wird (Zimbardo, 1969). Deshalb wird das Verhalten auch so intensiv erlebt. Das dabei auftretende angenehme Gefühl verstärkt den Regelkreis. Sobald er in Bewegung gesetzt ist, werden die Reaktionen, die Handlungen in immer kürzeren Abständen aufeinander folgen, und zwar mit größerer Intensität und Energie. Dieses Prinzip erklärt, warum sich bei gewissen Personen die Aggression bei einer Handlung steigert, wenn erst einmal die Hemmungen gefallen sind. Sobald eine gehemmte Person einmal begonnen hat, aggressiv zu handeln, und sie merkt, daß sie dafür nicht bestraft wird, wirkt dies als Bekräftigung, sie empfindet ein Gefühl der Erleichterung und Freude. Sie fühlt auch, daß sie nicht mehr wie sonst untergeordnet und machtlos ist; im Gegenteil, sie fühlt jetzt, daß sie die Situation beherrscht. Auch dieses berauschende Gefühl der Macht wirkt bekräftigend. Diese angenehmen Gefühle verlangen - wie bei einem Rauschmittel - eine immer stärker werdende Dosis, die Aggression wird intensiver und steigert sich bis zur Raserei. Dieses Aufschaukeln der Gefühle wird häufig, besonders bei Straftätern, die „Sexualmorde" begehen, mit dem Hervorbrechen eines versteckten starken Triebes verwechselt.

Fazit meiner Theorie zur Entstehung von Vandalismus und anderer scheinbar motivloser Taten: Durch Aggression kann eine Person Unlust in Lust, Unterordnung in Dominanz und ein geringes in ein hohes Aktivitätsniveau verwandeln!

1.4.3 Anonymität und Erregungszustand als Auslöser des Vandalismus

Um Handlungen von zerstörerischem Vandalismus auszulösen, ist das Gefühl der Anonymität ausschlaggebend, das z.B. durch das Leben in einer großen Stadt wie New York vermittelt wird.

Hinzu müssen einige auslösende Reize (z.B. fehlende Nummernschilder bei Autos) kommen. Besteht die soziale Anonymität nicht, (wie z.B. in einer Kleinstadt) bedarf es, wenn es zum Vandalismus kommen soll, schon stärker auslösender Reize (aggressiver Hinweisreiz, z.B. Hammer) besonderer Modellpersonen für Aggression und Zerstörung, körperlicher Anonymität (wie z.B. große Menschenmenge, Dunkelheit) (Zimbardo, 1969, 1970). Auch ein Zustand emotionaler Erregung hilft, Vandalismus in Bewegung zu setzen, ohne daß irgendeine auslösende Handlung vorausgegangen sein müßte. Es ist eben angenehm, seinen Gefühlen freien Raum zu lassen, rein sinnlich und ohne zu denken zu handeln. Dieses hohe Aktivitätsniveau kann vor allem bei impulsiven Jugendlichen in aggressives Verhalten münden, besonders dann, wenn sie auf einen aggressiven Hinweisreiz treffen. Es „juckt ihnen in den Fingern", wenn sie z.b. ein leerstehendes Haus (vielleicht schon mit eingeworfenen Fensterscheiben) oder verlassene Autos sehen. Die Aggression gegen diese oder ähnliche Objekte wird dadurch erleichtert, daß die Jugendlichen (vorwiegend aus der Unterschicht) sie nicht als „ihr" Eigentum betrachten, sondern als das einer Gesellschaft oder Schicht, der man sich nicht zugehörig fühlt. Durch die Aggression verschaffen sich die Jugendlichen auch einen gewissen Nervenkitzel, den sie in der relativ monotonen Alltagswelt nicht haben. Die erste aggressive Handlung kann deshalb als Selbststimulation wirken, die den Erregungszustand und das Aktivitätsniveau noch, zumindest kurzfristig, erhöht und die Beteiligten in einen „Aggressionsrausch" versetzen kann.

2. Brandstiftung

2.1 Kriminalitätsschicksale von Brandstiftern

Hobe und Störzer (1976) untersuchten die Kriminalitätsschicksale von 59 Brandstiftern, deren Alter bei der Tat zwischen 14 und 27 Jahren gelegen hatte. Sie unterschieden bei diesen Tätern folgende Motivgruppen, wobei auffällig ist, daß unter ihren Tätern keine vorkamen, bei denen Versicherungsbetrug u.ä. Bereicherungsmotivation eine Rolle spielte (s. dazu z.B. Berke-Müller, 1966):

(1) Übermütig - aggressive Täter
Das Sich-Austoben-Wollen junger Menschen reicht hier vom spielerisch-übermütigen Verhalten bis zum Vandalismus.
(2) Affekttäter
Voraus ging eine Auseinandersetzung im familiären oder beruflichen Bereich, die zu einer Reaktion aus Rache, Wut oder dem Gefühl, tief gekränkt oder „geduckt" worden zu sein, führte.
(3) Motivlos - dranghaft Handelnde
Hier lag kein konkreter Anlaß vor, sondern eine innere unruhevolle Spannung, die auf eine als bedrückend oder einengend empfundene Gesamtsituation zurückging.
(4) Brandstifter aus bewußter sexueller Erregung
Hobe und Störzer stellen bewußt keinen Zusammenhang zwischen der Brandstiftung und der Sexualität her. Sie begnügen sich deshalb mit der „Feststellung, daß bei diesen Tätern jedenfalls im Bewußtsein ein Zusammenhang zwischen der Brandlegung und der ge-

schlechtlichen Erregung bestand" (1976, S. 462). Mit anderen Worten: Sie setzen einfach eine allgemeine Aktivierung unzulässigerweise mit Sexualität gleich!

(5) „Geisteskranke"

Nach Hobe und Störzer (1976) weisen die Affekttäter, die motivlosdranghaft Handelnden und Täter mit bewußtem Bezug zum Sexuellen Gemeinsamkeiten auf: eine affektgeladene, unruhevolle Grundhaltung. Bei ihnen wirkte die Brandstiftung wie eine befreiende Entladung; zwei Drittel von ihnen hatten schwere Brände gelegt. Sie stellten somit den „harten Kern" der Brandstifter dar. Eine Analyse früherer Bestrafungen und späterer Verurteilungen zeigt, daß die Brandstiftung zumeist ein einmaliges Delikt war. 35 der Täter wurden überhaupt nicht oder nur wegen geringfügiger Delikte verurteilt, und nur zwei Täter wurden wegen einer erneuten Brandstiftung rückfällig. Dies galt besonders für die „übermütig-aggressiven Täter". Bei den anderen Gruppen (Motive 2-4) fanden sich zwei Entwicklungen:

a) Bei der einen war die Brandstiftung eine schwerwiegende kriminelle Episode. Danach erfolgte keinerlei weitere, jedenfalls keine größere, kriminelle Aktivität.

b) Bei der anderen gerieten die Täter „in eine mehr oder minder schwere Durchschnittskriminalität hinein" (1976, S. 466).

Wie auch andere Untersuchungen zeigt, die von Hobe und Störzer, daß eine erneute Brandstiftung die große Ausnahme ist. „Nur zwei der Täter wurden erneut wegen Brandstiftung verurteilt, ein 19 jähriger Schwachsinniger aus einer milieugeschädigten Familie und ein haltloser, unsteter und leicht erregbarer 21 jähriger ohne abgeschlossene (Maurer-) Lehre" (S. 384). Man könnte die Verhaltensbeschreibung gemäß Mischel (1973) dahingehend übersetzen, daß bei diesen Fällen mangelnde Fähigkeiten und/oder mangelndes Planungsvermögen (= Impulsivität) vorlagen. Dies und die geringe Rückfallquote für Brandstiftung spricht gegen die Existenz von „Pyromanie". Zwar fand Berke-Müller (1966) unter 500 Brandstiftern 16 diesbezügliche Rückfalltäter, doch stellt er leider dazu keine Analyse an und gibt lediglich einen Hinweis auf rückfällige Versicherungsbetrüger.

2.2 Gibt es sexuell motivierte Brandstifter?

Neben dem Mythos von der „Pyromanie" findet man bei der Brandstiftung noch einen weiteren: den von der „sexuellen Motivation" bei einigen Tätern. Zwar wird häufig in Artikeln von sexueller Motivation gesprochen (s. z.B. Berke-Müller, 1966), es wird dies aber nicht bewiesen, sondern apodiktisch im Raume stehen gelassen. Interessant ist die Tatsache, daß Hobe und Störzer auch nicht näher die vermutete sexuelle Motivation belegen und feststellen, daß man diese Motivgruppe mit anderen zu einem „Syndrom affektgeladener, unruhevoller Grundhaltung" zusammenfassen kann. Es scheint also keineswegs abwegig zu sein, anzunehmen, daß man das erhöhte Aktivitätsniveau und die schwer zu erklärende unruhige Grundhaltung fälschlicherweise als sexuelle Motivation deutet. Bekanntlich gibt es verschiedene Untersuchungen, die zeigen, daß unter bestimmten Voraussetzungen ein allgemeiner Erregungszustand als Sexualität gedeutet wird (s. Walster und Walster, 1979, S.112f).

Auch der Versuch von Streng (1978), den Zusammenhang zwischen Brandstiftung und Sexualität herzustellen, belegt eher das Wirken nichtsexueller Motivation. Die Tatsache, daß es in der Umgangssprache Formulierungen wie „Liebesglut", „feuriger Liebhaber", „flammende Leidenschaft" u.ä. gibt, zeigt doch höchstens den Bilderreichtum der Umgangssprache. Auch sind Liebeskummer oder Eifersucht lediglich vordergründig als sexuelle Ursachen von Brandstiftungen anzusehen. Wie sehr bei solchen Fällen eine sexuelle Symbolik hinein interpretiert wird, kann man z.B. aus der „Analyse" des Falles einer jungen Brandstifterin ersehen, deren Motivation Streng (1978, S. 53) so formuliert: „Sieh her, ich brenne vor Verlangen nach Dir; die Trennung ist mir unerträglich; komm sofort zu mir zurück." Daß hinter derartigen Liebesproblemen nicht unbedingt Sexualität steckt, ist aus einer anderen Falldarstellung von Streng (1978, S. 54) ersichtlich: Ein Jugendlicher lernt ein Mädchen kennen, wagt aber nicht, ihr seine Liebe zu gestehen. Jetzt findet er plötzlich Gefallen an dem vorher eher ungeliebten Feuerwehrdienst. Warum? In seinen Tagträumen sieht er sich als Held bei der Bekämpfung eines großen Brandes, wobei er sich vorstellt, dadurch auf seine Angebetete großen Eindruck zu machen.

Es scheint in solchen Fällen also nicht das Sexuelle entscheidend zu sein, sondern das von Streng (1978, S. 51) erwähnte „Machtgefühl bzw. das Gefühl des Beachtetwerdens bedeutsam, das das große weithin sichtbare Feuer dem häufig durchsetzungsschwachen, kontaktarmen und wenig beachteten Täter gibt." Dieses Aufsehenerregenwollen (s. Parallele zum Modell der Aggressionsentstehung) ist also der Grund dafür, daß der Täter eine Brandstiftung und keine Sachbeschädigung begeht (s.a. Kürten, Kap. VII, 1.4.2). Aber auch das Feuer selbst besitzt eine gewisse stimulierende Wirkung, wobei das Sehen des Feuers den entscheidenden Reiz ausmacht: Streng fand nur einen Täter, für den „das Selbst-Anstecken mit von Bedeutung" war (S. 47).

Daß es beim Anblick des Feuers zu spontanen Erektionen kommen kann, ist noch kein Beweis für den Zusammenhang zwischen Sexualität

und Brandstiftung. Streng (1978) berichtet z.B. nur von einem Brandstifter, bei dem es zu einem spontanen Samenerguß, auch ohne Manipulation am Penis, kam. Er deutet nämlich in einem Fall die eigentliche
physiologische Wirkung des Anblicks eines Brandes an: eine allgemeine, nicht unbedingt sexuell getönte, Erhöhung des Erregungsniveaus.
Streng sagt dazu (1978, S. 47): „Das Feuersehen hatte bei einem unserer
Täter nur stimulierende Wirkung; Befriedigung verschaffte er sich, indem er sich nach dem Anblick des Feuers ein schönes nacktes Mädchen
vorstellte und onanierte."

Unangemessen ist offensichtlich auch die Interpretation tieferliegen-
der Disposition zur Brandstiftung in einer besonders ausgeprägten Neigung zur „Urethralerotik"!

Aber nur selten sind - im Widerspruch zu derartigen psychoanalytischen Theorien - Brandstifter auch Bettnässer. Wenn „Sexual-Brandstif-
ter" das Löschen als besonders lustvoll beschrieben oder Spaß daran haben, „als Feuerwehrmann den Wasserstrahl ins Feuer zu lenken"
(Streng, 1978, S. 51), so ist doch offensichtlich auch hier das allgemeine Erregungsniveau und/oder das „Im-Mittelpunkt-Stehen" bedeutsam.

2.3 Brandstiftung als „Nervenkitzel"

Daß eine Brandstiftung bewußt als Mittel zur Stimulierung eingesetzt
werden kann, ergibt die Darstellung der Motive von 500 Brandstiftern
(Berke-Müller, 1966):
- Freude am Feuer   =   64
- Unruhestifter   =   28
- Täter will sich bei Löscharbeiten hervortun =   97

Interessant ist auch: 29 der 500 Brandstifter waren Angehörige der
Feuerwehr. Das ungeduldige Warten auf den ersten Löscheinsatz bedeutet ganz offensichtlich eine große Gefahr für labile junge Menschen.

2.4 Brandstiftung als Ausdruck mangelnder Fähigkeiten

Bestimmte Feststellungen von Hobe und Störzer (1976) sind für das
Auftreten einiger Brandstiftungen bedeutsam:
7 von 59 waren Schwachsinnige; ein hoher Prozentsatz der Brandstifter
hatte keine abgeschlossene Lehre, also keinen hohen Ausbildungsstatus.
Dies zeigt einen wesentlichen Aspekt der Brandstiftung auf: mangelnde
Fähigkeiten, der zentrale Grund für die Delikte einiger Brandstifter,
auch der von „Feuerteufeln", d.h. Täter, die ganze Stadtteile in Brand
setzten. Auffällig ist bei ihnen der Mangel an Fähigkeiten, frustrierende
Situationen konstruktiv zu bewältigen und der Mangel an sozialen Fähigkeiten.

Wenn sie aber aus Verzweiflung aggressiv handeln, dann wegen ihrer Hemmung nicht offen aggressiv, sondern durch indirekte Aggression, bei der man einen anderen Menschen nicht direkt angreift, sondern sein Eigentum o.ä. Dies stimmt übrigens auch mit der Feststellung überein, daß Brandstifter später kaum Delikte mit offener Gewalttätigkeit oder gar einen Mord begehen (Berke-Müller, 1966; Hobe und Störzer, 1976).

2.5 Therapeutische Ansätze

Rice und Chaplin (1979) gingen von ihrer Beobachtung aus, daß Brandstifter häufig schüchterne Personen sind, die sich nicht durchsetzen können und Schwierigkeiten im zwischenmenschlichen Bereich haben. Besonders ausgeprägt ist dabei die Schwierigkeit, negative Gefühle, wie z.B. Ärger, in angemessener Form auszudrücken. Da man das Feuerlegen nicht oder nur schwer direkt als Verhalten therapieren kann, versuchten Rice und Chaplin (1979) das Problem indirekt dadurch anzugehen, daß sie den Brandstiftern soziale Fähigkeiten beibrachten. Sie führten mit 10 männlichen Brandstiftern in einer geschlossenen kanadischen Anstalt (Oak Ridge) erfolgreich ein Training sozialer Fähigkeiten (z.B. zur größeren Durchsetzungsfähigkeit) durch. Fünf Jahre später waren nur zwei dieser Trainierten wegen einer geringfügigen Brandstiftung wieder nach Oak Ridge eingeliefert worden. Einer von ihnen war bezeichnenderweise der einzige gewesen, bei dem die Durchsetzungsfähigkeit durch das Training nicht verbessert worden war (Rice, 1982, persönliche Mitteilung).

3. Kindesmißhandlung

3.1 Welche Kinder werden mißhandelt?

Die mißhandelten Kinder sind sehr jung, zumeist unter einem Jahr alt. In den Familien mit Kindesmißhandlung werden die Kinder meistens in schneller Reihenfolge geboren. Oft wird eines der Kinder zum „Sündenbock" der Familie gemacht und mißhandelt; es handelt sich oft um ein Kind, das die Folge einer unerwünschten Schwangerschaft oder behindert bzw. ein Problemkind ist.

3.2 Die Lebensgeschichte der Eltern

In der Lebensgeschichte der Eltern findet man häufig die tieferliegenden Faktoren, die sie zur Kindesmißhandlung veranlassen: Sie wurden, als sie selbst Kinder waren, von ihren eigenen Eltern körperlich oder gefühlsmäßig mißhandelt oder vernachlässigt oder im Waisenhaus aufgezogen (Spinetta und Rigler, 1972). Derartige Untersuchungen zeigen also, daß die Fähigkeit der Eltern, ihr Kind zu lieben, nicht angeboren ist, sondern erst gelernt werden muß. Man muß deshalb das Phänomen der Kindesmißhandlung mit dem Begriff „Beobachtungslernen" erklären. Die Eltern praktizieren den Erziehungsstil, den sie bei ihren eigenen Eltern beobachtet und erlebt haben, an ihren Kindern. Da sie kein anderes, prosoziales Verhalten beobachten konnten und auch keine anderen Vorbilder hatten, war es für sie unmöglich, andere Verhaltensweisen und Einstellungen zu lernen.

In den unrealistischen Einstellungen spiegelt sich die Aggressivität der Eltern wider. Viel zu früh wird von den Kindern bestimmtes Verhalten gemäß gewisser kulturell akzeptierter Normen erwartet. z.B. Toilettentraining, gute Tischsitten usw. Dabei wird der Entwicklungsstand der Kinder nicht berücksichtigt. Die Eltern wollen praktisch, daß sich das Kind wie ein Erwachsener verhält, überfordern damit das Kind, sind ungeduldig und bestrafen das Kind für vermeintlich „ungezogenes Verhalten", also Verhalten, das die Eltern vom Kind erwarten, das es aber auf Grund seines Entwicklungsstandes noch nicht zeigen kann.

Neben dieser Fehleinschätzung kindlicher Verhaltensweisen und der Unkenntnis entwicklungspsychologischer Fakten (ebenfalls ein Mangel an prosozialem Beobachtungslernen) findet man auch noch die aggressive Erziehungseinstellung, daß Eltern das Recht hätten, ihre Kinder zu bestrafen und vor allem das Recht, dabei körperliche Gewalt anzuwenden.

Man kann daraus den Schluß ziehen, daß die eigentlichen Ursachen der Kindesmißhandlung psychologischer Natur sind und äußere Stressbedingungen lediglich die vorhandenen Persönlichkeitsdefekte sichtbar machen und damit das Auftreten von Kindesmißhandlung erleichtern.

3.3 Die Persönlichkeit der Eltern

Es gibt keine einheitliche Persönlichkeitsstruktur von Eltern, die ihre Kinder mißhandeln (Spinetta und Rigler, 1972), sondern vier verschiedene Persönlichkeitsstrukturen.

(1) Unterkontrolliert-aggressive Eltern

Die Eltern besitzen eine geringe Frustrationstoleranz, und schon die kleinste Schwierigkeit des täglichen Lebens genügt, um eine Aggression auszulösen.

(2) **Starre Persönlichkeiten**
Die Eltern sind rigide (d.h. Starrheit des Denkens und Handelns),
zwanghaft; es mangelt ihnen an Liebe, Wärme. Sie verteidigen ihre „Erziehungsmaßnahmen", die sie bei der Kindesmißhandlung praktizieren,
als rechtens und sind der Meinung, daß nur die Kinder für die Erzie-
hungsprobleme verantwortlich seien. Sie verlangen extrem große Sauberkeit von ihren Kindern.
(3) **Unreife, stimmungslabile Eltern**
In dieser Gruppe findet man Eltern, die in ihrem Verhalten starke
Passivität und Abhängigkeit von anderen Personen zeigen. Viele Eltern
dieses „Typs" scheinen anspruchslose, bescheidene Menschen zu sein,
die sich davor scheuen, ihre Gefühle und Wünsche zu äußern. Sie gehören zu den überkontrolliert aggressiven Persönlichkeiten.
(4) **Arbeitsunfähige Väter**
Die Frustrationen, die diese Väter erlitten (Verletzung des Selbstbe-
wußtseins durch die Unfähigkeit, die „harte, dominante Geschlechtsrolle" zu erfüllen), veranlaßten sie zu aggressiven, strengen, starren Diszi-
plinierungsmaßnahmen und dazu, ihre Kinder spontan und schwer zu
bestrafen.

4. Tötungsdelikte

4.1 Die Täter-Opfer-Beziehung

Lempp (1977) stellte fest, daß sich die jugendlichen Mörder von anderen sozial auffälligen oder leichtkriminellen Jugendlichen nur durch
die Schwere ihrer Tat, aber nicht durch ihre Persönlichkeit unterscheiden. Es gibt also nicht *den* typischen Mörder.
Dennoch ist bei einem Mord die Persönlichkeitsstruktur des Täters
nicht unwesentlich. Man kann nämlich auf der Grundlage der Erkenntnisse von Lempp schließen, daß bei vielen Tätern durch Mängel in der
Sozialisation die Selbstkontrolle und die Planung des eigenen Verhaltens ungenügend ausgebildet wurden.
Warum begehen aber nicht alle Menschen mit mangelhafter Selbstkontrolle einen Mord? Lempp sieht den Unterschied zwischen Mördern
und Nichtmördern vor allem darin, daß erstere das Unglück haben, in
eine Situation hineinzugeraten, die sie nicht bewältigen können: „Die
Täter begeben sich nicht, sie geraten in Situationen, die sie nicht mehr
übersehen, denen sie vor allem emotional bei ihrer meist gegebenen Unreife und ihrer affektiven Instabilität einfach nicht gewachsen sind. Sie
sind einer gewaltigen Psychodynamik mehr oder weniger ausgeliefert."
(S. 214). Aus einer solchen Situation kann es zu der typischen „Flucht

nach vorn" kommen (S. 212), und das Ergebnis ist ein - häufig als „kaltblütig" bewerteter - Mord. Typisch dazu ein Fall in Lempp (1977, S. 18-19): Der Täter geriet bei einem nach langem Zögern ausgeführten Raubüberfall in starke Erregung und schoß aus Verwirrung auf den Ladeninhaber. In anderen Fällen wollen z.B. bei sexuellen Kontakten (speziell mit Kindern) die Täter das Opfer daran hindern zu schreien, halten ihm den Mund zu, würgen es und erwürgen es dadurch!

Was Lempp (1977) für jugendliche Mörder in Deutschland fand, darf aber auch generalisiert werden: Morde geschehen zumeist im Zusammenhang mit Streitigkeiten, Einbruch, Raub oder Sexualität. Und zumeist stehen Opfer oder Täter in einer engen zwischenmenschlichen Beziehung: Sie sind miteinander bekannt, befreundet oder sogar verwandt. Beispielsweise wurde für die USA ermittelt (Wolfgang u.a., 1970; Lunde, 1975): Morde ergeben sich häufig aus der Situation heraus, häufig ohne finanziellen oder anderen Gewinn. Viele Morde geschehen auch im eigenen Heim (in den USA ca. 40%), und etwa ein Viertel der Mörder ist mit seinen Opfern verwandt. Die Hälfte davon stellen Eheleute. Die meisten Ehefrauen sterben im Schlafzimmer, die meisten Ehemänner in der Küche, wo die Ehefrauen leicht ein Messer in die Hände bekommen und damit den Streit beenden. Die andere Hälfte der Verwandtenmörder stellen Eltern dar, die ihre Kinder töten, Kinder, die ihre Eltern töten, oder enge Verwandte. Hier wird ein interessantes Phänomen deutlich: Unter bestimmten Umständen hätte der Täter selbst zum Opfer werden können und das Opfer zum Täter. Dies wird auch durch die Tatsache verdeutlicht, daß die Lebensumstände für Mütter, die ihre Kinder töteten und Kinder, die ihre Eltern töteten, die gleichen waren: Armut, zerrüttete Familienverhältnisse, Alkoholismus, Kriminalität, Gewalttätigkeiten oder Psychosen bei den Eltern (Bush, 1976; Corder u.a., 1976).

Corder u.a. (1976) untersuchten in den USA je 10 Jugendliche, die a) ihre Eltern (Vater und/oder Mutter) oder b) einen Verwandten oder c) einen Fremden getötet hatten. Obwohl natürlich wegen der geringen Stichprobengröße das Problem der Generalisierbarkeit auftaucht, ist durchaus wesentlich, was sie über **Elternmörder** ermittelten: Konflikte mit den Eltern; wenige alternative Reaktionsmöglichkeiten auf Streß wegen Hemmungen (wenige sexuelle und soziale Alternativen). Denn auch nach Lempp (1977) spielen bei Tötungen im innerfamiliären Bereich starke Konflikte und unter Umständen über Jahre angestaute Affekte eine Rolle. Bei der Ausführung der Morde wird die starke Hemmung der Jugendlichen deutlich; beispielsweise scheuten die Vatermörder die direkte Konfrontation und gaben ihrem Vater Gift, erstachen ihn von hinten oder schossen auf ihn aus der Ferne. Dies ist leicht zu erklären, denn es fällt natürlich schwer, jemand anzugreifen, mit dem man jahrzehntelang unmittelbar zusammengelebt hat und besonders auch dann, wenn man jahrelang schwere Bestrafung für eigenes Verhalten befürchten mußte. Mit einem Tabu des Vatermordes, wie Lempp (1977, S. 74) meint, hat es nichts zu tun. Auch ist es eine Überinterpretation, wenn er die Benutzung der Schußwaffe des Vaters tiefenpsychologisch so deutet, daß „diesem jeweils das väterliche Sexualsymbol entwendet und gegen ihn selbst gerichtet wurde" (S. 73). Er erwähnt nämlich auch, „daß Schußwaffen für Jugendliche am ehesten zu Hause greifbar sind" (S. 74) und einen Vater, „der seinen Kindern den Rat gab, gegen einen fremden Eindringling ohne vorherige Warnung sofort zu schießen, daß dieser sogleich tot sei" (S. 72).

Die Ermordung der eigenen Mutter ist ein noch selteneres Ereignis. Lempp (1977) fand dazu nur drei Fälle, von denen mindestens einer jedoch eher ein Unglücksfall war, mit höchst unterschiedlicher Motivation. Auch Corder u.a. (1976) fanden nur zwei **Muttermörder** und einen, der beide Eltern getötet hatte. Sie sprechen zwar hier von „offenen engen, sexuell provokativen und verführerischen Beziehungen mit der Mutter" (S. 960), doch sind enge Beziehungen zur Mutter nicht erstaunlich, wenn gleichzeitig berichtet wird, daß die Väter aus beruflichen Gründen längere Zeit abwesend waren. Außerdem wird leicht ein stark überbehütendes, stark lenkendes Verhalten von Müttern sexuell interpretiert. Was ist z.B. dazu zu sagen, daß der mehrfache Kindermörder Jürgen Bartsch noch am Abend vor seiner Verhaftung, als 19jähriger, von seiner Adoptivmutter gebadet wurde? Lempp (1977) äußert sich in einem Fall mit scheinbar sexueller Motivation sehr skeptisch über das Vorhandensein sexueller Motivation. Eindeutiger ist jedoch bei einigen Fällen festzustellen, daß ein Jugendlicher oder Erwachsener seine Mutter deshalb ermordet, weil er sich anders nicht ihrer extremen Bemutterung erwehren kann, durch die er sich „an die Wand gedrückt" fühlt. Umgekehrt ist Egoismus, aber keine sexuelle Motivation im Spiel, wenn eine Mutter ihren erwachsenen Sohn oder ihre erwachsene Tochter tötet, um ihn bzw. sie nicht durch Heirat „an eine(n) Fremde(n) zu verlieren"!

Spielen bei Elternmördern familiäre Konfliktsituationen eine entscheidende Rolle, so steht bei **Fremdenmördern** mehr als bei den anderen beiden Gruppen im Vordergrund: eine geringe Impulskontrolle, eine vorherige Lebensgeschichte stark aggressiven Verhaltens, vorheriger Verhaftungen und Einweisungen in Erziehungsanstalten (Corder u.a., 1976). Seltener als bei den anderen Gruppen hatten sie zuvor psychiatrische Behandlung gehabt. Häufiger war Alkohol bei der Tat im Spiel; es gab aber auch Hinweise auf Planung der Tat, was nicht nur im Widerspruch zum Alkoholgenuß, sondern auch zu den Erkenntnissen von

Lempp (1977) steht. Dieser Widerspruch kann aber dadurch aufgelöst werden, daß Corder u.a. offensichtlich in die sich spontan entwickelnden Taten eine Planung hineininterpretiert haben.

Die **Verwandtenmörder** hatten eine weniger deutliche, aber ähnliche Lebensgeschichte wie die Fremdenmörder, mit Schwierigkeiten bezüglich Impulskontrolle, aggressivem Verhalten und Verhaftungen in der Lebensgeschichte (Corder, 1976). Allerdings zeigten die Motive und Begleitumstände des Mordes tieferliegende und längerfristige zwischenmenschliche Konflikte und symbolische Inhalte, während die Fremdenmörder eher einfaches und primitives „Acting-out" zeigten. Einer der Verwandtenmörder tötete seine Verwandte, die als Mutterersatz wirkte, während eines körperlichen Streites über Geld. Später bezog er jedoch seinen Ärger darauf, daß sie Bevorzugung für ihre eigenen Kinder zeigte.

Eine Nachfolgeuntersuchung von mindestens zwei und durchschnittlich 4 1/2 Jahren zeigte, daß nur einer der Elternmörder noch im Gefängnis saß, alle anderen hatten sich gut dem Leben außerhalb des Gefängnisses angepaßt, dies vor allem deshalb, weil sie gute und positive Beziehungen zu ihren Familien beibehielten und von diesen akzeptiert wurden. Vier der Elternmörder kehrten wieder zu ihren Familien zurück. Von den anderen beiden Gruppen war nur einer freigelassen worden. Besonders auffällig: etwa die Hälfte in diesen beiden Gruppen zeigte weiterhin aggressives Verhalten!

4.2 Mord mit anschließendem Selbstmord

Wenn es auch gewisse Übereinstimmungen bezüglich der Dynamik von Morden gibt, so dürfen gewisse kulturelle Unterschiede nicht übersehen werden. Beispielsweise betrug der Anteil weiblicher Mörder in Dänemark 1/3, in England 1/5 und in Philadelphia (USA) 1/6. West (1967, S. 45) schreibt dazu: „Der typische Mord in Dänemark wird von einer Frau verübt, in der Altersgruppe von 25-40 Jahren, mit einem oder zwei Kindern unter 12 Jahren, die sie und sich mit Gas tötet, aus Verzweiflung oder Depression." Wenn man auch darüber diskutieren kann, ob diese Feststellung auch heute noch Gültigkeit besitzt, so zeigt West doch ein weitgehend übersehenes, aber relativ häufiges Phänomen auf: Nicht selten folgt einem Mord der Selbstmord oder der Selbstmordversuch des Täters.

West stellte dazu fest, daß dieses Phänomen nicht typisch für pathologische Täter ist: Bei Mördern und Mördern mit anschließendem Selbstmord findet man den gleichen Anteil von Tätern mit psychopathologischen Symptomen. Mörder, die anschließend Selbstmord begingen, verübten zumeist Familienverbrechen: Mütter töteten ihre kleinen Kinder, Männer töteten ihre Frauen oder Geliebten. Merkmale der Täter: sie hatten selten vorher ein Delikt begangen, waren häufig älter als 40 Jahre, waren zumeist Frauen; häufiger als andere Mörder hatten sie ihre Kinder getötet.

Morde mit anschließendem Selbstmord, begangen von normalen Personen unter Streß, haben Ähnlichkeit mit dem „normalen Selbstmord". Denn in beiden Fällen besteht der Streß hauptsächlich in: Verzweiflung und Hoffnungslosigkeit bei alten kranken Menschen; impulsiver Aggression junger Menschen, die durch Liebesaffären frustriert sind; Unfähigkeit, finanzielle oder sexuelle Taten zu verbergen.

4.3 Geplante Morde

Wie aus den bisherigen Ausführungen deutlich wird, werden Morde zumeist nicht von eiskalten Mördern begangen, sondern entwickeln sich aus zwischenmenschlichen Konfliktsituationen heraus. Gibt es aber nicht doch Morde, die vorher genau geplant wurden?

In „Life" vom 30.9.1940 (s. Wolfgang u.a., 1970) wird über die „Murder, Inc." berichtet, die „Mordkontrakte" erfüllte, geradezu experimentell neue Methoden ausprobierte, um zu töten und die Leichen verschwinden zu lassen und eine Art Ausbildung für „Novizen" betrieb.

Es gibt natürlich auch Einzelfälle, in denen heimtückisch der Mord, z.B. an einem Familienangehörigen, geplant wird, etwa ein Ehemann, der seine ihm „lästig" gewordene Ehefrau „beseitigen" will.

Allerdings kann man nicht davon ausgehen, daß jemand einen Mord plant, wenn er - wie es häufig unüberlegt in einem Streit geschieht - sagt (oder denkt): „Dich bring ich um!" o.ä. Zumeist verfliegen derartige Gedanken wieder und werden nie in eine Tat umgesetzt. Damit derartigen Äußerungen eine Tat folgt, bedarf es zuvor einer Reihe von gedanklichen und praktischen Schritten. So besteht der entscheidende Schritt vom bloßen Gedanken oder einfach Dahingesagten zur Tat darin, daß die Person die Idee akzeptiert, Mord als mögliches Mittel einzusetzen, um das zu bekommen, was sie will. Danach ist die Tat nur noch eine Frage der Strategie oder Taktik; dazu werden z.B. von der Person Fragen gestellt, wie z.B.: Wie kann ich morden, ohne entdeckt zu werden? Welche Waffe soll ich benutzen? Kann ich einen Komplizen benutzen, oder muß ich vollkommen alleine handeln? Wenn derartige Fragen in den Gedankengängen auftauchen und für die Person befriedigend gelöst und beantwortet sind, ist es zumeist nur noch eine Frage des Timing und der Gelegenheit, bis es zu einer Tat kommt, bzw. zu einem Mordversuch.

4.4 Serienmörder

4.4.1 Der sadistische Mord

Bei den bisher beschriebenen Formen des Mordes war die Motivation des Mörders leicht verständlich: ein zwischenmenschlicher Konflikt, ein bezahlter Mord u.ä. In den letzten Jahrzehnten ist aber eine Tätergruppe immer häufiger geworden, deren Morde keine dieser Motive aufweisen: sadistische Serienmörder. Ihre Morde erregen deshalb so großes Aufsehen, weil

- ihre Morde besonders grausam sind (Quälen und Zerstückeln des Opfers)
- ihre Morde unverständlich zu sein scheinen (bei genauer Analyse kann man allerdings leicht feststellen, was hinter diesen scheinbar motivlosen Taten steckt: Machtmotivation)
- der Täter sein Opfer nicht kennt (hier könnte Angst aufkommen: Es kann *jeden* treffen).

Jeder, der einmal einen Serienmörder gesehen hat oder der sich mit dem Leben und der Persönlichkeit dieser Täter befaßt hat, weiß, daß sie äußerlich nicht dem allgemein verbreiteten Bild vom impulsiven bösartigen Mörder entsprechen. Sie sind unauffällig, höflich, manche sogar charmant - man traut ihnen derartige Taten auf den ersten Blick nicht zu.

Gerade bei den Taten sadistischer Serienmörder zeigt es sich, wie wichtig eine empirische Analyse von kriminellen Delikten ist. Es ist notwendig, genau festzustellen, was sich bei diesen Ereignissen wirklich abgespielt hat, wie die Täter wirklich denken und handeln. Diese Forderung ist keineswegs selbstverständlich, weil die Kriminalgeschichte zeigt, daß man wegen der biologischen und/oder psychoanalytischen Orientierung der Gutachter dogmatisch von einem ungeprüften Modell ausgeht: Demzufolge sollen diesen sadistischen Morden Sexualität und ein starker Trieb zugrundeliegen. Daß dies nicht stimmte, hätte man schon vor vielen Jahrzehnten erkennen können. Diese Morde beinhalten keineswegs die wichtigsten Elemente der Sexualität (s. Kap. I, 2.3); und wenn man unüberprüft einfach behauptet, Sadismus besitze sexuelle Komponenten, übersieht man etwas Wesentliches: Das berauschende Gefühl der Macht über ein wehrloses Opfer ist etwas anderers als eine starke erotische Erregung. Daß bei diesen angeblichen Sexualtätern zum Teil erhebliche sexuelle Störungen vorkamen (s. Kap. I, 2.4), wurde erstaunlicherweise übersehen - es wurde übersehen, weil es nicht in das Bild der Gutachter paßte, das sie sich vom Delikt voreilig gemacht hatten.

Daß bei sadistischen Mördern auch kein biologischer Trieb vorlag, ergibt sich auch aus der Tatsache, daß sich die Art und die Intensität ihrer Taten von Tat zu Tat steigerten, was ja im Gegensatz zu der Aggressionstriebtheorie von Lorenz (1963) steht. Der von den Tätern behauptete Zwang zu töten, ist ein Drang, die Imaginationen (Phantasien) auszuleben, aber kein biologisch verankerter Trieb!

Betrachten wir dazu den Fall Kürten (s. Kap. VII, 6.1) und den des Berliner S-Bahnmörders Ogorzow - in den Jahren des Zweiten Weltkrieges. Letzterer „sprach zunächst in den Berliner Laubenkolonien von der Arbeit zurückkehrende Frauen an, schließlich erschreckte er sie durch Anblenden mit einer Taschenlampe. Bald genügte ihm diese Freude am Erschrecken seiner Opfer nicht mehr, es kam zu grobsexuellen verbalen Beleidigungen, schließlich zu Handgreiflichkeiten. Es folgten eine Reihe von Notzuchtsversuchen. Dann nahm er auf seinen Gängen ein Messer mit, um seinen Opfern Messerstiche zu versetzen oder sie auch durch Schläge zu betäuben. Bei dieser Gelegenheit tötete er in einer Wohnlaube eines seiner Opfer, um sodann sein Tätigkeitsfeld in die S-Bahnzüge zu verlegen - er war bei einem seiner Streifzüge von einem ihm folgenden Mann kräftig verprügelt worden. Als sich hier das erste Notzuchtopfer sehr heftig wehrte, so daß es nicht zum beabsichtigten Geschlechtsverkehr kam, und er in heftiger Gegenwehr im brausenden Fahrtwind mit einem Kabelstück auf sein Opfer einschlug, um den dann erschlaffenden Frauenkörper in die Dunkelheit zu werfen, erlebte er einen Rauschzustand, der ihn so befriedigte, daß er von nun an nicht mehr vergewaltigte, sondern nur noch töten will. Auf diese Art mordet er aus Lust an der Tötungshandlung 5 Frauen und versucht es auf gleiche Weise bei zwei weiteren Opfern" (Bauer 1972, S.15).

Ziemlich deutlich wird hier, wie auch bei anderen Fällen (Kürten, Bartsch, Wittmann u.a.), daß bei den Morden nicht Sexualität, sondern Freude am Quälen (Sadismus) im Spiele war. Die Erregung beim Quälen als sexuell anzusehen, wäre genauso irreführend, wie etwa die Erregung („Thrill"), die Menschen sich durch das Erzeugen einer reizintensiven Umwelt (z.B. beim Drachenfliegen, Bergsteigen) verschaffen. Es sei auch auf die verschiedenen Untersuchungsserien (s. z.B. Abel u.a. 1977, 1980) hingewiesen, die zeigen, daß Sadismus nicht mit Sexualität gekoppelt ist!

Es handelt sich bei Serienmördern zumeist um überkontrollierte Aggressive. Einerseits sind sie gehemmt, und sie werden von ihrer Umgebung zumeist positiv (freundlich, ruhig, hilfsbereit, zurückhaltend u.ä.) geschildert. Von Jürgen Bartsch sagte ein Priester: „Er war einer meiner besten und frömmsten Meßdiener." Der mehrfache Mörder Wittmann war Jugendleiter des örtlichen Tischtennisvereins und stellvertretender Feuerwehrkommandant. Andererseits wird ihr aggressives Verhalten im Laufe der Zeit immer intensiver und sadistischer (typisch hierfür der Fall Ogorzow!), tritt immer häufiger auf, und die Tatzwischenräume werden immer kürzer (Lernen am Erfolg!). Ähnlich hatte auch Abel (1976, S. 53) bei Vergewaltigern „ständig schwerwiegendere sadistische

Angriffe auf die Frauen" gefunden. Da man bei vielen der Serienmörder schon in ihrer Jugend ungewöhnliches sadistisches Verhalten (Drohungen mit einem Kugelblitz(!) bei Bartsch) feststellen kann, ist es möglich und notwendig, frühzeitig diesen Kindern und Jugendlichen verhaltenstherapeutisch zu helfen (Erwerb von sozialen Fähigkeiten, Durchsetzungsfähigkeit, Selbstkontrolle u.ä.).

Wichtig erscheint mir aber auch die Veränderung der aggressiven Kognitionen und Imaginationen (Phantasie), z.B. durch provokative Therapie (Farrelly und Brandsma, 1986), Logotherapie nach Frankl (Lukas, 1992), Anti - Aggressivitäts - Training für Gewalttäter (Weidner, 1993) u.ä.

4.4.2 Persönlichkeitsunterschiede sadistischer Mörder

Eine wichtige Erkenntnis bei der Analyse sadistischer Mörder ist, daß es sich hierbei *psychologisch* nicht um eine einheitliche Kategorie handelt. Als sinnvoll erweist sich deshalb eine Differenzierung von Hazelwood und Douglas (1980) sadistischer Täter gemäß unterschiedlicher Persönlichkeitsstrukturen: „organized murderer" und „disorganized murderer". Diese Begriffe beziehen sich *nicht* auf organisiertes Verbrechen, auf die Zugehörigkeit zu einer kriminellen Organisation. Vielmehr verdeutlichen diese Begriffe den Grad der Ordnung, „Organisation" der Persönlichkeitsstruktur und der Tatausführungen der Täter.

Der „organized murderer" hat sich selbst und die Tathandlung unter Kontrolle. Dieser „kontrollierte Mörder" plant die Tat vorher. Demgegenüber läßt sich der „unkontrollierte Mörder" (disorganized murderer) spontan von situativen Begebenheiten leiten. Unkontrolliert ist sein Verhalten bei der Tatausführung, im Alltag kann er eher als zurückhaltend bezeichnet werden.

4.4.2.1 Der kontrollierte, nicht-soziale Mörder

Er ist vollkommen gleichgültig hinsichtlich der Interessen und des Wohlergehens der Gesellschaft und besitzt eine verantwortungslose und egoistische Einstellung. Obwohl er Menschen im allgemeinen ablehnt, meidet er sie nicht. Stattdessen ist er fähig, eine freundliche Fassade zu zeigen, um andere Menschen auf seine persönlichen Interessen hin zu manipulieren. Er geht methodisch vor und ist eine clevere Person, was er während seiner Verbrechen beweist. Er lebt im allgemeinen in einiger Entfernung vom Tatort und fährt umher, um nach einem Opfer zu suchen. Vor dem Mord hat er häufig Streß und Ärger hinsichtlich Beruf, Geld, Ehe und ähnlichem erlebt.

4.4.2.2 Der unkontrollierte, asoziale Mörder

Vorherrschend ist bei ihm die Meidung anderer Menschen. Er ist ein Einzelgänger und erlebt Schwierigkeiten in zwischenmenschlichen Beziehungen, weshalb er sich zurückgewiesen und einsam fühlt. Ihm fehlt die Geschicklichkeit des nicht-sozialen Mörders, und er begeht das Verbrechen in einer Art rasender Wut und in einer weniger methodischen Weise. Die Tat geschieht in der Nähe seiner Wohnung oder seines Arbeitsplatzes, wo er sich sicherer und wohler fühlt. Er tötet spontan, oft brutal und verschwendet geringe Sorgfalt darauf, die Tat zu verbergen. Er ist weniger intelligent als der nicht-soziale Mörder.

Das FBI hat allerdings wegen der Komplexität der Mordfälle auch eine „gemischte Tatausführung" als Klassifikation zur Verfügung, z.b. für einen Krankenschwestermörder, der nach dem Muster „kontrolliert", „unkontrolliert", „kontrolliert" seine Morde beging.

Der Mord geschieht durch Würgen, rohe Gewalt oder ein scharfes Instrument. Nur selten wird der sadistische Mörder eine Feuerwaffe zum Töten benutzen, da er zuwenig „psychosexuelle Befriedigung durch eine unpersönliche Waffe erlebt" (Hazelwood und Douglas, 1980, S.3).

Für die Ermittlung bedeutsam ist, daß der nicht-soziale, die Tatsituation kontrollierende Täter die Mordwaffe mit sich herumträgt und wieder mitnimmt, wenn er den Tatort verläßt. Dagegen benutzt der asoziale Täter einen zufällig am Tatort vorhandenen Gegenstand als Mordwaffe und läßt ihn auch eher am Tatort liegen. Er läßt auch eher den Körper des Opfers am Tatort zurück und macht keinen Versuch, den Leichnam zu verstecken. Dagegen begeht der nicht-soziale, kontrollierte Täter den Mord an einem abgelegenen oder isolierten Ort. Er transportiert den Körper vom Tatort weg, eventuell sogar zu einem Ort, wo er gefunden werden kann. Darin spiegelt sich kein bewußter Wunsch, gefaßt zu werden, wider. Vielmehr genießt der kontrollierte Täter die Erregung, die er aus der Publizität des Falles und der Reaktion der Gesellschaft darauf erfährt. Das prickelnde Gefühl, andere in Furcht und Schrecken versetzt zu haben, war auch bei dem deutschen Serienmörder Peter Kürten das Motiv, nach seinen Morden und Brandstiftungen den Tatort wieder aufzusuchen (s. Lenk und Kaever, 1974, S. 186, 196).

Hazelwood und Douglas (1980) machen ebenfalls darauf aufmerksam, daß kontrollierte und unkontrollierte Täter zum Tatort zurückkehren können, wenn auch aus verschiedenen Motiven: der nicht-kontrollierte Täter, um weitere Verstümmelungen zu begehen oder um das Erlebnis wieder zu empfinden; der kontrollierte Täter kehrt zurück, um festzustellen, ob der Leichnam entdeckt wurde oder um den Fortschritt der Ermittlungen zu erfahren.

Hazelwood und Douglas (1980) weisen dabei auf das fast zwanghafte Bedürfnis der kontrollierten Täter hin, den Stand der polizeilichen Ermittlungen kennenzulernen, was bis zu Gesprächen mit der Polizei über ungelöste Verbrechen oder das Sich-in-die-Untersuchung-Einschalten führen kann. In einigen Fällen legten die Täter sogar Kleidungsteile des Opfers am bereits von der Polizei durchsuchten Tatort oder auf dem Grab des Opfers ab. „Es ist so, als sei der Täter in ein ‚Spiel' mit den Behörden verwickelt." Solche Handlungen scheinen sein „Machtbedürfnis" oder seinen „Wunsch nach Kontrolle zu verstärken." Mit dieser Bemerkung weisen Hazelwood und Douglas (1980, S. 3) auf die eigentliche Motivation der Freude am Töten und Quälen hin: Nicht etwa *sexuelle* Bedürfnisse sind ausschlaggebend, sondern Feindseligkeit und das Bedürfnis, Kontrolle über andere Menschen zu haben.

Der Körper des Opfers weist häufig große Verstümmelungen und/ oder die Entfernung der Brüste, der Geschlechtsorgane oder des Afters auf. Mit einem scharfen Instrument wurden dem Körper zahllose Stiche oder Schnittwunden beigebracht. Wurde das Opfer vor seinem Tod gequält oder verstümmelt, deutet dies eher auf einen kontrollierten als auf einen nicht-kontrollierten Täter hin. Man kann gelegentlich auch feststellen, daß das Opfer Bisse auf Brüsten, Bauch, Schenkeln, Geschlechtsorganen und ähnlichem aufweist. Amputationen der Brüste, von Gliedmaßen oder Zerstückelungen des gesamten Körpers können vorkommen. Daß der Täter mit seinem Penis in den Körper der Opfers eindringt (bis hin zur Nekrophilie), ist vorzugsweise beim kontrollierten Täter festzustellen, weniger beim unkontrollierten Täter. Es offenbart beim kontrollierten Mörder den Wunsch, die Gesellschaft herauszufordern, sowie seine Geringschätzung der Akzeptanz durch die Gesellschaft.

Der nicht-kontrollierte Täter steckt eher Fremdkörper in Körperöffnungen in einer untersuchenden und neugiermotivierten, aber brutalen Weise. Spuren einer Ejakulation können auf oder bei dem Opfer oder seiner Kleidung gefunden werden.

Häufig nimmt der Täter ein „Souvenir" mit, einen Gegenstand oder ein Kleidungsstück, das dem Opfer gehört, oder - noch persönlicher - Haare, Finger oder ein Körperteil des Opfers mit sexueller Assoziation. Diese „Souvenirs" ermöglichen es dem Mörder, den Tathergang später wieder in seinen Phantasien durchleben zu lassen. „Der Mörder lebt hier seine Phantasie aus, und der vollständige Besitz des Opfers ist Teil dieser Phantasie." Auch mit dieser Formulierung liefern Hazelwood und Douglas (1980, S. 3) einen Hinweis darauf, daß ein zentrales Motiv des Täters das Erlangen der Kontrolle und die Ausübung von Dominanz und Macht über andere Menschen ist.

Das Verspeisen von Körperteilen des Opfers und Vampirismus (Trinken von Blut) findet man ausschließlich bei asozialen, unkontrollierten Mördern.

4.4.3 Die Motivation sadistischer Mörder

4.4.3.1 Das Ausleben langgehegter Phantasien

Warum begeht ein Mensch derartige Taten? Eine intensive Untersuchung des FBI von 36 sadistischen Mördern gibt eine klare Antwort darauf: **Durch den Mord lebt der Täter eine langgehegte sadistische Phantasie aus.** (Das gleiche Ergebnis findet man übrigens auch, wenn man ähnliche Täter der deutschen Kriminalgeschichte analysiert.) Ressler u.a. (1985, S. 11) führen weiter dazu aus: „Diese Phantasien sind extrem gewalttätig und reichen von Vergewaltigung bis hin zu Verstümmelung oder Quälen und Mord. Die Phantasien sind ein wichtiger Bestandteil der Persönlichkeitsstruktur und bewegen sich jenseits normaler sexueller, vergnügungsorientierter Tagträume (in denen die Partner in gegenseitigem Einverständnis handeln) in aggressiven, sadistischen und zerstörerischen Gedanken."

Die FBI-Studie zeigt aber auch auf, daß den sadistischen Morden eine aggressive und nicht etwa eine *sexuelle* Motivation zugrundeliegt. Dies drücken die sadistischen Mörder auch direkt aus: „Ich wollte ihren Körper so zerstören, daß sie nicht wie eine Person aussah, und sie zerstören, daß sie nicht existieren würde." - „Ich vergewaltigte das Mädchen nicht. Ich wollte es nur zerstören." (Hazelwood und Douglas, 1980, S. 4)

Woher diese starke Motivation zur Vernichtung des Opfers und der starke „Antrieb" zu den Taten stammt, erklären Ressler u.a. (1985, S. 9): „Der intensive Wunsch, stark und mächtig zu sein und Kontrolle (über die Situation, andere Menschen und ähnliches) zu haben, wird zum Zwang, durch Aggression zu dominieren. Dieser Wunsch ergibt sich aus der Art und Weise, wie die Täter auf Mißbrauch in ihren Familien reagierten. Er äußerte sich danach in ihren Phantasien und später in ihren Taten."

4.4.3.2 Das Märchen vom „Sexual"mord

4.4.3.2.1 Komponenten der Sexualität

Es könnte jetzt die Frage auftauchen, ob bei sadistischen Mördern nicht doch eine sexuelle Komponente vorliegt. Bei „motivlosen" Morden - etwa wenn keine Bereicherungsabsicht oder vorherige Streitigkei-

ten vorliegen - sprechen Ressler u.a. (1986 a) vom Täter als einem „Sexualmörder", wenn folgende Kriterien bei der Tat vorliegen:
- unordentliche Bekleidung oder Fehlen von Bekleidung beim Opfer
- Bloßstellung von sexuellen Körperteilen des Opfers
- das Opfer wird in eine sexuelle Position gelegt
- Einführung von Fremdobjekten in Körperöffnungen
- Hinweis auf Geschlechtsverkehr.

Diese Kriterien lagen bei den 36 vom FBI untersuchten sadistischen Mördern vor. Warum aber trotzdem der Begriff „*Sexual*mörder" irreführend ist, wird bereits deutlich, wenn man die verwandten Begriffe „Lustmörder" und „Triebtäter" betrachtet.

Hazelwood und Douglas (1980) bezeichnen als „Lustmörder", d.h. einen (kontrollierten oder unkontrollierten) sadistischen Mörder als jemanden, der einen Mord in brutal-sadistischer Weise *begeht*. Hier wird also aus der Tat*ausführung* auf die Lust des Täters am Quälen und Töten geschlossen. Ebenso wird in dem Begriff „Triebtäter" zunächst nur das Ungesteuerte, Zwanghafte, „Triebhafte" des Verhaltens formuliert. Die eigentlich mehrdeutigen Begriffe „Lustmörder" und „Triebtäter" werden aber dann in zu eingeengter Perspektive gesehen.

Da „Lust" und „Trieb" *auch* bei Sexualität vorkommen, werden sie bei sadistischen Morden ausschließlich als *sexuelle* Elemente gedeutet. Dies ist keineswegs nur ein sprachliches Problem, dies hat - wie noch gezeigt werden wird - auch erhebliche praktische Konsequenzen.

Viele Mißverständnisse ließen sich vermeiden, wenn man die Betrachtungsweise von dem viel zu allgemeinen Begriff „Sexualität" zu verschiedenen „Modalitäten", „Reaktionsebenen" verlagern würde (s. BASIC ID, Kap. 1).

Dieses Modell zeigt, wie mißverständlich es sein kann, wenn man auf die unterschiedlichsten Phänomene den Begriff „Sexualität" undifferenziert anwendet. Man vergleiche dazu ein Liebespaar mit erotischen Phantasien, normalen physiologischen Reaktionen und sexuellen Beziehungen mit dem deutschen Serienmörder Peter Kürten, der (mindestens) neun Menschen vor dem 2. Weltkrieg ermordete. Er war sexuell schwer erregbar und hatte Schwierigkeiten hinsichtlich Erektion und Ejakulation. In Haftanstalten machte er die Erfahrung, daß er auch ohne sexuelle Handlungen zu einem spontanen Samenerguß kam. Er betonte ausdrücklich (Lenk u. Kaever, 1974, S. 126), daß sich seine Phantasie dabei deutlich von der anderer Gefangener unterschied: „Ich denke nicht an nackte Weiber. Aber wenn ich in der Zelle alleine war, dann habe ich mir immer was anderes vorgestellt - Gewalttätigkeiten, und das war für mich ein Genuß." Er stellte sich dabei zum Beispiel Bauchaufschlitzen vor und wie sich die Öffentlichkeit darüber entsetzen würde. Auch dieser Gesichtspunkt „Entsetzen der Öffentlichkeit" zeigt, daß Kürten, wie auch andere Täter, nicht zur „Befriedigung des Geschlechtstriebs" handelte, sondern um ein erhöhtes Aktivierungsniveau („Thrill") zu erreichen.

Ressler u.a. (1986 a, S. 10, 11) weisen hierbei auf das „Hochgefühl" einiger Mörder nach der Tat hin: „Sie haben die Normen verletzt, sie haben getötet"; einer erlebte es, als er den Leichnam mit dem Auto wegfuhr, andere durch das Telefonieren mit der Polizei nach der Tat oder durch das in der Menge der Schaulustigen am Tatort sein und ähnliches.

Ein anderer Mörder wurde im Gefängnis immer mehr durch Gedanken erregt, die sich mit dem Verstecken des Leichnams und dem Austricksen der Polizei beschäftigten.

Es wird nun häufig nicht beachtet, daß ein Hochgefühl oder ein prikkelndes Körpergefühl unspezifische Begleiterscheinungen unterschiedlichster Gefühle sein können, die man in bestimmten aufregenden Situationen empfinden kann (so zum Beispiel den „Thrill", den ein Motorradfahrer bei Fahrten mit hoher Geschwindigkeit oder der Kinobesucher beim Anblick eines „Thrillers" erleben kann oder den Kürten erlebte, wenn er andere in Angst und Schrecken versetzt hatte.) Man kann das Vorliegen derartiger Empfindungen, nur weil sie *auch* bei sexuellen Beziehungen vorkommen, nicht einfach als sexuell orientiert deuten!

Bei einer genauen Analyse stellt sich also heraus, daß bei einem sogenannten „Sexualmord" viele Komponenten der Sexualität überhaupt nicht vorhanden sind. Selbst wenn *Handlungen* vorkommen, die man als sexuell deuten kann, sind doch erhebliche Unterschiede zur normalen Sexualität feststellbar. Eine Parallele ist hier zu dem Delikt „Vergewaltigung" sichtbar, das von manchen Autoren als *pseudosexuelles* Verhalten" bezeichnet wird, „das primär nicht sexuellen Motiven dient" (Hazelwood, 1983, S. 1).

4.4.3.2.2 Sexualstörungen bei „Sexual"straftätern

Daß man bei Vergewaltigungen und sadistischen Morden häufig eine sexuelle Motivation vermutet und meint, der Täter sei von einem starken sexuellen Bedürfnis, Trieb zu seinem Verbrechen getrieben, ist eigentlich erstaunlich, denn gerade bei diesen Tätern sind die sexuellen Handlungsmöglichkeiten sehr defizitär. Bei Vergewaltigern findet man nämlich genauso häufig sexuelle Störungen wie in der Normalbevölkerung, vor allem Erektionsschwierigkeiten und Ejakulationsprobleme. Dies ist eigentlich nicht erstaunlich, wenn man die sexualwissenschaftliche Erkenntnis berücksichtigt, daß das normale sexuelle Verhaltensmuster gestört wird, wenn zum Beispiel nichtsexuelle, nichterotische innere Monologe, Imaginationen und Kognitionen vorliegen. Vereinfacht

ausgedrückt: Wer in seinen Gedanken stark an Angst oder Schuldgefühlen orientiert ist (weil er zum Beispiel in seiner Erziehung beigebracht
bekam: „Sexualität ist etwas Schlechtes, Sündhaftes"), wird hinsichtlich
seines sexuellen „Funktionierens" gestört sein. Und wer, wie viele Vergewaltiger oder sadistische Mörder, keine positiven erotischen Vorstellungen hat, sondern dessen Denken und Fühlen durch zwanghaftes aggressives Denken und Fühlen eingeengt wird, wird den normalen sexuellen, auf erotischen Reizen aufgebauten Ablauf des Geschlechtsakts
kaum erleben. Seine feindseligen Kognitionen und Imaginationen lenken ihn gewissermaßen vom Wesentlichen ab.

Betrachtet man in diesem Zusammenhang die sadistischen Mörder, so
zeigten sie sexuelle Probleme: sexuelle Konflikte (69 %), sexuelles Unwissen (59 %), mangelnde sexuelle Fähigkeiten (69 %), sexuelle Hemmung (61 %), Sexualstörungen (56 %) (Ressler u.a., 1986 a, S.277). 26
der 36 in der FBI - Studie untersuchten Täter äußerten eine deutliche
Abneigung oder Hemmung gegen sexuelle Handlungen (in gegenseitigem Einverständnis) mit Gleichaltrigen, wobei vor allem in ihrer Kindheit sexuell mißbrauchte Täter Abneigung gegen Sexualität äußerten.
Interessant ist, daß vor allem diese Gruppe ihre Opfer vorwiegend nach
deren Tod an Brüsten, Geschlechtsorganen, Bauch verstümmelte.

4.4.3.2.3 Die aggressiven Phantasien sadistischer Mörder

Bei präziser Analyse der Taten sadistischer Mörder kann man feststellen, daß in ihren Handlungen und Phantasien keine „sexuelle Begier-
de" vorhanden ist, selbst dann nicht, wenn sexuelle Handlungen vorkommen. Ressler u.a. (1985, S. 5/6) stellen dazu fest: „ ‚Vergewaltigungsphantasien' reichen von ‚Macht und Kontrolle über ein Opfer haben' bis hin zu gewalttätigeren sadistischen Phantasien. Diejenigen, die
vergewaltigen, bevor sie töten, suchen andere zu dominieren, gleichgültig der Konsequenzen; diejenigen, die sexuelle Handlungen nach dem
Tod begehen (Nekrophilie), benötigen die Abwesenheit von Leben, um
totale Dominanz zu haben, ohne Furcht vor Widerstand und/oder Zurückweisung. In beiden Fällen gibt es eine große Anzahl von sexuellen
Störungen, am häufigsten mangelnde Ejakulation. Dieses Versagen wird
dem Opfer zugeschrieben und mag einen Teil zur Eskalation zum Mord
beitragen."

Dieses Zitat ist in zweierlei Weise geeignet, um dem weitverbreiteten
Mythos von „Sexualmord" aus einem übersteigerten Sexualtrieb heraus
entgegenzuwirken:

1. In Wirklichkeit ist die Handlung motiviert durch Feindseligkeit und/
oder Machtbedürfnis.
2. Die sexuellen Handlungsmöglichkeiten sind defizitär.

Fazit: Eine genaue, tiefergehende Analyse von sogenannten „Sexual-morden" zeigt auf, daß die Erklärungsversuche auf Basis sexueller Motivationen unangemessen sind. (Das gilt übrigens auch für andere Delikte, wie Formen von Brandstiftungen, Diebstähle, Vandalismus). Dazu liefert gerade die moderne Sexualwissenschaft wichtige Hinweise. So weisen zum Beispiel Masters und Johnson (1970) darauf hin, daß eine Erektion keineswegs immer mit Sexualität gekoppelt sein muß.

Das Verwechseln sexueller mit aggressiver Motivation hat aber erhebliche praktische Konsequenzen. Anstatt die Kognitionen und Phantasien solcher Straftäter aggressionsfrei zu gestalten, wie dies zum Beispiel Abel und andere (1976) bei Vergewaltigern praktizierten, versuchte man lange, „Sexualstraftäter" mit „sexualhemmenden Mitteln", Gehirnoperationen oder Kastrationen von ihrem „starken Sexualtrieb" zu „heilen".

4.4.4 Die Persönlichkeitsentwicklung sadistischer Mörder

4.4.4.1 Wie entstehen aggressive, sadistische Phantasien, woher kommt die Freude am Quälen?

Die Analyse der Lebensgeschichte von 36 sadistischen Mördern (alle männlich; die meisten waren Weiße) ergibt zunächst ein erstaunliches Bild. Denn eigentlich hatten die meisten der Täter, auf den ersten Blick gesehen, sehr gute Voraussetzungen für ein erfolgreiches, nichtkriminelles Leben gehabt:

Die meisten waren überdurchschnittlich intelligent (29 % waren von durchschnittlicher, 39 % von überdurchschnittlicher und 15 % von weit überdurchschnittlicher Intelligenz).

Sie hatten zumeist ein angenehmes Äußeres, nur wenige hatten körperliche Mängel, die sie aus der Gruppe der Altersgenossen negativ heraushoben.

Die meisten waren die ältesten Söhne in der Geschwisterreihe (Erst-oder Zweitgeborene) oder Einzelkinder, was sie in der Zeit, als sie geboren wurden (50er oder 60er Jahre), zu bevorzugten Söhnen machte (Ressler u.a., 1985). Vier waren Adoptivkinder. Auch Armut spielte keine Rolle bei ihrer kriminellen Karriere. Obwohl die meisten Väter keinen qualifizierten Arbeitsplatz hatten, besaßen sie einen sicheren Arbeitsplatz und ein sicheres Einkommen. Nur fünf Täter beschrieben die wirtschaftlichen Familienverhältnisse als „unterdurchschnittlich". In der Jugend lebten die meisten Täter in Familien, wo beide Eltern anwesend waren, 50 % der Mütter waren Hausfrauen.

Angesichts des Vorliegens dieser positiven Merkmale, die im Gegensatz zu dem stehen, was üblicherweise mit dem Entstehen von Kriminalität in Verbindung gebracht wird, ist die Frage berechtigt: Was lief hier schief? Wie kann unter solchen Voraussetzungen ein sadistischer Mörder entstehen?

Offensichtlich genügt es nicht, das Vorliegen dieser Merkmale nur formal zu betrachten. Wesentlich ist nämlich auch die *Qualität* der familiären Verhältnisse. In den Familien der späteren Mörder waren zumeist erhebliche Probleme vorhanden gewesen:

- Kriminalität   (in 50% der Fälle)
- psychiatrische Probleme   (53,3%)
- Alkoholmißbrauch   (69%)
- Drogenmißbrauch   (33,3%)
- sexuelle Probleme   (46,2%) (Burgess u.a., 1986).

Hier wird bereits deutlich, daß die späteren sadistischen Mörder vom Normalen abweichende Erziehungsbedingungen erlebten. Normalerweise fördern Eltern durch Freundlichkeit, Einfühlung, Eingehen auf die Probleme und Sorgen der Kinder, Vorbildwirkung und ein gemäßigtes Maß an Lenkung und Anweisung das Auftreten freundlichen und kooperativen Verhaltens bei ihren Kindern (Füllgrabe, 1975).

Demgegenüber berichteten die Täter von einem kalten, wenig fürsorglichen Verhalten der Eltern. Die Erziehung wurde als unfair, feindselig, unbeständig und mißbrauchend beschrieben. Die Eltern waren völlig mit ihren eigenen Problemen (Kriminalität, Alkohol, Drogen, abweichendes sexuelles Verhalten) beschäftigt und stritten sich häufig. Während sie also den Kindern wenig Hilfe und Anleitung boten, waren sie gleichzeitig Modellpersonen, „Vorbilder" für abweichendes Verhalten: Kriminalität, Sucht und schlechte zwischenmenschliche Beziehungen.

Schlüsselt man die innerfamiliären Beziehungen auf, so kann man feststellen, daß die meisten schlechte Beziehungen zu ihren Vätern hatten, 16 der Täter berichteten von kalten und wenig fürsorglichen Beziehungen zu ihren Müttern. Wenige Bindungen hatten sie an Geschwister - falls solche überhaupt vorhanden waren (Ressler u.a., 1985). Die Familienbindungen erwiesen sich auch als brüchig: In 47% der Fälle verließ der Vater die Familie, bevor das Kind 12 Jahre alt war. Deshalb ist es nicht erstaunlich, daß in 21 Fällen die Mutter als der dominierende Teil während der Erziehung bezeichnet wurde. Der Verlust des Vaters hatte noch weitere Konsequenzen: Viele der späteren Täter mußten sich einem neuen männlichen Familienoberhaupt anpassen.

Innerfamiliär konnten also die gefühlsmäßigen Bedürfnisse der Kinder kaum befriedigt werden. Dies kann unter Umständen durch gute außerfamiliäre Beziehungen kompensiert werden. Doch auch diesbezüglich waren die späteren Täter benachteiligt. Die Instabilität der Familie hatte nämlich ihre Parallele in der Instabilität des Wohnortes (68% der Fälle). Hinzu kommt, daß 40 % außerhalb der Familie lebten, bevor sie 18 Jahre alt geworden waren: in Adoptivheimen, Erziehungsheimen, psychiatrischen Kliniken u.s.w. All dies verhinderte den Erwerb prosozialer Verhaltensweisen und formte ein spezifisches Problem heraus, das Bezug zu den späteren Taten hatte: die Isolation von anderen Menschen.

4.4.4.2 Konsequenzen der Erziehungsbedingungen

Die Bedingungen, unter denen sich die Persönlichkeitsentwicklung vollzog, hatte erhebliche Auswirkungen auf ihr Verhalten. Aus einer Checkliste ging hervor, daß die späteren Täter folgende Probleme in ihrer Kindheit hatten: Tagträume (82 %), zwanghafte Masturbation (82 %), Isolation (71 %), „chronisches Lügen" (71 %), Bettnässen (68 %), rebellisches Verhalten (67 %), Alpträume (67 %), Zerstören von Eigentum (58 %), Feuer legen (56 %), Stehlen (56 %), Grausamkeit gegenüber Kindern (54 %), schlechtes Selbstbild vom eigenen Körper (52 %), Selbstverstümmelung (19 %). Viele dieser Symptome waren auch noch im Erwachsenenalter im gleichen Ausmaß vorhanden, dann begingen übrigens 32 % Selbstverstümmelungen.

Trotz Intelligenz und Fähigkeiten auf vielen Gebieten konnten die Täter ihr Potential nicht voll ausschöpfen. Ihre Leistungen in der Schule, im Beruf oder beim Militärdienst waren oft schlecht. Die meisten wurden (z.T. unehrenhaft) verfrüht aus dem Militärdienst entlassen. Ihre sexuellen Beziehungen waren schlecht.

All dies könnte man mit ihrem geringen Selbstwertgefühl erklären, das *vor* dem Morden gering war. Schon im frühen Lebensalter hatten sie das Gefühl des Versagens. Vermutlich diente ihr Phantasieleben, in dem alles kontrolliert werden kann, als Kompensation für die schlechten Leistungen (Ressler u.a., 1985). Damit wird ein Bereich menschlichen Verhaltens angesprochen, der im kriminologischen Bereich immer noch zu wenig beachtet wird: das innere Erleben.

Da menschliches Verhalten durch innere Monologe gesteuert wird, in denen kognitive Elemente, Weltbilder, Einstellungen, Phantasie die inhaltliche Rolle spielen, ist es aufschlußreich, diese Aspekte bei den sadistischen Mördern zu untersuchen.

Aus den bisher erwähnten Erkenntnissen über sadistische Mörder läßt sich leicht ableiten, daß durch die Erziehungsbedingungen negative Weltbilder und Einstellungen gegenüber Mitmenschen entstanden:

Abwertung anderer Menschen

Sie fühlen keine Bindung an andere Menschen, beschreiben sich als Einzelgänger und fühlen sich als anders als ihre Altersgenossen. Sie sind selbstbezogen. Bindungen an andere haben für sie keinen Wert. Sie nehmen keine Rücksicht auf die Bedürfnisse anderer oder sind nicht sensitiv für die Bedürfnisse anderer Menschen.

Die Welt wird als ungerecht erlebt

Die Erziehung, Schulversagen und andere Leistungsmängel werden als Teil einer ungerechten und unfreundlichen Welt wahrgenommen. Daraus ergibt sich die Einstellung, daß andere Menschen für ihr Schicksal verantwortlich seien.

Autoritäten und das Leben werden als unbeständig und unvorhersagbar angesehen.

Deshalb trauen die Täter Autoritätspersonen nicht und schätzen sie gering.

Zwang, mit Aggression zu dominieren

Der intensive Wunsch, stark, mächtig zu sein und stets alles unter Kontrolle zu haben, wird zu einem zwanghaften Streben, durch Aggression zu herrschen. Dieser Wunsch ist das Ergebnis der Art und Weise, wie die Täter auf die lieblose, strafende und mißbrauchende Atmosphäre in ihrer Familie reagierten. Der Wunsch nach Dominanz drückt sich zunächst in ihren Phantasien und später in ihren Taten aus. (Ressler u.a., 1985)

4.4.4.3 Sadistische Phantasien

Die erwähnten Phantasien haben einen direkten Bezug zu den späteren sadistischen Morden. Es ist verständlich, daß die gefühlsmäßige Vernachlässigung und die Isolation zu einer Hinwendung zum Phantasieleben führten, als Flucht aus unbefriedigenden Familiensituationen und Lebensumständen. Allerdings ist das keine Flucht in eine bessere Welt, auch sind die Phantasien nicht konstruktiv oder kreativ. Vielmehr berichteten viele sadistische Mörder, daß das Phantasieleben, das in ihrer Entwicklung eine große Rolle spielte, vorherrschend gewalttätige und sadistische Inhalte hatte. Zwanzig Täter hatten Vergewaltigungsphantasien gehabt, bevor sie 18 Jahre alt waren, und sieben verwirklichten diese Phantasien innerhalb eines Jahres, nachdem sie sich ihrer bewußt geworden waren (Ressler u.a.,1985).

Wie kommt es zu der Entstehung von *Vergewaltigungs*phantasien?

Eine Antwort auf diese Frage und damit den Schlüssel zum Verständnis der Entstehung sadistischer Morde liefert folgende Erkenntnis: Bei

12 (von 31 interviewten) Tätern wurde festgestellt, daß sie in ihrer Jugend sexuell mißbraucht worden waren. Dies hatte erhebliche Auswirkungen auf ihre Persönlichkeitsentwicklung, denn es traten zahlreiche Störungen auf.

Auch die sexuelle Entwicklung wurde nachhaltig beeinträchtigt:

- sexuell mißbrauchte Täter begannen weitaus früher, Vergewaltigungsphantasien zu entwickeln, als Täter, die in ihrer Kindheit nicht sexuell mißbraucht worden waren.
- sexuell Mißbrauchte hatten in einem früheren Alter sexuelle Beziehungen (bei denen beide Partner sexuelle Beziehungen wünschten) aufgenommen. Daß aber kein starkes sexuelles oder erotisches Bedürfnis dahintersteckte, zeigt folgende Feststellung:
- Mörder, die als Kinder sexuell mißbraucht worden waren, berichteten weitaus häufiger als Nichtmißbrauchte von Abneigung gegen sexuelle Beziehungen!
- sexuell Mißbrauchte verstümmeln ihre Opfer häufiger als die nichtmißbrauchten sadistischen Mörder.

Wenn auch sexueller Mißbrauch in der Kindheit nicht der ausschließliche Faktor für das Auftreten von Vergewaltigungsphantasien sein muß, so muß doch auf ein dem sadistischen Mord „verwandtes" Delikt hingewiesen werden, bei dem Parallelen auftauchen: dem „Serienvergewaltiger" (Hazelwood und Warren, 1989). Obwohl auch diese in guten wirtschaftlichen Verhältnissen aufwuchsen, wurden sie zumeist gefühlsmäßig vernachlässigt; 76 % waren als Kinder sexuell mißbraucht worden. Sie erlebten auch Gewalttätigkeiten bei sexuellen Handlungen.

Wenn es auch bestimmte Parallelen zwischen Serienvergewaltigern, Vergewaltigern, die ihre Opfer aus Angst vor Entdeckung töten, und sadistischen Mördern gibt - gleichzeitiges Vorkommen von Gewalt und sexuellen *Handlungen* bei Abwesenheit einer sexuellen, erotischen *Motivation* - so weisen Ressler u.a. (1986a, S. 283) auf folgenden Unterschied hin: „Vergewaltiger, die morden, berichten selten von sexueller Befriedigung durch den Mord, noch begehen sie sexuelle Handlungen nach dem Tod des Opfers. Demgegenüber tötet der sadistische Mörder, manchmal auch **Lustmörder** genannt, vorher oder gleichzeitig, indem er eine ritualisierte sadistische Phantasie auslebt."

4.4.4.4 Die sexuelle Entwicklung

Da man sadistischen Mördern oft fälschlicherweise eine starke sexuelle Motivation unterstellt, ist es wichtig, ihre sexuelle Entwicklung und Verhaltensweisen zu untersuchen.

Nach ihren sexuellen Aktivitäten und Bevorzugungen befragt, gaben die sadistischen Täter an:

- Pornographie (81 %)
- zwanghafte Masturbation (79 %)
- Voyeurismus (71 %)

Es ist bezeichnend, daß es sich hierbei um „autoerotische" sexuelle Aktivitäten handelt, also um einzelgängerische Arten des sexuellen Ausdrucks (Ressler u.a., 1985).

Obwohl 20 Täter von sexuellen Beziehungen im gegenseitigen Einverständnis der Partner bis zum Orgasmus berichteten, war bei ihnen kein intensives Verhalten mit Gleichaltrigen vorhanden gewesen. Die anderen 16 hatten niemals normale Sexualität (im gegenseitigen Einverständnis der Partner) erfahren (Ressler u.a., 1985).

Einige Täter beschrieben auch die Entwicklung von Interesse an sexuellen Fetischen. Ungefähr im Alter von 5 Jahren entwickelten sie starke Interessen und Bevorzugungen hinsichtlich Damenunterwäsche, hochhackigen Schuhen und Stricken. Als sie zu morden begannen, gewannen diese Dinge an Bedeutung für die ritualisierte Seite ihrer Morde.

Einige Eltern berichteten auch von autoerotischen Spielen in der Kindheit der Täter, die zumindest teilweise durch Erwachsene veranlaßt worden waren.

Man kann also feststellen, daß sich bei sadistischen Mördern die Sexualität, wie auch das übrige Verhalten, von Anfang an anders entwickelt hat als bei anderen Menschen. Wichtig ist hierbei das Vorkommen isolierten, autoerotischen Verhaltens. Man kann deshalb sagen: Im Zusammenhang mit Isolation kann sich keine Sexualität entwickeln, die auf Zuneigung, Vergnügen, Freundschaft und Partnerschaft beruht.

4.4.4.5 Isolation und gefühlsmäßige Aktivierung durch sadistische Morde

Wie am Beispiel der sexuellen Entwicklung aufgezeigt, hat das isolierte Aufwachsen erhebliche negative Auswirkungen auf die Persönlichkeitsentwicklung.

Die starke Isolation bewirkt, daß das Kind sich dem Phantasieleben zuwendet, als Ersatz für zwischenmenschliche Begegnungen. Die individuelle Persönlichkeitsentwicklung wiederum wird immer mehr vom Phantasieleben und seinen vorherrschenden (aggressiven) Themen abhängig und nicht von sozialen Interaktionen. Deshalb können sich auch kaum entsprechende soziale Werte entwickeln wie z. B. Achtung vor dem Leben, Eigentum anderer, Rücksicht auf die Bedürfnisse anderer Menschen. Verständlich wird in diesem Zusammenhang auch das „chronische Lügen", das kennzeichnend ist für das mangelnde Vertrauen in die Mitmenschen und für Mangel an Einbindung in „eine Welt von Regeln und Verhandlungen" (Burgess u.a., 1986). Die Isolation vermindert auch die Möglichkeiten, durch Erfahrungen mit anderen Menschen ihr Bild von sich, ihren Mitmenschen und der Welt zu ändern.

Die Phantasie hat aber nicht nur eine kognitive, rein geistige Seite, sondern auch eine gefühlsmäßige. Wer an eine erfolgreich bewältigte Situation oder einen sympathischen Menschen denkt, oder dies sich in seiner Phantasie ausmalt, fühlt sich wohl; er kann auch angenehme Körpergefühle empfinden. Demgegenüber kann das Denken an einen Mißerfolg, einen unsympathischen Menschen usw. negative Gefühlszustände auslösen.

Untersucht man nun, welche psychologischen Dimensionen hinter einem derartigen negativen Gefühlszustand stehen, wie ihn sadistische Mörder empfinden, so kann man feststellen, daß die Gefühle zunächst gekennzeichnet sind durch:
- Unlust (man fühlt sich negativ, unwohl, unglücklich)
- Unterordnung (man fühlt sich machtlos, man hat sein Schicksal nicht unter Kontrolle)
- Nichterregung, Langeweile

Derartige Gefühlszustände sind unbefriedigend und unangenehm. Es gibt nun verschiedene Möglichkeiten, derartige Gefühlszustände zu verändern und
- Unlust in Lust (einen angenehmen Gefühlszustand),
- Unterordnung in Dominanz (man hat Macht, man hat andere Menschen und die Situation unter Kontrolle),
- Nichterregung in Erregung (man hat starke Empfindungen, man erlebt ein hohes Aktivierungsniveau, „Thrill", „Kick")

zu verwandeln (s. Kap. VII, 1.4.2): Alkohol, Rauschgift, Schaffung einer reizintensiven Umwelt u.ä. Vor allem aber wirkt in dieser Hinsicht das Ausüben von Gewalt, aggressives Handeln. Wenn erst einmal die Hemmungen gefallen sind und die Person das berauschende Gefühl der Macht erlebt, plötzlich Macht über andere Menschen zu haben, dann wirkt das bekräftigend: Die Aggression wird intensiver (und kann sich bis zur Raserei steigern); die Person wird außerdem versuchen, immer wieder dieses angenehme Gefühl und das körperliche Wohlbehagen zu erleben. Gewalt und Sadismus können so zu einer Art Rauschmittel werden.

Dieses Modell kann auch auf sadistische Mörder angewandt werden. Bei ihnen ist nicht die zwischenmenschliche Begegnung, sondern ihre Phantasie die primäre Quelle ihrer Gefühle. Diese Phantasie ist aber nicht positiv. Vielmehr ist die innere Welt dieser Täter beherrscht von „problembeladenen, freudlosen Gedanken an Dominanz über andere" (Burgess u.a., 1986). Diese Gedanken münden dann in eine Fülle von

Handlungen, die gegen andere gerichtet sind. Während der Kindheit können dies sein: Grausamkeit gegen Tiere, Mißbrauch von anderen Kindern, negative Spielmuster, Feuerlegen, Stehlen, Eigentum zerstören. Als Jugendlicher und Erwachsene zeigen sie Handlungen, die noch gewalttätiger sind: Körperverletzung, Einbruch, Brandstiftung, Entführung, Vergewaltigung, „nichtsexuellen" Mord und schließlich sadistischen Mord, der beinhaltet: Vergewaltigung, Folter, Verstümmelung, bis hin zur Leichenschändung.

Die sadistischen Morde selbst können das Phantasieleben vertiefen: Ein Täter sann im Gefängnis in seiner Phantasie darüber nach, Frauen zu töten und ihre Körper zu zerstückeln. Im Laufe der Zeit wurde er immer mehr erregt durch seine Gedanken an das Verstecken der Leichen und dem Austricksen der Polizei (Burgess u.a., 1986).

4.4.5 Der sadistische Mord

4.4.5.1 Der psychologische Weg zum Mord

Die meisten der sadistischen Mörder waren sich der zentralen Rolle der Phantasie in ihrem Leben bewußt. Zur Illustration der Entwicklung zum Mord kann folgende Aussage eines Mörders dienen: „Ich wußte schon lange, bevor ich zu töten begann, daß ich einmal töten würde, daß es so enden würde. Die Phantasien waren zu stark. Sie dauerten zu lange an, und sie waren zu ausgefeilt." (Ressler u.a., 1985, S. 8). Selbst die Personen, die sich ihrer nicht bewußt waren, berichteten, daß ihre Gedanken auf Rache und Vergeltung ausgerichtet waren, wenn sie sich als frustriert, zurückgewiesen, betrogen oder geringschätzig behandelt sahen.

Wenn auch der langjährige Hang zu gewalttätigen Phantasien schließlich in den ersten Mord mündete, so sind doch *bis zum ersten Mord* viele der Motive und Absichten in den Phantasien vage und unzusammenhängend.

Nachdem der Mord Realität geworden ist, kommt es zur Rückkopplung mit der Phantasie, und diese wird strukturierter. Die meisten der Phantasien vor dem Mord konzentrieren sich auf das Töten, während sich die Phantasie nach dem ersten Mord auf die Vervollkommnung verschiedener Phasen des Mordes beziehen. So wird der sadistische Mörder (ein Begriff, der *inhaltlich* seine Taten beschreibt) zum *Serienmörder*, der im Laufe der Jahre viele Menschen mordet.

Um die unterschiedliche Tatausführung einzelner Täter zu verdeutlichen, soll der zeitliche Ablauf möglicher Handlungen bei einem sadistischen Mord auf folgender Skala dargestellt werden:

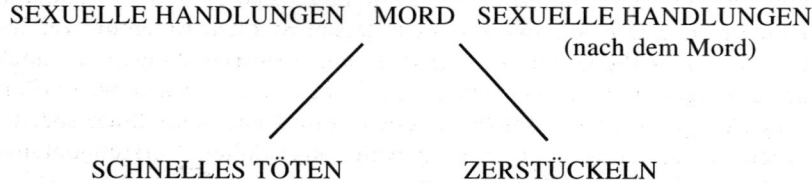

SEXUELLE HANDLUNGEN   MORD   SEXUELLE HANDLUNGEN
                                      (nach dem Mord)

SCHNELLES TÖTEN   ZERSTÜCKELN

4.4.5.2 Phasen des sadistischen Mordes

Phase 1: Planung, Denken an Mord

Der Mörder, der sich seiner sadistischen Phantasien bewußt ist, plant das Delikt bewußt und geht die Tat in seiner Phantasie noch einmal durch. Die Phantasie beinhaltet Gewalt, Folter, Sexualität, aber auch das Schicksal des Opfers.

Für den Mörder, der sich seiner sadistischen Phantasien nicht bewußt ist, kann eine Person oder eine Situation als Hinweisreiz für den Glauben an eine ungerechte Welt dienen. Der Täter fühlt sich ungerecht behandelt (z.b. „Man hat mich ausgelacht!"), und dies dient als Rechtfertigung zum Töten.

Mörder, deren Tat durch einen situativen Reiz ausgelöst wurde, sagen häufig, daß sie sich zwar an den Mord selbst, aber nicht an die Vorgänge *vor* dem Mord erinnern könnten. Sie befanden sich in einer gefährlichen Situation wieder, und sie handelten mit explosiver Wut: „Sie schrie, und ich erwürgte sie" (Ressler u.a., 1985, S. 10).

Phase 2 : Das Ausführen des Mordes

Mit der Auswahl des Opfers beginnt das Ausleben der Phantasie. Das Opfer kann symbolisch für jemand in der Lebensgeschichte des Täters stehen (z.b. für die Schwester des Täters, der gegenüber er Eifersucht hegt).

Auch gewisse Handlungen des Opfers können die Phantasie auslösen. Ein Mörder, der seine Opfer unter Anhalterinnen auswählte, sagte: „Sie spielte ihre Rolle gut, das große schöne Lächeln und das Einsteigen in das Auto, was irgendwie tragisch war, aber sie hatte durch ihr Verhalten signalisiert, „weggefegt" zu werden" (Ressler u.a., 1985).

Manchmal kann, wenn keine Planung vorliegt, die innere Unzufriedenheit oder eine Verstimmung (fühlt sich nicht wohl, war depressiv o.ä.) zur spontanen Auswahl eines Opfers führen: „Ich weiß nicht, was mich veranlaßte, sie zu töten. Ich weiß sogar nicht, warum ich sie vergewaltigte. Ich hatte zuhause eine gut aussehende Frau. Ich sah sie in ihr Auto einsteigen, und ich stand auf, stieg zu ihr ins Auto, schrie sie an, legte sie dort nieder, wo ich sie vergewaltigte. Ich sagte ihr, daß ich sie nicht verletzen wollte, aber dann begann ich sie zu würgen." (Ressler u.a., 1985, S. 9)

Beim Töten des Opfers kommt der Täter von der Ebene der Phantasie zur Ebene der Realität, die ganz anders aussehen kann, als er sich das vorstellte. Beispielsweise kann es der Fall sein, daß das Opfer nicht stirbt, wie der Täter es plante. Der Täter muß evtl. mehr Gewalt benutzen, er hat mehr Angst als erwartet, oder er kann darüber erstaunt sein, daß er sich erregt fühlt. In dieser zweiten Phase erleben einige Täter ein Hochgefühl - sie haben die Normen verletzt, sie haben getötet (Gefühl der Dominanz, Kontrolle über alles zu haben).

Der große Einfluß der Phantasie während des Mordes wird durch einen Fetisch-Dieb verdeutlicht. Er tötete seine Opfer nur dann, wenn er gestört wurde, aber nicht aus Angst, identifiziert zu werden. Er führte nur seine intensiven Phantasien aus, und die unerwartete Unterbrechung machte ihn wütend. Er handelte aus dieser Wut heraus und fühlte sich für diesen Mord gerechtfertigt.

Phase 3: Was tun mit dem Körper des Opfers?

Einige Mörder bedecken den Körper des Opfers, waschen die Wunden oder sorgen sonstwie für den Körper des Opfers - eine Reaktion, die Bedauern oder Sorge verrät (Ressler u.a., 1985). Einige Täter verstekken oder vergraben den Körper; andere legen den Leichnam an einem öffentlichen Ort ab, in der Hoffnung, daß dies die Öffentlichkeit schokkieren und verletzen wird.

Derartige Handlungen, aber auch Folterungen des Opfers (durch Schlitzen, Schneiden, Brennen, Haare oder Körperteile ausreißen, Beißen) sind nur verständlich, wenn man sich klar macht, daß der Täter dadurch unlustbetonte Gefühle in positive, lustvolle Gefühle verwandelt, das Gefühl der Machtlosigkeit in das der Macht und Dominanz und ein geringes in ein hohes Aktivitätsniveau. Dieser neuartige Gefühlszustand kann den Täter in einen rauschartigen Zustand versetzen.

Allerdings kann es auch bei der Umsetzung der Phantasie in die Realität zu Enttäuschungen kommen. Ressler u.a. (1985, S. 10) belegen dies am Beispiel eines Täters, der sich den Behörden gestellt hatte, nachdem sich die Realität des Mordes anders gestaltet, als er es sich in seiner Phantasie vorstellte: „Die Phantasien waren da, aber ich konnte nicht mit dem Tod und dem toten Körper umgehen." Im Gefängnis verwandte er viel Zeit dazu, über die Phase des Umgangs mit dem Leichnam nachzudenken und dies zu „bewältigen."

Phase 4: Nach der Tat

Wie im zuletzt zitierten Falle gibt es einige Täter, die aus Abscheu über das, was sie getan haben, sich der Polizei stellen. Aber auch dieser Täter ermordete nach seiner Freilassung acht weitere Frauen. Im allgemeinen konzentriert der Täter, nachdem durch seine Tat die Phantasie zur Realität geworden ist, seine Energie darauf, nicht gefaßt zu werden und sogar darauf, seine Methoden für den nächsten Mord zu verbessern.

Ein wichtiger Gesichtspunkt für das Verhalten nach der Tat stellt die Entdeckung des Leichnams dar. Diese Entdeckung ist manchmal in die Phantasie eingebettet, und der Mörder versucht, sein Erregungsniveau aufrechtzuerhalten. Er ruft evtl. die Polizei an, schreibt ihr oder hält sich in der Menge auf, wenn der Körper entdeckt wird (Ressler u.a., 1985).

4.4.5.3 Kontrollierte und unkontrollierte Mörder

Die Analyse der Taten von 36 sadistischen Mördern zeigte bestimmte Unterschiede zwischen kontrollierten und unkontrollierten Tätern auf. Diese Unterschiede sind zwar statistisch signifikant, es kommt aber zu Überschneidungen. Beispielsweise wurde in 43% der Fälle von kontrollierten Tätern höfliches Verhalten gezeigt, aber nur in 19% der Fälle von unkontrollierten Täter. Die Wahrscheinlichkeit, daß es sich bei einem höflich auftretenden Täter um einen kontrollierten Täter handelt, ist also groß, ausschließen kann man aber hier einen unkontrollierten Täter nicht absolut. Dies geht nur, wenn man die Gesamtheit der Merkmale, das Profil, betrachtet.

Kontrollierte Täter neigen eher zu:
- planen
- engen das Opfer durch Fesselung ein
- sexuelle Handlungen mit lebenden Opfern durchführen
- Kontrolle über das Opfer auszuüben (z.B. manipulativ, bedrohend, möchten, daß das Opfer Angst zeigt)
- benutzen ein Auto.

Unkontrollierte Täter zeigen eher folgendes Verhalten:
- lassen Waffe am Tatort zurück
- töten häufig schnell, um die Kontrolle aufrechtzuerhalten
- legen toten Körper in Position
- vollziehen sexuelle Handlungen am toten Körper
- versuchen, den Körper zu entpersönlichen
- benutzen kein Auto.

4.4.5.4 Abschreckende Faktoren

Kontrollierte Mörder, die eine bewußte Absicht zum Töten hatten, sagten, daß Faktoren wie Augenzeugen und Tatort keine große Rolle spielten, weil die Phantasie des Mörders so gut ausgefeilt war, daß alles unter Kontrolle war. Sie glaubten auch, daß sie nie gefaßt oder getötet werden würden, um gestoppt zu werden.

Andererseits gaben unkontrollierte Täter, die sich ihrer Absicht zu töten nicht bewußt waren, Faktoren an, die sie vom Töten abhalten könnten: an einem bevölkerten Ort sein, Augenzeugen in der Gegend haben oder Kooperation durch das Opfer.

Gewaltfreier Widerstand schreckte keinen der Mörder ab.

4.4.5.5 Verhalten der Opfer

Gewaltfreier Widerstand (Gehorsam oder sprachlicher Widerstand) wurde von 10 der 16 Opfer unkontrollierter Täter und 45 der 67 Opfer kontrollierter Mörder benutzt, und sie wurden trotzdem ermordet.

Schreien und Fliehen wurden von den Tätern als körperliche (gewaltsame) Reaktion der Opfer angesehen. Die Mörder zitierten solche Opferreaktionen spezifisch als Grund für ihre wachsende Aggression.

Eine gleichgroße Anzahl von Opfern hatte körperlichen Widerstand geleistet wie solche, die keinen Versuch des Widerstandes geleistet hatten.

Bei den 9 Opfern, die die Tat überlebten, spielte es keine Rolle, ob der Täter kontrolliert oder unkontrolliert war. Allerdings verdankten die Opfer nicht „Zufallsereignissen" ihr Leben, wie Ressler u.a. (1986b, S. 307) formulierten, sondern eigenem zielgerichtetem Verhalten.

Opfer, die Angriffe solcher Mörder überlebt hatten, hatten folgende Strategien benutzt: sich vor dem Angreifer verstecken, aus dem Auto springen, Tod vortäuschen, aus der Gegend fliehen, dem Angreifer die Waffe aus der Hand schlagen, um Hilfe schreien. Eine Frau wartete die günstige Gelegenheit ab, bis der Täter die Pistole nicht mehr auf sie richtete (er wollte ihre Hände zusammenbinden). Die Pistole war eine Todesdrohung, doch gefesselt zu werden, erhöhte die Verletzbarkeit der Frau. So riskierte sie den Kampf trotz Pistole. Bei diesem kontrollierten Täter reagiert das Opfer nicht so wie seine drei vorherigen Opfer. Sie fügte sich nicht seinen mehrfachen Drohungen und seiner Pistole.

4.4.6 Die Ermittlung sadistischer Mörder durch Täterprofile

4.4.6.1 Fehlerquellen bei der Erstellung von Täterprofilen

Angesichts der im Vergleich zu anderen Morden größeren Anonymität des Täters, ist es naheliegend, durch ein Täterprofil, durch die Beschreibung psychologischer Merkmale des sadistischen Mörders diesen zu entlarven. So verlockend diese Möglichkeit zu sein scheint, so problematisch wird dieses Vorgehen, wenn es sich nicht auf wissenschaftliche Kriterien stützt. Dies kann man an folgendem Beispiel erkennen, das Campbell (1976, S. 110) in seinem kritischen Bericht über Täterprofile schildert:

Im Jahre 1975 halfen mehrere Psychiater und Psychologen der Polizei von Los Angeles, das psychologische Profil eines Mörders zu erstellen, der im Zeitraum von zwei Monaten acht Männern in einem billigen Vergnügungsviertel die Kehle aufgeschlitzt hatte.

Die Polizei schilderte der Presse das Bild, das sie sich von dem Mörder gemacht hatte:
- Ein Weißer; männlich; späte 20er, frühe 30er Jahre alt
- mit strähnigen blonden Haaren, die bis zu den Schultern hängen
- schlechte Schulbildung
- ein Einzelgänger, ein Mann ohne Freunde
- evtl. körperliche Mängel
- Er sei von dem Wahn getrieben, diese Morde als Ersatz für normale heterosexuelle Beziehungen zu begehen. Vermutlich sei er homosexuell.
- Es wurden auch Rückschlüsse auf die Kindheit gezogen: „Ein Teil seines Hasses könnte auf eine unbewältigte Wut zurückgeführt werden, die er gegenüber seinem Vater empfindet, der ein brutaler Alkoholiker gewesen sein könnte."

Einige Formulierungen verließen den sachlichen Rahmen und waren als Provokation gedacht, als Versuch, den Täter zu einer Reaktion zu veranlassen und ihn dadurch überführen zu können:
- „Er ist ein sexuell impotenter Feigling, der seine eigenen Gefühle der Wertlosigkeit auf unglückliche menschliche Wracks und soziale Außenseiter ablädt. ... Er identifiziert sich stark mit den menschlichen Wracks und Herumtreibern, die er ermordet, ...er versucht seine eigenen inneren Konflikte dadurch zu lösen, daß er seinen Zorn und Hass nach außen wendet."

Gemäß Campbell (1976) erwies sich dieses Täterprofil nicht als hilfreich. Die Polizei kam ihm auf die Spur, nachdem er zwei (nicht tödliche) Körperverletzungen („Schlitzen") und einen Einbruch in das Haus des Filmschauspielers Burt Reynolds begangen hatte, das unmittelbar bei dem Ort der „Schlitzereien" lag. Bei der Flucht hatte der Täter einen Brief mit seinem Namen und seiner Adresse verloren.

Der Täter entsprach in verschiedener Hinsicht nicht dem Profil:

- Er war ein Schwarzer, kein Weißer mit langen blonden Haaren!
- Er war nicht impotent.
- Er hatte keine körperlichen Gebrechen.
- Er hatte nach eigenen Angaben seinen Vater nie kennengelernt.

Andere Merkmale trafen zu:
- Er war 33 Jahre alt.
- Er hatte eine schlechte Schulbildung.
- Er war homosexuell.
- Was seine „Identifikation mit Herumtreibern" anbelangt, so war auch er ein Gelegenheitsarbeiter, der sich in verschiedenen Gegenden herumtrieb.

Neben moralisierenden und abwertenden Bemerkungen ist bei dem Profil vor allem zu kritisieren, daß die psychodynamischen Formulierungen wie „ungelöste Wut" oder „getrieben durch einen Wahn" zu wenig konkret für eine Ermittlung sind, selbst wenn sie als *Erklärung* zutreffen sollten. Diese Formulierungen deuten auch darauf hin, daß sie von einem psychoanalytischen, also keinem psychologischen Persönlichkeitsmodell stammen. Geht man aber von einem starren wie dem psychoanalytischen Modell (nach Freud) aus, so besteht die große Gefahr, daß wichtige Gesichtspunkte der kriminellen Realität nicht erfaßt werden. Deshalb wurde z.b. beim „Bostoner Würger" von dem psychoanalytisch orientierten Psychiater Brussel fälschlicherweise prognostiziert, daß der Täter unverheiratet sei und unfähig, einen Beruf auszuüben (Campbell, 1976).

Demgegenüber beruht der Erfolg der FBI - Täterprofile darauf, daß
- sie empirisch ermittelt wurden; von konkreten Mordfällen ausgehend, wurden Erfahrungswerte gesammelt und dann erst ein Modell erstellt.
- konkret beobachtbare Kriterien und keine psychodynamischen Deutungen benutzt werden.

4.4.6.2 Das FBI - Täterprofil

Bei der Erstellung von Täterprofilen geht das FBI von folgender These aus: Was und wie eine Person denkt, steuert ihr Verhalten. Wenn man also den Tatort analysiert und bestimmte kritische Fakten („Schlüsselreize") bemerkt, kann man das Motiv und die Persönlichkeitsstruktur der Person bestimmen, die das Verbrechen begangen hat. Das Täterprofil liefert allerdings keine spezifische Identität des Täters. Es gibt vielmehr Hinweise darauf, welche Art von Person das Verbrechen begangen hat, indem man sich auf gewisse Verhaltens- und Persönlichkeitsmerkmale konzentriert (Douglas u.a., 1986b). Zur Erstellung des Profils dienen Autopsiebefunde, Bilder vom Tatort, Landkarten und kriminalistische Fakten, aber auch ein Fragebogen (VICAP Crime Analysis Report)

hinsichtlich Informationen über Opfer (körperliche Merkmale, Persönlichkeit), Täter, Zustand der Leiche, Tatverlauf (z. B. blitzschneller Angriff, vorherige Täuschung des Opfers), andere ähnliche Fälle, zusammenfassende Tatschilderung.
Diese Informationen bilden als **INPUT die erste Stufe des Prozesses der Profilerstellung.** Danach folgt 2. **der Entscheidungsprozeß.**
Der Input dient zur Erstellung sinnvoller Muster. Dabei werden sieben grundlegende Bereiche untersucht:

2.1. Art des Mordes und des Mordstils
Je nach Anzahl der Opfer und der Tatorte klassifiziert das FBI Mehrfachmörder als

Massenmörder	viele Opfer in einer Situation
„Mörder auf Vergnügungstour" (spree murderer)	viele Opfer hintereinander an verschiedenen Orten
Serienmörder	viele Opfer bei verschiedenen Gelegenheiten

Im Gegensatz zu den (vom FBI so definierten) Massenmördern und den „Mördern auf Vergnügungstour" erlebt der Serienmörder zwischen den Morden „eine „Abkühlungsperiode", die Tage, Wochen oder Monate dauern kann. Erst danach begeht er einen neuen Mord. Der Serienmörder stellt sich vorher seine Verbrechen in der Phantasie vor und plant die Tat mit Ausnahme des spezifischen Opfers. Nach der „Abkühlungperiode" wählt er sich sein Opfer und führt seinen Plan aus. Der Massenmörder und der „Mörder auf Vergnügungstour" töten dagegen wahllos jeden, der ihnen begegnet.

2.2. Primäre Absicht des Mörders
- Geld, Bereicherung
- emotionaler, ursachenspezifischer Mord
- Familienstreitigkeiten (Mutter, Kinder, Vater)
- Selbstverteidigung, Leidenschaft
- religiöse, kultische, fanatische Gründe
- psychotische Ausbrüche
- sadistische Motive (Douglas u.a., 1986, sprechen hier von sexuellen Motiven, wie aber schon aufgezeigt wurde, handelt es sich in Wirklichkeit um aggressive Motive; der Täter begeht höchstens eine „pseudosexuelle Handlung".)

2.3. Risiko des Opfers
Je nach Alter, Beruf, Lebensstil, körperlichem Zustand, Wohnort des Opfers erfolgt eine Einstufung hinsichtlich des Risikos als hoch, durchschnittlich oder gering.
Täter suchen vorzugsweise ein leichtes Opfer, das also ein großes Risiko eingeht, an Orten aus, wo Menschen leicht angreifbar sind, z.B. an Bus-

haltestellen oder einsamen Orten. Ein geringes Risiko haben Frauen, deren Beruf und täglicher Lebensstil sie nicht zu Opfern werden läßt.

2.4. Risiko des Täters
Ein Täter, der z.b. ein Opfer mittags auf einer belebten Straße entführt, geht ein hohes Risiko ein. Wenn der Täter ein Opfer mit geringem Risiko unter risikoreichen Umständen aufgreift, liefert dies Hinweise auf
- den Streß des Täters, unter dem er handelt,
- seinen Glauben daran, daß er nicht gefaßt werden wird,
- das Erregungsniveau, das er benötigt, um sein Verbrechen zu begehen.

2.5. Steigerung der Tat
Der Ablauf der Handlungen, die während des Verbrechens begangen werden, ermöglicht es, das Potential für spätere Taten abzuschätzen. Bei den Tätern kann man eine allmähliche Steigerung ihrer aggressiven Handlungen feststellen.

2.6. Zeitfaktoren
Für die Erstellung des Profils ist wichtig, die Zeit zu berücksichtigen, die der Täter benötigte,
- um das Opfer zu töten,
- um zusätzliche Handlungen mit dem Leichnam auszuführen,
- um den Körper zu verstecken.
Die Tages- oder Nachtzeit des Verbrechens kann auch Informationen über den Lebensstil und den Beruf des Verdächtigen liefern.

2.7. Ortsfaktoren
Aufschlüsse über den Täter ergeben sich auch daraus,
- wo der Täter sich dem Opfer zuerst näherte,
- wo die Tat geschah,
- ob Tatort und Fundort der Leiche identisch sind, oder ob der Mörder das Opfer vom Tatort wegtransportiert hat.

3. Rekonstruktion des Tatablaufs
Auf der Grundlage von Erfahrungswerten wird ein Profil erstellt, das den Ablauf der Tat, das Verhalten von Opfer und Täter beinhaltet. Hier wird auch die Tat als von einem kontrollierten oder unkontrollierten Täter begangen klassifiziert (gemäß Hazelwood und Douglas, 1980).

4. Erstellung des Täterprofils
Es wird ein Profil erstellt, das sich mit der Persönlichkeit des Täters und deren Beziehung zur Tat beschäftigt. In dem Täterprofil sind enthalten: Hintergrundinformationen (demographische Daten), körperliche Merkmale, Gewohnheiten, Einstellungen und Wertvorstellungen, Verhalten vor der Tat, das zu dem Verbrechen führte und Verhalten nach der Tat. Es können auch praktische Empfehlungen eingefügt werden, hinsichtlich Befragungen oder Verhör, Ermittlung und Verhaftung des

Täters. Auf dieser Stufe kann man das Täterprofil validieren: Es muß mit den vorliegenden Fakten und dem Tathergang übereinstimmen.

5. Ermittlungen

Der Bericht, das Täterprofil, wird in die laufenden Ermittlungen eingebracht, die Ermittlungsvorschläge entsprechend ausgeführt. Wenn neue Erkenntnisse auftauchen (z.b. durch einen neuen Mord) oder kein Täter ermittelt wird, wird das Profil überprüft und entsprechend verändert.

6. Verhaftung

Falls der Verdächtige gefaßt wurde, wird die Übereinstimmung mit dem Profil überprüft und dadurch dessen Validität ermittelt.

4.4.6.3 Ein erfolgreich gelöster Fall

4.4.6.3.1 Der Tatort

Wie durch ein Täterprofil in einem Mordfall der Täter ermittelt werden konnte, wird von Douglas u.a. (1986b, S, 416) geschildert:

Der nackte Körper einer 26jährigen Frau wurde gegen 15.00 Uhr auf dem Dach ihres Appartementhauses gefunden. Sie war erwürgt worden. Der Täter hatte brutale Gewalt angewandt, Nase und Kiefer der Frau waren gebrochen. Bißspuren auf dem Schenkel des Opfers, nach dem Tode zugefügt, waren genauso wie Blutergüsse u. ä. am Körper festzustellen. Nach dem Tode hatte der Täter der Frau die Brustwarzen abgeschnitten und auf ihren Brustkorb gelegt. Ihr Slip war über ihr Gesicht gezogen, ihre Nylonstrümpfe waren ihr ausgezogen und sehr lose um ihre Handgelenke und Knöchel geknotet worden. Ein Schirm und ein Füllfederhalter waren in ihre Scheide eingezwängt worden, und ein Haarkamm steckte in ihren Schamhaaren. Auf das Innere ihrer Schenkel war mit Tinte „Ihr könnt mich nicht stoppen" gekritzelt und auf ihren Bauch „Fuck you". Auf jede Seite des Kopfes hatte der Mörder symmetrisch ihre Ohrringe gelegt. Ein Anhänger in Form eines jüdischen Zeichens (Chai), den sie als Glücksbringer um ihren Hals getragen hatte, fehlte; vermutlich hatte ihn der Täter mitgenommen. In der Scheide des Opfers wurde kein Samen festgestellt. Samen wurde aber auf ihrem Körper gefunden. Es schien so gewesen zu sein, daß der Täter direkt über dem Opfer stand und masturbierte.

Auf dem Dach fand man Kot des Täters, den er mit der Bekleidung des Opfers bedeckt hatte. Ursprünglich hatte sich der Täter seines Opfers auf der Treppe bemächtigt und es dann auf dem Dach getötet.

4.4.6.3.2 Entscheidungsprozeß

Deliktstil: Es handelte sich um einen Einzelmord; von der Absicht des Täters her wurde er als sexuell motiviert eingestuft.

Ein gewisses Maß an Planung wurde bei der Durchführung der Tat gezeigt.

Risiko des Opfers: Es war bekannt, daß die Frau wegen ihrer geringen Körpergröße und ihres körperlichen Defekts (leichte Versteifung und Verkrümmung der Wirbelsäule) sehr selbstunsicher gewesen war. Sie war keine gutaussehende Frau, hatte keine Verabredungen; sie führte ein zurückgezogenes Leben. Sie war kein Opfer, das gegen einen Täter kämpfen würde oder könnte oder schreien würde.

Sie konnte leicht dominiert und kontrolliert werden, besonders wegen ihrer geringen Körpergröße.

Von Beruf und Lebensstil her hatte die Frau ein geringes Risiko gehabt, ein Opfer zu werden. Auch der Wohnort hatte ein geringes Risiko, daß Gewaltverbrechen auftraten; im Appartementhaus oder der Umgebung hatte es keine ähnlichen Verbrechen gegeben.

Risiko des Täters: Er war mit seinem Verbrechen ein sehr hohes Risiko eingegangen, weil die Tat bei hellem Tageslicht begangen wurde und andere Personen ihn hätten sehen können.

Ein **Eskalationsfaktor** war bei diesem Tatort nicht vorhanden.

Die **Zeit** für das Verbrechen war sehr lang, was sein Entdeckungsrisiko vergrößerte. Alle seine Handlungen mit dem Opfer - die Ohrringe abnehmen, ihre Brustwarzen abschneiden, über der Frau zu masturbieren u.s.w. - nahmen beträchtliche Zeit in Anspruch.

Ort des Verbrechens: Der Täter fühlte sich in der Umgebung sicher. Er war schon früher dort gewesen und glaubte, daß niemand die Tat stören würde.

4.4.6.3.3 Rekonstruktion und Analyse der Tat

Obwohl bei der der Ausführung der Tat einige Elemente von Planung vorhanden waren, handelte es sich bei dem Täter nicht um einen typischen kontrollierten Täter.

Es waren auch Elemente geringer Kontrolle vorhanden. Hinzu kam, daß das Opfer zufällig den Weg des Mörders gekreuzt hatte.

Aus der Rekonstruktion des Tatortes lassen sich verschiedene psychologische Merkmale ableiten:

Rekonstruktion der Tat	Schlußfolgerung
Alles, was der Täter bei dem Mord benutzt hatte, gehörte dem Opfer: Kamm, Füllfederhalter. Der Täter hatte keine Schußwaffen, Stricke oder Pflaster (z.B. um den Mund des Opfers zu überkleben) mitgebracht.	Die Tat war ein spontanes Ereignis. Der Täter hatte sein Delikt nicht geplant, auch nicht, daß er sein Opfer an diesem Morgen an diesem Ort treffen würde.

Das Opfer hatte nicht gekämpft, war nicht weggelaufen, hatte nicht geschrien.

Der Täter hatte das Opfer zunächst bewußtlos gemacht und vielleicht sofort getötet. Dann hatte er den Körper auf das Dach geschleppt. Er hatte den Körper hingelegt, die Frau ausgezogen und bestimmte Phantasien ausgelebt, die zur Masturbation führten.

Die Frau war bewußtlos, der Mörder mußte also nicht unbedingt ihre Hände fesseln. Doch legte er eine Schnur um ihren Nacken und würgte sie weiter. Er legte ihre Ohrringe in ritueller Weise hin, und er schrieb auf ihren Körper. Der Körper war in Form des jüdischen Symbols hingelegt worden, das die Frau als Glücksbringer getragen hatte und das ihr gestohlen worden war.

Der Täter ließ das Opfer in entwürdigender Haltung zurück.

Der verdeckte Kothaufen des Täters

Das Opfer hatte den Täter nicht als Bedrohung angesehen. Es kannte ihn, hatte ihn vorher schon gesehen, oder er sah nicht bedrohlich aus (er war als Pförtner, Postbeamter, Geschäftsmann o.ä. gekleidet). Deshalb alarmierte seine Anwesenheit im Appartementhaus das Opfer nicht.

Daß der Täter sich dabei Zeit ließ, deutet darauf hin, daß er vermutlich wußte, daß niemand auf das Dach kommen und ihn stören würde. Dies (und das passive Verhalten des Opfers) weist darauf hin, daß er mit der Örtlichkeit vertraut war. Er hatte einen triftigen Grund, morgens um 6.30 Uhr am Ort des Geschehens zu sein: Er wohnte dort oder hatte beruflich dort zu tun.

Hier wurde eine wiederholt in seiner Phantasie durchgespielte Imagination ausgelebt. Diese hatte er in seiner Phantasie entwickelt oder in sadomasochistischer Pornographie gesehen.

Dies weist auf einen Mangel an Bedauern über den Mord hin.

Dies war kein Bestandteil der rituellen Phantasie und wurde deshalb verdeckt. Dies weist auch auf die Länge der Tat hin und auf das Wissen, daß er nicht gestört werden würde.

4.4.6.3.4 Täterprofil
Auf der Grundlage der vorliegenden Informationen über den Mord und unter Berücksichtigung empirischer Erfahrungswerte (z.B. hinsichtlich des Alters solcher Täter, daß Täter und Opfer zumeist gleiche Hautfarbe haben) wurde das Täterprofil für den beschriebenen Fall erstellt:

Zunächst stellte die Beschreibung der äußeren Erscheinung fest, daß es sich beim Täter um einen Mann mit weißer Hautfarbe handele, im Alter zwischen 25 und 35 Jahren oder in der gleichen Altersstufe wie das Opfer. Der Mörder hebe sich nicht aus seiner Umgebung hervor. Er sei von durchschnittlicher Intelligenz und hätte eine höhere Schulausbildung abgebrochen. Er sei einfacher Arbeiter („blue collar") oder Facharbeiter. Alkohol und Drogen spielten vermutlich keine bedeutende Rolle, da das Verbrechen am frühen Morgen geschah.

Der Täter habe Schwierigkeiten, irgendwelche Art persönlicher Beziehungen zu Frauen aufrechtzuerhalten. Wenn er sich mit Frauen treffe, dann mit Frauen, die jünger als er selbst seien, so daß er fähig sei, in den Beziehungen zu dominieren und die Kontrolle aufrecht zu erhalten.

Er sei sexuell unerfahren, habe sexuelle Defizite und sei niemals verheiratet gewesen. Er habe eine pornographische Sammlung. Der Täter habe sadistische Neigungen; der Schirm und die Masturbation (über dem Opfer stehend) seien eindeutig Ersatz für sexuelle Handlungen. Die sexuellen Handlungen zeigten kontrollierte Aggression, aber Wut oder Haß auf Frauen seien offensichtlich vorhanden gewesen. Der Mörder handelte nicht so sehr aus Zurückweisung durch die Frau(en) als vielmehr aus morbider, krankhafter Neugierde.

Bezüglich der Gewohnheiten des Mörders zeigte das Profil einen Grund für seine Anwesenheit am Tatort um 6.30 morgens auf. Er könnte im Appartementhaus beschäftigt sein, beruflich in dem Gebäude gewesen sein oder darin wohnen.

Obwohl der Täter es vermutlich vorgezogen hätte, wenn sein Opfer bei Bewußtsein gewesen wäre, habe er es bewußtlos gemacht, weil er nicht gefaßt werden wollte. Er wollte nicht, daß die Frau um Hilfe schrie.

Daß der Mörder sexuelle, sadistische Handlungen an einem unbelebten Körper beging, zeige, daß er ein gestörter Mensch sei, der seine Tat nicht genau plane. Vermutlich handele es sich bei ihm um eine sehr verwirrte Person, wahrscheinlich mit psychischen Störungen in früheren Jahren. Hätte er derartige Handlungen an einem lebenden Opfer ausgeführt, hätte er eine völlig andere Persönlichkeitstruktur gehabt. Die Tatsache, daß er seine Handlungen an einer toten
oder bewußtlosen Person vornahm, zeige seine Unfähigkeit, mit einer lebenden oder sich bei Bewußtsein befindenden Person umgehen zu können.

Der Tatort spiegele wider, daß der Mörder sich in seinen Handlungen gerechtfertigt fühle und daß er keine Schuldgefühle habe. Er ließ das Opfer in einer provozierenden, erniedrigten Stellung zurück, genau die Art und Weise wie er wünschte, daß sie gefunden werden solle. Er fordere die Polizei mit seiner Nachricht heraus, die er auf das Opfer geschrieben hatte; die Mitteilungen wiesen auch darauf hin, daß der Täter auch weiterhin morden würde (Douglas u.a., 1986b, S. 419).

Das Profil beinhaltete auch Empfehlungen für die Ermittlung, u.a. daß der Täter wußte, daß die Polizei ihn früher oder später ansprechen würde, weil er entweder im Appartementhaus arbeite oder wohne. Der Mörder würde sich irgendwie in die Untersuchung einmischen; und obwohl er (äußerlich) kooperativ erschiene, suche er in Wahrheit Informationen. Zusätzlich könnte er versuchen, Kontakt mit der Familie des Opfers aufzunehmen.

4.4.6.3.5 Ermittlungserfolg

13 Monate nach der Entdeckung der Leiche wurde ein Verdächtiger festgenommen. Nachdem sie das Täterprofil erhalten hatte, ging die Polizei noch einmal die Unterlagen über 22 Verdächtige durch, die sie interviewt hatte. Dabei fiel ein Mann besonders auf. Sein Vater lebte im gleichen Appartementgebäude wie das Opfer; der Verdächtige war Patient in einer psychiatrischen Klinik und am Tag und am Abend vor dem Verbrechen ohne Erlaubnis abwesend.

Der Verdächtige war ein 30jähriger Weißer, ein arbeitsloser Schauspieler, der alleine lebte; 11 Jahre zuvor, als er 19 Jahre alt war, war seine Mutter gestorben. Er hatte schulische Probleme gehabt und die Schule abgebrochen. Er war als Einzelkind aufgewachsen und war niemals verheiratet gewesen. Er war nie beim Militär gewesen.

Die Durchsuchung seiner Wohnung führte zur Entdeckung einer Pornographiesammlung. Er hatte keine Freundinnen und wurde als unsicher im Umgang mit Frauen beschrieben.

Er litt an Depressionen und hatte sowohl vor als auch nach der Tat Selbstmordversuche begangen.

Er leugnete, den Mord begangen zu haben. Eines der stärksten Beweisstücke gegen ihn waren jedoch seine Zahnabdrücke, die er auf dem Körper des Opfers hinterlassen hatte. Mehrere forensische Zahnärzte stimmten darin überein, daß die Bißspuren auf dem Körper des Opfers mit seinen Zahnabdrücken übereinstimmten.

Er wurde für schuldig gefunden und zu einer (in den USA üblichen) Strafe von 25 Jahren bis lebenslänglich für diesen Mord mit der Verstümmelung des Opfers verurteilt.

4.4.6.3.6 Bewertung des Täterprofils

Wie im oben berichteten Fall (s. Douglas u.a., 1986b) hat auch in anderen Fällen das psychologische Täterprofil seine Validität bewiesen (s. z.B. die Gegenüberstellung von Prognose und tatsächlichem Tätermerkmalen bei einem Serienmörder: Terry und Malone, 1987, S. 12). Fehldiagnosen kamen aber auch vor (Porter, 1983, S. 50).

In einer Untersuchung von 193 Fällen, bei denen 45 % aufgeklärt worden waren, war in 77 % der Fälle das psychologische Profil von großem Nutzen für die Ermittlung. In 17 % der Fälle hatte es sogar den Verdächtigen identifiziert (Blau, 1994).

Zu berücksichtigen ist aber, daß das Täterprofil lediglich ein Teil der Ermittlungsmethoden sein kann, wenn natürlich auf seiner Grundlage auch zielgerichteter ermittelt werden kann!

4.4.7 Konsequenzen

Das Problem bei sadistischen Mördern ist, daß sie in vieler Hinsicht nicht weitverbreiteten Vorstellungen von Gewaltverbrechern entsprechen: die meisten sind keine „Verrückten"; viele sind überdurchschnittlich intelligent; viele sind höflich und gut gekleidet.

Sie entsprechen auch nicht gewissen „professionellen" Vorstellungen: In verschiedenen Fällen bestanden die Mörder den Polygraphen („Lügendetektor"), d.h. sie wurden auf der Grundlage ihrer physiologischen Reaktion an diesem Gerät als „unschuldig" eingestuft (New York Times Magazine, 26.10.1986). Offensichtlich waren für ihre Nichtreaktion auf Fragen, die den Mordfall betrafen, die gefühlsmäßig - distanzierte Haltung der Täter ihren Mitmenschen gegenüber und ihr mangelndes Schuldbewußtsein verantwortlich.

Es wird auf jeden Fall deutlich, daß man bei dem sadistischen Mörder verschiedene Gesichtspunkte in einem völlig anderen Licht sehen muß. Kriminologisch muß man beispielsweise endlich wegkommen von der unangemessenen Betrachtungsweise sadistischer Morde als durch „Triebe", „Instinkte" oder „kriminelle Erbanlagen" verursacht. Statt dessen sollte man - wie es auch die FBI-Studien zeigen - sich mehr dem inneren Erleben der Täter, ihren Phantasien, Kognitionen u.ä. zuwenden, da hierin, wie auch im Fehlen bestimmter (vor allem sozialer) Fähigkeiten, die eigentlichen Ursachen krimineller Delikte zu finden sind.

Ressler u.a. (1985, S. 11) ziehen aus den FBI-Studien die Konsequenz: „Es ist für Polizeibeamte wichtig, sich der Existenz dieser Phantasien bewußt zu sein und der Persönlichkeitsstrukturen derjenigen, die sie haben. Während das Verbrechen und deshalb die Phantasie dem Polizeibeamten bizarr zu sein scheinen, ist es wichtig, sich klar zu machen, daß diese Phantasien eine wichtige Rolle in der Persönlichkeitsstruktur des Täters spielen. Deshalb wird, sobald Polizeibeamte für dieses Phänomen sensibel geworden sind und nach Hinweisen/Indizien suchen, die das Vorhandensein von Phantasien nahelegen, dies ihnen helfen, Täterprofile zu erstellen und den Täter zu fassen."

Man kann also sagen, daß sadistische Serienmörder in ihren Morden eine aggressive Phantasie ausleben. Diese aggressive Phantasie könnte auch auf einer Skala eingeordnet werden, die reichen könnte von Rücksichtslosigkeit gegen andere (wobei Gewalt nur als letztes manipulatives Mittel eingesetzt wird wie im Falle Gallego) bis hin zu direktem Haß. Winzenried (1992, S. 814/815) schildert anschaulich derartige Haß- bzw. Neidgefühle am Beispiel eines Serien-Kindermörders: „F. empfand gegenüber den Kindern, die er tötete, auch starke Neidgefühle, weil diese Kinder Geborgenheit in einer Familie erlebten, etwas, was F. nie kennengelernt hatte. Durch Tötung bestrafte er die Kinder für die Geborgenheit und Nestwärme, die ihm zeitlebens verwehrt geblieben waren."

Um das Tatverhalten eines Serienmörders von dem normalen erotisch-sexuell motivierten Verhalten abzuheben, soll es gemäß dem

BASIC ID betrachtet werden.

B   Töten, „Zerstören"

A   Haß, Neid

S   Berauschendes Gefühl der Macht („Kick", „Thrill")

I   Tatausführung in der Phantasie, z.B. zerstückeln

C   Eine Mischung aus Bösartigkeit und Wehleidigkeit („Andere Menschen sind bösartig, sind nur dazu da, um meine Bedürfnisse zu befriedigen. ICH bin ein Opfer. Das macht Spaß, wenn auch andere leiden!"o.ä.)

I   Ausbeutung, Manipulation
(Man könnte hier Vergleiche mit der Strategie TESTER ziehen, die in Axelrods Computerturnieren langfristig wenig Erfolg hatte. Diese Strategie zeigte solange unkooperatives Verhalten, bis sie auf Widerstand stieß)

D   (evtl. physiologische Begleiterscheinungen beim Erleben eines „Kicks"= Hochgefühls)

5. Psychopathologie und Kriminalität

5.1 Wie gefährlich sind psychopathologische Personengruppen?

Durch aufsehenerregende Gewalttaten und entsprechende Kriminalromane und Filme bedingt, ist in der breiten Öffentlichkeit der Eindruck entstanden, daß Schizophrene, Epileptiker, Schwachsinnige und andere psychopathologische Personengruppen einen überproportionalen Anteil an Gewalttaten und Morden haben. Doch zeigen zahlreiche Untersuchungen in verschiedenen Ländern (für die USA s. z.B. Shah, 1975), daß psychopathologische Personen keine sehr gefährliche, Kriminalität im Übermaß zeigende Gruppe darstellen.

Für die Bundesrepublik Deutschland stellten Häfner und Bödeker fest: „Geisteskranke und Geistesschwache werden insgesamt nicht häufiger, aber auch nicht wesentlich seltener zu Gewalttätern als Geistesgesunde" (Der Spiegel, 1972, Nr. 32). Geringe Unterschiede fanden sie bezüglich der Tatausführung zwischen „Geisteskranken" und normalen Tätern. „Motive wie in der Gewaltkriminalität - Bereicherung, sexuelle Befriedigung - sind nur bei schwachsinnigen Gewalttätern in etwa vergleichbar häufig. Bei den übrigen Geistesgestörten finden sich diese Motive nur verhältnismäßig selten. Notwehr, Rache und Eifersucht bei Schizophrenen oder der Erlösungswahn bei Depressiven stehen hier an der Spitze" (Mündener Allgemeine vom 4.8.1974). In den allermeisten

Fällen werden bei Gewalttaten von psychopathologischen Tätern Verwandte oder Bekannte Opfer.

Warum besteht aber ein derart falsches Bild? Vermutlich gelten psychopathologische Patienten als gewalttätig, weil einzelne Fälle von Mord, Gewalttätigkeiten - besonders wenn diese motivlos erscheinen - die Handlungen von ihnen unberechenbar erscheinen lassen, derartige Vorkommnisse verallgemeinert werden und bereits vorliegende Stereotype bekräftigen. Man muß außerdem damit rechnen, daß durch ihre Symptome bei auftretenden Delikten die Aufmerksamkeit eher auf sie gelenkt wird und bei ihnen die Entdeckungsrate damit höher ist als in der Gesamtbevölkerung! Auch werden negative Informationen über psychiatrische Fälle zu selten durch positive Informationen über soziale Anpassung aufgehoben. Es gilt schon als Sensation, wenn eine Zeitungsnotiz erscheint: „Frau Ralph Jones, eine ehemalige psychiatrische Patientin, wurde zur Präsidentin der Fairview Haus- und Gartengesellschaft beim Treffen letzten Donnerstag gewählt" (Steadman u. Cocozza, 1975, S. 35).

Wie wichtig eine differenzierte Analyse des Zusammenhangs zwischen Psychopathologie und Kriminalität ist, zeigt eine Untersuchung von Steadman u.a. (1978). Sie untersuchen Patienten im Alter von 18 Jahren und darüber, die aus psychiatrischen Kliniken des Staates New York entlassen wurden und zwar

a) 1920 Patienten, die im Jahre 1968 und

b) 1938 Patienten, die im Jahre 1975 entlassen worden waren.

In den ersten 19 Monaten nach ihrer Entlassung waren verhaftet worden a) 6,9 % der 1968er Gruppe und b) 9,4 % der 1975er Gruppe, allerdings nur a) 0,9 % bzw. 1,7 % (für 1975) wegen Gewaltdelikten (Mord, Totschlag, Angriff).

Die Zahlen zeigen, daß nur relativ wenige der ehemaligen psychiatrischen Patienten kriminell auffällig wurden. Nur scheinbar im Widerspruch zu dieser Erkenntnis steht eine Feststellung von Steadman u.a. (1978): Berechnet man aus den absoluten Zahlen die Verhaftungsrate pro 1000 Personen, so ist diese Verhaftungsrate für die ehemaligen Patienten höher als für Personen aus der allgemeinen Bevölkerung. Allerdings wäre eine derartige Berechnung leicht irreführend, wenn man nicht auch untersuchte, was hinter diesen Zahlen steckt. Warum begehen beispielsweise nur einige der psychiatrischen Patienten kriminelle Delikte? Steadman u.a. (1978) ermittelten dazu drei Faktoren: Lebensalter, Einlieferungsdiagnose und Zahl früherer Verhaftungen. Ehemalige Patienten, die vor ihrer Einlieferung in die Klinik keine Verhaftung erlebt hatten, wurden auch nach ihrer Entlassung in die Freiheit *weniger* häufig verhaftet als Personen aus der Gesamtbevölkerung. Unterteilt nach Deliktarten war ihre Verhaftungsrate für Gewaltdelikte etwas ge-

ringer, für Sexualdelikte gleich und für Eigentumsdelikte etwas höher
als für Personen aus der Gesamtbevölkerung.

Für die Patienten, die bereits vorher eine Verhaftung erlebt hatten,
war die Verhaftungsrate nach ihrer Entlassung aus der Klinik (für 1975)
etwa 4mal und für ehemalige Patienten, die vor ihrem Klinikaufenthalt
zwei oder mehr Verhaftungen gehabt hatten, war die Verhaftungsrate
12,7mal so hoch wie die von Personen aus der Gesamtbevölkerung.
Man kann also erkennen, daß es nicht die Psychopathologie der ehemaligen Patienten war, sondern eine davon unabhängige kriminelle Orientierung, die für eine erhöhte Verhaftungsrate verantwortlich war. Was
diese Orientierung verursachte, wird aus der Einlieferung in die Klinik
deutlich: Während nur 8 % der Patienten mit den Diagnosen „Psychose", „Neurose", „hirnorganisches Syndrom" vor ihrer Einlieferung in
die Klinik eine oder mehr Verhaftungen gehabt hatten, waren es 18 %
mit der Diagnose „Alkohol- oder Drogenmißbrauch" und 28 % mit
„Persönlichkeitsstörungen". Ein weiterer Faktor war das Lebensalter,
denn Personen, die besonders stark zu einer erneuten Verhaftung neigten, waren junge Rauschgiftsüchtige.

Fazit: unter den psychopathologischen Gruppen sind es nicht die Psy-
chotiker (also Personen, die man in der breiten Bevölkerung als „verrückt" und „besonders gefährlich" bezeichnet), die besonders kriminali-
tätsorientiert sind. Vielmehr sind es Gruppen, bei denen die gleichen
Faktoren wirken wie bei Tätern aus der Gesamtbevölkerung, z.B. mangelnde Selbstkontrolle.

5.2 Die Rückfallquote von psychopathologischenTätern

Wenn psychopathologische Personen nicht häufiger kriminelle Delikte begehen als die Normalbevölkerung, was ist aber bezüglich der Gefährlichkeit von psychiatrischen Patienten zu sagen, die bereits ein Verbrechen begangen haben?

Auf diese Frage nach der Rückfälligkeit gibt Stürup (1968, S. 16) eine opti-
mistische Antwort: „Während vieler Jahre hat nicht ein einziger der von uns
freigelassenen schweren Kriminellen - Vergewaltiger, Mörder, Räuber und
Brandstifter - erneut solche Verbrechen nach seiner Freilassung begangen."
McGrath (1968, S. 128) berichtet, daß aus Broadmoor, einer Anstalt für gefährliche „geistesgestörte" Täter, in den letzten 100 Jahren kein Mörder entlassen
wurde, der jemals wieder getötet habe. „In den vergangenen 7 Jahren haben wir
etwa 1200 Patienten aller Art entlassen oder überwiesen (an ‚normale' psychiatrische Anstalten); wir mußten nur 4 % aus beiden Gruppen wieder zurückru-
fen." Allerdings mußte McGrath sich 4 Jahre später wieder etwas korrigieren.
Gemäß Steadman und Cocozza (1975, S. 33) stellte er fest, daß ein Patient wieder gemordet hatte. Er bemerkte auch: „In den vergangenen 50 Jahren wurden
rund 140 Patienten in jedem Jahr aus Broadmoor entlassen, und nur zwei sind

nach ihrer Entlassung wegen Mordes verurteilt worden." Offensichtlich hatte neben dem wegen eines Mordes rückfälligen Patienten auch ein Patient, der vorher ein anderes Delikt begangen hatte, nach seiner Entlassung einen Mord begangen.

Ein weniger optimistisches Bild bezüglich der Rückfälligkeit liefern amerikanische Untersuchungen (Steadman und Cocozza, 1975) und die „Oak Ridge"-Studien. Quinsey untersuchte in verschiedenen Jahren die Rückfallhäufgkeit von „Oak Ridge"-Patienten. Oak Ridge ist die „Sicherheitsabteilung" des psychiatrischen Zentrums in Penetanguishene, Kanada. Sie beinhaltet männliche Patienten aus psychiatrischen Kliniken, die schwere Disziplinprobleme darstellen, psychiatrische Fälle aus Gefängnissen und für unzurechnungsfähig erklärte Täter (Quinsey u.a., 1975). Viele der Patienten hatten kriminelle Delikte begangen, alle galten als psychisch gestört und gefährlich.

92 Patienten, im Durchschnitt 32 Jahre alt und 2,2 Jahre in Oak Ridge, wurden nach ihrer Entlassung 1 - 4 Jahre später bezüglich des Erfolgs der Wiedereingliederung bzw. Unauffälligkeit untersucht. Als „Versager" galt, wer nach der Entlassung wieder verurteilt und/oder nach Oak Ridge eingeliefert wurde; unter diese Rubrik fielen nicht Personen, die wieder in „normale" psychiatrische Kliniken eingewiesen worden waren. Von den Entlassenen begingen 15 = 16,5 % gewaltsame Handlungen gegen Personen (von diesen wurden jedoch nur 8,8 % wieder eingewiesen, die anderen 7,7 % wurden nicht wieder eingewiesen), 22 % begingen andere Delikte. Als „Versager" konnten also 38,5 % angesehen werden.

Geringer war die Rückfallquote in einer weiteren Untersuchung von Oak Ridge-Patienten (Quinsey u.a., 1975a). Die 56 Patienten waren im Durchschnitt bei der Einlieferung 32,8 Jahre alt und im Durchschnitt vorher 11,3 Monate in psychiatrischen Kliniken und 7,04 Monate in Gefängnissen gewesen. Die allermeisten (= 49) hatten einen schweren Angriff gegen eine Person begangen, nur wenige (= 7) ein Eigentumsdelikt. In 59 % aller Fälle lag mindestens ein Mord vor! Im Durchschnitt wurde nach 30,5 Monaten ihre Rückfälligkeit untersucht. Nur drei der Patienten wurden wieder rückfällig, zwei wegen Eigentumsdelikten, einer wegen Körperverletzung.

In einer weiteren Untersuchung (Quinsey u.a., 1975b) wurde für 60 Patienten im Durchschnitt 39,92 Monate nach ihrer Entlassung die Häufigkeit der Rückfälligkeit festgestellt: 20 = 33 %. Von diesen 20 Patienten hatten 30 % einen Angriff gegen Personen begangen. Ähnlich wie bei der ersten Untersuchung unterschieden sich die „Versager" von den „Erfolgreichen" durch:

(1) häufiger Diagnose „Charakterstörung",

(2) seltener Diagnose Psychose,

(3) seltener (!) war ein Angriff auf einen Menschen Grund für die Einlieferung; d.h. also, die später unauffällig Gebliebenen waren häufiger als die „Versager" wegen Gewalttaten nach Oak Ridge eingeliefert worden.

(4) jünger als 31 Jahre bei Einlieferung,
(5) jünger als 31 Jahre bei der Entlassung,
(6) häufiger hatten die Oak Ridge-Psychiater erwartet, daß Gewalttaten wahrscheinlich waren (40 % vs 12,5 %),
(7) waren seltener (!) für unzurechnungsfähig erklärt worden,
(8) waren seltener mehr als 5 Jahre in psychiatrischen Kliniken gewesen,
(9) lebten seltener bis zum 16. Lebensjahr mit beiden Eltern zusammen.

Personen mit Angriffen gegen Personen wurden zumeist länger als ein Jahr in Oak Ridge behalten, im Vergleich zu anderen Patienten. Aus diesen Ergebnissen wurde eine Prognoseformel entwickelt. Für die fünf wichtigsten ermittelten Faktoren wurde dem Patienten je ein Punkt zugeordnet, wenn bei ihm vorlag:
- Diagnose von Persönlichkeitsstörung,
- weniger als 31 Jahre alt bei Entlassung,
- weniger als 5 Jahre in psychiatrischen Kliniken gewesen,
- war nach Oak Ridge nicht wegen eines Gewaltdelikts gegen Personen eingeliefert worden,
- hatte nicht bis zum 16. Lebensjahr mit seinen Eltern zusammengelebt.

	Erfolgreiche		Versager	
Punktwert	Anzahl	%	Anzahl	%
0	7	100	0	0
1	11	100	0	0
2	10	91	1	9
3	5	45	6	55
4	4	36	7	64
5	3	33	6	67
Insgesamt	40	66	20	33

Wenn man nun alle Patienten mit Punktwerten von 2 oder geringer entlassen hätte, wäre nur ein einziger wieder auffällig geworden. Dann hätte man aber auch 12 Patienten nicht entlassen, die trotz des höheren Punktwertes später durchaus angepaßtes Verhalten gezeigt hätten. Aber selbst einer derartig vorsichtigen Entlassungsstrategie unterliegt die Annahme, daß die „Versager" schwere Delikte begehen würden; in Wirklichkeit begingen viele der „Rückfälligen" lediglich geringfügige Delikte. Pruesse und Quinsey (1977) wandten das ermittelte Punktsystem auf alle Patienten an, die 1972 aus Oak Ridge entlassen worden waren. 206 dieser Patienten wurden am 1.2.1976 auf ihre Rückfälligkeit hin überprüft; die minimale Kontrollzeit betrug 37 Monate nach der Entlassung. Diese Stichprobe unterschied sich von der 60-Patienten-Stichprobe von

Quinsey u.a. (1975b), an der die Prognoseformel erstellt wurde, dadurch, daß die 1977er Stichprobe seltener fünf oder mehr Jahre in psychiatrischen Kliniken vor ihrer Entlassung gewesen war und weniger häufig wegen eines Gewaltdelikts gegen eine Person nach Oak Ridge gesandt worden war.

Von den 206 Patienten waren 112 als „Erfolgreiche" und 94 (= 46 %) als „Versager" einzustufen; 17 % hatten zumindest ein Gewaltverbrechen gegen Personen begangen. Bezüglich der genannten 5 Faktoren unterschieden sich nur zwei „Erfolgreiche" von „Versagern". „Versager" wurden
- häufiger mit „Charakterstörung" diagnostiziert,
- waren seltener älter als 31 Jahre bei ihrer Entlassung.

Obwohl nur diese zwei Faktoren signifikante Unterschiede lieferten, wurde die Genauigkeit der Prognoseformel ermittelt. In 65 % der Fälle war die Diagnose richtig (Entlassung keiner der Patienten mit einem Punktwert höher als 2).

Die später gewalttätig gewordenen Patienten unterschieden sich von den nichtaggressiven nicht bezüglich der 0-5-Punkte-Skala, aber dadurch, daß sie
- häufiger die Diagnose „Charakterstörung" erhalten hatten,
- jünger als 31 Jahre waren,
- seltener „unzurechnungsfähig" erklärt worden waren.

Insgesamt kann man aus den Oak Ridge-Studien folgendes erkennen:
(1) Die Oak Ridge Patienten stellen eine „gefährlichere" Gruppe dar als ältere Patienten der von Steadman und Cocozza (1975) beschriebenen Sicherheitshospitälern oder Patienten, die aus „normalen" psychiatrischen Kliniken entlassen werden.
(2) Dennoch werden nur relativ wenige der entlassenen Patienten wieder aggressiv rückfällig.
(3) Nicht die psychotischen, sondern jüngere Patienten mit der Diagnose „Charakterstörung" („Psychopathie") begehen nach der Entlassung häufiger Gewalttaten gegen andere Menschen.
(4) Auch bei Untersuchungen in der gleichen Klinik können die Rückfallquoten verschiedener Untersuchungen unterschiedlich hoch sein!
(5) Die Prognose der Gefährlichkeit eines Patienten ist schwierig. Wie groß die Gefährlichkeit der Patienten ist, die nicht entlassen wurden, ist unbekannt.

Um festzustellen, wieviele der nicht entlassenen Patienten tatsächlich wieder kriminell rückfällig oder sogar gewalttätig geworden wären und auch, wie genau die Prognose der „Gefährlichkeit" eines Patienten ist, gibt es nur einen Weg: Man müßte alle Patienten in Freiheit entlassen und dann ihr Schicksal weiter verfolgen. Dies ist aus verschiedenen

Gründen natürlich zumeist nicht möglich. Doch wurden in den USA nach Gerichtsentscheidungen alle Insassen verschiedener „Kliniken für psychopathologische Kriminelle" in eine andere Umwelt entlassen, die weniger einschränkend war. Dies stellt somit ein natürliches Experiment dar, durch das genauer die „Gefährlichkeit" psychopathologischer Täter ermittelt werden konnte. Um es vorweg zu sagen: Sie wurde und wird auch heute noch weit überschätzt!

Durch Gerichtsbeschluß im Rechtsstreit Baxstrom vs Herold mußten im Jahre 1966 aus zwei „Sicherheitshospitälern für kriminelle Geisteskranke" 967 Patienten in „normale" psychiatrische Kliniken überwiesen werden. Die meisten der Patienten (d.h. 76 %) waren vorher nicht wegen psychiatrischer Symptome hospitalisiert gewesen. Sie waren allerdings häufig (im Durchschnitt 4,3mal) verhaftet worden. Sie waren in die „Sicherheitshospitäler" eingeliefert worden wegen Delikten gegen Personen (47 %), Eigentumsdelikten (ein Drittel), wegen Sexualdelikten (5 %), geringfügigen Delikten (14 %). Die häufigste Diagnose war „Schizophrenie" gewesen. Bei ihrer Entlassung waren sie im Durchschnitt 52 Jahre alt und 15 Jahre ununterbrochen hospitalisiert gewesen. 61 % waren nie verheiratet gewesen.

Die Einlieferung in „normale" psychiatrische Kliniken löste bei dem dortigen Personal zunächst Widerstand aus, weil man die Täter als besonders gefährlich ansah und entsprechend Angst vor ihnen hatte. In mindestens einer Klinik wurden sogar Judolehrgänge für das Personal veranstaltet. Nach einiger Zeit stellte man aber fest, daß die Befürchtungen überflüssig gewesen waren, die Täter machten keine besonderen Schwierigkeiten, sie waren gute Arbeiter und wurden als Hilfskräfte vom Personal geschätzt und angefordert.

Vier Jahre nach ihrer Umverlegung waren nur 26 der Täter als „gefährliche psychiatrische Fälle" oder wegen nach ihrer Freilassung in die Gesellschaft begangenen neuen Delikten erneut in „Sicherheitshospitäler" eingeliefert worden. Von den 98 Patienten, die wieder in die Gesellschaft entlassen worden waren, wurden 20 wieder verhaftet, 14 hatten einen Angriff auf einen Menschen begangen, aber nur zwei der Delikte waren gefährlich: ein Raub und ein Überfall (Steadman und Cocozza, 1975, 1980).

Man kann also feststellen, daß ohne die Baxstrom-Entscheidung viele der Patienten unnötigerweise als „gefährlich" eingestuft und hospitalisiert geblieben wären.

Man kann natürlich eine Rückfallquote von 15% wie im Baxstrom-Falle oder noch höhere wie bei einigen der „Oak-Ridge"-Studien negativ bewerten. Allerdings muß man diese Zahlen auch aus einer anderen Perspektive betrachten: Selbst wenn die Rückfallquote delinquenter psychiatrischer Patienten höher ist als die Verhaftungsquote normaler Bürger, so werden frühere psychiatrische Patienten nur 1/3-1/2mal so häufig verhaftet wie aus Gefängnissen freigelassene normale Häftlinge (Asher, 1979).

Es stellt sich nun die Frage, warum aus den verschiedenen Ländern und auch Kliniken des gleichen Landes unterschiedlich hohe Rückfallquoten berichtet werden. Liegt dies vielleicht - neben kulturspezifischen u.a. Faktoren - am Anstaltsklima? Tatsächlich weist z.b. Stürup (1968) ausdrücklich auf die Bedeutung der Anstaltsatmosphäre für die geringe Rückfallhäufigkeit hin.

Zu dieser Atmosphäre tragen in Herstedvester (Dänemark) wesentlich bei:

(1) Herstedvester ist eine kleine, überschaubare Anstalt. Sie hat weniger als 200 Insassen, was ermöglicht, daß jeder jeden kennt und alles über ihn weiß, alles wichtige Voraussetzungen zum Aufbau gegenseitigen Vertrauens.

(2) Herstedvester hat eine geringe Personal: Insassen-Rate. Auf jeden Insassen kommt eine Person aus dem Personal. Dies ermöglicht zahlreiche Kontakte, während der Hospitalisierung, aber auch danach, nach der Entlassung. Dadurch wird die Kontinuität der Resozialisierung gewährleistet. Durch die ständig gegebene Möglichkeit, mit einer Bezugsperson Kontakt aufzunehmen, verringert sich die Gefahr, daß aggressive Delikte begangen werden. Stürup (1968, S. 12/13) berichtet in diesem Zusammenhang von einem jungen Mann mit starken aggressiven und sadistischen Phantasien, die ihn erschreckten. Er ging zu einem Sozialarbeiter, der ihn aber nicht ernst nahm und meinte, daß es lächerlich wäre, davon zu träumen, jemanden zu töten. Aber dann beging der junge Mann tatsächlich einen Mord an einer Prostituierten. Im Gefängnis hatte er weiterhin solche sadistischen Vorstellungen, zeichnete sie, verfaßte Verse darüber und verteilte sie. Im zweiten Gefängnis entwickelte er eine vertrauensvolle Haltung zu seinem Therapeuten, dem Gefängnispsychologen. Nach seiner Freilassung begegneten ihm anfangs viele Schwierigkeiten, aber offensichtlich durch den weiterbestehenden Kontakt mit dem Therapeuten gelang es ihm, sie zu bewältigen.

(3) Es wird systematisch versucht, eine Atmosphäre des Vertrauens zu schaffen: „Um dies zu erreichen, ist es zu allererst wesentlich, dem Personal Verantwortung und Selbstachtung als Grundlage für ein „Wir-Gefühl" zu verschaffen. Dies kann sich auf die Insassen ausbreiten . . Unsere Insassen benötigen mehr als jemand anderes das Gefühl, daß man ihnen vertraut. . . den Insassen muß eine Erklärung für alle Maßnahmen gegeben werden. Dies ist eine Form, Vertrauen zu zeigen. Die Motivation für eine Sicherheitsmaßnahme sollte in den meisten Fällen leicht zu erklären und für den individuellen Insassen leicht zu akzeptieren sein. Wenn dies nicht der Fall ist, können die Maßnahmen zu streng sein oder demonstrieren, daß es den

verantwortlichen Autoritäten entweder an Informationen mangelt oder daß sie ihre Macht mißbrauchen. Dies schafft eine Distanz zwischen dem Personal und den Insassen und handelt der Resozialisierung zuwider. Wenn ein erfolgreiches Gefühl der Zugehörigkeit aufgebaut worden ist, hat es sich als möglich erwiesen, diese Beziehung nach der Freilassung fortzusetzen, so daß der frühere Insasse, sobald er in Schwierigkeiten ist, um Hilfe und gelegentlich um Zuflucht bittet. In den meisten Fällen ist es dann möglich, ihm bewußt zu machen, daß er in einem gefährlichen Zustand ist und ihn zu der Zustimmung zu bringen, daß er besser für eine kurze Zeit in Herstedvester oder in unserer offenen Abteilung bliebe. Auf diese Weise ist es möglich gewesen, die meisten der eindeutig gefährlichen Zustände, die wir diagnostiziert haben, zu behandeln" (Stürup, 1968, S.16/17).

5.3 Probleme bei der Vorhersage der „Gefährlichkeit" psychopathologischer Personen

Von großer theoretischer und praktischer Bedeutung wäre, vorhersagen zu können, welche der psychopathologischen Patienten besonders gefährlich sind, welche erneut kriminell auffällig werden. Die Frage, welche der Patienten ungefährlich sind und damit wieder entlassen werden können, ist eng damit verknüpft. Die Prognose „der Gefährlichkeit" eines Patienten wird zumeist innerhalb einer Mitarbeiterkonferenz erstellt, wird aber durch mehrere schwerwiegende Probleme in ihrer Gültigkeit (Validität) beeinträchtigt; z.B. geht Shah (1975) kritisch darauf ein:

(1) Oft weiß man nicht, was „Gefährlichkeit" konkret bedeutet, sagt sie aber voraus.

(2) Psychiater, als therapeutisch Tätige, sind in der Rolle des Prognostikers überfordert.

(3) Die Prognosen verschiedener Psychiater bzw. Prognostiker zeigen keine starke, befriedigende Übereinstimmung. Dies hängt z. T. mit dem nächsten Gesichtspunkt zusammen:

(4) Die Entscheidungen basieren zumeist nicht auf klaren Kriterien, sondern, wie Stürup (1968) betont, oft auf gefühlsmäßigen Eindrücken oder auf unterschiedlicher Verarbeitung der vorhandenen Informationen.

Quinsey und Ambtman (1978) verglichen die Einschätzungen von drei forensischen Psychiatern und einem Psychologen. Die durchschnittliche Korrelation der Übereinstimmung bezüglich der Einstufung der Gefährlichkeit betrug $r = +0,60$ (von $+0,46$ bis $+0,67$). Dies bedeutet, daß den Urteilen relativ wenig

Gemeinsamkeit zugrundelag ($r^2 = 0,602^2 = 36\%$ gemeinsamer Varianz). Darüber hinaus wurde festgestellt, daß die Psychiater die ihnen vorliegenden Kriterien höchst unterschiedlich gewichteten. Zwar stimmten sie bezüglich der Richtung überein, mit der diese Kriterien mit der Gefährlichkeit korrelierten, doch war die Rangreihe der Bedeutung der Kriterien für die vier Prognostiker unterschiedlich; d.h.: einer der Prognostiker sah z.b. eines der Kriterien als wichtigsten Prädiktor für die Gefährlichkeit des Patienten an, während ein anderer Prognostiker, der ein anderes Kriterium als wichtigstes ansah, es erst an zweiter oder dritter Stelle bezüglich der Wichtigkeit sah. In einer weiteren Untersuchung verglichen Quinsey und Ambtman (1979) die Prognosen von vier verschiedenen Psychiatern mit denen, die von neun Lehrern erstellt wurden. Sie erhielten für jeden Patienten drei Arten von Informationen:
- Beschreibung der Taten,
- Lebensgeschichte
- klinische Messungen (z.B. psychologische Testergebnisse: IQ, Ergebnisse des MMPI und des Rorschach; „Geistesverfassung"; Fortschritte bei der Behandlung).

Die Patienten waren danach ausgewählt worden, inwieweit das Delikt, das zur Einweisung geführt hatte, einer der drei Kategorien angehörte:
(1) ein Angriff nichtsexueller Art gegen einen Erwachsenen (zumeist Mord)
(2) ein Sexualvergehen mit Körperkontakt mit einem 13jährigen oder jüngeren Kind
(3) ein Eigentumsdelikt

Es sollte dann beurteilt werden, wie wahrscheinlich der Patient 12 Monate nach seiner Entlassung
a) ein Eigentumsdelikt
b) ein aggressives Delikt (Wahrscheinlichkeit und Schwere) begangen haben würde.

Die Übereinstimmung der Psychiater und der Lehrer bezüglich ihrer Prognosen war sehr gering; bei Vorliegen aller drei Informationsquellen korrelierten die Urteile

der Psychiater	von + 0,382 bis + 0,482
der Lehrer	von + 0,240 bis + 0,574

Auffällig ist hier, daß die Psychiater als Fachleute bezüglich ihres Urteils keine größere Übereinstimmung zeigten als die Lehrer. Ist aber die Reliabilität der Expertenurteile gering, ist damit auch die Validität ihrer Urteile gering!

Eine sehr intensive Analyse von Kriterien, die bei Konferenzentscheidungen eine Rolle spielen, liefert Dix (1975). Er beobachtete direkt Konferenzen eines Hospitals für „geistig gestörte Straftäter" in Atascadero (USA). Die meisten der Täter hatten Kinder belästigt, ohne Gewalt oder Androhung von Gewalt. Die Täter zeigten (mit wenigen Ausnahmen) keine der klassischen psychopathologischen Symptome (wie z.B. schizophrene Symptome); zumeist lautete die Diagnose: „passiv-aggressive Persönlichkeit". Die Population ähnelte mehr der normaler Gefängnisse als der eines psychiatrischen Hospitals. Deshalb meint Dix, daß die Schlußfolgerungen aus seiner Untersuchung sich nicht nur auf „sexuell gefährliche", sondern auch auf andere Täter mit psychologischen Problemen und das Risiko der Rückfälligkeit verallgemeinern lassen.

Das Personal, das bei den Konferenzentscheidungen mitwirkte, bestand fast vollständig aus nichtmedizinischen Berufsgruppen wie Psychologen, Soziologen und psychiatrischen Pflegern. Dix (1975, S. 344) betont aber ausdrücklich, daß sich ihr Entscheidungsprozeß nicht wesentlich von medizinisch ausgebildeten Personen unterschied (dies fanden auch Quinsey und Ambtman, 1979, in ihrer Untersuchung!). Ob ein Täter als ungefährlich eingestuft wurde, hing von acht Faktoren ab:

1. wenn der Täter ausdrücklich Schuld und persönliche Verantwortung akzeptierte. Dem lag unausgesprochen die Annahme zugrunde: Solange der Patient keine Verantwortung für sein Handeln akzeptierte, war wenig wahrscheinlich, daß bei ihm verinnerlichte Hemmungen zukünftiges Fehlverhalten verhindern würden,

2. wenn er die Fähigkeit entwickelte, Lösungen für streßauslösende Situationen zu benennen,

3. wenn er nicht von aggressiven oder sexuell abweichenden Phantasien berichtete,

4. wenn er im Hospital angepaßtes Verhalten zeigte. Beispielsweise gestand ein Patient, sich im Hospital homosexuell betätigt zu haben. Obwohl es im gegenseitigen Einverständnis geschehen war, wurde es vom Personal als Zeichen weiterbestehender Gefährlichkeit gedeutet, weil das homosexuelle Verhalten eine Verletzung der Regeln der Institution darstellte. Allerdings äußerte das Personal ein gewisses Unbehagen bezüglich dieser Entscheidung! Angepaßtes Verhalten wurde als Zeichen der Besserung gedeutet, z.B. bei einem wegen Pädophilie Verurteilten wegen seines guten Verhaltens im Hospital und weil er nie zu spät zu seinen Arbeitsverpflichtungen kam. Dieses letzte Kriterium kommentierte ein Mitglied des Personals: „Ich wette, daß er keinen Tag zu spät zu seiner Arbeit kam, wenn er ein Kind belästigte!". An dieser Stelle soll exemplarisch auf die Subjektivität der benutzten Kriterien hingewiesen werden, weil

a) angepaßtes Verhalten in der stark strukturierten Umwelt einer solchen Institution mit ihrer starken Lenkung der Patienten nicht unbedingt Rückschlüsse auf dessen Verhalten in der Freiheit zuläßt,

b) ein anderer Patient trotz vorbildlichen Verhaltens nur deshalb nicht als „ungefährlich" eingestuft wurde, weil er nach Ansicht des Personals nur vage auf die Fragen nach seinen Gefühlen antwortete und deshalb nicht in der Lage sei, seine Gefühle zu erkennen und zu verarbeiten,

5. wenn er nach Ansicht des Personals „lange genug" für sein Delikt in Gewahrsam gewesen war,
6. wenn er nach Ansicht des Personals maximalen Gewinn aus seiner Hospitalisierung gezogen hatte,
7. wenn günstige Veränderungen in seiner früheren Umwelt vorlagen, die die Wahrscheinlichkeit eines weiteren Delikts verringerten, z.B. wenn seine Umwelt (Ehefrau) eine andere Haltung ihm gegenüber entwickelte oder bei einem gegenüber Kindern exhibitionistischen Täter, dessen Familie in eine Gegend zog, wo es keine Kinder gab,
8. wenn die Schwere des Fehlverhaltens gering war, das er nach seiner Entlassung begehen könnte (z.B. wenn der Patient nur wegen Exhibitionismus rückfällig werden könnte)!

Abgesehen von der Tatsache, daß diese Kriterien ziemlich subjektiv und z.T. auch moralisierend (s. z.B. Punkt 5) sind, muß kritisiert werden, daß nicht genau spezifiziert wurde, wie wahrscheinlich die Rückfälligkeit eines bestimmten Patienten war, unter welchen Bedingungen er rückfällig würde u.ä.

Ein weiteres Problem: Nur wenige der Patienten zeigten direkte Anzeichen von Gefährlichkeit und Gewalt. Deshalb und wegen des Fehlens psychotischer Symptome bezog man sich auf indirekte Kriterien (wie z.B. Akzeptieren von Verantwortung), deren Beziehung zu Gewalttätigkeit erst noch nachgewiesen werden müßte. Hier griffen die Konferenzteilnehmer also auf ihre impliziten Persönlichkeitstheorien zurück!

Nicht nur die Vorhersagefaktoren sind vage, unpräzise und unreliabel, sondern auch das vorherzusagende Verhalten. Oft wird z.B. nicht unterschieden zwischen a) der Wahrscheinlichkeit, daß der Täter wieder ein Sexualdelikt mit einem Kind begeht und b) daß er das Kind körperlich schädigt. Diese Unterscheidung ist wichtig, weil die Rückfallquote noch nichts über die dabei gezeigte Aggressivität aussagt.

Die Quellen der Täuschung durch den Patienten sind groß (s. z.B. die Punkte 1, 2, 6). Quinsey (1977, S. 210) weist z.B. darauf hin, daß wegen Sexualdelikten mit Kindern verurteilte Täter „in der Therapie die Sprache ihrer Therapeuten benutzen, um ihre Taten zu erklären. Personen, die viele Therapiesitzungen besuchten, aber nicht diejenigen, die nur wenige besucht hatten, wechselten ihre ursprünglichen Erklärungen ihrer Taten zugunsten von Erklärungen, die beinhalteten: Bezüge auf frühkindliche Erfahrungen, psychiatrische Terminologie und persönliche Unzulänglichkeiten."

(5) Die Prognose, daß jemand gefährlich ist, kann kaum widerlegt werden. Selbst wenn er sich tatsächlich friedlich verhalten würde, hat er

dadurch, daß er nicht entlassen wird, keine Chance, dies auch durch entsprechendes Verhalten zu beweisen. Die Konsequenz ist, daß zu viele Patienten irrtümlich als „gefährlich" eingestuft werden. Stürup (1968) und McGrath (1968) sagten deshalb sehr selbstkritisch bei dem CIBA-Seminar: „Wir sind bei unseren Prognosen viel zu vorsichtig!"

(6) Alle Patienten, von denen man annimmt, sie seien gefährlich, werden zurückbehalten, und nur die anderen werden freigelassen. Deshalb ist diese Gruppe keine rein zufällige Stichprobe, was Erfolgskontrollen erschwert und deren Aussagekraft schwächt (Quinsey, 1979).

(7) Da die aggressive Rückfälligkeit ein Delikt mit geringer Grundrate ist, ist es grundsätzlich schwierig, es vorherzusagen. Auch andere „seltene Ereignisse", wie z.B. Suizid, sind schwer zu prognostizieren, fälschlicherweise wird das Auftreten des Merkmals viel zu häufig prognostiziert.

Die Schwierigkeiten, die deshalb auftreten, werden intensiv von Steadman und Cocozza (1979) beleuchtet. Im allgemeinen erweisen sich statistische Vorhersagen bezüglich zukünftiger Angriffe auf andere Personen klinischen, d.h. durch Konferenzentscheidungen gewonnenen oder auf subjektiven Eindrücken eines einzelnen Diagnostikers beruhenden Prognosen im geringen Umfang als überlegen. Das bedeutet konkret, daß statistische Prognosen weniger häufig als klinische Prognosen Patienten fälschlicherweise als gefährlich einstufen, aber dennoch immer noch zu häufig. Beispielsweise konnten Steadman und Cocozza (1979) mit zwei Faktoren (Lebensalter und einer Skala, die frühere kriminelle Aktivität erfaßte) Patienten in 80 % der Fälle richtig in eine „gefährliche" und eine „ungefährliche" Gruppe einteilen. Doch nur 33 % der als „gefährlich" Eingestuften zeigten später tatsächlich gewalttätiges Verhalten. Deshalb sagen Cocozza und Steadman (1974), daß es aus statistischer Sicht die beste Auswahlstrategie wäre, einfach alle Patienten als ungefährlich zu erklären, da dann die allerwenigsten Fehlklassifikationen vorkämen. Da aber einige Patienten tatsächlich Gewalttätigkeiten begehen, ist diese statistische Auswahlstrategie wenig akzeptabel für die Gesellschaft.

So bleibt bei der Vorhersage der Gefährlichkeit eines psychiatrischen Patienten das Dilemma zwischen dem Anrecht des Patienten auf Freiheit und dem Schutz der Öffentlichkeit. Dabei sollte aber nicht vergessen werden, a) daß psychopathologische Täter weniger kriminell rückfällig werden oder zumindest nicht häufiger als nichtpsychopathologische Täter, b) daß aber Personen, die einmal gewalttätig handelten, auch später mit großer Wahrscheinlichkeit wieder Gewalttätigkeiten begehen werden

- wenn ihre aggressiven Kognitionen und Phantasien nicht durch geeignete Therapien (z.B. Logotherapie, Provokative Therapie) beseitigt wurden.

5.4 Wirkungsvolle Vorhersagekriterien

Auf welche Kriterien kann man sich denn stützen, um die Gefahr einer Aggression nach der Entlassung aus der Klinik vorherzusagen? Einmal kann man dazu

(1) **objektive Merkmale** heranziehen. Die bereits zitierten Oak Ridge-Studien von Quinsey zeigen exemplarisch, wie derartige Merkmale gewonnen werden können; diese Merkmale müssen aber längerfristig auf ihre Validität überprüft werden.

(2) **Tests:** Verschiedene Untersuchungen mit dem MMPI-Fragebogen (Arnold und Quinsey, 1977; Quinsey u.a., 1980) erbrachten diagnostisch mehrdeutige oder aussageschwache Ergebnisse. Dies ist eigentlich erstaunlich, da hierbei Megargees (1972) Konzept des überkontrolliert Aggressiven untersucht wurde. Es scheint also, daß Fragebogen für unsere Fragestellung wenig brauchbar sind. Überprüfungswürdig wäre jedoch, inwieweit spezifische projektive Tests - wie z.B. der Kornadt-TAT (1982) - potentielle Gefährlichkeit prognostizieren könnten. Denn im Phantasieerleben und den Vorstellungen zumindest einiger Täter findet man sadistische Vorstellungen.

(3) **Spezifizierung der aggressionsauslösenden Situationen.** Um die Gefährlichkeit einer Person vorhersagen zu können, wäre es dazu eigentlich nur notwendig festzustellen, ob sie sich in der Anstalt aggressiv verhalten hat. Ist dieser Gedankengang, so einleuchtend er auf den ersten Blick sein mag, auch tatsächlich richtig?

Quinsey und Ambtman (1978) zitieren zu diesem Problem mehrere Untersuchungen: Einige Untersuchungen zeigen eine gewisse Beziehung zwischen dem Verhalten in der Anstalt und späterer Gefährlichkeit nach der Entlassung; in anderen Untersuchungen konnten derartige Beziehungen nicht gefunden werden. Die Existenz bzw. Höhe dieser Beziehungen hängt offensichtlich davon ab, inwieweit die Situation innerhalb der Anstalt und dem normalen Leben sich ähneln. Ein weiteres Problem taucht hier auf: Die Verhaltensbeurteilungen der Wärter stimmen nicht unbedingt überein (Quinsey und Ambtman, 1978). Eine Notiz über den Patienten wurde nur dann angefertigt, wenn er unerwünschtes Verhalten zeigte; und sogar bei diesen relativ seltenen Beobachtungen war die Übereinstimmung zwischen den Beurteilern gering.

Wichtig wäre nun die Frage, wann und unter welchen Umständen Patienten aggressiv handeln. Quinsey und Varney (1976) beobachteten deshalb ein Jahr lang in Oak Ridge, wann und wo die aggressiven Akte auftraten, wer sie ausübte und wann er sie ausübte. Die Aggressionen, zumeist Schläge oder Treten, traten in allen Monaten und Wochentagen gleichmäßig auf; auch zeigte sich, daß im Gegensatz zu der Meinung von Patienten und Mitgliedern des Personals bei Vollmond die Gewalttätigkeiten keineswegs häufiger wurden. Deutliche Unterschiede ergaben sich bezüglich des Tagesablaufs: Die Zahl der Gewalttätigkeiten stieg unmittelbar nach dem Frühstück an, bevor die Patienten zur Arbeit oder den organisierten Aktivitäten gingen. Um die Mittagszeit verringerte sich die Zahl der Aggressionen, stieg zwischen Mittag- und Abendessen wieder an und erreichte abends (z.b. beim Fernsehen) einen Höhepunkt. An einigen Orten traten mehr Aggressionen auf als an anderen, z.b. vorwiegend auf den Korridoren, in den Räumen der Patienten, weniger in den Höfen, wo die Patienten spazierengehen konnten.

Eine kleine Minderheit (N =18 =13 %) von Patienten war für den größten Teil (61 %) der Gewalttaten verantwortlich. Interessanterweise zeigten Patienten, die wegen krimineller Handlungen eingewiesen worden waren, weniger Aggressionen. Die aggressiven Patienten unterschieden sich in einigen wesentlichen Gesichtspunkten von den weniger oder nicht aggressiven: Sie hatten bereits vor ihrer Einweisung in die Klinik eine geringere Anpassungsfähigkeit gezeigt; im Durchschnitt waren weniger von ihnen verheiratet oder hatten einen Beruf; sie wurden in einem früheren Lebensalter in die Klinik eingewiesen.

In zwei Drittel der Fälle wurden Mitglieder des Personals Opfer der Aggressionen und nur zu einem Drittel andere Patienten, obwohl die Patienten mehr Kontakte untereinander hatten. Dies zeigt, daß die Beziehungen zwischen den Patienten und dem Personal die häufigste Ursache für Aggressionen waren. Die Patienten und das Personal gaben auf Befragung jedoch unterschiedliche Gründe für das Auftreten von Aggressionen an. Während die Mitglieder des Personals sagten, es hätte keinen Grund für den Angriff gegeben, berichteten die Patienten zumeist, daß sie von anderen Patienten gehänselt oder von dem Personal provoziert worden seien.

Die provozierende Wirkung des Verhaltens des Klinikpersonals zeigt, daß

a) die Ursache aggressiven Verhaltens nicht ausschließlich in der Person des Patienten verankert ist und es damit notwendig ist, die situativen Bedingungen zu bestimmen, die bei einem individuellen Patienten Aggression auslösen;

b) auch das Personal entsprechend geschult werden muß, damit es nicht zu aggressiven Ausbrüchen bei einem Patienten kommt.

In Oak Ridge wird deshalb bei einem Angriff eines Patienten auf ein

---

Mitglied des Klinikpersonals dessen Verhalten auf mögliche Provokation hin untersucht. Das Personal wird auch trainiert, auf bedrohliche Signale des Patienten hin angemessen zu reagieren und mit Patienten in freundlicher Weise zu interagieren.

Wie groß die individuellen Unterschiede auch bei „schwierigen" Patienten sind und wie situationsabhängig deren Verhalten ist, zeigt eine Untersuchung von Quinsey und McGrath (1979). Sie untersuchten durchschnittlich 28 Monate lang vier Patienten (drei davon waren Epileptiker) im Alter von 16-21 Jahren, mit einem IQ von 54-79, die im Vergleich zu anderen Patienten häufig aggressives Verhalten gezeigt und keine befriedigenden Fortschritte bei den Verhaltensprogrammen in der Anstalt gezeigt hatten. Die Häufigkeit der Angriffe betrug etwa 1 pro Monat und Patient. Die Zeitintervalle zwischen den einzelnen Angriffen schwankten zwischen den Patienten: aber selbst beim gleichen Patienten gab es unterschiedliche Zeitintervalle zwischen den aggressiven Vorfällen. Nicht selten gab es aggressionsfreie Perioden von drei Monaten, ein Patient zeigte fast ein Jahr lang keinen Angriff (was ja gegen die Existenz eines sich ständig aufbauenden Aggressionstriebes spricht)! Wesentlich für das Auftreten einer Aggression waren Situationen, in denen die Patienten frustriert, mit einer Geldstrafe belegt oder getadelt wurden. Die Auslösebedingungen waren jedoch individuell unterschiedlich.

Patient A reagierte aggressiv, wenn er
a) von anderen Patienten geärgert wurde (oftmals ausgelöst dadurch, daß der Patient sie selbst geärgert hatte),
b) glaubte, daß andere Patienten über ihn sprachen oder ihn für „verrückt" erklärten,
c) eine Geldstrafe oder einen Tadel vom Personal für das Verletzen der Anstaltsregeln erhalten hatte.

Patient B reagierte aggressiv, wenn jemand einen seiner Wünsche nicht erfüllte. Ein Tadel bei Verletzung der Anstaltsregeln löste bei ihm häufig „körperliche Rebellion" aus, besonders, wenn andere Patienten Zuschauer waren.

Patient C diskutierte häufig mit dem Personal über seine Klagen und Wünsche. Gelegentlich eskalierten seine Klagen in einer körperlichen Konfrontation.

Patient D wurde oft ärgerlich, wenn einer seiner Wünsche nicht erfüllt wurde oder wenn er für Fehlverhalten eine Geldstrafe erhielt. Gelegentlich trat ein Angriff ohne Warnung, etwa eine halbe Stunde nach seiner Frustration, in einer völlig anderen Situation auf (überkontrolliert aggressives Verhalten!). Manchmal wurden Angriffe offensichtlich ungewollt durch jemanden ausgelöst, der ihn zufälligerweise berührt hatte oder ihm zu nahe kam.

Diese individuellen Fälle zeigen, daß die Aggressionen keineswegs unvorhersehbar waren, besonders dann, wenn man die spezifischen Auslösemuster kannte. Es ist deshalb **sinnlos, vage die allgemeine „Gefährlichkeit" eines Menschen ermitteln zu wollen, ohne die Situationen genau zu spezifizieren, in denen sie sich in Form von Aggression äußert.** Und mit großer Wahrscheinlichkeit kann man erwarten daß jemand bezüglich Aggression wieder rückfällig wird, wenn er - ohne daß er zuvor Lernprozesse durchlaufen hat - wieder auf die gleichen Reize trifft. Deshalb wäre bei der Prognose eines Gewalttäters stets auch die Frage wichtig: Inwieweit tritt die gleiche Situation, die gleiche Reizkonstellation, wie beim ersten Mal erneut auf? Eindringlich zeigt dies der Fall Kemper, der nach seiner Entlassung bei seiner Mutter lebte, deren Ermordung er schon lange in seiner Phantasie vollzogen hatte (Lunde, 1975).

5.5 Strategien zur Verhinderung von Aggressionen

Die Erkenntnisse von Quinsey und Varney (1976) sind auch wichtig für die Verringerung des Auftretens aggressiver Vorfälle; man könnte zur Verhinderung aggressiver Handlungen zwei Strategien entwickeln:
- die Bedingungen ändern, die zu einer Aggression führen, oder
- die Ereignisse ändern, die der Aggression folgen, z.B. den Patienten isolieren, einsperren oder ihm positive Verstärkung (Vergünstigungen) entziehen.

Die erste Strategie hat als Voraussetzung, daß die Reize, Situationen u.ä. identifiziert werden, die die Aggressionen auslösen. Die Konsequenz daraus wäre die Forderung nach einer frustrationsfreien Umwelt. Dies bedeutet in dem zitierten Beispiel, daß das Personal kein willkürliches oder inkonsequentes Verhalten (z.B. beim Einhalten der Hausordnung u.ä.) zeigen dürfte, was immer wieder die Patienten zu Klagen und die leichter erregbaren Patienten zu explosionsartigen Reaktionen veranlaßte. Auch hielten Mitglieder des Personals, oft ungewollt oder ohne böse Absicht, die Patienten zum besten oder neckten sie, was die Beziehungen zu ihnen verschlechterte.

Die zweite Strategie der Verringerung des Auftretens von Aggressionen besteht in der Veränderung der Ereignisse, die ihnen folgen. Beispielsweise wurde der Patient aus der sozialen Situation entfernt; dabei erwies sich das bloße Einschließen (für 3 - 7 Tage) in sein Zimmer als wenig wirksam, weil es inkonsequent durchgeführt wurde, da die betreffenden Patienten immer noch mit dem Personal und anderen Patienten auf dem Flur sprechen und gelegentlich sogar Zigaretten erbetteln konnten. Das Einschließen hatte auch noch einen weiteren Nachteil: die Patienten konnten keine konstruktiven Verhaltensweisen erwerben, keine sinnvolleren Reaktionen auf eine Frustration erlernen. Dies wurde jedoch mit einem speziellen Trainingsprogramm zu erreichen versucht, bei dem gewisse Privilegien durch das Ansammeln einer gewissen Anzahl von Pluspunkten zu erreichen waren. Die Patienten konnten täglich 5 Punkte für sauberes Aussehen und 5 für ein sauberes und aufgeräumtes Zimmer erhalten, 5 für die Säuberung der Station usw. Von diesen

Pluspunkten wurden Punkte für Fehlverhalten wie Angriffe oder versuchte Flucht abgezogen. Beim Erreichen einer bestimmten Punktzahl erwarb der Patient gewisse Privilegien, je nach Punktzahl gestaffelt: Zeit, die er außerhalb seines eigenen Raumes verbringen durfte; Zugang zu weniger streng beaufsichtigten Räumen usw. Je mehr Punkte erworben wurden, desto weniger streng wurde die Aufsicht über den Patienten, daneben konnte man mit den Punkten gewünschte Dinge erwerben oder Zugang zu bestimmten Aktivitäten, z.B. Fernsehen, Bingo spielen, erlangen.

Das Programm belohnte also Patienten für kooperatives, freundliches Verhalten, dagegen mußten unfreundliche, aggressive, unkooperative Patienten die meiste Zeit in ihren Räumen bleiben oder wurden unter intensiver Aufsicht gehalten.

Das Verhaltenstraining zeigte einen gewissen Erfolg: Die Patienten wurden im Durchschnitt kooperativer, waren weniger unfreundlich, verglichen mit früher, arbeiteten mehr. Beim Vergleich der individuellen Verhaltensweisen wurde deutlich, daß einige Patienten starke, andere geringe und einige überhaupt keine Veränderungen ihres Verhaltens zeigten. Traten Veränderungen auf, so waren sie z.T. Schwankungen unterworfen (Quinsey und Sarbit, 1975).

5.6 Aggression bei verschiedenen Psychopathologieformen

Psychopathologische Personengruppen gelten auch deshalb fälschlicherweise als gefährlich, weil sie scheinbar überraschend aggressiv handeln und/oder diese Aggressionen motivlos zu sein scheinen. Dies führt dann leicht zu der Vorstellung, daß der Täter wie „ein kaltblütiges Monster" gehandelt habe. Stürup (1968, S. 7I8) sagt deshalb: „Nur scheinbar hatte der Täter wie ein „kaltblütiges Monster" gehandelt. In Wirklichkeit, wie ich später gesehen habe, zeigen viele dieser „kalten" Mörder eine ungewöhnliche Sensitivität und entwickeln sogar depressive Reaktionen."

Wichtig ist nun die Frage, *wann* bzw. **unter welchen Voraussetzungen** bei Personen mit psychopathologischen Symptomen Gewalttätigkeiten auftreten. Die Antwort auf diese Frage liefert eine Betrachtung der Eigentümlichkeiten und spezifischen Probleme einzelner psychopathologischer Gruppen. Es wird dann deutlich, daß die Aggressionen durchaus leicht zu erklären sind und zumindest zum Teil vermeidbar sein können.

5.6.1 Schizophrene

Gewalt ist nicht typisch für den „durchschnittlichen" Schizophrenen (West, 1967). Gefährlich sind Schizophrene vor allem dann, wenn sie Wahnideen entwickeln, betrogen, bespitzelt, sexuell belästigt, verhext oder magisch gequält zu werden und unter dem Eindruck dieser Wahnideen die Person angreifen, die sie für ihre Probleme verantwortlich halten. Da sie dann auch normale Reize völlig anders deuten, als dies bei normalen Menschen der Fall ist, kann man in der aktuellen Situation ihr Verhalten nicht immer genau voraussehen. Typisch ist hierbei der Mann, der das Husten seiner Frau als Signal für ihren (von ihm vermuteten) Liebhaber deutet und sie deshalb tötet. Schwer vorhersehbar ist auch, daß jemand plötzlich seinen Freund vor den Zug stößt und dies mit den Worten motiviert: „Gott befahl es mir plötzlich!".

Aber auch ohne daß Wahnideen vorliegen, können Schizophrene aggressive Handlungen zeigen, nämlich dann, wenn sie die Flut der auftretenden Reize nicht mehr ordnen können. „So konnte sich ein Patient bei manchen Mahlzeiten im Speisesaal des Krankenhauses ruhig und umgänglich zeigen, während er ein andermal tobsüchtig und übermäßig erregt wurde. Im ersten Falle war der Patient mit nur einem Tischgenossen zusammen; im zweiten Falle saßen noch weitere Leute am Tisch. Den Ärzten gab er eine vollkommen logische Erklärung für die Gründe seiner Frustration: ‚Wenn Leute reden, erfasse ich nur Bruchstücke. Wenn nur eine Person spricht, ist es nicht so schlimm, aber wenn sich andere dazugesellen, kann ich gar nichts verstehen, kann einfach nicht den Faden der Unterhaltung finden. Dadurch fühle ich mich schutzlos - als ob alles um mich herum mich einkreist und ich die Kontrolle verloren habe.'" (Campbell, 1977, S. 139 u. 142). Man sieht also, auch scheinbar unverständliche Ausbrüche von Gewalt können verständlich werden, wenn man die Dinge aus der Perspektive des anderen Menschen, auch des Schizophrenen, sieht; und dann kann man auch eher die Auslösung von Aggression verhindern.

5.6.2 Depressive

Psychotisch depressive Personen stellen durchaus eine potentiell aggressive und gefährliche Gruppe dar - aber fast nur für ihre Familienangehörigen. Unter den Mördern, die nach ihrer Tat Selbstmord begingen, fand West (1967) nur drei Schizophrene, aber 24 Depressive. In der überwiegenden Zahl bestand die Gruppe dieser Depressiven aus Frauen, die ihre Kinder töteten.

Es gibt die Meinung, Depression und Aggression schlössen sich gegenseitig aus. Aber im Gegensatz zu psychoanalytischen Vorstellungen, nach denen „Depression nach innen gewandte Aggression/Ärger" sei, findet man Ärger und Feindseligkeit relativ häufig bei Depressiven. Novaco (1977) schildert bezeichnenderweise eine kognitive Ärgertherapie bei einem Patienten mit einer depressiven Neurose. Selg (1971, S. 29) stellte bei der Analyse von Fragebogendaten fest: „Wo hohe Fremdaggressionen vorkommen, findet man zumeist auch hohe Selbstaggressionen".

Daß Depressive Morde begehen, wird gelegentlich mit „altruistischen Motiven" erklärt: „Von Gedanken der Selbstvernichtung, weil das Leben hoffnungslos ist und die Welt so schlecht, ist es ein kurzer Schritt zu denken, daß es die Pflicht erfordert, daß man auch die geliebten Menschen mit aus dieser sündhaften Welt nimmt." (Wily und Stallworthy, 1961; nach West, 1967, S. 92) Typisch ist hierbei der Fall eines Mannes, der drei Episoden von Depressionen gehabt hatte, die jeweils von Selbstmordgedanken begleitet wurden. Beim letzten Anfall von Depression tötete er seine Frau und machte einen Selbstmordversuch. Obwohl er finanziell sichergestellt war, entwickelte er die Wahnidee, er sei ein vollkommener Versager, und er könne seine Frau in der Zukunft nicht mehr versorgen. Halluzinatorische Stimmen drängten ihn, ihrem gemeinsamen „Unglück" ein Ende zu machen. |

Weitere typische Fälle sind hier auch die depressive Mutter, die sich mit ihren Kinder tötete, oder der/die sich unheilbar krank wähnende Kranke, der/die sich mit dem Ehepartner tötet. In Abgrenzung zum Doppelselbstmord muß die Handlung dann als Mord definiert werden, wenn keine Einwilligung oder direkte Mitwirkung des Partners festgestellt werden kann.

Allerdings scheint man bei den Morden, die von Depressiven verübt werden, oft schnell und voreilig „altruistische Motive" anzunehmen (West, 1967). Denn neben Fällen, die dieser „klassischen" Formulierung entsprechen, hatten Depressive, deren Selbstmordversuch nach dem Mord „mißglückt" war, ihren Kummer bezüglich ehelicher Zwistigkeiten und Untreue geäußert, die vorhanden gewesen sein mußten, als sie ihr Opfer angegriffen hatten. Eine aggressive Motivation ist natürlich besonders dann zu vermuten, wenn paranoide Ideen vorkommen - Eifersucht, Verfolgungswahn, getäuscht, betrogen, ausspioniert usw. zu werden. Hier tauchen also fließende Übergänge zwischen den Klassifikationen „Depression" und „Schizophrenie" auf. Aber selbst wenn keine schizophrenen Merkmale vorhanden sind, können Eifersucht und Vergeltungsbedürfnisse eine Rolle spielen. Dies war z.B. der Fall bei einem von Schuldgefühlen und religiösen Ängsten besessenen Mann, der seine ganze Familie mit der Begründung auslöschte, seine Frau sei zu leichtfertig, zu fröhlich in ihrer Haltung gegenüber dem Leben und die Kinder zu unschuldig, um in dieser sündigen Welt zu leben. Er sagte auch, daß seine Frau ohne ihre Kinder doch nicht glücklich weiterleben könne.

Neben dem Inhalt der Wahnideen führt offensichtlich auch der bloße Druck der emotionalen Anspannung leicht zu einer verzweifelten Gewalttat. Nach dem gewalttätigen Ausbruch, der zum Mord führte, ist der Täter dann häufig wieder erstaunlich ruhig und emotional weniger angespannt (was vielleicht auch zum Eindruck des „kaltblütigen Mörders" beiträgt). In einem dieser Fälle war der Patient von seinen Verwandten viel zu früh aus der Klinik geholt worden, später tötete er auf einem Spaziergang seine Frau und seine zwei Hunde.

Dieser Fall zeigt exemplarisch auch ein grundsätzliches Problem auf: Bei der Analyse der Taten Depressiver kann man nicht selten feststellen, daß die Depressiven und/oder ihre Familien den Bedenken der Psychiater nicht folgten und diese nicht nachdrücklich genug auf einer Einweisung in eine psychiatrische Klinik bestanden. Während man also im Vorfeld von Delikten nicht genügend oder rechtzeitig eingreift, ist man nach einer Tat bezüglich der Freilassung oft zu vorsichtig, wie die Diskussion der Gefährlichkeit psychopathologischer Täter zeigte.

Es wäre nun wichtig, Kriterien zu haben, mit deren Hilfe man bei Depressiven die Wahrscheinlichkeit des Auftretens von Aggressionen abschätzen könnte. Was unterscheidet die kleine Minderheit der depressiven Patienten, die ihre Mordgedanken in Handlungen umsetzte, von den anderen Depressiven? Batt (1948, nach West, 1967) untersuchte in einer psychiatrischen Klinik diese Frage an 20 Patienten, die während depressiver Anfälle Mordversuche begangen hatten, darunter waren 19 Frauen, die ihre Kinder angegriffen hatten. Es handelt sich also vermutlich um eine vorselektierte Stichprobe von Depressiven, da männliche Täter offensichtlich eher in eine geschlossene Anstalt gebracht werden. Die Ausführungen gelten also vorwiegend bzw. zumindest für weibliche Depressive

- Angriffsopfer: die eigenen Kinder
- Lebensalter: bedeutsam jünger als andere Depressive (Durchschnittsalter 29,5 Jahre, Altersstreuung von 25-35 Jahren). Auch West fand bei seiner Untersuchung (1967) eine ähnliche Altersstreuung für weibliche Täter von 25-35 Jahren. Die männlichen depressiven Täter in der Stichprobe von West waren aber im Durchschnitt älter. Allerdings scheint nicht das Lebensalter an sich, sondern die Tatsache, daß vorwiegend junge Frauen Kinder als Aggressionsobjekte zur Verfügung haben, der relevante Faktor zu sein.
- Die Person befindet sich in einer selbstmordgefährdeten Phase oder hat bereits einen Selbstmordversuch begangen. West (1967) hält besonders die Zeit der Entwicklung und des Abklingens der Symptome

für selbstmordgefährdet, also Zeitepochen, in denen man weniger auf den Patienten acht gibt. Auf dem Höhepunkt der Symptome sind Depressive eher unfähig zu einer solchen Handlung und/oder in Überwachung im Hospital (West, 1967, S. 104). Auch in Wests Stichprobe geschahen viele Delikte nach der Entlassung. West fügt noch weitere Kriterien an:

- Gedanken, jemanden zu töten oder sogar vorhergehende Drohungen und Versuche, jemanden zu töten.

- Quälende, gereizte Ruhelosigkeit, häufig mit hypochondrischen Ideen gekoppelt, zumeist über ein einziges körperliches Symptom (z.b. Schlaflosigkeit). Typisch ist hier z.b. die Wahnidee, die ganze Familie mit einer Geschlechtskrankheit angesteckt zu haben.

- Kulturspezifische Faktoren. Nach West (1967, S. 106) soll sich die Neigung der Italiener, offen aggressives Verhalten zu zeigen, auch in einem Übermaß an aggressivem Verhalten bei italienischen psychotischen Patienten äußern.

5.6.3 Epileptiker

Das Vorkommen von Kriminalität bei Epileptikern oder von Epilepsie bei Kriminellen ist nicht signifikant höher als in der Gesamtbevölkerung (Blumer, 1967; Gunn und Bonn, 1971). Gunn und Bonn (1971) stellten beim Vergleich von epileptischen und nichtepileptischen Gefängnisinsassen fest:

(1) Epileptiker begehen die gleichen Arten von Verbrechen wie Nichtepileptiker, d.h. es gibt keine signifikanten Unterschiede zwischen den beiden Gruppen bezüglich der Zahl der Eigentums-, Gewalt- und Sexualdelikte.

(2) Gewalttätige Delikte treten in allen psychiatrischen Untergruppen der Epilepsie in gleicher Häufigkeit auf.

(3) Epileptiker wurden als impulsiver eingestuft als die Kontrollgruppe.

(4) Es gibt keinen signifikanten Unterschied zwischen den Epileptikern und der Kontrollgruppe bezüglich der Zahl der vorhergehenden Verurteilungen wegen Gewaltdelikten. In einer englischen Untersuchung wurde ein gewisses Ausmaß an Aggression bei Schläfenlappenepileptikern mit folgenden Merkmalen festgestellt:

  - männlich
  - aus Unterschicht
  - geringe Intelligenz
  - linke Schläfenlappenabnormalitäten
  - früher Beginn der Epilepsie.

Aber die ersten drei Merkmale findet man auch häufig bei „normalen" Aggressiven, und man kann insgesamt feststellen, daß Epileptiker keine Gruppe mit extrem hoher Aggressivität darstellen. Trotzdem ist es natürlich wichtig, die Bedingungen zu erkennen, die bei Epileptikern Aggressionen auslösen. Blumer (1976) geht dabei auf die Zeit vor, während und nach einem epileptischen Anfall ein.

Häufig findet man vor Anfällen bei Epileptikern eine schlechte Stimmung, der Epileptiker ist gereizt. Verstärkt ärgerlich-irritiertes Verhalten wurde bei bis zu 75 % der Epileptiker gefunden. Relativ geringfügige Anlässe und Provokationen oder das Vorhandensein einer Person, der er nicht vertraut, können dann schon genügen, Aggressionen auszulösen. Durch vorsichtiges Handeln und das Herstellen einer Vertrauensbeziehung können diese Ausbrüche verhindert werden, selbst bei als „gewalttätig" geltenden Patienten. Aber sogar bei extremen Ausbrüchen „scheint ein gewisses Maß an Kontrolle vorhanden zu sein: die Wut ist fürchterlich, Möbel werden zertrümmert, ein Familienmitglied wird geschlagen, aber selten wird jemand verletzt" (Blumer, 1976, S. 210). In einem Fall führte z.B. der durch das provokative Fehlverhalten eines Arztes verursachte Angriff zu einem relativ harmlosen Schaden: die Kleidung war zerrissen. Dies zeigt, daß auch situative Faktoren bei der Auslösung von Gewalt bei Epileptikern eine Rolle spielen. Denn aggressives Verhalten, auch in dieser Phase, ist episodisch und selten. Auch ist gleichzeitig neben der Irritierbarkeit nach Blumer (1976) eine gutmütige („hyperethische" und manchmal „hyperreligiöse") Einstellung vorhanden. Während eines Anfalles kommt es nicht zu Aggressionen. Jedenfalls konnte Blumer (1976, S. 213) dafür keine authentischen Fälle finden.

Nach einem epileptischen Anfall kann ein Zustand der Verwirrung und des Gedächtnisverlustes auftreten. Aber nur in den seltensten Fällen kommt es dabei zu unkontrollierten Gewalttaten. Dabei wird z.B. der Täter neben seinem Opfer liegend gefunden, kann sich aber an nichts mehr erinnern. Walker (1961) berichtet dazu mehrere Fälle und leitet daraus einige Kriterien ab, nach denen man einen Mord als nach einem epileptischen Anfall bzw. einem epileptischen Zustand begangen ansehen könnte. Diese Kriterien befassen sich z.B. mit der Frage, inwieweit das Verhalten während der Tat dem bei früheren spontanen Anfällen entsprach. Weitere Kriterien sind:
- das Vorhandensein abnormaler EEG's,
- offensichtliche Motive für eine Tat sind nicht vorhanden,
- das Verbrechen ist sinnlos,
- die Verstümmelungen des Opfers sind unnötig gewalttätig und sinnlos,

- Mörder versuchte nicht zu entfliehen,
- er handelte so, als sei die Handlung ihm sonst fremd,
- kein Anzeichen für eine Handlung mit Vorbedacht.

6. Sexualdelikte

6.1 Sind (alle) Sexualdelikte sexuell motiviert?

Es ist ein - auch unter Medizinern - weitverbreiteter Irrtum, daß Delikten wie Exhibitionismus, Vergewaltigung, „Sexualmorden" ein starker „sexueller Trieb" zugrundeliegt. Abgesehen davon, daß derartige Täter zumeist nicht sexuell enthemmt, sondern im Gegenteil zumeist sehr gehemmt sind, zeigen empirische Studien, daß vielen „Sexualdelikten" keineswegs eine sexuelle, sondern eine aggressive oder andere Motivation zugrundeliegt (s. z.B. Abel u.a., 1976). Daß bei manchen als „Sexualdelikte" bezeichneten Taten die sexuelle Komponente nicht in der Realität besteht, sondern im forensischen und psychiatrischen Bereich häufig hinzuinterpretiert wird, kann man z.b. am Begriff „Triebtäter" erkennen. Er stammt offenbar daher, daß diese Täter häufig davon sprechen, daß sie unter einem inneren Drang stünden, andere Menschen zu quälen und zu töten. Dieser für sie „unwiderstehliche Impuls", dieser „Trieb", wird dann leicht in folgendem Analogieschluß als sexuell interpretiert: unbezähmbarer Zwang = Trieb = biologisch verursacht = sexuell orientiert, weil andere angeborene Bedürfnisse wie Hunger und Durst wohl kaum mit diesem „Trieb" zusammenhängen könnten.

Daß derartigen „Triebtätern" eine sexuelle Komponente unterstellt wird, ist psychologisch verständlich, weil den zumeist medizinisch-psychiatrisch orientierten Gutachtern derartige biologische Erklärungen naheliegen und andere, psychologische Erklärungen ihnen alternativ nicht einfallen. Wie stereotyp diese Vorstellung vom „sexuell motivierten Triebtäter" ist, wird beispielsweise in den Interviews deutlich, die der medizinische Gutachter mit Peter Kürten führte (s. Kap. I, 1.4).

In Wirklichkeit findet man bei Serienmördern eine starke **kognitive Grundlage** ihrer Bereitschaft zu Gewalttätigkeiten: Die Meinung, ein Opfer zu sein und deshalb das Recht zu haben, sich zu rächen - selbst wenn dadurch Menschen leiden, die nicht an seinem Schicksal schuld sind. Kürten drückte dies so aus:

„ ... dieses Vergeltungsgefühl und dieser Vergeltungsgedanke sich in mir in Jahren und Jahrzehnten empor gebildet hat (S. 104). ... Ich habe nie etwas Ungerechtes getan und habe doch meine ganze Jugend hindurch Martyrium leiden müssen" (Lenk und Kaever, 1974, S. 232). „Ich habe unter diesem grausamen

Strafvollzug ... schwer leiden müssen, nicht nur körperlich, sondern auch seelisch" (S.104). Vor allem das sadistische Verhalten seines Vaters scheint für das Entstehen seiner Aggressivität verantwortlich zu sein: „Als ... er mich schwer mißhandelte und außerdem noch mit dem Brotmesser den Hals abschneiden wollte, es mir jedoch gelungen war zu flüchten ... " (S. 121).

Als Kind, etwa im Alter von acht Jahren, hatte Kürten starke Ängste gehabt: „... dann hat er mich erst mal gründlich verhauen und dann in mehreren Fällen die Nacht über im Keller eingeschlossen. ... Wenn ich da eingeschlossen war, und schreien durfte ich nicht, und da habe ich gezittert und gebebt und mich in eine Ecke gekauert, und dann so verbracht die ganze Nacht, mich mit Säcken zugedeckt" (S.183).

Hier werden Parallelen zu den Affenexperimenten von Harlow (z.B. Harlow und Harlow, 1966, S. 252) deutlich, wo die verängstigten, ohne Zuneigung aufgewachsenen Tiere das gleiche Verhalten zeigten. Selbst ohne solche Parallelen wird deutlich, daß das kalte Familienklima und die erlebten Feindseligkeiten bei Kürten starke Aggressivität erzeugten. Welches Bild entwickelt wohl ein Kind , das so behandelt wird? Wie sollte es wohl eine aufgeschlossene, freundliche und vertrauensvolle Haltung zu anderen Menschen entwickeln? Es ist vielmehr verständlich, daß sich - wie er einmal sagte - der Drang entwickelte, anderen wehe zu tun. Er sagte (Schaeffer, 1970, S. 62): „Ich hatte eigentlich dauernd die Stimmung, Sie werden es Drang nennen, zum Umbringen. Je mehr, um so lieber. Ja, wenn ich die Mittel dazu gehabt hätte, dann hätte ich ganze Massen umgebracht, Katastrophen herbeigeführt. Jeden Abend, wenn meine Frau Spätdienst hatte, bin ich herumgestreift nach einem Opfer. Es war aber nicht so leicht, eins zu finden."

In Kürtens Taten spielt aber nicht nur Aggressivität eine wesentliche Rolle, sondern auch Dominanz, präziser: das prickelnde Gefühl, andere in Furcht und Schrecken versetzt zu haben.

„Am anderen Morgen begab ich mich gegen Mittag wieder zum Tatort. Ich stellte hierbei fest, daß die Erregung unter der Bevölkerung sehr groß war. Weiterhin konnte ich mich davon überzeugen, daß eine gerade stattfindende Prozession sichtbar unter dem Eindruck des begangenen schweren Verbrechens stand. Ich glaubte dieses an den Mienen der Teilnehmer wahrnehmen zu können. Hierbei bestand bei mir eine starke sexuelle Erregung. Ich habe mich dann in der Nähe des Tatorts unter die anwesenden Leute gestellt und gehört, was über den Täter berichtet wurde. Durch die sehr große Erregung, die ich dabei wahrgenommen habe, und Empörung und Verwünschungen des Täters ist es noch mal zum Samenerguß gekommen" (Lenk und Kaever, 1974, S.196).

In Kürtens Aussagen taucht - wie das letzte Beispiel zeigt - auch noch ein weiteres motivierendes Element auf: eine Erhöhung des Aktivitätsniveaus. Dies spielt besonders bei seinen Brandstiftungen eine Rolle (Lenk und Kaever, 1974, S.186):

„... durch diese Aufregung, Spektakel und Geschrei und die Beobachtung, daß die Leute Angstgefühle von sich gaben, da habe ich eben in dieser Zeit schon einmal Erfolg gehabt, also hinsichtlich sexueller Erregung ... Ja, und dann natürlich die ganzen äußeren Erscheinungen, die großen Feuerflammen, heller Schein, die Entrüstungen nachher, wenn die Polizei kam - in manchen Fällen kam sogar noch der Polizeipräsident."

Man könnte nun, gemäß dem Modell von Mehrabian (1978), feststellen, daß Kürten durch seine Taten einen Gefühlszustand gewann, der gekennzeichnet war durch Wohlbehagen, Dominanz und ein starkes Aktivitätsniveau. Eine sexuelle Thematik ist nicht unbedingt vorhanden. Eine Erhöhung des allgemeinen, unspezifischen Aktivitätsniveaus mit einer sexuellen Erregung gleichsetzen zu wollen, würde eine unzulässige Ausweitung des Begriffs Sexualität und eine Vermengung mit anderen Phänomenen bedeuten. Fest steht, daß - im Gegensatz zu dem irreführenden Begriff „Triebtäter" - Kürten sexuell schwer erregbar war, also einen schwachen „Sexualtrieb" hatte. „Von meiner Frau mußte ich zum Normalverkehr immer aufgemuntert werden. Es gelang mir nur unter tollsten Vorstellungen wie Würgen, Verletzen und dergleichen mehr, den Akt zu vollziehen" (Lenk und Kaever, 1974, S. 230).

Daß bei seinen Taten ebenfalls keine sexuell orientierte Erregung im Spiel war, zeigen verschiedene Fakten:
- Kürten hatte keine spezifischen Angriffsobjekte. Er überfiel Frauen, Kinder, aber auch Männer.
- Erst durch die Anwendung von Gewalt kam er zu einer Erektion und konnte sexuelle Handlungen ausführen (Schaeffer, 1970, S. 71). Erst wenn Blut floß, wurde er erregt. „ ... Fälle, da habe ich einen Geschlechtsverkehr versucht, das ging eben nicht, da habe ich die betreffende Person weiter verletzt, und dann war es gut" (Lenk und Kaever, 1974, S. 127). „Das größere Mädchen hat sich heftig gewehrt. Durch diese Abwehrbewegungen sowie durch Strampeln mit Händen und Beinen sowie weiterhin dadurch, daß ich ihm mehrere schwere Verletzungen mit dem Stilett beibrachte, kam es zum Samenerguß" (ebd. S. 196).

Dies zeigt:
- Kürten erlebte einen Samenerguß auch ohne sexuelle Handlung. Er berichtet (Lenk und Kaever, 1974, S. 207) von einem schlafenden zehnjährigen Kind, dem er während eines Einbruchs den Hals durchschnitt. „Hierbei ist es allerdings, ohne daß das Glied irgendwie steif war, zum Samenerguß gekommen." Bereits während seiner früheren Aufenthalte in Haftanstalten hatte Kürten die Erfahrung gemacht, daß er zu einem spontanen Samenerguß kam, während er sich *Gewalttätigkeiten* vorstellte. Er betont ausdrücklich (Lenk und Kaever,

1974, S. 126), daß sich seine Phantasie dabei deutlich von der anderer Gefangener unterschied: „ ... ich denke nicht an nackte Weiber. Aber wenn ich so in der Zelle alleine war, dann habe ich mir immer was anderes vorgestellt: Gewalttätigkeiten, und das war für mich ein Genuß." Er stellte sich dabei z.b. Bauchaufschlitzen vor und wie die Öffentlichkeit sich entsetzen würde (Schaeffer, 1970, S. 67).

Man kann also mit Gewißheit sagen, daß Kürten durch die Ausübung von Gewalttätigkeit in Phantasie oder in der Realität zu einem spontanen Samenerguß kommen konnte; es ist aber fraglich oder zumindest das Problem einer extrem ausgeweiteten Definition, ob man dies mit einem „Sexualtrieb" gleichsetzen kann, zumal ja auch seine sexuelle Beziehung zu seiner Frau einen sehr schwachen „Sexualtrieb" aufzeigt. Zu sagen, daß in seinem Falle die Aggression eine Variante des Sexualtriebs und aus diesem hervorgegangen sei, wäre aus diesem Grunde unzulässig und würde die höchst unterschiedlichen Entstehungsgeschichten von Aggressivität und Sexualität einfach gleichsetzen.

Wenn auch nur Bruchstücke über seine sexuelle Entwicklung bekannt sind, so ist doch ersichtlich, daß dabei abnorme Einflüsse wirkten. Bereits im Alter von neun Jahren hatte ihm ein Hundefänger gezeigt, „wie man die Hunde an sich brächte, wie man den Rüden so lange am Geschlechtsteil spielen mußte, bis der Samenerguß kam" (Schaeffer, 1970, S. 64). „Dieser Hundefänger quälte auch Hunde, stach sie mit einer Nadel. Über geschlechtliche Vorgänge war ich schon mit 13 Jahren ganz aufgeklärt. Bei unserer Häuslichkeit sah ich sie bei den Eltern. Da hatte ich denn auch bald das Verlangen, so etwas zu tun. Mit Schulmädchen habe ich zuerst versucht, es kam wohl zu Annäherungen an den nackten Körper, aber nicht zum richtigen Verkehr, denn die Mädchen setzten Widerstand entgegen und bewegten sich zuviel. Da bin ich auf den Gedanken gekommen, es mit Tieren zu machen... Wenig später (im Alter von 13 Jahren) merkte ich das Vergnügen am Bluten... ich stach ein Schwein in den Rücken. Es blutete toll und schrie. In demselben 13. Jahr war der erste Fall, wo ich den Geschlechtsakt mit Verletzungen in Zusammenhang brachte. Bei einem Schaf hatte ich Geschlechtsverkehr versucht. . . Ich stach auf das Schaf ein, und im selben Moment kam auch der Samenerguß. Dann verursachte ich das öfters. Zwei bis drei Jahre hielt das an. Dann erst kam der Verkehr mit dem Weibe. Das war in Koblenz....Dieser Geschlechtsverkehr war noch regelrecht. Aber ich habe das Mädchen doch schon dabei gekniffen. Die Verletzungen waren damals noch nicht Bedingung für das Gelingen des Verkehrs. Ich hatte in Koblenz keinen großen Trieb zu diesem Mädchen, ich habe mit ihr in den drei bis vier Wochen nur einige Male verkehrt. Das ist doch für einen jungen Burschen auffallend" (Schaeffer, 1970, S. 65-66). Wie Kürten schilderte, hatte er kein starkes sexuelles Bedürfnis, aber es war bei ihm schon ein aggressives Bedürfnis vorhanden, das durch Bekräftigungslernen immer stärker wurde: „1913 ... Zuletzt sind wir die ganze Nacht im Grafenberger Walde gewesen. Ich habe sie öfter gewürgt. Sie ließ sich das auch gefallen. Ich habe sie beruhigt: Das gehört mit zur Liebe, ich will dich nicht umbringen. Auf der Bank, das war nur der Anfang, ich hatte mein Glied in ihrem Geschlechtsteil, aber erst im Walde kam der Samenerguß, ohne daß ich nochmals bei ihr drin war. ... 1923, auch da habe ich das Mädchen längere Zeit gewürgt und gesehen, daß ihr das Blut aus dem Munde herauskam, daher kam es zum Samenerguß" (Schaeffer, 1970, S. 67).

Fazit: Viele der sogenannten „Triebtäter" wie Kürten, Bartsch u.a. begehen ihre Morde keineswegs „zur Befriedigung ihres Geschlechtstriebs", wie dies häufig in gerichtlichen Gutachten fälschlicherweise formuliert wird. Entweder sind die Täter sexuell wenig motiviert (wie Kürten), oder sie befriedigen ihre sexuellen Bedürfnisse anderweitig. (Bartsch hatte einen homosexuellen Freund.) Die Betrachtungsweise ihrer Taten unter sexuellem Aspekt verdeckt die Tatsache, daß sie durch ihre Gewalttaten ein hohes, als angenehm empfundenes Aktivitätsniveau und das Gefühl der Dominanz erzielen. Durch Lernen am Erfolg wird die Aggressivität im Laufe der Zeit immer stärker, die Täter gewinnen immer mehr Freude an der Gewalt, am Quälen anderer Menschen.

6.2 Modalitäten der Sexualität

Häufig wird aus der Tatsache, daß einige Täter bei ihren Delikten einen Samenerguß oder eine Erektion erleben, eine allgemeine „sexuelle" Komponente abgeleitet. Derartige Reaktionen erlebten ja Kürten und einige Brandstifter beim Anblick des Feuers. Aber dies ist keineswegs eine häufige Reaktion, selbst bei sogenannten „Triebtätern" nicht (sie fehlte z.B. bei Bartsch). Daher zeigt der Fall Kürten, daß es notwendig ist, beim Phänomen Sexualität verschiedene „Reaktionsebenen", Modalitäten (Lazarus, 1981), zu unterscheiden (s. Kap. I, 2.4):
- Verhaltensweisen (z.B. sexuelle Kontaktaufnahme, Exhibitionieren)
- organische-physiologische Reaktionen (Erektion, Ejakulation, Erregung u.ä.)
- Affekte (Angst, Lust, u.ä.)
- Kognitionen (Gedanken, Interpretationen, Ansichten, u.ä.)
- Imaginationen (Phantasie, u.ä.)

Auch am Beispiel der Auslösereize kann verdeutlicht werden, wie undifferenziert es ist, von *dem* „Sexualtrieb" zu sprechen, denn eine Person kann durchaus eine Vielfalt verschiedener Erregungsmuster zeigen. Beispielsweise fanden Hayes u.a. (1978) bei dem gleichen Patienten

a) ein starkes Erregungsniveau bezüglich sadistischer Reize,

b) ein geringeres Erregungsniveau bezüglich exhibitionistischer Reize,

c) ein mittelstarkes Erregungsmuster bezüglich heterosexueller Reize.

Jedes dieser Erregungsmuster verringerte sich nicht, wenn es nicht mit verdeckter Konditionierung (Veränderung der Imaginationen) behandelt wurde, sogar dann nicht, wenn ein anderes abweichendes Muster mit der gleichen Methode behandelt worden war. Dies zeigt also eine funktionale Autonomie von angemessenen und abweichenden Mustern sexuellen Funktionierens, was wichtige praktische Konsequenzen hat: Wenn heterosexuelle Erregungsmuster aufgebaut werden, werden dadurch nicht automatisch abweichende Erregungsmuster abgebaut. Umgekehrt werden heterosexuelle Erregungsmuster nicht dadurch verstärkt, daß abweichende Erregungsmuster abgebaut werden.

Aber auch die oben erwähnten Komponenten der Sexualität sind keineswegs miteinander gekoppelt. So ist beispielsweise eine Vergewaltigung eindeutig eine sexuelle *Verhaltensweise*. Doch zumindest bei einigen Tätern stehen nicht sexuelle Bedürfnisse im Vordergrund, sondern das Gefühl, Macht über das Opfer zu haben (Abel u.a. 1976). Groth und Birnbaum (1979) betrachten deshalb eine Vergewaltigung als „pseudosexuelle Handlung", die mehr Feindseligkeit und Macht enthält als Sexualität und Leidenschaft.

Auch ist eine Erektion keineswegs immer mit Sexualität gekoppelt. Darauf weisen Masters und Johnson (1970) hin: „Bei jugendlichen und reifen Männern tritt die Erektion, wie immer wieder beobachtet wurde, häufig beim morgendlichen Erwachen auf. Eine mäßige Erektion des Penis konnte bei der Anspannung perinealer Muskeln, zum Beispiel beim Heben ungewöhnlich schwerer Lasten und infolge Pressens beim Stuhlgang, aufgezeichnet werden." (S.164) „... die Erektion des Penis, obwohl häufig als Reflex ablaufend, (kann) auch direkt durch höhere kortikale Zentren gesteuert werden" (S.165).

Die Unterscheidung verschiedener Komponenten der Sexualität zeigt nicht nur, wie oberflächlich zumeist von der Sexualität gesprochen wird, sondern auch, daß man bei der Deutung einer Handlung als sexuell motiviert Vorsicht walten lassen sollte. Denn mit solchen Deutungen sind natürlich auch bestimmte therapeutische Maßnahmen verbunden. So gibt es verschiedene Fälle von Exhibitionisten, die „triebdämpfende" Medikamente erhielten, nach ihrer Entlassung aus dem Gefängnis sich aber wieder exhibitionistisch betätigten. Es war übersehen worden, daß ihr exhibitionistisches Verhalten eine feste Gewohnheit (Habit), eine ohne tieferliegende Motivation ablaufende Handlung geworden war, wie es Rauchen für viele Menschen darstellt. Einer solchen Gewohnheit kann man zwar verhaltenstherapeutisch, aber nicht physiologisch beikommen. Doch wie ich selbst bei psychiatrischen Besprechungen erleben konnte, sieht man dabei häufig die „Ausschaltung des Geschlechtstriebs" durch Kastration oder Gehirnoperationen als den einzigen Weg für bestimmte Täter.

Daß dieses medizinische „Therapiemodell" falsch oder zumindest viel zu undifferenziert ist, beweisen z.b. verschiedene Rückfalltaten derartig „behandelter" Täter.

Ein 57jähriger Arzt, dem vorgeworfen wurde, an mindestens 42 Jungen im Alter von 14 - 19 Jahren „unzüchtige Handlungen" begangen zu haben, unterzog sich einer Gehirnoperation, um sich von seiner „unheilvollen Neigung zu schmalen Jünglingen" - wie es vom Gutachter bezeichnet worden war - heilen zu lassen. Zwei Jahre nach der „Entfernung eines seiner Sexualzentren aus dem Gehirn" ermittelte der Staatsanwalt erneut gegen ihn wegen des Verdachts „unzüchtiger Handlungen an Jungen."

Ein weiteres Beispiel, aus „Der Spiegel" (vom 28.4.1980, S. 54/55): „Mehrfach schon hatte der Berliner Kraftfahrer Bernd Lichtenberg Kinder zu sexuellem Umgang gezwungen, vorwiegend Jungen im Alter um zehn Jahre. Meist paßte er sie in der S-Bahn ab und drohte ihnen mit dem Tod, falls sie schrien oder sich wehrten. Ein Berliner Schöffengericht verurteilte ihn danach zu sieben Jahren Jugendstrafe. Gewaltphantasien, die die Taten begleiteten, erschreckten auch den Delinquenten selbst; im Berliner Verfahren äußerte er die „Furcht, aus der Ekstase heraus ein Kind zu töten". Das Gericht bescheinigte dem schwer milieugeschädigten Angeklagten eine Konfliktsituation aus „Kontaktgestörtheit und sexueller Überspannung". Doch auf Einweisung des damals 17jährigen in eine psychiatrische Anstalt verzichteten die Richter und verhängten statt dessen soziotherapeutische Behandlung. Doch die sexuellen Vorstellungen Lichtenbergs blieben weiter von sadistischen Bildern geprägt. Da willigte der Häftling in einen problematischen Schritt ein, die stereotaktische Operation. Im Oktober 1976 nahmen Ärzte der Universitätsklinik Hamburg-Eppendorf bei ihm eine Hypothalamotomie vor: Mit einer ins Gehirn geführten Elektrosonde wurde ein erbsengroßer Teil jenes Hirnbereichs weggeschmort, in dem Neurochirurgen das Steuerungszentrum des Sexualverhaltens vermuten. Doch die Operation verfehlte das Ziel. Knapp drei Jahre danach tötete der Patient einen zehnjährigen Jungen, der sich den sexuellen Annäherungen mit Schreien und Gegenwehr widersetzt hatte."

Es ist also keineswegs möglich, die Ursache sexuellen Verhaltens einfach im Gehirn zu lokalisieren. Und was z.B. die Hormonabhängigkeit des menschlichen Sexualverhaltens anbelangt, so ist sie - wie Heim (1977, S.18) aufzeigt - eher gering. Dies zeigen verschiedene sexualwissenschaftliche Untersuchungen, aber z.B. auch seine eigene Untersuchung: 8 von 20 Untersuchungspersonen, bei denen die Kastration zwischen 3 und 7 Jahren zurückliegt, sind aber trotzdem noch zur Kohabitation fähig!" (S.14).

Heim setzt sich auch kritisch mit den Folgewirkungen von Kastrationen bei Sexualstraftätern auseinander. Dazu geht er zunächst kritisch auf die methodologischen Unzulänglichkeiten früherer Untersuchungen ein. Bei diesen fand er z.B., daß nicht die Fälle aus den Untersuchungen

ausgeschlossen worden waren, die schon vor der Kastration sexuell inaktiv waren, sodaß der Erfolg der Kastration weit überschätzt wurde.
Auch wurde nicht der Altersfaktor genügend berücksichtigt, weil bei
den meisten Männern die Häufigkeit sexueller Aktivität mit zunehmendem Alter abnimmt.

In seiner eigenen Untersuchung von baden-württembergischen ka-
strierten Sexualtätern stellte Heim (1977, S. 16) fest: „daß 11 (von 40)
Entmannten auf sexuellem und/oder nichtsexuellem Gebiet rückfällig
geworden sind. Wegen sexueller Delikte wurden 4 Kastrate erneut straffällig. Ob angesichts der hohen Rückfallquote von 10 Prozent hinsichtlich der sexuellen Kriminalität von einem großen kriminaltherapeuti-
schen Erfolg der Kastration gesprochen werden darf, kann bezweifelt
werden. Dies um so mehr, als die Beobachtungszeit bei fast der Hälfte
der entlassenen Kastraten weniger als 5 Jahre betrug." Dieser Ansicht
kann man sich durchaus anschließen, wenn man diese Daten mit den
Rückfallquoten nichtkastrierter Sexualstraftäter vergleicht: Von 119 wegen sexuellem Mißbrauch von Kindern verurteilten kanadischen Tätern
wurden nur 7 wieder wegen eines Sexualdelikts mit Kindern nach Oak
Ridge gebracht (Quinsey, 1979). „ ...von 2934 dänischen Sexualstraftätern während einer Beobachtungsperiode von 10 Jahren nur 714, also
24,3 %, mit Delikten auf sexuellem und nichtsexuellem Gebiet rezedi-
vierten. Ausschließlich auf sexuellem Gebiet wurden sogar nur 10,6 %
rückfällig." (Heim, 1977, S.17). Stürup hat anhand dieses dänischen
Untersuchungsmaterials festgestellt, daß bei Ersttätern die Rückfallrate
nur 6,9 %, meistens für Exhibitionismus, sehr selten bezüglich Vergewaltigung, bei Rückfalltätern 23 % hinsichtlich sexueller Delikte betrug.

Heim (TSA news, 1978, September 1978, S. 4) weist deshalb mit
Recht darauf hin, daß Sexualdelikte weniger von Hormonkomponenten
oder menschlicher Sexualität abhängen, sondern mehr vom psychischen
„Make-up" und zumindest von Situationsfaktoren. Welche Faktoren
dies konkret sind, wird beispielsweise durch die Untersuchungen von
Abel u.a. (1976) aufgezeigt.

6.3 Grundmuster sexuell abweichenden Verhaltens

Abel u.a. (1976) betrachten auf der Grundlage ihrer langjährigen Untersuchungen alle sexuellen Abweichungen als von einer Vielzahl von
Verhaltensexzessen und -defiziten begleitet. Dazu entwickelten sie ein
primär deskriptives Modell sexuell abweichenden Verhaltens, das zwar
keine Ätiologie derartigen Verhaltens betont, dafür aber präzise auf die
einzelnen spezifischen therapeutischen Maßnahmen eingeht.

Gemäß Abel u.a. (1976) zeigen Vergewaltiger, Sadisten und Pädophile übermäßige Erregung bei abweichenden Reizen. Die anderen drei Problemgebiete
- mangelnde heterosexuelle Erregung,
- mangelnde heterosexuelle Fähigkeiten,
- Konflikte mit Geschlechtsrolle,
sind jedoch relativ unabhängig voneinander. Abweichendes Verhalten kann mit einem, zweien, dreien oder keinem dieser zusätzlichen drei Problemgebiete verbunden sein. Daraus ergibt sich, daß jeder Patient, jeder Täter vom andern verschieden ist, also eine individuelle, „maßgeschneiderte" Therapie braucht.

Da sich die Verhaltensprobleme von Vergewaltigern nach Ansicht von Abel u.a. (1976) nicht von denen anderer sexueller Abweichender unterscheiden, stellen sie am Beispiel der Vergewaltiger exemplarisch ihr Modell und die therapeutischen Maßnahmen vor.

(1) Übermäßige sexuelle Erregung auf Vergewaltigungsreize

Das schwerwiegendste Verhaltensproblem ist die übermäßige sexuelle Erregung bezüglich
- unangemessener Reizobjekte (z.B. Kinder)
- unangemessenen Verhaltens (Vergewaltigung).

Die Messung der exzessiven sexuellen Abweichung und die Verringerung derartiger Erregungszustände stehen deshalb im Vordergrund verschiedener Experimente.

Abel u.a. (1977) untersuchten das sexuelle Erregungsmuster bei einer Gruppe von 13 Vergewaltigern und einer Kontrollgruppe. Gemessen wurde die Penisreaktion auf bestimmte Reizsituationen, auch wurden Selbstbeschreibungen von den Versuchspersonen eingeholt. Ihnen wurden Tonbänder vorgespielt mit Beschreibungen von Vergewaltigungen und Szenen, bei denen beide Partner den sexuellen Beziehungen zustimmten. Beide Gruppen unterschieden sich nicht bezüglich ihres Erregungsniveaus bei der Beschreibung der sexuellen Beziehungen, die im gegenseitigen Einverständnis geschahen. Beim Hören der Vergewaltigungsszene zeigten die Vergewaltiger das gleiche Erregungsniveau, die Kontrollgruppe reagierte jedoch kaum auf diese Vergewaltigungsszene. Interessant hierbei ist auch, daß die Vergewaltiger in ihren Selbstbeschreibungen *wenig* sexuelle Erregung bei den Vergewaltigungsszenen zugaben und berichteten; dies wurde jedoch durch ihre physiologischen Reaktionen widerlegt. Auch die Untersuchungen anderer Wissenschaftler erbrachten das gleiche Ergebnis (s. z.B. Quinsey, 1979).

In einem weiteren Experiment dieser Forschungsserie untersuchten Abel u.a. (1977) die Abhängigkeit des Erregungsniveaus von Vergewaltigern von aggressiven Reizen. Sie überprüften dabei die mehrfach geäußerte Ansicht, eine Vergewaltigung sei primär kein Sexualverbrechen, sondern eher ein Gewaltverbrechen, wobei die aufgezwungenen sexuellen Beziehungen nur ein Aspekt des Gewaltverbrechens seien. Auch Amir (1971) vertritt diese Ansicht, wobei er (auch) auf das aggressive Männlichkeitsideal in einigen Subkulturen hinweist. Tatsächlich wurde in amerikanischen sexualwissenschaftlichen Untersuchungen festgestellt, daß etwa 25-33 % der Täter die Vergewaltigung primär als aggressiven Akt begangen hatten. Die Vergewaltigung wurde von dieser Tätergruppe nicht wegen einer sexuellen Befriedigung ausgeführt, sondern als „Mittel, Gewalt oder Aggression gegenüber einem weiblichen Objekt auszudrücken" (Abel u.a., 1977, S. 900). Auch in der von ihnen untersuchten Gruppe fanden Abel u.a. (1977) mehrere Vergewaltiger, die eine direkte Vorliebe dafür angaben, ihr Opfer sogar dann mit Gewalt zu nehmen, wenn das Opfer sich freiwillig angeboten hatte, ohne daß Gewalt notwendig gewesen wäre.

Einem Opfer Zwang anzutun, war für einen der Vergewaltiger viel erregender als sexuelle Beziehungen ohne Gewalt. Das aggressive Verhalten war also wesentlicher als das sexuelle „Objekt" seiner Wahl. Mit 11 Jahren vergewaltigte er seine neunjährige Schwester, als Teenager vergewaltigte er Jungen und Mädchen. Im Gefängnis beteiligte er sich an einer Massenvergewaltigung an anderen Gefangenen. Nach seiner Entlassung vergewaltigte er zwei 13 bzw. 63jährige Frauen.

Abel u.a. (1977) fanden in ihrem Experiment eine Korrelation zwischen dem Erregungsniveau bei aggressiven Szenen und bei Vergewaltigungsszenen von + 0,98. Obwohl die Stärke der Erregung auf aggressive Reize nur 40 % der Erregung bei Vergewaltigungsreizen betrug, gab es also eine lineare Beziehung zwischen beiden Reizquellen. Die einzige Ausnahme stellte ein Sadist dar, der es liebte, seine Opfer zu quälen. Seine Erregung für aggressive Reize war sogar stärker als für die Vergewaltigungsszenen, seine Reaktion auf nichtaggressive, normale sexuelle Reize dagegen sehr gering.

Aus den Forschungsergebnissen kann man folgende Erkenntnis gewinnen, die für Diagnose und Therapie wichtig ist: Man kann die Tätergruppe der Vergewaltiger nicht als psychologisch homogene Kategorie betrachten. Da Vergewaltiger und normale Männer unterschiedlich auf a) normale sexuelle Reize (Sexualität in gegenseitigem Einverständnis), b) Vergewaltigungsreize und c) rein aggressive Reize (ohne sexuellen Bezug) reagieren, nehmen Abel u.a. (1980) folgendes Kontinuum an:

a) Vom normalen Mann ohne sexuelle Abweichung, der zwar auf normale sexuelle Reize reagiert, aber nicht auf Vergewaltigung und aggressive Reize, über

b) den Vergewaltiger, der auf normale sexuelle Reize, Vergewaltigung und aggressive Reize mit Erregung reagiert, bis
c) zum sadistischen Vergewaltiger, der bei normalen sexuellen Reizen keine Erregung empfindet (s. z.B. auch Kürten!), etwas bei
Vergewaltigungsreizen und starke Erregung bei aggressiven Reizen.

Wie kann man nun die abweichenden Erregungsmuster verringern
bzw. beseitigen? Zwei Vorgehensweisen, mit nachgewiesen längerfristigen Therapieerfolgen, scheinen nach Abel (1976) und Quinsey (1977)
dazu geeignet zu sein:

a) Vermeidungstherapie: Mit den abweichenden Reizen werden unangenehme Reize (chemischer, geruchlicher, elektrischer u.a.
Art) zur Assoziation gebracht.
b) Verdeckte Konditionierung: Die inneren Monologe und die Vorstellungswelt werden entsprechend beeinflußt. Abel u.a. (1976)
schildern z.B. ausführlich einen Fall, in dem sich der Vergewaltiger deutlich die unangenehmen, negativen Konsequenzen
seiner Tat für sein Opfer, seine Familie und seine eigene Frau
vorstellen mußte (s.a. Kessler, 1978a). Wie bereits erwähnt, ist es
notwendig, daß jedes einzelne Muster abweichender sexueller Erregung gesondert therapiert werden muß. Neben dem exzessiven
Erregungsniveau auf abweichende Reize können noch drei weitere Problembereiche auftreten; wie bereits erwähnt, müssen sie
aber nicht in jedem einzelnen Fall gemeinsam vorkommen.

(2) Mangelnde heterosexuelle Erregung

Einige Vergewaltiger zeigen starke heterosexuelle Erregungen und
haben sexuelle Beziehungen zu einem Partner mit dessen Einwilligung;
daneben vergewaltigen sie aber auch andere Personen. Dagegen gibt es
auch viele Vergewaltiger, deren Beziehungen sogar mit einem regulären
Partner eine entschieden aggressive Komponente beinhalten und bei denen bezüglich normalem Geschlechtsverkehr kein hohes Erregungsniveau existiert. Sie haben offensichtlich Defizite bezüglich normaler sexueller Erregung. Erst nachdem Gewalt oder Aggression zum Geschlechtsakt hinzukommen, entsteht eine genügende Erektion. Für sie
ist Aggression eine notwendige Komponente der sexuellen Interaktion;
die Gefahr für das Opfer einer Vergewaltigung, schwer mißhandelt zu
werden, ist hier sehr hoch. Der Therapieansatz besteht hier im Aufbau
eines nichtaggressiven heterosexuellen Erregungsniveaus. Dies ist notwendig, weil der heterosexuelle Erregungszustand nicht automatisch
stärker wird, sobald der abweichende abnimmt (und umgekehrt), da beide voneinander unabhängig sind (s. z.B. Brownell, 1977). Abel u.a.

(1976) schildern deshalb ausführlich mehrere Methoden zum Aufbau heterosexueller Aktivierung, durch die z.B. heterosexuelle Reize in die Vorstellungswelt der Person eingebaut werden (s.a. Kessler, 1978a).

(3) Defizite bezüglich heterosexueller Fähigkeiten

Manche Vergewaltiger erleben zwar ein angepaßtes heterosexuelles Erregungsniveau, können dies aber wegen mangelnder heterosexueller Fähigkeiten nicht äußern. Die Therapie besteht hier in der Bewältigung der Angst, eine Frau kennenzulernen und sich zu verabreden. Der Patient lernt auch, sich einem weiblichen Partner zu nähern, ein Gespräch zu beginnen, zu flirten, sexuelle Techniken zur gegenseitigen sexuellen Befriedigung. Andere Vergewaltiger haben eine mangelnde Durchsetzungsfähigkeit. Bei zwischenmenschlichen Konflikten können sie keinen Ärger ausdrücken, weichen den Konflikten aus u.ä. Später wird dann dieser Ärger extrem in sehr bösartigen, aggressiven Ausbrüchen oder in einer Vergewaltigung geäußert. Hier müssen also die Täter lernen, auf frustrierende Situationen mit mehr Durchsetzungsfähigkeit zu reagieren, anstatt wie früher zunächst nichts zu sagen und dann immer ärgerlicher zu werden.

(4) Konflikte mit der Geschlechtsrolle

Dies ist hauptsächlich ein Problem der Transsexuellen und Transvestiten. Vergewaltiger zeigen dagegen seltener (in einigen Fällen jedoch intensiv!) Vorliebe für das eigene Geschlecht. Häufiger zu beobachten ist dagegen eine „Hyperidentifikation" mit der männlichen Geschlechtsrolle.

6.4 Ursachen sexuell abweichender Erregungsmuster

Wodurch werden die sexuell abweichenden Erregungsmuster geformt? Eine häufige Antwort darauf: „Durch Pornographie!" Kant und Goldstein (1970) untersuchten und interviewten 60 weiße Sexualstraftäter (Delikte: Vergewaltigung, Pädophilie mit Jungen bzw. Mädchen), 52 „Benutzer" (d.h. häufige Käufer) von Pornographie und 63 Studenten als Kontrollgruppe. Ganz allgemein fanden Kant und Goldstein (1970), daß Pornographie keine identifizierbare spezifische Form sexueller Aktivität auslöst. Der familiäre Hintergrund, seine Einstellungen und das Vorhandensein von Partnern scheint mit größerer Wahrscheinlichkeit das sexuelle Verhalten eines Mannes zu bestimmen.

Die normalen Erwachsenen der Untersuchung berichteten, daß sie als Teenager mehr Kontakt mit Pornographie gehabt hatten als irgendeine der drei Gruppen mit sexuell abweichendem Verhalten. Auch sahen die „Normalen" als Erwachsene weiterhin mehr Erotik als die Sexualstraftäter.

Vergewaltiger und Pädophile hatten also weniger Pornographie aller Art als die Kontrollgruppe gesehen. Vergewaltiger unterschieden sich dabei weniger von der Kontrollgruppe als die beiden Pädophilengruppen, hatten aber weniger häufig als die „Normalen" Darstellungen nackter Frauen, von normalem Geschlechtsverkehr oder sadomasochistischer Aktivität gesehen. Auch in dem Jahr vor ihren Taten hatten Sexualstraftäter weniger Pornographie als die Kontrollgruppe gesehen. Mehr Sexualstraftäter und Benutzer von Erotika berichteten, daß sie häufiger mit Pornographie masturbierten als ohne. Dieses Verhalten verschwindet mit wachsendem Lebensalter nicht aus ihrem Verhaltensrepertoire. „Benutzer" und Pädophile mit Orientierung zu Mädchen hatten zu je 20 % die gesehenen bzw. gelesenen Handlungen/Positionen ausprobiert, dagegen nur 13 % der Kontrollgruppe. Pornographie löst also keineswegs häufig Imitation aus, sondern, wenn überhaupt, eher allgemeine sexuelle Erregung und Masturbation.

Kant und Goldstein (1970) untersuchten dann auch für die Gruppen mit abweichendem Sexualverhalten die spezifischen Erziehungsbedingungen. Bei allen diesen Gruppen fanden sie einen sehr repressiven familiären Hintergrund. In den Familien der Personen mit abweichenden sexuellen Erregungsmustern waren Sexualität und Nacktheit tabuisiert gewesen, man betrachtete sie als etwas Schlechtes, und man sprach nicht darüber! Offensichtlich war also nicht etwa der Kontakt mit Pornographie für sexuell abweichendes Verhalten verantwortlich oder die bloße Darstellung nackter Körper, sondern die durch die Erziehung geprägte Haltung gegenüber dem Körperlichen, gegenüber anderen Menschen (Davis und Braucht, 1973). Dies beweist auch das unauffällige Verhalten von häufigen „Benutzern" von Pornographie, deren Eltern eine duldsame Haltung gegenüber Nacktheit gezeigt hatten. Ihre Eltern hatten häufig ihr Interesse an erotischem Material bemerkt, sich aber nicht betroffen darüber gezeigt und sie nicht bestraft. Im Gegensatz zu den Gruppen mit abweichendem sexuellen Erregungsmuster sprachen die „Benutzer" mit Behagen über Sexualität und äußerten auch weitaus liberalere sexuelle Haltungen (Goldstein, 1973).

Eine Einschränkung muß jedoch gemacht werden: Auf der Grundlage von psychologischen Experimenten kam Donnerstein (1980) zu der Meinung, daß das Sehen *harter* Pornofilme, wobei Sexualität mit Aggression gekoppelt ist, Männer zu Gewalt gegen Frauen veranlassen könnte. Dies bedeutet, daß durch derartige Pornos aggressive Elemente in die inneren Vorstellungen (Imagination) der Personen eingebaut werden, also genau der entgegengesetzte Vorgang stattfinden würde, den Abel u.a. (1977) bei der Therapie von Vergewaltigern u.a. praktizieren.

6.5 Meßmethoden

Wie kann man das sexuelle Erregungsniveau messen bzw. feststellen, welche Sexualpartner bevorzugt werden? Die Antwort auf diese Frage liefert wichtige Hinweise für Diagnostik, Therapie, aber auch für die Früherkennung von Sexualstraftätern.

(1) Selbstbeobachtungen/Selbstberichte

Wie bereits erwähnt, sind Selbstberichte ungenau. Viele Versuchspersonen können oder wollen nicht ihr sexuelles Erregungsmuster genau schildern.

(2) Penisplethysmographie

Psychophysiologische Meßmethoden, die nur den allgemeinen Erregungszustand erfassen, sind für unsere Fragestellung weniger geeignet. Eine größere Validität besitzt dagegen die Penisplethysmographie. Dabei wird die Veränderung des Penisvolumens gemessen. „Die dazu verwandten Meßgeräte übertragen die Ausdehnung des Penisvolumens auf Meßstreifen oder machen sie hörbar" (Kessler, 1978b). Allerdings können auch Penisreaktionen auf erotische Reize in gewissem Umfang unterdrückt werden; das Ausmaß dieser willkürlichen Beeinflussung ist jedoch noch nicht ausreichend geklärt (s. z.B. Quinsey, 1979). Ein weiteres diagnostisches Problem zeigte eine Untersuchung von Abel u.a. (1979) auf: Auch sexuell nicht abweichende Freiwillige zeigten die stärkste Reaktion auf erwachsene Frauen. Sie zeigten überraschenderweise aber auch eine positive Reaktion auf
- 8-11jährige Mädchen
- Jungen in der Pubertät!

Diese Daten erklären, warum auch scheinbar sexuell nicht abweichende Männer manchmal Kinder - wie Abel u.a. (1979) es formulierten - als „Ersatzobjekte" akzeptieren, wenn keine erwachsenen Frauen zur Verfügung stehen.

Immerhin besitzt die Penisplethysmographie eine große Validität. Die Reaktion auf aggressive sexuelle Handlungen gegenüber einem Kind unterschied gefährliche und weniger aggressive Täter: aggressive Täter wurden stärker durch aggressive Szenen erregt (Quinsey, 1977). Deshalb wird auch ein „Vergewaltigungsindex" berechnet, durch den Vergleich der Erektionen auf Vergewaltigungsreize mit denen auf normale sexuelle Reize. Ist der Vergewaltigungsindex höher als 0,9, ist die Person mit großer Wahrscheinlichkeit ein Vergewaltiger; bei einem Index von 1,5 und höher ist sie wahrscheinlich ein sadistischer Vergewaltiger (Abel u.a., 1980).

(3) Pupillenerweiterung

Ein wichtiges diagnostisches Mittel kann auch die Pupillometrie sein: Die Pupillen der Sexualtäter an Kindern erweiterten sich mehr bei Dias von Kindern und verengten sich bei Dias erwachsener Frauen; die Kontrollgruppe zeigte genau das entgegengesetzte Verhaltensmuster (Quinsey, 1977).

(4) Erfassung der inneren Erlebniswelt

Phantasien, erwachsene Frauen zu vergewaltigen (s. z.b. Abel, 1976, S. 31), sind häufig bei Vergewaltigern zu finden. In gleicher Weise kann die Vorliebe für sadistische Handlungen (z.b. in ihrer Phantasie) mit der körperlichen Gefährlichkeit von Tätern zusammenhängen, die sexuelle Delikte an Kindern begehen (Quinsey, 1977). Deshalb wäre es sinnvoll, durch geeignete (evtl. spezifisch zu konstruierende) projektive Tests das innere Erleben von Sexualstraftätern zu diagnostizieren und aggressive Tendenzen zu prognostizieren.

6.6 Aspekte verschiedener Sexualdelikte

6.6.1 Exhibitionismus

Rooth untersuchte (1973) die Frage, ob Exhibitionisten zu Gewalt neigen. Bei seiner englischen Stichprobe von 30 hospitalisierten Exhibitionisten stellte er fest, daß einige von ihnen auch anderes abweichendes (z.B. voyeuristisches, transvestisches, homosexuelles) Verhalten zeigten. Demnach sind Exhibitionisten keine einheitliche Tätergruppe, und der Begriff „Exhibitionist" stellt deshalb lediglich eine sprachliche, aber nicht unbedingt eine psychologische oder kriminologische Kategorie dar. Wenn also in diesem Buch von „Exhibitionist" gesprochen wird, dann soll damit ausgedrückt werden, daß eine Person sich exhibitionistisch verhalten hat (und evtl. deswegen auch verurteilt wurde). Dies schließt nicht aus, daß sie sich zu anderen Zeitpunkten nicht auch z.B. pädophil verhalten und deshalb evtl. auch eine Bestrafung erhalten hat. Das gleiche gilt auch für andere Kategorien wie „Pädophiler", „Vergewaltiger" u.a.

Auch Schorsch (1973) weist auf die Notwendigkeit hin, die Kategorie der Exhibitionisten differenzierter zu betrachten: „Mehr als ein Viertel der Exhibitionisten ist nach eigenen Untersuchungen psychopathologisch unauffällig; sie sind weder besonders kontaktscheu, selbstunsicher noch aggressionsgehemmt u.ä., d.h. sie fügen sich in keiner Weise dem Stereotyp des Exhibitionisten. Unter diesen „gesunden" Exhibitionisten finden sich nicht nur Gelegenheitshandlungen, sondern auch Gewohnheitshandlungen und Stilbildungen. Die Exhibition imponiert bei diesen vielfach als periodische Durchbruchs- und Ausbruchshandlung aus einem überreglementierten, überorganisierten Leben, in dem kein Raum für Lust und Ekstase ist. So äußerte ein sozial gut eingegliederter, psychopathologisch unauffälliger Berufssoldat, der sich wegen Serien von Exhibitionen zu verantworten hatte: Sein ganzes Leben sei von Kindheit an reglementiert und vorgeschrieben gewesen; nirgends und nie habe sich etwas Außergewöhnliches ereignet, für das es nicht einmal Raum in seinem Leben gegeben habe. Diese sexuellen Handlungen könne er sich nur als eine Art von rauschhaft erlebtem „Ausbruch" aus einer einförmigen, zu sachlichen Lebenskontinuität erklären." (1973, S. 163-164). Hier würde sich also ebenfalls das mehrfach erwähnte Modell von Mehrabian (1978) als Erklärung anbieten!

Die Tatsache, daß Exhibitionisten keine homogene Tätergruppe darstellen, könnte ein Grund für die von verschiedenen Autoren vertretenen Meinungsunterschiede sein, ob Exhibitionisten aggressive Delikte begehen oder nicht. Rooth (1974) meint auf der Grundlage seiner Untersuchung, daß ein stabiles Verhaltensmuster von exhibitionistischem Verhalten sogar die Wahrscheinlichkeit eines ernsthaften sexuellen Angriffs verringert. Dagegen könnte es nach seiner Meinung so sein, daß Täter, die nur eine einzige, eine eher zufällige exhibitionistische Handlung begehen, eine völlig andere Persönlichkeitsstruktur besitzen und vielleicht mehr zu aggressiven Handlungen neigen könnten.

Ob ein Exhibitionist wieder exhibitionistisch rückfällig wird oder aggressiv handelt, hängt stark von seinen Imaginationen, seiner Phantasie, seinen inneren Monologen ab. Hat er nach der Entlassung aus dem Gefängnis oder einer Klinik immer noch exhibitionistische Phantasien, wird er sich mit großer Wahrscheinlichkeit irgendwann erneut exhibitionistisch betätigen. Hat er aggressive Phantasien, so wird er, analog zu den erwähnten Untersuchungen von Abel u.a. (z.B. 1977), aggressive Handlungen begehen (s.a. Pädophilie). Tatsächlich fand Rooth (1974) bei seiner Untersuchung nur einen Patienten, der regelmäßig sadistische Phantasien hatte, und er war der einzige Exhibitionist, der bei seinen sexuellen Beziehungen Gewalt angewandt hatte. Obwohl gelegentliche Phantasien von sexuellen Handlungen, die mit Gewalt verbunden waren, auch bei anderen Patienten auftraten, zeigten doch die allermeisten der von Rooth untersuchten Exhibitionisten keine sexuelle Gewalt in ihrer Phantasie oder im realen Verhalten. Wie Rooth aber anmerkt, gab es jedoch eine Vorstellung, die sie nach eigenen Angaben zu Gewalt veranlassen könnte: wenn sich jemand anderes gegenüber ihrer eigenen Familie, Töchtern oder Freundinnen exhibitionistisch verhalten würde!

Ihre auch in anderen Bereichen gezeigte Zurückhaltung und mangelnde Durchsetzungsfähigkeit äußerte sich nicht unbedingt gegenüber der eigenen Familie. Sie waren zu Hause häufig Tyrannen; einige zeigten sogar Gewalttätigkeiten bei ehelichen Streitigkeiten!

Im Gegensatz zu Exhibitionisten, wo der Täter in fast allen Fällen ein fremder Mann ist (Bundeskriminalamt 1981), waren bei Pädophilie in $^2/_3$ der Fälle die Kinder mit dem Täter verwandt oder gut bekannt; 25 % der Täter waren Kinder oder Jugendliche (Becker, 1980).

6.6.2 Pädophilie (Sexualkontakte mit Kindern)

Wie bereits aus den vorhergehenden Ausführungen deutlich wurde, ist es nicht sinnvoll, sexuell abweichendes Verhalten in die traditionellen Rubriken wie „Exhibitionismus", „Vergewaltigung" u.ä. einzuteilen und als psychologische oder kriminologische Einheiten zu betrachten. Dies gilt auch für „Pädophilie", weil die Art der Reize oder Verhaltensweisen, die z.B. bei jemandem „Pädophilie" auslösen, vollkommen von den Reizen verschieden sein können, die einen anderen Mann erregen, der auch „pädophil" genannt wird. Quinsey (1977) weist deshalb darauf hin, daß man für Sexualtaten mit Kindern keine einheitliche Tätergruppe findet. Da auch für verschiedene Untergruppen die Rückfallquoten unterschiedlich hoch sind, unterscheidet Quinsey die Täter gemäß ihrer Bevorzugung von Sexualpartnern:

	Rückfallquote
Heterosexuelle Täter	
- Opfer: Töchter	10,2 %
- Opfer: fremde Mädchen	21,5 %
Homosexuelle Täter	34,5 %

Quinsey u.a. (1979) fanden bei ihrer Untersuchung, daß Inzesttäter weniger unangemessene Bevorzugungen bezüglich des Geschlechtspartners zeigten als Pädophile und daß sie als Situationstäter eher aus der Familiendynamik und Gelegenheit handelten, als aus unangemessenen sexuellen Bevorzugungen. Dagegen stellten Abel u.a. (TSA news, July 1979) fest: Heterosexuelle Inzesttäter und andere heterosexuelle Sexualtäter an Kindern wurden gleichermaßen durch die Beschreibungen sexueller Beziehungen mit nichtverwandten weiblichen Kindern erregt. Allerdings müssen verschiedene Problemfaktoren zusammenwirken, damit es zu einer sexuellen Handlung mit Kindern kommt: mangelnde soziale Fähigkeiten (Freeman-Longo und Wall, 1986), eine negative, abwertende Haltung gegenüber Frauen und/oder Kindern u. ä.

Wie Vergewaltiger können auch Pädophile durch sexuelle Reize erregt werden, die sexuelle Beziehungen in gegenseitigem Einverständnis beinhalten. Auch können sie - genauso wie Vergewaltiger - zufriedenstellende Beziehungen zu einem erwachsenen Partner haben und daneben auch sexuell abweichendes Verhalten zeigen. Um ein differenziertes Bild der Pädophilie zu geben, nehmen Abel u.a. (1980) auch hier ein Kontinuum an: An einem Ende befindet sich der Mann ohne abweichendes Verhaltensmuster, der bei erwachsenen Partnern sexuelle Erregung zeigt, aber nicht bei Kindern. Dann kommt der Pädophile, der eine stärkere Erregung gegenüber Kindern als gegenüber erwachsenen Partnern zeigt (also einen hohen „Pädophilen Index" hat). Am anderen Ende des Kontinuums ist der Mann, der durch Reize von sexuellen Interaktionen mit Kindern erregt wird; allerdings wirken für ihn Reize mit aggressiven Handlungen an Kindern am erregendsten.

Um eine exakte Klassifikation zu ermöglichen, berechneten Abel u.a. (1980) einen „Pädophilen Index": % der Erektionen bei Szenen mit Kindern dividiert durch % der Erektionen bei Szenen mit sexuellen Beziehungen mit Frauen (mit deren Einverständnis). Dieser „Pädophile Index" identifizierte 70 % der Pädophilen richtig; keine der Personen der Kontrollgruppe wurde fälschlicherweise als pädophil klassifiziert.

Dieser „Pädophile Index" vermag vermutlich auch die Rückfälligkeit zu prognostizieren. 30 Pädophile wurden behandelt. Nach ihrer Entlassung wurden 24 nicht wieder rückfällig; im Durchschnitt betrug ihr „Pädophiler Index" 0,50. Sechs der Täter begingen erneut pädophile Delikte. Im Durchschnitt betrug ihr „Pädophiler Index" nach der Behandlung, aber vor der Entlassung 1,81; er war signifikant höher als der der Nichtrückfälligen! Auch die Gefährlichkeit bezüglich aggressiver Taten könnte vorhergesagt werden. Abel u.a. (1980) berechneten nämlich auch einen „Pädophilen Aggressionsindex": % der Erektionen auf Szenen, bei denen körperlicher Zwang während der Vergewaltigung eines Kindes ausgeübt wurde, dividiert durch % der Erektionen auf Szenen, bei denen sexuelle Beziehungen mit Kindern „im gegenseitigen Einverständnis" beinhaltet waren. Personen mit einem „Pädophilen Aggressionsindex" von mehr als 1,5 begingen ständig exzessive körperliche Gewalt während ihrer pädophilen Handlungen!

Man könnte also durchaus erkennen, welche der pädophilen Täter aggressiv gefährlich werden könnten. Doch ist insgesamt das Bild von pädophilen Tätern als „gierigen, kranken Monstern", die Frauen und Kinder vergewaltigen und umbringen, schon deshalb grotesk falsch, weil ein Kind - statistisch gesehen - eher Schaden durch seine Eltern erlebt, als durch einen unbekannten „Sittenstrolch". Aber auch andere Fakten stehen im Kontrast zu der Vorstellung von der großen Gefährlichkeit pädophiler Täter: Drohung oder Gewalt ist nur in 1/7 der Fälle ausgeübt worden, wobei der größere Altersunterschied (in 65 % der Fälle) eventuell doch als psychischer Druck gewirkt haben könnte (Psychologie Heute, Juli 1979).

Was die Folgen eines Sexualdelikts anbelangt, so zeigen die betroffenen Kinder „... oft Symptome von Schock und Depressionen, Schlafstörungen, Alpträume, aber auch Magen- und Kopfschmerzen, Störungen ihrer sozialen Entwicklung, Angst vor dem Alleinsein, Angst vor der Schule, vor der Dunkelheit, sowie ständig wiederkehrende Gedanken an das bedrückende Ereignis" (Becker, 1980, S. 288). Allerdings ergab eine Untersuchung in Minneapolis, daß „bei vielen Kindern bereits vor der Tat gesundheitliche oder soziale Probleme bestanden, daß der überwiegende Teil der Kinder unter acht Jahren den Täter bereits kannte und schon vorher Opfer sexueller oder körperlicher Mißhandlungen geworden war. Zu einem geschlechtlichen Verkehr war es kaum jemals gekommen, aber die Opfer und ihre Geschwister ließen ein großes „Risiko", wiederholt mißbraucht zu werden, deutlich erkennen" (Becker, 1980, S. 287).

Eine wesentliche Frage bei der Betrachtung von Folgeschäden ist auch, inwieweit die Reaktion der Umwelt, das Zeigen von Scham oder Ekel, aber auch die Verhöre durch Polizei und das Erscheinen vor Gericht eine schädigende Wirkung haben könnten (sekundäre Schädigungen). Wie das Bundeskriminalamt (1981) betont, können Folgeschäden „nach exhibitionistischen und anderen gewaltlosen Sexualkontakten besonders leicht auftreten, wenn das Kind aus einer Familie kommt mit besonders engen sexuellen Einstellungen, aus einer Familie, in der viel Angst gemacht wurde vor dem „Sittenstrolch" oder aus einer Familie, wo aus allgemeiner Hilflosigkeit und Angst dramatisierend mit dem Ereignis umgegangen wird" (S. 5). „Mit zunehmendem Bekanntschaftsgrad zwischen Opfer und Täter nimmt die Intensität des Sexualkontaktes, häufig auch der psychische Schaden beim Sexualopfer zu" (S. 4). Bewirkt einerseits das unangemessene Verhalten von Eltern, Verwandten oder Bekannten eine Schädigung, so können sie andererseits durch das Herstellen eines freundlichen und vertrauensvollen Klimas einen helfenden Einfluß ausüben.

In der BKA-Studie wurde gefunden, daß 35 % der Sexualopfer (also nicht nur auf Pädophilie bezogen!) sich in irgendeiner Weise im Zusammenhang mit dem angezeigten Sexualkontakt, also primär oder sekundär, geschädigt fühlten. Diese empfundene Schädigung dauerte im Durchschnitt 1 Jahr und 10 Monate an.

6.6.3 Vergewaltigung

6.6.3.1 Der Täter

Die allermeisten Täter kann man nach Abel u.a. (1980) in zwei Gruppen einteilen:

(1) Personen ohne sexuelle Abweichung, aber mit langer krimineller Karriere (Raub, Angriff, Einbruch; keine Sexualdelikte). Sie begehen eine Vergewaltigung im Zusammenhang mit einem anderen Verbrechen, weil das Opfer am Tatort vorhanden ist (z.b. bei einem Einbruch), aber nicht, weil sie einen ständigen Drang zu einer Vergewaltigung haben.

(2) Personen mit echter sexueller Abweichung, mit einem spezifischen Erregungsmuster, das Gewaltausübung auf seine Opfer beinhaltet. Abel u.a. (1980) meinen, daß zwei psychologische Faktoren sólche Täter zu einer Vergewaltigung veranlassen:

a) Durch bestimmte Lernprozesse bedingt, wird er mehr durch Gedanken und Phantasien von Vergewaltigung erregt als ein „Nichtvergewaltiger".

Selkin (1975, S. 64) beschreibt dazu recht anschaulich, wie ein Vergewaltiger durch Machtphantasien sein Gefühl der Schwäche und Unvollkommenheit zu bewältigen suchte: „Ich lebte in einer völligen Phantasiewelt, in der ich stärker als alle Männer war, keine Frau mir widerstehen konnte, in der ich große Taten vollbrachte... Die Frau, der ich Gewalt antat, belebte meine Phantasie. Ich fragte mich, wie sie sich wohl körperlich fühlen würde in diesem Moment und was sie alles schon erlebt habe. Ich empfand einigen Unwillen darüber, daß sie Dinge im Leben ohne mich gemacht hatte. Ich hatte ein Verlangen danach, mit Menschen ganz allein in Verbindung zu sein. Diese Phantasien sprach ich gegenüber Frauen, die sehr unterwürfig waren, aus. Wenn nicht, dann ging ich mit mir selbst auf diesen Trip."

b) Abel u.a. (1980) fanden auch, daß diese Täter nicht in der Lage waren, ihre Erregung auf Vergewaltigungsreize und aggressive Reize zu unterdrücken. Der Versuch, die Erregung auf derartige Reize zu unterdrücken, führte sogar zu einer Steigerung der Erregung! Der Versuch, diese gesteigerte Erregung zu unterdrücken, führt dann zu einem lawinenartigen Effekt des ständigen Anwachsens der Erregung! Also: ein Teufelskreis.

Sehr detailliert hat Petrovich (1982) die Motivationsstruktur von Vergewaltigern untersucht. Er fand bei den meisten der 83 Täter:
- aggressive Motivation (Freude an der Gewalt; Feindseligkeit gegen Frauen; überflüssig starke Gewalt, um sich für reales oder eingebildetes Leid zu rächen, das sie von Frauen erfahren haben);

- Machtmotivation (triumphierendes Gefühl der Macht, wenn man die Frau unterwirft, sie erniedrigt und sich hilflos fühlen läßt; damit kompensiert der Täter tiefsitzende Gefühle sexueller und persönlicher Unzulänglichkeiten als Mann, trotz z.b. gutem Aussehen, erfolgreicher Arbeit, Ehe, Familie).

Nur 6 der 83 Täter stuften die von ihnen begangene Tat als vorherrschend sexuell motiviert ein: Die Frau wird impulsiv oder opportunistisch (Ausnutzen der hilflosen Lage des Opfers z.b. bei Einbruch) zur sexuellen Befriedigung benutzt. Die dabei ausgeübte Gewalt ist nicht unnötig stark. Interessant ist, daß mehr Täter aus dieser Gruppe über Mangel an sexueller Befriedigung bei sexuellen Beziehungen klagen, die im Einverständnis mit einer Partnerin stattfinden. Hinzu kommen noch Defizite bezüglich heterosexueller Fähigkeiten; z.B. glaubten sie im Gegensatz zu den beiden anderen Motivgruppen eher daran, daß das Opfer sexuellen Beziehungen zustimmte. Offensichtlich sind sie weniger fähig, sprachliche und nichtsprachliche Signale von potentiellen Partnerinnen richtig zu interpretieren.

Je mehr man die psychologischen Strukturen von Vergewaltigern untersuchte, desto deutlicher wurde, wie komplex dieses Delikt ist. Auf der Grundlage seiner eigenen Untersuchungen schlägt Hall (1992) folgende Typologie vor, die er aber ausdrücklich als noch nicht endgültig bewertet:

Typ 1: Der Täter wird durch abweichende sexuelle Erregung beeinflußt, die auftritt, wenn er Gedanken an Gewalt gegen Frauen hat. Dieser Typ von Täter ist mit großer Wahrscheinlichkeit extrem impulsiv.

Typ 2: wird motiviert durch kognitive Störungen oder Denkfehler; er macht Fehler hinsichtlich der Interpretation von Ereignissen oder Informationen, die er anders als andere Männer deutet. Er glaubt, daß einige Frauen es genießen, vergewaltigt zu werden oder es wünschen, vergewaltigt zu werden. Für diesen Tätertyp stellt die Vergewaltigung Teil einer Eroberung dar, ein Weg, um Männlichkeit zu beweisen. Hall ordnet die meisten Vergewaltiger diesem Typ 2 zu.

Typ 3: wird motiviert durch Ärger oder mangelhafte Gefühlskontrolle. Diese Männer sind so zornig, besonders gegenüber Frauen, daß für sie die einzige Art und Weise, mit ihrem Ärger fertig zu werden, darin besteht, sexuell gewalttätig gegenüber Frauen zu werden. Täter dieses Typs sind die Gewalttätigsten und Gefährlichsten.

Typ 4: stellt den Wiederholungstäter dar. Mit großer Wahrscheinlichkeit ist er als Kind körperlich oder sexuell mißbraucht worden. Er hat Schwierigkeiten, beständige Beziehungen aufzubauen und eine „Geschichte chronischer Probleme in Schule und Familie". Männer dieses Tätertyps brechen eine Vielzahl von Regeln, sowohl sexueller als auch nichtsexueller Art.

Obwohl es sich um eine empirisch ermittelte Klassifikation handelt, betrachtet Hall seine Typologie für noch nicht endgültig. Seine Vorsicht ist durchaus berechtigt, denn wo soll man beispielsweise das Phänomen des „Date Rape" einordnen? Dabei handelt es sich um eine Vergewaltigung, die nach einer Verabredung zwischen Personen stattfindet, die sich zumeist schon lange kennen und wo Kommunikations- und Deutungsunterschiede zwischen dem Mann und der Frau eine Rolle spielen (Meer, 1987), (s.a. Kap. II, 3.2). Ob es sich hierbei um einen Täter handelt, der diese Tat aus der Situation heraus begeht oder einen, wo die Deutungsfehler Teil der Persönlichkeitsstruktur sind, bleibt unklar.

Es ist auch unklar, ob Halls Typ 4, der „Wiederholungstäter", dem entspricht, was Hazelwood (1990) mit „Serienvergewaltiger" schildert. Beide Untersucher haben offensichtlich unterschiedliche Betrachtungsweisen. Hall (1992) betrachtet die *Persönlichkeitsstruktur*, während Hazelwood (1990) die *Verhaltensweise* bei der Tat analysiert. Daß Hazelwood (1990) drei unterschiedliche Täterstile von Serienvergewaltigern schildert, läßt auf unterschiedliche Persönlichkeitsstrukturen schließen:

Täuschung:
Der Täter nähert sich offen dem Opfer, bietet Hilfe oder Informationen an oder bittet um Hilfe oder Informationen. In einem Fall stellte sich der Täter als Polizeibeamter in Zivil vor. Sobald das Opfer unter seiner Kontrolle ist, wird der Täter aggressiv. Diese Taktik verrät eine gewisse Geschicklichkeit des Täters, mit Frauen umgehen zu können.

Blitzangriff:
Der Vergewaltiger nähert sich der Frau und benutzt einen direkten körperlichen Angriff (ins Gesicht schlagen, auf den Boden werfen; seltener benutzt er Chemikalien oder Tränengas), wodurch er das Opfer unterwirft und körperlich verletzt. Bei diesem seltener gezeigten Stil könnten bestimmte Phantasiekomponenten ausgelebt werden, die den Vergewaltiger erregen.

Überraschungsangriff:
Der Vergewaltiger erwartet das Opfer oder nähert sich der Frau, wenn sie schläft. Obwohl Bedrohungen und Waffen bei diesem Täterstil oft eingesetzt werden, wird in der Regel keine *verletzende* Gewalt eingesetzt. Dies ist der häufigste Täterstil und wird vor allem von Männern benutzt, die sich nicht zutrauen, das Opfer durch körperliche Bedrohung oder Täuschung zu unterwerfen. Bei diesem Täterstil ist davon auszugehen, daß der Täter vorher sein Opfer gezielt ausgewählt hat, durch unbeobachtete Kontakte oder das Wissen, wann das Opfer alleine ist.

6.6.3.2 Soziologische und psychologische Faktoren der Vergewaltigung

Amir (1971) untersuchte 646 Fälle von Vergewaltigungen, die von 1292 Tätern in Philadelphia (USA) in den Zeiträumen vom 1.1.1958-31.12.1958 und 1.1.1960-31.12.1960 verübt wurden. Seine Ergebnisse räumen mit vielen falschen Vorstellungen auf:

1. Vergewaltigungen geschehen nicht unbedingt zwischen vollkommen fremden Personen. Die Opfer waren Fremde in 51,9 %, Bekannte/ Nachbarn in 33,7 %, enge Freunde in 11,3 %, Verwandte in 2,5 % der Fälle. Neben der häufigen zwischenmenschlichen Nähe begünstigen auch verschiedene nichtzufällige Aspekte das Zusammenkommen von Täter und Opfer: Sie lebten z.T. häufig in der gleichen Nachbarschaft (ökologische Nähe), gehörten der gleichen Altersstruktur und Rasse an.
2. Vergewaltigungen spielen sich nicht unbedingt in dunklen Straßen und Ecken ab, sondern hängen mit dem Ort des ersten Kennenlernens zusammen. In 55 % der Fälle geschah die Tat in der Wohnung eines der Beteiligten.
3. Vergewaltigungen entstehen in den allermeisten Fällen nicht spontan, sondern sind vom Täter in irgendeiner Form geplant worden.
4. Alkohol spielt häufig keine entscheidende Rolle. In 6,1 % der Fälle hatte nur der Täter, in 21 % Täter und Opfer Alkohol zu sich genommen.
5. Gruppendelikte fanden vorwiegend am Wochenende, besonders in der Freitagnacht statt, weil zu diesem Zeitpunkt Gruppenaktivitäten stärker wurden und gemeinsam Alkohol getrunken wurde. (Im Gegensatz zu Einzeldelikten spielte bei Gruppendelikten Alkohol eine größere Rolle!). Interessanterweise wurde bei den Gruppendelikten das Opfer weitaus seltener brutal geschlagen, als dies bei Einzeltaten der Fall war. Dies ist dadurch erklärlich, daß bei einem Gruppendelikt mehrere Täter das Opfer festhalten können, während der Einzeltäter brutales Schlagen benutzt, um den Widerstand seines Opfers zu brechen. Allerdings wurde das Opfer bei Gruppendelikten häufiger sexuell erniedrigt (durch Fellatio, Cunnilingus, wiederholte Vergewaltigung u.ä.), als dies durch Einzeltäter geschah. Die gruppendynamischen Einflüsse werden auch dadurch offensichtlich, daß der Anführer bei Gruppendelikten der Gewalttätigste der Gruppe war und mit dem Schlagen des Opfers begann. Weiterhin spielt der Gruppendruck eine gewisse Rolle:

„(Untersuchungen) ergaben ..., daß die fünf Jungs bei dem Überfall unter dem Zwang einer Gruppendisziplin gestanden haben. Jeder sei bemüht gewesen, ein bestimmtes Rollenbild zu erfüllen, dessen Rahmen durch den Leiter der Gruppe gesetzt wurde. Er erwies sich als ‚ein äußerst sadistischer Jugendlicher, darauf bedacht, den anderen seine männliche Stärke zu beweisen‘. " (Der Stern Nr. 47, 1975, S. 177)

6.6.3.3 Wie sieht der Täter sein potentielles Opfer?

Betrachtet man konkrete Vorfälle, so kann man Vergewaltigungen auf einer Skala einordnen, die von „intensiver Planung" bis zur ungeplanten, impulsiven Tat reicht. Die Extreme werden z.b. durch zwei Patienten aus Abel u.a. (1976) verdeutlicht: Der Vergewaltiger schaute nach einer attraktiven Frau aus, der er nach Hause folgte, unter einem Vorwand ihre Wohnung betrat und sie vergewaltigte. Den Vergewaltigungen eines anderen Patienten gingen häufig Streitigkeiten mit seiner Ehefrau voraus, er trank intensiv und fuhr mit seinem Auto umher, bis er ein Opfer fand.

Bei einer geplanten Vergewaltigung hat der Täter sexuelle Beziehungen mit einer beliebigen oder einer ganz bestimmten Frau. Er sucht eine bestimmte Situation für seine Tat aus, oder er schafft sie. Manchmal ist die Situation für ihn schon vorbereitet, die Frau ist angetrunken oder offensichtlich „freundlich" oder eine, die seine Versuche nicht zurückweist, die Situation zu „erotisieren".

Aber selbst wenn der Täter seine Handlung nicht in Richtung einer Vergewaltigung geplant hatte, wirkt auslösend, wie der Täter die Situation gedeutet hat. Beispielsweise kann er die Anwesenheit des Opfers in seiner oder dessen Wohnung als Zeichen der Bereitschaft deuten, sexuelle Beziehungen mit ihm einzugehen. Ähnliches gilt, wenn der erste Ort der Begegnung ein Treffen in einer Bar, auf einer Party, bei einem Picknick ist. Bezeichnenderweise finden in der Wohnung des Opfers signifikant mehr vom Opfer ausgelöste Vergewaltigungen statt, d.h. Vergewaltigungen, die Amir (1971, S. 266) folgendermaßen definierte: Das Opfer stimmte tatsächlich oder scheinbar sexuellen Beziehungen zu, machte aber vor dem Akt einen Rückzieher oder reagierte nicht genügend, wenn der Täter den Vorschlag gemacht hatte. Der subjektive Eindruck der Bereitwilligkeit des Opfers wird auch dadurch begünstigt, daß die interpersonalen Signale des Flirtens dem Täter entweder nicht bekannt sind, also mangelnde soziale Fähigkeiten vorliegen, oder aber gruppen- oder kulturspezifische Mißverständnisse vorliegen. So fanden amerikanische Untersuchungen geschlechtsspezifische Interpretationen bestimmter Verhaltensweisen beim anderen Geschlecht, die signalisieren, ob ein Junge oder ein Mädchen sexuelle Beziehungen wünscht. Da einige Signale teilweise von den beiden Geschlechtern unterschiedlich gedeutet werden, kann es durchaus zu Mißverständnissen bezüglich der Absichten des Partners kommen (s. Kap. II, 3.2).

Besonders stark wird der Eindruck der Bereitwilligkeit einer Frau sein, wenn das Opfer „einen schlechten Ruf" hat, womit Amir offensichtlich die Bereitschaft zu sexuellen Handlungen oder zu sozial abweichendem Verhalten versteht. Wenn der Täter also das Opfer kennt, trägt ein solcher Ruf zu seiner Meinung bei, das Opfer sei sexuell verfügbar.

6.6.3.4 Welche Frauen werden zu Opfern?

Nur ein geringer Prozentsatz der Opfer hat einen schlechten Ruf. Dies kann also kein sehr bedeutsamer Faktor zur Beantwortung der Frage sein, welche Frauen leichter Opfer einer Vergewaltigung werden können.

In den allermeisten Fällen wurden die Opfer auch auf der Grundlage ihres bloßen Vorhandenseins in der Situation und nicht wegen ihrer körperlichen Eigenschaften ausgewählt. Es gibt also kein typisches Opfer, das zum Ziel einer Vergewaltigung werden könnte. Allerdings unterscheiden sich Frauen, die einer Vergewaltigung zum Opfer gefallen sind, von Frauen, die einen Angriff erfolgreich abwehren konnten.

Beim Vergleich von 20 Frauen, die in Denver einer Vergewaltigung zum Opfer gefallen waren, mit 16 Frauen, die einen solchen Angriff erfolgreich abgewehrt hatten, stellte Selkin (1975) fest: Die letzteren waren im sozialen Verhalten selbstsicherer, konnten sich auch besser ausdrücken, verbal und motorisch. Selkin meint, daß sie flexibler in ihrem Sozialverhalten sind und sich in die Gedankenwelt eines Menschen und damit des Täters besser einfühlen konnten.

Bart und O'Brien (1980) fanden in ihrer Untersuchung, daß die meisten Vergewaltigungen innerhalb eines Hauses von jemandem begangen wurden, der das Opfer kannte. Sie sahen den Grund dafür darin, daß auf der Straße die Tat leichter zu vermeiden ist. Das potentielle Opfer kann leichter entfliehen, und durch Schreien kann es leichter Aufmerksamkeit erregen und eventuell sogar die Polizei alarmieren. Bart und O'Brien fanden auch eine Gruppe von 13 Frauen, die sowohl eine Vergewaltigung erlebt, als auch eine vereitelt hatten. Hier spielen also Persönlichkeitsunterschiede keine Rolle. Die Vergewaltigung fand gewöhnlich im eigenen Appartement durch jemand statt, den sie kannten, die vereitelte Vergewaltigung dagegen auf der Straße durch einen Fremden. Wenn die Frauen erfolgreich Widerstand geleistet hatten, hatten sie

- mit dem Täter gesprochen
- körperlichen Widerstand geleistet
- geschrien.

Als Opfer hatten die Frauen nur eine oder keine dieser Strategien benutzt. Alleiniges Sprechen mit dem Täter oder Bitten nutzte nichts; dies hatten viele Frauen versucht, die einer Vergewaltigung zum Opfer fielen. Dagegen wurde Sprechen in der Hälfte der vereitelten Vergewaltigungsversuche überhaupt nicht benutzt.

Hier wird also die wichtige Frage angesprochen, wie man einen Vergewaltigungsversuch abwehren könnte. Wesentliche Einsichten zu diesem Problem liefert ein Modell von Selkin (1975).

6.6.3.5 Die Vereitelung einer Vergewaltigung

Selkin (1975) untersuchte in Denver (USA) die Verhaltensmuster einer Vergewaltigung, wenn Täter und Opfer sich nicht kannten. Dabei ermittelte er drei Phasen einer Vergewaltigung:

(1) Identifizierung des Opfers und des Ortes

Ein potentieller Vergewaltiger schaut zuerst nach einer Frau aus, die einem Angriff schutzlos ausgesetzt wäre und auch nach einem Platz, der für die Tatausführung geeignet wäre. Das potentielle Opfer ist z.b. alleinstehend (Amir, 1971, fand, daß sowohl die meisten Täter als auch die meisten Opfer alleinstehend waren; in Denver waren 3/4 aller Opfer alleinstehende Frauen!), Frauen, die unter Drogen stehen oder betrunken sind, die schwachsinnig sind o.ä. schutzlos. Manchmal begibt sich das Opfer durch hilfsbereites Verhalten in eine gefährliche Lage!

Als Tatorte sucht der Täter vorwiegend Appartements aus, die im ersten Stock lagen oder im Erdgeschoß, wo er also leicht einsteigen konnte.

(2) Testen des Opfers

Der Täter stellt fest, ob die Frau ängstlich und unterwürfig reagiert, ob sie sich einschüchtern läßt. Selkin (1975, S. 60) sagt dazu: „Durch Fragen, Drohungen und Einschüchterungen wie „Schrei nicht!" „Ruf nicht um Hilfe!" „Zieh Deine Kleider aus!" versucht der Untäter also erst einmal zu testen, wie sein Opfer reagiert. Sexualtäter prüfen Frauen in dieser Beziehung häufig auf der Straße oder an halböffentlichen Orten. Sie machen suggestive, einschmeichelnde Bemerkungen, berühren, streicheln ihr Opfer oder erforschen seine Reaktion dadurch, daß sie ihm etwas wegnehmen. Auf diese Weise können sie leicht feststellen, ob ihr Opfer verängstigt und damit leicht zu vergewaltigen ist. Für Frauen in einer solchen Situation - egal, ob auf der Straße oder zu Hause - ist es das sicherste, kalt und unfreundlich zu sein. Das ist ihre erste Verteidigungslinie." Damit wird auch deutlich, warum selbstsichere Frauen, zumal wenn sie verbal und motorisch gewandt sind, einen Vergewaltigungsversuch eher abwehren können.

(3) Bedrohen des Opfers

Reagiert die Frau ängstlich oder unterwürfig, bedroht er sein Opfer, unter anderem damit, sie bei einer Verweigerung zu töten. Hier taucht die Frage auf, ob eine Frau Widerstand leisten soll oder nicht. Wehrt sich ein Opfer nicht, wird dies vom Täter leicht als Einverständnis gedeutet, und ein Gericht wertet unter Umständen die Tat überhaupt nicht als Vergewaltigung! Andererseits taucht auch die Gefahr auf, daß der Täter durch den Widerstand gereizt wird und sein Opfer schwer mißhandelt. Amir (1971, S. 171, Tabelle 61) zeigt: Je schwerwiegender die körperliche Gewalt gegen das Opfer gewesen war, desto intensiver das Kämpfen des Opfers. In vielen Fällen begann das Kämpfen erst während des Delikts, als das Opfer seinen Schock überwunden hatte. Es ist nicht klar, ob Gewalt vom Täter angewandt wurde, weil das Opfer kämpfte oder ob das Opfer sich wegen der Gewalttätigkeit wehrte.

Selkin meint, daß es wesentlich sei, daß eine Frau sofort zu Beginn eines Überfalles sich deutlich weigern soll, seinen Wünschen nachzugeben und Widerstand zu leisten.

Er begründet dies folgendermaßen (1975, S. 61): „Es ist wichtig, daß eine Frau sofort zu Beginn eines Überfalls Widerstand leistet, also in dem Moment, in dem der Angreifer seine Absicht erkennen läßt. Bis zu diesem Moment hat er sich ja noch keines sehr schweren Vergehens schuldig gemacht, und es ist für ihn leichter, sich ein willfährigeres Opfer zu suchen, als sich auf einen Kampf mit einer Frau einzulassen, die seine Erwartungen auf einen reibungslos ablaufenden Sex-Phantasie-Trip bereits zerstört hat. Sofortiger Widerstand in der Wohnung ist höchst wirksam, weil dem Täter dadurch verwehrt wird, sich umzuschauen, ob er mit dem Opfer alleine ist. Wichtig ist, ganz deutlich darauf hinzuweisen, daß es einer Einladung zum Mord gleichkommen kann, wenn eine Frau einen Sexualtäter zuerst zu beruhigen versucht, indem sie auf ihn eingeht und ihn dann, z.B. mit einem Tritt in die Genitalien, ihrerseits angreift. Wenn ein Opfer sich zuerst widerstandslos verhält, gibt das einem Eindringling die Möglichkeit auszukundschaften, ob er mit dem Opfer alleine ist, ob er sich also an einem für ihn relativ sicheren Ort befindet. Wenn er das erst einmal weiß, wird er ohne Bedenken seine sexuellen Phantasien mit dem Opfer auszuleben versuchen. Leistet die Überfallene plötzlich Widerstand oder versucht, ihm weh zu tun - was kann ihn dann noch davon abhalten, die Frau zu verletzen oder zu ermorden? Allerhöchstens seine - sowieso nur schwach ausgebildeten - persönlichen Moralbegriffe . . .

Mir ist aufgefallen, daß in den wenigen aktenkundigen Fällen, in denen Opfer eines sexuellen Übergriffs ermordet worden sind, die Tat in einer Umgebung geschah, in der sich der Mörder sicher fühlte. Richard Speck, der in Chikago acht Krankenschwestern ermordet hat, ist ein gutes Beispiel dafür. Sieben seiner acht Opfer wehrten sich nicht dagegen, daß er sie fesselte und knebelte. Sie gaben keinen Laut von sich. Sie widersetzten sich nicht, als er eine nach der anderen in einen Nebenraum führte und dort ihre Kehlen durchschnitt. Dieses scheußliche Verbrechen hätte vermutlich verhindert werden können, wenn wenigstens einige dieser Mädchen geschrien, ihn attackiert, gekratzt oder versucht hätten, Hilfe herbeizuholen."

Der Widerstandswille der überfallenen Frauen wird unter anderem dadurch gelähmt, daß ein Gefühl der Depersonalisation auftreten kann. Darunter versteht man das Gefühl, daß der Vorfall jemand anderem geschieht, daß er sich nicht in Wirklichkeit abspielt, daß man träumt u.ä. In der Untersuchung von Bart und O'Brien (1980) erlebten 44 % der Frauen bei einer vollzogenen Vergewaltigung eine Depersonalisation, aber nur in 22 % der Fälle einer vermiedenen Vergewaltigung.

Welches Verhalten hilft Frauen am besten, eine Vergewaltigung zu vermeiden, wenn der Täter bewaffnet ist? Bart und O'Brien fanden, daß der vorher beschriebene Unterschied von erfolgreichen Strategien bei einer vollzogenen und einer vereitelten Vergewaltigung am größten war, wenn keine Waffe im Spiel war. Aber selbst dann haben Frauen durchaus noch eine Chance, durch Flucht oder körperlichen Widerstand zu entkommen. Bart und O'Brien schildern dazu mehrere Fälle, bei denen Frauen sogar unter äußerst ungünstigen Umständen (Überfall im Bett und Bedrohung mit einer Waffe) eine Vergewaltigung vereiteln konnten, einige Frauen sogar in mehreren Fällen!

„In Fällen, in denen der Angreifer nicht bewaffnet ist, sollten sich die Frauen nach Meinung von Petrosky körperlich wehren. „Behalte die Ruhe! Verletz' den Angreifer mit den Fingernägeln und gib ihm schnell einen Schlag in die Augen!" rät Petrosky. Wenn der Angreifer eine Waffe bei sich hat, so Petrosky, muß jede Frau selbst ermessen, wie weit sie aktiven Widerstand leisten sollte. Wenn er ihr eine Pistole an den Kopf hält, ist es wahrscheinlich klüger nachzugeben, kommt er jedoch mit einem Messer auf sie zu, dann hat die Frau noch die Chance zu fliehen" (Selkin, 1975, S. 61).

6.7 Vorgetäuschte Sexualdelikte

Bei der Wahrheitsfindung, sei es im Alltag bei der Frage, ob jemand einen belügt oder nicht, sei es vor Gericht, wo es um die Frage geht, ob der Angeklagte, der seine Unschuld beteuert, lügt oder tatsächlich unschuldig ist, überall tritt das Dilemma des Lügenentlarvers (Füllgrabe, 1995) auf: Glaubt man z.B. dem Angeklagten, daß er unschuldig ist, kann man einen Unschuldigen vor einer Ungerechtigkeit bewahren. Man kann allerdings auch auf den geschickten Täuschungsversuch eines routinierten Lügners hereinfallen; dies zeigt ja der Fall des Serienmörders Gallego (s. Kap. I). Glaubt man aber dem Angeklagten nicht, kann es sein, daß man einen Justizirrtum begeht und einen tatsächlich Unschuldigen verurteilt.

Diesem Dilemma des Lügenentlarvers kann man nur entgehen, indem man in einer sachorientierten Atmosphäre alle Kriterien sammelt, auf die man seine Entscheidung stützt und dann diese Kriterien danach überprüft: Was spricht für die Schuld/Unschuld des Angeklagten? Welche Kriterien sprechen dagegen?

Vorbildlich hat diese Vorgehensweise z.B. Geßner (1991) zur Beantwortung der Frage eingesetzt, ob ein zur Anzeige gebrachtes Sexualdelikt tatsächlich stattgefunden hat: „Es müssen sowohl Beweise für das
Vorliegen einer Straftat und somit Täteranhalte gesammelt werden, wie
auch Tatsachen gefunden werden, die gegen ein stattgefundenes Sexualdelikt sprechen" (S. 799).

Geßner hatte nämlich auf ihrer Berliner Dienststelle „einen markan-
ten Anstieg von Anzeigen zumindest zweifelhaften und fragwürdigen
Inhalts" hinsichtlich behaupteter Vergewaltigungen oder sexueller Nöti-
gungen registriert:

„Am 19.09.1991 erschien auf hiesiger Dienststelle aus freien Stücken die
15jährige Schülerin Sandra L. Sie hatte im März 1991 den 19jährigen Franco
M. der Vergewaltigung bezichtigt und so seine vorläufige Festnahme veranlaßt.
Schon während des geführten Ermittlungsverfahrens waren etliche Zweifel am
Wahrheitsgehalt der Anschuldigung entstanden. Franco M. bestritt den Tatvor-
wurf energisch, jedoch blieb Sandra beharrlich bei ihren Angaben. Nunmehr erklärte sie jedoch, eine Vergewaltigung habe nicht stattgefunden. Sie habe damals mit dem Franco M. freiwillig den GV ausgeübt und die Straftat anschließend behauptet, um sich vor ihrem (Ex-)Freund zu rechtfertigen. Dieser habe
gemeinsam mit ihren Eltern darauf bestanden, daß eine Anzeige erstattet wird.

Am 03.09.1991 teilte die 15jährige Schülerin Daniela J. ihren Lehrern mit,
sie sei vor der Schule in Lichterfelde von zwei unbekannten Jugendlichen ange-
griffen worden. Diese hätten sie vergewaltigen wollen und ihr oberflächliche
Schnittverletzungen zugefügt. Durch die Schule wurde die Polizei geholt und
Anzeige erstattet. Am 12.09.1991 räumte Daniela in ihrer zeugenschaftlichen
Vernehmung ein, sich den Sachverhalt nur ausgedacht zu haben, um von ihrer
Mutter mehr beachtet zu werden. Die Schnittverletzungen hatte sie sich selbst
beigebracht" (S. 800).

Bei anderen der von Geßner (1991, S. 800) berichteten falschen An-
schuldigungen lagen folgende Motive vor:
- Schwierigkeiten mit den Eltern
- Rechtfertigung für spätes Heimkommen
- Rechtfertigung vor der (die angebliche Tat anzeigenden) Freundin,
  die selbst an dem Angeschuldigten Interesse hatte
- Eine Ehefrau, die sich vernachlässigt und nicht liebenswert fühlte,
  hatte - um sich selbst und ihren Ehemann zu „bestrafen" - einen
  Anhänger sadomasochistischer Praktiken in ihre Wohnung bestellt,
  der entsprechende Handlungen, von ihr gewollt, an ihr vornahm.

Es ist das große Verdienst von Geßner, daß sie in ihrem Artikel nicht
nur auf ein wichtiges kriminalistisches Problem aufmerksam gemacht
hat, sondern auch auf den sachgerechten Umgang mit den Anzeigeer-
statterinnen. Sie schreibt: „Es muß nach hiesiger Erfahrung davon ausgegangen werden, daß sich eine Frau, die ein - fiktives - Sexualdelikt
anzeigt, in einer sozialen Notlage und/oder psychischen Ausnahmesitua-

tion befindet. Zumeist verbirgt sich hinter der Anzeige eine Art „Hilfeschrei", um Zuwendung und Beachtung von dritter Seite zu erlangen. Daß die Polizei eingeschaltet wird, liegt fast nie im Interesse dieser Frauen und wird auch von ihnen selbst nicht veranlaßt.

Den meisten dieser Frauen scheint es auch bei objektiv gegen den von ihnen behaupteten Sachverhalt sprechender Beweislage und entsprechendem Vorhalt nicht möglich, von einer einmal gegebenen Geschehensversion abzuweichen. Sie bleiben zumeist bei ihren Darstellungen, so daß Eingeständnisse von Vortäuschungen zumeist nicht erlangt werden." (S. 799)

„Zunächst ist es förderlich, den Frauen nicht von vornherein das Gefühl zu vermitteln, sie würden als Beschuldigte betrachtet. Es sollte versucht werden, möglichst Verständnis für die persönliche Notlage zu zeigen, welche oft schon aus der bloßen Anzeige erkennbar ist und zu überzeugen, daß es mehr Courage erfordert, eine unwahre Behauptung zu berichtigen, als an einer Lüge festzuhalten.

Des weiteren hat sich als sinnvoll ergeben, an das Solidaritätsgefühl der Frauen mit tatsächlichen Opfern von Sexualstraftaten zu appellieren. Ihnen sollte verdeutlicht werden, daß wertvolle Zeit der Strafverfolgungsbehörden zur ‚Phantomjagd' vergeudet wird, wenn Sachverhalte nicht wahrheitsgemäß berichtet werden.

Wenn bei Entgegennahme einer Anzeige zweifelhaften Inhalts von vornherein darauf geachtet wird, daß die „Geschädigte" den Sachverhalt einem Beamten oder einer Beamtin berichten kann, ohne daß Dritte anwesend sind - besonders wenn diese Initiatoren für das Hinzuziehen der Polizei waren - könnte das Zustandekommen von hier beschriebenen Ermittlungsverfahren vermutlich oft von vornherein vermieden werden" (S. 800).

Die Ausführungen von Geßner haben über das spezifische Problem hinaus große praktische und theoretische Bedeutung. Geßner hat nämlich grundsätzlich durch ihr kriterienorientiertes Vorgehen gezeigt, daß auch bei derart schwierigen Entscheidungen über Schuld/Unschuld eine Wahrheitsfindung möglich ist. Dadurch wird ein schwerwiegender Fehler vermieden, den der bekannte Lügenforscher Ekman (1985) „Othellofehler" nennt (s.a. Füllgrabe, 1995): Shakespeares Othello hat durch sein extremes Mißtrauen die psychologischen Grundlagen dafür verloren, zwischen einer Lüge und einer Wahrheit unterscheiden zu können. Da er die nichtsprachlichen Signale seiner Frau falsch deutet (er verwechselt ihre Angst, daß Othello ihr nicht glaubt, mit Zeichen der Angst, daß sie bei einer Lüge ertappt habe), kommt es zur Katastrophe. Deshalb ist gerade bei einem emotional befrachtetem Thema wie z.B. Vergewaltigung ein sachgerechtes, kriterienorientiertes Vorgehen wichtig.

Wenn man andererseits keine klaren Kriterien dafür hat, ob eine Anzeige echt oder falsch ist, weil man entweder glaubt

- daß *jede* Anzeige erstattende Frau unüberprüft als Opfer einer Straftat anzusehen sei (etwa aus ideologischen Gründen gemäß dem Vorurteil „Alle Männer sind potentielle Vergewaltiger"), oder
- daß die Frauen selbst schuld seien (etwa wegen des Vorurteils: „Sie hat durch ihre aufreizende Kleidung den Mann provoziert!")

kann man nicht zwischen Lüge und Wahrheit unterscheiden.

Bei allem Verständnis für ihre psychologische Problemlage: Frauen, die eine Falschanzeige wegen Vergewaltigung machen, schaden den tatsächlichen Opfern einer Vergewaltigung. Sie schüren nur solche Vorurteile, wie sie das Opfer einer Vergewaltigung bei der Polizei erlebte: „Ich würde nicht wieder anzeigen. Die haben mich gefragt, ob auch alles wirklich stimmt, oder ob ich nur meinen Freund eifersüchtig machen will. Ich kam mir bei der Polizei wie eine Kriminelle vor. Und dann haben sie mich gefragt, ob ich etwas dabei gefühlt hätte" (Baurmann und Schädler, 1991, S. 101).

Eine sachliche und realitätsorientierte Betrachtung von sexueller Gewalt gegen Frauen ermöglicht es auch, die Existenz von Phänomenen zur Kenntnis zu nehmen, die ungewöhnlich erscheinen. Beispielsweise gibt es auch Fälle von Männern, die von Frauen vergewaltigt wurden.

6.8 (Sexuelle) Gewalt gegen Männer

Timnick (1983) erwähnt mehrere solcher Fälle, wo ein Mann von mehreren Frauen vergewaltigt und bedroht wurde. Der amerikanische Sexualforscher Masters fand bei diesen Männern die ähnlichen Schocksymptome und die Meidung sexuellen Verhaltens, wie man es bei weiblichen Opfern einer Vergewaltigung findet. Masters fand aber einen wichtigen Unterschied zwischen männlichen und weiblichen Vergewaltigungsopfern: Im Gegensatz zu Frauen fühlten sich die Männer nicht schuldig hinsichtlich des Vorfalles. Sie glaubten nicht, daß sie irgendwie Schuld an dem Ereignis hätten.

Baurmann und Schädler (1991, S. 169) schreiben: „So wandte sich bislang auch nur ein männliches Opfer wegen einer Straftat gegen die sexuelle Selbstbestimmung an die ‚Hanauer Hilfe'. Des weiteren waren auch unter den übrigen Opfern von Gewaltstraftaten, die die ‚Hanauer Hilfe' aufsuchten, erheblich mehr Frauen."

Man kann daraus ersehen:

1) Es gibt offensichtlich auch in Deutschland Fälle, wo ein Mann von einer oder mehreren Frauen vergewaltigt wurde. Daß dieses Phänomen unbekannt ist, könnte daran liegen, daß ein männliches Opfer

sich vielleicht weniger als eine Frau als gedemütigtes Opfer empfindet. Es könnte auch sein, daß ein männliches Opfer sich eher schämt, eine Anzeige aufzugeben. Dies wird noch durch die Haltung verstärkt, daß man ihm nicht glaubt. Bei einer Fernsehsendung zum Thema Vergewaltigung rief auch ein Mann an, der behauptete, er sei von einer körperlich stärkeren Frau in einem Hausflur vergewaltigt worden. Er kam noch nicht einmal dazu, seinen Fall näher zu schildern, denn die Fernsehmoderatorin legte sofort wieder auf. Offensichtlich hielt sie dies für eine erfundene Geschichte. Aber selbst wenn dies der Fall gewesen wäre, hätte sie durch intensiveres Fragen seine Geschichte als erfunden entlarven können. So aber vergab sie die Möglichkeit, vielleicht auf eine sensationelle Sache zu stoßen. Das ist eben der Nachteil des „Othellofehlers": Man glaubt jemand auch dann nicht, wenn er die Wahrheit sagt.

2) Gewalt von Frauen gegen Männer wird erheblich unterschätzt. Eine Studie, die vom Sozialministerium von Nordrhein-Westfalen in Auftrag gegeben wurde, stellte fest, daß in 8 % der untersuchten Ehen nicht der Mann, sondern die Frau der gewalttätige Teil war.

Kelberg (1987) berichtet dazu: „Schwere Kopfverletzungen hatte in einem Mannheimer Vorort eine 54jährige Frau ihrem gleichaltrigen Ehemann beigebracht, nachdem er sich geweigert hatte, den Besuch eines ‚Hausfreundes' zu dulden: Der Mann, oft als Monteur im Außendienst, hatte bei der Berufsgenossenschaft einen Unfall vorgetäuscht.

In einer schwäbischen Kleinstadt sahen und hörten Passanten und Nachbarn, wie ein 58jähriger Mann aus dem Fenster um Hilfe vor seiner rabiaten 47jährigen Frau rief. Als die Hilfe schließlich kam, war es zu spät: Der Mann war unter den Messerstichen seiner Frau verblutet. Niemand hatte wahrnehmen wollen, daß keine Frau, sondern ein Mann das Opfer eines Ehestreites geworden war.

Wird von Politikern, Juristen oder Psychologen von Gewaltanwendung in der Familie als „zentralem gesellschaftlichem Problem" gesprochen, wird kaum die Möglichkeit eingeschlossen, daß auch Männer unter den Opfern sein könnten. Dazu eine erfahrene Eheberaterin der Caritas in Nürnberg: „Es leiden mehr Männer unter körperlicher und seelischer Grausamkeit ihrer Frauen, als man gemeinhin annimmt. Aber wer das offen sagt, gerät unweigerlich in den Verdacht, die viel häufigere Gewalt an Frauen kompensieren zu wollen."

7. Psychologische Aspekte des Ladendiebstahls

7.1 Merkmale der Läden

Walsh (1978) untersuchte in England empirisch den Zusammenhang zwischen Ladendiebstählen und bestimmten Faktoren:

- Läden mit direktem Verkauf hatten weniger Ladendiebstähle als Selbstbedienungsläden.
- Keine Beziehung gab es zwischen der Ladengröße und der Zahl der Ladendiebstähle.
- Läden mit Luxusgütern hatten keine höhere Diebstahlsrate als Läden, die mit Lebensnotwendigkeiten handeln. Als beliebte Diebstahlsgüter erwiesen sich Lebensmittel, Kosmetik und Kleidung.
- Walsh fand - obwohl er dies nicht befriedigend testen konnte - Hinweise für folgendes: Inhaber von Geschäften mit hohen Diebstahlsraten machen andere dafür verantwortlich.

Nur einer der Ladenbesitzer akzeptierte die Aussage, daß die Selbstbedienungsläden und ihre Atmosphäre den Diebstahl begünstigen. Viele beklagten sich über das Verhalten der Kunden und mangelnde Unterstützung durch die Gerichte. Walsh (1978, S. 96) meint deshalb: Die gefährliche Gleichgültigkeit der Ladenbesitzer, die Ladendiebstahl lediglich als lästige Vorfälle mit unbekannter Ursache betrachten, verhindert die Beseitigung der Ladendiebstähle: Die Art der Läden zu verändern, um Impulskäufe zu verhindern.

Um Ladendiebstähle zu verhindern, ist es also notwendig, bestimmte psychologische Aspekte des Ladendiebstahls zu analysieren und zu berücksichtigen.

7.2 Psychologische Aspekte des Kaufens

Um die Gründe für Ladendiebstahl zu verstehen, ist es notwendig, den historischen und kulturellen Hintergrund und den zwischenmenschlichen Aspekt des Kaufens zu betrachten.

Mit dem Aufkommen des Straßenverkaufs entwickelte sich allmählich ein spezialisiertes Ritual, um Diebstähle zu vermeiden. Z.B. wurde es Konvention, daß der Kunde auf einer Seite eines Brettes oder Tisches steht, der Besitzer auf der anderen. Ohne Einladung durch den Besitzer wäre es nicht nur eine Verletzung der Konvention durch den Kunden gewesen, hätte er sich auf die andere Seite begeben, sondern eine offene Erklärung seiner Absicht zu stehlen.

In den Selbstbedienungsläden ist es ganz anders: Der Kunde kann sich die Waren ansehen und berühren, ohne daß der Eigentümer sich daran stört. Auch verhindert die Tatsache, daß man die Waren in einen Einkaufswagen oder -korb legt und erst an der Kasse zahlt, das Aufkommen der Vorstellung, daß der Kauf eine zwischenmenschliche Transaktion ist. Vermutlich vermindert diese Anonymität auch bestimmte Hemmungen: Wahrscheinlich würde man es wohl weniger übers Herz bringen, jemanden zu bestehlen, den man kennt. Hinzu kommt, auch wenn man von der Angst vor dem Entdecktwerden einmal absieht, daß ein Kunde beim direkten Kontakt das heimliche Wegnehmen selber eher als Diebstahl definiert, als wenn er „lediglich" eine Ware einsteckt.

Aber auch die Verkaufsreize durch die Waren spielen eine große Rolle. Die Waren werden bewußt so gestellt und gelagert, daß sie einen großen Anreiz zum Mitnehmen darstellen. Zwar geht die Geschäftsleitung von der impliziten Anahme aus, daß dem Mitnehmen das Bezahlen folgen müßte, doch wird durch die Lagerung der Waren von den Geschäftsleuten bewußt versucht, den „Greifimpuls" der Kunden zu aktivieren (wie es einmal brancheninntern formuliert wurde), also die Selbstkontrolle zu verringern. Man vergleiche hier die Situation des Kunden im Selbstbedienungsladen mit den Forschungsergebnissen von Mischel (1980) über die Bedingungen des „Aufschubs von Belohnungen". Ein attraktiver Gegenstand wird nur dann nicht genommen und dafür eine größere Belohnung in der Zukunft gewählt,
- wenn der Gegenstand sich außer Sicht befindet,
- wenn man sich ablenkt (z.B. an lustige Dinge denkt),
- wenn man sich weniger auf die konsumierbaren, sondern mehr auf die abstrakten Merkmale des Gegenstandes konzentriert.

Alle diese und andere Faktoren kommen im Selbstbedienungsladen *nicht* ins Spiel, sondern man versucht eher, eine „verkaufsfördernde Atmosphäre" zu schaffen, was nicht mit starker Selbstkontrolle vereinbar ist. Tatsächlich soll (laut Hessischer Rundfunk vom 6.11.1979) ein Kaufhausmanager gesagt haben: „Wenn nicht 10 % der Waren gestohlen werden, weiß ich, daß meine Dekorateure schlecht gearbeitet haben!"

Die Bekämpfung des Ladendiebstahls müßte demnach mit der Erschwerung des Einkaufs verbunden sein: Waren nicht offen liegen lassen, Waren unter Glas usw.

Andere Maßnahmen:
- Kontrolltechnologien (Spiegel, Fernsehüberwachung, Infrarot-Detektoren und andere Alarmsysteme, Hinweise auf Überwachungsmaßnahmen im Geschäft),
- Lagerung der Waren (teure Waren hinten im Laden, keine Waren an Ausgängen),
- Personaleinsatz (genügend Personal zur Kontrolle; keine Zeiträume, wo wenig Personal vorhanden ist),

sind möglich, lösen aber das grundlegende Problem der Selbstkontrolle nicht. Hinzu kommt ein häufig übersehenes oder verschwiegenes Problem: Ein nicht geringer Prozentsatz der Ladendiebstähle wird durch das eigene Personal begangen (s. dazu beispielsweise die Fachzeitschrift „Lebensmittelpraxis" v. 31.8.1979, S. 42).

7.3 Motive des Ladendiebstahls

Was ist nun zu dem Phänomen der „Kleptomanie" zu sagen? Zu Erklärungen von Ladendiebstählen mit „Kleptomanie", „Bewußtseinsstörungen durch einen sexuellen Erregungszustand" u.ä. bemerkt Langer (1976, S. 413) aus der Sicht der Praxis:

„Wir sollten sie als das ansehen, was sie sind: mehr oder wenig gut vorgebrachte faule Ausreden. Was die Gebildeten den Ungebildeten voraushaben, das sind nur die besseren Ausreden. Werden einfache Leute erwischt, dann geben sie die Tat zu, oder sie bestreiten. Nur selten versuchen sie durch Motive, die ihnen unbekannt sind, den Tatbestand zu beschönigen. Bei ‚feinen' Leuten ist das etwas anderes. Sie entdecken plötzlich tief in ihrem Inneren eine ‚kleptomane Veranlagung', die sie zwang, das Verbotene zu tun ...

Eine ledige Lehrerin - 55 Jahre alt - wird wegen Diebstahl von zwei Büchern im Werte von 15,80 DM vorgeführt. Zur Sache macht sie nach der Rechtsmittelbelehrung keine Angaben und erklärt nur, daß sie sich mit einem Rechtsanwalt in Verbindung setzen werde. Drei Tage später kam von einer sehr bekannten Rechtsanwaltskanzlei ein Schreiben an die Dienststelle. ‚In vorbezeichneter Strafsache werden wir den Antrag stellen, das Verfahren gegen unsere Mandantin gem. § 170 Abs. 2 StPO einzustellen.' Zum Tatmotiv selber wird folgendes angeführt: ‚Unsere Mandantin befand sich zur Tatzeit in einer psychischen Ausnahmesituation, die wir noch durch ein Gutachten belegen werden. Sie hat die tatsächliche Situation völlig verkannt, weil sie in eine Art sexuellen Erregungszustand geraten war, der hier aufgrund einer Reihe von Faktoren die Bedeutung einer Bewußtseinsstörung im Sinne des § 51 Abs.1 StGB erreicht.'"

Zwar meint Walsh (1978, S. 37), daß physiologische Zustände (Schwangerschaft, Klimakterium, Menstruationszyklus u.ä.), Schwachsinn oder Senilität das Bewußtsein trüben und die Selbstkontrolle mindern und dadurch zu einem Diebstahl ohne Bereicherungsabsicht führen könnten. Doch muß man sich - auch angesichts des eben zitierten Beispiels - fragen, wie häufig solche Delikte durch eine „Bewußtseinstrübung" verursacht werden. Widom (1978, S. 254) zitiert zudem eine englische Untersuchung aus dem Jahre 1951, gemäß der bei 200 Ladendiebinnen kein Zusammenhang zwischen der Tat und dem Zeitpunkt des Menstruationszyklus bestand (s.a. Kap. IV, 3.2). Es gibt natürlich neurotische Motivationen des Diebstahls:

Ein 17jähriger Lehrling bestahl seinen Lehrherrn. Bezeichnenderweise traten die Diebstähle auf, nachdem sich der Sohn des Lehrherrn mit der Schwester des Lehrlings verlobt hatte. Der Junge, der der Verlobung ablehnend gegenüberstanden hatte, handelte also gewissermaßen nach dem Motto: „Wenn dein Sohn mir die Schwester wegnimmt, entschädige ich mich an deinem Gut!" Eine ausführliche psychologische Analyse ergab später, daß der Junge tatsächlich eine stark neurotische Persönlichkeitsstruktur hatte, auf deren Grundlage es zu den Diebstählen gekommen war.

In einem anderen Fall hatte der Jugendliche nur Frauen Geld entwendet und nur dann, wenn seine Mutter ihm aus Überlastung keine Zuneigung schenken konnte. Dagegen stahl er nie den Arbeitskameraden an der Baustelle Geld, obwohl die Gelegenheiten dafür nicht minder günstig gewesen waren. Die Motivation für die Diebstähle war in einem starken unbefriedigten Bedürfnis nach Beachtung und Zuneigung zu finden. Dies zeigte sich auch daran, daß er sich größtenteils in Gesellschaft jüngerer Kameraden befand, wobei er den Anführer spielte. Von dem gestohlenen Geld beschenkte er seine Freunde mit Zigaretten, Süßigkeiten u.ä., um sich ihre Freundschaft zu sichern (Füllgrabe, 1975b).

Bei diesen beiden Fällen von „symbolischen Diebstählen" richtet sich das Delikt gegen eine spezifische Person oder Personengruppe, die die Ursache des psychologischen Problems des Täters darstellt. Was wäre aber zu Fällen zu sagen, in denen ältere Menschen oder schwangere Frauen ohne erkennbare Bereicherungsabsicht einen Ladendiebstahl begehen? Auch hier wäre es lediglich eine Pseudoerklärung mit einem schönklingenden, aber inhaltsleeren Wort, wenn man von „Kleptomanie" sprechen würde. Es gibt dazu nämlich ganz andere Erklärungsweisen: Neben dem materiellen Aspekt kann der Einkauf noch andere, z.B. soziale Bedürfnisse befriedigen. Auch wenn - wie in kleinen Läden noch möglich - keine Gespräche mit dem Ladeninhaber, Personal oder anderen Kunden möglich oder selten sind, so erhalten doch in den Läden Kunden eine Stimulation. So bilden Läden besonders für einsame und gelangweilte Personen eine große Reizquelle. Unter solchen Voraussetzungen könnte der Diebstahl von Gegenständen durchaus als „Spiel", als „Thrill", als prickelndes Gefühl, erlebt werden (Walsh, 1978, S. 41f).

Wenn man aber Fälle von beständigen Ladendiebstählen genauer untersucht, kommt man eher zu der Vermutung, daß es sich dabei um ein erlerntes Verhalten handelt, das durch Bekräftigungslernen erworben und verstärkt wird. Dies wird genau dann wie z.B. Zigaretten rauchen (und auch für Fälle von Exhibitionismus) ein ziemlich stabiles Verhaltensmuster, von dem man nur schwer wieder wegkommt. Man kann dies z.B. aus der Lebensbeichte eines „Kleptomanen", die in „Psychologie Heute" (April 1981, S. 42) veröffentlicht wurde, erkennen.

Andere Motive, wie z.B.
- „Mutproben" von Jugendlichen,
- Verlockungen der Konsumwelt,
- Ideologische Motive für Diebstahl als „Umverteilung" u.ä.

werden häufig als Ursachen von Ladendiebstählen angenommen. Dies sind aber (vielleicht mit Ausnahmen der „Mutproben") doch genauso seltene Motive wie (in unserer Zeit) Diebstahl aus Armut. Die entscheidenden Gesichtspunkte des Ladendiebstahls scheinen das Problem mangelnder Selbstkontrolle während der Tat und - in anderen Fällen - eine Bereicherungsabsicht zu sein.

8. Telefonterror

8.1 Telefonterror, ein modernes Delikt

Neue Techniken und neue soziale Entwicklungen bringen nicht nur Vorteile für alle Menschen, sondern können auch negative Nebenwirkungen haben. So hat die Existenz desTelefons zu einem besonders unangenehmen Delikttyp geführt: dem Telefonterror. Schäfer (1992) unterscheidet dabei zwischen

- **Schreckanrufern**, die durch Horrormeldungen („Ihr Mann ist schwer verunglückt") u.a. Verunsicherungen und Angst auslösen sollen oder als Hausbesitzer lästige Mieter loswerden wollen und
- **Verbalerotikern**, die sexuelle Dinge ansprechen und durch das Wecken von Gehorsam, Vertrauen und Kooperation Frauen und Kinder zu sexuellen Tätigkeiten veranlassen wollen.

Hinzufügen muß man noch die Gesichtspunkte:

- **Kontrollanrufe**, z.B. will ein verlassener Ehepartner feststellen, ob der ehemalige Partner anwesend ist. Dies kann auch mit obszönen Beleidigungen verbunden sein (auch durch die Frau!).
- **Sündenbockjäger**, der Menschen telefonisch belästigt, weil sie einer Minderheit angehören und als „Abweichler" oder Verräter angesehen werden, weil sie z.B. zu einer anderen Religion übergetreten sind.

Die beiden letzten Formen telefonischer Belästigung sollen hier (u.a. weil sie spezifischer motiviert sind) nicht näher betrachtet werden.

Man könnte spekulativ die Hypothese ableiten, daß durch den sozialen Wandel auch ein Verhaltenswandel stattgefunden hat. Durch die wachsende **Anonymität** (die würde dem Anwachsen sadistischer Mörder in den USA durch die wachsende Anonymität entsprechen) und **Gewaltbereitschaft** reagieren viele Menschen ihr Unbehagen nicht mehr dadurch ab, daß sie negative Dinge über einen Menschen durch Klatsch und Gerüchte verbreiten, vielleicht ohne gezielte ausgeklügelte Absicht, ihm zu schaden. Vielleicht sind in den letzten Jahren mehr Männer dazu bereit, auch *verbal* härter zuzuschlagen. Es gibt aber zumindest einen Fall, bei dem eine Frau einen Mann mit ihrem „beleidigenden, brutal - pornographischen Geflüster" (Hinder, 1993, S. 9) um seinen Schlaf brachte.

8.2 Was hat der Telefonterrorist von seinen Anrufen?

Wenn ein Mann oder eine Frau ihren ehemaligen Partner, der ihn/sie verlassen hat, durch Anrufe kontrolliert oder „anonym" beschimpft, ist das Motiv verständlich: Rache. Man könnte vielleicht auch noch sagen, daß der Täter mit derartigen Anrufen noch ein gewisses Maß an Kontrolle über den ehemaligen Partner ausüben will.

Wenn aber Anrufer und Angerufener sich nicht kennen, was hat der Täter dann von seinem Anruf? Was für einen Lustgewinn zieht der Täter daraus, daß sich sein Opfer erschreckt oder daß er es veranlassen kann, sexuelle Handlungen an sich selbst vorzunehmen? In den letzteren Fällen hat er keinen körperlichen Kontakt zu seinem Opfer, er kann ja noch nicht einmal zuschauen.

Bei derartigen Fragen wäre die Antwort: „Das ist ein Psychopath" o.ä., ähnlich aussageleer wie die Antwort bei anderen Delikten, z.b. der Begriff „Pyromane" oder bei scheinbar (!) zwanghaften Diebstählen „Kleptomane". Denn derartige Begriffe liefern keine Antworten, sondern verraten eher Hilflosigkeit und Unkenntnis über die tatsächlichen Ursachen, die durch den Gebrauch eines Fremdwortes verdeckt werden. Das Fremdwort als solches - so eindrucksvoll es sein mag - erklärt ja nicht die psychologischen Prozesse, die bei derartigen Delikten ablaufen. Demgegenüber zeigt das umweltpsychologische Modell von Mehrabian (1978), daß auch scheinbar motivlose Delikte eine begründete Ursache haben und daß auch die unterschiedlichsten Delikte eine gemeinsame psychologische Ursache haben.

Daß tatsächlich das Modell von Mehrabian auf Telefonterror anwendbar ist, daß tatsächlich Telefonterror aus einem negativen Lebensgefühl entstehen kann, ergibt sich aus der Aussage eines Täters. Er rief die Frauen nur nachts an, wenn er etwas getrunken hatte, „wenn ich alleine auf dem Sofa liege und mich einsam fühle" (Hinder, 1993, S. 16).

Man könnte jetzt folgende Hypothese aufstellen: Der Telefonterrorist benutzt Gewalt, das berauschende Gefühl, Macht über andere Menschen zu haben, wie einen Konsumartikel, durch den man ein Hochgefühl, „Thrill", einen „Kick" o.ä. bekommt. Dies entspricht der Motivation scheinbar sinnloser Gewalttaten wie z.B. Vandalismus gegen Telefonzellen oder Schlägereien der Hooligans im Umfeld des Fußballs, wo es nicht um direkte persönliche Rache geht.

Ähnlich orientiert ist die Aussage eines Telefonterroristen, der behauptete, daß seine Tante, bei der er aufwuchs, ihn verhöhnt, geschlagen und „Muttersöhnchen" genannt habe. „Ich wollte endlich einmal, daß die Frauen Angst vor mir bekommen. Es ist ein schönes Gefühl, wenn man spürt, wie sie vor einem zittern."

Abschließend soll noch die Frage angesprochen werden, ob bei Verbalerotikern, wenn nur erotische Themen und keine Gewalt angesprochen werden, nicht sexuelle Motive eine Rolle spielen. Dagegen spricht z.B. die Aussage eines Verbalerotikers: „Dabei onaniere ich während eines solchen Gesprächs nur selten" (Hinder, 1993, S. 18).

8.3 Die Persönlichkeit des Telefonterroristen

Über die Persönlichkeit von Telefonterroristen findet man wenig gesicherte Erkenntnisse. Das liegt daran, daß
- das Delikt relativ neu ist
- die Zahl überführter Täter für eine wissenschaftliche Untersuchung relativ gering ist
- die ermittelten Täter nicht systematisch nach modernen Modellen der Persönlichkeitspsychologie untersucht wurden, sondern gemäß veralteten, z.b. psychiatrischen Modellen. Vorbildlich demgegenüber ist z.b. die FBI-Analyse von sadistischen Serienmördern hinsichtlich der inneren Bilder (Imaginationen), Kognitionen (Denkstrukturen) u.ä.

Aber schon einige Beispiele zeigen interessante Ansätze, so daß man die wenigen Fakten in bereits vorliegende, praxisorientierte theoretische Modelle einbauen kann.

Ein Schreckanrufer wurde beschrieben als „gehemmt, massiv selbstunsicher, hilflos - ängstlich, unruhig". Seine Sexualentwicklung sei gestört: Inzestvorgang im Alter von 24 Jahren mit seiner schizophrenen Mutter; homosexuelle und heterosexuelle Prostitution im Alter von 30 Jahren (Karau, 1992, S. 41). „Der arbeitslose verheiratete Täter versagte als schlechter Schüler in der Schule und im weiteren Leben" (S. 42).

Einige Verbalerotiker gaben an, daß sie Haß auf Frauen hätten.

Das Verhalten eines als „verklemmt" beschriebenen Mannes als Angeklagter vor Gericht wird von Hinder (1993) so beschrieben: „läuft rot an wie ein ertapptes Kind", „schaut dauernd zu Boden".

Ein anderer Verbalerotiker „hatte Schwierigkeiten mit den Frauen. Er mag Frauen, aber sie müssen machen, was er will. Stellen sie sich ihm entgegen, so müssen sie dafür büßen"(Karau, 1992, S. 42 -43).

Zumindest für die ermittelten Verbalerotiker kann man sagen, daß sie mangelhafte, defizitäre soziale Fähigkeiten haben und wenig dominant sind, d.h. sich nicht angemessen durchsetzen können.

Wenn man derartige Informationen und die Art der Tatausführung zusammen betrachtet, kann man die Telefonterroristen als **übergehemmte Täter** bezeichnen. Ein derartiger Rückschluß vom Verhalten bei der Tat auf die Persönlichkeit hat sich bei den Täterprofilen des FBI bereits bewährt.

Daß es sich bei Telefonterroristen um übergehemmte Personen handeln dürfte, ergibt sich aus folgendem Zitat aus Hinder (1993, S. 16): „Ohne Alkohol würde ich mich diesen Telefonkram gar nicht trauen. Ich denke auch schon morgens im Büro: heute ist es wieder soweit. Es kommt einfach so." Plötzlich fiele ein Blick auf das Telefon, und dann sei dieser Zwang da, jemanden anzurufen.

8.4 Was macht das Telefon zur machtvollen Waffe?

Man könnte als sinnvolle These formulieren: Telefonterroristen haben, bedingt durch ihre Erziehung, ihre Lebensgeschichte und ihre Lebensumstände ein Lebensgefühl, das (gemäß Mehrabian, 1978), gekennzeichnet ist durch
- Unlust (negative Gefühle)
- Unterordnung (Gefühl der Machtlosigkeit)
- Nichterregung (geringes Aktivitätsniveau)

Durch eine aggressive Handlung verwandelt der Telefonterrorist das negative, unangenehme Lebensgefühl kurzfristig in ein positives, angenehmes Lebensgefühl und

Unlust in Lust = bei der Tat fühlt er sich wohl.

Unterordnung in Dominanz = *er* hat jetzt die Situation im Griff; *er* bestimmt, was geschieht.

Nichterregung in Erregung = durch die Tat wird er aktiviert, fühlt sich lebendiger.

Alles in allem kann durch Telefonterror zumindest kurzfristig ein berauschendes Lebensgefühl erzeugt werden. Warum ist aber das Telefon eine so erfolgreiche Waffe?

Daß der Telefonterrorist ein Telefon benutzt, hat unterschiedliche Gründe:

1. Bei „Kontrollanrufen" von verlassenen Ehepartnern bietet das Telefon eine wenig aufwendige Möglichkeit, festzustellen, ob der ehemalige Ehepartner zuhause ist. Eine direkte Beobachtung vor der Wohnung wäre zeitaufwendiger und mühseliger.

2. Beim Telefonterror gegen Unbekannte ist das Ausüben von Gewalt für den Täter „ökonomischer" und einfacher als bei direkten Delikten wie Vergewaltigung oder sadistischem Mord.
    - Die Anonymität des Täters bleibt gewahrt. Er hinterläßt keine Spuren.
    - Er muß weniger Aktivität entwickeln, weniger Körpereinsatz zeigen.
    - Das Opfer kann kaum zurückschlagen, sich nicht wehren.

3. Im Gegensatz zum direkten zwischenmenschlichen Kontakt, gibt es beim Telefonieren keinen Blickkontakt. Dies hat folgende Auswirkungen:
    - Die Tatausführung wird erleichtert, denn ein direkter Blickkontakt zwischen Opfer und Täter wirkt eher aggressionshemmend. Fehlt der Blickkontakt, fehlt auch jede Möglichkeit, daß eine Aggressionshemmung auftreten könnte.

- Der Täter muß - und das ist vielen Menschen wohl weniger bewußt - weniger befürchten, daß sein Täuschungsversuch (er sei Arzt, Polizist u.ä.) entdeckt wird. Denn eine Lüge kann leichter entdeckt werden, wenn Widersprüche in den Kommunikationskanälen (Wort-Gesicht-Gestik usw.) deutlich werden (Füllgrabe, 1995). Im direkten Kontakt könnte evtl., zumindest in den Anfangsphasen seiner Täterentwicklung, durch Zeichen von Angst, Unsicherheit, Nervosität, ein Widerspruch zu seiner sprachlich selbstsicheren Haltung sichtbar werden.

- Vor allem ist aber vermutlich das **Reizvolumen** für den Zuhörer beim Telefongespräch intensiver als in normalen zwischenmenschlichen Beziehungen. Man konzentriert sich völlig auf die Stimme, man wird nicht durch das Gesicht, den Körper oder andere Gesichtspunkte abgelenkt. Und besonders bei einem abendlichen Telefonanruf ist die räumliche Situation, die Umgebung, recht gleichförmig, monoton, so daß die intensive Stimme als solche und die aufregende Botschaft besonders intensiv wirken.

Dieser Kontrast zwischen der reizarmen Umgebung des Zuhörers und der reizintensiven Stimme des Sprechers ist vermutlich ein wichtiger Grund für die starke Wirkung des Telefonterrors.

4. Der Telefonterrorist verstärkt das Reizvolumen seiner Stimme noch durch verschiedende Maßnahmen.

- Er ruft vor allem zu Zeitpunkten an, wo aus physiologischen Gründen ein Opfer weniger aktiv ist und weniger Widerstand leistet (nachts, abends, nach dem Mittagessen).

- Er isoliert das Opfer:
  • durch die Zeitwahl seines Anrufes,
  • daß er z.B. den Ehemann aus dem Haus lockt oder die Eltern aus dem Zimmer gehen läßt, um mit dem Kind allein sprechen zu können.

Dadurch hat das Opfer keine Bezugsperson, die es um Rat fragen könnte, die es auf die Unsinnigkeit der Forderungen des Täters hinweisen könnten, oder sonst psychologische Unterstützung gewähren könnten. Da gerade das Vorhandensein verständnisvoller Bezugspersonen ein wichtiger Bestandteil psychischer Belastbarkeit ist, trifft der belastende Telefonanruf das isolierte Opfer mit besonders vernichtender Wucht.

5. Besonders starke Ängste und Verunsicherung dürfte ein Anruf auslösen, bei dem der Telefonterrorist den Namen und die Lebensumstände des Opfers anspricht. Daß der Anrufer scheinbar alles über einen weiß, daß man aber selbst nichts über ihn weiß und noch nicht einmal den Namen des Anrufers kennt, erzeugt das Gefühl der Hilflosigkeit.

Wenn dann noch Drohungen hinzukommen, fühlt sich das Opfer extrem gefährdet und dem Telefonterroristen ausgeliefert.

Eine grundlegende Frage soll noch angesprochen werden: Warum lassen sich aber viele Menschen von der bloßen Existenz des Telefons extrem kontrollieren? Warum läßt man alles andere stehen und liegen, sobald das Telefon läutet? Auch diese Frage ist meines Wissens noch nicht genügend untersucht worden. Man könnte aber das Motiv Neugierde zur Erklärung heranziehen, das Bedürfnis, Information zu konsumieren. Vielleicht ist dies im Zusammenhang mit einem **passiven Lebensstil** zu sehen, genauso wie man sich z.b. passiv vom Fernseher berieseln lassen kann, statt aus den Sendungen aktiv Information zu ziehen. Man könnte deshalb den Telefonanruf auch unter dem Blickwinkel betrachten: Wenn ich jetzt nicht den Telefonhörer abnehme, könnte ich etwas Wichtiges versäumen.

Aber warum stellt man wenigstens nicht nachts das Telefon ab oder geht überhaupt nicht ans Telefon, sobald es klingelt? Denn erfahrungsgemäß erhält man zu dieser Tageszeit selten frohe Botschaften, wie z.B. über einen Lottogewinn. Und Verwandte sind meistens so rücksichtsvoll, schlechte Botschaften wie den Tod eines Familienmitgliedes erst am nächsten Morgen mitzuteilen. Erfahrungsgemäß kommen die meisten Telefonanrufe nachts von Betrunkenen, die sich „verwählt" haben oder von Telefonterroristen, die gezielt zuschlagen.

8.5 Wie gefährlich sind Telefonterroristen?

Richtet ein Telefonterrorist „nur" psychischen Schaden an oder kann er seinem Opfer auch körperlich gefährlich werden? Obwohl dazu keine gesicherten Erkenntnisse vorliegen, kann man die Frage vielleicht beantworten, wenn man zum Vergleich eine weitere Frage stellt: Was unterscheidet Telefonterror z. B. von sadistischen Delikten?

Warum leben manche Täter ihre aggressive Phantasie am Telefon aus, warum beschränken sie sich auf ein Kommunikationsdelikt, warum begehen sie keine aktiven Handlungen wie Vergewaltigung oder sadistische Morde?

Vergleicht man die Delikte „Telefonterror" und (als extremen Gegensatz dazu) sadistische Morde, findet man aufschlußreiche Ähnlichkeiten und Unterschiede, die zur Beantwortung der Frage beitragen. Folgt man dem Klassifikationsschema von Arten der Gewalt gemäß Buss (1972), so ist die Aggression bei

Telefonterror	sadistischen Morden
aktiv	aktiv
verbal	körperlich
indirekt	direkt

Die Motivation ist bei beiden Delikten grundlegend gleich:
Machtmotivation: Man empfindet Freude daran, daß andere Menschen leiden, ängstlich sind, unglücklich werden. Entscheidende Unterschiede findet man jedoch in der Tatausführung, in der Art und Weise, *wie* das Bedürfnis zu quälen umgesetzt wird.

Telefonterror	sadistische Morde

Die negativen Konsequenzen
für das Opfer sind

psychologischer Art	körperlicher Art

und werden vom Täter

nicht bewußt bewirkt	oft geplant und ausdrücklich in Kauf genommen

Das Opfer ist für den Täter
nach der Tat

immer noch für weitere Delikte verfügbar	nicht mehr verfügbar.

Auch das Muster und der Ablauf der Taten ist unterschiedlich: Wenn man von demTelefonterror durch verlassene Partner absieht, ist das Opfer dem Täter unbekannt. Der Täter findet sein Opfer
- durch Zufall: Namen aus Telefonbuch; durch den Vornamen kann der Täter ersehen, daß es sich um eine Frau handelt.
- in Kleinanzeigen: die dort angebotenen Kindersachen verraten dem Täter, daß diese Familie Kinder hat, die er anrufen kann. Oder durch Todesanzeigen erfährt der Täter, daß er eine Witwe belästigen kann.
- durch Anrufe bei Amtspersonen oder Institutionen (Pastoren, Ortsbrandmeister, Vorsitzende oder Jugendwart von Vereinen, Schulen): unter einem Vorwand erfährt der Täter Anschriften und Telefonnummern von Familien mit Kindern sowie entsprechende Details über die Kinder und Familien.

Der Telefonanruf selbst verrät ebenfalls ein taktisches Vorgehen. Es wird zumeist zu Zeitpunkten angerufen, wo das Opfer am „verletzlichsten" ist:

- Abends, ca. 21.00 Uhr, wo man in einem Zustand wachsender Ermüdung ist und weniger auf Unangenehmes vorbereitet ist; oder der Anruf reißt das Opfer aus dem Schlaf, wo die Schlaftrunkenheit das Auslösen einer starken Schockwirkung erleichtert.
- Nachmittags, wenn der Ehemann aus dem Haus ist und man die Ehefrau mit der Meldung seines Unfalles schocken kann. Kinder sind nicht nur abends Ziele von Telefonterroristen, sondern auch nachmittags, wenn die Eltern die Wohnung verlassen haben.

Manche Täter testen gewissermaßen die Lebensumstände und die Opferanfälligkeit der Frau. Zunächst fragte ein Täter die Frau, ob es eine kleine Tochter im Haushalt gibt, ob sie weiß, wo die Tochter ist. Wenn sie es wußte, legte er sofort auf. Wenn die Frau resolut klang, auch. Nur wenn sie ängstlich auf ihn wirkte und unsicher, begann er mit seinem Terror (s. Hinder, 1993, S. 10).

Manche Telefonterroristen bauen ganz geschickt eine Situation auf, in der sie ihr Opfer manipulieren können: Sie locken den Mann mit einem fingierten Telefonanruf aus dem Haus, um die Ehefrau mit fingierten Unfallnachrichten schockieren zu können.

Sie können auch direkt auf das Verhalten des Opfers reagieren. In einem Fall forderte der Täter Kinder zu sexuellen Handlungen an sich selbst auf. Bei Weigerungen drohte er den Kindern seinen Besuch an, da er im Besitz der Adresse sei (Karau, 1992).

Man kann aus der unterschiedlichen Art des Vorgehens verschiedener Täter von einem unterschiedlichen Grad der Planung und Steuerung der Tat sprechen, z.B. gemäß einfacher Auswahl der Opfer nach dem Zufall oder nach größerer Anstrengung durch Ausfragen anderer Personen. Auf den ersten Blick könnte man hier die Parallele zu sadistischen Morden finden, wo man Täter nach dem Ausmaß ihrer Kontrolle über die Tatsituation unterscheiden kann.

Es gibt jedoch einen entscheidenden Unterschied. Der sadistische Mörder plant sein Delikt und spielt vorher die Tat in der Phantasie durch. Die Phantasie (Imagination) beinhaltet Gewalt, Folter, Sexualität, aber auch das Schicksal des Opfers (Ressler u.a., 1985). Aber selbst wenn der sadistische Täter sich seiner Phantasie nicht derart bewußt ist (unkontrollierte Mörder), sind in seinen Gedanken und Imaginationen (Phantasie) starke aggressive Themen und Vorstellungen vorhanden.

Der Telefonterrorist plant und handelt dagegen - wie gezeigt - in eine völlig andere Richtung. Würde er die direkte körperliche Bedrohung seines Opfers planen, würde er ganz anders vorgehen.

Man könnte die Hypothese aufstellen, daß die Inhalte und der Detaillierungsgrad seiner aggressiven Vorstellung völlig anders sind als beim sadistischen Mörder. Es könnte wie beim Delikt Mord sein. Wenn jemand aus Wut laut ausruft: „Dich bringe ich um!", ist dies von keiner so großen Bedeutung, als wenn jemand in seinen Überlegungen sich die Einzelheiten des Mordes genau ausgedacht hat.

Analog dazu könnte es sein, daß die Schwierigkeiten des Telefonterroristen mit Frauen, die mangelnden sozialen Fähigkeiten diesbezüglich oder der mögliche Haß auf Frauen nicht mit detaillierten aggressiven Gedanken verbunden sind. In diesen Fällen würde der Telefonterrorist nur verbal tätig werden, aber keine aggressiven Handlungen o.ä. begehen.

Eine weitere Hypothese ergibt sich aus dem Grad sexueller Störungen. Im Gegensatz zu weitverbreiteten Mythen besitzen nämlich z.B. Vergewaltiger und sadistische Mörder keineswegs einen starken „Sexualtrieb". Vielmehr findet man häufig bei ihnen sexuelle Störungen, Impotenz usw. (Ressler u.a., 1985). Vielleicht könnte der Grad derartiger Störungen zwischen Verbalerotikern und (potentiellen) Vergewaltigern unterscheiden. Aber aus psychologischer Sicht kann mit großer Sicherheit eines gesagt werden: Wenn in der Phantasie starke aggressive Bilder (Imaginationen) auftauchen (zerstückeln, quälen u.a.), dann besteht die Gefahr, daß irgenwann einmal die Bilder in eine aggressive Handlung umgesetzt werden, sobald Hemmungen gefallen sind, z.B. durch frühere erfolgreiche aggressive Handlungen.

Aber liegen bei vielen Telefonterroristen überhaupt derartig sadistische Imaginationen vor? Folgendes Deliktmuster zeigt zwar auch „Lernen am Erfolg", zeigt aber auch, daß die Entwicklung der „kriminellen Karriere" des Täters völlig anders war als die sadistischer Mörder:

„Daß er als Verbalerotiker ‚Erfolge' haben könnte, entdeckte er durch Zufall, als er 31 Jahre alt war. Er fand heraus, daß sich junge Mädchen leichter als erwachsene Frauen in obszöne Telefongespräche verstricken ließen. So begann er mit der telefonischen Belästigung von 13-15jährigen Mädchen" (Karau, 1992, S. 42).

Ein anderer Verbalerotiker steigerte sich im Verlauf seiner Anrufe bei der gleichen Frau im Ausmaß seiner *verbalen* Aggression. War er anfangs freundlich, eher kleinlaut, wurde er in den folgenden Anrufen mutiger. Schilderte er zunächst der Angerufenen seine Vorstellungen davon, wo sie wohnte, was sie anhabe u.ä., wurde er bei späteren Anrufen immer unflätiger und beschimpfte die Frau.

Fazit: Die Tatausführung von Telefonterroristen unterscheidet sich erheblich von der Tatausführung von sadistischen Mördern, aber vermutlich auch von Vergewaltigern.

Wahrscheinlich gilt dies auch für die Persönlichkeitsstruktur. Obwohl bei den genannten Delikten eher übergehemmte Personen zu Tätern werden, suchen die Mörder die direkte Konfrontation mit dem Opfer, während Telefonterroristen sich auf den anonymen, distanzierten Kommunikationsbereich beschränken. In einigen der in Schäfer (1992) be-schriebenen Fällen hielten die Telefontäter direkte verabredete Begeg-nungen mit den Opfern nicht ein, auch wenn es sich dabei um Kinder handelte. Dies könnte für eine noch stärkere Hemmung oder eine an-dersgeartete Hemmung in der Persönlichkeitsstruktur sprechen. Alle diese Unterschiede von Tat und Persönlichkeit machen es wahrschein-lich, daß von einem Telefonterroristen keine direkte körperliche Gefahr für das Opfer ausgeht.

Natürlich schließen die strukturellen Unterschiede zwischen den Ta-ten nicht grundsätzlich aus, daß ein Täter nach einer Reihe von Delikten des Typus Telefonterror zur Deliktart Vergewaltigung überwechseln *könnte*. Doch kann die Frage endgültig nur auf empirischem Wege ge-klärt werden! Man kann aber z.B. feststellen, daß sadistische Mörder bereits in ihrer Jugend durch Gewalttätigkeiten (Tiere quälen, Feuer le-gen u.ä.) aufgefallen sind. Derartige Kriterien ermöglichen wohl eine Prognose und Unterscheidung. Hinweise würde man wohl auch aus un-terschiedlichen sexuellen Entwicklungen erhalten.

Es gibt aber zumindest einen Vorfall, der zeigt, daß auch ein Verbalerotiker nach erfolgreicher Ausübung seiner Delikte zwar dreister geworden war, aber keineswegs eine Vergewaltigung beging. Der Täter suchte als „Arzt" dreist sein Opfer zuhause auf, tastete sie wie ein Arzt ab, schaute sich ihre Geschlechtsor-gane an und veranlaßte sie nach einiger Zeit zum Geschlechtsverkehr (Karau, 1992, S. 47).

Man könnte die Meinung vertreten, daß dieser Täter nach mehreren solcher Erfolge zu direkter aggressiver, sexueller Handlungen überge-hen könnte. Doch spricht ein wichtiger Sachverhalt gegen diese Mög-lichkeit: Seine sprachlichen Äußerungen waren eher in Richtung sexuel-ler Neugierde. Es fehlte auch das gelegentlich bei Vergewaltigern vor-kommende sprachliche Erniedrigen und Abwerten der Frau. Der Täter verblieb auch sprachlich in seiner Arztrolle, er übte seine Dominanz durch seine Rolle aus, nicht durch Aggression! Daß er durch Täuschung sein Opfer zum Geschlechtsverkehr veranlaßte, entspricht auch nicht dem üblichen Muster einer Vergewaltigung, wo sofort *Gewalt* ausgeübt wird.

In einem weiteren der sehr seltenen Fälle, wo es zu einem persönlichen Kon-takt zwischen Täter und Opfer kam, wurde ebenfalls keinerlei Gewalt ausgeübt. Auch hier kam es zu sexuellen Beziehungen im gegenseitigen Einverständnis.

Als „Amtsarzt" drängte er die Frau: „Ihre Geschlechtskrankheit ist am be-sten durch Sex mit einem gesunden Mann zu beheben." Die Frau: „Gut, wo kann ich den treffen?" Sie kam mit ihrem Auto zu dem Treffpunkt außerhalb des Ortes. Der „Amtsarzt" dirigierte sie in einen Wald, wo es zu sexuellen Be-ziehungen kam. Er sah die Frau danach nicht wieder (s. Hinder, 1993, S. 13).

8.6 Obszöne Telefonanrufe sadistischer Mörder

Meine These ist also: Von einem Telefonterroristen geht in der Regel für das Opfer keine direkte Gefahr aus. Auch in dem einzigen mir bekannten Fall, wo der Verbalerotiker sein Opfer zuhause aufsuchte, stürzte sich der Täter keineswegs spontan gewalttätig auf sein Opfer, sondern veranlaßte es zu sexuellen Spielereien (Karau, 1992).

Es gibt aber eine indirekte Information über den Zusammenhang von Telefonterror und Gewalt. Ressler u.a. (1986a, S. 279) stellten in ihrer Untersuchung von sadistischen Serienmördern fest: Zwölf der Mörder waren in ihrer Kindheit sexuell mißbraucht worden. Im Vergleich zu 16 Serienmördern, die nicht sexuell mißbraucht worden waren, hatten 36 % obszöne Telefonanrufe getätigt, gegenüber 15 % der Nichtmißbrauchten.

Dieser Vergleich liefert verschiedene Erkenntnisse: obszöne Telefonanrufe hängen bei diesen Tätern offensichtlich mit dem während der Kindheit erlebten sexuellen Mißbrauch zusammen, genauso wie sexuelle Beziehungen zu Tieren (40 % gegenüber 8 %), Sexualität mit Fesselung (55 % gegenüber 23 %), oder Fetischismus (83 % gegenüber 57 %), Transvestismus (18 % gegenüber 7 %) oder Exhibitionismus (36 % gegenüber 21 % bei Nichtmißbrauchten).

Die **obszönen Telefonanrufe stehen also im Zusammenhang mit einer gestörten sexuellen Entwicklung.** Sie sind aber nur *ein* Symptom und auch nicht ein entscheidendes Symptom.

Daß obszöne Telefonanrufe bei sadistischen Mördern keine Bedeutung für ihre Morde haben, wird aus zweierlei deutlich:

a) Sie werden nur in diesem einzigen Zusammenhang mit sexuellem Mißbrauch erwähnt. Sie tauchen in keiner der vielen Tabellen des FBI über Verhaltensprobleme oder Tathergang auf. Es handelt sich also eher um Randphänomene.

b) Sie spielen bei der Opferfindung und dem Tatverlauf bei sadistischen Mördern keine Rolle.

Die Rolle von obszönen Telefonanrufen sollte man vielleicht so sehen wie die dabei vorkommenden Fälle von Transvestismus: Sie sind ein Ausdruck einer gestörten sexuellen Entwicklung, aber sie stehen nicht im Zusammenhang mit sadistischen Phantasien (Imaginationen) des Zerstückelns von Menschen u.ä. Es würde ja wohl auch kaum jemand einen *direkten* Zusammenhang zwischen Transvestismus und sadistischen Morden herstellen.

8.7 Obszöne Telefonanrufe von Serien-Vergewaltigern

Wie groß ist die Gefahr, daß ein Telefonterrorist von Telefonanrufen zur direkten Vergewaltigung übergeht?

Zunächst kann man bei der Analyse von Serien-Vergewaltigern (s. Hazelwood und Warren, 1989) feststellen, daß bei 76 % dieser Täter eine gestörte sexuelle Entwicklung vorlag, ausgelöst durch sexuellen Mißbrauch in ihrer Kindheit, durch Beobachtung sexueller Handlungen, die sie verwirrten oder die mit Gewalttätigkeit verbunden waren. Als Erwachsene zeigten sie u.a. folgende sexuelle Verhaltensweisen (Hazelwood und Warren, 1989, S. 21, Tabelle II):

- Voyeurismus: 68 % der Täter
- Zwanghafte Masturbation: 54 %
- Fetischismus (Sammeln von Damenwäsche usw.): 41 %
- Obszöne Telefonanrufe: 38 %
- Sammeln von Pornographie: 33 %
- Sammeln von Detektiv-Magazinen: 28 %
- Transvestismus: 23 %
- Exhibitionismus: 29 %
- Sexualität mit Fesselung: 26 %
- Prostitution (war heterosexuell oder homosexuell als Prostituierter tätig): 15 %
- Deutliche Hemmung oder Abneigung gegen sexuelle Handlungen (!): 10 %

Diese Übersicht ist aus verschiedenen Gründen aufschlußreich.

Zunächst einmal wird grundsätzlich deutlich, daß man bestimmte Fakten im Umfeld anderer Daten betrachten muß. Daß Hazelwood und Warren (1989) das Sammeln von Detektivmagazinen (!) unter der Überschrift „Sexuelles Verhalten als Erwachsener" in ihrer Tabelle aufführen, zeigt, daß das „Sammeln von Pornographie" nicht unbedingt direkt mit dem Delikt Vergewaltigung zusammenhängt. Wie das Sammeln von Detektivmagazinen aufzeigt, sind es vielmehr die Gedanken an Gewalt, am Quälen, die mit Vergewaltigung in Verbindung stehen. In diesen amerikanischen Detektivmagazinen wird die Frau in erotischen Posen dargestellt, aber z.B. gefesselt, so daß *Gewalt* gegen sie ausgeübt werden kann.

Ähnlich vorsichtig sollte man den Zusammenhang von obszönen Telefonanrufen mit Vergewaltigung interpretieren. Hazelwood und Warren (1989) erwähnen sie nur kurz als Statistik (S. 21 und 22). Sie weisen aber auf einen viel gefährlicheren Sachverhalt hin: Viele der Serienvergewaltiger hatten sich schon in ihrer Kindheit oder Jugendzeit als Voyeure betätigt. Wenn sie auch ausdrücklich den Umkehrschluß - viele

Voyeure werden zu Serienvergewaltigern - verneinen, ist die Tatsache, daß 68 % der Serienvergewaltiger sich als Voyeure betätigt hatten, doch eher ein Indikator für die Gefährlichkeit eines Täters als die Tatsache, daß er obszöne Telefonanrufe tätigte. Vor allem aber sind es die Verhaltensmuster der Serienvergewaltiger, die einen Zusammenhang zwischen obszönen Telefonanrufen und Vergewaltigungen unwahrscheinlich machen. Der Telefonterrorist wählt sich ein Opfer eher nach dem Zufallsprinzip aus. Und selbst wenn er droht, das Opfer direkt zuhause aufzusuchen, sind das *verbale* Drohungen.

Der Serienvergewaltiger, der sich sein Opfer vorher gezielt auswählt, würde wohl kaum sein Opfer durch Telefonanrufe auf sich aufmerksam machen! Davon zu unterscheiden ist z.B. das Vorgehen eines Telefonterroristen, der 85 Frauen telefonisch belästigte; in vier Fällen lockte er sie an verschiedene Orte und vergewaltigte sie (HNA vom 21.4.1995, S. 5). Hier hatte also ein *Serienvergewaltiger* geschickt eine Falle aufgebaut - außerhalb des normalen Lebensbereiches der Opfer!

8.8 Die Opferreaktion: Schrecken und Gehorsam

Die Reaktion der Opfer muß für zwei Phasen getrennt betrachtet werden:
a) während des Anrufs
b) nach dem Anruf.

Während des Anrufs versucht der Telefonterrorist nicht nur starke Gefühle wie Überraschung, Angst und Schrecken auszulösen.

Oft erzwingt er auch ein Verhalten, das
- intim ist: Das Opfer soll sexuelle Handlungen an sich vornehmen.
- bizarr oder sogar selbstzerstörerisch ist: Das Opfer soll Kleidungsstücke, die Gardinen oder sogar sich selber verbrennen.

Warum setzen sich viele Opfer nicht sachgemäß zur Wehr? (s. Kap. III, 5.3). Warum folgen viele Opfer bereitwillig den Aufforderungen des Telefonanrufers und handeln sogar gegen ihre eigenen Interessen?

Wir finden hier die Parallele zu den Gehorsamsexperimenten von Milgram (1974). In einem angeblichen Lernexperiment sollten Versuchspersonen den Lernenden für Fehler mit einem Elektroschock bestrafen, der im Laufe des Experiments immer stärker wurde. Das Bestürzende dabei war, daß viele Versuchspersonen - durch die bloße Anwesenheit einer Autoritätsperson („Wissenschaftler im weißen Kittel") veranlaßt - sogar Elektroschock gaben, die laut Meßskala „tödlich" war. Je nach Versuchsbedingung zeigten zwischen 35 % und 65 % einen derart blinden Gehorsam, daß sie sogar den Tod eines Menschen in Kauf nahmen. Frauen unterschieden sich im Ausmaß des Gehorsams hierbei nicht von Männern (Milgram, 1974, S. 81).

Die Unterschiede zwischen Menschen, die sich hierbei weigern, gefährliche Elektroschocks zu geben, und Menschen mit blindem Gehorsam sind sehr komplex. Vereinfacht gesagt, gibt es zwei Tendenzen: Menschen mit autoritärer Persönlichkeitsstruktur und freundliche Menschen. Ein Mann, der als „ansonsten anscheinend freundlich und sensitiv bis zum Extrem" beschrieben wurde, hatte sich als Vorbild seinen Großvater gewählt, der „glaubte, daß man eine Anordnung akzeptieren und ausführen sollte - gleichgültig, ob man sie für richtig oder falsch hält - solange die Person, die die Anordnung gibt, die Autorität dafür besitzt" (Elms und Milgram, 1966, S. 288).

Auch im Alltag ist der Autoritätsdruck einer Uniform, eines Titels, einer Amtsbezeichnung intensiv untersucht worden.

Und man kann grundsätzlich sagen: Gleichgültig, ob man einem anderen schaden oder gegen seine eigenen Interessen handeln soll, sobald eine tatsächliche oder scheinbare Autoritätsperson eine Anweisung gibt, handeln viele Personen mit Gehorsam. Sie vergessen, die einfache und naheliegende Frage zu stellen: „Warum sollte ich das tun?"

Dies ist auch das Problem der Opfer von Telefonterroristen. Diese benutzen den Überraschungseffekt, die intensive Wirkung des Telefons, einen Berufstitel mit Prestige (Arzt, Polizeibeamter) und gelegenlich so etwas wie „Charisma" (sicheres Auftreten; weiche, dunkle, angenehme Stimme; ruhige bestimmende Art, medizinische Fachausdrücke werden benutzt).

Auch durch die Art der Gesprächsführung lenkt der Täter sein Opfer sehr geschickt. Er läßt ihm keine Zeit, nachzudenken, selbst Fragen zu stellen, die Situation zu strukturieren. Dadurch kann er es zu sexuellen oder selbstzerstörerischen Handlungen veranlassen.

Vertrauen kann auch durch den „Rückruftrick" erzeugt werden: Sobald der Angerufene aufgelegt hat und dann die vom Täter angegebene Telefonnummer anwählt, hat er den Täter am Telefon. Thon (1992, S. 50) erklärt dies mit dem technischen Vorgang, daß bei Ferngesprächen eine Telefonverbindung bis zu ca. 100 Sekunden bestehen bleibt, wenn der Anrufer *seinen* Telefonhörer nicht auflegt.

Es ist zwar verständlich, daß ein Polizeibeamter wegen eines Unfalles oder eines Verbrechens anruft oder ein Arzt ein medizinisches oder sexuelles Problem anspricht. Zu verstehen ist auch, daß man ein Kind durch einen Anruf verwirren kann. Erstaunlich ist aber, daß auch erwachsene Frauen selbst die absurdesten Forderungen erfüllen. Wenn der Anrufer aber sagt: „Zünden Sie ein paar Kleidungsstücke an" oder „Verbrennen Sie sich selbst", dann müßte doch nach einer verständlichen spontanen Schockreaktion die Abweichung vom üblichen (auch Krimilesern und Fernsehzuschauern vertrauten!) Muster deutlich werden und die Frage aufkommen: „Was hat der Täter davon, daß ich meine Gardinen anzünde oder mich selber verbrenne?"

Vielleicht kann ein Kind sich nicht vorstellen, daß die „richtige Polizei" wohl kaum abends ein Kind zur Zeugenvernehmung vorladen wird. Aber wie ist es zu verstehen, daß eine im Berufsleben stehende 40jährige Frau im wahrsten Sinne des Wortes einen Eingriff in ihr Intimleben erlaubte? Sie fragte nicht, wieso über das Telefon eine genaue medizinische Ferndiagnose möglich ist. Sie fragte nicht, wieso sie angesichts der Notwendigkeit einer so exakten Diagnose für eine derart spontane und schwerwiegende Operation bei ihrem Ehemann nicht besser sofort ins Krankenhaus kommen sollte. Stattdessen ließ sie sich beschwatzen, in ihr Badezimmer zu gehen und sich ihre Schamhaare abzurasieren! (Karau, 1992)

8.9 Die psychologischen Nachwirkungen des Telefonterrors

Mit der Beendigung des Telefonanrufs ist der Telefonterror noch nicht zu Ende, der Täter hat gewissermaßen immer noch Kontrolle über das Leben des erschreckten Opfers:
- Kinder verlassen voller Angst die elterliche Wohnung, in der sie sich alleine aufhielten.
- Wenn das Telefon läutet - und sei es lange Zeit nach der Tat - schrecken die Opfer immer noch zusammen. Sie nehmen u.U. den Hörer nicht mehr ab, aus Angst, der Täter könne sich wieder melden.
- Die Opfer erleiden langfristige psychische Schäden: Alpträume; Gefühle der Hilflosigkeit, des Ausgeliefertseins, der Schwäche treten auf.

Vertrauensvolle Gespräche mit Bezugspersonen sind für Opfer von Telefonterroristen sinnvoll. Dabei ist wichtig, die Rolle von Opfer und Täter realitätsgerecht zu analysieren. Das Opfer muß sich klar machen, daß der Täter kein „Sexprotz", sondern eher ein bedauernswerter Mensch ist, vermutlich mit starken sexuellen Problemen.

Falsch wäre es, die Opferrolle zu übernehmen und zu klagen: „Wie schlimm, daß das mir passiert ist!" oder „Ich fühle mich in meiner Ehre als Frau verletzt." Dann hätte eine Bezugsperson des Opfers die Aufgabe, darauf hinzuweisen (evtl. im Sinne einer Provokativen Therapie nach Farrelly), daß
- der Täter bei einer solchen Reaktion immer noch Macht über sein Opfer hat. Das Opfer spielt also automatisch das Spiel des Täters weiter.
- das Opfer sich zu sehr in den Mittelpunkt des Geschehens stellt.

Denn es ging ja nicht um das spezifische Opfer, es wurde ja eher aus Zufall angerufen.

Dieser Gedankengang ist deshalb wichtig, weil Spätschäden (Depression usw.) dann mit größerer Wahrscheinlichkeit auftreten, wenn die Person ein negatives Ereignis so deutet (s. z.B. Seligman, 1990):

- *Ich* bin für das Ereignis verantwortlich.
- Das Ereignis tritt *immer wieder* auf.
- Das Ereignis berührt meinen *gesamten Lebensbereich.*

Demgegenüber wäre eine belastende Situation (z.B. Telefonterror) leichter zu bewältigen, wenn man die Ursache folgendermaßen deutet: „Es lag nicht an mir. Es war ein einmaliger Vorfall, der mein Leben nicht weiter berührt."

8.10 Die fehlende Frage: „Stimmt das denn überhaupt?"

Daß manche Opfer von Telefonterroristen auch dessen unsinnigsten Befehlen folgen, und ihre Gardinen, ihre Wohnung oder sogar sich selber anzünden, sollte keinen Anlaß dazu geben, über sie zu lächeln. Denn hier zeigt sich lediglich das, was in vielen psychologischen Experimenten gefunden wurde:

- Viele Menschen geben dem Druck einer Gruppe nach und schließen sich sogar dann einer Meinung an, wenn diese offensichtlich falsch ist (Asch, 1969; Ruch und Zimbardo, 1974, S. 342 f).
- Relativ viele Menschen sind sogar bereit, den Tod eines Menschen in Kauf zu nehmen, wenn eine Autoritätsperson sie direkt oder indirekt dazu auffordert (Milgram, 1974).

Der Telefonterror ist also nur ein Beispiel dafür, daß vielen Menschen die Fähigkeit fehlt, sich ein unabhängiges Urteil selbst zu bilden und es auch gegenüber äußerem Druck aufrechtzuerhalten. Es fehlen viel zu häufig elementare Fähigkeiten der Informationsgewinnung und -verarbeitung. Beispielsweise wird viel zu selten die Frage gestellt: „Stimmt das denn überhaupt?" Es geht ja nicht nur darum, daß allzu leicht unkritisch eine Meinung übernommen wird, weil sie von einem Professor, Arzt, Filmstar oder einer anderen Person mit Prestige geäußert wird. Allzu häufig wird eine Meinung lediglich deshalb akzeptiert, weil sie dem Zeitgeist entspricht. Als z.B. in einer Fernsehsendung eine „Hellseherin" behauptete, sie habe eine Erfolgsquote von 95 %, klatschte das Publikum. Niemand stellte die Frage, ob diese Zahl tatsächlich stimme. Niemand ließ sich (auch der Interviewer nicht!) Beispiele für erfolgreiches Hellsehen von ihr berichten. Hätte man es getan, hätte man wohl leicht feststellen können, daß vage und allgemein formulierte Vorhersagen eine hohe Trefferquote haben *müssen*, einfach deshalb, weil *jedes* beliebige Ereignis durch eine unscharfe Vorhersage damit übereinstimmt (Füllgrabe, 1978).

Das Beispiel Astrologie ist deshalb ein gutes Beispiel für die kritiklose Haltung vieler Menschen, weil z.b. nicht gefragt wird, wie man überhaupt darauf kommt, daß bestimmte „Charaktereigenschaften" nur mit einem Sternzeichen zusammenhängen und nicht mit einem anderen. Die Antwort ergibt sich schon aus der Tatsache, daß hier ein veraltetes „Charaktermodell" vorliegt: Die astrologisch orientierten Charaktereigenschaften sind ja nicht vor Jahrtausenden von den babylonischen Priestern empirisch gewonnen worden! Es handelt sich vielmehr um wilde Spekulationen, die von Leichtgläubigen bereitwillig konsumiert werden. Und in der Zwischenzeit ist die Palette konsumierbarer Horoskope breiter geworden: Es gibt das klassische babylonische Horoskop, das chinesische, indische, aztekische Horoskop, Horoskope der Mayas, der nordamerikanischen Indianer usw. Und in diesem Konsumrausch übersieht der Astrologiegläubige allzu leicht, daß die einzelnen Horoskope sich widersprechen. Aber woher will er wissen, daß gerade das Horoskop stimmt, das er im Augenblick konsumiert, und nicht ein anderes?

Daß man in Zusammenhang mit Astrologie von „Konsum" sprechen kann, wird durch die Untersuchung von Sales (1973) belegt. Er stellte anhand vieler objektiver Indikatoren fest, daß in wirtschaftlichen Krisenzeiten nicht nur autoritäre Tendenzen stärker werden, sondern spezifisch auch der Aberglauben wächst. Beispielsweise erschienen während der Weltwirtschaftskrise 1929 in den USA nicht nur mehr als doppelt soviele Astrologiebücher (98) als zuvor (47). Damit erhöhte sich gleichzeitig der Anteil von Astrologiebüchern an der Gesamtzahl aller veröffentlichten Bücher (98 = 01,10 %, 47 = 0,06 %). In Krisenzeiten entsteht nämlich verstärkt das Gefühl, sein Schicksal nicht mehr selbst bestimmen zu können, sondern von Stärkeren, Mächtigeren, „dem Schicksal" usw. gelenkt zu werden (= Schicksalskontrolle). Eine kritischere Haltung bei der Bewertung von Informationen ist also notwendig, denn der unkritische Konsument ist ein - im Sinne Kants - „unaufgeklärter Mensch". Kant definierte ja die Aufklärung des 18. Jahrhunderts als die „Befreiung des Menschen aus seiner selbstverschuldeten Unmündigkeit".

Schlimm ist also nicht der Irrtum selbst, oder die Gefahr, daß man etwas falsch wahrnehmen und falsch interpretieren könnte. Schlimm ist vielmehr das Fehlen einer inneren Haltung, die folgendermaßen aussieht: „Ich bilde mir ein Urteil erst, nachdem ich den Sachverhalt aus verschiedenen Blickwinkeln betrachtet habe." Denn es gibt zwar viele Fallen beim Denken und viele Möglichkeiten, Daten falsch zu interpretieren. Doch der Autor eines derartigen Buches über Denkfallen gibt einen einfachen Rat, wie man vermeiden kann, in solche Denkfallen zu tappen: Wenn man die Daten aus verschiedenen Perspektiven betrachtet. Man kann auch fragen: Was spricht für diese Meinung, und was spricht dagegen? Nur so kann man sich ganz allgemein gegen Irrtümer wappnen, aber auch spezifisch gegen den Überraschungseffekt eines Telefonterroristen. Wer nicht fragt

• Warum ist das so?

• Was ist überhaupt der Zusammenhang zwischen der vom Anrufer behaupteten Krankheit meines Mannes und dem Anzünden meiner Vorhänge?

• Warum soll ich das tun? Was hilft das meinem Mann? usw.,

der wird leichter zum Opfer eines Telefonterroristen. Er hat kein *Strukturwissen* (Dörner, 1989), er weiß nicht, wie die Dinge „zusammenhängen".

Wer dagegen kein passiver Informationskonsument ist, sondern ein aktiver, nachdenklicher Informationsverarbeiter, wird - vielleicht nach einer spontanen Schreckreaktion - die Absicht des Telefonterroristen leichter durchschauen.

VIII. Kriminalitätsvorbeugeprogramme und Tätertherapie

1. Die Cambridge - Somerville - Studie

1.1 Das Versagen eines Vorbeugeprogrammes

Im Jahre 1939 begann in den USA die Cambridge-Somerville-Untersuchung, bei der sowohl „schwierige" als auch „durchschnittliche" Jungen im Alter von 5 - 13 Jahren mitwirkten (McCord, 1978; a,b). Nach dem Zufall wurden die Jungen einer Experimental - oder einer Kontrollgruppe zugeordnet. Beide Gruppen enthielten „schwierige" und „durchschnittliche" Jungen. Die Experimentalgruppe (im Jahre 1942: 253 Jungen) erhielt Beratung bezüglich Familienproblemen, Schulproblemen, medizinische Betreuung; einige wurden in Sommerlager geschickt, fast alle mit Pfadfinder- und anderen Gemeinschaftsprogrammen in Kontakt gebracht.

Im Jahre 1975 wurden die Gruppen noch einmal bezüglich ihrer Kriminalitätsrate miteinander verglichen und von ihnen durch Fragebogen weitere Informationen eingeholt. Von der Experimentalgruppe beantworteten den Fragebogen 113 (= 54 %) und 122 (= 60 %) von der Kontrollgruppe. Von der Experimentalgruppe waren 28 % und von der Kontrollgruppe 26 % verurteilt worden. Hinzu kam, daß 18 % in jeder Gruppe zwar nicht offiziell verurteilt, sondern als „inoffizielle Delinquenten" geführt wurden.

Die meisten Personen in beiden Gruppen waren nur für relativ leichte Delikte (Verstöße gegen Verordnungen oder Vorschriften) verurteilt worden. Schwere Delikte hatten 49 Personen der Experimentalgruppe und 42 der Kontrollgruppe begangen, gegen Eigentum (Einbruch, Diebstahl, Autodiebstahl) oder gegen Personen (Körperverletzung, Vergewaltigung, Mord). Beide Gruppen unterschieden sich nicht bezüglich des Alters, in dem das erste Verbrechen begangen wurde. Signifikant mehr Männer der Experimentalgruppe als die der Kontrollgruppe hatten mehr als ein Verbrechen begangen.

Auch früher als „durchschnittlich" eingestufte Kinder hatten Verbrechen begangen:

„Schwierige Kinder":

Experimentalgruppe		Kontrollgruppe
offizielle Delikte	34 %	30 %
inoffizielle Delikte	20 %	21 %

„durchschnittliche Kinder":

Experimentalgruppe		Kontrollgruppe
offizielle Delikte	18 %	19 %
inoffizielle Delikte	13 %	13 %

Man kann den Versuch der Cambridge-Somerville-Untersuchung, Kriminalität vorzubeugen, durchaus als gescheitert ansehen. McCord (1978 a) spricht sogar von schädlichen Wirkungen des Programms. Damit die Behandlung als Erfolg angesehen wurde, mußte der jeweilige Mann in der Experimentalgruppe ein besseres Verhalten zeigen als sein jeweiliger „Partner" in der Kontrollgruppe. Als Versagen wurde es angesehen, wenn der „Partner" in der Kontrollgruppe ein besseres Verhalten zeigte.

Ein Mann der Experimentalgruppe war vor allem dann ein „Versager" bezüglich des Behandlungsprogrammes,
- wenn er länger als andere Beratungen erhalten hatte,
- wenn er häufiger als andere Kontakte mit seinem Berater gehabt hatte,
- wenn der Berater sich auf persönliche Probleme des Jungen oder Familienprobleme konzentrierte,
- wenn er mehr als einen Berater hatte.

Warum das Programm nicht nur keine positive, sondern auch nach McCords Ansicht „schädliche" Wirkung zeigte, konnte McCord nicht befriedigend beantworten. Nachdem sie verschiedene Hypothesen überprüfte (1978 a), verwirft sie alle Hypothesen bis auf eine (1978 b). Lehrerbeurteilungen zeigten, daß diejenigen, die später Eigentumsdelikte begingen, schon als Kinder keine Verantwortung für ihre Handlungen fühlten. Wer später Verbrechen gegen Personen beging, hatte schon als Kind Ablehnung gegen Autorität gezeigt. Wenn nun ein freundlicher Berater ungewollt durch extremes Verständnis bei den Kindern den Eindruck erweckte, daß solche Einstellungen richtig seien, kann dies kriminelles Verhalten bekräftigen.

Grundsätzlich zeigt die Cambridge-Somerville-Studie, daß es notwendig ist, Betreuungsmaßnahmen für problembelastete Kinder und Jugendliche auf ihre Folgewirkungen sorgfältig zu überprüfen. Daß derartige Maßnahmen die Lage der Kinder/Jugendlichen „verschlimmbessern" können, zeigte sich auch bei einer deutschen Untersuchung (Bitter u.a.). Es erwies sich, daß die „formlose Betreuung" von Jugendlichen durch das Jugendamt nicht in der Lage war, eine „kriminelle Karriere" zu verhindern. Die Kriminalisierung wird dabei weniger durch die persönliche Betreuung bewirkt, sondern dadurch, daß eine Jugendamtsakte der gesamten Familie angelegt wird, was auf die Dauer eine stigmatisierende Wirkung hat.

1.2 Delikttypische Persönlichkeitsstrukturen

Vor der Auswahl der Kinder und ihrer Aufnahme in das Cambridge-Somerville-Programm hatten die Lehrer die Kinder beurteilt (McCord, 1977b). Mangel an Selbstvertrauen führte nicht zum späteren Kriminellwerden, auch nicht die Zahl der Freunde oder schlechte zwischenmenschliche Beziehungen (zu diesem Zeitpunkt!), eine schlechte Arbeitshaltung, Schulschwänzen und die Einschätzung als minderbegabt, obwohl eine schlechte Arbeitshaltung von Tätern mit Delikten gegen Personen gezeigt wurde.

Im Zusammenhang mit späterer Kriminalität standen:
- Lügen, Stehlen, Abschieben von Verantwortung (andere für ihre Schwierigkeiten verantwortlich machen) - nur bei Eigentumstätern
- Ablehnung von Autorität, verübelt Kritik, störrisch, weigert sich zu kooperieren, roh, grob oder frech. - Diese Verhaltensweisen waren besonders bei Tätern gegen Personen ausgeprägt.
- Unruhiges Verhalten
- war nicht schüchtern
- Wutanfälle
- Kämpfen
- Leben in sehr schlechter Umgebung (hohe Kriminalitätsrate = kriminelle Vorbilder)

Diese Erkenntnisse sollen noch einmal zum Vergleich der beiden Deliktgruppen gegenüber gestellt werden.

Verurteilung wegen Delikten	
gegen Eigentum	**gegen Personen**
ruhelos	ruhelos
aggressiv	aggressiv
logen oder stahlen	lehnten Autorität ab,
machten andere für ihre	waren störrisch,
Schwierigkeiten verantwortlich,	keinen Mangel an
übernehmen keine Verantwortung	Selbstvertrauen

1.3 Kriminalitätsfördernde Erziehungsbedingungen

Um die Einflüsse der Erziehung auf das Kind abschätzen zu können, wurden die Verhaltensbeobachtungen der Berater bezüglich des Familienlebens nach mehreren Gesichtspunkten eingestuft (McCord, 1979):

- Haltung der Mutter gegenüber ihrem Sohn: Zuneigung oder Desinteresse oder sogar Zurückweisung für den Jungen?
- Grad der Beaufsichtigung: Inwieweit werden die Aktivitäten der Kinder außerhalb der Schule durch einen Erwachsenen geleitet? Inwieweit werden Anforderungen/ Erwartungen an den Jungen gestellt:
  Verantwortung für das Wohlergehen seiner jüngeren Geschwister,
  für die finanzielle Lage der Familie seinen Beitrag zu leisten oder
  sehr gute Leistungen in der Schule zu erbringen?
- Konflikte der Eltern: Sind Konflikte der Eltern bezüglich Wertvor-
  stellungen, Geld, Alkohol und Religion festzustellen? Benützen sie
  häufig körperliche Gewalt, schimpfen sie viel, werfen sie häufig mit
  Gegenständen?
- Selbstverantwortung der Mutter: Glaubt die Mutter an ihre eigenen
  Fähigkeiten, oder betrachtet sie sich lediglich als Marionette, als Op-
  fer einer Welt, in der sie nichts tun kann?
- Abweichendes Verhalten des Vaters: War der Vater ein Alkoholiker?
  War er wegen krimineller Delikte verurteilt worden?
- Vorhandensein des Vaters. Lebt der Vater in der Familie?
- Sozialer Status

Welche Erziehungseinflüsse ergeben sich nun bei den kriminell Auffälligen? McCord (1979) verglich die Einschätzungen der häuslichen
Atmosphäre der Jungen durch die Berater mit dem Begehen von Verbrechen gegen Eigentum und Personen. Dabei erwiesen sich die häusliche
Atmosphäre und die Erziehungsfaktoren als wesentliche Kriminalitäts-
faktoren: durch sie wurden die relevanten Faktoren für Eigentumsdelikte zu 39,1% und für Delikte gegen Personen zu 35,7 % erfaßt.

Jungen begingen häufiger Eigentumsdelikte, wenn
- mütterliche Zuneigung fehlte
- sie zu wenig beaufsichtigt wurden
- es ihren Müttern an Selbstvertrauen mangelte
- wenn die Väter abweichendes Verhalten zeigten.

Jungen begingen häufiger Verbrechen gegen Personen, wenn
- sie häufig elterliche Auseinandersetzungen und Aggressionen erlebten (aggressive Vorbildwirkung)
- wenn sie nicht genügend beaufsichtigt wurden
- wenn es ihren Müttern an Selbstvertrauen mangelte.

Das Nichtvorhandensein eines Vaters hatte gemäß dieser Studie keinen Einfluß auf die Kriminalitätsentwicklung.

Übersicht:

Erziehungsfaktoren und Kriminalität (nach McCord)

Mangelnde Aufsicht
Mangelndes Selbstvertrauen der Mutter →   Kriminalität

Mangelnde Zuneigung
Abweichung des Vaters   →   Eigentumsdelikte

Konflikte der Eltern
Aggression der Eltern   →   Gewaltdelikte

1.4 Vergleich der Kriminalität von Vätern und Söhnen

Um festzustellen, ob die Söhne die gleichen Delikte wie ihre Väter begingen, verglich McCord (1977, b) 115 Söhne mit ihren Vätern. Das Kriminalregister wurde jeweils für den Zeitpunkt analysiert, da jede Generation 47 Jahre alt gewesen war.

Insgesamt wurden die Söhne genauso häufig kriminell wie ihre Väter, lediglich bezüglich Verkehrsübertretungen wurden die Söhne häufiger verurteilt, was angesichts des in der Zwischenzeit angewachsenen Autoverkehrs nicht erstaunlich ist. McCord schloß aus ihren Daten, daß von einer Generation zur anderen lediglich allgemeine Haltungen zur Kriminalität und nicht kriminalitätsspezifische Verhaltensweisen weitergegeben werden.

Von 115 Vater - Sohn - Paaren begingen beide

Verkehrsdelikte	in 21 von 115 Fällen
Übertretungen	in 34 von 115 Fällen
(nicht auf d. Verkehr bezogen)	
Trunkenheit	in 22 von 115 Fällen
Einbruch	in 8 von 115 Fällen
Gewaltdelikte	in 6 von 115 Fällen

(McCord, 1977,b, Tabelle 1)

---

2. Unkooperative Täterstrategien

Warum kam es zum Versagen des Cambridge-Somerville-Vorbeugeprogramms? Vielleicht könnte eine spieltheoretische Analyse einige Erklärungen liefern. Betrachtet man nämlich einige der Verhaltensbeschreibungen

- macht andere Menschen für die eigenen Schwierigkeiten verantwortlich
- weigert sich zu kooperieren
- aggressiv

so könnte man bei den Tätern neben dem impulsiven Lebensstil im Sinne West und Farringtons (1977) auch noch - aus einer anderen Perspektive - die Lebensstrategie „Immer unkooperativ" finden. Diese Strategie hat sich bei den Computerturnieren Axelrods (1991) dadurch ausgezeichnet, daß sie systematisch andere, kooperationsbereite Programme ausbeutete. Diese Grundstrategie erschien in Axelrods Computerturnieren in verschiedenen Unterformen:

- Immer unkooperativ
- TESTER, ein Programm, das zuerst ausprobierte, ob es unkooperativ handeln und andere ausbeuten konnte; erst wenn es auf Widerstand stieß, ging es zu Kooperation über.
- JOSS, ein Programm, das zwar die meiste Zeit kooperierte, aber unberechenbar in 10 % der Fälle zu Ausbeutung überging.

Die Parallelen zu den Verhaltensweisen echter Menschen sind offensichtlich.

Wenn jetzt ein hochmotivierter, idealistisch eingestellter Berater (Psychotherapeut, Arzt, Sozialarbeiter) - vielleicht noch mit der tiefverwurzelten Meinung, Straftäter seien „Opfer der Gesellschaft" - auf einen aggressiven, unkooperativen Jugendlichen trifft, kann etwas sehr Gefährliches geschehen: Wenn er dem Jugendlichen nicht die Konsequenzen seines Verhaltens für sich selbst und andere aufzeigt, wenn er nicht deutlich macht, welchen Schaden der Jugendliche durch sein unkooperatives Verhalten anrichtet, bekräftigt er dessen unkooperatives Verhalten noch. Durch „Verständnis" des Beraters für den unkooperativen Jugendlichen spielt er den Ernst des Problems herunter; der Jugendliche gewinnt eventuell den Eindruck: „So schlimm kann es doch nicht sein, sonst hätte er geschimpft!" Auf jeden Fall erhält der Jugendliche keinen Anstoß, sein unkooperatives, feindseliges Verhalten zu ändern, da er nie die Perspektive aufgezeigt bekommt, daß auch die anderen Menschen im „Spiel des Lebens", auf die er trifft, Rechte haben: Rechte auf körperliche Unversehrtheit, Eigentum, kooperative Behandlung usw.

Van Hoffman (1990) beschreibt sehr anschaulich, wie schon der kleine Gerald Gallego lernte, auf eigenen Füßen zu stehen, sich durchzuschlagen, Geld zu verdienen. Er wurde „streetwise" und lernte die Lektion seiner Umwelt: Jeder muß sehen, wo er bleibt. Jeder muß auf seinen Vorteil achten! Gallego lernte damals vieles, nur eines nicht: auf andere Rücksicht zu nehmen, mit anderen Menschen in eine vertrauensvolle Beziehung einzutreten, zu kooperieren.

Es ist daher nicht erstaunlich, daß derartige Täter, die gelernt haben, die schwachen Punkte eines anderen Menschen zu suchen, zu erkennen und auszunutzen, Gutachter, Psychiater, Jurymitglieder u.ä. häufig leicht übertölpeln. Diese Täter haben ein sehr breites Verhaltensrepertoire. Sie wissen, wann und wie man durch die Androhung bzw. Ausübung von Gewalt Opfer einschüchtern kann. Sie wissen aber auch, wie man durch Hinweise auf die eigene schwere Kindheit usw. Mitleid auslösen kann, wenn man Personen gegenübersteht, die über das Strafmaß oder eine Begnadigung entscheiden.

Man kann natürlich verstehen, daß ein Mensch, der eine freundliche, kultivierte Erziehung genossen hat, der studiert hat, der selbst nur Kooperation oder konventionelles Benehmen kennengelernt hat, der sich selbst nie hat alleine durchschlagen müssen, der die Not, das Leid anderer nur in abstrakter Form kennengelernt hat, der also - kurz und knapp ausgedrückt - nicht „streetwise" ist, große Schwierigkeiten bekommt, wenn er im Spiel des Lebens auf jemanden trifft, der überhaupt nicht an Kooperation denkt. Nicht nur, daß er die Strategien des anderen nicht kennt; er kommt vermutlich auch nicht auf den Gedanken, daß jemand eine unkooperative Strategie anwenden könnte.

Nur so ist zu verstehen, daß im Falle eines Serienvergewaltigers und Serienmörders etwas Unglaubliches passieren konnte: Während seiner Behandlung durch einen Psychiater, während er eine „Einsichtstherapie" machte, beging er die Mehrzahl seiner Taten! (Ressler u.a., 1983)

Die Haltung, einem kriminalitätsanfälligen Jugendlichen durch „Einfühlung", Verständnis u.ä. die „Hilfe, Behandlung, Fürsorge und Liebe" zu verschaffen, die „er immer gewünscht und benötigt hatte" (s. Fall Gallego, Kap. I), ist zwar ehrenwert, aber realitätsfern, unpsychologisch und verrät wenig Einfühlung. Denn man muß hinsichtlich des Begriffes „Einfühlung" betonen, daß dieser weniger ausdrückt, daß man die gleichen Gefühle wie der andere empfindet. (Man könnte höchstens Komponenten wie Mitleid u.ä. in die Definition einbringen.) Vielmehr besitzt „Einfühlung" vor allem kognitive Komponenten: Man sieht die Welt aus der Perspektive des anderen, man weiß, wie der andere denkt, wie er fühlt, wie er Personen und Dinge deutet u.ä.

Wenn man dies nicht tut, kommt es zu erheblichen Mißverständnissen und Problemen. Wer z.b. immer autoritär erzogen wurde, wer immer gelernt hat, blind zu gehorchen, wird dann, wenn er in eine Situation mit laissez-faire-Stil gerät, dies nicht als Befreiung ansehen, als Möglichkeit, endlich kreativ zu sein, endlich sich selbst zu verwirklichen. Vielmehr wird er mit großer Wahrscheinlichkeit das Machtvakuum so ausfüllen, wie er es sein Leben lang gelernt hat: Wer Macht hat, sollte andere beeinflussen und dirigieren, sonst wird man von anderen Menschen beeinflußt, dirigiert und herumgestoßen. Die Konsequenz: Machtausübung, Machtmißbrauch, Gewalt.

Dies fanden ja auch bereits die ersten Untersuchungen zu den Auswirkungen verschiedener Führungsstile. Whyte und Lippit (1969) beobachteten z.b., daß in autoritär geführten Gruppen die Aggression stieg, sobald der autoritäre Führer die Gruppe verließ. Und wie mancher fortschrittlich orientierte Lehrer, Vorgesetzter usw. zu seinem Leidwesen erfahren hat, gibt es eine ganze Reihe Schüler, Mitarbeiter u.ä., die einen kooperativen Führungsstil als Schwäche ablehnen und einen autoritären Führer herbeiwünschen und sich unter seiner Leitung wohler fühlen. Auch die Geschichte liefert zahlreiche Beispiele dafür.

Der Umgang mit autoritären Persönlichkeiten, hinsichtlich Kriminalität z.b. bei übergehemmten Tätern zu finden, ist also nicht einfach. Da sie aber neben einem kalten Familienklima eine sehr starke Lenkung erfahren haben, folgen sie einer relativ einfachen Strategie: Wer die Macht hat, befiehlt! Viel komplexer ist dagegen das Weltbild, die Strategie von Personen, die ein kaltes Familienklima (wenig Zuneigung, gefühlsmäßige Vernachlässigung) erlebten, aber eine geringe Lenkung, also viel Freiräume hatten (z.b. einige Serienmörder). Sie lernten schon recht früh die Spielregeln einer unfreundlichen Umwelt, sie lernten, eigenständig in gelegentlich unterschiedlichen Situationen zu handeln, andere auszunutzen und zu überleben.

3. Die magische Formel: Sprechen

Was ist also zu tun? Grundsätzlich formuliert, spieltheoretisch formuliert: Man muß einen Menschen in eine Interaktion mit anderen Menschen einbinden, er muß die Spielregeln lernen, er muß lernen zu kooperieren, er muß lernen, daß er dem anderen gegenüber Rechte und Pflichten hat. Er muß das TIT FOR TAT - Prinzip erlernen: „Ich kooperiere, setze mich aber notfalls zur Wehr. Ich beute niemanden aus, lasse mich aber auch nicht ausbeuten!"

Die Grundlagen dafür müßten schon in frühester Kindheit durch Bezugspersonen gelegt werden. Dazu braucht man aber weder komplizierte Methoden, eine langfristige Ausbildung o.ä. Man muß dazu lediglich mit einem Kind in eine Interaktion eintreten, Healy (1990) bezeichnet dies als die „Magische Formel: Sprechen".

Die Autorin berichtet dazu ein anschauliches Erlebnis, das sie während eines Fluges gehabt hatte. Eine Mutter mit einem 4jährigen Sohn und einem Baby saß neben ihr. Beeindruckend war sowohl die ungeheure Qualität seiner sprachlichen Ausdruckskraft als auch sein Verständnis der Dinge.

Kurz nach dem Abflug begann er seine Mutter mit Bitten, Fragen u.ä. zu bombardieren.

> Junge: „Mama, ich muß auf die Toilette!"
>
> Mutter (nach längerer Pause): „Mußt Du wirklich?"
>
> J.: „Nein, eigentlich muß ich nicht!"
>
> M.: „Gut, wenn Du gehen mußt, gehe ich mit Dir, aber wir müssen etwas mit dem Baby tun."
>
> J.: „Wir können das Baby bei dieser Lady lassen", und er deutete auf mich.
>
> M.: „Nein, das können wir nicht!"
>
> J.: „Warum nicht?"
>
> M.: „Weil wir Babies nicht anderen Menschen überlassen."

Momentan zufriedengestellt, beschloß der Junge, daß seine Bedürfnisse eine andere Richtung nehmen sollten.

> J.: „Ich bin durstig!"
>
> M.: „Der Steward wird bald mit einem Tablett voller Getränke vorbeikommen. Laß uns nun überlegen, was wir gerne trinken würden, wenn er hierher kommt."

Nachdem man aktiv die verschiedenen Vorzüge von Softdrinks und Fruchtsäften diskutiert hatte, entschied er:

> J.: „Orangensaft. Warum klappst Du den Tisch herunter?"
>
> M.: „Damit Du einen Platz hast, Deinen Drink darauf zu stellen, wenn er kommt. Nun bist Du gut vorbereitet. Ich werde ihn fragen, ob er auf diesem Flug Mittagessen servieren wird."

So lernte das Kind, wie man sich sowohl geistig als auch körperlich vorbereitet. Dann richtete sich das Gespräch auf ihr neues Zuhause.

> J.: „Mama, zeig mir, wohin wir reisen."

Die Mama nahm eine Karte aus dem Sitz, deutete auf ihr früheres Zuhause und ihren Bestimmungsort. „Und mein Papa ist genau da!" sagte der Junge und klopfte triumphierend auf die Karte.

> M.: „Ja, und morgen um 3 Uhr gehen wir zu Deiner neuen Schule und treffen Deinen neuen Lehrer. Das wird Spaß machen, weil Du eine Menge neuer Kinder kennenlernen wirst."

Er grübelte einen Moment, und dann überzog ein Schatten sein Gesicht.

> J.:„Mama", klagte er, „Ich kann nicht lesen!"

Mama lächelte: „Man erwartet nicht, daß Du schon lesen kannst. Du bist erst vier Jahre alt!"

Diese scheinbar unauffällige Interaktion war aus mehreren Gründen wichtig:

- Es war eine lebendige Interaktion.
Die Mutter ging nicht nur oberflächlich auf den Jungen ein, sondern setzte ihm Grenzen („Wir überlassen Babies nicht anderen Menschen"), andererseits nahm sie ihm die Angst und beruhigte ihn (Leseproblem).

- Es war ein argumentatives Gespräch
Sie sagte nicht einfach „Nein!", sondern erklärte ihm auch, daß man nicht einfach einem Impuls folgen kann, sondern daß man auch an die Folgen seiner Handlungen denken muß („Wohin mit dem Baby?"). So lernte der Junge

- vernetztes Denken, vorauszuplanen,
- auf andere Rücksicht zu nehmen (auf seine kleine Schwester)

4. Die Förderung von Selbstverantwortung

Die von Healy (1990) beschriebene Mutter hat zwei wichtige Dimensionen in ihrer Interaktion mit ihrem Sohn verwirklicht.

1) Sie hat ein freundliches Klima geschaffen, in dem sich der Junge sicher fühlen kann. Sie beruhigt ihn, ermutigt ihn.
2) Sie hat ein aufgabenorientiertes Verhalten vom Jungen gefordert und gefördert. Sie hat ihm dabei durchaus Grenzen gesetzt (Man kann doch seine kleine Schwester nicht einfach einer fremden Frau anvertrauen, nur um seine eigenen Bedürfnisse zu befriedigen).

Die Mutter zeigte also einen Erziehungsstil, der weder autoritär noch laissez-faire, sondern sozial-integrativ war (Tausch & Tausch, 1971). Und wenn man den Begriff sozialintegrativ wörtlich nimmt, nämlich im Sinne einer Integration, könnte man durchaus davon sprechen, daß die Mutter hier anschaulich zeigte, wie man eine TIT FOR TAT-Kultur aufbaut (s. Füllgrabe, 1993/94).

Die aufgabenorientierte Haltung (und damit verbunden das Aufzeigen von Grenzen, der Rechte anderer Menschen usw.) ist gerade bei Problemkindern, delinquenten Jugendlichen, Straftätern usw. unbedingt zu fordern und zu fördern. Doch allzu häufig verhindern Mitleid, falschverstandenes Verständnis, pädagogische Ideologien (etwa von der ungehemmten Selbstverwirklichung, wobei die Rechte anderer nicht verwirklicht werden) u.ä., daß jemand sein unangemessenes Verhalten ändert. Damit tut man dem Jugendlichen, dem Täter usw. nichts Gutes, weil er in seinem Zustand verharrt.

Wie wichtig es ist, verantwortungsloses Verhalten eines Menschen nicht zu bagatellisieren und hinzunehmen, zeigt das Beispiel der taubblinden Helen Keller. Das Beispiel zeigt übrigens auch sehr anschaulich auf, daß Farrelly Recht hat, wenn er als ein Grundmotto der Provokativen Therapie die These benutzt: „Patienten sind weniger zerbrechlich, als sie selbst und andere es glauben" (Farrelly & Brandsma, 1986, S. 55).

„Als Annie Sullivan nach einer höchst anstrengenden Reise aus Boston kommend in Alabama eintraf, war sie entsetzt über das schlechte Benehmen ihres Zöglings Helen. Niemand fühlte sich bemüßigt, das fast tierhafte Verhalten Helens zu korrigieren. Annie nahm aber nun nicht die in der Familie übliche Haltung des Mitleids für Helen ein, weil diese blind und taub war, sondern empfand eigentlich nur Schmerz darüber, daß Helen ihrer Behinderung wegen als zu allem unfähig angesehen wurde. Annies anfängliche Bemühungen, eine Beziehung zu Helen aufzubauen, schlug fehl, weil Helen immer zu ihren Pflegeeltern lief, um dort ihr unverantwortliches Verhalten durchzusetzen.

Sicherlich wurde Helen als das, was sie war, angenommen; die eigentliche Schwierigkeit lag darin, daß niemand Verständnis für die Notwendigkeit hatte, den zweiten Schritt zu tun: sie weiterhin anzunehmen, aber ihr unverantwortliches Verhalten zurückzuweisen. Annie erkannte, daß eine Änderung nur eintreten würde, wenn sie eine so enge Beziehung zu Helen aufbauen könnte, daß das Kind völlig auf sie angewiesen wäre.

Gegen mancherlei familiäre Widerstände gelang es Annie, Kapitän Keller zu überreden, Helen für 14 Tage in ein kleines Haus in der Nähe mitnehmen zu dürfen. In diesen zwei Wochen begann Helen durch Annies Liebe und Disziplin zu verstehen, daß es für sie mehr im Leben gab, als sie bisher erfahren hatte. Annies Wille, ihre Kraft, ihre Liebe und ihr kühner Vorsatz, daß Helen lernen müsse, ihre Grundbedürfnisse zu befriedigen, vollbrachten das Wunder von Helen Keller.

So, wie es Rechtsbrecher und Klinikpatienten häufig tun, leistete auch Helen anfänglich Widerstand gegen den Therapeuten und mußte deshalb beharrlich in ihre Schranken verwiesen werden. Als dann ihre Bedürfnisse besser befriedigt wurden, vertiefte sich ihre Beziehung, bis schließlich Annie die wichtigste Person in Helens Leben wurde. Die Therapie wäre erfolglos geblieben, wäre nicht Annie ein ausdauernder und überdurchschnittlich verantwortlicher Mensch gewesen, mit dem Willen, ihre Reputation für das aufs Spiel zu setzen, was sie für richtig hielt. Sie sah Helen nicht als armes, blindes und taubes Kindchen, sondern als ein intelligentes Wesen mit vielen Möglichkeiten, nur völlig verantwortungslos. Annie weigerte sich, Helens Verantwortungslosigkeit als unabänderlich und schicksalsgegeben hinzunehmen oder aber ihre Behinderungen als Entschuldigung zu akzeptieren. Im Gegenteil, Annie fühlte, daß Helen gerade wegen ihrer Behinderung Bestätigung brauchte, und es gelang ihr, diese zu geben. Daß sich ihre Bindung vertiefte, je mehr Verantwortung Helen übernahm, zeigte sich in dramatischer Weise daran, daß Helen zu Annie lief, als sie ihr erstes Wort sprach" (Glass, 1972, S. 34f).

Diese Reaktion von Helen ist verständlich. Annie war für sie die erste wirkliche Bezugsperson, sie war die erste, die mit ihr ernsthaft in eine Kommunikation eingetreten war. Man könnte es so formulieren: Aus Mitleid, Angst, die Gefühle Helens zu verletzen, aus dem Bestreben, die taubblinde Helen „zu schonen", konnte sich Helen früher erlauben, was sie wollte. Aber Helen hatte es nicht als „Schonung" gesehen, sondern als das, was es in Wirklichkeit war: ein Ausweichverhalten, die Angst, mit ihr in eine tiefere Interaktion einzutreten. Dadurch, daß Annie ihr als erste Widerstand entgegensetzte, zeigte sie Helen, daß diese ihr nicht gleichgültig war; daß sie sich Zeit nahm, sich die Mühe machte, sich mit Helens Leben auseinanderzusetzen, bewies, daß sie echtes Interesse am Wohlergehen Helens hatte.

Annie Sullivan benutzte gewissermaßen die TIT FOR TAT - Strategie: Sie war grundsätzlich freundlich und kooperativ, reagierte aber sofort auf unkooperatives, unangemessenes Verhalten. Annie hat gewissermaßen in kleinerem Rahmen eine TIT FOR TAT-Kultur aufgebaut (Füllgrabe 1993/94): eine kooperierende Gemeinschaft.

Die Vorgehensweise von Annie Sullivan zeigt etwas Grundsätzliches auf, was den erfolgreichen Therapeuten ausmacht: Man nimmt den Patienten als Menschen ernst, aber nicht sein Symptom. Wärme und Verständnis alleine genügen nicht, es kommt auch darauf an, daß der Patient sein Verhalten so ändert, daß er sein Leben besser gestalten und selbst steuern kann! Dazu ist eine vorsichtige, klinisch-distanzierte Verhaltensweise nicht hilfreich. Gibb (1961) wies ausdrücklich darauf hin, daß seine Gesprächsanalysen aufzeigten, daß eine solche Verhaltensweise keine vertrauensvolle Gesprächsatmosphäre aufbaut, daß sie gelegentlich sogar Ablehnung ausdrückt. Gibb bezeichnet diese psychologische Distanz als Ursache für mangelnde Einfühlung.

5. Die sprachliche Falle: der Krankheitsbegriff

Manche Fragen verraten nicht lediglich einen Informationsmangel, sondern zeigen ein grundsätzliches Mißverständnis hinsichtlich des Wesens von Menschen auf. Als ich einmal in einer Fernsehsendung gefragt wurde: „Sind Telefonterroristen kranke Menschen?", hätte ich darauf hinweisen können, daß diese Menschen sich extrem unkooperativ, ausbeuterisch, anders als andere Menschen verhalten, daß sie übergehemmte Persönlichkeiten darstellen, Freude an psychischen Quälereien haben, aggressive Kognitionen offenbaren usw., aber „kranke Menschen"?

Der Krankheitsbegriff löst nämlich Assoziationen aus, die in eine völlig falsche Richtung führen können, die der Person (sei sie Täter, sei sie Patient) nicht weiterhilft. Wenn jemand als „krank" bezeichnet wird, gehen nahezu automatisch die Gedanken in die Richtung: Er ist nicht verantwortlich, er gehört in die Behandlung eines Arztes, und (mit einer gewissen Wahrscheinlichkeit) taucht auch der Gedanke auf: seine Krankheit hat eine biologische Ursache.

Glasser (1972) spricht deshalb in seiner Realitätstherapie (RT) statt von „krank" von „unverantwortlichem Verhalten" o.ä. Man könnte aber auch davon sprechen, daß der betreffende Mensch sein Verhalten und sein Leben schlecht steuert und dabei sich und andere schädigt.

Die unterschiedlichen Perspektiven kann man gut am Beispiel des Falles „Linda" erkennen, mit der Glasser in einer Schule für jugendliche weibliche Delinquenten sprach. Linda versuchte ihre „emotionale Störung" als Entschuldigung zu benutzen und sagte (S. 91): „Dr. Glasser, ich bin hier, weil ich emotional schwer gestört bin." Glasser antwortete ihr im gleichen Ton: „...Unsere Mädchen sind nicht hier, weil sie emotional gestört sind, sondern weil sie gegen das Gesetz verstoßen haben." Da Linda mit Glasser noch viele Jahre lang in brieflichen Kontakt blieb, hatte er offensichtlich mit seiner ehrlichen und direkten Art ein Vertrauensverhältnis aufgebaut.

Durch die Abkehr vom Krankheitsbegriff wird die Aktivität der Person gefordert, eine Verhaltensänderung. Glasser (1972, S. 36) betont: „...das Warten auf Einstellungsänderungen die Therapie behindert, während Verhaltensänderung schnell zu einer Einstellungsänderung führt."

Wie der Begriff der „seelischen Krankheit" die Passivität von Personen fördern kann, zeigt folgendes Erlebnis, das Glasser (1972, S. 52) hatte:

„Wir glauben, daß dieses Konzept den Arzt, den Patienten und alle Menschen, die mit ihm befaßt sind, zu einem falschen Glauben veranlassen: daß es nämlich Aufgabe des Arztes ist, einen ganz bestimmten, eng umschriebenen Zustand zu behandeln, nach dessen Beseitigung der Patient sich wieder wohl fühlen kann. Diese Einstellung wurde durch eine Patientin sehr anschaulich dargestellt, die ich vor Jahren behandelte. Nachdem sich diese imponierende Frau gesetzt hatte, sah sie mir gerade in die Augen und sagte: „Hier bin ich, Doktor. Psychotherapieren Sie!"

Wenn es eine medizinische Analogie gibt, die man auf die therapeutischen Probleme anwenden könnte, so sollte man nicht von Krankheit, sondern von Schwäche sprechen. Kann nämlich die Krankheit durch Beseitigung des verursachenden Elements geheilt werden, kann man die Schwäche nur bekämpfen, wenn man den Organismus so kräftigt, daß dieser mit den Belastungen der Welt - ob groß oder gering - fertig werden kann.

Weil sich die RT von der Vorstellung seelischer Erkrankungen freimacht und einen Menschen verantwortungslos nennt, zusammen mit der Beschreibung seines unverantwortlichen Verhaltens, definiert sie die Situation sehr viel präziser. Benutzt man die letztgenannte Beschreibung, so ist offenkundig, daß die Ursachen der Befindlichkeit eines Patienten mit seelischen Beschwerden ganz anders ist als die eines Patienten mit körperlichen Leiden, der wirklich eher Opfer von Kräften außerhalb seiner selbst geworden ist. Ungeachtet früherer Umstände und Ereignisse muß unser Patient die Kraft entwickeln, die Verantwortung für die Erfüllung seiner Bedürfnisse auf sich zu nehmen. Deshalb hat die

Behandlung nicht Verständnis für früheres Unglück zu liefern, das die „Krankheit" verursachte, sondern sie muß Hilfe anbieten, in der Gegenwart besser zu leben. Für den Patienten besteht in theoretischer und praktischer Hinsicht ein meilenweiter Unterschied zwischen dem Geheiltwerden von einer Krankheit und der Selbsthilfe.

Beim Typhus mag jemand noch so motiviert sein und doch sterben, wenn nicht der Arzt das richtige Medikament verschreibt. Wird aber ein junger Autodieb jahrelang als seelisch Kranker behandelt, so wird er sich so lange nicht ändern, als ihm erlaubt wird, das mißverstandene und mißhandelte Kind zu spielen, das nicht verstehen kann, was ihm geschehen ist. Er und alle anderen unverantwortlichen Leute, die gegenwärtig noch fälschlicherweise als „seelisch krank" eingestuft werden, müssen deutlich verstehen, daß sie sich alleine helfen müssen, ungeachtet der Erlebnisse in ihrer Vergangenheit (allerdings sollten wir die letzten sein, die verneinen, daß sie gelitten haben). So lange das Prinzip der seelischen Krankheit vorherrscht und sich Patienten weiterhin als Hilfeempfänger sehen, werden wir kaum Fortschritte in der Psychotherapie machen. Wegen der verschwommenen Vorstellungen der meisten Patienten und ihrer Familien von geistiger Erkrankung tragen nicht sie die Verantwortung für eine Änderung, sondern die Behandelnden, seien es Ärzte oder Sozialarbeiter - Gefängnis oder Krankenhaus."

6. Der Wert von Einsichtstherapien

Wer sich mit Psychoanalyse, Sigmund Freud oder konventioneller Psychotherapie befaßt, stellt jetzt vermutlich die Frage: „Muß nicht der Patient Einsicht in die Ursache seines Verhaltens, seiner Probleme, seines Fehlverhaltens gewinnen? Muß er nicht in der Therapie alle seine durch frühkindliche Verletzungen entstandenen Probleme aufarbeiten?"

Obwohl es plausibel zu sein scheint, diese Fragen mit „Ja" zu beantworten, möchte ich sie mit einem Zitat aus Glasser (1972, S. 40) beantworten: „Die entscheidende Aufgabe ist die Gegenwart, und nicht das Aufzählen von historischen Irrtümern auf der Suche nach Entschuldigungen. ... Sicher hat die Vergangenheit ihren Teil dazu beigetragen, den Patienten zu dem zu machen, der er heute ist. Aber wir können die Vergangenheit nicht ändern, sondern nur die Gegenwart!" Daß die Einsicht, die detaillierte Ursachenforschung der zentrale Gesichtspunkt einer Therapie sein müsse, einer jeden Therapie, entspricht der unkritischen und unüberprüften Übernahme der Thesen der Psychoanalyse nach Sigmund Freud. Empirisch lassen sich aber derartige Thesen von der Notwendigkeit von Einsicht in der Therapie nicht beweisen bzw. aufrechterhalten.

Ich könnte es mir jetzt einfach machen und z.B. auf den Paradefall der Psychoanalyse, den „Wolfsmann", hinweisen, der trotz jahrzehntelanger Psychoanalyse nicht geheilt wurde, obwohl dies in der psychoanalytischen Literatur behauptet wurde (s. Obholzer, 1980). Ich könnte auf den skandalösen Fall des Serienmörders hinweisen, der alle seine Morde und fast alle seine Vergewaltigungen in dem Zeitraum beging, als er „einsichtsorientierte Psychotherapie" erhielt (s. Ressler u.a., 1983). Ich möchte aber einige empirische Erkenntnisse näher beleuchten:

Psychoanalytiker warnten davor, das Problem des Patienten direkt zu therapieren, ohne die dem Problem zugrundeliegende Ursache zu analysieren. Es könnte dann zu einer „Symptomverschiebung" kommen, d.h., daß ohne Analyse neue Symptome auftreten. Dieses aus der Medizin entlehnte Argument scheint zwar plausibel zu sein, scheint aber nicht unbedingt auf psychologische Probleme übertragbar zu sein. Lazarus und Abramovitz (1962) fanden z.B. bei den von ihnen mit Imaginationstherapie behandelten phobischen Kindern später keine Symptomverschiebung. Selbst in der Medizin ist die Ursachenforschung keineswegs immer notwendig. Bei der Behandlung einer Grippe ist es ja auch nicht so wesentlich, wann und bei welcher Gelegenheit die Viren das eigene Immunsystem überwunden haben.

Gerade bei stark abweichendem Suchtverhalten kann eine Einsichtstherapie bewirken, daß der Patient sich zwar wohler fühlt, daß sich aber sein Verhalten nicht ändert und das Problem weiterbesteht.

Zu den psychotherapeutischen „Mythen" zählt Galanter (1992) auch das Ziel, „ein besseres Verständnis von sich selbst zu gewinnen." Er betont: „Während es immer nützlich ist, seine eigenen Motive zu kennen, stellen für einen Süchtigen derartige Einsichten gewöhnlich nicht mehr als Rationalisierung dar". Allzu häufig hört man Alkoholiker beim Treffen der AA (Anonyme Alkoholiker) davon erzählen, daß sie Jahre mit Einsichtstherapien verbracht haben, während sie mit Trinken weiter machten. Es ist nicht schwer, ein Muster von Suchtverhaltensweisen vor dem Therapeuten zu verbergen, und man kann genauso gut ein solches Muster vor sich selber verbergen. Deshalb betont Galanter (1992, S. 66): „Ein gut strukturiertes Abstinenzprogramm ist im allgemeinen mehr wert als 1000 Worte der Einsicht."

Galanter berichtet von Nancy, einer Alkoholikerin, die einige Jahre bei einem berühmten Psychiater in Behandlung war. Sie sagte, daß sie sich in ihrer Analyse sehr behaglich fühle und daß diese ihr wertvolle Einsichten liefere. Als Galanter sie hinwies, daß ihr Alkoholmißbrauch zusätzliche Maßnahmen oder den Besuch der AA erfordere, bestand sie darauf, daß ihre Beziehung in der Therapie genügen sollte, mit ihren Problemen fertig zu werden. Galanter formuliert den Wert der Einsichtstherapien so: „Für viele Alkoholiker bedeuteten Jahre der Behandlung, daß sie ‚Einsicht' gewonnen haben, daß ihr Trinkverhalten aber weiter bestand."

Während Galanter (1992) die Bedeutung der Verhaltensänderung betont, weist Glasser (1972, S. 41) zusätzlich auf die Themen „Realitätsbezug", „Verantwortung" u.ä. hin.

„Alle Erklärungen der Welt, warum er trinkt, werden einen Alkoholiker nicht dazu bringen, mit seinem Trinken aufzuhören. Eine Wandlung wird nur dann eintreten, wenn er seine Bedürfnisse befriedigender erfüllen kann. Dann aber werden die Ursachen unwichtig, weil das Bedürfnis zu trinken verschwunden ist. Jedes abweichende Verhalten ist entweder ein Versuch, der Verantwortung auszuweichen, oder die Unfähigkeit, für rechtes Tun Verantwortung zu tragen. Die anonymen Alkoholiker sind in vielen Fällen deshalb erfolgreich, weil sie die Bedürfnisse des Alkoholikers erfüllen. Zunächst muß dieser jedoch auf alle Ausflüchte verzichten und bekennen, daß er ein Trinker ist. Aufgabe des Therapeuten ist es, den Patienten unmittelbar auf die Wirklichkeit des gegenwärtigen Tuns und Handelns hinzuweisen, nicht aber, mit ihm nach dem „Warum" zu suchen, auf das der Patient sich eigentlich nur bezieht, um sich nicht ändern zu müssen. In unserem Bemühen, ihm mehr bewußte Kontrolle über sein eigenes Verhalten zu verschaffen, festigen wir den Realitätsbezug."

Offensichtlich fördern „Einsichtstherapien" nicht das tatsächliche, konstruktive Handeln. Hier gibt es eine interessante Parallele zu den Dörner-Studien.

Dörner u.a. (1983) stellten bei ihren Untersuchungen zur Steuerung sozialer Systeme fest, daß viele Versuchspersonen diese Systeme in die Katastrophe führten: im Entwicklungsland verhungerten Menschen, die Kleinstadt litt unter schweren Umweltproblemen und Finanzkrisen. Dörner u.a. (1983, S. 367) stellten dabei fest: „Die völlig Erfolglosen reden viel, tun aber wenig Sinnvolles."

Der Versuch von Dörner u.a., die Steuerungsfähigkeit durch ein Training zu verbessern, scheiterte. Allerdings hatten die Trainierten den subjektiven Eindruck, das Training sei hilfreich gewesen. Doch hatten sich nicht ihre Planungsfähigkeit und Entscheidungsfähigkeit verbessert, sondern lediglich ihre „Verbalmacht". Die Trainingsformen enthielten eine Menge von Begriffen, die den Versuchspersonen offensichtlich einleuchteten und für die Deskription des eigenen Verhaltens, für die Erklärung von Erfolgen und Mißerfolgen brauchbar erschienen. Aus der Häufigkeit, in der die Versuchspersonen Begriffe wie „Nebenwirkungsanalyse", „Schwerpunktwechsel", „lineares Denken", „Erfolgskontrolle" usw. während der Versuchssitzungen verwendeten, läßt sich dieser Zugewinn an Verbalmacht leicht ablesen. Die Versuchspersonen wurden durch das Training gewissermaßen zu Handlungs-Eunuchen: Sie wußten, wie es geht (und konnten darüber reden), konnten es aber nicht" (S. 289).

Ähnlich könnte es sein, daß bei den Einsichtstherapien lediglich gelernt wurde, die Sprache, den Jargon des betreffenden Therapeuten zu sprechen (wie auch Quinsey meint, s.a. S. 308).

Maeder (1989) schreibt dazu: „Diejenigen, die eine Analyse nach Freud unternehmen, werden bald eine intensive Übertragungsneurose entwickeln, freudianische Träume haben und ihren Ödipuskomplex, Kindheitssexualität und Kastrationsangst entdecken. Diejenigen, die sich einer Analyse nach Jung unterziehen, werden Träume gemäß der Theorie von C.G. Jung haben, sich ihrem Schatten, ihrer Anima, ihren Archetypen stellen und ihrer Individuation folgen. Ein freudianischer Psychoanalytiker, der sich einer Analyse nach Jung unterziehen würde, würde sich so desorientiert fühlen wie Mephisto im zweiten Teil von Faust, wenn er zu der klassischen Walpurgisnacht kommt und mit Erstaunen entdeckt, daß es eine andere Hölle mit ihren eigenen Gesetzen gibt." (S. 46)

Einsicht zu haben, *kann* durchaus sinnvoll sein, etwa wenn es darum geht, **Strukturwissen** (im Sinne Dörners, 1989) zu erwerben, zu wissen, wie die Dinge zusammenhängen. Die Praxis zeigt aber, daß noch ein **aktiver Lebensstil**, ein *aktives* Lösen von Problemen hinzukommen muß, um sein eigenes Leben besser gestalten zu können. Es ist wie mit einem Autofahrer, der den Weg zu einer Stadt kennt. Wenn er nicht dorthin fährt, kommt er nicht ans Ziel!

7. Das Training sozialer Fähigkeiten

Im Vordergrund der Tätertherapie sollte also die Vermeidung kriminellen Verhaltens stehen. Was ist also zu tun? Gemäß dem BASIC ID könnte man viele Reaktionsebenen beeinflussen: Kognitionen, Imaginationen, den zwischenmenschlichen Bereich. Bei vielen Straftätern, die nicht die manipulativen Fähigkeiten eines Gallego (van Hoffmann, 1990) besitzen, verursachen Defizite hinsichtlich sozialer Fähigkeiten ihre unangepaßten Handlungen und Delikte. Das Vermitteln sozialer Fähigkeiten stellt also einen wichtigen Baustein für die Tätertherapie dar. Dazu einige Beispiele:

Ein Training sozialer Fähigkeiten für inhaftierte („institutionalisierte") Gewalttäter sollte die Gelegenheit geben
- sich kritisch Urteile über angemessene und unangemessene soziale Verhaltensweisen zu bilden,
- zu beobachten, wie andere sie bewerteten
- und auch diese Verhaltensweisen einzuüben und dabei Feedback zu erhalten.

Quinsey und Varney (1977) schildern in diesem Zusammenhang ein Spiel (Social Skill Game), in dem soziale Fähigkeiten eingeübt werden. Die soziale Kompetenz im Spiel besteht in:
- der Weigerung, einfach das zu tun, was andere wollen, ungerechtfertigtes Verlangen abweisen
- dem Verlangen, daß andere ihre Meinung / Verhalten ändern.

Eine weitere Technik zum Lernen angemessenen Verhaltens ist die „Barb-Technik" (Quinsey, 1977): Angemessene Reaktionen auf frustrierende Situationen werden gelernt. Es wird zunächst festgestellt: Auf welche Reize reagiert der Patient mit Aggression? Dann wird eine Hierarchie der Reize aufgestellt, die bezüglich ihrer provokativen Wirkung abgestuft ist.

Sehr detailliert gestalten Wilkinson und Canter (1982) ein Aggressions - Bewältigungs - Programm für junge Straftäter im Gefängnis. Dazu ein kurzer Überblick:

Zeit:	8 wöchentliche Sitzungen, jede ca. 2 Stunden lang
Teilnehmer:	6 - 7 Straftäter und 2 Trainer
Ziel:	Alternative Verhaltensstrategien zu lernen, die man in einer Vielzahl von Situationen anwenden kann. Individuelles Training hinsichtlich Entspannung und Spannungskontrolle kann zur gleichen Zeit vorgenommen werden.

Sitzung 1	=	Einführung (Ursache aggressiven Verhaltens) Unterschiede: unterwürfiges, aggressives, dominantes Verhalten.
Sitzung 2	=	Wie man eine potentiell gefährliche Situation „entschärft".
Sitzung 3	=	Mit Kritik umgehen
Sitzung 4	=	Forderungen stellen und Anordnungen akzeptieren
Sitzung 5	=	Gruppendruck widerstehen
Sitzung 6 - 8	=	Rollenspiele für nichtaggressives Verhalten - Probleme zuhause - Probleme an der Arbeit - Probleme mit Freunden - Probleme im Gefängnis - Probleme mit der Polizei

8. Friedfertigkeit ist keine Schwäche!

Toch (1969) stellte fest, daß viele Gewalttäter friedliches Verhalten als Schwäche ansahen. Auch Weidner (1993) schildert das Selbstbild von Gewalttätern als „hart, unbeugsam, „cool" und gnadenlos. Das reale

Selbst ist dagegen leicht kränkbar, wenig selbstbewußt und als Versager abgestempelt" (S. 146).

Betrachtet man die TIT FOR TAT - Strategie, so signalisiert diese spiegelbildlich das genaue Gegenteil des Verhaltens von Gewalttätern. Der erste Schritt der TIT FOR TAT-Strategie ist nämlich friedlich, kooperativ. Erst wenn der andere unkooperativ gehandelt hat, setzt man sich rechtzeitig zur Wehr. TIT FOR TAT ist also keineswegs eine hilflose, zum Untergang verdammte Strategie. Vielmehr drückt sie als Philosophie ihres Handelns aus: Weil ich weiß, daß ich mich notfalls wehren kann, kann ich zunächst gelassen bleiben. Und diese Denkweise ist das Ideal einer Kultur gewesen, bei der man es auf den ersten Blick nicht vermutet hätte, den japanischen Samurai. Dazu eine Anekdote:

Ein Samurai ging zu seinem Meister der Kampfkünste. Dieser sagte ihm: „Du hast wenige Fortschritte gemacht, seit ich Dich zum letzten Mal sah." Der enttäuschte Samurai schrie: „Was willst Du damit sagen? Ich bin der wildeste Samurai dieser Insel. Ich habe noch gegen niemanden im Schwerkampf verloren!" Und der Meister erwiderte: „Aber Du hast gegen Dein eigenes Schwert verloren. Die höchste Kunst besteht darin, Dein Schwert überhaupt nicht zu ziehen!" „Aber wie kann ich gewinnen, ohne mein Schwert zu ziehen?!" protestierte der Samurai. „Ich werde getötet werden."

Später, als er in einer Wirtschaft aß, wurde er von drei jungen angeberischen Samurai belästigt, die ihre Fähigkeiten testen wollten. Als er sie ansah und eine lästige Fliege wegscheuchte, erinnerte sich der Samurai der Worte des Meisters: „Die höchste Kunst besteht darin, überhaupt nicht das Schwert zu ziehen". Verwundert darüber, wie er gewinnen könnte, ohne ein Schwert zu ziehen, nahm er plötzlich seine Eßstäbchen und erschlug die Fliege in der Luft. Erstaunt machten die drei jungen Samurai respektvolle Verbeugungen und verschwanden schnell.

Diese Anekdote zeigt, daß es nicht nur die Alternative zwischen Gewalt und Feigheit gibt - wie es Personen mit aggressivem Weltbild glauben - sondern auch noch einen dritten Weg: Friedfertigkeit durch entschlossenes Auftreten. Ich möchte hier die Parallelen zu anderen Prinzipien aufzeigen:

- dem Murdoch-Paradoxon (s. TITANIC-Syndrom, Füllgrabe, 1994): Wer einer Gefahr ausweichen will, erzeugt oft erst die Katastrophe; umgekehrt: Wer sich einer gefährlichen Situation stellt, kann eine Katastrophe vermeiden.
- dem TIT FOR TAT-Prinzip: Man signalisiert dem anderen sprachlich oder nichtsprachlich die Botschaft: „Ich bin freundlich, kann mich aber sehr gut gegen Feindseligkeiten zur Wehr setzen!"

Der Samurai in dieser Anekdote lernte und beherrschte also die Kunst, trotz Provokation gelassen zu bleiben. Und genau dies ist auch eines der Trainingsziele, die Weidner (1993) in seinem Anti-Aggressivitätstraining für jugendliche Gewalttäter anstrebt. Ein Hindernis dabei, gewalttätige Jugendliche zu aggressionsfreiem Handeln zu veranlassen, stellt das Weltbild dar, das sie in jahrzehntelanger Erfahrung entwickelt haben. In einer hochgradig aggressiven Umwelt haben sie erlebt, daß derjenige, der Gewalt anwendet, seine Ziele leichter erreichen kann. Sie haben gelernt, Gewalt mit Stärke gleichzusetzen, und umgekehrt, nicht-aggressives Verhalten mit Schwäche. Es ist deshalb zu erwarten, daß ein Jugendlicher, der gewaltfrei handelt oder seinen aggressiven Lebensstil verläßt, von anderen, gewaltbereiten Jugendlichen als „Schwächling" oder „Feigling" betrachtet und beschimpft wird. Es ist also der „dritte Weg" aufzuzeigen und zu demonstrieren: „Friedfertigkeit ist Stärke", die Lehre, die der Schwertmeister dem Samurai vermittelte. Es ist gleichgültig, ob sich ein derart Friedfertiger als Schwertmeister, Samurai oder Ronin empfindet oder so bezeichnet, wichtig erscheint mir, daß durch eine derartige Metapher, durch ein derartiges Bild, ein positives Selbstbild der „Stärke durch Friedfertigkeit" vermittelt wird.

Daß das Bild des Samurai bzw. des Ronin aus meiner Sicht dazu gut geeignet ist, liegt daran, daß die Ideale des BUSHIDO - des ungeschriebenen Ehrenkodex der japanischen Samurai - zwei nur scheinbar widersprüchliche Verhaltensstile beinhalten:
- einerseits der tapfere, aufopferungsvolle Kampf und das stoische Akzeptieren des eigenen Schicksals,
- andererseits „Bushi no nasake". Dieser Begriff wird in der deutschsprachigen Ausgabe von Nitobes klassischem Buch „Bushido" mit „die Zartheit eines Kriegers" übersetzt. Er beinhaltet, wie ein Blick in ein japanisches Lexikon zeigt, jedoch eine Vielfalt von Sachverhalten: Wohlwollen, Güte, Mitleid. Ein Samurai soll Wohlwollen gegenüber dem Schwachen, dem Unterdrückten oder dem Besiegten zeigen. Er soll Barmherzigkeit um der Gerechtigkeit willen üben.

Das gleichzeitige Vorkommen dieser beiden Verhaltensstile wird anschaulich von Kurosawa in seinem Film „Die sieben Samurai" geschildert. (Allerdings handelt es sich dabei eigentlich um Ronin, also herrenlose Samurai.)

Wer sich also gemäß dem Ideal des Bushido als Samurai definiert, erreicht z.B. folgende Außen- und Innenwirkungen: Niemand wird einen Samurai, einen Meister der Kampftechniken, als Schwächling oder Feigling bezeichnen. Er selbst wird aber durch das Selbstbild des Samurai verpflichtet, keine Gewalt gegen Schwächere auszuüben, sondern ihnen zu helfen. Diese Orientierung ist besonders wichtig, weil gerade gewalttätige Jugendliche brutale Gewalt gegen Schwächere ausüben und sich sogar noch als Helden fühlen (s. Weidner, 1993).

Ein weiterer Begriff des Bushido, **Makoto**, betont engagiertes aktives Handeln. Der Begriff Makoto umfaßt mehr als die wörtliche Übersetzung mit Aufrichtigkeit, Wahrheit, Wirklichkeit. Er bedeutet z.b. auch den Eifer, „mit dem ein Samurai bereit ist, dem vom Bushido gewiesenen Weg zu folgen. Makoto drückt derjenige aus, der es vermeidet, an sein eigenes Interesse zu denken" (Nitobe, 1985, S. 30). Makoto kann auch eine absolute intellektuelle und geistige Hingabe an eine Idee oder Person bezeichnen. Und Makoto löst Bewunderung aus. Dies bedeutet z.b., daß der Gegner trotz und wegen seiner Gefährlichkeit nie lächerlich gemacht oder als minderwertig angesehen wird. Der Gegner, der tapfer kämpft, der Makoto zeigt, wird geachtet, und man räumt ihm sogar die Möglichkeit eines ehrenvollen Rückzuges ein.

Ist es aber möglich, fernöstliches Gedankengut in unserer westlichen Kultur umzusetzen? Ja! Dies zeigt z.b. die Lebensgeschichte von Charles Dutton, der mit siebzehn Jahren wegen Totschlags zu 18 Monaten Gefängnis verurteilt wurde. Vermutlich ohne jemals etwas von Bushido gehört zu haben, verwandelte er sich vom gewalttätigen Schläger in einen erfolgreichen Schauspieler, aber in dieser Verwandlung sind Elemente des Bushido unverkennbar.

„In der von Kriminalität beherrschten Umgebung, in der Charles aufwuchs, war Gewalt einfach eine Art zu leben.

Laut eigener Aussage war er ein „harter" Insasse, der sich aus keinem Streit heraushalten konnte. Als die Zeit im Gefängnis beinahe um war, führte Charles als Rädelsführer einen Aufstand im Gefängnis an. Zur Bestrafung wurde er zu weiteren acht Jahren verurteilt.

Charles interessierte sich kaum für die organisierten Beschäftigungen, die das Gefängnis anbot. Die Arbeit im Metallwarenbetrieb oder in der Küche verweigerte er. Die einzige Tätigkeit, die er mochte, war lesen. In der Bücherei des Gefängnisses lieh er sich Buch um Buch aus. Dabei entdeckte er zum erstenmal in seinem Leben ein Theaterstück. Es war Douglas Turner Wards „Day of Absence" („Tag der Abwesenheit"). Diese Satire, die in einem Dorf im Süden spielt, soll von weißmaskierten schwarzen Schauspielern aufgeführt werden. Das Stück faszinierte Charles, und er fand, daß es sich für eine Aufführung im Gefängnis ideal eignen würde. Charles fand problemlos acht weitere Mithäftlinge und bildete eine Theatergruppe.

Für Charles jedoch bedeutete die Gruppe mehr als Ablenkung vom Leben im Gefängnis. Vom ersten Moment an, in dem er das Stück vorlas, fühlte er, daß etwas Besonderes vorging. Offensichtlich besaß er eine natürliche Begabung für das Theaterspiel. Er wußte nicht, woher sie rührte und warum sie so plötzlich zum Vorschein kam. Er wußte nur, daß Gefühle in ihm angesprochen wurden, die er nie zuvor verspürt hatte. „Ich fühlte, daß etwas beinahe Heiliges um das Spielen lag", bemerkte er. „Ich wußte sofort, daß dies meine Bestimmung war." Mit zweiundzwanzig Jahren widerfuhr Charles das entscheidende Erlebnis, das seine Sicht des Lebens grundsätzlich verändern sollte. Während eines

Streits mit einem anderen Gefangenen wurde ihm ein Eispickel in den Hals ge-
bohrt. Er starb beinahe an dieser Verletzung. „Es war ein unglaublicher Schock.
In meinem ganzen Leben war ich noch nie so schwer verletzt worden", berichtete er.

Charles verbrachte die folgenden Monate auf der Krankenstation des Gefängnisses. Er wußte, daß jeder erwartete, daß er sich rächen würde, sobald er
geheilt war - „Auge um Auge" lautet der Kodex im Gefängnis. Viele seiner
Kumpel im Gefängnis waren Freunde aus der früheren Nachbarschaft. Das gemeinsame Bindeglied war die Gewalt, und schon als Halbwüchsige hatten sie
einander geschworen, daß sie dereinst gemeinsam sterben und zur Hölle fahren
würden. Charles, der als einer der Härtesten in der Gruppe galt, hatte einen Ruf
zu wahren. „Das war der intensivste Druck, den ich jemals erlebt habe. Ich
kannte viele der Jungen, seit ich acht oder neun war. Sie sahen zu mir auf."

Charles stand vor der schwierigsten Entscheidung seines Lebens. Er hatte
das natürliche Bedürfnis, den Angreifer zu bestrafen. Wenn er dies tat, würde
er zweifellos eine längere Gefängnisstrafe bekommen. Aber das wäre noch lange nicht das Ende. Nach ihm wäre der andere Mitgefangene an der Reihe, sich
an Charles zu rächen, und die Spirale der Gewalt würde sich weiterdrehen. Wo-
möglich würde er sogar getötet werden.

Zum ersten Mal zog Charles die Bilanz seines Lebens. Er dachte darüber
nach, woher er kam und wohin sein Weg ihn führte. „Ich kam zum Schluß, daß
dies mein Leben sei und ich niemand anderem etwas schuldete. All die Typen,
zu denen ich selbst aufgesehen hatte, was war denn aus ihnen geworden? Mit
vierzig, fünfzig Jahren waren viele von ihnen nicht mehr da. Einige waren tot,
andere waren am selben Punkt wie damals, lungerten an den Straßenecken herum und betranken sich literweise mit Wein. Sie waren zwar älter geworden,
aber sie prügelten sich weiter herum. Ich sagte mir: „Was für eine Idiotie,
welch vergeudetes Leben."

„Nachdem Charles sich lange damit herumgequält hatte, entschied er, sich
nicht zu rächen. Die alten Freunde schnitten ihn. Charles wurde ein Einzelgänger. Er verbrachte die Tage in der Zelle, las Theaterstücke und grübelte über
die Zukunft nach. Nachdem er die Verbindungen zu seinem alten Leben abgebrochen hatte, mußte er sich das Leben neu und eigenständig aufbauen. Er
wandte sich dem einen zu, das seinem Leben Sinn verliehen und ihm ein Gespür dafür gegeben hatte, wer er war und wer er sein wollte: Charles wollte
Schauspieler werden" (Colman & Perelman, 1991, S. 34f).

Die Begegnung mit dem Theaterstück veränderte Charles mit einem
Schlag. Und wenn er seine Gefühle anspricht, die in der Formulierung
„beinahe Heiliges" gipfeln, so wird man an den Begriff des Satori des
ZEN-Buddhismus erinnert. Durch langfristige Meditation könnte man
Satori erleben, einen Moment plötzlicher Einsicht, einen Perspektivwechsel, dem ein angenehmes machtvolles Gefühl der Ruhe folgt. Und
das beharrliche Verfolgen seiner plötzlich erwachten Leidenschaft für
das Theater und seine Entwicklung zum professionellen Schauspieler
kann mit dem Begriff Makoto gleichgesetzt werden. Übrigens war es

auch für Samurai durchaus üblich, ihre Gefühle in einem Gedicht auszudrücken. „Es war kein ungewöhnlicher Anblick, wenn ein marschierender Soldat stehenblieb, seine Schreibutensilien aus dem Gürtel nahm und eine Ode verfaßte" (Nitobe, 1985, S. 99).

Die Größe von Charles Dutton liegt darin, daß er gezeigt hat, wie man den Wunsch nach Rache oder den Gruppendruck überwindet und dadurch das „Auge-um-Auge"-Prinzip durchbricht: durch Einsicht und Makoto, der Orientierung an einer wichtigen konstruktiven Sache. Der Schwertmeister (in der Anekdote) hätte ihm vermutlich gesagt: „Du bist den wahren Weg des Schwertkämpfers gegangen, den Weg des Friedens!"

9. Therapiemaßnahmen bei Sexualstraftätern

9.1 Die Wichtigkeit von Vorbeugemaßnahmen

Gerade der Versuch, sadistische Täter als sexuell motiviert anzusehen und sie deshalb mit sexualhemmenden Mitteln, Kastration oder Gehirnoperation zu heilen, kann als Bestätigung der These angesehen werden: Wer seinen Maßnahmen ein falsches theoretisches Modell zugrundelegt, darf sich nicht wundern,daß er in der Praxis scheitert. Denn alle geschilderten Maßnahmen, die darauf abzielten, den Täter von seinem starken „Trieb" zu heilen, führten zu einer hohen Rückfallquote (s. Kap. VII, 6.2). Ein sinnvoller Therapieansatz wäre demgegenüber die Veränderung der Phantasie. So fordern auch Burgess u.a. (1986, S. 526) die Anwendung von Methoden, die die Struktur der sadistischen Phantasie ändern: „Zum Beispiel könnte der Täter gezwungen werden, sich in seiner Phantasie in die Rolle des Opfers hineinzuversetzen, um Mitleid statt Gewalt gegenüber einem Opfer zu empfinden." Es gibt tatsächlich bereits derartige Programme. Abel u.a. (1976) schildern z.B. ausführlich einen Fall, in dem sich der Vergewaltiger deutlich die unangenehmen, negativen Konsequenzen seiner Tat für sein Opfer, dessen Familie und seine eigene Frau vorstellen mußte.

Der Erfolg derartiger Therapien hängt natürlich auch von der Bereitwilligkeit des Täters ab, das Therapieziel zu erreichen. Daß diese Bereitschaft zumindest bei einigen Tätern vorhanden ist, wird aus den FBI - Untersuchungen deutlich. Einige der Täter schienen unter ihren Phantasien zu leiden. Sie schrieben „Stoppt mich" in Briefen oder an die Wände eines Tatortes, andere stellten sich selbst der Polizei. In einigen Äußerungen kann man sogar so etwas wie ein Erschrecken über die eigene Phantasie erkennen. Ressler u.a. (1985, S. 11) zitieren dazu einen Täter, der sagte: „Es ist eine Entwicklung ... man wird eines gewissen

420

Phantasieniveaus überdrüssig und geht dann noch weiter, und es wird noch bizarrer. Jahr für Jahr (ging die Entwicklung weiter) und führte dann zu solchen Abgründen, daß ich noch nicht der schlimmsten Phantasie ausgesetzt bin, die ich haben könnte."

Es ist deshalb verständlich, daß Ressler u.a. (1986, S. 285) von Klinikern (Psychologen, Psychiatern, Ärzten) fordern, daß sie „sorgfältig Notiz von Patienten nehmen, die sadistische und auch kriminelle Phantasien berichten und systematisch Langzeitaufzeichnungen machen von Inhalt, Dauer, Entwicklung und Gefühlen, die durch die Phantasie ausgelöst werden." Hier taucht natürlich das Problem der Schweigepflicht auf (diesbezüglich beim Fall Bartsch, s. Schaeffer,1970). Andererseits kann man das hohe Aggressionspotential, das später in einen Mord mündet, häufig aus feindseligen Inhalten von Briefen, Tagebüchern, Zeichnungen u.ä. erkennen (s. Füllgrabe, 1975).

Die ständige Steigerung der Aggression in der Phantasie erfordert ein rechtzeitiges Eingreifen. Dies müßte aber schon früher, bei den Kindern ansetzen:

- Fälle von sexuellem Mißbrauch von Kindern müssen frühzeitig aufgedeckt werden. - Aggressives Verhalten war schon recht früh im Verhaltensrepertoire der Mörder vorhanden.
- Frühzeitiges pädagogisches Einwirken auf Kinder wäre notwendig, die in Kinderspielen - alleine oder mit anderen Kindern - aggressive Phantasien ausleben. Besonders alarmierend ist das Vorkommen von Todesthemen in der Phantasie und im Spiel (z.B. „Tod in der Gaskammer", Burgess u.a., 1986).
- Auch auf die Verbindung von Aggression und sexuellem Verhalten ist zu achten: Ein späterer Täter zwang im Alter von 15 Jahren jüngere Jungen zu oralen und analen sexuellen Handlungen. Er ließ dadurch das wiedergeschehen, was ihm selbst als 10jährigem widerfahren war, wechselte aber von der damaligen Rolle des Opfers in die Rolle des Täters. Diese Taten waren sein Versuch, Herrschaft und Kontrolle über Menschen und Situationen zu gewinnen.

Was geschieht, wenn nicht rechtzeitig pädagogisch auf derartige Fälle und die genannten „Frühwarnzeichen" geachtet wird, ist verständlich: Die Aggressionen gegen andere werden im Laufe der Jahre immer stärker. Burgess u.a. (1986) weisen in diesem Zusammenhang auf das Phänomen hin, daß sich die Aggression des Täters, die sich zunächst gegen ihn selbst richtete, sich dann gegen Frauen wandte.

9.2 Das Durchbrechen der Kette des Opferwerdens

Ein Artikel von Freeman-Longo und Wall (1986) ist aus verschiedenen Gründen gut geeignet, das Problem der Therapie von Sexualstraftätern aus den unterschiedlichsten Blickwinkeln zu beleuchten.
- Sie beschreiben die Entwicklung von Sexualstraftätern in einer Art spieltheoretischer Betrachtungsweise.
- Sie beschreiben die Möglichkeit der Täuschungsversuche von Sexualstraftätern bei der Diagnose und Therapie und die Möglichkeiten, derartige Täuschungsversuche zu entdecken und zu verhindern.
- Während sie nicht verkennen, daß viele Sexualstraftäter in der eigenen Kindheit selbst Opfer sexuellen Mißbrauchs gewesen sein können, ist ihr Therapieansatz realistisch: Es ist notwendig, die Kette sexuellen Mißbrauchs zu durchbrechen.
- Sie schildern eine große Palette von Möglichkeiten, die sexuell abweichenden Kognitionen, Phantasien und Verhaltensweisen zu verringern.
- Sie sind realistisch hinsichtlich des Therapieerfolges.

Ohne den Begriff „Spieltheorie" überhaupt zu gebrauchen oder indirekt darauf hinzuweisen, ist ihre Beschreibung mancher Sachverhalte auch spieltheoretisch gestaltet. Wenn sie ihren Artikel (1986, S. 58) mit dem Satz beginnen: „Fred war ein Jäger" und dann berichten, daß er „an Wochenenden umherfuhr, geschickt einem Opfer auflauerte", dann fällt mir die Parallele zu Axelrods (1991) Computerturnieren auf. Wenn etwa die Strategie TESTER so beschrieben ist, daß sie ständig auf der Suche nach anderen Computerprogrammen ist, die sie leicht ausbeuten kann, so entspricht dies Freds Verhalten.

Er gibt natürlich Unterschiede zu diesen einfach strukturierten Computerprogrammen, z.B. daß sich die Strategie bei Menschen im Laufe der Zeit verändert und zwar bei Tätern in Richtung stärkerer Gewalttätigkeit.

Zunächst hatte Fred die Kinder dazu überredet, sich auszuziehen und sie für ihre Kooperation bezahlt, um oralen Sex bei ihnen auszuführen. Im Laufe der Jahre benötigte er mehr Erregung und bedrohte unkooperative Kinder mit seinem Jagdmesser.

Die Benutzung der Begriffe „kooperativ" und „unkooperativ" zeigt, daß es durchaus angemessen ist, derartige Delikte, wie in Kapitel III. dargestellt, spieltheoretisch zu beschreiben. Dadurch, daß Freeman-Longo und Wall (1986) auch die „Kette des Opferwerdens" erwähnen, beschreiben sie gewissermaßen, wie feindselige, ausbeuterische Programme entstehen und sich eine Kette unkooperativer, ausbeuterischer Handlungen entwickelt.

Fred ist ein gutes Beispiel dafür, wie aus einem Opfer ein „Opfererzeuger" werden kann. Im Alter von 6 Jahren wurde er von seinem Stiefvater sexuell mißbraucht, mit 9 Jahren wurde er von einem 17jährigen anal vergewaltigt. Im Alter von 10 Jahren hatte er Geschlechtsverkehr mit einigen Kusinen, und mit 11 Jahren hatte er zwei 8jährige Mädchen sexuell mißbraucht, eine Handlung, die ihn zum ersten Male hinter Gitter brachte.

Als Fred zur Therapie zu Freeman-Longo und Wall kam, war er 48 Jahre alt und hatte sich bereits 36 Jahre lang in seiner Phantasie vorgestellt, junge Mädchen und Jungen sexuell zu mißbrauchen, und er hatte dies auch mit vermutlich hunderten von Opfern ausgeführt. In einem einzigen Zeitraum von 6 Monaten hatte er etwa 35 Kinder - durch zumeist erzwungenen oralen oder analen Sex - sexuell mißbraucht.

Freeman-Longo und Wall (1986) sehen deshalb das **Therapieziel darin, die Kette des Opferwerdens zu zerbrechen**, die sie bei mehr als der Hälfte ihrer Klienten fanden. Sie meinen, daß die Sexualstraftäter für ihr Verhalten verantwortlich sein müssen, deshalb wird das Therapieprogramm auf der Grundlage einer „angeleiteten Selbsthilfe" durchgeführt. D.h., es wird hauptsächlich von den Klienten gestaltet, angeleitet durch das Klinikpersonal.

Wie grundsätzlich im „Spiel des Lebens", muß man im Umgang mit Sexualstraftätern mit Lügen und Täuschungsversuchen rechnen.

Freeman-Longo und Wall bezeichnen deshalb zwar die Täter als wichtige Informationsquellen hinsichtlich ihrer Lebensgeschichte und ihrer sexuellen, ehelichen und familiären Vorgeschichte. Aber sie versuchen stets, die Informationen bestätigen zu lassen, da die allermeisten Täter ihr sexuell abweichendes Verhalten für lange Zeit verborgen halten und gut geübt darin sind, hinsichtlich ihres Lebens zu lügen.

Freeman-Longo und Wall (1986) bestätigen indirekt Farrellys These, daß es durchaus vertrauenserweckend sein kann, die „dunkle Seite" des Patienten direkt anzusprechen (s. Farrelly und Brandsma, 1986). Der direkt auf seine verborgenen Geheimnisse Angesprochene fühlt sich vielleicht zum ersten Male jemandem gegenüber, der ihn versteht, der wirklich weiß, was er denkt, welche Imaginationen (Phantasien, usw.) er hat. Dieses Wissen könnte durchaus die Überlegung auslösen: „Wenn er das schon weiß, kann ich ihm ja gleich alles sagen!" und weitere Geständnisse auslösen (s.a. Ressler u.a., 1983). Auf jeden Fall tritt man eher mit jemandem in eine vertrauensvolle Kommunikation ein, der die geheimen Gedanken und Imaginationen kennt (und sei es nur teilweise), als mit jemandem, der floskelhaft sagt: „Ich verstehe Sie."

Daß diese Überlegungen in die richtige Richtung gehen, belegen Freeman-Longo und Wall (1986, S. 60) mit ihrer Vorgehensweise: „Sie sind mit größerer Wahrscheinlichkeit offen mit uns, wenn wir so vorgehen, wenn wir sie interviewen, als ob wir bereits ihr abweichendes Verhalten kennen. Beispielsweise von der Annahme ausgehend, daß die meisten Sexualstrafttäter ein Muster von Wiederholungstaten aufweisen, fragen wir nicht, ob ein Täter das Verbrechen begangen hat, für das er inhaftiert wurde, wir fragen ihn, wie viele Male er es begangen hat. Und zumeist wird er mehr Taten zugeben, als in seinem Strafregister verzeichnet sind."

Die späteren Therapieteilnehmer werden dann detailliert nach der sexuellen Seite ihrer Lebensgeschichte befragt: Vorfälle von eigenem sexuellen Mißbrauchtwordenseins als Kind; wann ihre abweichenden Verhaltensweisen begannen, wie oft und wann sie stattfanden; ob und unter welchen Bedingungen Gewalt benutzt wurde; ob es fortschreitende oder eskalierende Muster abweichenden sexuellen Verhaltens gab. Diese Informationen werden mit Polizei- oder Gerichtsakten verglichen, durch Interviews mit der Familie oder Verwandten überprüft und mit anderen Dokumenten der Lebensgeschichte.

Selbst bei der Datengewinnung mit Instrumenten sind Freeman-Longo und Wall sehr vorsichtig hinsichtlich der Interpretation solcher Daten. Sie messen die Reaktionen der Straftäter auf abweichende und normale sexuelle Reize dadurch, daß sie den Tätern solche Dias, Tonbänder oder Videos vorspielen bzw. darbieten, die sie vermutlich erregen, oder sie konfrontieren sie mit ihren eigenen detaillierten Beschreibungen ihrer Phantasien oder tatsächlicher Sexualverbrechen.

Die sexuellen Erregungsmuster werden mit dem Plethysmographen gemessen. Allerdings kann die sexuelle Reaktion durch Angst, Nervosität oder Unbehagen, Altersfaktoren, Drogen- oder Alkoholgenuß gehemmt werden.

Außerdem können manche Täter eine Erektion unterdrücken; „grundsätzlich gesagt, ‚ein Penis kann lügen' " (Freeman-Longo und Wall, 1986, S. 61). Je mehr auf dem Spiel steht, wie das Risiko eines Gefängnisaufenthaltes oder Zurückweisung durch Familie und Freunde, wenn seine abweichenden sexuellen Interessen bekannt werden, umso weniger frei und ehrlich fühlt sich der Täter veranlaßt, auf sexuelle Reize während der Messung zu reagieren.

9.3 Gruppentherapie

Alle Klienten beginnen zuerst mit einer Gruppentherapie, weil diese wirkungsvoller und preiswerter als Einzeltherapie ist. Außerdem hat eine Gruppentherapie einen großen Vorteil, gerade bei dieser Tätergruppe. Die Täter kennen sich besser als jeder andere und sind listig für das Erkennen der Techniken der anderen hinsichtlich Leugnens und Ausweichens (= streetwise).

Gruppentherapie soll den Tätern helfen, ihr Verhalten kritisch zu überprüfen und Methoden der inneren Kontrolle zu erkennen, zu entwickeln und zu praktizieren. Dabei wirkt die Gruppe unterstützend, auch nach der Entlassung in die Freiheit. Täter, die früher sexuell mißbraucht worden waren, erhalten eine spezielle Gruppentherapie. Sie werden ermutigt, mit ihren Gefühlen umzugehen, die ihre eigene Opferrolle betreffen. Sie lernen gleichzeitig, daß dies weder eine Entschuldigung noch die alleinige Erklärung dafür ist, andere Menschen zu einem Opfer zu machen. Um zu verhindern, daß sie ihren eigenen Opferstatus als Entschuldigung benutzen, um ihr Verhalten mit einem rationalen Grund zu versehen, werden sie erst dann zu dieser Therapiegruppe zugelassen, wenn sie vorher die Verantwortung für ihre Verbrechen übernommen haben und begonnen haben, angemessen mit ihrem eigenen opfererzeugenden Verhalten umzugehen.

9.4 Die Entwicklung sozialer Fähigkeiten

Vielen Sexualstraftätern fehlen die sozialen Fähigkeiten, die für ein verantwortungsbewußtes Leben in der Gemeinschaft notwendig sind und besonders Fähigkeiten, um mit den Herausforderungen des täglichen Lebens bei der Arbeit und zuhause fertig zu werden. Jemand kann z.B. unangemessen passiv in einer Situation bleiben, die eigentlich Durchsetzungsfähigkeit erfordert (es wird die Behauptung der eigenen Rechte verlangt!), etwa wenn jemand ein Problem mit seinem Chef oder seiner Ehefrau zu handhaben hätte, dann aber ärgerlich wird und unangemessen und impulsiv handelt. Ein Mann war z.B. eifersüchtig darüber, daß seine Ehefrau in einem Büro arbeitete, wo nur Männer waren, und er war verärgert darüber, daß ihr Geschlechtsleben sich verringert hatte. Aber anstatt mit seiner Ehefrau über seine Besorgnisse zu reden, beging er Inzest mit seinem Kind!

Zur Entwicklung sozialer Fähigkeiten werden Kurse veranstaltet, in denen Vorlesungen, Rollenspiele und Übungen kombiniert werden, damit die Täter sich selber und ihr Verhalten besser verstehen und angemessenere Bewältigungsmuster erlernen können. (Es geht also hier nicht bloß um Einsicht in die Ursache der Delikte, sondern um konkrete Verhaltensänderungen!)

Diese Kurse beinhalten Rational Emotive Therapie (zur Vermeidung kognitiver Irrtümer), Ärgermanagement, Erziehung hinsichtlich Vermeidung von Alkohol und Drogenmißbrauch, Durchsetzungstraining, Stereotype hinsichtlich der Geschlechtsrollen (s.a. Kap. III, 3.2), falsche Vorstellungen hinsichtlich Sexualität. Vorlesungen, schriftliche Unterlagen und Diskussionen dienen dazu, zu zeigen, wie das eigene Verhal-

ten sich auf andere Menschen auswirkt. Es werden hinsichtlich angemessenen sexuellen Verhaltens Filme und Vorlesungen dargeboten.
Auch andere Teile der Trainingsprogramme beschäftigen sich damit, bei
den Tätern angemessene Verhaltensmuster und Reaktionsmuster auf
normale sexuelle Reize aufzubauen. Durch Filme und Diskussionen soll
die Entwicklung fürsorglicher und respektvoller Beziehungen gefördert
werden.Es werden „Dating skills" im Rollenspiel eingeübt, einfache
Übungen - für einige aber eine schwierige Sache - z.B. wie man eine
Frau zu einem Kaffee oder ins Kino einlädt.

Um die Auswirkungen sexueller Angriffe auf andere einschätzen zu
lernen, werden erwachsene Opfer sexueller Gewalt (nicht die eigenen
Opfer) eingeladen, um zu diskutieren, wie es sich anfühlt, mißbraucht
zu werden. Diese oft sehr aufgeladenen Gedankenaustausche helfen,
den „Wall der Realitätsverkennung" zu durchbrechen, der Sexualstraftäter glauben läßt, ihre Opfer würden das Erlebnis genießen.

9.5 Verhaltenstherapie

Mit verschiedenen Methoden der Verhaltenstherapie sollen die Klienten lernen, ihr abweichendes sexuelles Verhalten zu kontrollieren und
zu verringern. Allerdings sind Sexualstraftäter jahrzehntelang für ihr abweichendes Verhalten bekräftigt worden, durch Erregung, Erfolg und
Orgasmus. Deshalb ist es schwierig, dem entgegen zu wirken, besonders
bei weniger kooperativen und weniger motivierten Tätern.

Zunächst wird Covert Sensitization (Verdeckte Sensibilisierung) benutzt. Es ist dazu gedacht, die Aufmerksamkeit und das Verstehen des
Täters dafür zu erhöhen, wie sein eigenes sexuelles aggressives Verhalten ihn und andere beeinflußt. Je mehr er sich der Konsequenzen seines
abweichenden Verhaltens bewußt wird, desto unbehaglicher und un-
wohler hinsichtlich solchen Verhaltens soll er sich fühlen.

Der Täter wird zunächst gebeten, verschiedene Szenarien aufzu-
schreiben, wie er sich auf den Überfall vorbereitet - seine Gefühle und
Verhaltensweisen, die dem Überfall vorausgehen und besonders, wie er
das Opfer auswählt und die Tat vorbereitet. Er schreibt auch verschiedene Szenarien auf, in denen er die natürlichen oder sozialen Konsequenzen eines derartigen Überfalles beschreibt. Zuerst beziehen diese sich
auf das Opfer, dann auf die Familie des Opfers, dann auf seine eigene
Familie. Er liest dann die Szenarien auf Tonband, indem er wiederholt
die Beschreibungen der Ereignisse vor dem Angriff mit ihren Konsequenzen zusammenbringt. Ein Therapeut überprüft und kritisiert dann
die Tonbänder, die oft neue Informationen über das Verhalten vor der
Tat ergeben und die dann später in den Gruppengesprächen diskutiert

werden können. In späteren Sitzungen soll der Täter, nachdem er sein Verhalten vor der Tat beschrieben hat, angemesseneres Verhalten benennen, das seiner Vorbereitungsphase folgen sollte, etwa, sich von einem potentiellen Opfer entfernen.

Viele Sexualstraftäter sind zwanghaft von abweichenden sexuellen Phantasien besessen, die manchmal so schwer sind, daß sie die Konzentration auf eine Aufgabe stören. Freeman-Longo und Wall (1986) benutzen deshalb eine „Langeweile-Tonband-Therapie", um ihr Interesse an solchen Phantasien zu verringern. Der Täter soll mehrere seiner stärksten und erregendsten Phantasien aufschreiben. Dann unterteilt er diese in verschiedene sehr kurze Abschnitte, die nur aus wenigen Sätzen bestehen. Er nimmt diese dann auf Tonband auf, während er jeden Abschnitt wiederholt eine Stunde lang vorliest oder so lange, bis er extrem gelangweilt ist. Diese Tonbänder werden wie alle Tonbänder des Täters vom Therapeuten überprüft und kritisiert.

Eine der stärksten verhaltenstherapeutischen Maßnahmen stellt das Aufbauen von Vermeidungsverhalten (Aversive conditioning) durch Gerüche und/oder elektrische Schocks dar, um die sexuelle Erregung und das Interesse an abweichendem sexuellem Verhalten zu verringern. Während der Behandlung bietet der Therapeut Dias oder auf Tonband aufgenommene Szenarien dar, die nach dem Kriterium ausgewählt wurden, daß sie besonders erregend für den Klienten sind. Wenn der Plethysmograph anzeigt, daß die sexuelle Erregung beginnt, wird wiederholt ein unangenehmer Reiz dargeboten (Ammoniakgerüche oder milde Schocks in das Bein), bis die Erregung abgeklungen ist.

Es wird auch „Minimum Arousal Conditioning" verwandt, die sowohl Langeweile als auch negative Reize verwendet. Durch diese bei sich selbst angewandte Therapie lernen die Täter, geringe Erregungsniveaus zu erkennen und zu kontrollieren, die durch ihre abweichenden Phantasien ausgelöst werden. Sie geben sich einen unangenehmen Reiz (kurzes Riechen an einer unangenehmen Flüssigkeit), wenn sie fühlen, daß ihre Erregung beginnt.

Eine noch wirkungsvollere Technik stellt das „Aversive Behavior Rehearsel" dar. Der Täter stellt mit einer Puppe sein letztes Verbrechen dar. Zunächst spricht er über sein abweichendes Verhalten, dann übt er es mit der Puppe aus und zeigt genau, wie er die ersten Schritte zu dem Delikt einleitete, wie er das Opfer manipulierte und dann sexuell mißbrauchte. Er wird auch gebeten, seine Gedanken während des Rollenspiels zu beschreiben, so daß die gestörten Gedanken, die zu der Sexualstraftat führten, an die Öffentlichkeit gebracht werden können. Dies alles wird auf Video aufgenommen.

Freeman-Longo und Wall (1986) sehen den Sinn dieser Methode darin: „Wenn der Täter sein abweichendes Verhalten einige Wochen später auf Video in Gesellschaft seiner Gruppe, des Klinikpersonals und möglicherweise der für ihn wichtigsten Bezugsperson sieht, kann er grundlegend derart erschüttert werden, daß sein Interesse an solchem Verhalten und die Erregungsniveaus dramatisch verändert werden."

Wenn man alle Therapiemaßnahmen gemäß dem BASIC ID betrachtet, so kann man sagen, daß nichts unversucht gelassen wird, die Kognitionen, Imaginationen und das Verhalten der Sexualstraftäter zu ändern. Gelegentlich benutzen sie auch die Droge „Depo-Provera" (ein starkes Antiandrogen, das die Testosteron-Produktion verringert). Da diese Droge aber viele Nebenwirkungen hat, wird sie nur sparsam verwendet und nur dann, wenn Verhaltenstherapien das abweichende sexuelle Erregungsniveau nicht verringern oder wenn abweichende Phantasien so stark sind, daß sie die Therapie beeinträchtigen.

Derartige Drogen werden also nur als letztes Mittel angewandt, und offensichtlich sind auch sie kein absolut wirkendes Mittel (was nicht verwunderlich ist, weil die biologische Seite des Menschen bei diesen Sexualdelikten nicht die Hauptursache ist, sondern die kognitive Seite). Freeman-Longo und Wall (1986) berichten, daß einige Klienten schon in der ersten Woche der Benutzung von Depo-Provera eine starke Verringerung aller Phantasien, einschließlich der sexuellen, erleben. Andere Täter benötigen jedoch bis zu einem Jahr oder länger, bis sie voll reagieren. Man ersieht also daraus, daß derartige Drogen kein Allheilmittel für Sexualstraftäter sind, denn sie beeinflussen offensichtlich nicht nur die biologisch-sexuelle Seite, sondern beeinträchtigen auch andere Phantasien. Und die Tatsache, daß selbst auf eine derart massive Droge manche Täter ein Jahr und länger nicht reagieren, ist verständlich angesichts des jahrzehntelangen Bekräftigungsmusters, weist aber ebenfalls darauf hin, daß das Biologische bei Sexualstraftaten nicht im Mittelpunkt der Betrachtung stehen sollte.

9.6 Das Problem der Erfolgsquote

In Denver (Colorado, USA) wurde ein Therapieprogramm für Vergewaltiger und ihre Opfer eingerichtet. Danach sank die Zahl der Vergewaltigungen um 15 %, nach dem Auslaufen des Programms stieg die Vergewaltigungsrate um 15 % (Selkin, TSA news, March 1978, S. 5).

Freeman-Longo und Wall (1986) berichten, daß viele Sexualstraftäter in frühem Lebensalter Sexualverbrechen begangen haben und manche von ihnen dies 15 Jahre oder länger praktiziert haben, bevor es zur ersten Verhaftung und Verurteilung kam. Ohne Intervention - sei es eine

Gefängnisstrafe oder Therapie, oder beides - werden die Täter mit aller Wahrscheinlichkeit fortfahren, neue Opfer zu schaffen, unbegrenzt." (S. 64). Die Autoren betonen, daß 53 Täter, die in ihrem Hospital behandelt wurden, zusammen (geschätzt) 25 757 Sexualverbrechen begangen hatten, einschließlich Vergewaltigung, Kindesmißbrauch, Exhibitionismus, Voyeurismus, obszönen Telefonanrufen, Frottage (Reiben an Personen). Sie weisen weiter darauf hin, daß bei unbehandelten Sexualstraftätern, die aus dem Gefängnis entlassen werden, die Rückfallquote zwischen 35 - 80 % liegt, bei behandelten Tätern aus anderen staatlichen Therapieprogrammen 10 - 25 %, bei den von ihnen therapierten Tätern weniger als 10 % hinsichtlich weiterer sexueller Delikte. Allerdings erwähnen sie ausdrücklich in diesem Zusammenhang die Tatsache, daß in ihrem Therapieprogramm die Ausfallquote mehr als 50 % beträgt, d.h. daß mehr als die Hälfte das Programm nicht beenden. Ihrer Einschätzung nach werden eher diejenigen zu Rückfalltätern, die am antisozialsten sind, deren abweichende Phantasien und Verhaltensweisen den größten Teil ihres Lebens bestimmt haben und die die meisten Taten begangen hatten.

Auch den eingangs erwähnten Fred sehen sie als einen sehr schwierigen Fall an. Zwar hat sich seine abweichende Erregung etwas (!) während verschiedener Behandlungsjahre (!) verringert, aber er hängt immer noch einem Irrtum an. Er glaubt nämlich immer noch, daß, wenn er das „perfekte" Kind fände, das Sex wirklich schätze, diese Beziehung legitim wäre.

Auch sehr antisoziale und sehr stark durch abweichende Reize (z.B. durch sadistische Vergewaltigung) erregbare Vergewaltiger, reagieren nach Free-Longo und Wall sehr schwach auf eine Behandlung, oder sie steigen aus dem Programm aus und werden wieder zu Tätern (Freeman-Longo und Wall, 1986, S.64).

10. Provokative Therapie

10.1 Die Sündenbocktechnik

Winzenried (1992) beschrieb die Verharmlosungs- und Entschuldigungsstrategien eines Serienmörders:

„Auffallend war auch das eifrige Bestreben von F., die von ihm zugestandenen Tötungen herabzuspielen und zu verharmlosen oder zumindest die Schuld an diesen Tötungen zu verteilen. So waren die Kinder in seinen Augen an ihrem Tode selber schuld, weil sie sich bei seinen Annäherungen falsch verhalten hatten, oder die Schuld lag bei Passanten, die im falschen Augenblick aufgetaucht waren. F. wollte nach seinen eigenen Aussagen nie ein Kind töten, sondern wurde durch die vorgenannten äußeren Umstände zu den Taten fast eigentlich gezwungen. Ein klares Reuegefühl für das, was er getan hatte, war bei F. kaum jemals zu erkennen, und wenn schon, dann bedauerte er mehr sich selber als seine Opfer oder deren Angehörige."

F. beteuerte immer wieder, „er habe die Kinder in keinem Fall töten, sondern lediglich am Schreien hindern wollen. Außerdem sei er durch herannahende Passanten zu seinen Taten geradezu gezwungen worden. Er machte die Gesellschaft indirekt für seine Taten verantwortlich, indem sie zugelassen habe, daß er eine derart unfreundliche Kindheit und Jugendzeit verlebt hatte. Selbst den Justizbehörden, die ihn ein Jahr zuvor wegen seines Tötungsdeliktes verurteilt hatten, wies F. die Schuld einen Teil zu, hatten sie es doch unterlassen, ihn nach erfolgter Entlassung aus dem Strafvollzug richtig zu heilen oder zumindest zu betreuen" (S. 815). Nachdem er also nichts selbst dazu getan hatte, seine Morde zu vermeiden (etwa eine Therapie zu beginnen) oder eine enge Beziehung zu einer Frau aufzubauen, wozu er durchaus Gelegenheit gehabt hätte (s. S. 813), machte er die Gesellschaft, die Behörden u. a. für sein Verhalten verantwortlich. Vermutlich hätte er sich aber nach seiner ersten Haftentlassung dagegen gewehrt, zwangsweise einer Therapie unterzogen zu werden.

Die Argumentationen dieses Täters bieten sich geradezu für eine spezifische Technik der Provokativen Therapie an. Bei der **Sündenbocktechnik** werden die Beschuldigungen, die der Klient anführt, vom Therapeuten weiter bis zum Absurden ausgeschmückt. Dadurch wird dem Klienten deutlich, wie wenig Sinn seine Argumentation ergibt. Beschuldigt er sich selbst, könnte man noch eine Liste mit weiteren Ereignissen erfinden, an denen er auch schuld ist (z. B. dem Wetter). Beschuldigt er äußere Ursachen für sein Problem, so könnte man als äußere Sündenböcke aufführen: Erbanlagen, das Wetter, seine verstorbene Urgroßmutter, die Mafia usw. (s. Höfner und Schachtner, 1995).

Die Wirkung einer derartigen überspitzten Formulierung möchte ich an einem Dialog aus einem Spielfilm illustrieren, den ich verändert und auf das Thema Therapie zugeschnitten habe. Klient: „An meinem Mißgeschick sind die Passanten schuld." Therapeut: „Ja, die Passanten und Napoleon!" Klient: „Wieso Napoleon?" Therapeut: „Wieso die Passanten?"

Natürlich ergeben sich sinnvolle Dialoge dieses Typs aus einem konkreten Gespräch. Ich wollte mit diesem Beispiel aufzeigen, daß man durch solche Formulierungen (gemäß der Sündenbocktechnik) zu einem sachorientierten Gespräch kommen könnte, in dem der Klient nicht mehr seine Verantwortlichkeit für seine Taten auf andere abwälzt.

10.2 Das Weltbild der Provokativen Therapie

Angesichts der Tatsache, daß Humor und eine teilweise sehr direkte Sprache wesentliche Bestandteile der Provokativen Therapie sind, soll ausdrücklich darauf hingewiesen werden, daß dahinter ein freundliches, optimistisches, gleichzeitig aber auch sehr ernsthaftes Welt- und Menschenbild steht.

Farrelly sieht den Klienten nämlich
- nicht als hilfloses Opfer seines Unterbewußtseins
- als weitaus weniger zerbrechlich, als viele das glauben,

sondern als jemand,
- der sein Leben eigenständig gestalten soll: „Nimm Dein Ruder selbst in die Hand!"
- der verantwortlich handeln und die Rechte und Bedürfnisse anderer Menschen achten soll.

Wer dagegen den Patienten nur als hilfloses Objekt betrachtet, nutzt ihm nichts, schadet ihm dagegen. Er wird nicht eigenständig.

10.3 Sprachebenen der Provokativen Therapie

Provokative Therapie beinhaltet Bausteine, die in anderen Therapieformen nicht in dieser Form vorkommen bzw. nicht genügend betont werden. Beispielsweise ist ein ganzes Kapitel des Buches von Farrelly und Brandsma (1986) der Bedeutung der Sprachebene gewidmet:

„Es ist eine Binsenwahrheit, aber keine ganz einfache, daß man ihre Sprache sprechen muß, um wirkungsvoll mit Menschen reden zu können" (S. 159).

Deshalb haben sich in der Provokativen Therapie vier verschiedene Arten von Sprachen entwickelt:
- die religiös-moralische Sprache
- der berufliche Jargon
- die Körpersprache
- die „Gossensprache" oder „die Umkleideraumsprache", wie man im Alltag häufig spricht: gefühlsbeladen, fluchend, dabei derbe Ausdrücke benutzend u. ä.

Die Provokative Therapie betont - und darin wird sie von keiner anderen Therapie übertroffen - ausdrücklich die ungeheure **Wichtigkeit des „guten Drahtes"** zum Klienten. Farrelly betont deshalb in seinen Seminaren immer wieder folgendes Therapeutenverhalten: „carefully, warmly, gently, slowly." Aber gerade deshalb kann er dem Gesprächspartner Dinge an den Kopf werfen und derbe Formulierungen benutzen, die in einer anderen Atmosphäre verletzend wirken können. Und durch die Benutzung der „Sprache des Umkleideraumes" durchbricht er die

431

kommunikationshemmenden Floskeln, Beschönigungen, Euphemismen, die häufig in der Hochsprache zu finden sind. Folgendes Beispiel zeigt auf, wie er mit dieser Sprache eine Technik der P.T. **Zukunftsszenarien** (die Konsequenzen seines Handelns in der Zukunft aufzuzeigen) einsetzt, durch die er den Klienten auf die soziale Realität hinweist (Farrelly und Brandsma, 1986, S. 96).

„Therapeut (lakonisch): Schau, Du Dummkopf, hier stimmt die Kommunikation nicht. Du verlangst, daß Deine Familie, das Team, die Polizei und die Gerichte Deine Gefühle verstehen. Gut, aber falls Du Dich nicht auf Deine eigenen Hinterbeine stellst und anfängst, sie zu verstehen und ihre Bedürfnisse wahrzunehmen, wirst Du eine Laufbahn in der Psychiatrie machen, und dann werden sie Dich als häßlichen Affen behandeln und Dich Esel wie einen Hamburger durchkauen. Klar?

Klient (Pause, gebeugter Kopf, fast unhörbar): Ja.

Therapeut (seinen verdrießlichen Ton imitierend): Zum ... (lacht) ja. Was? Was ziehst Du daraus für Schlüsse?

Klient (mit einem Anflug widerwilliger Resignation): Du meinst, wenn ich nicht anfange, darauf zu achten, was sie von mir wollen, dann werde ich nicht bekommen, was ich von ihnen will?

Therapeut (bekräftigend): Richtig, Dummkopf, und das ist der Lauf der Dinge in dieser Welt, Freundchen! Erst gehst Du auf die Bedürfnisse von einigen anderen Menschen ein, und dann fangen sie an, Dich zu verstehen und möglicherweise einige Deiner Wünsche zu erfüllen."

Diese Kommunikation - wohlgemerkt in einer vorher aufgebauten **vertrauensvollen Atmosphäre** - entspricht wohl kaum der Art und Weise des Sprechens der traditionellen Therapieformen. Aber: Wenn ein Therapeut nicht die Sprache seines Klienten spricht, dringt er nicht zu ihm durch, er bewirkt nichts. Der Therapeut mag noch so wohlmeinend sein; aber es ist wie bei einem Rundfunksender, der ein kulturell hochstehendes Programm sendet: Da niemand diese Sendung empfängt, geht die Botschaft ins Nichts!

Das kann z.B. der Fall sein, wenn
- ein Therapeut dem Patienten sein theoretisches Modell aufdrücken will, was z.B. häufig das Problem bei der Psychoanalyse ist (s. Lenk und Kaever, 1970),
- ein Therapeut aus der Mittel- oder Oberschicht seine Gedanken einer Frau aus der Unterschicht vermitteln will,
- ein mit abstrakten Theorien überfrachteter Berufsanfänger als Psychiater oder Psychologe frisch von der Universität kommt und mit einem „ausgekochten" Strafgefangenen mit langjähriger „krimineller Karriere" redet. Er versteht dessen wahre Gefühle und Gedanken nicht.

Oder, noch schlimmer, der Therapeut wird nicht ernst genommen oder sogar „über den Tisch gezogen", z.B. dadurch, daß er dem Psychiater oder Psychologen erfolgreich vorspielt, er sei „geheilt", „ein besserer Mensch geworden" usw.

Deshalb hat derjenige, der die wesentlichsten Pfeiler der Provokativen Therapie berücksichtigt,

- Echtheit
- Humor
- die Sprachebene des anderen betreten,

mehr Erfolg.

Dazu ein Beispiel von Farrelly und Brandsma (1986, S. 18 f):

„1959 hatte ich Gelegenheit, mit einem Patienten zu arbeiten, der durch einen Gerichtsbeschluß eingewiesen war und als gefährlich galt. Ich hatte eine ausführliche Sozialanamnese von seiner Familie aufgenommen. Er wußte, daß ich seine Frau und Mutter gesprochen hatte und meine Befunde noch in derselben Woche dem diagnostischen Team vorlegen würde. Mit dem Psychiater und dem Psychologen hatte er bereits gesprochen, und jetzt wollte er mich sehen. In einer gut ausgedachten und geordneten Art sprach er 20 Minuten darüber, daß er Zeit zum Nachdenken gehabt habe, seitdem er im Krankenhaus war. Er habe eingesehen, was für einen Mist er aus seinem Leben gemacht habe. Er sei sich dessen bewußt, daß er berufliche Bildung nötig hätte, um einige gefragte berufliche Fertigkeiten zu lernen usw.

Während dieses Vortrags saß ich da und hörte zu; am Ende fragte er mich: „Nun, Herr Farrelly, was denken Sie über meinen Fall?" In diesem Augenblick sah ich vor meinem inneren Auge, wie auf eine Tafel geschrieben: „Da ich mit diesem Patienten keine Therapie machen werde, kann ich es mir leisten, ehrlich mit ihm zu sein." Als ich diesen Satz „las", zuckte ich zusammen, aber, um Zeit zu gewinnen, fragte ich den Patienten: „Wollen Sie wirklich wissen, was ich denke?" Der Patient nickte ernst und ehrlich und sagte: „Ja, deshalb frage ich." Ich atmete tief ein und meinte: „Nun, ich denke, das ist der glatteste Betrug, den ich mir je angehört habe." Sich vorlehnend zischte er mit wütendem Gesichtsausdruck: „Am liebsten würde ich Ihnen sagen: Leck mich, aufstehen und hier rausgehen." Worauf ich antwortete: „Gut, warum tun Sie es denn nicht?" „Weil ich an Sie rankommen will", brüllte er. Danach veränderte sich sein Verhalten total. Mehr als eine halbe Stunde sprach er in gebrochenen Sätzen, sprang von einem Punkt zum anderen, zeigte primitive Wutausbrüche, die kaum kontrollierbar erschienen, veränderte deutlich den Ton seiner Stimme, das Sprechtempo und auch die Wahl seiner Worte. Er schien Angst zu haben, er könne „den Verstand verlieren". Mit einem Wort, es gab einen deutlichen Kontrast zwischen der ersten und zweiten Hälfte des Gesprächs, und der zweite Teil stand unter dem unmißverständlichen Eindruck der Authentizität.

Ich erklärte ihm, daß ich innerhalb des Krankenhausareals zu einem anderen Gebäude hinüber müßte. Während wir mit dem Auto zu dem anderen Gebäude fuhren, fragte er mich: „Werde ich dem Gericht zur Verurteilung übergeben oder freigelassen?" Ich antwortete: „Ich weiß es nicht, aber sobald ich es herausgefunden habe, nach der Sitzung des Diagnostikteams, werden Sie der erste sein, der es erfährt." Er fuhr fort: „Wenn ich hier rauskomme, darf ich zu einer Therapie zu Ihnen zurückkommen?" „Warum?" fragte ich. Er rieb nachdenklich den Autositz neben seinem Bein und antwortete sanft: „Nun, ich bin an Psychologie interessiert..." Irritiert erwiderte ich: „Laß´ die Blumen - warum bei mir?" Er machte eine Pause und sagte dann in einem unterwürfigen Ton: „Ich werde es Ihnen mit meinen Worten sagen:" „Schieß´ los" antwortete ich. „Weil Sie mir keinen Scheißdreck erzählen."

Durch die Konfrontation und die „emotionale Ehrlichkeit" mit diesem Patienten konnte ich also in einer Stunde mehr gegenseitiges Vertrauen herstellen als in monatelangen psychotherapeutischen Gesprächen mit anderen Patienten."

Die beiden Beispiele zeigen auf, daß Farrelly sehr geschickt das Auftreten „defensiver Kommunikation" im Sinne von Gibb (1961) vermieden hat. Der Patient „mauert nicht", er verteidigt nicht sein Selbstbild, sondern hört Farrelly genau zu, reagiert auf ihn, ist in eine aktive lebendige **vertrauensvolle Kommunikation** mit Farrelly eingetreten. Gerade dadurch, daß in diesen Beispielen Farrelly die Elemente „Echtheit" und „Verständnis"/„psychologische Nähe" benutzte, die Gibb (1961) als wichtige Bestandteile und Voraussetzungen einer vertrauensvollen Atmosphäre sieht, konnte Farrelly seine Gedanken erfolgreich vermitteln. Die Benutzung der „Sprache des Umkleideraumes" ist besonders gut geeignet, psychologische Nähe zu bewirken und dem Klienten zu zeigen: „Er spricht meine Sprache, er versteht mich." Denn Gibb (1961) beobachtete, daß die klinisch-distanzierte Haltung und Sprache von Therapeuten geringe Einfühlung ausdrückten, den Eindruck auslösen „Der Therapeut versteht mich nicht" und eine defensive ablehnende Reaktion des Klienten.

Daß Farrelly seinen Klienten mit „Dummkopf" ansprach (Farrelly kann sich so etwas erlauben; es ist aber keineswegs allgemein empfehlenswert) steht übrigens keineswegs im Widerspruch zu Gibb (1961), sondern wird durch dessen Untersuchungen sogar gestützt. Obwohl Gibb (1961) als ersten Punkt einer konfliktreichen Kommunikation die Bewertung der Person (bis hin zur Beleidigung) genannt hat, betont er ausdrücklich, daß diese mögliche Störquelle der Kommunikation unter bestimmten Voraussetzungen überhaupt nicht bedeutsam wird. Wenn z.B. der Zuhörer erkennt, daß der Sprecher ihn als gleichrangig betrachtet und offen und spontan ist, wird eine Bewertung der eigenen Person neutralisiert und, worauf Gibb hinweist, vielleicht noch nicht einmal wahrgenommen.

Daß Farrellys Sprechweise für viele Menschen ungewöhnlich klingt, liegt daran, daß man die distanzierte, problemverschleiernde und konfliktmeidende vorsichtige Sprache des Alltags gewohnt ist. Doch Farrelly besitzt eine wichtige Fähigkeit, die man durch ein Universitätsstudium nicht erwirbt: Er ist „streetwise".

Wenn man also erkennt, daß der andere die gleiche Sprache spricht, die gleichen Tricks kennt usw., der Therapeut also kein „weltfremder Theoretiker" ist, sondern „streetwise", entsteht das Gefühl der Vertrautheit, der Therapeut wird nicht als „fremd" angesehen. Und selbst wenn das Eingehen auf das eigene Sprachniveau, die eigenen Denkweisen und Wertvorstellungen nur einen „mürrischen Respekt" bewirkt, ist hier schon eine wichtige Grundlage für eine vertrauensvolle, erfolgreiche Kommunikation gelegt.

IX. Das Kriminalitätsopfer

1. Die psychologischen Kosten eines Verbrechens

Es ist relativ leicht, abstrakt über Kriminalität zu sprechen, was dazu führt, daß leicht vergessen wird, daß es Opfer des Verbrechens gegeben hat. Ein Gerichtsreporter bei einem Prozeß gegen einen Serienmörder berichtete, daß erst Betroffenheit im Gerichtssaal aufkam, als ein Bekleidungsstück eines der Opfer gezeigt wurde.

Die Folgeschäden eines Verbrechens sind weitaus höher, als man es gemeinhin einschätzt, selbst wenn es sich „nur" um einen Wohnungseinbruch handelt. Ein Richter, der selbst täglich mit Verbrechen zu tun hat, bezeichnete den „Verlust des Urvertrauens" als die schwerwiegendste und langanhaltendste Folge eines Einbruchs in seinem Haus. Obwohl niemand seiner Familie bei diesem Einbruch anwesend war, also niemand zu Schaden kam, empfindet er auch heute noch Unbehagen, wenn er nach einer Reise in das leere Haus kommt.

Einbrüche können auch materielle Folgekosten nach sich ziehen, die den Wert des Gestohlenen weit übertreffen können.

In einem Jahr wurde 15 mal in einem Fotogeschäft eingebrochen, allein zweimal in den letzten drei Tagen. Die Beute beim letzten Einbruch: DM 78.- . Der Sachschaden durch die Beschädigungen beim Einbruch betrug dagegen weitaus mehr als DM 1 000.-, und der treibt die Besitzerin langsam in den Ruin und läßt sie verzweifeln. „Ich habe weit über 10 000 DM für Reparaturen hingelegt. Und es dauert oft Monate, bis ich das Geld von den Versicherungen wiederbekomme." (Göttinger Tageblatt vom 3.2.1993).

Einbrechensopfer leiden aber zumeist stärker unter den psychologischen Folgen der Tat als unter den materiellen. Bei über der Hälfte (57,4 %) bleiben allgemeine Angstgefühle zurück, jeder Dritte wird von Alpträumen und Unrast heimgesucht, 41,6 % leiden an Schlafstörungen. Dies zeigte eine deutsche Studie (Hessisch Niedersächsische Allgemeine vom 4.9.1993).

Wie bei allen traumatischen Ereignissen werden die Symptome durch den Verlust des Gefühls der Unverletzbarkeit bewirkt. Laut dieser Studie tritt neben der Wut auf die Einbrecher bei 65 % das Gefühl der Ohnmacht und der Hilflosigkeit auf; 85 % setzen kein oder nur geringes Vertrauen in die Behörden.

Das Gefühl der Angst und Bedrohung klingt mit der Zeit nicht etwa ab, sondern neigt dazu, sich auf andere Lebensbereiche auszubreiten. Weil Einbrüche vielfach als Bagatellen abgetan werden, fühlen sich die Betroffenen zu ihren inneren Qualen „nicht berechtigt" und äußern sie darum nicht.

436

Die schwerwiegendsten Folgen eines Einbruchs zeigt folgender Vorfall auf: Ein oder mehrere Täter brachen in ein Einfamilienhaus ein und ketteten die Eheleute mit Handschellen aneinander. Während die Wohnung nach Wertsachen durchwühlt wurde, starb das ältere Ehepaar an einem Herzinfarkt. Beide hatten bereits vorher mehrere Herzinfarkte überstanden (HNA vom 9.4.1993).

2. Die psychologischen Folgen einer Vergewaltigung

Die Schilderungen der Auswirkungen von Verbrechen bestehen meist aus einer Aufzählungen von Symptomen. Typisch ist folgende Darstellung von Müther (1994, S.19).

Symptome nach sexueller Gewalt:

Somatische Symptome
Störungen des Immunsystems, Magen-Darm-Störungen, Hautausschläge, Erschöpfung, Kopfschmerzen, Verspannungen der Rückenmuskulatur, Probleme am Herzen und den Herzkranzgefäßen, Bluthochdruck, Schock.

Kognitive Symptome
Konzentrationsstörungen, Verwirrung, ständig um das Ereignis kreisende Gedanken, sich ständig wiederholende Träume über das Ereignis, vermindertes Urteilsvermögen.

Psychische/Emotionale Symptome
Gefühl der Leere, Schuldgefühle, Traurigkeit, Verlust des Vertrauens in andere, Verlust des Selbstvertrauens, Angstzustände, Selbstmord- oder Todesgedanken.

Verhaltensauffälligkeiten
Selbstisolation, Aggressionen, Schlafstörungen, Veränderungen der Eßgewohnheiten, erhöhter Nikotin-, Alkohol- oder Tablettenkonsum, Überaktivität in hektischem oder euphorischem Verhalten, Selbstvernachlässigung, Kommunikations- und Interaktionsstörungen.

Darüber hinaus beschreibt Müther (1994, S. 21) eine Vielzahl von Verhaltensmustern:
„Schuld ist ein besonders charakteristisches Gefühl unter den Notzuchtopfern. Wegen der traditionellen Neigung der Gesellschaft, die Schuld für ein derartiges Verbrechen dem Opfer selbst zu geben, ist es möglich, daß die Frau diese Standards akzeptiert und sich selbst Vorwürfe macht. Sie mag sich vorwerfen, nicht weggelaufen zu sein, auch wenn sie offensichtlich gar keine Möglichkeit dazu hatte. Andere wiederum haben Schuldgefühle, weil sie entkommen konnten und andere

nicht. Opfer von Sexualverbrechen entwickeln oft paranoide Ängste. Sie glauben, von anderen beobachtet oder verfolgt zu werden. Die Mutter einer Frau berichtet, daß ihre Tochter nicht eher zu Bett gehe, bis sie nicht alle Türschlösser mindestens dreimal kontrolliert habe. Eine andere Frau sagte, sie schlafe jetzt immer in ihrer Tageskleidung, so daß sie sofort aus dem Haus laufen könne, wenn sie angegriffen würde. Manche meinen, man könne es ihnen ansehen, daß sie vergewaltigt worden seien. Andere wiederum schreien und laufen weg, wenn sie sich bedroht fühlen, sei es, weil sie glauben, Schritte hinter sich zu hören oder einen „verdächtigen" Mann zu sehen. Oft geraten sie in Panik, zucken zusammen oder schreien, wenn sie durch ein unerwartetes Geräusch oder eine unerwartete Berührung erschreckt werden.

Einige Zeit nach der Tat ziehen sich die Frauen in sich selbst zurück. Sie berichten, sie seien in einem Schockzustand gewesen. Sie hätten sich „unwirklich" gefühlt und gar nicht glauben können, daß gerade ihnen so etwas passiert sei.

Ein anderes Symbol ist für manche der Geschlechtsverkehr. Sie ziehen sich für eine unbestimmte Zeit aus einer Sexualpartnerschaft zurück oder schränken ihre sexuelle Aktivität deutlich ein. Andere steigern ihre sexuelle Aktivität jedoch, wohl um ein Gefühl der Sicherheit durch engen Körperkontakt zu erfahren."

Zwar entsprechen derartige Symptomkataloge und Verhaltensbeschreibungen durchaus der Realität. Sie schildern aber eher die *mögliche Bandbreite* einer Opferreaktion, aber nicht unbedingt das, was ein individuelles Opfer tatsächlich erlebt. Warum zeigen nicht alle Opfer die gleiche Reaktion? Warum steigern einige Opfer ihre sexuelle Aktivität, während andere sie einschränken? Die Kenntnis der symptomverstärkenden bzw. -verringernden (=Pufferwirkung) Faktoren wäre aber z.B. für die Opfertherapie äußerst wichtig!

3. Der Verlust des Gefühls der Unverletzbarkeit

„Betrachten Sie nie ein Messer als etwas Selbstverständliches! Das ist ein großer Fehler! Vielleicht Ihr größter Fehler! Vielleicht Ihr letzter!" Dies sind die Worte eines amerikanischen Polizisten, der in einem amerikanischen Lehrfilm über ein Erlebnis berichtet, das für ihn immer noch unfaßbar ist: Als er seinen Gegner schon kampfunfähig glaubte, zog dieser sein Messer und verletzte ihn so schwer, daß er dem Tode nahe war; er bekam schon die Sterbesakramente. Er überlebte zwar, doch löst die Erinnerung an das Ereignis immer noch starke Gefühle bei ihm aus: „Es wird immer schlimmer, je mehr ich darüber nachdenke, das hört nicht auf. Es wird einfach nicht besser. Ich wünschte mir, das alles wäre mir nie passiert!", sagt er unter Tränen am Ende des Films.

Seine Reaktion stellt das dar, was Slaby (1989) anschaulich „Aftershock" (Nachschock oder - in Anlehnung an ein Erdbeben - „Nachbeben") nennt.

Nach einem Trauma (Krankheit, Verlust einer Bezugsperson, Naturkatastrophen, Opfer eines kriminellen Delikts werden, Krieg, u.ä., und sogar ein plötzlicher Lottogewinn!!) hat sich das Leben grundlegend verändert, zum Schlechten. Man kann die Dinge nie wieder so sehen, wie sie einmal waren, man sieht sich selbst in einem negativeren Licht, ist anderen Menschen gegenüber mißtrauischer, unterschätzt die Kontrollmöglichkeiten des eigenen Schicksals.

Auch die gefühlsmäßigen und körperlichen Bereiche werden durch posttraumatische Symptome beeinträchtigt, z.b.: nächtliche Ängste, Schlaflosigkeit, Alpträume, zwanghaftes Beschäftigen mit dem Trauma, übermäßiger Alkoholgenuß. Die Ursache für diese Symptome ist ein grundlegender Einstellungswandel: der **Verlust des Gefühls der Unverletzbarkeit** (Janis, 1971). Die Einstellung: „Mir wird nichts Schlimmes passieren!" wurde dramatisch umgewandelt in: „Mit meinem Schicksal sind schreckliche Dinge verbunden."

Daß ein Ereignis überhaupt einen Schock auslösen kann, liegt daran, daß es von der Person erlebt und gedeutet wird als
- Es ist völlig unerwartet („ Es kam aus heiterem Himmel!")
- Es ist außerhalb meiner Kontrolle!
- Es ist unfair, daß dies geschehen konnte!
- „Wie konnte ausgerechnet mir das passieren!?"

Aus diesem Deutungsmuster ersieht man, wie wichtig es ist, die in jeder Situation vorhandenen Beeinflussungsmöglichkeiten zu erkennen und zu nutzen. Vor allem ist natürlich lebenswichtig zu erkennen, wann sich eine gefährliche Situation aufbaut.

4. Streßimpfung

Wichtig für die Möglichkeit der Verhinderung von Langzeitschäden ist jetzt die Feststellung, daß ein streßhaftes Ereignis nicht zwangsläufig nur eine einzige mögliche Reaktion auslösen muß. In einer Untersuchung über Fallschirmspringer zeigte sich folgendes Muster:

Die erfahrenen Springer hatten ihr höchstes Angstniveau am Morgen des Absprungs. Ihr Angstniveau fiel dann ständig ab und war im freien Fall am geringsten! Da sie die angstauslösende Situation bereits mehrfach erfolgreich durchgemacht hatten, reagierten sie mit Selbstvertrauen in der kritischen Situation.

Die Anfänger zeigten dagegen am Morgen weitaus geringere Angst als die Erfahrenen, dafür war ihr Angstpegel am höchsten, als das Absprungsignal kam, als es ernst wurde.

Die erfahrenen Fallschirmspringer wußten genau, was auf sie zukam, welche Gefühle auftreten würden und wie man diese Gefühle und die gefährliche Situation erfolgreich bewältigen kann. Diese und auf anderen Gebieten erfolgreiche Bewältigung von Streß veranlaßte Janis (1971), eine „**Streßimpfung**" als Vorbereitung auf Katastrophen und möglicherweise traumatisierende Ereignisse vorzuschlagen. Er meint, es sei sinnvoll, „sich auf den Schlag vorzubereiten, bevor er seine Wirkung entfaltet": einen Jugendlichen, bevor er sich von seinen Eltern trennt, einen Patienten vor seiner Operation, eine Person, deren Ehepartner eine schwere Krankheit hat usw.

Die Streßimpfung besteht aus 3 Schritten:

1. Realistische Informationen geben, um Personen auf ihre Verletzbarkeit aufmerksam zu machen.
2. Selbstvertrauen wecken, um die herankommende Belastung bewältigen zu können.
   Es ist wichtig, ein Gleichgewicht herzustellen zwischen dem Wecken von Gefühlen der Notwendigkeit der Vorsorge („Erwartungsangst") einerseits und der mit Bestimmtheit vorgetragenen Versicherung, sich auf andere verlassen zu können.
3. Eigenständige Problembewältigung
   Die Person wird ermutigt, ihre eigenen Methoden zu entwickeln, sich selbst zu beruhigen und Maßnahmen zu planen, sich selbst zu schützen. In Krisen neigen nämlich viele Personen dazu, zu passiv zu sein und sich ausschließlich auf andere zu verlassen. Wenn dann unvermeidbares Leiden „überraschend" auftritt, werden sie dann bitter enttäuscht. Dies fand man z. B. bei Patienten, die vor einer Operation einen unkritischen, fast religösen Glauben an die Allmacht ihrer Ärzte haben, sie vor Schmerz und Leiden zu schützen.

Der Gedanke der „Streßimpfung" könnte auch auf die Gefährdung als Kriminalitätsopfer angewandt werden. Indem man sich durch psychologische, sprachliche Techniken, Selbstverteidigungstechniken u.ä. auf einen Überfall vorbereitet, könnte man sich nicht nur des Angreifers erwehren, sondern auch leichter den Schock des Überfalls bewältigen. Dies ist z. B. die Absicht von M. Conroy und E. Ritvo in ihrem Buch „Die Selbstverteidigung für die Frau" (1986).

Schülerin schlug drei Männer in die Flucht

Neunkirchen/Saar (dpa)
Bei dem Versuch, eine 19jährige Schülerin zu vergewaltigen, haben drei junge Männer in der saarländischen Stadt Ottweiler bei Neunkirchen ihr blaues Wunder erlebt: Die junge Frau, eine ausgebildete Judokämpferin, befand sich gerade auf einem Feldweg beim Jogging. Sie schlug die drei mit einem Messer bewaffneten, etwa 20 bis 25 Jahre alten Männer mit Schlägen und Tritten in die Flucht. Einer der Täter erlitt nach Angaben der Polizei vom Mittwoch vermutlich einen Nasenbeinbruch.

Hessisch Niedersächsische Allgemeine (HNA) vom 15.05.1986

Mit Karate das eigene Leben gerettet

Elfjährige Dänin als Heldin gefeiert

Kopenhagen (AP)
Ein elfjähriges blondes Mädchen hat sich mit ihrer Unerschrockenheit die Herzen der Einwohner Kopenhagens erobert. Mit gezielten Karateschlägen hat sich das Mädchen nach Angaben der Polizei erfolgreich gegen einen mit einem Messer bewaffneten Mann gewehrt, der sie mit dem Tode bedrohte und vergewaltigen wollte. Bilder von Christina Stripp zierten am Samstag die ersten Seiten der Zeitung der dänischen Hauptstadt.
Der Polizei hatte das Mädchen ihre Geschichte wie folgt erzählt:
Am Freitag hatte sie ein zwischen 17 und 21 Jahre alter Mann bis in den Hof ihres Wohngebäudes verfolgt und es zu überreden versucht, mit ihm in eine Lagerhalle zu gehen. Er drohte es zu töten, wenn es sich weigere, und setzte ihm ein Messer an die Kehle. Da versetzte ihm das Mädchen, das einen gelben Gürtel in Taekwondo besitzt, einen Schlag auf den Solar Plexus, worauf der Mann sein Messer fallen ließ. Als er es wieder aufheben wollte, stampfte sie mit ihrem Fuß auf seine Hand und flüchtete.
Das elfjährige Mädchen konnte der Polizei eine detaillierte Beschreibung des Täters, seiner Sprechweise und seines Fahrrades geben, doch tappt die Kopenhagener Polizei noch immer im Dunkeln. Angst habe sie erst nachher bekommen, als der unbekannte Mann längst durch die Hiebe der Elfjährigen vertrieben worden war, erzählte Christina Stripp einem Journalisten.

HNA vom 7.10.1984

5. Opfertherapie

5.1 Vorsicht! Helfer!

„Opfer sein ist kein lebensfüllendes Thema!" Dies sagte eine Frau, die eine Flugzeugentführung und die Ermordung des Flugkapitäns erlebt hatte. Dieser Satz sollte als Richtschnur im Umgang mit Opfern einer Straftat dienen. Denn dadurch wird eine psychologische Falle vermieden, in die Opfer und allzu wohlmeinende Helfer geraten können.

Natürlich gebührt dem Opfer einer Straftat unser Mitgefühl. Andererseits warnen aber z.b. Baurmann und Schädler (1991, S. 246) vor der „Gefahr der sekundären Viktimisierung durch Opferhelfer/innen", daß z.b. in Opferzentren, die mit Vergewaltigungsopfern arbeiten, nicht hinreichend qualifizierte Helfer den „verletzbaren Frauen zusätzlichen (!) Schaden" zufügen können. Sie weisen (S. 46) auf folgende Probleme auf der Helferseite hin:

- die Projektion eines Empfindens von Leidensdruck auf das Kriminalitätsopfer, obwohl das bei der betreffenden Person so nicht wahrnehmbar ist,
- das Machtgefälle zwischen Helfer und Opfer und die Gefahr des Mißbrauchs dieser Konstellation,
- die mögliche Bevormundung des Opfers durch den Helfer („Ich weiß, was für das Opfer gut ist"),
- die Vernachlässigung von eventuell angemessereren Konfliktlösungsstrategien im informellen, privaten Bereich und
- Täter/Opfer-Zuordnungen in Fällen von systemisch zu sehenden Konfliktlagen.

Baurmann und Schädler (1991, S. 46) sprechen deshalb das „bedenkliche Helfersyndrom" an, das bei Helferpersönlichkeiten in den unterschiedlichsten sozialen Berufen anzutreffen ist: „Es impliziert beim Helfer selbst die zur Persönlichkeit gewordene Unfähigkeit, eigene Gefühle und Bedürfnisse zu äußern, verbunden mit der scheinbar omnipotenten Fassade im Bereich der sozialen Dienstleistungen."

„Die Beziehung zwischen Helfer und Klient ist dabei nicht auf Gegenseitigkeit ausgerichtet. Vom Klienten wird einerseits erwartet, daß er sich helfen lassen will und dabei seine Bedürfnisse äußert. Der Helfer ist nicht in der Lage, seine Persönlichkeit in das Gespräch mit einzubringen. ...Hilfe, die in Wirklichkeit zur Befriedigung narzißtischer Bedürfnisse der Helfer angeboten wird, führt auf beiden Seiten zu unbefriedigenden Ergebnissen." (Baurmann und Schädler, 1991, S.46/47)

Diese „unbefriedigenden Ergebnisse" sehen dann in der Realität so aus, daß das Opfer in seiner Hilflosigkeit verbleibt und der Helfer „ausbrennt" (Burnout-Syndrom)! Warum derartige Probleme auftauchen, und wie eine angemessene Reaktion auf ein Trauma auszusehen hätte, ergibt sich aus den Mechanismen der Traumaentstehung.

5.2 Grübeln bringt nicht weiter

Die Äußerungen des Polizisten, der einen Messerangriff überlebte, sind bezeichnend: „Es wird schlimmer, je mehr ich darüber nachdenke." Offensichtlich bringt die ständige gedankliche Beschäftigung mit dem traumatischen Ereignis das Opfer nicht weiter und das Symptom nicht zum Verschwinden. Wenn die Gedanken immer nur um das Ereignis kreisen, kann es sogar zu einer Symptomverstärkung kommen. Man könnte dies vielleicht am Beispiel der Entstehung von Depression nach dem Modell von Seligman (1990) erläutern. Er sagt, daß Depressionen dann auftreten, wenn Personen negative Ereignisse so deuten:
- ICH bin für das Ereignis verantwortlich („Es lag an mir").
- Das Ereignis tritt *immer wieder* auf.
- Das Ereignis berührt *alle Bereiche* meines Lebens.

Hier findet man also Ansätze für therapeutische Maßnahmen! So ist es durchaus wichtig, die Konzentration auf das eigene ICH zu verringern. Die Logotherapie nach Frankl hat deshalb auf die Notwendigkeit der **Selbstdistanzierung** und der **Selbsttranszendenz** hingewiesen (Lukas, 1991).

5.3 Die Bedeutung des Humors

Eine Selbstdistanzierung könnte z.B. darin bestehen, über sich und sein Problem zu lächeln.

Dies könnte wie z.B. bei der Paradoxen Intention der Logotherapie darin bestehen, daß man durch ein übersteigertes Herbeiwünschen eines Symptoms (z.B. Angst vor dem Erröten, daß die Hände zittern könnten) dieses zum Verschwinden bringt (s. z.B. Lukas, 1993). So brachte ein Chirurg seine Angst davor, in Gegenwart seines Vorgesetzten zu zittern, zum Verschwinden, indem er sich sagte: „Dem werde ich jetzt mal was vorzittern. Der soll nur sehen, wie gut ich zittern kann!"

Crabtree (1991, S. 175), betrachtete die Bedeutung des Humors für die Partnerschaftsentwicklung: „Das Paar, das zusammen lacht, bleibt auch zusammen. Es sieht die Welt und ihre Schwächen durch die gleiche Brille (S. 173)." Er fragt (S. 174): „Warum ist Humor so wichtig?" und gibt die Antwort: „Es ist nicht so, daß man die ganze Zeit lachen muß. Es gibt eine Zeit, um ernst zu sein, eine Zeit, um traurig zu sein. Aber es muß eine Zeit für das Lachen geben. Es zeigt, daß wir Triumph und Unglück mit Mut betrachten können und wissen, daß es Menschen gibt, die mißbraucht werden, schrecklich verletzt und sogar ausgelöscht werden können und doch unbesiegt bleiben." Er berichtet dann von seinem Vater, der im Sterben lag und der sagte: „Die Dinge könnten schlechter sein", und der dabei lachte. Er sagte das immer, wenn die Dinge schlecht liefen. Er hatte Angst, war aber nicht besiegt. Manche Menschen werden es niemals (S. 175)."

Die therapeutische Wirkung derartiger Formulierungen erklärt sich aus der Bemerkung von Crabtree: „Humor bewahrt uns davor, selbstorientiert zu werden, einseitig, fanatisch."

Humor ist ein tragender Pfeiler der Provokativen Therapie, was Höfner und Schachtner (1995) auch im Titel ihres Buches „Das wäre doch gelacht" verdeutlichen.

5.4 Einen Sinn in seinem Leid sehen

Auch dies ist eine Möglichkeit der Selbstdistanzierung. Conan Doyle läßt seinen Helden Sherlock Holmes diesen therapeutischen Ansatz in einem seiner Fälle benutzen:

In dem Fall „Das verhüllte Gesicht" (Doyle 1965, S. 138) bewahrt er am Ende eine Frau, deren Gesicht durch einen Löwen grauenhaft zerstört wurde, vor dem Selbstmord. „Wir hatten uns erhoben, um zu gehen. Aber etwas in Eugenia Ronders Stimme schien Holmes stutzig zu machen. Rasch wandte er sich ihr noch einmal zu und bemerkte mit großem Ernst: „Dieses Leben ist nicht Ihr Eigentum. Sie dürfen keine Hand daran legen." „Wem sollte es noch nützen?" entgegnete sie düster. „Oh, sagen Sie das nicht! Das Beispiel geduldigen Leidens ist an sich schon die kostbarste aller Lehren für unsere ungeduldige Welt."

Als Watson zwei Tage später Holmes besuchte, deutete dieser „nicht ohne Stolz" auf eine Flasche mit Blausäure. In der beiliegenden Botschaft stand: „Hier schicke ich Ihnen meine Versuchung, denn ich will Ihren Rat befolgen." - Nun, Watson, ich glaube, wir brauchen nicht darüber nachzugrübeln, wer uns das geschickt hat" (S. 139).

Hier hatte also Holmes erfolgreich logotherapeutisches Denken umgesetzt. Es ist interessant, daß der Arzt Conan Doyle diese Geschichte („The Adventure of the Veiled Lodger") im März 1927 im „The Strand Magazine" veröffentlichte, also in der gleichen Zeitepoche, in der Arzt Frankl seine Ideen zur Logotherapie entwickelte.

Ich habe Sherlock Holmes, bzw. Conan Doyle deshalb erwähnt, weil auch hier die Universalität des therapeutischen Denkens sichtbar wird. Denn fast die gleiche Situation erlebte Lukas (1993, S. 125) in ihrer Praxis mit einer jungen Frau.

444

Ihr Gesicht war nach einem Autounfall zerschnitten und entstellt, und ihr Mann hatte sich danach von ihr getrennt. Sie war verzweifelt: „Mich will doch keiner mehr - ich will nicht mehr leben!" Auch in diesem schwierigen Fall gelangte Lukas zu einer sinnvollen, hilfreichen Deutung: „ ... mit diesem Schicksalsschlag, dem Verlust der äußeren Schönheit, haben Sie zugleich ein präzises Meßinstrument in der Hand. Wann immer Sie nämlich jemanden kennenlernen, können Sie ihn „testen", ob er genug innere menschliche Größe besitzt, um ein wahrer Freund werden zu können, oder ob er an oberflächlichen Dingen und Äußerlichkeiten hängt" (S.125/126). Da kam das erste Lächeln auf das Gesicht der jungen Frau, „der erste Keim neuen Lebensmutes" (S. 126). Ab diesem Moment ging es ihr besser, und Monate später konnte sie wieder Ausflüge machen und sich in Gesellschaften bewegen wie andere junge Menschen auch.

Man kann Lukas nur größte Hochachtung dafür zollen, daß es ihr auch in diesem extrem schwierigen Fall gelungen ist, die junge Frau aus ihrer verzweifelten Lage „herauszuprovozieren". Ich habe das Wort „provozieren" deshalb benutzt, weil man an diesem Fall sehr deutlich auch das Ziel der Provokativen Therapie erkennen kann: **durch eine Umdeutung („Reframing") eines Sachverhaltes wird die Person provoziert, ihre Perspektive zu überprüfen und zu verändern.** Die Sichtweise der Person wird also provoziert, nicht aber die Person im Sinne Ärger, Beleidigen o.ä.

Die Umdeutung ist eine einfache und recht wirksame Methode. Um sie an einem einfachen Beispiel zu verdeutlichen, möchte ich das häufige Problem ansprechen, daß Frauen sich darüber beklagen, daß sie häufig Streit mit ihrem Partner hätten. Ich habe in solchen Fällen mit der Bemerkung „Sei doch froh, Du hast eine lebendige Partnerschaft! Andere Männer reden überhaupt nicht mehr mit ihren Frauen!" Verblüffung und eine gewisse Nachdenklichkeit ausgelöst. Denn damit hatte ich nicht die Reaktion gezeigt, die in solchen Fällen häufig kommt: Mitleid („Du hast ein schlimmes Schicksal") oder mitfühlender Ärger („Die Männer sind eben alle schlecht!"). Bei einer derartigen Reaktion würde die Frau sich zwar verstanden fühlen, aber nicht dazu „provoziert", aktiv ihre Partnerschaft selbst neu zu definieren und zu verändern.

5.5 Eine Lehre aus dem Ereignis ziehen

Selbst wenn man bezweifelt, daß es in jedem Leiden einen Sinn gibt, kann man aber doch wenigstens die Frage stellen, ob man nicht eine Lehre aus dem Ereignis ziehen könnte (s. Davis, 1987). Wer in diese Richtung denkt („Welche Verhaltensweisen sollte ich in Zukunft zeigen?"), konzentriert sich nicht auf die Vergangenheit („Warum ist ausgerechnet *mir* das passiert?). Er denkt problemorientiert und verwirklicht dadurch das Ziel der Provokativen Therapie und der Logotherapie: Nimm Dein Schicksal selbst in die Hand. Man könnte es auch in der Sprache der epigenetischen Landschaft sagen: „Du hast es selbst in der Hand, wohin die Kugel Deines Lebens rollt!".

Ein derartiges Vorgehen entspricht auch dem, was Garfield (1986) bei Spitzenkönnern fand: Zielgerichtetes Handeln, Perspektivwechsel, Fähigkeit zur Kurskorrektur, Meinung, daß das Leben einen Sinn hat. Spitzenkönner erleben die gleichen Gefühle nach einem Mißerfolg, wie andere Menschen auch: Ärger, Angst usw. Dann beginnen sie aber zu analysieren, zu planen und zu handeln, um das Problem zu lösen.

Man findet bei einer problemorientierten Opferreaktion das, was gute Systemsteuerer (Dörner,1989) ausmacht: Nach einem Mißerfolg kritisierten und analysierten sie ihr eigenes Verhalten, z.B.: Damit hatte ich bisher wenig Erfolg, also muß ich meine Fragetechnik ändern. Sie zeigten also **optimistisch-selbstkritisches Selbstvertrauen**. Durch eine problemorientierte Opferreaktion wird aber nicht nur der ICH - Bezug verringert, sondern auch - im Modell von Seligman (1990) -verhindert, daß der Eindruck entsteht: die Ursache meines Unglücks tritt immer wieder auf und berührt alle Lebensbereiche!

5.6 Ein sinnvolles Leben führen

Frankl hat festgestellt, daß die meisten Menschen nicht an objektiven Problemen oder materiellen Schwierigkeiten leiden, sondern an der Sinnleere ihres Daseins (s. z.B. Lukas, 1993, S. 17). Deshalb kann auch Abstand von einem traumatischen Ereignis gewonnen werden, indem man seinem Leben einen Sinn gibt.

Einen derartigen Sinn kann man auch darin finden, daß man mit anderen Menschen in **eine vertrauensvolle Kommunikation** eintritt. Dies zeigt das Beispiel von Elizabeth Marek, das aber auch noch etwas anderes deutlich macht: Mitleid ist nicht genug!

„Ich hatte mich selbst verloren" sagte Elizabeth Marek. Sie war in eine Lebenskrise geraten und verließ für ein Jahr die Harvard Universität. Dieses Jahr verbrachte sie in dem Santa Clara Child Care Center für emotional gestörte Jugendliche. Diese Jugendlichen waren im unterschiedlichen Ausmaß gestört:
- Mike, der es erlebt hatte, daß seine Mutter seinen Vater in den Kopf geschossen hatte.
- Katie, die zweimal pro Woche von ihrem Vater vergewaltigt worden war.
- James, der fähig war, sich komplexe mathematische Probleme in seinem Kopf vorzustellen, aber von seinen „Monstern" gequält wurde.
- Paul, der ängstlich war und Schaukelbewegungen machte.
- Corinne, seine Schwester, die ihre Fäuste aus Wut und Frustration blutig biß.

Zusammen mit zehn anderen Lehrern lernte sie, das Trauma der Vergangenheit der Kinder zu erkennen und versuchte ihnen zu helfen, mit den Schmerzen fertig zu werden, die sie noch jeden Tag erlebten. Sie schrieb: „Es ist so einfach, diese Kinder zu beobachten, an den Mythos der Rettung zu glauben. Aber es ist nicht so einfach ... Man muß Mauern niederreißen, aber es sind Mauern, die das Kind selbst aufgebaut hat."

Marek bot ihnen ihr Vertrauen und ihre Liebe an und beherzigte den Rat einer anderen Lehrerin dieser Spezialschule: „Der Trick ist: fühle dich nicht unglücklich wegen ihnen. Versuche aber, ihre Stärken zu bewundern und damit zu arbeiten. (Betone) nicht ihre Schwächen."

Elizabeth Marek lernte, **sich selbst zu heilen**, indem sie mit emotional verletzten Kindern arbeitete, **indem sie mit ihnen in eine vertrauensvolle Interaktion eintrat** (Moss, 1987).

5.7 Konfrontationstherapie (Flooding)

Die Provokative Therapie geht von der Erkenntnis aus, daß die psychische Zerbrechlichkeit der Patienten in hohem Maße überschätzt wird - von ihnen selbst und anderen.

Es gibt aber einen Therapieansatz, der diese Nichtzerbrechlichkeit von Menschen noch mehr auf die Probe stellt: Konfrontationstherapie (Flooding). Obwohl es kritische Stimmen zu dieser Methode gibt, möchte ich darauf hinweisen, weil vielleicht niemand so sachkundig über den Wert einer Therapie urteilen kann wie jemand, der selbst Opfer eines Verbrechens geworden ist.

Johanna Gallers, eine amerikanische klinische Psychologin, konfrontiert ihre Patientinnen mit dem traumatischen Ereignis (Flooding). „Wenn Menschen zunächst traumatisiert sind, sind sie in einem sehr erregten emotionalen Zustand," sagt sie. Wenn sie nicht mit dem Trauma umgehen lernen, werden ihre Gefühle wie in einer Falle gefangen, eingekapselt in diesem erhöhten Erregungszustand. Oft besteht der einzige Weg, diese unterdrückten Erinnerungen zu befreien, darin, den ursprünglichen emotionalen Zustand so genau wie möglich wieder herzustellen" (Senders, 1989, S. 707). Was aber den Unterschied zu dem ursprünglichen Ereignis ausmacht ist, daß sie nun sicher sind und zu der furchterregenden Erinnerung zusammen mit einem vertrauenswürdigen Therapeuten zurückgehen. Sie wissen, daß sie diesmal nicht verletzt werden.

Gallers weiß aus eigener Erfahrung, wovon sie spricht. Sie war als Kind von ihrem Vater körperlich mißhandelt worden und von einer Gruppe Jungen aus der Nachbarschaft vergewaltigt worden. Als sie die

Konfrontationstherapie mit Kriegsveteranen anwandte, begann sie Ähnlichkeiten zwischen ihren Erfahrungen und denen der Soldaten zu sehen. Sie stellte dann fest, daß die Kombination der Konfrontationstechnik mit der kognitiven Umstrukturierung (das Infragestellen falscher Vorstellungen) auch für Opfer von Vergewaltigungen und sexuell mißbrauchten Kindern hilfreich war.

Nach einer 5 minütigen Entspannungsübung (Progressive Muskelentspannung) läßt sie die Patienten das traumatische Ereignis in jedem Detail schildern.

Auch wenn verschiedene Wissenschaftler von erheblichen Verbesserungen berichten, die schwer gestörte Patienten nach einer derartigen Therapie verzeichneten, gibt es auch warnende Stimmen, daß Flooding nicht für jeden Patienten geeignet sei. So soll sie für Patienten mit Borderline-Störungen nicht geeignet sein (s. Senders, 1989, S. 708).

Vielleicht kann man hinsichtlich der Konfrontationstherapie das gleiche sagen wie bei anderen Therapien: In vielen Fällen kommt es nicht so sehr auf die Methode an, sondern auf die vertrauensvolle Kommunikation zwischen Patient und Therapeut. In einer vertrauensvollen Kommunikation gibt es nichts Angstauslösendes, Peinliches. Andererseits: Wie kann eine vertrauensvolle Kommunikation entstehen, wenn ein Therapeut sich hinter einer professionellen Verhaltensweise verschanzt? Aber auch eine distanziert-„freundliche" Haltung ist unangemessen. Der Therapeut mag sich zwar als warmherzig, einfühlsam usw. fühlen, sehen, der Patient sieht es aber vielleicht ganz anders. Der Therapeut mag vielleicht glauben, daß er durch die Vermeidung, dadurch, daß er bestimmte Dinge *nicht* anspricht, den Klienten nicht verletzt; aber dadurch vermeidet er erst, daß eine vertrauensvolle Kommunikation entsteht. Eine Frau brachte es hinsichtlich des Verhaltens einer Therapeutin auf den Punkt: „Aber was denkt sie wirklich?"

5.8 Die Wahl: Opferrolle oder Überlebender?

Man sollte zwei Dinge voneinander trennen:
a) daß jemand zu einem Opfer geworden ist und
b) daß jemand in der Opferrolle verbleibt.

Wenn man das Bild der epigenetischen Landschaft betrachtet, kann man die Wahlmöglichkeiten aufzeigen: An diesem Entscheidungspunkt hast *Du* die Wahl, wohin die Kugel Deines Lebens rollt, in Richtung „Opferrolle" oder „Überlebender". Im ersten Fall denkt die Person nur noch daran, daß sie Opfer geworden ist. Die Gedanken kreisen nur noch um das Schlimme, was ihr widerfahren ist. Sie mauert sich in ihre Opferrolle ein und vergibt die Möglichkeit, ein selbstbestimmtes Leben zu führen. Und vor allem: wenn die Gedanken immer noch um das Verbrechen kreisen, hat der Täter immer noch Macht über sein Opfer, er bestimmt immer noch das Schicksal des Opfers. „Im Spiel des Lebens" läßt sich das Opfer immer noch vom Täter ausbeuten. Hier bieten sich Ansätze für Provokative Therapie oder Logotherapie.

Daß der Täter noch immer Macht über einen hat, ist ein Grund, sich zu ärgern. Und hierdurch könnte man die Person aus ihrer Opferrolle herausprovozieren. Die Therapeutin Eleonore Höfner sieht als Ansatz einer Provokativen Therapie die Übersteigerung folgender Opfermeinung: „Gibt es ein Leben nach einer Vergewaltigung? Nein! Alles ist zu Ende. Es gibt keinen Wert mehr zu leben!" (s.a. Höfner und Schachtner, 1995).

5.9 Was macht einen „Überlebenden" aus?

Woher weiß man, daß die Provokative Therapie tatsächlich funktioniert? Ist der logotherapeutische Ansatz wirklich erfolgreich? Eine Antwort liefert eine Schilderung der Einstellungen und Verhaltensweisen von Menschen, die potentiell traumatisierende Ereignisse gut bewältigt hatten.

Siegel (1988, S. 217) berichtet: „Der Psychologe Al Siebert begann sich für die Persönlichkeit von Überlebenden zu interessieren, als er 1953, gleich nach dem College, zu den Fallschirmjägern ging. Sein Übungskader bestand aus den wenigen Überlebenden einer Einheit, die in Korea praktisch ausgelöscht worden war. Er stellte fest, daß diese Veteranen hart waren, aber geduldiger, als er erwartet hätte. Auf Fehler reagierten sie gewöhnlich mit einem Witz, anstatt sich zu ärgern. Aber noch wichtiger war, wie Siebert schrieb: „Ich beobachtete, daß ihnen eine entspannte Wahrnehmungsfähigkeit eigen war. Jeder schien eine Art persönliche Radarantenne zu besitzen, die immer ausgerichtet war." Ihm wurde klar, daß es nicht reines Glück gewesen war, das diese Männer ihre schweren Prüfungen hatte bestehen lassen".

Hier wird eine gewisse heiter-distanzierte Haltung zu den Dingen des Lebens deutlich. Und **Humor, die Fähigkeit, eine Sache aus einem völlig anderen, überraschenden Blickwinkel betrachten** zu können, ist ein wichtiger Baustein der Fähigkeit, Streß bewältigen zu können. Humor verhindert auch das Entstehen von Resignation und Depression, weshalb er z.B. Bestandteil verschiedener Therapien ist: Provokative Therapie, Logotherapie (paradoxe Intention) u.a.

Siebert liefert uns eine zusätzliche, vermutlich überraschende Erkenntnis: „Eines der wichtigsten Bedürfnisse, die Überlebende von anderen Menschen unterscheiden, geht jedoch noch über Selbstverwirklichung hinaus: das Bedürfnis nach Synergismus. Siebert definiert das Bedürfnis nach Synergismus als den Wunsch, daß die Dinge für einen selbst und andere gut laufen.

Überlebende handeln demnach selbst in Situationen größter Anspannung nicht nur aus Selbstinteresse, sondern auch im Interesse anderer. Sie bringen die Dinge ins Lot und machen alles sicherer oder wirksamer. Kurz, sie geben etwas von sich selbst, und sie hinterlassen die Welt besser, als sie sie vorgefunden haben. Ihre entspannte Aufnahmebereitschaft und das Selbstvertrauen, das damit verbunden ist, erlaubt es ihnen, ihre Energie für die wirklich wichtigen Dinge aufzusparen.

Wenn alles gut läuft, lassen sie die Dinge einfach laufen und halten sich frei für ihre Neugier auf neue Entwicklungen oder potentielle Probleme. Sie mögen manchmal so aussehen, als seien sie völlig unbeteiligt, aber sie sind ‚Freunde in der Not'. Wenn es Ärger gibt, sind sie zur Stelle" (Siegel, 1988, S. 218).

Siebert fand also den wichtigen Faktor: **kooperative Orientierung.** Man vergleiche spezifisch die Formulierung: „...Wunsch, daß die Dinge für einen selbst und andere gut laufen." (Siegel, 1988, S. 218) mit der Formulierung des englischen Biologen Dawkins: „TIT FOR TAT geht es nur so gut, wie es dem Partner gut geht."

In der englischen Filmdokumention (BBC, 1986) über die TIT FOR TAT-Strategie (s. Füllgrabe, 1993/94) belegte Dawkins damit, daß TIT FOR TAT eine freundliche, kooperative Strategie ist. Denn sie beinhaltet die Erkenntnis, daß durch Kooperation beide Partner maximalen Erfolg haben.

X. Kriminalität und Gesellschaft

1. Reaktionen von Augenzeugen eines Verbrechens

1.1 Autodiebstahl - Delikt ohne Risiko?

In verschiedenen Städten der USA wurden Autodiebstähle simuliert, um die Reaktion von Passanten zu testen (Friedman, 1980). Das Ergebnis war erschreckend: In fünf verschiedenen Stadtteilen wurden die „Diebe" nur in 3 % der Fälle gefragt, was sie da machten, selbst wenn sie schäbig gekleidet waren oder hintereinander zwei verschiedene Autos aufbrachen. In den Städten Baltimore, Miami, Buffalo griff überhaupt niemand ein, in Chicago, Los Angeles, San Francisco und Fort Lauderdale wurden die Diebe immerhin in 20 % der Fälle gefragt: „Gehört das Auto Ihnen?" u.ä. Aber solche Ergebnisse sind nicht „typisch amerikanisch", sie gelten auch für die Bundesrepublik.

Auf mehreren Plätzen wurde in München die Reaktion von Passanten auf den Diebstahl von Rädern von geparkten Autos getestet (ADAC-Motorwelt, Nr. 6, 1979, S. 50f). Kaum einer der vielen vorbeigehenden Passanten beachtete die „Täter", manche sahen gelangweilt zu, aber die einzige aktive Reaktion waren Beschimpfungen wegen Verkehrsbehinderungen! Auch Personen, die einen Diebstahl vermuteten, taten nichts: „Das ist doch nicht mein Auto!" „Zweimal war ich Zeuge bei einem Verkehrsunfall, und vor Gericht wird einem dann kein Wort geglaubt. Darauf lasse ich mich nicht noch einmal ein." „Das zahlt ja sowieso die Versicherung."

Man könnte als verursachende Faktoren viele der bereits erwähnten Ursachen bei der unterlassenen Hilfeleistung nennen, doch wird in den ADAC-Untersuchungen ein sehr wesentlicher Gesichtspunkt herausgestellt: Hilfsbereitschaft wird in unserer Gesellschaft nicht gelernt, Konkurrenz und Karrierestreben haben einen höheren Stellenwert als Kooperation. „Wie soll sich aus dieser Situation heraus ein einzelner für das Eigentum anderer plötzlich verantwortlich fühlen?" (S. 51).

Hier wird also ein sozialer Faktor der Kriminalität angesprochen. Wären nämlich die Aufmerksamkeit der Passanten und die Kooperation größer, würden derartige Delikte kaum möglich sein! Dies zeigen auch Feldbeobachtungen von Gelfand u.a. (1973) bei einem gestellten Ladendiebstahl.

1.2 Die Passivität von Zuschauern eines Ladendiebstahls

Obwohl eine „Täterin" bei einem fingierten Ladendiebstahl bewußt die Aufmerksamkeit auf sich zu lenken versuchte, bemerkten nur 28 % der Kunden den Diebstahl, und nur wenige (28 %) der Beobachter starteten überhaupt eine Aktion und meldeten den Vorfall.

Die mangelnde Handlungsbereitschaft kann leicht durch die grundsätzlichen Bedingungen unterlassener Hilfeleistung erklärt werden. Spezifisch wäre hier jedoch zu nennen, daß die Beobachter eines Ladendiebstahls noch mehr Möglichkeiten haben, die Verantwortung abzuschieben, da ja vor allem das Personal für die Aufsicht verantwortlich ist. Ferner verhindert die unpersönliche Verkaufsatmosphäre und das Fehlen eines direkten, sichtbaren Opfers eine "Identifikation mit dem Opfer", was mit dem Besitzer eines kleinen Ladens noch möglich wäre. Auch sind die Kosten für eine Anzeige recht hoch: Zeitverlust und Unannehmlichkeiten durch Anzeigen, Vernehmung bei der Polizei, Erscheinen vor Gericht u.ä. Einige der Beobachter eines Ladendiebstahls (Gelfand u.a., 1973) fürchteten auch, eine falsche Anschuldigung zu machen, oder eine, der man keinen Glauben schenkt. Hinzu kommt die Befürchtung einer Gegenanzeige durch die angezeigte Person; dagegen ist der Gewinn gering: weder Geld noch symbolischer Dank. Es bleibt höchstens die Befriedigung, daß man der Gerechtigkeit gedient und einen Dieb „zur Strecke" gebracht hat.

Gelfand u.a. (1973) stellten fest, daß die Kleidung der Täterin keinen Einfluß auf das Anzeigeverhalten hatte, gleichgültig, ob sie konventionell oder als Hippie gekleidet war.

Personen mit höherer Schichtzugehörigkeit, im mittleren Alter, oder Männer und/oder in ländlichen Gegenden Aufgewachsene, meldeten dem Personal den Diebstahl häufiger. Als Hauptgrund dafür wurde angegeben, daß Stehlen unmoralisch sei.

Interessant ist, daß das Aufwachsen in einer Umgebung mit geringer Bevölkerungsdichte zu größerer Anzeigebereitschaft führte. Dieser Gesichtspunkt hängt damit zusammen, daß man sich in ländlichen Gebieten mehr um die Belange des anderen kümmert, während die Anonymität der Großstadt mehr Isolation erzeugt. Dies hängt nicht mit „Charakterlosigkeit" zusammen, sondern stellt einen wichtigen Vermeidungsmechanismus dar, der vor Reizüberflutung schützt. Beispielsweise kommt man beim Spaziergang im Zentrum einer Großstadt in „Reichweite" von einigen tausend Menschen. Wie schon 1903 der Soziologe Georg Simmel bemerkte, würde dieser Spaziergänger, wenn er auf diesen „unaufhörlichen äußeren Kontakt" positiv reagieren würde, „innerlich in Atome zerfallen" (Time-Life: Die Gemeinschaft; 1976, S. 76). Würde er auf alle Problemsituationen reagieren und eingreifen, würde er wohl kaum in der Lage sein, seine eigenen Angelegenheiten in Ordnung zu halten. Diese „Abschottung" gegen Reizüberflutung (s. Mehrabian 1978) **und** die Tatsache, daß man in der Großstadt und in der heutigen Gesellschaft soziale Probleme durch Institutionen lösen läßt, bewirkt die geringere Anzeige- und Hilfsbereitschaft in der Großstadt. Kein Wunder, daß Diebe in der Großstadt Autoreifen stehlen können, während Passanten zuschauen!

1.3 Die „verärgerten Samariter"

Nicht immer bleiben Zuschauer eines Überfalls passiv, manchmal greifen sie spontan ein und bekämpfen und verfolgen die Täter. Während aber sonst „gute Samariter" durch prosoziale Motive gekennzeichnet sind (s. z.B. London, 1970), zeigen aber Personen, die bei Delikten eingreifen, unter Umständen eine ganz andere Motivation: primär war Ärger gegenüber dem Kriminellen, von geringerer Bedeutung war Besorgnis um das Opfer. Huston u.a. (1976) sprechen deshalb von „verärgerten Samaritern".

Bei der Untersuchung von kalifornischen Bürgern, die wegen ihrer Hilfeleistung bei kriminellen Handlungen finanzielle Entschädigung erhalten hatten, stellten Huston u.a. (1976) fest, daß sie spezifische Motivation und Persönlichkeitsstruktur hatten. Im Gegensatz zu anderen „Samaritern" hatten diese „verärgerten Samariter" nicht unbedingt eine positive Haltung zu den Opfern. Das Opfer wurde z.T. sogar negativ gesehen und sein Verhalten so gedeutet, daß es durch seine eigene Dummheit den Ärger auf sich gezogen hätte.

Sie machten auch negative Bemerkungen über andere Personen, die während des Überfalls helfen wollten. Sie sahen sich selbst als zur Hilfe besonders geeignet an und schienen eifersüchtig auf andere potentielle Helfer zu sein. Auch schien es, daß sie ihr Eingreifen als Wettbewerb zwischen sich und dem Kriminellen ansahen, wobei das Opfer nur eine Nebenrolle spielte und nur den äußeren Anlaß zur Tat lieferte. Damit überein stimmte die Beobachtung, daß die „verärgerten Samariter" leichter Ärger zeigten (gemäß Novacos Liste ärgerauslösender Situationen) als eine Kontrollgruppe von Studenten.

Sie hatten eine starke Einstellung zu „law and order"; Kriminalität wurde häufig als ein äußerst wichtiges Problem angesehen. Allerdings hatten sie wenig Hochachtung vor den Fähigkeiten der Polizei. Dies war vermutlich neben dem Gefühl für „law and order" und der größeren Bereitschaft, sich zu ärgern, einer der auslösenden Faktoren für das Eingreifen.

Sehr viele der „verärgerten Samariter" besaßen Schußwaffen, hatten somit das Gefühl, aggressive Situationen erfolgreich meistern zu können und glaubten nicht, beim Eingreifen verletzt zu werden. Dies mag ihre Risikobereitschaft erhöht haben, was gelegentlich ihre Vorsicht und Eigensicherung beeinträchtigte. Sie hätten deshalb auch eingegriffen, wenn sie für erlittene Schäden keine finanziellen Entschädigungen erhalten hätten (viele wußten nicht, daß es ein derartiges Entschädigungsgesetz gab). Allerdings sagten viele später, daß sie sich beim nächsten Mal um ihre eigenen Angelegenheiten kümmern und nicht mehr eingreifen würden. (Hierin unterschieden sie sich aber von vielen prosozialen Helfern.) Offensichtlich hängt damit zusammen, daß ihr Wertsystem gestört wurde: Sie hatten das Richtige getan und waren durch ihre Verletzungen schlechter dran als zuvor, körperlich und finanziell. Ihr Helfen war nicht belohnt worden. Welches Verhalten aber andere „verärgerte Samariter", die nicht verletzt oder sonst zu Schaden gekommen waren, bei einem erneuten Überfall zeigen würden, wäre eine interessante Frage, vor allem deshalb, weil sie zwar keinen Schaden, aber auch keinen großen Nutzen (finanzielle Belohnung oder öffentliches Lob) erhalten.

1.4 Vigilantentum

Nicht nur zu einer Verfolgung, sondern auch zu aggressiven Handlungen und zu einer Bestrafung eines Täters durch Passanten kann es unter bestimmten Voraussetzungen kommen (Horn, 1976): Dazu muß z.B. die soziale Hemmung erst gefallen sein, was der Fall ist,
- wenn die Situation eindeutig und als kriminelles Delikt erkannt und der Täter bekannt ist (auch wenn man über den Täter nur Informationen aus zweiter Hand hat);
- in Gebieten, wo Personen ein Gefühl der eigenen Verbundenheit und der Gemeinschaft haben (z.B. Gebiete mit ethnischer Einheit, wo jeder jeden kennt);
- in Nachbarschaften, in denen man nicht glaubt, daß Polizei und Gerichte Kriminalität wirksam bekämpfen; als Teil einer Gruppe ist man risikobereiter, weil man weniger individuell zur Verantwortung gezogen werden kann;
- in Gebieten mit hoher Kriminalitätsrate und in Gebieten, wo sich die Menschen durch schlechte Jobs, schlechte Wohnbedingungen und Mangel an sozialen Gelegenheiten frustriert fühlen.
Indem man einen Kriminellen direkt angreift, werden die Angst und der Ärger kompensiert, die durch die beständige Bedrohung durch Kriminalität ausgelöst werden. Die handelnde Person hat dann das Gefühl, die Situation unter Kontrolle zu haben. „Und es ist viel sicherer, seine Wut an einem Kriminellen auszulassen, als an Hausbesitzern, Geschäftsleuten, Sozialarbeitern oder Politikern, die das Gewicht des Gesetzes hinter sich haben" (Horn, 1976, S. 28).

2. Gesellschaftliche Aspekte des Telefonterrors

2.1 Telefonterror als gesamtgesellschaftliches Symptom

Man sollte Telefonterror nicht nur als individuelles Delikt ansehen. Man sollte das Delikt vielmehr auch im gesamtgesellschaftlichen Rahmen betrachten. Denn oft sagt Kriminalität auch viel über den Zustand einer Gesellschaft aus. Inhalte und Formen krimineller Handlungen verraten viel über das, was in einer Gesellschaft schiefläuft.

So ist z.b. der Straßenraub oft das Ergebnis des Zusammenwirkens von drei Rollen: der Täter, das Opfer und der passive Zuschauer. Weil der Täter davon ausgeht, daß der passive Zuschauer weder dem Opfer zu Hilfe kommt, noch die Polizei anruft, wagt er sich überhaupt erst an sein Opfer heran. Die Fälle, in denen Passanten eingriffen und den Täter überwältigten, zeigen, daß die Passivität von Zuschauern nicht zwangsläufig sein muß (s. Kap. III, 1.1). Doch muß man die viel zu häufig vorkommende Passivität von Zuschauern eines Verbrechens als ein Symptom für das Zusammenbrechen von Kooperation in einer Gesellschaft ansehen.

Für das Delikt Telefonterror findet man ebenfalls Themen, die symptomatisch für die Gesamtgesellschaft sind, oder häufig darin auftauchen, z.B.:
- Kommunikation als Konsumartikel
- Gewaltbereitschaft, weil Gewalt zum Genußmittel wird.
- Passivität statt eigenem Handeln.
- Mangelhafte Informationsgewinnung und Deutungsfehler.

2.1.1 Kommunikation als Konsumartikel

Verschiedene Falldarstellungen in Hinder (1992) zeigen, daß seit Beginn der 80er Jahre eine große Anzahl von Fällen von Telefonterror bekannt geworden sind. Eine Parallele findet man hier übrigens bei dem Aufkommen einer neuen Art sexuell getönter *Kommunikation*: Telefonsex.

Man könnte daraus auch die Hypothese ableiten, daß Telefonterror und Telefonsex Kommunikationsformen in einer Zeitepoche wurden, in der die Macht des Wortes auch von breiteren Teilen der Bevölkerung benutzt und Information sozusagen ein Konsumartikel wurde. Derartige Konsumartikel haben in der Zwischenzeit immer weitere Verbreitung gefunden. In Linz (Österreich) hat jeder fünfte Schüler über 14 Jahren einen Anruf für Telefonsex getätigt (HNA 1.4.1993).

Daß Kommunikation tatsächlich eine Art Konsumartikel geworden ist, zeigt sich auch daran, daß seit Ende der 70er Jahre Talkshows in Deutschland Mode geworden sind. Und neben der Vorstellung, daß durch Nachrichtensendungen Informationen vermittelt werden, durch die der Zuschauer sich ein realistisches Bild von der Welt formen kann, gibt es auch noch eine weitere Vorstellung. Der Begriff „Infotainment" (aus den Wörtern Information und Entertainment gebildet) verrät die Meinung, es gehe mehr um den Unterhaltungswert einer Nachricht als um den Informationswert zur Entscheidungsbildung und optimalen Steuerung des eigenen Verhaltens.

Man kann also bei Telefonterror neben individuellen Gesichtspunkten bei Täter und Opfer auch gesamtgesellschaftliche Faktoren finden. Diese sind - neben anderen Faktoren - dafür verantwortlich, daß das Wort ein Instrument der Macht geworden ist.

Von dem früheren amerikanischen Präsidenten Reagan wurde als von dem „großen Kommunikator" gesprochen, der mit Worten eine angenehme Stimmungslage zu verbreiten wußte. Der Telefonterrorist will mit Worten dagegen die genau entgegengesetzte Atmospäre erzeugen: Angst und Schrecken.

2.1.2 Gewalt als Konsumartikel

Kriminalität spielt sich nicht im luftleeren Raum ab, sondern ist eng mit der Form, Struktur und der Atmosphäre der Gesellschaft verknüpft. Wenn z.b. heute mit großem Erstaunen festgestellt wird, daß die Gewalt in der Gesellschaft und spezifisch z.b. in Schulen zugenommen hat, ist eigentlich nur erstaunlich, daß man *jetzt* auf eine derartige Entwicklung mit Erstaunen und Überraschung reagiert. Denn bereits 1970 (!) hatte Berkowitz in seinem Beitrag „Gewalt, eine ansteckende Krankheit" auf den Einfluß von Massenmedien - nicht nur des Fernsehens - hingewiesen. Denn auch Zeitungsberichte können eine, wenn auch durchaus komplexe Auswirkung haben.

Phillips (1980) untersuchte die mögliche abschreckende Wirkung der Todesstrafe, indem er die Mordrate für London während der Jahre 1858 - 1921 mit der Ausführlichkeit der Berichte über Hinrichtungen in „The Times" verglich. Phillips stellte fest: Im Durchschnitt sank die Zahl der Morde in der Woche nach der Hinrichtung. Je mehr Publizität der Hinrichtung gewidmet wurde, desto mehr sank die Mordrate. Allerdings wurde dieser zweiwöchige „Abschreckungseffekt" dadurch wieder genau ausgeglichen, daß es später zu einer starken Erhöhung der Mordrate kam!

Natürlich kann man nicht sagen, daß derartige Zeitungsberichte automatisch bei jedem Leser eine Gewaltbereitschaft auslösen. Aber analog zur Umweltverschmutzung könnte man sagen, daß durch derartige Berichte mehr aggressive Gedanken mit Themen bezüglich Gewalt in den Köpfen der Menschen herumschwirren. Und bei Menschen, die aufnahmebereit für derartige Informationen sind (z.B. wegen eines negativen

Weltbildes, Haß auf Mitmenschen usw.), führt dies eher zu einer Enthemmung (im Sinne von Berkowitz, 1970) und zur Bereitschaft, aggressiv zu handeln.

Ähnlich ist ja auch die Wirkung von Pornographie: Nur dann, wenn Sexualität mit Aggression gekoppelt ist, kommt es zu Gewalt gegen Frauen. Vor allem ist es die durch die Erziehung geprägte Haltung gegenüber Körperlichkeit, die die Reaktion auf Pornographie bewirkt: Bei allen Gruppen von Menschen und abweichendem Sexualverhalten fanden Kant und Goldstein (1971), daß in ihrer Familie Sexualität und Nacktheit tabuiert gewesen waren, man betrachtete sie als etwas Schlechtes, und man sprach nicht darüber.

Es ist also die innere Haltung des „Konsumenten" von Information (Gewalt, Pornographie usw.), die die Auswirkung von Massenmedien bestimmt. Und bezüglich dieser inneren Haltung sind einige erschreckende Dinge festzustellen:

Auch der Anblick von Gewaltdarstellungen wirkt als Genußartikel. Dazu ein Beispiel von Berkowitz (1970) aus einer Stadt in den USA. Dort wurde die Besucherzahl in einem Kino, das einen Film über einen authentischen Mordfall zeigte, festgestellt: Als Kontrollgrupppe diente die Besucherzahl eines Kinos, in dem ein erotischer Film („The Fox") gespielt wurde. In beiden Kinos sank die Besucherzahl nach Ablauf einer Woche - eine normale Abnahme des Interesses an beiden Filmen. Dann wurde plötzlich auf dem Universitätsgelände ein Student brutal ermordet. Am nächsten Tag, nachdem die Zeitungen darüber berichtet hatten, sank die Zahl der Besucher des erotischen Films, während die Zahl der Besucher des Films über den Mordfall stark anstieg. Der Mord an dem Studenten hatte offensichtlich ein gesteigertes Interesse an Gewaltdarstellungen geschaffen.

Es wäre aber eher ein Akt der Hilflosigkeit, nach dem Verbot von Gewaltdarstellungen in Massenmedien zu rufen. Denn wir leben ja nicht in einer Welt des Friedens und der Gewaltlosigkeit. In Wirklichkeit muß jedem Konsumenten von Gewalt verdeutlicht werden, welchen Geistes Kind er ist. Man vergleiche z.B. die Kung Fu-Filme, von denen die meisten Zuschauern nicht wissen, daß sie Elemente der Peking-Oper enthalten. Durch die Kampfszenen, die Musik usw. wird jedoch der Eindruck von vielen langanhaltenden Schlägereien erweckt. Man braucht aber nicht viel Ahnung von Kampfsportarten zu haben oder großes medizinisches Fachwissen, um zu erkennen, wie unrealistisch die Gewaltdarstellungen sind. Wären die Treffer durch die gezeigten Kampfsporttechniken so erfolgreich, wie Filmbild und Ton suggerieren, wären die beiden Kämpfer recht schnell so schwer verletzt, daß sie derartige lange Kampfszenen überhaupt nicht durchführen könnten. Aber im Vordergrund dieser Filme steht ja nicht die Verknüpfung von Gewalt mit einer Handlung, sondern die Gewaltdarstellungen selbst sind der Inhalt. Der passive Zuschauer kann dies ohne großes Nachdenken konsumieren.

Man vergleiche damit z.b. Kurosawas Film „Die sieben Samurai", in dem ebenfalls Kampfszenen auftauchen, die aber als unvermeidliche, tragische Konsequenz einer Lage angesehen werden, in die Menschen unverschuldet geraten sind. Daneben tauchen auch immer wieder Themen auf, die die menschliche Existenz betreffen: Solidarität, Achtung der Individualität des anderen, die Bescheidenheit des wahren Könners, Verständnis für menschliche Schwächen.

Vor allem aber die Samuraimentalität im japanischen Klassiker „Das Höllentor" wird wohl den meisten passiven Filmkonsumenten unverständlich bleiben: Ein Samurai verfolgt in blinder Liebe die Ehefrau eines Leibwächters des Shoguns. Um ihren Mann zu retten, opfert die Frau sich. Als der Samurai entdeckt, daß er nicht den Mann, sondern die Frau getötet hat, erwacht er aus seiner Verblendung. Er bittet den Ehemann, ihn zu töten, doch dieser lehnt ab. Voller Trauer sagt der Leibwächter: „Wenn meine Frau mich wirklich geliebt hätte, hätte sie mir alles erzählt". Aber er kann auch nicht das Gewissen des Samurais dadurch entlasten, daß er Rache übt und den Samurai tötet. Um zu sühnen, schneidet sich der Samurai seinem Zopf ab (ein entwürdigender Vorgang für jeden Samurai) und zieht als Mönch umher.

Auch hier kommen Kriegsszenen und Gewalt vor, aber stellen nicht den Mittelpunkt der Handlung dar. Der Film fordert vom Zuschauer Nachdenken und Stellungnahme. Im Gegensatz dazu werden dem passiven Konsumenten von Gewaltdarstellungen die Auswirkungen von Gewalt gar nicht mehr bewußt. Kein Wunder, wenn Kinder Schulkameraden eine Schlinge um den Hals legen, um zu sehen, was dann passiert!

2.1.3 Wie die „versteckte Kamera" Aktivitäten hemmen und Kooperation verhindern kann

Aggression und „Action" in Filmen oder Fernsehen enthalten eine intensive Komponente: ein hohes Aktivitätsniveau. Der Konsument solcher Bilder erhöht gewissermaßen durch den Genuß sein eigenes Aktivierungsniveau. Um dieses Bild weiterzuführen: Besonders derjenige, der in einer unbefriedigenden Lebenssituation lebt oder einer Umgebung, in der „wenig los ist", fühlt sich beim Konsum aggressiver Bilder aktiver und lebendiger. Und: dieser Konsument will im Laufe der Zeit immer größere und intensivere Dosen des „Rauschmittels Gewalt".

Ist dies schon schlimm genug, so gibt es in den Massenmedien noch zwei Elemente, die beim Zuschauer psychologische Prozesse auslösen, die weniger beachtet werden, die aber das menschliche Zusammenleben erheblich beeinträchtigen können. Einer dieser Prozesse fördert die **Passivität** gegenüber dem Leid anderer Menschen, der andere fördert die **Entpersönlichung** (Deindividualisierung) im Sinne Zimbardos (1969).

Durch den Prozeß der Entpersönlichung wird die Person nicht mehr als Mensch, sondern nur noch als Objekt wahrgenommen. Eine solche als Objekt bewertete Person wird dann z.B. leichter Opfer einer Aggression.

Der Faktor, der die Passivität von Menschen fördert, ist die **soziale Hemmung**. Die soziale Hemmung ist z.B. dafür verantwortlich, daß die Zuschauer von Unfällen, Raubüberfällen usw. nicht handeln, nicht helfen, noch nicht einmal die Polizei oder andere Retter rufen. In München brachen vor einigen Jahren Kinder ins Eis ein, und die vielen Zuschauer blieben passiv.

Ursache dieser sozialen Hemmung ist die Furcht, sich durch eigenes Handeln vor den anderen Menschen zu blamieren. Man denkt z.B.: „Vielleicht habe ich die Situation falsch interpretiert." oder „Wenn ich jetzt etwas falsch mache, werde ich ausgelacht." Vielleicht kommt noch das Prinzip „geteilte Verantwortung" hinzu, und die Person denkt: „Warum soll gerade *ich* helfen, es sind ja auch noch andere da!" Auf jeden Fall handelt die Person nicht sozial und tut nichts, um das Leid eines anderen Menschen zu mildern oder um dessen Leben zu retten bzw. retten zu lassen.

Mit angeblich versteckter Kamera betrogen
Braunschweig
Seelenruhig gingen Gäste einer Braunschweiger Gaststätte einem Trickdieb auf den Leim. Für eine Fernsehsendung wolle er die Wirtin verulken, gab der Mann laut Polizeibericht von gestern vor. Eine schlichte, im Automaten gedruckte Visitenkarte mit dem Text „RTL-Tele Versteckte Kamera - bitte machen Sie mit" ließ statt Mißtrauen Begeisterung aufkommen.
Der 30jährige Dieb steckte daraufhin die mit 1200 Mark gefüllte Kellnergeldtasche und ein Funktelefon ein, verabschiedete sich freundlich und versprach, nach gelungener Dreharbeit anzurufen. Der Mann wurde wenig später gefaßt.

HNA 9.3.1994

Byrne hatte bei der Analyse der Ursachen der unterlassenen Hilfeleistung bereits 1974 auf den *möglichen* Zusammenhang zwischen der sozialen Hemmung und Fernsehsendungen mit versteckter Kamera („Candid Camera", „Vorsicht Kamera" u.a.) hingewiesen. Wenn z.B. ein Mann durch ein Krankenhaus geht, über seine Schulter eine strampelnde und laut schreiende Frau geworfen - was liegt dann vor? Ist irgendwo eine Kamera versteckt? Und wer jetzt eingreift und der Frau helfen will, blamiert sich - zur Freude vieler Zuschauer. Es könnte aber auch sein, daß hier ein raffinierter Serienvergewaltiger sich sein Opfer gezielt ausgewählt und zur Tatvollendung verschleppen will. Und genau das war die Situation im Falle eines Serienvergewaltigers (s. Hazelwood, 1990), wo ein Arzt die Frau als eine seiner Krankenschwestern erkannte und sie befreite. In einem ähnlichen Fall in Paris schleppte ein Mörder sein Opfer durch die gesamte Stadt.

Fazit: Fernsehsendungen mit versteckter Kamera sind nicht die einzige Ursache von sozialen Hemmungen. Sie tragen aber dazu bei, daß die Einschätzung der Realität erschwert wird. Sie verschleiern den Blick dafür, daß jemand in Not sein könnte. Sie können - neben anderen Ursachen - langfristig dazu beitragen, daß Vertrauen und Kooperation in einer Gesellschaft zerstört werden.

2.1.4 Ein neuer Konsumartikel: Das Pech anderer Menschen

Stellt die unterlassene Hilfeleistung schon ein schwerwiegendes Krankheitssymptom einer Gesellschaft dar, so gibt es - so unglaublich es klingen mag - noch eine Steigerungsform dieser Krankheitssymptome. Um dies besser verstehen zu können, ist es notwendig, die Verhaltensweisen eines Volkes zu betrachten, bei dem die Gemeinschaft in erschreckender Weise zerfallen war.

Der englische Anthropologe Turnbull (1973) beschreibt in seinem Buch „Das Volk ohne Liebe" den sozialen Untergang der IK, einem ehemaligen Jägervolk im Norden Ugandas. Durch die Zerstörung der Lebensgrundlagen und ständigem Hunger kam es zum Zerfall der Gemeinschaft. Freundlichkeit, Mitgefühl, Zuneigung, Liebe, Anteilnahme und Kooperation starben aus. Die Menschen verschanzten sich in ihren festungsartigen Häusern in ständiger Angst vor den Nachbarn, Kinder stahlen ihren Eltern und Geschwistern das wenig Eßbare vom Munde weg. Eine Mutter war froh, daß ihr Kind von einem Leoparden verschleppt und gefressen worden war. „Die Männer gingen auch sofort auf die Suche, sie fanden den Leoparden - nur vom Schädel des Kindes war noch etwas übrig -, töteten ihn, brieten und aßen ihn mitsamt dem Kind auf. Die Wirtschaftlichkeit der IK - in einer Weise durchaus gerechtfertigt. Doch kann aus solchem Verhalten keine Zuneigung zwischen Eltern und Kindern entstehen" (Turnbull, 1971, S. 111 - 112).

Bezeichnend sind einige Kapitelüberschriften in Turnbulls Buch:
- Jeder ist sich selbst der Nächste
- Menschen ohne Gesetz
- Das Ende des Guten.

Psychologisch interessant sind vor allem folgende Verhaltensweisen von Menschen in dieser zerfallenen Gemeinschaft:
- Eine allgemeine Trägheit und Passivität, sogar dann, wenn man die Felder besser bestellen, vor Tieren schützen und Vorsorge für die Zukunft treffen könnte.
- Mißtrauen
- Freude am Pech anderer Menschen.

„Wenn jemand stürzte, war ihnen das Grund zu Gelächter, ganz besonders, wenn es ein alter, schwacher Mann war oder ein Blinder" (Turnbull, 1971, S. 88).
- „...bin der Auffassung, daß das einzige Motiv, das sie antrieb, gewisse Arbeiten gemeinsam zu erledigen, in der vergnüglichen Aussicht bestand, sich am Mißgeschick anderer erfreuen zu können" (S. 197).

- Freude am Zerstören. „Alle Spiele wurden von Jungen und Mädchen gemeinsam gespielt. Der eigentliche Spaß aber bestand stets darin, das von anderen Geschaffene zu zerstören" (Turnbull, 1971, S. 89).
- Freude am Quälen anderer Menschen (s. z.B. Turnbull, 1971, S. 168, 216 - 217).

Nicht nur die Freude am Quälen, sondern auch die Freude daran, daß ein anderer Pech hat, können als schwerwiegende Krankheitszeichen einer Gesellschaft angesehen werden. Die Freude am Pech anderer, daß andere ein Mißgeschick erleben, ist ja auch gewissermaßen ein Konsumartikel geworden, den man z.b. in einer Reihe von Fernsehprogrammen „genießen" kann, aber auch durch Videos, auf denen z.b. ausschließlich Automobilunfälle aneinandergereiht sind.

Geht es bei der Darstellung von Autounfällen um Leben und Tod, könnte man manche anderen Ereignisse vielleicht als harmlos (z.B. Leute fallen ins Wasser) definieren. Doch man könnte auch bei solch scheinbar harmlosen Szenen fragen: Inwieweit wird hier durch das Auslachen des Opfers das Grundprinzip einer kooperierenden Gemeinschaft verletzt: registrieren, daß jemand ein Problem hat, Hilfe braucht und ihm zu Hilfe eilen und dann das Problem gemeinsam lösen?

Wie sehr der Realitätsverlust vieler Zuschauer ist, wie sehr die Maßstäbe verloren gegangen sind, zeigt sich in erschreckender Weise bei Szenen, in denen Kinder hinfallen, gegen einen Pfosten laufen oder fahren, mit einem Schlitten gegen den Baum fahren und mit dem Kopf gegen den Baum schlagen u.ä. Die Zuschauer, die derartige Szenen beklatschen, sehen diese Szenen als abstrakten Vorfall an und nicht als etwas, was sich im tatsächlichen Leben mit einem wirklichen Menschen abgespielt hat. Den klatschenden Zuschauern wird überhaupt nicht bewußt, daß hier ein kleines Kind leidet, Schmerzen empfindet und sich als ein von anderen Menschen isoliertes Lebewesen sieht, das von Eltern gefilmt, aber nicht spontan getröstet wird.

Hier wird unmerklich langfristig etwas gestört oder sogar zerstört. Hier könnte langfristig eine allmähliche Erosion des Vertrauens bewirkt werden. Um Vertrauen zu erwerben und eine sichere vertrauensvolle Bindung an andere Menschen entwickeln zu können, bedarf es nämlich einer gut synchronisierten „Partnerbeziehung" Eltern-Kind. Nur dann, wenn ein Kind sieht, daß die Eltern oder andere Bezugspersonen auf seine gefühlsmäßigen Bedürfnisse sofort reagieren, daß es bei Kummer sofort getröstet wird, entwickelt ein Kind einen **sicheren Bindungsstil**. Gehen die Bezugspersonen nicht spontan auf die gefühlsmäßigen Bedürfnisse ein, entwickelt ein Kind einen *ängstlichen* oder sogar distanzierten *vermeidenden* Bindungsstil. Scheinbar selbständig und unabhängig von anderen Menschen (aber nur *scheinbar!*) leben sie als Erwachsene im Alltag. Daß hier aber tatsächlich Beziehungsdefizite vorliegen,

wird nur in Streßsituationen und Krisen deutlich. Daß bei einem vermeidenden Bindungsstil weder eine vertrauensvolle Kommunikation möglich ist noch eine funktionierende Partnerschaft, zeigt z.b. eine Untersuchung von Simpson u.a. (1992).

Im Gegensatz zu Frauen mit einem sicheren Bindungsstil erzählten
Frauen mit vermeidendem Bindungsstil ihrem Partner seltener von einem angstauslösenden Ereignis.

Erstaunlicher aber war das Verhalten, wenn die Männer ihre Partnerinnen trösten wollten.

- Wenn die Männer ihre Partnerinnen mit Körperkontakten (Berührung
  des Körpers, des Gesichts, Hand auf Arm oder Schulter legen usw.)
  zu beruhigen suchten, so führte das bei Frauen mit sicherem Bindungsstil zu einem Annäherungsverhalten: häufigeres Berühren und
  Küssen des Gesichts.
- Bei Frauen mit einem unsicheren Bindungsstil war es genau umgekehrt. Je mehr ihre Partner mit Körperkontakt versuchten, sie zu beruhigen, desto mehr Widerstand leisteten sie und zogen sich zurück
  (vom Partner wegdrehen, wegrücken usw.). Mit anderen Worten:
  Wer Angst vor Nähe hat, zieht sich in Krisenzeiten emotional und
  körperlich von seinem Partner zurück.

Hier wird deutlich, wie die natürlichste menschliche Reaktion, die
des Tröstens in Zeiten von Kummer, durch Erziehungsdefizite gestört
werden kann. Natürlich bewirkt das Klatschen eines Zuschauers, wenn
er ein Kind in einer angeblichen spaßigen Szene hinfallen sieht - noch
keine direkte nachhaltige Wirkung auf dieses Kind. Doch das Klatschen
verringert das Gefühl für natürliche Reaktionen in derartigen Situationen und führt dazu, daß allmählich eine **Atmosphäre der heiteren
Gleichgültigkeit** gegenüber anderen Menschen entsteht. Das Zeigen einer derartigen Filmszene mag vielleicht unbedeutend sein. Es ist aber
analog zu dem englischen Spruch, daß die Freiheit „inch by inch" stirbt:
Kooperation und Mitgefühl schwinden allmählich unmerklich dahin.

Um das Zeigen von Szenen mit Kindern, die ein Pech erleben, richtig einschätzen zu können, soll ein Erlebnis von Turnbull bei den IK zitiert werden (S.
88): „Am meisten irritierte mich wohl ihr Lachen, in dem sich irgendein Mangel offenbarte, den ich nicht definieren konnte. Beispielsweise erlebte ich einmal, wie einige... sitzende Männer gespannt ein Kind beobachteten, das auf
eine Feuerstelle zukroch. Als es sich sein mageres Händchen verbrannte, brachen sie in fröhliches und glückliches Gelächter aus. Und die Mutter, entzückt,
daß ihr Sprößling die Leute so gut amüsiert hatte, zerrte ihn zärtlich vom Feuer
weg. Es war einer der seltenen Augenblicke, in denen sich so etwas wie
Elterstolz manifestiert."

2.2 Gesellschaftliche Gesichtspunkte der Opferrolle

2.2.1 Der sorglose Materialist als leichtes Opfer von Kriminalität

Wie bei jedem Delikt spielen auch beim Telefonterror gesellschaftliche Faktoren eine mitentscheidende Rolle, Sie bilden - analog zu einem Theaterstück - den Hintergrund, vor dem die Personen handeln, vor dem die Schauspieler ihre Rolle spielen.

Wenn in einer Gesellschaft Informationen als Konsumartikel dienen, die
- Gewalt
- Blamage anderer Menschen
- Freude daran, daß andere Menschen Pech haben und leiden,

beinhalten, darf man nicht erstaunt sein, daß sich dies auch in irgendeiner Form von Kriminalität widerspiegelt.

Betrachtet man die Rolle des Täters, so verschafft er sich gewissermaßen durch seinen Anruf gewaltsam Zugang zu dem Konsumartikel „Information", und er konsumiert während seines Anrufs diese Informationen.

Welche gesellschaftlichen Faktoren spielen aber dabei eine Rolle, daß jemand die Opferrolle übernimmt, daß nicht nur ein verständlicher momentaner Schockzustand auftritt, sondern auch langfristig psychische Schäden? Ich habe ganz bewußt die Formulierung „Opferrolle übernehmen" gewählt, denn genauso wie ein Schauspieler eine Rolle ablehnen könnte, könnte ja auch ein Angerufener ablehnen, die Opferrolle zu übernehmen. Im Gegensatz zu einem körperlichen Angriff könnte man ja die Begegnung, die Kommunikation, sofort abbrechen und den Telefonhörer auflegen. Dazu sind aber viele der Angerufenen nicht in der Lage, weil sie nie gelernt haben, auf eine unangemessene Forderung kurz und einfach mit „Nein!" zu antworten.

Bei Kindern ist die Schockwirkung von Telefonterror vielleicht noch verständlich. Warum aber ein Telefonanruf bei Erwachsenen eine derart verheerende Wirkung haben kann, kann meiner Ansicht nach nur verstanden werden, wenn man die Gründe nicht nur in der Persönlichkeit der Angerufenen sucht, sondern auch berücksichtigt, wie der Zeitgeist - das in der Gesellschaft weitverbreitete Denken - die Persönlichkeit eines Menschen und spezifisch sein Denken, Fühlen und Handeln beeinflussen.

Einer der gesellschaftlichen Faktoren, die zu einer größeren Opfergefährdung führen dürften, ist ein weitverbreiteter Lebensstil. Dieser Lebensstil, der des **sorglosen Materialisten**, ist gefährlich und trügerisch. Trügerisch ist dieser Lebensstil, weil er mit einem **ressourcenarmen Optimismus** verbunden ist, einem Optimismus, der Gedanken an Verletzbarkeit überhaupt nicht aufkommen läßt. Wenn sich dann doch eine Krise entwickelt und eine Katastrophe eintritt, trifft dies die Person völlig unvorbereitet. Der abrupte Wechsel vom heiteren Lebensgefühl zu intensiven, extrem negativen Gefühlen einer Katastrophe führt zu Depression, traumatischen Spätschäden und psychosomatischen Erkrankungen.

Dieser ressourcenarme Optimismus ist mit bestimmten Wertvorstellungen verbunden. Im Zusammenhang mit ihrer Untersuchung über Wertetypen fand E. Grimm (1990) bei 23 % der Deutschen den Wertetyp des **sorglosen Materialisten**: „Er hat gern ein angenehmes, bequemes Leben, beschränkt sich dabei aber mehr auf Hoffnungen oder auch Forderungen. Er ist jedoch weniger geneigt, sie durch selbstverantwortetes und entschlossenes Handeln zu erfüllen. Er besitzt eine Laissez-faire-Haltung und nimmt die Dinge, wie sie kommen. Er ist im Umgang mit Menschen freundlich und gesellig, doch die Probleme der Gesellschaft oder unseres Jahrhunderts kümmern ihn wenig."

Was sollte so schlecht an einem derartigen Lebensstil sein? Ist es nicht angenehm, die „Leichtigkeit des Seins" zu erleben? Schließlich lebt man doch nur einmal! Die Antwort könnte lauten: „Nichts! Nur handelt es sich um ein schlecht gesteuertes System!" (s. Dörner, 1989). Denn der sorglose Materialist verbleibt lieber in der passiven Rolle des Konsumenten, statt die des aktiven Steuermannes seines eigenen Schicksals zu übernehmen. Und deshalb ist sein Schicksal langfristig wie das der Passagiere (der Luxusklasse) der TITANIC: „Heiter beschwingt in die Katastrophe." (Füllgrabe, 1994)

2.2.2 Notwendig: ein aktiver Lebensstil

Aus dem Beispiel der TITANIC lassen sich aber auch positive Lehren ziehen: Man muß

1. auftauchende Gefahren rechtzeitig erkennen;
2. sich dagegen wappnen, indem man Fähigkeiten zur Problemlösung entwickelt (Füllgrabe, 1994).

Mit anderen Worten: Man muß einen **aktiven Lebensstil** entwickeln, statt einen **passiven Lebensstil** zu haben wie der sorglose Materialist.

Weil dieser nicht genügend psychologische Ressourcen aufgebaut hat, ist er nicht darauf eingerichtet, mit Rückschlägen, Widrigkeiten des Lebens oder Katastrophen fertig zu werden. Wenn in die „Leichtigkeit des Seins" irgendwann die unangenehme Realität einbricht, wird ihm der Boden unter den Füßen weggezogen. Dann reagiert er mit Depressionen und psychosomatischen Störungen. Lediglich gewöhnt an Schönwetterlagen wird er durch den plötzlichen Temperaturwechsel der Atmosphäre unvorbereitet überrascht und empfindet verzweifelt: „Womit habe I C H das verdient!?"

Aber nur durch problemorientierte Gedanken und innere Monologe kann man Streß bewältigen. Deshalb halte ich es für besonders gefährlich, daß in Zukunft Menschen vermutlich immer häufiger ihre visuellen Eindrücke aus „Erlebniswelten" oder künstlichen Computerwelten geliefert bekommen. Es gibt nämlich die These, daß das Immunsystem eines Menschen (gegen Krebs u.a.) dadurch gestärkt wird, daß er innere Bilder (Imaginationen) entwickelt, etwa daß die weißen Blutkörperchen in Form von Rittern oder Haien die Krebszellen attackieren. Wenn diese These stimmt (s. Taegen, 1993), wird verständlich, warum Menschen, die nie gelernt haben, Imaginationen zu entwickeln („Ihre Phantasie zu schulen"), eher krankheitsanfällig sind. Demgegenüber kann nachweisbar das eigene Immunsystem gestärkt werden, wenn man z.b. das Bewußtsein entwickelt, daß man angstauslösende Dinge kontrollieren kann (s. z.B. Wiedenfeld u.a., 1990).

Wenn man also mit einem **realistischen**, auf dem Vorliegen von Fähigkeiten, Bezugspersonen und anderen Ressourcen gegründeten **Optimismus** sogar sein Immunsystem beeinflussen kann, wird man wohl auch eine kriminelle Situation besser bewältigen können.

Einen derart **realistischen Optimismus** und einen **aktiven Lebensstil**, das aktive Lösen von Problemen, ohne sich über die Ungerechtigkeit der Welt zu beklagen, konnte ich tatsächlich bei Frauen feststellen, die einen Telefonterroristen kurzentschlossen abwimmelten. Statt sich in die passive Opferrolle drängen zu lassen, ergriffen sie die Initiative und wiesen dem Telefonterroristen die Rolle des Schwächeren zu. Als z.B. ein Anrufer sagte: „Ich will es mit Dir treiben", reagierte die Frau nicht schockiert mit dem Gedanken „Das ist ja furchtbar. Ich fühle mich in meiner Ehre als Frau verletzt." Vielmehr reagierte sie selbstbewußt, wie auch sonst im Alltag, und sagte dem Anrufer: „Sie überschätzen sich! Ihrer ist gar nicht so lang, daß er durch das Telefon geht. Außerdem möchte ich vorher wissen, wer Sie sind...". Der Anrufer legte sofort schockiert auf.

3. Kulturelle Kriminalitätsunterschiede

Nicht nur zwischenmenschliche, sondern auch übergeordnete soziale Kategorien sind für das Verständnis der Kriminalität wichtig. Dies zeigen z.b. folgende Kriminalstatistiken für das Jahr 1973:

	Tokyo	New York
Einwohner	11,6 Millionen	8 Millionen
Mord	196 Fälle	1680 Fälle
angezeigte Vergewaltigungen	426 Fälle	3735 Fälle
Autodiebstahl	3550 Fälle	82731 Fälle

Das „Yearbook of 1975" gibt (S. 177) auch die Ursachen an für die erhebliche geringere Kriminalitätsziffern in Tokyo, obwohl dort mehr Einwohner leben als in New York:
- In Japan gibt es strengere Waffengesetze, die wirkungsvoll durch die Polizei durchgesetzt werden.
- In Japan herrscht eine traditionelle hohe öffentliche Achtung vor Gesetz und Autorität.
- Eine Verhaftung ist in Japan eine Schande nicht nur für die Person, sondern auch für die gesamte Familie.
- Hoher Ausbildungsstand.
- Eine geringe Arbeitslosenrate.

Daneben wird durch das Kobansystem eine starke soziale Kontrolle ausgeübt. Für jeden Stadtteil (Koban) ist eine bestimmte Polizeidienststelle zuständig. Die Polizeibeamten kennen alle Bewohner des Stadtteils, haben ein gutes Verhältnis zu ihnen und werden von ihnen über alle ungewöhnlichen Ereignisse informiert. Deshalb wäre es andererseits durchaus möglich, daß sich die Kriminalitätsrate verändern könnte, sobald sich dieser oder einer der anderen sozialen Faktoren durch den sozialen Wandel ändern würde.

Die höheren Kriminalitätsziffern der USA hängen aber nicht nur mit der geringeren sozialen Kontrolle zusammen, sondern auch mit dem dortigen kulturtypischen, stärker aggressiven Klima, das durch die klassische Formulierung gekennzeichnet wird: „Aggression is as American as apple pie". Dieser Satz charakterisiert die aus der Pionierzeit der USA stammende Neigung, Probleme mit Gewalt zu lösen und das Recht des Stärkeren zu betonen. Die Zahl der Morde ist aber in den USA nicht nur deshalb so hoch, weil die Bereitschaft größer ist, Konflikte mit Gewalt zu lösen, sondern auch deshalb, weil Feuerwaffen leicht erhältlich sind (im Gegensatz beispielsweise zu Japan). In einem Fall erschoß der Täter einen Bekannten wegen eines Streites über ein Würfelspiel!

In Japan findet man dagegen eine stärkere soziale Kontrolle, und die Gesellschaftsstruktur und Erziehung sind hierarchisch und autoritär ausgerichtet.

Allerdings verschleiert die geringere Kriminalitätsrate die starke Verbreitung und den starken Einfluß des organisierten Verbrechens. „Die straff organisierten Banden orientieren sich am Ideal der Samurai, und genauso wie diese sind sie feudalistisch und menschenverachtend autoritär. Auf Ungehorsam, auch unbewußten, steht häufig der Tod. Mit diesen Banden in Verbindung zu stehen, ist keine moralische Schande, zur Hochzeit des Sohnes eines bekannten Gangsterbosses kamen mehrere bekannte Politiker und Filmstars" (Der Spiegel, 2, 1978). Ähnlich hatte ja auch Al Capone in den USA der 20er Jahre beste Kontakte zu Film-

466

stars, Politikern, bestochenen Richtern und Polizisten. Hier zeigt sich die besondere Gefährlichkeit des organisierten Verbrechens: Der Staat und seine Wertvorstellungen werden nicht offen bekämpft, sondern von innen korrumpiert und unterwandert. Dies ist auch deshalb möglich, weil die Täter zumeist nicht dem landläufigen Bild des Kriminellen entsprechen, sondern sozial angepaßt leben.

Das Beispiel Japan zeigt, daß autoritäre Strukturen Kriminalität keineswegs verhindern. Und im Gegensatz zu Meinungen, die in der Öffentlichkeit weit verbreitet sind, kommt auch in totalitären Staaten Kriminalität vor - nur wird dort weniger darüber in den Zeitschriften berichtet.

Wie naiv die häufige Ansicht „Bei Hitler hat es das nicht gegeben!" über das Vorkommen von Kriminalität während des Nationalsozialismus ist, zeigt Boelcke (1966, S. 644): „Die Jugendkriminalität war in Deutschland während des (2. Welt-) Krieges ein überaus schwerwiegendes, kaum zu bewältigendes Problem geworden, das jedoch offiziell nicht erörtert wurde. Als Ursachen dafür wurden genannt: Mangel an Aufsicht, die Verdunklungsmaßnahmen, die Gleichgültigkeit der Erziehungsberechtigten." Auf den engen Zusammenhang von Judenverfolgung und Plünderung und privater Bereicherung an den Wertsachen der Opfer weist Jäger (1967) hin. Auch die Zahl schwerer Sexualdelikte konnte selbst durch drakonische Strafandrohungen und Strafen nicht allzu stark verringert werden, und in dieser Zeit, in der angeblich die Frauen sich nachts noch auf die Straße trauen konnten, beging der Serienmörder Bruno Luedke den größten Teil seiner 84 Morde.

4. Zwischenmenschliche und gesellschaftliche Voraussetzungen der Kriminalitätsbekämpfung

Bereits mehrfach ist in diesem Buch darauf hingewiesen worden, daß Personen durch den Erwerb von Fähigkeiten, eines freundlichen Weltbildes, einer größeren Selbstkontrolle u.ä. weniger zur Kriminalität neigen. Dieser individuelle Ansatz zur Kriminalitätsvorbeugung bedarf aber unbedingt einer Ergänzung, da - wie in den beiden letzten Abschnitten erwähnt - bei der Entstehung eines kriminellen Delikts auch zwischenmenschliche und soziale Faktoren eine Rolle spielen. Das Beispiel öffentlicher Diebstähle und Raubüberfälle, wobei Passanten passiv zuschauen, zeigt deutlich, daß bei der Bekämpfung und Verhütung krimineller Delikte
- verschiedene Ansatzpunkte zu berücksichtigen sind und
- auch der einzelne Bürger und die Gesellschaft dabei mitwirken kann und muß.
Da in der Großstadt eine größere Anonymität und ein geringerer Nachbarschaftssinn herrscht und in der Gesellschaft Gemeinschaftssinn,

Kooperation, Hilfsbereitschaft als Werte zu wenig bekräftigt und gelehrt werden, findet man hier soziale und gesellschaftliche Ansätze zur Kriminalitätsvorbeugung (hier exemplarisch für den Straßenraub abgehandelt). Die Erziehungsfaktoren wären dabei einerseits Erziehung zu sozialer Verantwortung, Identifikation mit dem Wohlergehen und dem Eigentum anderer Menschen, andererseits das Vermeiden kriminalitätsfördernder Erziehungsmaßnahmen. Potentielle Täter müßten auch wissen, daß

- die Passanten eingreifen werden,
- die Polizei sofort gerufen wird,
- viele Zeugen willens sind, bei der Aufklärung der Tat zu helfen.

Deshalb müßte z.b. auch durch die Massenmedien Aufklärung über die Situation, Auslösebedingungen, Täter-Opfer-Beziehungen, Orte des Straßenraubs u.ä. betrieben werden. Das Publikum müßte über Verhaltensweisen und Verhaltensregeln aufgeklärt werden, um derartige Überfälle zu verhindern. Voraussetzung für solches Eingreifen von Passanten wären aber vor allem zwei Dinge:

- finanzielle Absicherung für Personen, die bei einer Hilfeleistung zu Schaden kommen können,
- Erlernen von Selbstverteidigungstechniken (Judo, Karate usw.).

Die Kenntnis derartiger Selbstverteidigungstechniken ist ebenfalls eine Voraussetzung für erfolgreichen Widerstand durch das Opfer. Dabei ist erstaunlich wenig bekannt, wie man sich relativ einfach gegen Angriffe wehren kann. Dabei kann man sich durchaus wirksam bestimmter Hilfsmittel, z.B. eines Regenschirms, bedienen. Manche Opfer wollen aber lieber einen finanziellen Verlust erleiden, als ein körperliches Risiko eingehen. In New York haben deshalb viele Passanten einen 20 Dollarschein bei sich, den sie dann bei einem Überfall griffbereit zur Hand haben und dem Räuber als Beute sofort überreichen können. Mag ein derartiges Verhalten auch menschlich verständlich sein, so wirkt dies doch als Bekräftigung und Ermutigung für jeden Räuber und mag evtl. das befürchtete Ereignis überhaupt erst auslösen. Diese Kapitulation vor dem Verbrechen und das Wiederauftauchen der mittelalterlichen Form des „Wegezolls" zeigt, welchen Verlust an Lebensqualität die Bürger New Yorks durch den Straßenraub erleiden.

Das Risiko für einen Straßenräuber muß aber nicht nur durch das Vorhandensein von Passanten oder durch die Gegenwehr des Opfers erhöht werden, sondern beispielsweise auch durch verstärkte Patrouillen der Polizei, besonders in dunklen, einsamen und anderen gefährlichen Gegenden. Erprobt wurden dabei auch Polizeifallen (z.B. in New York), wo als Frauen oder Liebespaare getarnte Polizisten die Täter anlockten und verhafteten. Ein solcher Erfolg ist eine wichtige Voraussetzung für ein anderes wichtiges Prinzip der Kriminalitätsbekämpfung: eine unmittelbare Konsequenz (= Bestrafung) auf die Tat.

Neben diesen Maßnahmen im zwischenmenschlichen Bereich wären auch - für die Bekämpfung der Kriminalität insgesamt - Maßnahmen auf gesellschaftlicher Ebene wichtig. Dazu gehört z.b. eine größere Sensibilität gegenüber neuen Formen der Kriminalität, z.b. im Bereich der Wirtschaftskriminalität, der Umweltverschmutzung, Telefonterror oder bezüglich Varianten „traditioneller" Delikte wie Versicherungsbetrug im großen Stil durch professionelle Brandstiftung. Ferner ist es durchaus notwendig, die allgemeinen Wertvorstellungen und Normen in einigen Kulturen zu überprüfen. Kulturvergleichende Untersuchungen (Bacon u.a., 1963) zeigten nämlich, daß Eigentumskriminalität am stärksten in Gesellschaften verbreitet ist, in denen der Wert von Eigentum stark betont wird, in der Erziehung wenig Zuneigung, sondern Angst vorherrscht und in der Gesellschaft Anonymität und soziale Distanz. Gesellschaften, in denen eine feindselige Mentalität weit verbreitet ist und in denen Mißtrauen herrscht, verzeichnen dagegen starke Gewaltkriminalität.

Buss (1972) weist darauf hin, daß in den USA Gewalt bekräftigt wird, durch Geld (z.B. beim organisierten Verbrechen), Prestige (z.B. Bewunderung für bestimmte Kriegshelden oder Gangster) und Status (z.B. durch eine aggressive männliche Geschlechtsrolle). Deshalb sein Vorschlag: Veränderung der Rechtsordnung und der wirtschaftlichen Grundlagen, damit Gewalt sich nicht auszahlt, und Einstellungsänderungen zu aggressionsfreieren Haltungen, Normen, Vorbildern.

Zu welchen grotesken Konsequenzen es kommen kann, wenn man nicht die *Ursachen* von Kriminalität und Gewalttätigkeiten beseitigt, sondern sich damit begnügt, die Strafandrohungen zu erhöhen, zeigt folgendes Beispiel: In Florida waren die Gefängnisse derart überfüllt, daß kurzfristig Warenhäuser zu Gefängnissen umgebaut wurden. Deshalb wurden neue Gefängnisse gebaut, allerdings wie das „Yearbook of 1976" (S. 220) prophezeite: „ …werden sie schnell überfüllt sein, weil ein 1975 verabschiedetes Gesetz eine Mindeststrafe von 3 Jahren für Verbrechen verlangt, bei denen Schußwaffen eine Rolle spielen." Der freie Verkauf von Schußwaffen ist dagegen nicht eingeschränkt worden! Kein Wunder, daß Buss (1972) seinen Artikel mit der Feststellung einleitet: „Unserer Gesellschaft (USA) ist für die Aggression die Quittung präsentiert worden, die … hoch … ist" (S. 20).

Wie hoch die Kosten der Kriminalität in Wirklichkeit sind, macht man sich häufig nicht bewußt. Es sind ja nicht alleine die Verluste an Menschenleben, durch Verletzungen, an materiellen Gütern. Übersehen werden zumeist die psychologischen Kosten für das Opfer aber auch für die Gesellschaft insgesamt. Selbst wenn das Opfer körperlich unverletzt bleibt und auch keine psychopathologischen Symptome auftauchen, so sind seine Reaktionen zumeist genauso viel Verwirrung wie moralische Entrüstung. Die Verwirrung rührt her von dem Verlust des Glaubens des Opfers an seine Unverletzlichkeit, der Untergrabung seines Gefühls des Vertrauens und seiner Fähigkeit, genau zu urteilen (Yearbook of 1974, S. 191). Deshalb sind die psychologischen Kriminalitätsfolgen und ihre Beseitigung ein wichtiges, aber leider noch viel zu wenig erforschtes Gebiet der Psychologie.

Aber auch die Gesellschaft leidet (neben den materiellen Verlusten) unter den psychologischen Folgen der Kriminalität. Durch die Angst vor Verbrechen kapseln sich die Menschen immer mehr voneinander ab, Mißtrauen gegenüber fremden Menschen, auch gegenüber harmlosen, macht sich breit. Dies kann sogar dazu führen, daß nachts Verunglückten nicht geholfen wird, weil man eine Falle von Kriminellen befürchtet. Man verbarrikadiert sich aus Angst vor Überfällen in der eigenen Wohnung. Die Gesellschaft ähnelt immer mehr einer belagerten Stadt, weil immer mehr Freiräume verloren gehen: Wer traut sich z.B. noch, nachts durch einen Park zu gehen?! Aus allen diesen Gründen ist die Vorbeugung und Bekämpfung der Kriminalität in allen ihren Erscheinungsformen eine wesentliche individuelle und gesellschaftliche Aufgabe. Und dazu kann auch die Psychologie beitragen!

XI. Literatur

Abel, G. u.a.: An integrated treatment program for rapists; in Rada, R. (Hrsg.): Clinical aspects of the rapist; New York, 1976

Abel, G. u.a.: The components of rapists' sexual arousal; Archives of general psychiatry, August 1977, Vol. 34, S. 895-903

Abel, G. u.a.: Aggressive behavior and sex; Psychiatric clinics of North America; April 1980, Vol. 3, S.133-151

Ainsworth, M.D.S. u.a.: Infant-mother attachment and social developmental socialization as a product of reciprocal responsiveness to signals; in Richards, M.P. (Hrsg.): The integration of a child into a social world; London, 1974

Ainsworth, M.D.S.: Affective aspects of the attachment of infant to mother: Individual differences and their correlates in maternal behavior; Symposium on Emotional Development in Infants; Washington, D.C., February 14,1978

Aldis, O.: Play fighting; New York, 1975

Aldrich, C.K.: Thief! Steal!; Psychology Today, March 1971, Vol. 4, Nr.10, S. 67-69

Amir, M.: Patterns in forcible rape; Chicago, 1971

Arnold, L.S. u.a.: Overcontrolled hostility among men found not guilty by reason of insanity; Canadian journal of behavioural science, 1977, Vol. 9, S. 330-340

Asch, S.E.: Änderung und Verzerrung von Urteilen durch Gruppendruck; in: Irle, M. (Hrsg.): Texte aus der Sozialpsychologie; Neuwied, 1969, S. 57-73

Axelrod, R.: Die Evolution der Kooperation; München, 1991

Bacon, M.K. u.a.: A cross cultural study of correlates of crime; Journal of abnormal and social psychology, 1963, Vol. 66, S. 291-300

Barber, T. und De Moor, W.: A theory of hypnotic induction procedures; The American journal of clinical hypnosis, October 1972, S. 15 f.

Bart, P.B. & O'Brien: How to say No to Storaska and survive: Rape avoidance strategies; Presented at the annual meeting of the American Sociological Association; New York, 1980

Bauer, G.: Die Problematik der Triebverbrechen aus kriminalistischer Sicht; Der Kriminalist, 1972, Nr. 8, S.15-20

Baurmann, M. und Schädler, A.: Das Opfer nach der Straftat - seine Erwartungen und Perspektiven, Wiesbaden, 1991

Becker, W.: Kinder als Opfer von Sexualdelikten; Die Neue Polizei, November 1980, Vol. 34, S. 287-291

Becker, W.C.: Consequences of different parental discipline; in Hoffmann, M.L. & Hoffmann, C.W. (Hrsg.): Child developmental research, Vol. I; New York 1964, S. 169-208

Berke-Müller, P.: 500 Brandstifter und ihre Taten; Kriminalistik, Juli/August 1966, S. 343-348 und 397-400

Berkowitz, L.: The contagion of violence: an S-R mediational analysis of some effects of observed aggression; in Arnold, W.J. & Page, M.M. (Hrsg.): Nebraska Symposium on Motivation; Lincoln, 1971, S. 95-135

Blackburn, R.: Personality and the criminal psychopath: A logical analysis and some empirical data; Estratto da: Lo Psicopatico Delinquente, Messina, 29 novembre - 2 dicembre 1978; giuffrè editore, 1980

Blau, T.: Psychological services for law enforcement; New York, 1994

Blumer, D.: Epilepsy and violence; in Madden, D.J. & Lion, J.R.: Rage. Hate. Assault and other forms of violence; New York, 1976, S. 207-221

Blurton-Jones, N. u.a.: Aggression, crying and physical contact in one - to three - year - old children; Aggressive behavior, 1979, Vol. 5, S.121-133

Boelke, W.A.: Kriegspropaganda 1939-1941; Stuttgart,1966

Bronfenbrenner, U.: Influences on human development; Hindsdale, 1972

Brownwell, K.D. u.a.: Patterns of appropriate and deviant sexual arousal: the behavioral treatment of multiple sexual deviations; Journal of consulting and clinical psychology, 1977, Vol. 45, Nr. 6, S.1144-1155

Bundeskriminalamt (Pressestelle): Sexualität, Gewalt und psychische Folgen, Wiesbaden, 1981

Burden, D.: Support for partners; Psychology Today, September 1989, S. 72-73

Burgess, A.W. u.a.: Sexual homicide - a motivational model, Journal of Interpersonal Violence, Vol. 1, Nr. 3, September 1986, S. 251-272

Burt, C.: Is intelligence distributed normally? The British Journal of statistical psychology, November 1963, 16, S. 175-190

Bush, S.: Child killers: the murder is often the mother; Psychology Today, November, 1976, Vol.10, Nr. 6, S. 28-29

Buss, A.H.: Die Quittung der Aggression; in Singer, J.L. (Hrsg.): Steuerung von Aggression und Gewalt; Frankfurt, 1972, S. 20-33

Byrne, D.: Introduction to personality; Englewood Cliffs, 1974

Campbell, C.: Portrait of a mass killer; Psychology Today, May 1976, Vol. 9, Nr. 12, S. 110-119

Campbell, D.E. & Beets, J.L.: Lunacy and the moon; Psychological Bulletin, 1978, Vol. 85, Nr. 5, S.1123-1129

Campbell, R.: Rätsel des Geistes; Amsterdam, 1977

Canter, S.: Personality traits in twins; in Claridge, G. u.a. (Hrsg.): Personality differences and biological variations - a study of twins; Oxford, 1973, S. 21-51

Chandler, M.J.: Egocentrism and antisocial behaviour: the assessment and training of social perspective-taking skills; Developmental psychology, 1973, Vol. 9, S. 326-332

Chase, A.: The great pellagra cover-up; Psychology Today, February 1975, Vol. 8, Nr. 9, S. 83 f.

Chisholm, J.S. u.a.: Maternal blood pressure in pregnancy and newborn irritability; Early human development, 1978, 2/2, S.171-178

Christiansen, K.O.: Threshold of tolerance in various population groups illustrated by results from Danish criminological twin study; in de Reuck, A.V.S. & Porter, R. (Hrsg.): The mentally abnormal offender; London, 1968, S. 107-120

Christiansen, K.O.: The genesis of aggressive criminality: Implications of a study of crime in a Danish twin study; in De Wit, J. & Hartrup, W.W. (Hrsg.): Determinants and origins of aggressive behavior, The Hague, 1974, S. 233-253

Christmann, H.: Mogeln in der Schule; Braunschweig, 1978

Christopher, M.: Geister, Götter, Gabelbieger; Düsseldorf, 1977

Cloninger, C.R.: Implications of sex differences in the prevalences of antisocial personality; alcoholism, and criminality for familial transmission; Arch. Gen. Psychiatry, Vol. 35, August 1978, S. 941-951

Cocozza, J.J. & Steadman, H.J.: Some refinements in the measurement and prediction of dangerous behavior; American journal of psychiatry, 1974, Vol.131, Nr. 9, S.1012-1014

Coleman, C. und Perelman, M.A.: Lieber spät als nie; Augsburg, 1991

Coleman, E.M.: Social skills training; TSA news, September 1978, Vol. 2, Nr. 3, S. 2

Conroy, M. und Ritvo, E.: Die Selbstverteidigung der Frau; Stuttgart, 1986

Corder, B.F. u.a.: Adolescent parricide: a comparison with other adolescent murder; American journal of psychiatry, August 1976, Vol.133, Nr. 8, S. 957-961

Crabtree, T.: You've gotta laugh; Cosmopolitan, (London), November 1991, S. 172-175

Crosby, F.: A model of egoistical relative deprivation; Psychological review, March 1976, Vol. 83, Nr. 2, S. 85-113

Crowe, R.R.: The adopted offspring of women criminal offenders; Archives of general psychiatry, November 1972, Vol. 27, S. 600-603

Dalgard, O.S. & Kringlen, E.: A Norvegian twin study of criminality; British journal of criminology, 1976, Vol.16, Nr. 3. S. 213-232

Darley, J. & Latané, B.: When will people help in a crisis?; Psychology Today, December 1968, Vol. 2, Nr. 7, S. 54-57 u. 70-71

Davies, P.: Prinzip Chaos; München, 1988

Davis, K.E. & Braucht, G.N.: Exposure to pornography, character, and sexual deviance: a retrospective study; The journal of social issues, 1973, Vol. 29, Nr. 3, S.183-196

Davis, R.C.: Let's be careful out there; Psychology Today, August 1987, Vol. 21, Nr. 8, S. 10

Denenberg, V.H. & Zarrow, M.X.: Rat Pax; Psychology Today, December 1970, Vol. 4, Nr. 7, S. 45-47 u. 66-67

Dettenborn, H. & Fröhlich, H.H.: Psychologische Probleme der Täterpersönlichkeit; Berlin, 1971

Dinges, H. u.a.: Gewalttätige Sexualtäter und Verbalerotiker; Bremen, 1992

Ditton, J.: Part-time crime London, 1977

Dix, G.E.: Determining the continued dangerousness of psychologically abnormal sex offenders; Journal of psychiatry and law, 1975. Vol. 3, S. 327-344

Dobzhansky, T.: Intelligenz, Vererbung und Umwelt; München, 1973

Dörner, D.: Die Logik des Mißlingens; Reinbek, 1989

Donnerstein, E.: Pornography and violence against women: experimental studies; in Annals of the New York academy of sciences; 1980, Vol. 347, S. 277-288

Douglas, J.E. u.a. Criminal profiling from crime scene analysis; Behavioral Sciences & The Law; Vol. 4, Nr. 4, 1986, S. 401-421

Doyle, A.C.: Sherlock Holmes' Kriminalfälle; München; Vol. 1: 1965; Vol. 6: 1967

Dudycha, G.J.: An objective study of punctuality in relation to personality and achievement; Archives of psychology, 1936, Nr. 204

Ekeland,I.: Zufall, Glück und Chaos; München, 1992

Ekman, P.: Telling lies; New York, 1985

Elms, A.C. & Milgram, S.: Personality characteristics associated with obedience and defiance towards authoritative command; Journal of experimental research in personality, 1966, Vol.1, S. 282-289

Ennis, P.H.: Crime, victims, and the police; in Wolfgang, M.E. u.a. (Hrsg.): The sociology of crime and delinquency; New York, 1970, S. 74-81

Eysenck, H.J.: Fact and fiction in psychology; Harmondsworth, 1965

Eysenck, H.J.: The structure of human personality; London, 1970

Eysenck, H.J.: Kriminalität und Persönlichkeit; Wien, 1977

Eysenck, H.J. & Eysenck, S.B.G.: Psychopathy, personality, and genetics; in Hare, R.D. & Schalling, D. (Hrsg.): Psychopathic behaviour, Chichester, 1978, S. 197-223

Eysenck, H.J. & Wilson, G.: Know your own personality; London, 1975

Farrelly, F. und Brandsma, J.M.: Provokative Therapie; Berlin, 1986

Farrington, D.P.: The family backgrounds of aggressive youths; in Hersow, L. u.a. (Hrsg.): Aggression and antisocial behaviour in childhood and adolescence; Oxford, 1978

Feeney, I. und Noller, P.: Attachment style as a predictor of adult romantic relationships; Journal of personality and social psychology, 1990; Vol. 58, Nr. 2, S. 281-291

Feldman, M.P.: Criminal behaviour - a psychological analysis; Chichester, 1977

Freeman-Longo, R.E. und Wall, R.V.: Changing a lifetime of sexual crime; Psychology Today; March 1986, S. 58-64

Füllgrabe, U.: Persönlichkeitspsychologie; Stuttgart, 1975 (a) (4. Aufl. 1982)

Füllgrabe, U.: Neurotische Verhaltensstörungen; 1975 (b), Neues Polizei Archiv 633, Blatt 1 ff

Füllgrabe, U.: Das Problem der unterlassenen Hilfeleistung; Kriminalistik; April 1978 (a), S. 160-165

Füllgrabe, U.: Menschenkenntnis; Stuttgart 1978 (b) (3. Aufl. 1987)

Füllgrabe, U.: Wege der Begabungsförderung; die höhere Schule, April 1979 (a), S. 161-174

Füllgrabe, U.: Aggressivität und Aggression - Ursachen und Formen aggressiven Verhaltens; in Schäfer, H. (Hrsg.): Gewaltkriminalität Minderjähriger, Teilband 1; Heidelberg, 1979 (b), S. 175-238

Füllgrabe, U.: Entpersönlichung und Entmenschlichung; in Schäfer, H. (Hrsg.):Gewaltkriminalität Minderjähriger, Teilband 2, 1979 (c), S. 9-33

Füllgrabe, U.: Biorhythmen: Dichtung und Wahrheit. Die Bedeutung biologischer Rhythmen für Theorie und Praxis; Psychologie und Praxis, 1980, Vol. 24, Nr. 2, S. 69-79

Füllgrabe, U.: TIT FOR TAT - Die Erfolgsstrategie im Spiel des Lebens; Magazin für die Polizei, November 1993, S. 43-49; Dezember 1993, S. 25-31; Januar/Februar 1994, S. 37-42; März 1994, S. 18-22

Füllgrabe, U.: Das TITANIC-Syndrom; Magazin für die Polizei, April 1994, S. 24 - 33

Füllgrabe, U.: Irrtum und Lüge, Stuttgart, 1995

Galanter, M.: Some myths about addiction; Psychology Today; November/December 1992, S. 66

Gale, A.: The psychophysiology of individual differences: studies of extraversion and the EEG; in Kline, P. (Hrsg.): New approaches in psychological measurement; London, 1973, S. 211-256

Gale, A.: Can EEG studies make a contribution to the experimental investigation of psychopathy? Paper presented at the Advanced study institute on psychopathic behavior; Les Arcs, France, September 1975

Gale, A.: Extraversion - introversion and spontaneous rhythms of the brain: retrospect and prospect; in Strelau, J. u.a. (Hrsg.): The biological foundations of personality and behaviour, New York, 1981 (a)

Gale, A.: EEG studies of extraversion - introversion: what's the next step?; in Lynn, R. (Hrsg.): Dimensions of personality; Oxford, 1981 (b)

Gannon, T.M.: Religious control and delinquent behaviour; in Wolfgang, M.E. u.a. (Hrsg.): The sociology of crime and delinquency; New York, 1970, S. 499-508

Gardner, E.J.: Principles of genetics; New York, 1972

Garfield, C.: Peak Performers; New York, 1986

Gelfand, D.M. u.a.: Who reports shoplifters? A field - experimental study; Journal of personality and social psychology, 1973, Vol. 25, Nr. 2, S. 276-285

Geo-Wissen: Gehirn-Gefühl-Gedanken, Nr. 1 vom 25.5.1987, S. 46

Geßner, H.: Vorgetäuschte Sexualdelikte; Kriminalistik, Nr. 12, 1991, S. 799-800

Gibb, J.: Defensive Communication; Journal of communication, Vol. 11 (3), September 1961, S. 141-148

Gil, D.: Violence against children; Cambridge (Massachusetts), 1970

Glasser, W.: Realitätstherapie; Weinheim, 1972

Glueck, S. & Glueck, E.: Unraveling juvenile delinquency; Cambridge (Mass.),1950

Gottesman, I.I.: Developmental genetics and life-span ontogenetic psychology; in Mednick, S.A. & Baert, A.E. (Hrsg.): An empirical basis for primary prevention: prospective longitudinal research; Oxford, 1980, S. 338-344

Goldstein, M.J.: Exposure to erotic stimuli and sexual deviance; Journal of social issues, 1973, Vol. 29, Nr. 3, S.197-219

Grayson, B. und Stein, M.: Attracting assault: victim's nonverbal cues (Non-verbal aspects of assault potential); Journal of communication, January 1981, S. 68-75

Grimm, E.: Der neue deutsche Typ: Sorglos und materialistisch; Psychologie Heute, November 1990, S. 34-41

Groth, N.A. & Birnbaum: Men who rape; New York, 1979

Grunberg, F. & Pond, D.A.: Conduct disorders in epileptic children; Journal of neurology, neurosurgery and psychiatry, 1957, Vol. 20, S. 65-68

Guillen, M.A.: Life as a lottery; Psychology Today, October 1982, Vol. 16, Nr. 10, S. 59-61

Gunn, J.: Criminality and violence in epileptic prisoners; British Journal of psychiatry, 1971, Vol. 118, S. 337-343

Hall, G.N.: A round-up of rapists; Psychology Today, November /December 1992, Vol. 25, Nr. 6, S. 12/13

Harlow, M.F. & Harlow, M.: Learning to love; American Scientist, September 1966, Vol. 54, Nr. 3. S. 244-272

Hartig, M. & Kanfer, F.: The role of verbal self-instructions in children's resistance to temptation; Journal of personality and social psychology, 1973. Vol. 25, S. 259-267

Hartshorne, H. & May, M.A.: Studies in deceit; New York, 1930 (2. Auflage)

Hayes, S.C. u.a.: The use of self-administered covert sensitization in the treatment of exhibitionism and sadism; Behaviour therapy, 1978, Vol. 9, S. 28

Hazelwood, R.R.: The criminal behavior of the serial rapist; FBI Law Enforcement Bulletin, February 1990, S. 11-16

Hazelwood, R.R. und Douglas, J.E.: The lust murder; FBI Law Enforcement Bulletin, April 1980, S. 1-5

Hazelwood, R.R. und Warren, J.: The serial rapist: his characteristics and victims; FBI Law Enforcement Bulletin, January 1989, S. 11-17 und February 1989, S. 18-25

Healy, J.M.: Endangered minds - why our children don't think; New York, 1990

Healy, W. & Bronner, A.F.: New light on delinquency and its treatment; New Haven, 1936 (zitiert nach Cortés, J.B. & Gatti, F.M.: Delinquency and crime; New York, 1972; S. 292/ 293)

Heim, N.: Kastration bei Sexualstraftätern - eine kritische Betrachtung! in Nass, G. (Hrsg.): Kriminalätiologie und Prophylaxe, 5. Folge Kassel 1977, S. 7-20

Hellbrügge, T.: Zur Spätprognose der frühkindlichen Deprivation bei Heimkindern; in Deutsche Zentrale für Volksgesundheitspflege, Heft 17, Frankfurt, 1970, S. 42-59

Henker, B. & Whalen, C.K.: The changing faces of hyperactivity: retrospect and prospect; in Henker, B. & Whalen, C.K. (Hrsg.): Hyperactive children; New York, 1980, S. 321-363

von Hentig, H.: Das Verbrechen; Berlin, 1961

Herbert, M.: Emotional problems of development in children; London, 1974

Herren, R.: Lehrbuch der Kriminologie (Band 1); Freiburg, 1979

Hess, H.: Das Karriere-Modell und die Karriere von Modellen. Zur Integration mikroperspektivischer Devianztheorien am Beispiel von Appartement-Prostituierten; in Hess, H. u.a. (Hrsg.): Sexualität und soziale Kontrolle; Heidelberg, 1978, S. 1-30

Hinder, L.: Telefonterror; Criminal Digest, Nr. 2/1993, S. 8-20

Hobe, K. & Störzer, H.U.: Junge Brandstifter; Der Kriminalist, 1976, Nr. 8, S. 381-390 und 462-468

Höfner, E. und Schachtner, U.: Das wäre doch gelacht; Reinbek, 1995

van Hoffmann, E.: A vernom in the blood; New York, 1990

Holloway, S.M. & Hornstein, H.A.: Gute Nachrichten - gute Menschen; Psychologie Heute, März 1977. S. 34-37

Horn, J.: Urban vigilants - when and why they act; Psychology Today, June 1976, Vol. 10, Nr. 1, S. 24-28

Horney, K.: Der neurotische Mensch unserer Zeit; München, 1951

Hubbard, R.: From termite to human behaviour; Psychology Today, October 1978, Vol.12, Nr. 5, S. 124-134

Huston, T.L.; Geis, G. & Wright, R.: The angry samaritans: Psychology Today, June 1976, Vol. 10, Nr. 1, S. 61-64 und 85

Hutchings, B.: Genetic factors in criminality; in De Wit, J. & Hartrup, W.W. (Hrsg.): Determinants and origins of aggression, The Hague, 1972, S. 255-265

Ianni F.A:T.: A family business; London, 1972

Isenberg, S.: Women who love men who kill; New York, 1991

Jacobson, L.I. u.a.: Individual differences in cheating during a temptation period when confronting failure; Journal of personality and social psychology, 1970, Vol. 15, S. 48-56

Jäger, H.: Verbrechen unter totalitärer Herrschaft - Studien zur nationalsozialistischen Gewaltkriminalität; Olten, 1967

Janis, I. L.: Stress and frustration; New York 1971

Jencks, C.: Inequality; New York, 1972

Jensen, A.R.: How much can we boost IQ and scholastic achievement? Havard educational review, 1969, 31, S. 123f

Joffe, J.M.: Approaches to prevention of adverse developmental consequences of genetic and prenatal factors; Paper presented at the Sixth Vermont conference on the primary prevention of psychopathology, Burlington, Vermont, June 1980

Kant, H.S. & Goldstein, M.J.: Pornography; Psychology Today, December 1970, Vol. 4, Nr. 7, S. 59-61 u. 76

Karau, E.: Die Ermittlung telefonierender Verbalerotiker; in: Dinges u.a. (1992), S. 30 f

Karnes u.a.: Educational intervention at home by mothers of disadvantaged infants, Child Development, 41: 925; zitiert nach: Lewis, M. (ed.): Origins of intelligence; New York, 1976

Kelberg, A.: Wenn das schwache Geschlecht zuschlägt; Hannoversche Allgemeine Zeitung v. 5. 9. 1987

Keßler, B.: a) Verhaltenstherapie; b) Behaviorale Diagnostik; in Schmidt L.R. (Hrsg.): Lehrbuch der Klinischen Psychologie; Stuttgart, 1978 a) S. 379-418, b) S. 164-189

Keyes, D.: The minds of Billy Milligan; New York, 1981

Keyes, D.: Unveiling Claudia; Toronto, 1986

King, D.P.: Criminal deterrence: some implications for policy; The police journal, 1981, Vol. 14, Nr. 1, S. 73-83

Kobasa, S.C.: Stressful live events, personality and health: an inquiry into hardiness; Journal of personality and social psychology, 1979, Vol. 37, S. 1-11

Kohlberg, L.: The child as a moral philosopher; Psychology Today, September 1968, Vol. 2, Nr. 4, S. 25-30

Kohlenberg, R.J.: Behavioristic approach to multiple personality: a case study; Behavior Therapy, 4, 1973, S. 137-140

Kolle, O.: Dein Kind, das unbekannte Wesen; München, 1964

Kornadt, H.J.: Aggressionsmotiv und Aggressionshemmung (Band 2); Bern, 1982

Kranz, H.: Lebensschicksale krimineller Zwillinge; Berlin, 1936

Kranz, H.: Untersuchungen an Zwillingen in Fürsorgeerziehungsanstalten; Zeitschrift für induktive Abstammungs- und Vererbungslehre 1937, Vol. 73, S. 508-512

Kringlen, E.: Heredity and environment in the functional psychoses; London, 1967

Krupat, E. und Kubzansky, P.E.: Designing to deter crime; Psychology Today, October 1987, Vol. 21, Nr. 10, S. 58-61

Kuhn, T.S.: The structure of scientific revolutions; New York, 1986

Lange, J.: Verbrechen als Schicksal; Leipzig, 1929

Langer, W.: Mankomacher Kunde - Ein Bericht über Ladendiebstähle; Der Kriminalist, Juli 1976, S. 412-417

Lazarus A.A.: Multimodal therapy: basic id; Psychology Today, March 1974, Vol. 7, Nr. 10, S. 59-63

Lazarus, A.A.: The Basic Id; New York, 1981

Lazarus, A.A. und Abramovitz, A.: The use of „emotive imagery" in the treatment of children's phobias; Journal of mental science, 1962, 108, S. 191-195

Leary, T.: Individual diagnosis of personality; New York, 1957

Legewie, H.: Persönlichkeitstheorie und Psychopharmaka; Meisenheim, 1968

Legewie, H.u.a.: Knaurs moderne Psychologie; München, 1972

Lempp, R.: Jugendliche Mörder; Bern, 1977

Lenk, E. & Kaever, R. (Hrsg.): Peter Kürten, genannt der Vampir von Düsseldorf; München, 1974

Lenz, W.: Medizinische Genetik; Stuttgart, 1976

Letkemann, P.: Crime as work; Englewood Cliffs, 1973

Lewis, M.J. (Hrsg.): Origins of intelligence; New York, 1976

Loehlin, C. & Nichols, R.C.: Heredity, environment and personality; London, 1976

Loftus, E.: Unglaubwürdige Augenzeugen; Psychologie Heute, Nr. 4, 1975, S. 21-25

Loftus, E: Erinnerung und Wahrheit; Psychologie Heute, Nr. 12, 1992, S. 25-27

Loftus, E. und Ketcham,K.: Die therapierte Erinnerung; Hamburg, 1995

London, P.: The rescuers; in Macauly, J. & Berkowitz, L. (Hrsg.): Altruism and helping behaviour; New York, 1970, S. 241-250

Lorenz, K.: Das sogenannte Böse; Wien, 1963

Lowenstein, L.F.: Mugging - crime of greed and vicious hostility and indifference; The police journal, 1980, Vol. 13, Nr. 1, S. 30-42

Ludwig, A.M. und Farrelly, F.: The weapons of insanity; American journal of psychotherapy, 1961, Vol. 21, October 1967, S. 737-749

Lukas, E.: Die magische Frage „wozu?", Freiburg, 1991

Lukas, E.; Auch dein Leben hat Sinn; Freiburg, 1993

Lukas, E.: Auch dein Leiden hat Sinn; Freiburg, 1994

Lunde, D.T.: Our murder boom; Psychology Today; 1975, Vol. 9, Nr. 2, S. 35-42

Maeder, T.: Children of psychiatrists and other psychotherapists; New York, 1989

Magnall, R.C.: Look back in anger; Psychology Today, October 1986, Vol. 20, Nr. 10, S. 14-15

Masson, J.M.: Was hat man dir, du armes Kind, getan? Reinbek, 1984

Masters, W.H. & Johnson, V.E.: Die sexuelle Reaktion; Reinbek, 1970

McCord, J.: A life history approach to criminal behavior; Paper presented at The American Society of Criminology, Atlanta, Georgia, November 16 - 20, 1977

McCord, J.: A comparative study of two generations of native Americans; in: Meier, R.F. (ed.): Theoretical concerns in criminology; Beverly Hills, 1977

McCord, J.: A thirty-year follow-up of treatment effects; American Psychologist, Vol. 33, Nr. 3, March 1978, S. 284-289

McCord, J.: A longitudinal study of a delinquent prevention program; paper presented at the International Symposium of Selected Criminological Topics; The University of Stockholm, Sweden, August 11 - 12, 1978

McCord, J.: Some child-rearing antecedents of criminal behavior in adult men; Journal of personality and social psychology; 1979, Vol. 37, Nr. 9, S. 1477-1486

McGrath P.G.: Custody and release of dangerous offenders; in de Reuck, A.V.S. & Porter, R.: The mentally abnormal offender; London 1968, S. 121-129

Mednick, S.A. & Hutchings, B.: Genetic and psychophysiological factors in asocial behaviour; in Hare, R.D. & Schalling, D.: Psychopathic behaviour; Chichester, 1978, S. 239-253

Meer, J.: The profile of a victim; Psychology Today, May 1984, Vol. 18, Nr. 5, S. 76

Meer, J.: Rapists' blind spot; Psychology Today, October 1986, Vol. 20, Nr. 10, S. 14

Meer, J.: Date rape: Familiar strangers; Psychology Today, July 1987, S. 10

Megargee, E.I.: Die Bedeutung der Hemmung für die Diagnose und das Verständnis der Gewalttätigkeit; in Singer, J.L. (Hrsg.): Steuerung von Aggression und Gewalt; Frankfurt, 1972, S. 150-174

Mehrabian, A.: Räume des Alltags; Frankfurt, 1978

Meichenbaum, D.W.: Kognitive Verhaltensmodifikation; München, 1979

Meichenbaum, D.W. und Turk: The cognitive-behavioral management of anxiety, anger and pain; in: Davidson, P. (Hrsg.): The behavioral management of anxiety, depression and pain; New York, 1976

Meißner, Martin: Unser tapferer schwarzer Kater Felix; Unsere Cats, 1. Jahrgang, Heft 2/91, S. 30-31

Mergen, A. (Hrsg.): Sexualforschung, Hamburg, 1963

Michaud, S.G.: The FBI's new psycho squad; New York Times Magazine, Sunday, October 26, 1986

Milgram, S.: Das Milgram-Experiment; Reinbek, 1974

Millon T.: Modern psychopathology; Philadelphia, 1969

Mischel, W.: Personality and assessment; New York, 1968

Mischel, W.: Toward a cognitive social learning reconceptualization of personality; Psychological review, 1973, Vol. 80, S. 252-283

Mischel, W.: Wie Kinder lernen, geduldig zu warten; Psychologie Heute, April 1980, S. 52-59

Mittler, P.: The study of twins; Harmondsworth, 1971

Modolvsky, J. & DeWolf, R.: The best defense; New York, 1975

Moss, R.J.: Helping and self-discovery; Psychology Today, July 1987, Vol. 21, Nr. 7, S. 72

Moss, R.J.: The face of abuse; Psychology Today, July 1987, Vol. 21, Nr. 7, S. 20

Müller, E.: Zurückverfolgen von Telefongesprächen; in Dinges, P. u.a.: Gewalttätige Sexualtäter und Verbalerotiker; Bremen, 1992, S. 63-89

Müther, J.: Sexuelle Gewalt gegen Frauen (Teil 2); Magazin für die Polizei, Oktober 1994, S. 17-23

Needleman, H.L. u.a.: Deficits in psychologic and classroom performance of children with elevated dentine lead levels; The New England Journal of Medicine, March 29, 1979, Vol. 300, Nr. 13, S. 689-695

Newman, H.H. u.a.: Twins: a study of heredity and environment; Chicago, 1937

Nichols, R.C.: The resemblance of twins in personality and interests; National Merit Scholarship Corporation Research Reports, 1966, Vol. 2, Nr. 8, S. 1-23

Nielsen, J.: Criminality among patients with Klinefelter's syndrome and the XYY syndrome; British Journal of Psychiatry, 1970, Vol. 117, S. 365-369

Nitobe, I.: Bushido - Die innere Kraft des Samurai; Interlaken, 1985

Noël B. u.a.: The XYY syndrome: reality or myth? Clinical genetics, 1974, Vol. 5, S. 387- 394

Novaco, R.W.: A stress inoculation approach to anger management in the training of law enforcement officers; American Journal of Community Psychology, 1977, Vol. 5, Nr. 3, S. 327-346

Obholzer, K.: Gespräche mit dem Wolfsmann - Eine Psychoanalyse und die Folgen; Reinbek, 1980

Ostwald, P. & Peltzman, P.: The cry of the human infant; Scientific American, March 1974, S. 84-90

Parke, R.D.: Some effects of punishment on children's behaviour; in Bronfenbrenner, U. (Hrsg.): Influences on human development, Hinsdale, 1972 S. 378-396

Passingham, R.E.: Crime and personality: A review of Eysenck's theory; in Nebylitsyn, V.D. & Gray, J.A. (Hrsg.): Biological bases of individual behaviour; New York, 1972, S. 342-371

Phillips, D.P.: The deterrent effect of capital punishment: new evidence on an old controversy; American Journal of Sociology, 1980, Vol. 86, S.139-148

Pilz, G. & Moesch, H.: Der Mensch und die Graugans; Frankfurt, 1975

Platt, J.: Social traps; American Psychologist, August 1973, S. 641-651

Pongratz, L.: Prostituiertenkinder - Umwelt und Entwicklung in den ersten acht Jahren; Hamburg 1964

Porter, B.: Mind hunters; Psychology Today, April 1983, Vol. 17, Nr. 4, S. 44-52

Prescott J.W.: Alienation and affection; Psychology Today, December 1979, Vol. 13, Nr. 7, S.124

Pruesse, M. & Quinsey, V.L.: The dangerousness of patients released from maximum security: a replication; The Journal of Psychiatry and Law, Summer 1977, S. 293-299

Quensel, S.: Die Karriere nach unten; November 1980, persönliche Mitteilung

Quinsey, V.L.: The assessment and treatment of child molesters: a review; Canadian psychological review, July 1977, Vol. 18, Nr. 3, S. 204-220

Quinsey, V.L.: Assessments of the dangerousness of mental patients held in a maximum security; International journal of Law and Psychiatry, 1979, Vol. 2, S. 389-406

Quinsey. V.L. u.a.: A follow-up of patients found „unfit to stand trial" or „not guilty because of insanity"; Canadian psychiatric Association Journal, 1975 (a), Vol. 20, S. 461- 467

Quinsey, V.L. u.a.: Oak Ridge patients: prerelease characteristics and post-release adjustment; The Journal of Psychiatry and Law, Spring 1975 (b), Vol. 3, S. 63-77

Quinsey, V.L. u.a.: MMPI profiles of men referred for a pretrial psychiatric assessment as a function of offense type; Journal of clinical Psychology, 1980, Vol. 36, Nr. 2, S. 410- 417

Quinsey, V.L. & Ambtman, R.: Psychiatric assessment of the dangerousness of mentally ill offenders; Crime and Justice, 1978, Vol. 6, Nr. 4, S. 249-257

Quinsey, V.L. & Ambtman, R.: Variables affecting psychiatrists' and teachers' assessments of the dangerousness of mentally ill offenders; Journal of consulting and clinical Psychology, 1979, Vol. 47, Nr. 2, S. 353-362

Quinsey, V.L. & McGrath, P.: Problems in using assault frequency to evaluate individual treatment programs; Problems with assault frequency, 1979, Vol. 7, Nr. 1, S. 23-27

Quinsey, V.L. & Sarbit, B.: Behavioural changes associated with the introduction of a token economy in a maximum security psychiatric institution; Canadian Journal of Criminology & Corrections, 1975, Vol. 17, S. 177-182

Quinsey, V.L. & Varney, G.W.: Characteristics of assaults and assaulters in a maximum security psychiatric unit; Meeting of the Canadian psychological association in Toronto, June 1976

Ressler, R.K. u.a.: Rape and rape-murder: one offender and twelve victims; Amer. J. Psychiatry, 140, 1, January 1983

Ressler, R.K. u.a.: Violent crime; FBI - Law Enforcement Bulletin; August 1985, S. 1-31

Ressler, R.K. u.a.: Murderers who rape and mutilate; Journal of interpersonal violence, Vol. 1, Nr. 3, September 1986, S. 273-287

Ressler, R.K. u.a. Sexual killers and their victims; Journal of interpersonal violence - Identifying patterns through crime scene analysis; Vol. 1, Nr. 3, September 1986, S. 288-308

Rice, M.E. & Chaplin, T.C.: Social skills training for hospitalized male arsonists; Journal of behaviour therapy and experimental psychiatry, 1979, Vol. 10, S. 105-108

Ritter, H.: Humangenetik; Freiburg, 1977

Robins, L.N.: Aetiological implications in studies of childhood histories relating to antisocial personality; in Hare E.D. & Schalling, D. (Hrsg.): Psychopathic behaviour; Chichester, 1978, S. 255-271

Rooth, G.: Exhibitionism, sexual violence and paedophilia; British Journal of Psychiatry, 1973, Vol. 122, S. 705-710

Rosenfeld, A.H.: Does abuse beget abuse? Psychology Today, August 1987, Vol. 21, Nr. 8, S. 9

Rosenthal, D.: The genetics of intelligence and personality; in Glass, D.C. (Hrsg.): Genetics: biology and behavior; New York, 1968, S. 69-78

Rosenthal, D.: Genetics of psychopathology; New York, 1971

Rosenthal, D.: Heredity in criminality; Criminal justice and behaviour 1975, Vol. 2, S. 3-21

Rosenthal, R. & Jacobsen, L.: Pygmalion im Unterricht; Weinheim, 1971

Rotenberg, M.: Conceptual and methodological notes on affective and cognitive role taking (sympathy and empathy): an illustrative experiment with delinquent and nondelinquent boys; The Journal of genetic Psychology, 1974, Vol. 125, S. 177-185

Rotenberg M.: Psychopathy, insensitivity, and sensitization; Professional psychology, August 1975, S. 283-292

Rotenberg, M. & Nachshon, I.: Impulsiveness and aggression among Israeli delinquents; British Journal of social and clinical Psychology; 1979, Vol. 18, S. 59-63

Rubenstein, C.: Samaritan Blues; Psychology Today, July 1982, Vol. 16, Nr. 7, S. 26-27

Ruch, F.L. & Zimbardo, P.G.: Lehrbuch der Psychologie; Berlin, 1974

Salerno, R. & Tompkins, J.S.: Das organisierte Verbrechen; Zürich, 1972

Sales, S.M.: Threat as a factor in authoritarianism; Journal of personality and social psychology, 1973, Vol. 28, 1, S. 44 f

Sampson, E.E.: The study of ordinal position: antecedents and outcomes; in Maher, B.A. (Hrsg.): Progress in experimental personality research; Vol. II, New York, 1965, S. 175-228

Schachter, S. & Singer, J.: Cognitive, social and physiological determinants of emotional state; Psychological review, 1962, Vol. 69, S. 379-399

Schaeffer, M.P.: Der Triebtäter; München, 1970

Schäfer, H.: Vorwort zu Dinges, u.a. (1992)

Schneider, H.: Wissenschaftliche Revolution; Psychologie Heute, März 1977, S. 56-67

Schreiber, F.R.: Sybil; Chicago, 1973

Schumann, G.: Mein Jahr mit den Füchsen; Gudensberg-Gleichen, 1993

Schorsch, E.: Sexuelle Deviationen und Krankheit; in Sigusch. V. (Hrsg.): Ergebnisse zur Sexualmedizin; Köln, 1973, S. 162-167

Schwind, H.D.: Dunkelfeldforschung in Göttingen 1973/74; BKA Forschungsreihe, Wiesbaden, 1975

Seel, F.: Grundlagen der analytischen Chemie; Weinheim, 1960

Selg, H. (Hrsg.): Zur Aggression verdammt? Stuttgart, 1972 (2. Aufl.)

Seligman, M.: Pessimisten küßt man nicht; München: Droemer-Knaur, 1991

Selkin, J.: Die Angst vor Vergewaltigung; Psychologie Heute, April 1975, S. 58-64

Senders, C.: Sexual violence and it's aftermath; Psychology Today, September 1989, S. 70-73

Shah, S.A.: Recent developments in human genetics and their implications for problems of social deviance in Bergsma, D. (Hrsg.): Advances in human genetics and their impact on society. Birth defects - original article series, July 1972, Vol. 8, S. 42-82

Shah S.A.: Dangerousness and civil commitment of the mentally ill: some public policy considerations; American Journal of Psychiatry, 1975, Vol. 132, Nr. 5, S. 501-505

Shah, S.A. & Roth, L.H.: Biological and psychophysiological factors in criminality; in Glaser, D. (Hrsg.): Handbook of criminology; Chicago, 1974, S. 101-173

Shotland, J.P.: The Only Way to eliminate juvenile delinquency and emotional disturbance; New York, 1959

Siegel, B.: Prognose Hoffnung; Düsseldorf, 1988

Simpson,J.A. u.a.: Support seeking and support giving within couples in an anxiety-provoking situation: the role of attachment styles; Journal of personality and social psychology, 1992, Vol. 62, Nr. 3, S. 434-446

Skodak, M. & Skeels H.M.: A follow-up study of one hundred adopted children; The journal of genetic psychology, 1949, Vol. 75, S. 85-125

Slade, M.: Neuron changes in response to classical conditioning; Psychology Today, September 1978, Vol. 12, Nr. 5, S. 22-23

Smith. R.J.: The psychopath in society; New York, 1978

Smith, R.J. & Griffith, J.E.: Psychopathy, machiavellianism, and anomie; Psychological reports 1978, Vol. 42, S. 258

Smythies, J.R.: Biologische Psychiatrie; Stuttgart, 1970

Spanos; N.P.: Multiple identity enactments and multiple personality disorder: a sociocognitive perspective; Psychological Bulletin, 1994, Vol. 115, Nr. 1, S. 143-165

Spinetta, J.J. & Rigler, D.: The child-abusing parent: a psychological review; Psychological bulletin, 1972, Vol. 77, Nr. 4, S. 296-304

Staub, E.: Social and prosocial behaviour: personal and situational influences and their interactions; in Staub, E. (Hrsg.): Personality - Basic aspects and current research; Englewood Cliffs, 1980, S. 236-294

Steadman, H.J. & Cocozza, J.J.: We can't predict who is dangerous; Psychology Today, January 1975, Vol. 8, Nr. 8, S. 32-35 und 84

Steadman, H.J. u.a.: Explaining the increased arrest rate among mental patients: the changing clientele of state hospitals; American Journal of Psychiatry; July 1978, Vol. 135, Nr. 7, S. 816-820

Steadman, H.J. & Cocozza, J.J.: The dangerousness standard and psychiatry: a cross national issue in the social control of the mentally ill; Sociology and social research, 1979, Vol. 63, Nr. 4, S. 649-669

Steadman, H.J. & Cocozza, J.J.: The prediction of dangerousness - Baxstrom: a case study; in Cooke, G. (Hrsg.): The role of the forensic psychologist, Springfield, 1980, S. 204- 215

Steller, M. u.a. (Hrsg.): Modellunterstütztes Rollentraining (MURT); Berlin, 1978

Stoddard, E.R.: Blue coat crime; in Johnston, N. u.a. (Hrsg.): The sociology of punishment and correction; New York, 1970, S. 66-79

Streng, F.: Brandstiftung und Sexualität; in Hess, H. u.a. (Hrsg.): Sexualität und soziale Kontrolle; Heidelberg 1978, S. 41-60

Stürup, G.K.: Will this man be dangerous?; in de Reuck, A. & Porter, R. (Hrsg.): The mentally abnormal offender; London, 1968 S. 5-18

Stumpfl, F.: Die Ursprünge des Verbrechens; Leipzig, 1936

Talan, J.: Sex abuse: bloody witches; Psychology Today, November 1988, Vol. 22, Nr. 11, S. 13

Tausch, R. & Tausch, A.: Erziehungspsychologie; Göttingen, 1971 (6. Aufl.)

Taylor, W.S. und Martin, M.F.: Multiple Personality; Journal of abnormal and social psychology, 1944, Vol. 39, S. 281-300

Terry, G. und Malone, M.P.: The „Bobby Joe" long serial murder case: a study in cooperation; FBI Law Enforcement Bulletin, November 1987, S. 12-18 und December 1987, S. 7-13

Thigpen, C.H. und Cleckley, H.M.: Die drei Gesichter Evas; Hamburg, 1957

Thon, U.: Die langwierige Beweisführung gegen einen telefonierenden Verbalerotiker; in: Dinges u.a. (1992), S. 49 f

Timnick, L.: When women rape men; Psychology Today; September 1983, Vol. 17, Nr. 9, S. 74-75

Toch, H.J.: Violent men; Chicago, 1969

Trasler, G.: Relations between psychopathy and persistent criminality-methodological and theoretical issues; in Hare, R.D. & Schalling, D. (Hrsg.): Psychopathic behaviour; Chichester, 1978, S. 273-298

Trower, P. u.a.: Social skills and mental health; London, 1978

Tsuboi, T.: Crimino-biologic study of patients with the XYY syndrome and Klinefelter's syndrome; Humangenetik, 1970, Vol. 10, S. 68-84

Tucker, I.F.: Adjustment - models and mechanisms; New York, 1970

Turnbull, C.M.: Das Volk ohne Liebe; Reinbek, 1973

Valenstein. E.: Gehirnmanipulation - Dichtung und Wahrheit; Psychologie Heute; Januar 1979, S. 63-72

Walker, A.E.: Murder or epilepsy?; Journal of nervous mental disease, 1961, Vol. 133, S. 430-437

Walsh, D.P.: Shoplifting; London, 1978

Walster, E. & Walster, W.: Liebe ist mehr: München, 1979

Walzer, S. u.a.: The XYY genotype; Annual review of medicine, 1978, Vol. 29, S. 563-570

Weidner, J.: Anti-Aggressivitäts-Training für Gewalttäter; Godesberg, 1993

Welsh, R.S.: Severe parental punishment and delinquency: a developmental theory; Journal of clinical child psychology; 1976, Vol. 5, Nr. 1 S. 17-21

Wender, P.H. u.a.: The psychiatric adjustment of the adopting parents of schizophrenics; American journal of psychiatry, February 1971, Vol. 127, Nr. 8, S. 53-58

Werner, E.E. und Smith, R.S.: Vulnerable but invincible; New York, 1982

Werner, J.S. u.a.: „Intervention Package" - An analysis to prepare juvenile delinquents for encounters with police officers: Criminal justice and behaviour, March 1975, Vol. 2, Nr. 1, S. 55-83

West, D.J.: Murder followed by suicide; Cambridge (Massachusetts), 1967

West, D.J. & Farrington, D.P.: The delinquent way of life; London, 1977

Wheeler, K.: Der Bau der Eisenbahnen; Amsterdam, 1979

White, R. und Lippitt, R.: Verhalten von Gruppenleitern und Reaktionen der Mitglieder in drei „sozialen Atmosphären", in: Irle, M. (Hrsg.): Texte aus der experimentellen Sozialpsychologie; Neuwied, 1969, S. 456-486

Widom, C.S.: Toward an understanding of female criminality; in Maher, B.A. (Hrsg.): Progress in experimental personality research, Vol. 8, New York 1978 (a), S. 245-308

Widom, C.S.: A methodology for studying non-institutionalized psychopaths; in Hare, E.D. & Schalling, D.: Psychopathic behaviour; Chichester, 1978 (6), S. 71-83

Wiedenfeld, S.A. u.a.: Impact of perceived self-efficacy; Journal of personality and social psychology, 1990, Vol. 59, S. 1082-1090

Wiesendanger, H.: Hypnose im Dienste der Wahrheitsfindung; Psychologie Heute, April 1985, S. 38-43

Wilkes, J.: Murders in mind; Psychology Today, June 1987, Vol. 21, Nr. 6, S. 26-32

Wilkinson, J. und Canter, S.: Social skills training manual; Chichester, 1983

Winzenried, U.: Serien-Kindermörder bewegt die Schweiz; Kriminalistik, Nr. 12, 1992, S. 804-816

Witkin, H.A. u.a.: Criminality in XYY and XXY men; Science, August 1976, Vol. 193, S. 547-555

Wolf, H.E. & Wolter, H.J.: Rocker - Kriminalität; Seevetal - Ramelsloh, 1974

Wolfgang, M.E.: Victim - precipitated criminal homicide; in Wolfgang, M.E. u.a. (Hrsg.): The sociology of crime and delinqueny; New York, 1970, S. 569-578

Yearbook - The American peoples encyclopedia Yearbook; New York, 1974, 1975, 1976

Zimbardo, P.G.: The human choice: individuation, reason, and order versus deindividuation, impulse, and chaos; in: Arnold, W.J. & Levine, D. (Hrsg.): Nebraska symposium on motivation, Lincoln, 1969, S. 237-307

Zimbardo, P.G.: A social-psychological analysis of vandalism: making sense of senseless violence; ONR technical report: Z - 05, December 1970

Zimbardo, P.G.: Lehrbuch der Psychologie; Berlin, 1978

zur Nieden, M.: Erfahrungen über Auswirkung von Anlage und Umwelt bei erwachsenen Adoptivkindern; Reichsgesundheitsblatt, 1944, Vol. 41, S. 381-395

Register

A

Abschirmung 173, 209
Abschreckung 191ff, 267, 310, 456
  durch Todesstrafe 194ff
Adoption 71, 76, 239ff
Aggression 27, 32, 38f, 42, 51f, 119f, 133, 154, 156, 158, 167ff, 185, 204,
  217, 219, 222, 228, 251, 253, 268ff, 281, 283f, 289, 291, 295, 302,
  305, 310, 318, 334ff, 347, 353f, 356, 361, 383, 388f, 401f, 405, 415,
  421, 437, 457f, 466, 469
  bei Depressiven 339
  bei Epileptikern 342
  bei Schizophrenen 339
  bei verschiedenen Psychopathologieformen 338
  Verhinderung von Aggressionen 337
Aggressionstriebtheorie 38, 269ff
aktiver Lebensstil 414, 464
Aktivitätsniveau 169, 173, 218, 228, 261, 268, 270, 275, 278ff, 308, 345ff,
  383, 458
Alkohol 61, 119, 161, 190f, 193, 199, 201, 222, 235, 238, 253, 255, 257,
  269, 274, 286f, 300, 305, 311, 318, 323, 366, 382, 401, 412f, 424f,
  437, 439
Angst 24, 36ff, 80, 92, 95, 103ff, 109f, 122f, 126f, 134, 141f, 148, 150f,
  160, 165, 168, 183, 190, 198, 204f, 210, 217, 249, 264, 267ff, 275f,
  290, 297f, 303, 308f, 327, 346, 348, 355, 362, 373, 376, 380f, 384,
  392, 394, 407ff, 424, 433, 436f, 439ff, 454, 456, 460, 462, 469f
Anonymität 62, 144, 209, 269, 278, 311, 376, 380, 383, 452, 467, 469
Anreizwert 133, 160, 188ff
Ärgerkontrolle 32
Armut 190, 260, 286, 299, 379
Augenzeugen, Reaktionen 124f, 451ff
Autodiebstahl 398, 451
autonome Reaktion 267
autoritär 96, 109, 146, 156, 158, 162, 165f, 180, 259, 393, 396, 405, 407,
  466f

B

Bankraub 183, 184, 192, 262
BASIC ID 22, 27, 30, 30ff, 64, 67, 166, 268, 296, 320, 414, 428
Bekräftigungslernen 98, 221, 269, 271, 347, 379
Beobachtungslernen 120, 220f, 269, 284

Berufskriminalität 183, 185ff, 192, 197f, 210, 262
Betrug 24, 128, 134, 138, 190, 241, 261, 433
Bewußtsein 85, 87, 104, 114, 118ff, 252, 279, 318, 378, 465
Bewußtseinstrübung, Gedächtnisverlust usw. 343, 378
Bezugsperson 56f, 98, 147f, 215, 222f, 328, 384, 394, 405, 408, 428, 439, 461, 465
Bindungsstil 111, 146ff, 219, 461f
biologisch/physiologische Faktoren 28f, 47, 67f, 95, 166ff, 223ff
biologische Deutungsmuster, Problematik 67ff
Biorhythmus 61, 95
Blei 171
Brandstiftung 159, 177, 182, 190, 268, 275, 279ff, 293, 299, 306, 345, 469
„broken home" 261
Bushido 417f

C

Cambridge - Somerville - Studie 220, 398ff
Chaostheorie 54f, 74, 127
Chromosomenanomalien 56, 223, 250ff
Crowe`s Untersuchung 242

D

Date Rape 133, 365
Depersonalisation 370f
Depression 17, 45, 61, 68, 88, 91f, 157, 166, 205, 249, 288, 319, 339f, 362, 395, 443, 449, 464
Desensibilisierung 40, 173, 206, 208ff
Diebstahl *siehe* unter Eigentumsdelikte
Dominanz 36, 156f, 172f, 218, 232, 258, 275, 278, 294, 298, 302, 305, 308, 345f, 348, 383, 389
Drogen 94, 213, 223, 254f, 274, 276, 300, 305, 318, 323, 369, 424f, 428

E

EEG 96, 154, 206ff, 225, 251, 343
Ehrlichkeit 73, 152f, 156, 189, 261, 434
Eigenschaftsbegriff 150
Eigentumsdelikte 193, 249, 322, 324, 327, 330, 399, 401f. *Siehe auch Bankraub; Kleptomanie; Raub, Straßenraub.*
Diebstahl 152, 154, 175, 177f, 183, 198, 200, 214, 235f, 241, 243, 301, 306, 375ff, 398, 400ff.
Ladendiebstahl 190, 193, 200, 375ff, 451f.

G

Gallego 17ff, 22f, 25f, 119
Gefängnis 124, 145, 187, 214, 257, 262f, 273, 288, 297, 306, 308, 328,
    349, 356, 362, 411, 415, 418f, 429
Gefängnisinsassen 170, 182, 206, 211, 251, 257, 265ff, 342
Gefängnisstrafe 124, 176, 182, 184, 193, 245, 419, 429
Gefühl der Unverletzbarkeit 438
„Gefühlskälte" 150, 209
Gefühlskontrolle 364
Gehirn 56f, 105, 167ff, 270, 350, 475
Gehirnoperation 21, 33f, 37, 64, 299, 350, 420
Gehirnschädigung 48, 56f, 168
Gehirnwäsche 29, 88
Genetik 68ff, 160, 225ff, 245, 247f, 264, 477
Gerichtsverfahren 21, 27, 38, 84f
Geschlechtsrolle 138, 285, 352, 355, 469
Geschwisterreihe 223, 299
Gesellschaft 26, 30, 42, 52, 81, 83, 90, 107, 140, 203, 256, 259f, 263, 276,
    279, 292ff, 327, 333, 379, 403, 428, 430, 437, 451, 453, 455f, 460f,
    463, 468ff
Gesellschaft und Kriminalität 451ff
Gewalt 18, 21, 23f, 28ff, 33, 38ff, 49, 51f, 59ff, 81f, 253, 322, 342, 402
    als Gefühlsäußerung 45
    als Konsumartikel 456f
    aus Angst 43f
    Denkstrukturen gewaltbereiter Personen 41ff
    Durchbrechen des Kreises der Gewalt 60ff
    Ursachen der Gewalt (Fehlinterpretation nichtsprachlicher Signale) 131ff
Gewissen 267
Glaubwürdigkeit 23, 67, 78f
Großstadt 45
Gruppe 18, 40, 42, 59, 82, 100, 154, 366, 415, 420
Gruppentherapie 424
Gutachter 23ff, 64, 128, 159, 181, 204, 290, 344, 350, 404

H

Hemmung 34, 122f, 150, 266, 283, 286, 298, 389, 391, 454, 459
Hilfeleistung, unterlassene 121ff. *Siehe auch* Augenzeugen.
    verärgerte Samariter 453
    Wann helfen Menschen? 150
Hilfsbereitschaft 80, 123, 242, 451f, 468
Hormone 33, 169f, 223, 226, 270

P

Passivität von Zuschauern 451ff
Pech anderer Menschen als Konsumartikel 460ff
Penisplethysmographie 357
Persönlichkeit
    Anlage-Umwelt-Problem der Persönlichkeitsentwicklung 225
    delikttypische Persönlichkeitsstruktur 400
    Entwicklung der Persönlichkeit und kriminelles Verhalten 215
    Persönlichkeitsmodell von Mischel 155ff
    „Züchtung" von Persönlichkeit 248ff
„Pferderipper" 273
Phantasie 22, 25f, 28, 30ff, 36, 64, 81, 87, 89, 97, 99, 101f
Phantasien
    aggressive/Gewaltphantasien 272, 298, 320
    sadistische 295, 299, 302
Planung krimineller Delikte 197f
Playfighting 38
Polizei 28, 38, 40, 45, 50, 53, 77, 93, 121ff, 129, 145, 159, 169, 175, 178,
    179f, 187, 190ff, 211, 213, 221, 233, 244, 245, 253, 258, 271, 275,
    294, 297, 306, 309, 311, 318ff, 346, 362, 365, 368, 372ff, 393f, 415,
    420, 424, 432, 441, 452ff, 459, 466, 468
Pornographie 304, 317, 319, 355f, 391, 457
Prinzip der geteilten Verantwortung 122
Provokative Therapie 429ff
Psychoanalyse 21, 28, 67, 81ff, 89ff, 411, 432, 482
Psychopathie
    Begriff fragwürdig 204ff
    Gefährlichkeit 321ff, 329ff, 334ff
    Rückfallquote 323ff
    und Agressionen 338
    und Desensibilisierung 208ff
    und soziale Anpassung 211f
Psychopathologie 30
Psychopathologie und Kriminalität 321ff
Psychose 73, 105
Pufferwirkung von Systemen 54
„Pyromanie" 27 *Siehe auch* Brandstiftung.

R

Raub 17, 53, 121, 468
Reaktionsebenen (Modalitäten) 30
reizintensive Umwelt 275